史學與史籍七種

呂思勉文集

上海古籍出版社

圖書在版編目(CIP)數據

史學與史籍七種 / 吕思勉著. —上海：上海古籍出版社，2020.3
（吕思勉文集）
ISBN 978-7-5325-9460-3

Ⅰ.①史… Ⅱ.①吕… Ⅲ.①史學—研究—中國
Ⅳ.①K092

中國版本圖書館 CIP 數據核字(2020)第 022368 號

吕思勉文集
史學與史籍七種
吕思勉 著
上海古籍出版社出版發行
（上海瑞金二路 272 號 郵政編碼 200020）
（1）網址：www.guji.com.cn
（2）E-mail：guji1@guji.com.cn
（3）易文網網址：www.ewen.co
江陰金馬印刷有限公司印刷
開本 890×1240 1/32 印張 19.375 插頁 5 字數 504,000
2020 年 3 月第 1 版 2020 年 3 月第 1 次印刷
ISBN 978-7-5325-9460-3

K·2765 定價：78.00 元

前　言

呂思勉先生，字誠之，筆名駑牛、程芸、芸等。一八八四年二月二十七日（清光緒十年甲申二月初一）誕生於江蘇常州十子街的吕氏祖居，即今日常州“吕思勉故居”所在地，一九五七年十月九日（農曆八月十六日）病逝於上海華東醫院。吕先生童年受的是舊式教育，六歲起就跟隨私塾教師讀書，三年以後，因家道中落而無力延師教授，改由父母及姐姐指導教學。此後，在父母、師友的幫助下，他開始系統地閱讀經學、史學、小學、文學等各種文史典籍。自二十三歲以後，即專意治史。吕先生夙抱大同思想，畢生關注國計民生，學習新文化，吸取新思想，與時俱進，至老彌篤。

吕先生長期從事文史教育和研究工作，一九〇五年起，先後在蘇州東吴大學（一九〇七年）、常州府中學堂（一九〇七年至一九〇九年）、南通國文專修科（一九一〇年至一九一一年）、上海私立甲種商業學校（一九一一年至一九一四年）等學校任教。一九一四年至一九一九年，先後在上海中華書局、商務印書館任編輯。其後，又在沈陽高等師範學校（一九二〇年至一九二二年）、蘇州省立第一師範學校（一九二三年至一九二五年）、上海滬江大學（一九二五年至一九二六年）、上海光華大學和華東師範大學任教。其中，在上海光華大學任教最久，從一九二六年至一九五一年，一直在該校任教授兼歷史系系主任，并一度擔任該校代校長。一九五一年，高等學校院系調整，光華大學并入華東師範大學，吕先生遂入華東師範大學歷史系任教，被評爲歷史學一級教授。吕先生是教學與研究相互推動的模範，終生學而不厭，誨人不倦。

吕先生是二十世紀著名的歷史學家，對中國古代史的研究，做出了巨大的貢獻，取得了多方面的成就。他在中國通史、斷代史、社會史、文化史、民族史、政治制度史、思想史、學術史、史學史、歷史研究法、史籍讀法、文學史、文字學等方面寫下了大量的論著，計有通史兩部：《白話本國史》（一九二三年）和《吕著中國通史》（上册一九四〇年、下册一九四四年），斷代史四部：《先秦史》（一九四一年）、《秦漢史》（一九四七年）、《兩晉南北朝史》（一九四八年）、《隋唐五代史》（一九五九年），近代史一部：《吕著中國近代史》（一九九七年），專著若干種：《經子解題》（一九二六年）、《理學綱要》（一九三一年）、《宋代文學》（一九三一年）、《先秦學術概論》（一九三三年）、《中國民族史》（一九三四年）、《中國制度史》（一九八五年）、《文字學四種》（一九八五年）、《吕著史學與史籍》（二〇〇二年），史學論文、札記及講稿的匯編三部：《吕思勉讀史札記》（包括《燕石札記》、《燕石續札》，一九八二年）、《論學集林》（一九八七年）、《吕思勉遺文集》（一九九七年），以及教材和文史通俗讀物十多種，著述總量超過一千萬字。他的這些著作，聲名廣播，影響深遠，時至今日，在港臺、國外仍有多種翻印本和重印本。吕先生晚年體衰多病，計劃中的另兩部斷代史《宋遼金元史》和《明清史》，已做了史料的摘録，可惜未能完稿，是爲史學界的一大遺憾。

本書收録了吕思勉先生有關史學與史籍方面的論著，共計七種：《歷史研究法》、《史籍與史學》、《中國史籍讀法》、《史通評》、《文史通義評》、《古史家傳記文選》、《史籍選文評述》。

《歷史研究法》寫於抗戰勝利之後，一九四五年五月由上海永祥印書館刊印初版，一九四六年二月、一九四八年四月再版。上世紀七十年代後，《歷史研究法》先後收入臺北華世出版社何炳松、吕思勉《歷史研究法二種》，上海人民出版社一九八一年版《史學四種》，一九八九年十月上海書店影印本"民國叢書"第一編第七十三卷，華東師範大學出版社二〇〇二年版《吕著史學與史籍》，此外，還有臺灣五南圖書出版股份有限公司二〇〇二年的重印本。

《史籍與史學》寫於抗戰之前，原名《史學研究法》，爲吕思勉先生在光華大學任教時的一本講稿，全篇分十一章，其中第二、三、四、七、八、九、十一章，曾以《史籍與史學》爲題，收入吕先生的《論學集林》（上海教育出版社一九八七年十二月版），餘下的數章，則以《〈史籍與史學〉補篇》爲題，收入《吕思勉遺文集》（華東師範大學出版社一九九七年九月版）。二〇〇二年六月，《史籍與史學》全文收入華東師範大學出版社的《吕著史學與史籍》。上述三種刊印本，都有程度不同的改動和删節。此次刊出，除了訂正錯誤外，删改之處都予恢復。

《中國史籍讀法》與《史籍選文評述》是吕思勉先生在華東師範大學任教時所寫的兩本講義。一九五三年、一九五四年，吕先生爲華師大歷史系學生開設"中國史籍讀法"和"史籍選讀"課程。開學不久，即因病而不得不停課，他利用在家養病的間隙，寫成了這兩門課程的講義，這也是吕先生所寫的最後兩部講稿。《中國史籍讀法》曾收入《史學四種》和《吕著史學與史籍》。《史籍選文評述》曾收入《吕著史學與史籍》，其中"評述"部分曾收入《吕思勉遺文集》。此次刊出，除了訂正初版的錯誤外，少數删改之處也予以恢復。

《史通評》和《文史通義評》都是上世紀三十年代吕思勉先生在上海光華大學歷史系開設"史學名著選讀"課而寫的兩本講義。吕先生用現代史學觀念對《史通》和《文史通義》的各篇加以評議、推論，并附有一些考據和辨證，一方面評述劉知幾、章學誠的史學思想，另一方面也闡述了自己的史學觀念和對這一領域的研究心得。前者以《史通評》爲名，於一九三四年九月由上海商務印書館初版，一九三五年二月收入商務印書館的"國學小叢書"再版，一九六四年三月香港太平書局新版重印（一九七七年一月再版），後收入《史學四種》和《吕著史學與史籍》。《文史通義評》成書於上世紀的三十年代，一直没有刊印,直到上世紀八十年代初才收入《史學四種》,後也收入《吕著史學與史籍》。吕先生曾計劃對《史通》做一番全面的評校,但一直未能實現,僅留下一篇《評校〈史通〉序》。《〈史通〉習問》係先生當年講課時發給學生的油印資料,爲八十餘道學習思考題。此二篇現附於《史通評》之後。吕先生還寫有《章學誠之史學思想》和《〈文史通義〉選讀提要》二篇,現都以附録的方式,附在《文史通義評》正文之後。《史學四種》和《吕著史學與史籍》所收入的《史通評》和《文史通義評》,都有一些删節。此次刊印除糾正了錯誤之外,删改之處都按原書、原稿加以恢復。二〇〇八年十二月上海古籍出版社出版的"世紀文庫"收入章學誠撰、吕思勉評《文史通義》和劉知幾撰、浦起龍通釋、吕思勉評《史通》二書,不僅補全了吕先生的評語,還將評語分排於相關的諸篇旁,更便於讀者的閱讀。

《古史家傳記文選》一九三八年長沙商務印書館初版,一九三九年十二月再版,其文評部分,曾收入《吕思勉遺文集》。

吕思勉先生另有《新唐書選注》,一九二八年商務印書館初版,一九三三年國難後第一版,一九六四年二月收入臺灣商務印書館"萬有文庫薈要"臺一版。此次只收入其"序"、"選目"及吕先生所加的注釋,作爲附録。

李永圻　張耕華

二〇〇九年八月

目　録

歷史研究法

史籍與史學

中國史籍讀法

史 通 評

文史通義評

古史家傳記文選

史籍選文評述

歷 史 研 究 法

一、爲什麽要研究歷史

歷史到底是怎樣一種學問？研究了它，有什麽用處？

提出這一個問題，我知道多數人都能不待思索而回答道：歷史是前車之鑒。什麽叫做前車之鑒呢？那就是：從前的人所做的事情，成功的，大家認爲好的，我們可奉以爲法，照着他做；失敗的，大家認爲壞的，我們當引以爲戒，不照着他做。姑無論成功失敗，不盡由於做法的好壞；衆人所謂好壞，不足爲準；即置二者於弗論，世事亦安有真相同的？執着相同的方法，去應付不同的事情，哪有不失敗之理？在社會變遷較緩慢之世，前後的事情，相類似的成分較多，執陳方以醫新病，貽誤尚淺，到社會情形變化劇烈時，就更難説了。近代世界大通，開出一個從古未有的新局面，我們所以應付之者，幾於着着失敗，其根源就在於此。所以憤激的人説道：歷史是足以誤事的。因爲不讀歷史，倒還面對着事實，一件新事情來，要去考察它的真相，以定應付的方針；一有了歷史知識，先入爲主，就會借重已往的經驗，來應付現在的事情，而不再去考察其真相；即使去考察，亦易爲成見所蔽，而不能見其真相了。如咸豐十年，僧格林沁被英、法兵打敗了，薛福成的文集裏，有一篇文章記載其事，深致惋惜之意。他説：咸豐八年，業經把英、法兵打敗了，這一次如能再打一個勝仗，則他們相去數千里，遠隔重洋，不易再來第三次，時局就可望轉機了。近代世界交通的情形，是否英、法再戰敗一次，即不易三來？當日清朝腐敗的情形，是否再戰勝一次，時局即可望轉機？我們在今日看起來，可謂洞若觀火,而在當日,號稱開通的薛福成竟不能知,這也無怪其然。當日英、法的情形,自非薛氏所能洞悉。然使薛氏而毫無歷史知識,倒也不會作英、法再敗即不易三來的推測。有了歷史知識,照歷史上的成例推測,相去數千里,遠隔重洋,而要興兵至於三次、四次,確是不容易的,無怪薛氏要作此推測了。據此看來,歷史知識足以誤事之言,並不能説它不對。然而没有歷史知識,亦未嘗不誤事。當袁世凱想做皇帝時,先由籌安會諸人列名發出通電,説要從學理上研究中國的國體問題,到底君主民主,孰爲適宜?當時大家看見這個通電,就説:袁世凱想做皇帝了。我却不以爲然。我説:這其中必然别有緣故,深曲隱蔽,不可輕於推測。爲什麽呢?我以爲生於現今世界,而還想做皇帝,還想推戴人家做皇帝,除非目不識丁,全不知天南地北的人,不至於此,以此推測袁世凱和籌安會諸人,未免太淺薄了,所以我有此見解。然而後來,事情一層層披露出來,竟爾不過如此,這不是一件奇事麽?此無他,還是缺乏歷史知識而已。據這件事情看來,歷史知識是不會誤事的,所以誤事,還是苦於歷史知識的不足。這話怎樣講呢?須知道世界上是没有全無歷史知識的人的。我們和人家談話,總聽得他説從前如何如何,這就是歷史知識。所謂歷史,原不過是積從前如何如何而成,所以此等人和專門的史學家,其知識之相去,亦不過程度之差而已。袁世凱和籌安會中人,想做皇帝,想推戴人家做皇帝時,亦何嘗没有他們的歷史知識?在中國歷史上,皇帝是如此做成的;推戴人家做皇帝,是如此而成功的,豈能説是没有?以當時的情形而論,反對的人,自然不會没有的,然而據歷史上的成例推測,豈不可期其軟化?即有少數人不肯軟化,又豈不可望其削平?這個,據着他們僅有的、一偏的歷史知識推測,自亦可以作此斷案,自不免於希冀僥幸。倘使他們再多讀一些近代的外國歷史;倘使他們的心思再能用得深一點,知道歷史上的事情前後不符的甚多,未可輕易地執着前事以推斷後事,他們自然不至於有此失着了。所以説:誤事的不是歷史知識,只是歷史知識的不足。

歷史上成功的,大家所認爲好的事情,既不能摹仿;據歷史上的成例,以推斷事情,又易陷於錯誤;而没有歷史知識,又要誤事,然則如何是好呢？須知道:應付事情,最緊要的,是要注意於學與術之别。學是所以求知道事物的真相的,術則是應付事物的方法。淺薄的人往往説:我能够應付就得了,事物的真相,管它干麽？殊不知你知道了事物的真相,應付的方法自然會生出來,只有淺薄的應付方法,則終必窮於應付而後已。淺近些説:我們要做一張桌子、一張椅子,這自然是有成法可循的,然而木料之類,有時而不凑手,怎樣辦呢？倘使你只會按照一定的樣子做,就要束手無策了。如你明於原理,那就可以隨時變化。桌面上是要安放東西的,所以要是個平面,只要是平面,其形狀是正方的、長方的、正圓的、橢圓的,甚而至於都不是的,却不是頂緊要的條件。普通的桌、椅,總是四隻脚,那是求其安放得牢,然則只要安放得牢,三隻脚也未嘗不可以;倘使只有一根粗的木材,能够撑定在中間,也未嘗不可以,又何必定要四隻脚呢？這是舉其兩端爲例,其餘可以類推。做桌、椅是最呆板的事,尚且如此,何況較活動的事？何況所應付的是人而不是物呢？然則事物的真相,如何能够知道呢？那史學家有一句名言道:"現在不能説明現在。"爲什麽現在不能説明現在呢？那是由於一切事物,有其"然",必有其"所以然",不知其所以然,是不會瞭解其然的性質的。我們要用一個人,爲什麽要打聽他的出身？爲什麽要打聽他的經歷？豈不以一個人的性格、才能等等,就是他的出身、經歷等等造成的。我們試再反躬自省:我爲什麽成爲這樣子的我,豈不和我所生長的家庭、我所肄業的學校、我所交往的朋友、我所從事的職業,都有很大的關係？倘使我生在别的家庭裏,在别的學校裏肄業;我所交往的朋友,换過一班人;我所從事的職業,也换成别一種,我豈能成爲現在的我？我們再放眼縱觀:我們所認得的人,爲什麽成爲他現在這個樣子？讀書的人多少有些迂腐氣,做官的人多少有些官僚氣,生意人多少有些市儈氣,白相人多少有些流氓氣,這是爲什麽？他們是生來如此的麽？然則中國的社會,爲什麽和歐洲不同?歐洲的社會,爲什麽和日本不同?甚而至於英國和美國不同;日本和朝鮮不同;就中國的社會,南北風氣亦不能盡同,其故安在?就可以深長思了。尋常人對於一切事物,大都不甚深求,所以覺得不成問題。其實略加思考,任何事物,所以如此,莫不有很深遠的原因在内;深求其故,無不可以追溯至於極遠之世的。固然,我們對於一切事物,總不能真正尋根究柢,然而多知道一些,畢竟要好一些,然則歷史怎好不研究呢?

有人説:你的話是對了。可是已往的事情多着呢,我們如何能盡記,亦且如何能盡知?這話不錯。一天的新聞紙所載,奚啻社會上所發生的事情的幾萬萬萬分之一;歷史的所載,又奚啻新聞紙的幾萬萬萬分之一,我們能知道什麽?歷史又何從談起呢?且慢,我們現在是怎樣的一個人?你在社會上,占如何一種位置?人家如何應付你?你没有不明白的。我們所以能够明白這些,豈不由於已往的記憶?然而我們已往的事,我們亦何嘗能盡記?然則我要明白我之所以爲我,正不必把已往的事情全記牢,只要記得其"足以使我成爲現在的我的事情"就够了。在人如此,社會亦何獨不然?又何至於要把已往的事情全記呢?然而問題就在這裏了。

二、歷史的歷史

任何一件事,非追溯其已往,不能明白其現在;任何一件事,求其原因,都可以追溯到極遠,而又不必把已往的事情全記。這種説法,看似微妙,其實是容易明白的。問題就在:對於已往的事情,要把其使現在成爲現在的,挑選出來,而我們現在所挑選的是否得當呢?這話就很難説了。須知歷史,亦只是在一定的環境中,自然發生、成長之物,並不是自始即照着理想做的;更不是人類自始就有甚麽高遠的理想。説到此,則我們不能不一一考究所謂歷史的歷史了。

用普通人的眼光看起來,歷史的起源是很遠的,所以一開卷,就是些荒誕不經、渺茫難考的話。其實歷史比起人類的年齡來,是很小的。人類的年齡,假定爲五十萬年,則歷史的年齡,大約不過其百分之一;而且比較可靠的,還至少要打一個對折。我們對於已往的知識,自不甘以此爲限。所以在没有歷史的時代,也要想法子把它補作起來。因此,有所謂歷史時代和先史時代。所謂歷史時代,是當時的人,有意把他當時或以前的事,記載下來,傳給後人,而其所傳者,至今還有存留的。所謂先史時代,則這種遺留之物,已無所有,所有的一切,都是後人補作出來的。歷史的流傳,原不以語言和文字爲限,然由語言或文字流傳的,究居其極大部分。語言和文字,從廣義上説起來,原即一物,文字不過是語言的擴大而已,然語言非借文字,不能傳諸久遠。所以從大體上説,亦可以説:歷史時代,大略和有文字的時代相當;先史時代,則屬於未有文字的時代。

歷史時代所流傳下來的，是些什麼東西呢？據我們所見到的，可以分爲下列幾種：（一）國家所設立的記事之官，即所謂史官所記的。其中又分爲：(1) 記事之史。其書之存於現在者爲《春秋》。(2) 記言之史。其書之存於現在者爲《尚書》。此係就整部的體例言，若記事、記言之史，零碎材料存於古書之中的，則不可勝舉。又《春秋》爲記事之史，《尚書》爲記言之史，亦係就其大體言之，其中亦自有不能劃一之處，如《禹貢》即並非記言之體。總之，古書編纂錯亂，體例總不能盡純，不可十分拘泥。(3) 古代的法、令、章程之類。其書之存於現在者爲《禮》。小的爲一事的儀式，如《儀禮》所記是；大的則可以關涉國家行政機關的組織及法令的全般，古人亦稱爲禮，如《周禮》是。後世之《唐六典》，即係仿《周禮》而作的；明、清《會典》，又係仿《唐六典》而作的。(4) 貴族的世系，古稱爲帝系、世本，簡稱爲系、世，但世本亦是它的通名。所以《世本》這部書，内容亦兼記帝王的統系。系、世的記載，據《周禮》，係小史之職。(5) 古人自記其功勛，或記其先世功勛之作，即所謂金石刻。金屬的壽命，尤較石爲悠久，故古器物存於後世的，以金爲尤多。（二）私人所傳述的故事，或偉大人物的言行。以其起於口耳相傳，故其後雖筆之於書，而仍稱爲語。傳述一件故事或一個人的言行的，都謂之語。前者如武王克商之事，《禮記・樂記》稱爲牧野之語是；後者如《國語》，是分國編纂的語。《論語》，論同倫，類也，此書乃孔子及孔門弟子的言行，被分類編纂的。《史記》的列傳，其原本實稱爲語，所以在他篇中述及，尚稱之爲語，如稱《淮陰侯列傳》曰《淮陰侯語》是。大抵士大夫所傳述的，其所關涉之事較大，其説亦較近情理；農夫野老所傳述的，則正相反。但要考見當時社會的情況，以及較古的情況，反宜於後者求之，一入士大夫口中，就被其以“言不雅馴”四字删去了。四字見《史記・五帝本紀贊》。中國的神話，頗覺貧乏，其原因即由於此。中國的神話，惟《山海經》及《楚辭》的《離騷》、《天問》等篇，包含較多。其見於緯書的，看似豐富，然多出後人僞造，至少曾經過改造，不甚可信。

歷史的緣起，從心理方面説來，可以説：（一）屬於理智方面。因爲人類有求知的欲望，所以(1) 屬於無可解釋之事，亦要給它一個解釋，神話的起源即如此。(2) 要記録已往之事，以做將來辦事的根據或參考，國家設立史官的根源，就在於此。(3) 要記録已往的事，以作後人的法戒，其説已如第一章所述。（二）屬於情感方面。不論什麽人，都有一個戀舊而不忍忘記之感情，所以要把自己的經歷，或他人的事情，是他認爲有意義的，傳述下來，留給後人。有這兩種動機，歷史就誕生出來了。但是古人對於主客觀的分别，不甚清楚。所以（一）其所流傳，真正的事實，和自己的意思，往往混合不分，甚至全篇的話，都是以意構造的，和現在的小説一般，而亦用記事的形式，流傳下來，此即所謂寓言，最易使事實淆混。古代所謂小説，乃謂其出於街談巷語，而不出於士大夫，説見《漢書·藝文志》。事實出於虚構，如後世之小説者，古人謂之寓言。後世的小説，情節雖經理想化，事實或有根據，然其人名、地名等，則必非真實，故不易與事實相混。古代之寓言，則正相反。情節出於虚構，而人、地名則多用真者，如《莊子·盜跖篇》，欲寓其"秀才遇着兵，有理講不成"的理想，乃捏造一孔子欲説服盜跖，反爲所大罵，幾至遇禍之事，即其一例。（二）更古的人，則連生物和無生物、人和動植物的區别，都弄不清楚了，所以又有所謂神話。（三）就是述及制度，也是如此的，孰爲當時實有的制度？孰爲傳述者的理想？二者並不分開。記制度者，以儒家之書爲最多。儒學分今古文兩派，今文言制度者，以《禮記》的《王制》篇爲總匯，古文以《周禮》爲大宗，皆係如此。諸子書言制度者，以《管子》爲最多，亦係如此。所以古代的史實特别模糊。這種性質，大概秦、漢之際，是一個界限。在漢朝初年以前，歷史所傳的，如趙高指鹿爲馬之事，如流俗所謂鴻門宴的故事，見《史記·秦本紀》及《項羽本紀》。都是説得天花亂墜，極有趣味，而細想一想，就知道其萬無此理的。其可信的程度，決不會超出後世的《三國演義》之上。秦、漢之際，尚且如此，前乎此者，就更不必説了。所以所謂古史，實當别爲一科，專門研究。因爲研究的人，各有專長，而古史的研究，有需於特别技術者尤多。至某書或某書的某部分，是否當屬於古史的範圍，則當以其是否具有此種性質而定，不能執時代爲斷。從漢朝統一天下以後，文化發達，傳述者的程度驟然提高；可靠的材料，流傳下來的亦多，前乎此者，採取不足信的材料，亦不能爲其人咎。因爲歷史是不能造作的，斷不能以自己推想所信的，作爲史實。流傳下來的，只有這樣的材料，自只能照其原樣，傳給後人。而採取它的人，原並不以爲可信，所以既採取之，而又加以辨正者亦甚多。歷史便焕然改觀了。

史學的發達，不能不爲物力所限。古代作書的材料，簡牘笨重，縑帛價貴，而書寫又煩難，於是乎（一）著作難，（二）材料之搜輯亦不易。所以能成立一部鉅著的，非依靠國家，得其助力不可。司馬談、遷父子世爲史官，即其一例。但自隋以前，作史的人，雖借國家的助力，而其事則仍係私人的事業。雖然有時候編成某一朝的歷史，係出於國家的命令，亦都就有志於此，或業已從事於此者而命令之，國家不過給以某種助力而已。時代愈後，則（一）材料愈多，（二）所關涉的範圍亦愈廣，從份量和門類兩方面而論，都非一人之力所克勝，唐時遂開集衆纂修之例，此後就沿爲故事了。可參看《史通》的《古今正史》、《史官建置》兩篇。其唐以後的事，拙撰的《史通評》，可以參見商務印書館本。向來論史學的人，多數偏袒私家著述，而賤視集衆修纂，這亦是一偏之見，其實二者是各有所長的。如《晉書》係集衆所修，其紀、傳的凌亂和瑣屑，誠不能爲諱，然志却是好的，即由聚集各專家，各用其所長之故。況且一人獨著，事實上已陷於不可能，那也不必去追慕它了。

著述的人，都要靠國家的助力，其事自然和政治接近了，因書寫材料之笨重和昂貴，以致書寫艱難，流傳不易的情形，自造紙術成功而一小變，至印刷術發明而一大變。然而從事於作史的，都是所謂士大夫，士大夫是以政治爲職業的，所以歷史注重政治的情形，始終無甚變動。政治方面的現象，昔人所重視的有兩種：（一）隨時發生的事情，如某年月日太子生，某年月日舊君死，新君立，某年月日某外國入寇之類，這是無從豫知的。（二）則政治上豫定一個辦法，以處理某種事務，此即所謂政治制度。其能行與否，誠未可知；行之而能歷多久，亦未可知；然既定爲制度，總是期其行之永久，至少亦是期其行之於某一時期之中的。這兩種政治現象，馬端臨的《文獻通考·總序》中，各給了它一個名目，稱前者爲理亂興亡，後者爲典章經制。歷代的史籍，實以此二者爲記載的中心。所謂正史，它的體裁，大體上有紀、傳、表、志四種，《史記》尚有世家一體，乃係記載未統一前的列國的，後世已無其物，故諸史皆不用，歐陽修《新五代史》，襲用其名，實屬無謂；《晉書》有載記一體，源於《東觀漢記》，《東觀漢記》用以記開國時的羣雄，《晉書》則用以記割據諸國，然亦可以不必别立名目,故他書亦總稱爲列傳。本紀、列傳,是所以記前一類的事實的,志是所以記後一類的事實的,表則二者皆可用。因其體例,於此兩種事實,能够包括無遺,所以歷代功令,定爲正史。但紀、傳之意,雖在於記事,而以人爲單位,於事實未免割裂,不便觀覽,此不能爲司馬遷咎,因古代的紀、傳,事實多不相關涉;其相關涉的,材料性質亦各有不同,不能合併也。但後世襲用之,則使史事割裂。所以又有取别種體裁的書,與之並行。其記前一類事實,而以時間爲條理系統的,謂之編年;挑選若干大事,逐事詳其始末的,謂之紀事本末。記後一類事實的,有的通貫列代,如《通典》和《文獻通考》是;有的專詳一代,如《兩漢會要》是。其隨意記載,並無一定的範圍,或並無條理系統的,則稱爲雜史。又有稗史、野史等名。其體例與正史同,而未列爲正史的,清《四庫書目》稱爲别史。專以人爲主,而記其事跡的,則稱爲傳記。包括年譜等。傳記有專記一人的,亦有並列多人的,後者如《高僧傳》、《耆獻類徵》等都是。從前的歷史,所取編纂的方式,重要的,大抵不外乎此。此外地理應當獨立爲一科。舊時書目,亦入史部之中,乃因(一)從前的地理偏於考古,論其性質,大部分係讀史地理,不能獨立爲一科;(二)又舊時書籍,以經、史、子、集爲四大部,地理不能歸入經、子、集,勢不得不附於史部之中。目録學的歸入史部,亦可説是出於後一個理由。此外如詔令奏議、職官等門,則只可説是未經編纂的歷史材料而已。時令亦列入史部,最爲無理,即以舊時的分部論,亦應列入子部天文家之中。史評一門,内容分爲(一)考證、評論史事,(二)論作史之法。二者同用一名,亦爲未妥。有史時代的史材,大致如此。

先史時代的史材,則不是求之於書,而是取之於物的。其物,從性質上言之,可分爲三類,即:(一)人類的遺骸。(二)古物。此門包括極廣,不論食物、衣服、用具、建築物、道路及天産品等都屬之。能得實物固佳,如不能得,則得圖畫、模型,亦較但用文字説明者爲親切明白。惜乎從前繪畫之技不甚精,輾轉傳抄或翻刻,更易失其原樣;仿製之物,亦多以牟利爲動機,如古錢便是。不盡可信而已。書籍,自其又一方面觀之，亦爲實物，如宋版、元槧，可觀其紙墨、字體，而知當時製造及印刷的技術是。他種實物，更不待論，如鐘鼎，一方面可觀其銘刻，又一方面，即可觀其冶鑄的技術，其重要，實有過於根據其文字以考史事。中國從前科學不發達，不甚知道實物的價值，屬於古物，偏重其有文字者，以致作僞者亦以此爲務。如殷墟甲骨文，據中央研究院歷史語言研究所報告，僞造者確有其人，且有姓名及每僞造一片的價格。今後實不可不翻然改圖。（三）爲法、俗。法、俗二字，乃歷史上四裔傳中所用的。這兩個字實在用得很好。法係指某一社會中有强行之力的事情，俗則大家自然能率循不越之事，所以這兩個字，可以包括法、令和風俗、習慣；而衣、食、住、行等物質生活，在古代，亦皆包括於俗之中；所以這兩個字的範圍很廣，幾於能包括一個社會的一切情形。(1) 法、俗的變遷，有的很遲，所以古代的法、俗，還存於現在，這固不啻目擊的歷史。(2) 又其變遷，大抵有一定的途徑，所以業經變遷之後，考察現在的情形，仍可推想已往的情形。(3) 社會進化的階段，亦往往相類。所以觀察這一羣人現在的情形，可以推測別一種人前代的情形。社會學之所以有裨於史學，其根源實在於此。此種材料，有的即在地面上，有的則須掘地以求之。大概時代愈遠，則其有待於發掘者愈多。歷史的年代，是能追溯得愈遠愈好，所以鋤頭考古學和史學大有關係。

三、史學進化的幾個階段

不論哪一種學問，都是逐漸進步的，史學將來的進步未知如何，這或者連它所要走的方向，亦非現在所能預知。若回顧既往，則其進步，有歷歷可指的。我現在把它分做幾個階段，這可以看出史學發達的情形，而史學研究的方法，亦即因此而可知。

中國史學的進化，大略可以分做四個階段：

第一個階段，可以把司馬談、遷父子做代表。他父子倆才有意網羅一切史材，做成一部當時的世界通史。所謂世界，總係以當時的人所知道的爲界限，在近世世界大通以前，西洋人的所謂世界，亦係如此。所以《史記》實在是當時的世界史，而不是本國史。不但《史記》，即中國歷代的正史，稱爲其時的世界史，亦無不可，因爲它已經把它這時代所知道的外國，一概包括在內了。在他以前，固非没有知道看重歷史的人，所以有許多材料，流傳下來，還有一部無名氏所作的《世本》，史學家稱它爲《史記》的前身。《世本》亦有本紀，有世家，有傳；又有譜，即表的前身；有《居篇》，記帝王都邑；有《作篇》，記一切事物創作之原；爲書之所本。所以洪飴孫作《史表》，把它列在諸史之前。然總還是片段的、部分的保存而已，重視歷史的觀念，總還覺得未臻於圓滿，到他父子倆，就大不相同了。所以他父子倆，可説是前此重視史學的思想的結晶，亦可説是後世編纂歷史的事業的開山。這種精神，這種事業，可以説是承先啓後。後來許多史學家的著作，都是從此基礎之上發展出來的。

第二，自司馬遷以後，史學界有許多名家，不過覺得史料要保存，要編纂，以詒後人而已，編纂的方法如何，加以研究的很少。到唐朝的劉知幾，才於此加以檢討。據《唐書》的《劉知幾傳》，和他同時，懷抱相類的思想的，有好幾個人，可見這是史學上進化自然的趨勢，劉知幾只是一個代表。他著了一部《史通》，對於古今的史籍，加以批評。他先把史籍分成正史和非正史兩種，評論其可稱爲正史的，共有幾家；其體裁適用於後世的，共有幾種。見《史通》之《六家》、《二體》、《雜述》三篇。《六家》係劉知幾認爲正史的；《二體》則六家之中，劉氏謂其可行於後世的，所以其《古今正史篇》所述，亦以此二體爲限；《雜述》則其所認爲非正史的。對於材料的去取，以及編製的方法，文辭的應當如何，都一一加以研究。實爲作史方法的一個大檢討。

第三，劉知幾的《史通》，不過遵守前人的範圍，對其作法加以研究而已。所謂範圍，就是何種材料，當爲史家之所取，何種材料可以置諸不問，劉知幾和他以前的人，意見實無大異同，即可說他史學上根本的意見，和他以前的人，亦無大異同。到宋朝的鄭樵，便又不同了。他反對斷代史而主張通史，已經是史法上的一個大變。這還可說是《史記》的體例本來如此，而鄭樵從而恢復之。其尤爲重要的，則他覺得前人所搜集者，不足於用，而要於其外另增門類。他在《通志》的《總序》中，表示這種意見，而其所作的二十略，門類和内容亦確有出於前人之外的，據《總序》自述：《氏族》、《六書》、《七音》、《天文》、《地理》、《都邑》、《謚》、《器服》、《樂》、《藝文》、《校讎》、《圖譜》、《金石》、《災祥》、《昆蟲草木》十五略，都出自胸臆，不襲漢、唐諸儒，此就内容而言。若以門類而論，則《六書》、《七音》、《校讎》、《圖譜》、《金石》、《昆蟲草木》，乃全爲鄭氏所新立。這可說是史學上的一個大變革了。

第四，以從前的人所搜輯的範圍爲太狹，而要擴充於其外；這種見解，從史學知識當求其完全、廣博而論，是無人能加以反對的，但是僅此門類，史料日日堆積，業已不勝其煩，不可遍覽了，何況再要擴充於其外呢？如此，豈不將使歷史成爲不可觀覽之物麽？然而要遏止這個趨勢，把材料加以删除，却又不可。這事如何是好呢？於此，中國的大史學家章學誠出來，乃想得一個適當處置之法。他把史材和作成的史籍分爲兩物。儲蓄史材，務求其詳備；而作史則要提要鈎玄,使學者可讀。因史料的詳備,史家著述才有確實的根據,和前此僅據殘缺的材料的不同。亦惟史材完備保存,讀者對於作者之書有所不足,乃可以根據史材而重作。一人的見解,總不能包括無遺,所以每一種歷史,本該有若干人的著作並行。其大體完善,而或有錯誤、闕略之處,亦可根據史材,加以訂補。因其如此,所以作史者可以放大膽,實行其提要鈎玄,而不必有所顧慮。從前並史料和作成的史籍爲一談,一部書修成後,其所根據的材料,即多歸於散佚。此亦係爲物力所限,今後印刷術發達,紙墨價格低廉,此等狀況可望漸變。作史的人覺其可惜,未免過而存之,往往弄得首尾衡決,不成體例;而過求謹嚴,多所刊落,確亦未免可惜。知章氏之説,就可以免於此弊了。章氏此種見解,實可謂爲史學上一大發明。其他精闢的議論還多,然其價值,都在這一發明之下。

第五,史材務求詳備,作史則要提要鈎玄。這在現今的史學家,立説亦不過如此。然則章學誠的意見,和現在的史學家有何區别呢?的確,章學誠的意見,和現在的史學家是無甚異同的。他的意見,和現代的史學家只差得一步。倘使再進一步,就和現在的史學家相同了。但這一步,在章學誠是無法再進的。這是爲什麽呢?那是由於現代的史學家,有别種科學做他的助力,而章學誠時代則無有。現代史學的進步,可説所受的都是别種科學之賜。史學所要明白的,是社會的一個總相,而這個總相,非各方面都明白,不會明白的。要求各方面都明白,則非各種科學發達不可。所以現在史學的發達,實得力於各種專門史的競出。各種專門史日益進步,而普通史乃亦隨之而進步。專門史,嚴格論起來,是要歸入各該科學範圍之内,而不能算入史學範圍内的。所以説史學的發達,是受各種科學之賜。然則各種專門史發達達於極點,普通史不要給它分割完了麽?不。説明社會上的各種現象,是一件事;合各種現象,以説明社會的總相,又是一件事,兩者是不可偏廢的。社會是整個的,雖可分科研究,却不能説各科研究所得的結果之和,就是社會的總相。社會的總相,是專研究一科的人所不能明白的。倘使强作説明,必至於魯莽滅裂而後已。

所以各種科學發達,各種專門史日出不窮,普通史,即嚴格的完全屬於史學範圍内的歷史,只有相得而益彰,決不至於無立足之地。史材要求詳備,作史則要提要鉤玄,是了,然史材要求詳備,不過是求作史根據的確實;而各項史材,非有專門家加以一番研究,爲之説明,是不能信爲確實的。詳備固然是確實的一個條件,然非即可該確實之全,所以非有各種科學以資輔助,史學根據的確實,亦即其基礎的堅固,總還嫌其美中不足;而其所謂提要鉤玄的方法,亦不會有一客觀的標準,倘使各率其意而爲之,又不免要聚訟紛紜,莫衷一是了。所以章學誠高尚的理想,必須靠現代科學的輔助,才能够達到。所以説:他和現代的新史學,只差了一步,而這一步,却不是他所能達到的。這不是他思力的不足,而是他所處的時代如此。如以思力而論,章氏在古今中外的史學界中,也可算得第一流了。

思想的進步,是因乎時代的。第一階段,只覺得史料散佚得可惜,所以其所注意的在搜輯、編纂。第二階段,漸漸感覺到搜輯、編纂如何才算適當的問題,所以其所注重的在史法。第三階段,則因知識的進步,感覺到史學範圍的太狹,而要求擴充,這可説是反映着學術思想的進步。第四階段,因史籍堆積甚多,再圖擴充,不免要使本身膨脹破裂,而割棄則又不可而起,雖未説及分科,然一人的才情和精力、時間,既不能兼容並包;而各個門類,以及每一門類中的各種材料,又都不容割愛,則勢非提倡分科不可。所以史學若從章學誠的據點上,再行發展下去,亦必提倡分科研究;各種專門史亦必漸次興起。不過現在既和外國的學術思想接觸,自不妨借它的助力罷了。所以學問的進化,自有一個必然的趨勢,而現在所謂新史學,即作爲我們自己發展出來的一個階段,亦無不可。

史學和文學,係屬兩事。文學係空想的,主於感情;史學係事實的,主於理智。所以在人類思想未甚進步,主客觀的分别不甚嚴密的時代,史學和文學的關係,總是很密切的,到客觀觀念漸次明了時,情形就不同了。天下的人,有文學趣味的多,而懂得科學方法的少,所以雖然滿口客觀客觀,其實讀起記事一類的書來,是歡迎主觀的敘述的。喜歡讀稗史而不喜歡讀正史;在正史中,則喜歡四史等而不喜歡宋以後的歷史,和其看現在的報紙,喜歡小報而不喜歡大報,正是同一理由。殊不知四史等的敘述,全以主觀爲主,時代愈後,則客觀的成分愈多,作者只敘述事實的外形,而其内容如何,則一任讀者的推測,不再把自己的意思夾雜進去了,這亦是史學的一個進步。

四、舊時歷史的弊病何在

從前的歷史,不適於現代人之用,這句話,是人人會説的,然則從前的歷史,其弊病果安在呢?

提出這一個問題來,我們所回答的,第一句話,便是偏重於政治。"一部二十四史,只是帝王的家譜。"這一類的話,在今日,幾乎成爲口頭禪了。這些話,或者言之太過,然而偏重政治的弊病,是百口莫能爲諱的。且如衣、食、住、行,是人生最切要的事,讀某一時期的歷史,必須對於這種生活情形,知道一個大概,這是無待於言的了。我們讀舊日的歷史,所知道的却是些什麽呢?我也承認,讀舊日的歷史,於這一類的情形,並非全無所得。然而讀各正史中的輿服志,所知者,皇帝和官員所穿的衣服,所坐的車輛而已,平民的衣着,及其所用的交通工具,却並没有記載。我們讀《齊書》的本紀,知道齊明帝很有儉德。當時大官所進的御膳,有一種唤作裹蒸,明帝把他畫爲十字形,分成四片,説:我吃不了這些,其餘的可以留充晚膳。胡三省《通鑒注》説,在他這時候,還有裹蒸這種食物。是把糖和糯米、松子、胡桃仁,合着香藥做成的。把竹皮包裹起來蒸熟。只有兩個指頭大,用不着畫成四片。見齊明帝建武三年。裹蒸的大小,無關緊要,可以不必去管它。看它所用的材料和做法,大約就是現在嘉、湖細點中胡桃糕的前身,吾鄉呼爲玉帶糕,正是用糖和糯米粉、松子、胡桃仁製成的,不過没有香藥而已。因近代香藥輸入,不如宋、元時代的多而美。南北朝時,還没有蔗糖,就是宋、元之間,蔗糖也遠不如今日之盛,胡三省所説的裹蒸,用何種糖不可知，齊明帝所吃的裹蒸，則所用的一定是米、麥糖，米、麥糖所製的點心，不甚宜於冷食，所以大官於日食時進之，等於現在席面上的點心；後來改用蔗糖，就變成現在的胡桃糕，作爲閑食之用了。又據《南史・后妃傳》：齊武帝永明九年，詔太廟四時祭薦其先人所喜食之物。其中薦給宣皇帝的，有起麵餅一種。胡三省《通鑒注》說："起麵餅，今北人能爲之。其餅浮輭，以卷肉噉之，亦謂之卷餅。"這似乎就是現在山東薄餅的前身。胡氏又引程大昌的話，說起麵餅係"入教麵中，令鬆鬆然也。教，俗書作酵"。然則在宋、元間，南人食麵，尚不能發酵。麵飯不發酵則不鬆美，我們觀此，頗可知古代北方雖多産麥，而北人仍以稻米爲貴，近代則不但北人喜食麵，即南人嗜麵的亦漸多的原因。這兩件事，我們自謂讀史鈎稽，頗有所得，然亦只是一鱗一爪而已。南北朝時，裹蒸究竟是較普遍的食品，還是帝王貴人所專享？發酵之法，究竟發明於何時，如何普及於南方？我們都茫無所知。然則我們讀史，雖可借零碎材料，鈎稽出一些史實來，然畢竟知之不詳。這就不能不追恨當時的史家所記太偏於政治，以致别種情形只能因政治而附見了。我們雖能知道秦代的阿房宫、漢代的建章宫宏大壯麗的情形，因而略知當時的建築技術，然究不能知秦、漢時代普通的民居如何，其弊亦正在此。所以説舊史偏重政治的弊病，是百口莫能爲諱的。

偏重政治的弊病，果何從而起呢？這有一個很深遠的原因在内。人類的作事，是有惰性的，没有什麽新刺激，就只會模模糊糊，一切都照舊做去。古代國家，不過現在一縣大，所謂國君，僅等於現在的縣令，大夫略如鄉、鎮長，士則保、甲長之類而已，他們又都是本地人，所行的政治，自然能有影響及於社會。到後世，就遠不是這一回事了。君門萬里，出必警蹕清道，君和民終身没有見過一面。康有爲的《歐洲十一國游記》説：人們凡事，都易循其名而不察其實，如聽見外國有國王，便想像他是和中國的皇帝一樣。其實，我在比國，看見它的國王從宫中步行出來，人民見他，都起立致敬，他也含笑點頭答禮，比中國州縣官的尊嚴，還相差得很多。平民於宫中之事，固毫無所知;生長深宫之君,於民間習俗,亦一無所曉。所謂禮、樂等化民之具,在古代,是行之於共見共聞之地的。如古代的鄉射禮,意思便近於現在地方上的運動會。在後世,則只是君和大臣,在禁衛森嚴的地方,關着門去行,平民永遠不曾看見,試問有何影響能及於社會?現在駡政治不好的人,總説他是紙上文章,實際没有這回事。試問,以現在行政機關的疏闊,官吏和人民的隔絶,欲求其不成爲紙上文章,如何可得?所以在古代,確有一個時期,政治是社會上的重要現象;社會上的大事,確可以政治上的大事爲其代表;後世則久已不是這麽一回事了。而人們的見解,總還沿襲着舊時,把後世的政治,看得和小國寡民的時代一樣。譬如現在,我們看報,看人家往來的信札,往往叙述社會現象之後,總有"未知當局者何以善其後也"一類的話,其實考其内容,其事都絶非政治所能爲力的。然而這種見解,並不是不讀書没有見識的人才如此,即號爲讀書明理的人亦往往如此;其中少數傑出的能重視現實的人,雖明知其不然,然亦爲舊觀念所牽率,見之不能晶瑩,於是古代歷史偏重政治,後世亦就相沿不變了。這是社會科學上一個深切的弊病,現在議論起來,雖似乎大家能知其弊,到實際應用,又往往陰蹈之而不自知,怕一時很不容易徹底除去。

既然偏重政治,則偏重戰事和過度崇拜英雄之弊,必相因而起。因爲戰事總是使政治發生顯著的變化的,而在政治上、軍事上能得到成功的人,亦總易被衆人認爲英雄之故。不錯,戰事確是能使社會起重大的變化的。然而要明白一件事,總得能知其原因結果,然後可謂之真明白。舊史所記的戰事,往往只是戰事而已,於其原因如何,結果如何,都茫無所及。便是對於戰事勝敗的原因、結果,亦往往説不出來。此等記載,試問知之竟何所用?"英雄造時勢,時勢造英雄",這兩句話,到現在,還有視爲難於論定的。其實所謂英雄,不過善於利用時勢而已。一個社會,到危急存亡的時候,能否有英雄出來,全看這社會的情形如何,如能否造就英雄?有英雄,能否大家崇拜他,聽他的指揮,把反對他的人壓伏下去?這些,都是英雄能否出現的條件,而決不是有無這樣的人出生與否的問題，這是明白無疑的事。英雄造時勢一語，如何能與時勢造英雄並列呢？過分偏重軍事，則易把和平時代跳過了，如講生物學的人，只知道突變，而不知道漸變，這個能算懂得生物學麼？過分崇拜英雄，則易於發生“利人濟物非吾事，自有周公孔聖人”和“嘯吟風月天容我，整頓乾坤世有人”的思想。大家覺得只要有一個英雄出來，就一切問題都解決了，而忘却自己應負的責任。其肯負一些責任的，又容易模仿不適宜於時代的人物，甚而至於妄自尊大，陷於夸大狂的樣子。

還有，借歷史以激勵愛國家、愛民族之心，用之太過亦有弊。不錯，愛國家、愛民族，是確有其理的；而借歷史以激勵愛國家、愛民族之心，亦確是一個很好的辦法。然而天下事總有一個適當的限度，超過這限度，就不是真理，而是出於矯揉造作的了，其事就不免有弊。這在歐洲，19 世紀後半期各國的歷史，都不免有此弊，而德國爲尤甚。亞洲新興的日本，此弊亦頗甚。中國人偏狹之見，較之德、日等國，可謂相差甚遠，然亦不能絶無。中國人之有此弊，是起於宋以後的。民族主義，原因受異族的壓迫而起，中國自宋以後，受異族的壓迫漸次深了，所以民族主義亦漸次勃興，這固是題中應有之義。然感情與理性，須相輔而行，偏重感情，抹殺理性，就糟了。如中國宋以後盲目的排外之論，是很足以僨事的。近代和西洋人交涉的初期，即頗受其弊。而日本人在明治的初年，亦幾受其弊，幸而尊王攘夷之論，一轉而爲變法維新，否則日本在此時，可以激成很大的慘禍的，雖然不至於亡國。朝鮮國比日本小，而其受宋學末流的影響却深，就竟爾暫時釀成亡國的慘禍了。大抵民族主義誤用的弊病有兩種：（一）是把本族看得過高，如德、日兩國，即犯此弊。（二）則把異族看得太低，如中國人總説蠻夷不知禮義，甚至比之於犬羊便是。這兩者之弊，都由昧於事實的真相而起。昧於事實的真相，惟有求明事實的真相可以救之。所以由矯揉造作的歷史所致之弊，惟有用真正的歷史，可以做它對症的藥。

還有,借歷史以維持道德的觀念,也是有流弊的。這又可分爲兩種:其一,借歷史以維持社會的正義,如朱子編《通鑒綱目》,借書法以示褒貶。書法是借一種記事的筆法,以表示對於其事的褒貶的。如某人罷官,罷得不得當的,則書曰罷某官某;如其人咎有應得的,則削去官名,但書某罷;如無好無壞的,則書某官某罷。後人又爲之發明,對於歷史上的人物、事跡,一一加以批評是。其二,則借此激勵讀史者的修爲,如昔人編纂名臣和名儒的言行録等,即出於此動機。此二者,驟看亦似無甚弊病。然凡事都貴求真,(一)歷史上的記載,先是不確實的;(二)即使確實,而一件事情,關係極爲複雜,亦斷非但據其表面所能論定;而此等史事的批評家,往往僅據往史表面上的記録,其結果,多不免於迂腐或膚淺,就不徒無益於求真,而反足爲求真之累了。

還有一事,在西洋受病頗深,中國却無其弊,那便是借歷史以維護宗教。在西洋,所謂中世時代,歷史幾乎做了宗教的工具。是宗教事件則詳,非宗教事件則略,而其所評論,亦多數是用的宗教家的眼光。這不但舊教,即新教亦未嘗不如此,而且兩教都利用歷史,以爲攻擊的武器。中國亦未嘗没有教,中國人所作的歷史,如佛家所記的釋迦本行、高僧事跡之類,然大家都只當它宗教中的書籍看,不把它當作歷史,所以不受其害。還有一種,竟無好好的歷史,而歷史事跡,都依附宗教書籍以傳之國,如印度等,那其受病之深,更不言而喻了。

還有,存着一種以史事爲法戒,即所謂前車之鑒的見解,亦足使史學深受其弊的,其説已見第一章。

五、現代史學家的宗旨

往史之弊既如此，所以救其弊者，又將如何？

不論什麽事情，總是發生在一定的環境之内的，如其不知道它的環境，這件事就全無意義了。現在試舉一個例。從前漢朝時候，有一個名將，唤做韓信。他有一次和敵人打仗，把自己的兵排在水邊上，背對着水，這就是所謂背水陣，是犯兵家之忌的，因爲没有退路了。後來竟打了勝仗。人家問他，他説：這亦在兵法上，不過你們不留意罷了。兵法上不是有一句置之死地而後生麽？我所用的兵，不是訓練慣統帶慣的，乃是臨時聚集來的烏合之衆，這和走到市集上，把許多趕集的人聚攏來，使之作戰一樣，不是置之死地，人人要想自己救命，誰肯出力死戰呢？這是一件事。明朝時候，又有一個名將，唤做戚繼光。他練兵最認真。著有一部書，唤做《練兵實紀》，對於練兵的法子，説得很詳盡。清朝的曾國藩，本來是個書生，不懂得練兵的，他初出來練鄉勇，就靠這一部書做藍本，訂定一切規則。可見戚繼光這部書，對於練兵的方法説述的詳盡，也可見得他對於練兵的認真了。相傳當他檢閱時，適逢大雨，他的兵都能植立雨中，一步也不移動，可見他訓練之效。他所以南征北討，所向有功，絶非偶然了。這又是一件事。兩件事恰恰相反。在看重戰術的人，一定説韓信的將才在戚繼光之上，能不擇兵卒而用之；在注重訓練的人，則又要説韓信的戰勝只是僥幸；其實都不其然。韓信生在漢初，承戰國時代之後。戰國時代，本來是舉國皆兵的，所以在秦、漢之世，賈人、贅婿、閭左，這亦是當時所謂謫發、謫戍。謫是譴謫的意思,發有罪的人出去作戰,謂之謫發;出去戍守,謂之謫戍。賈人、贅婿,都不能算有罪,然漢時亦在七科謫之列,那不過因當時重農賤商,贅婿大概是没有田産的,發他們出去當兵,免得擾累農民罷了。閭左,謂一條街巷的左半段。這是要發一條街巷裏居民的一半去當兵,而古者地道尊右,把右邊算上首;所以發其左半的人出去,秦時曾有此事。發出去都可充兵。韓信所用的兵,雖説没有經他訓練過,然戰争的教育,是本來受過的,對於戰鬥的技藝,人人嫻習,所以只要置之死地,就能够人自爲戰。戚繼光時代,則中國統一已久,人民全不知兵,對於戰鬥的技藝,一無所知,若不加以訓練,置之活地,尚不能與敵人作戰,何況置之死地呢?若使之背水爲陣,非斃於敵人鋒鏑之下,就要被驅入水了。所以韓信和戚繼光的事,看似相反,而實則相成,若非知其環境,就無從瞭解其真相了。況且事實原因環境而生,若不知其環境,對於事實的性質,必也茫無所知,更何論瞭解其經過。然則對於史事,安可不知其環境呢?

然而我們現在,對於任何史事,總不能十分明白其環境,這是什麽理由?這自然是由於記載的缺乏了。記載爲什麽會缺乏呢?難道向來史家,對於不知環境則不能明白其事件的真相的道理,都不知道麽?不,須知"常事不書",爲秉筆者的公例。我們現在雖追恨古人,叙述一事件時,不把他的環境説述清楚,以致我們不能瞭解,然使我們執筆爲之,恐亦不免此弊;即使力求避免,其與古人,亦不過程度之差而已;將來讀書的人,還不免要追怨着我們。這是因爲著書的人,總得假定若干事實爲讀者所已知,而不必加以叙述,如其不然,就要千頭萬緒,無從下筆了。你天天記日記麽?一個朋友,忽而今天來看你;你今天忽而想到去做一件不在預算範圍内的事情;這自然要記出來的。學校中的課程,個個星期是一樣;吃飯、睡覺,天天是一樣;那就決無逐日記載之理,至多每學期開學之初,把課程表抄一份在日記裏,以後每逢變動時,再加以記載;初記日記時,把吃飯和睡覺的時刻,記下一筆,以後則逢一頓宴會,一夜失眠等事,再加以記載罷了。這就是所謂常事不書,是秉筆者不得不然的。然而社會的變遷,雖然看不見，却無一息不在進行之中。雖其進行無一息之停，却又“正明目而視之，不可得而見，傾耳而聽之，不可得而聞”，正和太陽影子的移動，没人看得見一樣。然而隔着一個時間再去看，就移動了許多了。社會的變遷，亦是如此，必須隔若干年代，然後看得出。然而人壽太短，所以除非生於劇變時代的人，總不覺得它有多大的變動。尋常人所覺得的變動，總是聽見父輩、祖父輩，甚或是曾、高祖父輩的人所説的，這種説述的人，尚或出於傳聞而不是親見，如此，在感情上，自然不甚親切；而且這些零碎的事實，不能通其前後而觀之，則亦不過是一個一個小小的變動而已，並不覺得如何驚心動魄，把它記載下來的人，自然少了。隔了較長遠的時代，再把今昔的社會一加比較，固然也覺得它有很大的不同，然而變遷的時代，業已相離很遠，無從知其因變遷生出來的影響，自更無人注意及之了。所以社會的變遷，我們所知道的，怕不過百之一二，對於任何時代的情形，我們都是茫然，自然對於任何事件的環境，我們都不明白了。

不知環境，對於任何事情，總是不能明白的，以致對於任何時代，亦都不能明白，這却如何是好呢？所以現在的史學家最重要的事情，就是“再造已往”。何謂再造已往呢？那就是已往的時代，雖然已往了，我們却要綜合各方面，使其時代的情形，大略復見於眼前。史事有“特殊事實”和“一般狀況”之分。對於特殊事實，普通的見解，總以爲時代愈接近的人，則知之愈真切，其實不然。這許多事情，往往要隔了一個相當的時期，然後漸明；再隔了一個較長的時期，然後大白的。因爲許多事情，都有其内幕，而其内幕，在當時總是秘密的。局中人固不肯宣泄，更不能宣泄；局外人既不能宣泄，亦或不肯宣泄；必隔了一個時期，其材料才得出現。而且局中人無論矣，即局外人，亦免不了利害和感情上的關係，其見解總不能平允，見解既不能平允，自然所述不能真實，亦必隔了一個時期，此等關係漸成過去，其所傳的材料方能真確。又有許多事情，其内幕是永不宣泄的，所謂如何如何，只是後人據其外形，參以原因、結果，推測而得，這亦非待至事後各方面的材料大略出現之後,無從推測。這種便利,都是當時的人,或其時代較爲接近的人所没有的。所以特殊事實,看似當時的人最爲明白;時間愈接近的人則愈明白,其實適得其反。我們來談唐、宋、元、明時代的特殊事實,必有一部分非其時之人所知;將來的人談現在的歷史,亦必有一部分非我們所能及。至於一般狀況則不然,現在的上海,物質生活是怎樣?人情風俗是怎樣?將來的人,無論是怎樣一個專家,對於現在的上海,無論研究得如何精密,其瞭解的深切,總還不如現在久居上海的一個無甚知識的人。固然,他或有種種知識,爲現在的老上海所不及的,然這只是多知道了若干零碎的事實,對於現在整個上海的性質的瞭解,決出於現在所謂老上海者之下。若使現在的上海,發生了一件特殊的事情,使將來的專家,和現在的老上海,同來猜想其原因,逆料其結果,將來專家的所言,絶不如現在老上海之近理。所以以當時的人,瞭解當時的事,只是苦於事實的真相不能盡知,如其知之,則其瞭解之程度,必出於異時人之上。這就是再造已往之所以要緊。

已往者已往矣,何法使之再現?難道能用奇秘的攝影術,使古事再見;奇秘的收音機,使古語可聞麽?照尋常人想來,除非用現代的有聲電影,可以把現代的情形,留起若干來,給後人知道,已往的事,是絶然無法的了,其實不然。所謂一般狀況,乃是綜合各種事情而推想出來的,並不是指某一個人或某一件事。若專指一人一事,那又是特殊事實了。我們現在,有許多前人所遺留下來的重大的特殊事件,尚且不能瞭解其時的社會,何況但保存一二瑣屑的事情呢?若説我們保存得多,則豈能把現代的情形,一一保存下來?還不過和前人一樣,假定若干事物爲後人所能知,則置諸不論不議之列,其爲我們所逆料,以爲將來之人將不能知之事,則保存一二罷了。此與前人之所爲,亦何以異?至多以五十步笑百步而已。所以要以現代人之所爲,省却將來的人搜輯、推測之勞,決無其事。而史家的能力,就是在於搜輯、推測的。倘使能搜輯、推測,前代的情形雖然已成過去,仍有使之再現到某程度的可能。我們現在所苦的，乃是這種材料之少，而無從據之以資推測，然此種材料雖少，我們所用的搜輯的工夫，怕比他更少。況且我們於現存材料之外，還有發現新材料的可能。

所以現代史學上的格言，是"求狀況非求事實"。這不是不重事實，狀況原是靠事實然後明白的，所以異於昔人的，只是所求者爲"足以使某時代某地方一般狀況可借以明白的事實"，而不是無意義的事實而已。所以有許多事情，昔人視爲重要，我們現在看起來，倒是無關重要，而可以删除的。有許多事情，昔人視爲不重要，不加記載，不過因他事而附見的，我們現在看來，倒是極關重要的，要注意加以搜輯，上章所述的裹蒸和起麵餅，似乎就是一個例子。所以求狀況的格言，是"重常人，重常事"，常人、常事是風化，特殊的人所做的特殊的事是山崩。不知道風化，決不能知道山崩的所以然，如其知道了風化，則山崩只是當然的結果。

搜輯特殊事實，以求明瞭一般狀況，這是很難有刻板的方法可説的。大致説起來，亦不外乎所知者博，則所測者確，所以搜輯是最緊要的事。所搜輯的材料，大致説起來，亦可分爲物質狀況和社會狀況二者。譬如古代的地理，和現在不同，就是自然狀況有異，譬如古代的長江比現在闊，所以南北戰争，長江爲天險的性質較後世爲甚。住宅、道路等亦然。又如考校某時代的學術思想如何，便可推測其時的士大夫，對於某種政治上的事件，懷抱何種感想？若再博考其時平民社會的情形，則又可推測其時的老百姓，對國事的態度如何？既知道士大夫和老百姓對待國事的態度，就可解釋其時政治上某種事件，當局者何以要取某種措置的理由，並可評論其得失。這是舉一端爲例，其餘可以類推。"折戟沈沙鐵未銷，自將磨洗認前朝"，知道古今兵器之不同，則其戰術的不同，亦只是當然的結果，如風化之於山崩而已。

六、作史的方法

作史,似乎是研究歷史的人所談不到的,然而現在的歷史,正在要重作之中,惟其知道作史的方法,才能知道研究的方法,所以作史的方法,也不可以不一談。

歷史該怎樣作法呢?那在理論上是無疑義的。第一,當先搜集材料。第二,當就所搜集得的材料,加以考訂,使其正確。然後第三,可以着手編纂。

史事的搜輯、訂正,是永無窮期的。外行的人,往往以爲“歷史的材料,是一成不變的。至多(一)有新發現的事實,加一些進去;(二)舊材料不完全、不正確的,被發現了,則加以補充,加以訂正,如此而已。這兩者都不能多,所以歷史的材料,從大體上可以説是固定的,無甚變動”。這種見解,其實是錯誤的。歷史上的年代如此之長,事實如此之多,即使我們所搜輯的範圍,和從前人一樣,亦不易有完備之日。何況研究的範圍,是時時變動的,無論你方法如何謹嚴,如何自許爲客觀,入於研究範圍之内的,總是反映着其時代所需要。一物有多少相,是没有一定的,有多少人看,就有多少相,因爲没有兩個看,能占同一的空間與時間。看的人没有了,就相也没有了。哲學家説:“世界上没有兩件相同的東西,因爲至少它所占的時間或空間是兩樣。”然則以不同地域、不同時代的人,看起歷史上的事件來,其觀點如何會相同?觀點不同,其所見者,亦自然不同;所覺得要補充,要删除的,自亦隨之而異了。所以史學一日不息,搜輯之功亦即一日而不息。

這話或者説得太玄妙些，然即使淺而言之，現代各種科學勃興，我們從前不甚注意，不甚瞭解的事實，現在知其重要的何限？豈能摒諸研究範圍之外？然則史學的範圍，安得而不擴充？範圍擴充，搜輯的工作，安能不隨之而增加呢？科學的進步永無止境，史家搜輯的工作，自亦隨之而無窮了。至於訂正，則從前人的記載錯誤的，見解不正確的，淺而言之，即隨處可見。此等或可説：終有訂正至正確的一日，而有的或竟無法可想了，則訂正亦似有窮期。其實亦不然。真正客觀的事實，是世界上所没有的。真正客觀的事實，只是一個一個絶不相聯屬之感覺，和做影戲所用的片子一般，不把它聯屬起來，試問有何意義？豈復成爲事實？所謂事實，總是合許多小情節而成，而其所謂小情節，又是合許多更小的情節而成，如是遞推，至於最小，仍是如此。其能成爲事實，總是我們用主觀的意見，把它聯屬起來的。如此，世界上安有真客觀的事實？既非客觀，安得云無變動？這話或者又説得太玄妙些，然而一件事實的真相，不但限於其外形，總得推見其内部，這總是人人可以承認的。如此，則因社會狀況的不同，人心的觀念即隨之而變，觀念既變，看得事情的真相，亦就不同了。譬如在從前尊信士大夫階級的時代，看歷史上的黨争，或以爲一方面確係君子，一方面實屬小人；或以爲兩方面都係君子，出於誤會。到現在，知道了階級的性質，就知道無論哪一方，不會全是君子，其中真爲國家、社會起見的，總不過是極少數人了。史事的訂正，又安有窮期呢？搜輯永無窮期，訂正永無窮期，歷史的當改作，即已永無窮期，何況歷史不是搜輯、考訂了便算了事的，還要編纂成功，給大家看，而看的人的需要，又是隨時不同的，然則歷史安得不永遠在重作之中呢？

以上所説的都是原理，以下且談些具體的方法。

搜輯的對象，當分爲書本和非書本二者。非書本之物，即：(一)人類的遺骸，(二)古物，(三)法俗，已如第二節所述。此當隨時搜輯，其最重要的來源，爲(一)考古學上的發現，及(二)各種新調查。這二者，在現在的中國，材料還不多，我們只能盡其所有，充分的加以利用。書本上的材料，則可謂汗牛充棟。一個人的研究，總有一個範圍，如劃定時間、地域，或擇取某一事件等。在範圍内的材料，自然有一個限度。但這種材料，很難斷定某一部書内没有，於是每研究一個題目，就非把所有的書看遍，或看其十之七八不可，此豈人力所能及。從來著書的人，無論如何勤苦，怕也没人敢説材料的搜輯，業已一無遺漏，或者十得八九的。然而考證上的事情，往往多一條證據，少一條證據，如發現不足信的材料，抽去一條。事相即爲之大變，材料的搜輯不能完全，總是史學家一個遺憾。然則如之何呢？絶對的理論上的完備，自然是不可能的，然亦總得盡我們之力，做到大體上没有遺憾的地步。如此説來，則我覺得史料匯編，在今日實爲當務之急。所謂史料匯編，便是把每一個題目，無論其爲時間别，地域别，或擇取某事件。遍覽羣書，把其中有關係的，都抄録下來，注明篇名卷數或頁數，及所據的版本。不同的刻本，須互相校勘，見於類書或他書所徵引者亦然，所以又涉及校讎問題。此自非一二人之力所能及，當集羣力，以大規模的組織行之。此即昔人編纂類書之法。中國歷代，多有大類書的編纂。從魏朝的《皇覽》，到清朝的《圖書集成》。這能替研究學問的人，把他所需要的材料，匯集在一處，省却他自行搜輯之勞，所省下來的工夫，就可用之於研究上了，其用意實爲最善，惜乎其所編纂的，都不甚佳而已。因爲私人之力不及，而官修之書，又每不盡善。在現代，實在各種學問，都當以此法行之，而史家相需爲尤急。論整理國故的人，總説舊學術要算一筆總帳，編類書亦是算總帳最好的法子。編纂史料匯編，當用前人作史抄的方法。所謂史抄，是把從前人的著作，依着我所定的條理系統，抄集下來的。不改動原文，但遇兩書材料相同的，則去其重複，然亦仍須注明。如《史記》與《漢書》，《宋》、《齊》、《梁》、《陳》、《魏》、《周》、《隋書》與《南》、《北史》是。有一字的異同，亦須注明，無之則但注某書某篇同。有須删節處，亦須注明删節。總使人家看起來，和看原書一樣。爲什麽必要用這種體例呢？那是因爲讀史總要據原始材料的；而且有許多地方，史事的真相，就是據字句推勘而得；所以字句一有變動，又要生出一番校勘之勞，這個殊犯不着，所以要一概照抄，如有意見，則另注於下。善用這種體例的，亦可以成爲著作，如馬驌的《繹史》，便是一個例子。羅泌的《路史》，材料實較《繹史》爲豐富而可貴，如用《繹史》的體例作成，當更可貴。此種書籍，能合羣力爲大規模的編纂固佳，即私人亦未嘗不可爲。那便是：(一) 擇定一個題目，罄畢生之力而爲之，盡其所能，做到什麽地步是什麽地步，其未竟之緒，則留待後人賡續。(二) 或者選定若干部書，把它分門別類的抄撮起來，抄得幾部是幾部。這種辦法，對於一個題目，固然極不完全，然使各種書籍都有人抄，而所定的門類，又大致相等，如能劃一，自然更好，但恐不易辦到，即亦不必勉强。則合而觀之，亦不啻一完備的史料匯編了。駁我的人要説道："彰明較著，一望而知爲與某題目有關係的材料，固然可以集衆或由有志的人匯抄。然而史學的進步，總是從衆所不能見，即置之眼前，亦不能知其有何關係的材料中得來的，此豈非專家所能着手?"這話固然不錯。然此乃無可如何之事。匯抄之作，原只能省衆所共見的材料的搜輯，然把這種工夫，替研究者省下來，所得業已不少。外國學者著書，往往有延聘助手代其搜輯材料的，就是爲此。何況專家新發明、新訂正的史料，我們亦可分類抄撮呢?

考訂史事的方法，外形上記載的同異，是容易見得的，只要搜輯得完備，校勘得精細。但現在所當致力的，殊不限於此。大抵原始的史料，總是從見聞而來的，傳聞的不足信，人人能言之，其實親見者亦何嘗可信? 人的觀察本來容易錯誤的。即使不誤，而所見的事情稍縱即逝，到記載的時候，總是根據記憶寫出來的，而記憶的易誤，又是顯而易見的。況且所看見的，總是許多斷片，其能成爲一件事情，總是以意聯屬起來的，這已經摻入很大的主觀的成分。何況還有没看見或忘掉的地方，不免以意補綴呢? 這種錯誤，是無論何人不能免掉的，如其要免掉，那就世界上没有史事了。這還是得之於見的，其得之於聞的，則傳述者又把這些錯誤一一加入。傳述多一次，則其錯誤增加一次。事情經過多次傳述，就無意間把不近情理的情節删除或改動，而把有趣味的情節擴大起來。看似愈傳述愈詳盡，愈精彩，實則其不可信的成分愈多。這還是無意的,還有有意的作僞。那便是:(一)僞造假的事實。(二)抹殺真的事實,如清朝人的燒毁書籍,改作實録,就是其例子。這是有所爲而爲之的。還有(三)無所爲而出於游戲性質的。如東晉晚出的僞《古文尚書》,到底是何人所造,至今很難論定。程魚門《晚書訂疑》説它是游戲的擬作,其説亦頗近情理,此説如確,就是一個很好的例子了。古今來的僞書,亦可説是汗牛充棟。辨僞之法,近人論者頗多,此書爲篇幅所限,不再詳述。以上所述,實在還都是粗淺的,若論其精微的,則憑你一意求真,還是不能免於不確實,雖然你已小心到十二分。因爲人的心理,總有一個方向,總不能接受和這方向相反的事情。所以又有許多真確而有價值的事情,爲你所視而不見,聽而不聞了。心理上這種細微的偏見,是没有徹底免除的可能的;就要洗伐到相當的程度,也很不容易。讀《文史通義》的《史德篇》可見。史事的不足信如此,無怪史學家説"歷史只是大家同意的故事"了。史學家爲求真起見,在這上面,就得費掉很大的工夫。

史料的真僞,鑒别、考訂得覺其大體可信了,然後我們可進而批評史事。歷史上任何事件,把現在的眼光看起來,總覺得其不甚可信。明明是個大公無私的人,反説得他詐僞陰險,如往史之於王安石。明明是件深曲隱蔽之事,説來反覺得其淺顯易明,這些真是隨處可見。而只知其外表,不知其内容的,更不知凡幾。讀史者於此,往往模模糊糊,不加注意;或則人云亦云;其偶有所見的,又或痛詆古人的錯誤,其實此亦不然。一件事,所能看見的,總只是外形,其内容如何,總得由觀察者據着外形去推測。我們該盡我們考證之所能,推測之所至,盡量地把史事的真相闡發出來。不過推測總只是推測,不能徑認爲事實而已。在這一點上,昔人著述的體例,未盡善處很多,實有改良的必要。

歷史不但因時代而不同,其所懸擬的讀者,亦各不同。各種不同的讀者,而只供給他一種書,是不很適宜的。如《資治通鑒》,本意係供君主閱覽;以供平民閱覽,實不盡適宜。就供給一種人看的歷史,也應有幾種同時並行,以資參證;而作史者亦得各抒所見;這是於史學大有裨益的。其好壞,最好任人評論。從前功令,定某種書爲正經正史,使人把它的價值,看得特別高,這種辦法頗不適宜。我們當祛除成見,平等相看,其信否的程度如何,一以我們按照嚴格的史學方法所評定者爲斷。

七、研究歷史的方法

歷史的性質,及其發展的經過和現在的觀點,已經大略明白了,那我們就可以進而談歷史的研究方法了。

現在要想研究歷史,其第一個條件,就是對於各種科學,先得要有一個常識。治史學的人,往往以爲社會科學是緊要的,自然科學則不甚重要,實亦不然。有許多道理,社會科學和自然科學是相通的。如演變的觀念,若不知道生物學,就不能知道得真確。又如治歷史,要追溯到先史時代,則史家對於地質學,豈能茫無所知?這是舉兩端爲例,其餘可以類推。所以治史學的人,對於現代的科學,都不能不略知大概。否則用力雖深,也和一二百年前的人無以異了,安足稱爲現代的學問家?固然,各種社會科學,如政治學、法律學、經濟學、人生哲學等,和史學的關係更爲密切。然只能謂治史學者,對於此等學科,更須有超出常識以外的知識,而不能説此外諸學科,可以並常識而不具。現在再把治史學的人所宜特别加意的幾種學科,略説其關係如下:

治史學第一要留意的,就是社會學了。歷史是研究整個社會的變遷的,任何一種事件,用别種眼光去解釋,都只能得其一方面,惟社會學才可謂能攬其全。而且社會的變遷發展,是有一定的程序的,其現象似乎不同,其原理則無以異。明白了社會進化的法則,然後對於每一事件,都能知其在進化的長途中所具有的意義;對於今後進化的途徑,自然也可以預測幾分。如蠻族的風俗,昔人觀之,多以爲毫無價值,不加研究。用社會學的眼光看起來,則知道何種社會有何種需要,各種文化的價值,都是平等的,野蠻民族的文化,其爲重要,正和文明民族一樣。而且從野蠻時代看到文明時代,更可知道其變遷之所以然。所以我曾説:近代的西人,足跡所至既廣,他們又能尊重科學,爲好奇心所驅迫,對於各種蠻族的風俗,都能盡量加以研究,這個對於史學的裨益,實非淺鮮。因爲它在無意中,替我們把歷史的年代延長了,現代蠻族的情形,和我們古代的情形相像,看了它,就可追想我們古代的情形了,所以説是歷史年代的延長。就是使我們的知識加幾倍的廣博。這亦是舉一端爲例,其餘可以類推。

把歷史的年代延得更長的,就是考古學了。史學家説:"假定人類的出生,有二十四萬年,我們把一日設譬,則每小時要代表二萬年,每一分鐘要代表三百三十三年,最古的文化,在十一點四十分時候才出現;希臘文化,離現在只有七分鐘;蒸汽機的發明,則只有半分鐘而已。所以通常所謂古人,覺得他和我們相離很遠的,其實只是同時代的人。"這種説法,所假定的人類出生的時期,爲時頗短,若取普通的説法,很有加長一倍的可能,那我們歷史上的文化,更淺短得不足道了。然即此假定,亦已足以破除普通人的成見了。

自然科學中,對於歷史關係最密切的,自然是地理學。這因爲人類無一息之間,能不受自然的影響,而地理學是一切自然條件的總括。這種道理,在現今是人人知道的,無待再説。但在歷史上,地理形勢不必和現在相同,把現在的地理情形,去解釋史事,就要陷於誤謬了。所以治史學者,對於歷史地理,不能不有相當的知識。其中最重要的,就是要知道各時代地面上的情形和現在不同的,因以推知其時的地理及於其時人類的影響和現在的不同。錢君賓四曾對我説,有意做這樣一部書,這是極緊要極好的事情,然此事恐不易成。不可如從前人但偏於兵事上的研究。

治史學的人,雖不是要做文學家,然對於文學,亦不可不有相當的瞭解。其中(一)是訓詁。這在治古史,是人人知其重要的,然實並不限於此。各時代有各時代的語言，又有其時的專門名詞，如魏、晉、南北朝史中之寧馨、是處、若爲，《宋史》中的推排、手實、稱提等都是。寧馨猶言這個。是處猶言處處。若爲即如何的轉音。推排是查軋的意思。手實是按一定的條件，自行填注。稱提乃紙幣跌價，收回一部分，以提高其價格之意。這些實該各有其專門的辭典。（二）文法，亦是如此。這個在古代，讀俞樾的《古書疑義舉例》可知，後世亦可以此推之。（三）普通的文學程度，尤其要緊。必能達到普通的程度，然後讀書能够確實瞭解，不至於隔膜、誤會。況且在古代，史學和文學關係較深，必能略知文學的風味，然後對於作史者的意旨能够領略。晚出《古文尚書》的辨僞，可謂近代學術界上的一大公案。最初懷疑的朱子，就是從文學上悟入的。他説：《今文尚書》多數佶屈聱牙，《古文尚書》則無不平順易解，如何伏生專忘掉其易解，而記得其難解的呢？清朝的閻若璩，可説是第一個用客觀方法辨《古文尚書》之僞的人，到他出來之後，《古文尚書》之爲僞作，就無復辯解的餘地了，而他所著的《古文尚書疏證》中有一條，據《胤征》篇的"每歲孟春"句，説古書中無用每字的，因此斷定其爲魏、晉後人的僞作。宋朝的王應麟，輯魯、齊、韓三家《詩》，只輯得一薄本，清朝的陳喬樅所輯得的，却比他加出十倍。陳喬樅的時代，後於王應麟有好幾百年，只有王應麟時代有的書，陳喬樅時代没有，不會有陳喬樅時代有的書，王應麟時代没有的，巧婦難爲無米之炊，陳喬樅有何異術，而能所得的十倍於王應麟呢？那是由於古書有一種義例，爲陳喬樅所知，而王應麟所不知。原來自西漢的今文經學以前，學術的傳授，都是所謂專門之學，要謹守師法的。這所謂專門之學，與現在所謂專門之學，意義不同，非以學問的性質分，而以其派别分。所以師徒數代相傳，所説的話，都是一樣。我們（一）固可因歷史上説明甲係治某種學問，而因甲所説的話，以輯得某種學問的佚文，（二）並可以因乙所説的話和甲相同，而知道乙亦係治某種學問。如是再推之於丙、丁等等，其所得的，自非王應麟所能及了。然則甲、乙、丙、丁等所説的話的相同，並不是各有所見，而所見者相同，還只是甲一個人所説的話。我們治古史,搜羅證據,並不能因某一種説法主張者多,就以爲同意者多,證據堅强,這亦是通知古書義例,有益於史學的一個證據。

講學問固不宜預設成見,然亦有種重要的觀念,在治此學以前,不可不先知道的,否則就茫無把握了。這種重要的觀念,原只是入手時的一個依傍,並没叫你終身死守着他,一句不許背叛。現在就史學上的重要觀念,我所認爲讀史之先,應該預先知道的,略説幾條如下:

其中第一緊要的,是要知道史事是進化的,打破昔人循環之見。有生命之物,所以異於無生物;人所以特異於他種生物,就在進化這一點上。固然,世界上無物不在進化之中,但他種物事,其進化較遲,在一定的時期中,假定它是不變的,或者尚無大害。人類的進化,則是最快的,每一變動,必然較從前有進步,有時看係退步,然實係進步所走的曲綫。這種現象,實在隨處可見。然人類往往爲成見所蔽,對於這種真理不能瞭解。尤其在中國,循環的觀念入人甚深。古人這種觀念,大概係由觀察晝夜、寒暑等自然現象而得,因爲此等現象,對於人生,尤其是農、牧民族,相關最切。這其中固亦含有一部分的真理,然把它適用於人類社會就差了。粒食的民族,幾曾見其復返於飲血茹毛?黑格爾的哲學,徒逞玄想,根脚並不確實,而且不免偏狹之見,有何足取?然終不能不推爲歷史哲學的大家,而且能爲馬克思的先導,就是因爲他對於歷史是進化的的見解,發揮得透徹呀!

第二,馬克思以經濟爲社會的基礎之説,不可以不知道。社會是整個的,任何現象,必與其餘一切現象都有關係,這話看似玄妙,其實是容易明白的,佛家所説的"帝網重重",就是此理。帝字是自然的意思,帝網重重,猶言每一現象,在自然法中,總受其餘一切現象的束縛,佛家又以一室中同時有許多燈光,光光相入設譬,亦是此意。然關係必有親疏,親疏,就是直接、間接。影響亦分大小。地球上受星光之熱亦不少,豈能把星光的重要,看作和太陽光相等?把一切有關係的事,都看得其關係相等,就茫然無所瞭解,等於不知事物相互的關係了。如此,則以物質爲基礎,以經濟現象爲社會最重要的條件,而把他種現象,看作依附於其上的上層建築,對於史事的瞭解,實在是有很大的幫助的。但能平心觀察,其理自明。

第三,近代西洋科學和物質文明的發達,對於史事是大有影響的。人類最親切的環境,使人感覺其苦樂最甚的,實在是社會環境,這固然是事實,然而物質環境既然是社會組織的基礎,則其有所變動,影響之大,自更不容否認。在基礎無甚變動時,上層建築亦陳陳相因,人生其間的,不覺得環境有何變動,因亦認爲環境不能使之變動,於是"世界是不變的";"即有變動,亦是循環的";"一切道理,古人都已發現了";"世界永遠不過如此,無法使之大進步,因而没有徹底改良的希望"。這種見解,就要相因而至,牢不可破了。科學發達了,物質文明進步了,就給這種觀念以一個大打擊。惟物質文明發達,而人類制馭自然之力始强,人才覺得環境可以改變;且可用人類的力量使之改變,人類因限於物質所受的種種苦痛,才覺得其有解除的可能。惟物質文明發達,而社會的組織亦隨之而大變,人才覺得社會的組織亦是可變的,且亦可以用人類的力量使之改變的。又因物質文明進步所招致的社會變遷,使一部分人大感其痛苦,人才覺得社會實有加以改革的必要。惟物質文明發達,才能大變交通的情形,合全球爲一家,使種種文化不同的人類合同而化。惟科學發達,人才不爲淺短的應用主義所限,而知道爲學問而學問的可貴,而爲學問而學問的結果,則能有更精深的造詣,使人類的知識增加,而制馭事物之力,亦更因之而加强。人類的觀念,畢竟是隨着事物而變的。少所見多所怪的人,總以爲西洋和東洋有多大的差異,聞見較廣的人,就不然了,試將數十年以前的人對於外國的見解,和現在人的見解,加以比較便知。然不知歷史的人,總還以爲這小小的差異,自古即然,知道歷史的人,見解就又不同了。西洋現在風俗異於中國的,實從工業革命而來,如其富於組織力,如其溺於個人的成功都是。前乎此,其根本的觀念,原是無大異同的。所以近代西洋科學及物質文明的發達,實在是通於全世界劃時期的一個大變。

第四,崇古觀念的由來及其利弊,亦不可不加以研究的。人人都說:中國人崇古之念太深,幾以爲中國人獨有之弊,其實不然。西洋人進化的觀念,亦不過自近世以來。前乎此,其視邃古爲黄金時代,其謂一切真理皆爲古人所已發現,亦與中國同。而且不但歐洲,世界上任何民族,幾乎都有一個邃古爲黄金時代的傳説,這是什麽理由呢?崇古的弊病,是很容易見得的。民國三十四年之後,只會有三十五年,決不會有三十三年,然而三十四年的人,是只會知道三十三年以前,決不會知道三十五年以後的。所以世界刻刻在發展出新局面來,而人之所以應付之者,總只是一個舊辦法。我們所以永遠趕不上時代,而多少總有些落伍,就是爲此。這固然是無可如何的事,然使我們没有深厚的崇古觀念,不要一切都以古人的是非爲標準;不要一切都向從前想,以致養成薄今愛古的感情,致理智爲其所蔽,總要好得許多。然而人却通有這種弊病。這是什麽理由呢?難道崇古是人類的天性麽?不,決不。人類的所以崇古,是有一個很深遠的原因的。人類最親切的環境是社會環境,使人直接感覺其苦樂,前文業經説過了。在邃古之世,人類的社會組織是良好的,此時的社會環境亦極良好。後來因要求制馭自然的力量加强,不得不合併諸小社會而成爲大社會,而當其合併之際,没有能好好的隨時加以組織,於是人類制馭自然之力逐步加强,而其社會組織,亦逐步變壞,人生其間的,所感覺的苦痛,亦就逐步加深了。人類社會良好的組織,可以説自原始的公産社會破壞以來,迄未恢復。而其從前曾經良好的一種甜蜜的回憶,亦久而久之未曾忘掉。於是大家都覺得邃古之世,是一個黄金時代,雖然其對於邃古的情形並不清楚。這便是崇古主義的由來。是萬人所共欲之事,終必有實現的一日的,雖然現在還受着阻礙。明乎此,則知今日正處於大變動的時代之中,但其所謂變動,必以更高的形式而出現,而非如復古主義者之所想像,這便是進化的道理。

以上所述,自然不免挂一漏萬,然而最重要的觀念,似亦略具於此了。社會科學,直至今日,實在本身並没有發現甚麽法則。一切重要觀念,多是從自然科學中借貸而來的。並非説全没有,但只是零碎的描寫,没有能構成條理系統。前叙循環等觀念,根本是從觀察無生物得來的無論矣,近代借徑於生物學等,似乎比古人進步了,然亦仍有其不適用之處。無論其爲動物,爲人,其個體總係有機體,而社會則係超機體,有機體的條例,亦是不能適用於超機體的。如人不能恆動不息,所以一動之後,必繼之以一静;社會則可以這一部分休息,那一部分换班工作,所以一個機關可以永不停滯,這便是一個例。所謂社會科學,非從感情上希望其能够如何,更非從道德上規定其應當如何,而是把社會的本身,作爲研究的對象,發現其本身是如何、可以如何的問題。這便是第一章所説的學,而指導其應該如何,則只是第一章中所説的術。術是要從學生出來的,而我們自古至今,對於社會的學,實在没真明白過,所以其所謂術,也從來不能得當。一般對於社會的議論,非希望其能够如何,則斥責其不當如何,熱情坌涌,而其目的都不能達到,如説食之不能獲飽,試問竟有何益?社會學家説得好:"社會上一切事都是合理的,只是我們没有懂得它的理。"這話深堪反省。努力研究社會,從其本身發現種種法則,實在是目前一件最爲緊要的事,而這件事和史學極有關係,而且非取資於史學,是無從達其目的的,這便是史學的最大任務。

人的性質,有專門家和通才之分。在史學上,前者宜爲專門史家,後者宜爲普通史家。人固宜善用其所長,然亦不可不自救其所短。專門家每缺於普遍的知識,所發出來的議論,往往會荒謬可笑。這是因爲一種現象的影響,只能達到一定的限度,而專門家把它看得超過其限度之故。普通史家自無此弊。然普通史的任務,在於綜合各方面,看出一時代一地域中的真相,其所綜合的,基礎必極確實而後可,如專門的知識太乏,又不免有基礎不確實的危險。所以治史學者,雖宜就其性之所長而努力,又宜時時留意矯正自己的所短,這亦不可不知。

讀歷史的利益何在呢?讀了歷史,才會有革命思想。這話怎樣講呢？那就是讀了歷史，才知道人類社會有進化的道理。從前的人，誤以爲讀了歷史，才知道既往，才可爲將來辦事的準則，於是把歷史來作爲守舊的護符，這是誤用了歷史的。若真知道歷史，便知道世界上無一事不在變遷進化之中，雖有大力莫之能阻了。所以歷史是維新的證佐，不是守舊的護符。惟知道歷史，才知道應走的路，才知道自己所處的地位，所當盡的責任。

有人説："歷史上的因果關係，是很複雜的，怕非普通人所能明白，而普通的人對於歷史，也不會感覺興味。"這話亦不盡然。今日史事的所以難明，有些實在由於因果關係的誤認。譬如政治久已不是社會的原動力了，有些人却偏要説國家的治亂興亡，全由於政府中幾個人措置的得失。這種似是而非的話，如何能使人瞭解？如其是真實的，"現代機械的發明，到底足以使人的生活變更否？""機械發明之後，經濟組織能否不隨之而起變化？""資本主義，能否不發達而爲帝國主義？""這種重大的變化，對於人類的苦樂如何？""現在的社會，能不革命否？"這些看似複雜，而逐層推勘，其實是容易明白的，何至於不能瞭解？都是和生活極有關係，極切近的事情，何至於没有興味？

史籍與史學

一、史學定義

何謂史？史也者，記事者也。此人人所能作之語也。雖然，世界之事亦多矣，安能盡記，即記亦有何益？能答是問者，則較少矣。號爲學問之士，則曰：史事者，前車之鑒也。古人如何而得，則我可從而仿效之，如何而失，則我可引爲鑒戒。此説似是，而稍深思，即知其非，何者？史事之有記載，亦既數千年矣，豈嘗有兩事真相同者。世之以爲相同，皆察之不精，誤以不同者爲同耳，世事既實不相同，安可執古方以藥今病。歐人東來而後，中國交涉之所以敗壞，正坐此耳。此真不遠之鑒也。不寧惟是，世運愈進，則變遷愈速。一切事物，轉瞬即非其故，執古方以藥今病，在往昔猶可勉强敷衍者，今則不旋踵而敗矣。故以史事爲前車，實最危險之道也。然則讀史果何用哉？天資較高者，窺破此理，乃以學問爲無用，以載籍爲欺人。專恃私智，以應事物，究其極，亦未有不敗者。古來不學無術之英雄，皆此曹也。然則史學果有用乎？抑無用乎？

史也者，事也。而史學之所求，則爲理而非事，是何也？曰：佛家之理事無礙觀門言之矣。事不違理，故明於理者必明於事，然則徑求其理可矣，何必更求其事。曰：此則理事無礙觀門又言之矣。事外無理，故理必因事而明。然則明於事者，亦必能知理。明於事理，則不待講應付之術，而術自出焉。猶欲製一物者，必先知其物之性質，苟深知其物之性質，則製造之法，即可由之而定也。夫明於事，則能知理者，何也？請就眼前之事物思之，物之接於吾者亦多矣，習見焉則不以爲異，不復深求其故。苟一思之，則此事之所以如此，彼事之所以如彼，無不有其所以然。偶然者，世事之所無，莫知其然而然，則人自不知之耳。一切事物如此，社會何獨不然，中國之社會，何以不同於歐洲；歐洲之社會，何以不同於日本，習焉則不以爲異，苟一思之，則知其原因之深遠，雖窮年累世，猶未易明其所以然也。一切學問之所求，亦此所以然之故而已矣。兩間之事物甚繁，而人類之知識有限，學問於是乎有分科。史之所求，以人類社會爲對象，然則史也者，所以求明乎人類社會之所以然者也。

然則史也者，所以求知過去者也，其求知過去，則正其所以求知現在也。能知過去，即能知現在；不知過去，即必不知現在，其故何也？曰：天地之化，往者過，來者續，無一息之停。過去現在未來，原不過强立之名目。其實世界進化，正如莽莽長流，滔滔不息，才説現在，已成過去，欲覓現在，惟有未來，何古何今，皆在進化之長流中耳。然則過去現在未來，實爲一體，不知過去，又安知現在，真知現在，又安有不知將來者邪？

世事之所以然，究竟如何？不可知也。然既從事研求，則必有其見地，所見雖未必確，固不妨假定爲確，使所假定者而果確焉，此即社會演進之真理也。事不違理，非徒可以知現在，抑亦可以測將來矣。吾曹今日，於此雖尚無所知，然其所研求，則正此物也。故史也者，所以求社會演進之法則也。

欲明進化之定則，必知事物之因果，然今古之界，既係强分，彼此之名，自然亦係强立。一事也，欲求其因，則全宇宙皆其因；欲求其果，則全宇宙，皆其果耳。夫安能盡記，抑安能徧知，史學復何由成立哉？應之曰：史也者，非一成不變之物，而時時改作焉者也。吾儕自有知識，至於今日，所經歷之事亦多矣，安能盡記，然吾之爲何如人，未嘗不自知也。我之知我爲何如人，固恃記憶而得。然則史事豈待盡記哉？亦記其足以説明社會之所以然者可矣。惟何等事實，足以説明社會之所以然，别擇甚難。此則世界之歷史，所以時時在改作之中，而亦今日之治史學者，所爲昕夕研求，孳孳不怠者也。

二、史籍溯源

史學與史籍，非一物也。會通衆事而得其公例者，可以謂之史學；而不然者，則只可謂之史籍。史學緣起頗遲，而史籍之由來，則甚舊也。

英儒培根氏，根據心理，分學問爲三類：一曰屬於記憶者，史是也；二曰屬於理性者，哲學是也；三曰屬於情感者，文學是也。中國四部中之史，與其所謂屬於記憶者相當，可不俟論；經、子與其所謂屬於理性者相當；集與其所謂屬於情感者相當，雖不密合，亦姑以辜較言之也。

文學之書，自爲一類，蓋自二劉立《詩賦略》始。集部後來龐雜至不可名狀，然追原其始，則固所以專收文學之書，《七略》中之《詩賦略》是也。范、陳二史，著諸文士撰述，皆云詩、賦、碑、箴、頌、誄若干篇。王儉《七志》猶以詩賦爲文翰志；至阮孝緒《七録》，乃以文集爲一部。蓋緣後人學問日雜，所著之書，不復能按學術派別分類，乃不得不以人爲主，編爲别集也。此自後來之遷變，不害始創《詩賦略》者體例之純。史則尚附《春秋》之末也。然則劉《略》以前，探索原理之經、子，記載事物之史，發抒情感之文，皆混而爲一矣。此自古人學問粗略使然，然亦可見其時客觀觀念之闕乏也。故曰：史學之緣起頗遲也。云史籍之由來甚舊者：人類生而有探求事物根柢之性，故必知既往，乃知現在之見解，人人有之。與其戀舊而不忍忘之情，故一有接構，輒思考究其起源；而身所經歷，尤必記識之，以備他日之覆按。當其離羣索居，則於宇宙萬物，冥心探索；羣萃州處，又必廣搜遺聞軼事，以爲談助。思索所極，文獻無徵,猶或造作荒唐之辭,以炫人而自慰;況其耳目睹記,確爲不誣,十口相傳,實有所受者乎?此民間傳述,所以遠在書契以前;而史官記載,亦即起於始製文字之世也。

史官之設,亦由來已舊。《玉藻》曰:"王前巫而後史。"又曰:"動則左史書之,言則右史書之。"《玉藻》所記,爲王居明堂之禮,必邃古之遺制也。《内則》稱五帝、三王,皆有惇史。而《周官》所載,有大史、小史、内史、外史、御史之分;又諸官皆有史,蓋世彌降,職彌詳矣。就其書之存於今者觀之:《尚書》,記言之史也;《春秋》,記事之史也;《大戴記》之《帝系姓》,及《史記·秦始皇本紀》後所附之《秦紀》,小史所掌之系姓也。古所謂《禮》,即後世所謂典志,亦必史官所記,惟不知其出於何職,大約屬於某官之事,即其官之史所記也。古代史官之書,留詒於後世者如此。

民間傳述,起源尤古。就其所傳之辭觀之:有出於農夫野老者,亦有出於學士大夫者。有傳之未久,即著竹帛者;亦有久之乃見記載者。其所傳之事,有閱世甚久者;亦有相去不遠者。大抵出於農夫野志者,其辭多鄙,其事多誣;如孟子斥咸丘蒙之言是。"堯帥諸侯北面而朝之,瞽瞍亦北面而朝之,舜見瞽瞍其容有蹙"。憑空想象,稚氣可笑。且横以"於斯時也,天下殆哉岌岌乎"之語,加誣孔子,的系東野人口吻。大抵古代傳説,類於平話者甚多,不獨野人,即士夫間亦不免。可以想見其時之人之程度也。出於學士大夫者,其辭較雅,其事較確。傳之久始著竹帛者,其失實多;而不然者,其失實少。如《管子》"大"、"中"、"小匡篇"述管仲事,有可信者,有極悠繆者,即由其或以史籍爲據,或出輾轉傳述也。所傳之事,出於近世者,多係人事,其出於荒古者,則不免雜以神話,太史公謂百家言黄帝,其文不雅馴,蓋即如此。讖緯荒怪之辭亦必非全無根據,蓋亦以此等傳説爲資料也。今日讀古書,固不能一一知其所出,據此求之,猶可得其大略也。

《史通》分正史爲六家:一《尚書》,二《春秋》,三《左傳》,四《國語》,五《史記》,六《漢書》。《史》、《漢》皆出後世。《左氏》,近儒謂後人割裂《國語》爲之,説若可信,《國語》則《尚書》之支流餘裔耳。何以言之?《尚書》重於記言,既記嘉言,自亦可記懿行;既記嘉言懿行以爲法,自亦可記莠言亂行之足爲戒者也。古者設官記注,蓋惟言、動二端。典禮之書,後人雖珍若球圖,當日僅視同檔案,等諸陳數之列,迥非多識之倫。《系世》所記,更屬一家之事,故溯史職者不之及也。至《史》、《漢》出而體例大異。《漢書》原本《史記》;《史記》亦非談、遷所自作,觀《世本》之例,多與《史公書》同,則係當時史官,記注成法如此,談、遷特從而網羅之耳。《帝紀》及《世家》、《年表》蓋合《春秋》及《系世》而成,《列傳》出於《國語》,《史記》稱列傳猶曰語,如《禮志》述晁錯事,曰見袁盎語中。《書》、《志》出於典禮。前此不以爲史者,至此悉加甄採;前此只有國別史,至此則舉當日世界各國之史,合爲一編;史籍至此,可謂大異於其故,蓋寖寖焉進於史學矣。

三、史學緣起

史籍非即史學，前已言之矣。然則吾國史學，果始何時乎？曰：其必始於周、秦之際矣。何以言之？

史學者，合衆事而觀其會通，以得社會進化之公例者也。夫合衆事而觀其會通，以得社會進化之公例，非易事也。必先於社會之事，多所記識；然後以吾之意，爲之分類；又就各類之事，一一紬繹之而得其所以然，然後能立一公例；所積既衆，則又合諸小公例而成一較大之公例焉，而史學之公例乃漸出。此非一朝一夕之功，亦非一手一足之烈，史學初萌，斷不足以語此。先河後海，大輅椎輪，但求其記識搜輯，確以備他日紬繹之須，則亦可謂之史學矣。信如是也，吾必謂中國史學，起於周、秦之際，何以言之？

吾國有史，由來舊矣。然其初之記識，非以供他日紬繹之資也。史官之載筆，蓋如後世之胥吏；其所記識，則如後世之檔案。紂之欲立微子啓，則殷之大史，執簡以争，此奉檔案之舊例爲不可違也。職是故，則珍其檔案，而不忍輕棄者出焉。夏之亡也，太史終古抱其圖法以奔商；商之亡也，太史向摯抱其圖法以奔周，《吕氏春秋·先識篇》。則是也。儒者之“必則古昔，稱先王”，《禮記·曲禮》。意亦如此。“故曰：徒善不足以爲政，徒法不能以自行。《詩》云：‘不愆不忘，率由舊章。’遵先王之法而過者，未之有也。”《孟子·離婁上》。此皆不脱以史籍爲檔案之思想，未足語於史學。又有視史事若父老相傳之故事，用爲鑒戒之資者：《易》曰：“君子多識前言往行，以畜其德。”《詩》曰：“殷鑒不遠，在夏后之世。”皆此意也。此亦未足語於史學。古之能紬繹史事，求其公例者，其惟道家乎？《漢書・藝文志》曰：道家者流。蓋出於史官，歷記成敗、存亡、禍福、古今之道，然後知秉要執本，清虛以自守，卑弱以自持。觀史事而得所以自處之方，可謂能紬繹衆事，得其公例矣。然於史事初無所傳，此仍只可謂之哲學，而不可謂之史學也。《韓非子》曰：孔子、墨子，俱道堯、舜，而取舍不同，皆自謂真堯、舜。堯、舜不復生，將誰使定儒、墨之誠乎？《顯學篇》。可見當時諸家，於史事各以意説，意説而不求其真，此爲非史學之誠證矣。且如孔子，删《詩》、《書》，定《禮》、《樂》，贊《周易》，修《春秋》。古代之史籍，幾無不藉以傳，然《春秋》之作，實以明義。《左氏》爲《春秋》之傳與否，姑不論，即謂《春秋》之傳，亦只可謂治《春秋》者當兼明本事耳，不能謂《春秋》之作，非以明義也。堯、舜禪讓，事究如何，殊難質言，孔子之亟稱之，蓋亦以示公天下之義耳。《孟子・萬章上》所陳，蓋即孔門書説也。此事予别有《廣疑古篇》明之。《左氏》出於《國語》。《國語》者，《尚書》之流，其爲士夫所傳習，則吾所謂視如故事，資爲鑒戒者耳。《戰國策》者，縱衡家之書，今已亡佚之《蘇子》、《張子》等，見《漢書・藝文志》。蓋當與相出入，以爲史籍則繆矣。然則十家九流，信未有能知史學者也。

今稱史書，必始《史記》。《史記》體例，實源於《世本》，前已明之。史公之作此書，意蓋亦以爲一家之著述，故曰：“究天人之際，通古今之變，成一家之言。”司馬遷《報任安書》，見《漢書》本傳。其告壺遂，不敢自比於《春秋》，《史記・太史公自序》。乃其謙辭耳。然《史記》論議，率與記事别行，論贊是也，間有不然者，如《伯夷列傳》之類，然較少。與孔子作《春秋》，删改舊史以明義者迥别。其言曰：“述故事，整齊其史傳。”《太史公自序》。則始知保存史實，以備後人之研究；與前此九流十家，但著其研究之所得者，迥不侔矣。《史記》源於《世本》，而《世本》出於戰國之世，《史通》謂戰國之世好事者爲之。故吾謂中國史學，實始於周、秦之際也。

史不必皆史官所記，史官所記亦不必皆優於尋常人所傳。然尋常人非職守所在，所記或斷續無條理，又多雜以不經之談；史官則不容如此，故古史流傳，仍以史官所記爲可貴。史設專職，古代蓋各國皆然。參看《史通·古今正史篇》。《史記·六國表》曰：秦既得意，燒天下詩書，諸侯史記尤甚，爲其有所刺譏也。詩書所以復見者，多藏人家，而史記獨藏周室，以故滅，惜哉惜哉。此詩書二字，當包凡書籍言。《秦始皇本紀》詩、書與百家語對舉，此處不言百家語，亦包詩書之中。周室二字，亦兼諸侯言之，乃古人言語，以偏概全之例，非謂是時惟周室有史，更非謂諸侯之史，皆藏周室也。孔子如周，得百二十國之書，乃緯書妄語，古代簡策繁重，周室安能藏百二十國之書邪？當時之史，實類後世之檔案，惟官家有之，故一焚而即滅。《尚書》、《春秋》雖借儒家之誦習而僅存；而如孟子所稱晉之《乘》、楚之《檮杌》等，則皆爲煨燼矣，豈不惜哉。然史籍亡於周、秦之際，而史學亦肇於是時，是則可異也。豈天其哀念下民，不忍其文獻之淪亡，而有以默相之邪？非也。古籍亡滅，後人悉蔽罪於始皇，其實非是。炎漢而後，更無祖龍，然各史藝文經籍志所載之書，果何往哉？則歷代書籍，以社會之不克負荷而亡滅者，爲不少矣。焚書之令，當時奉行如何，今不可考；然無論如何嚴密，謂有此一令，腹地邊遠皆莫不奉行惟謹，即人民亦莫敢隱藏，亦必無之事也。即史籍但藏於官中，亦非盡亡於始皇之一炬。《春秋》之世，弑君三十六，亡國五十二，諸侯奔走，不得保其社稷者，不可勝數，豈能皆有向摯抱圖法以適興朝？古代系世掌於小史；《周官》。而秦、漢以後，公卿大夫，至於失其本系，唐柳芳語，見《唐書·柳沖傳》。可見列國互相兼併之日，即其史記淪於兵燹之時。始皇所焚，亦其僅存者耳。夫物，完具則人莫以爲意，散佚則思搜輯之者起焉。周、秦之際，實學術昌盛之時，而亦史籍淪亡之世，故憫其殘闕而思搜輯之者多也，非天也，人也。

史學之家，自漢以後，蓋日益衆盛。然記事爲史官專職，計書亦輻湊京師，《漢儀注》：天下計書，先上太史公，副上丞相，序事如古《春秋》。見《漢書·司馬遷傳注》引如淳説。蓋太史爲天子掌文書，故以正封上之也。故其能斐然有作，以詒後人者，必其能紬金匱、石室之書，居東觀、蘭臺之署者也。然材料雖取自公家，述作實爲私家之業。史談執手，勤勤以繼志爲言；而史遷著書，亦欲藏之名山，傳之其人；班固欲撰《漢書》，乃以私改《史記》獲罪，概可知矣。自是以後，作《後漢書》者有范曄，作《三國志》者有陳壽，作《宋書》者有沈約，作《齊書》者有蕭子顯，作《梁書》、《陳書》者有姚思廉，作《魏書》者有魏收，作《北齊書》者有李百藥，作《周書》者有令孤德棻，作《南史》、《北史》者有李延壽，雖其撰述多奉詔敕，然其人必史學專家，或父子相繼。此特就今日立於學官者言之耳；此外作而不著，著而不傳者何限，亦皆私家之業也。至唐開史館，集衆纂修，而其局乃一變。集衆纂修，論者多以爲詬病；然史籍降而愈繁，網羅既非國家不能，整齊亦非私家所及，其不得不出於此，亦勢使然矣。此其所以雖爲世所詬病，而後世修史，卒莫能易此局也。此蓋史學益昌，故其撰述遂爲私家所不克勝，亦不可謂非史學之進步矣。

四、史部大略（上）

中國以史籍之富聞天下，乙部之書亦可謂汗牛充棟矣。抑猶不止此，前人之去取，不必盡符乎後人：蓋有昔人以爲當屬史部，而今則摒諸史部之外；昔人以爲無與史部，而今則引諸史部之中者矣。然則居今日而言史學，雖謂一切書籍皆史料可也，史之爲業，不亦艱鉅矣乎？然合諸書而陶冶之，非旦夕間事也。史部分類，歷代不同，今亦未暇遍徵，但舉清代《四庫書目》史部分類之法如下，取其最後出也。

史部之中，昔人所最重者，厥惟正史。正史之名，昉見《隋志》；宋時定著十有七；明刊監版，合《宋》、《遼》、《金》、《元史》爲二十一；清定《明史》，增《舊唐書》、《五代史》爲二十四；民國又加柯劭忞之《新元史》爲二十五，此功令所定也。功令所定，必仍原於學者之意。讀《史通》最可見之。《史通》所謂六家，蓋劉氏所認爲正史；其二體，則劉氏以爲可行之後世者。故今正史篇所舉，以此爲限。其雜説所舉十家，則劉氏所謂非正史者也。同一史也，何以有正與非正之分？此則當觀於馬端臨氏之論矣。

馬氏《文獻通考》叙曰：《詩》、《書》、《春秋》之後，惟太史公號稱良史，作爲紀傳書表，紀傳以述理亂興衰，八書以述典章經制。斯言也，實昔時學者之公言也。夫史事不可勝窮也，人類生而有求是之性，與夫懷舊而不忍忘之情，前既言之。故文化愈高，則思就身所經歷，記識之以遺後人者愈衆，而史部之書遂日繁。書既繁，則不得不分別孰爲最要，孰爲次要。理亂興衰，典章經制，蓋昔時學者，所共認爲最要之事者也。記理亂興衰,而以時爲綱,是曰編年;以人爲綱,是爲紀傳;表亦有時可用。以事分類,是曰紀事本末。記典章經制,而限於一代者,爲斷代史之表志;通貫歷代者,則爲通史之表志及《通典》、《通考》一類之政書。此四者,以昔時學者之見衡之,實皆可謂之正史。特功令所定,不如是之廣耳。功令所以專取一體者,則以學者誦習,爲日力所限故也。

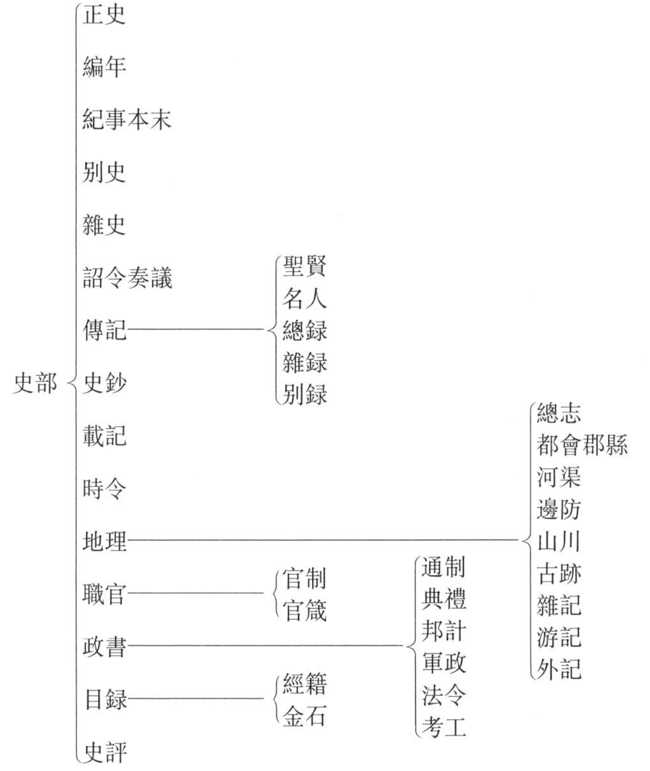

今俗所謂正史,專指《史》、《漢》一類之書,此特就功令所定立名。若就體裁言之,則當稱爲表、志、紀、傳體。世家,自《漢書》以下不用,《五代史》稱十國爲世家,實亦與《史記》之世家不同物也。此體昔人亦但稱爲紀傳體,以昔時讀史,知重表志者較少。史公之書,本爲通體。《漢書》而下,乃皆變爲斷代者,讀《史通》之《六家篇》,可以見之。蓋自漢以來,每易代必修前代之史,幾若習爲故事。而搜集編纂,皆範圍狹則易精。劉知幾時,史籍尚少。故此體之複重、矛盾,皆非所忌。至於清世,則史書益多,而史文煩冗,又非前代之比,故章實齋又力排斷代,而稱通史之便。此自時代爲之,彼此不必相非也。梁武帝敕撰《通史》六百二十二卷,又魏濟陰王暉撰《科録》二百七十卷,亦通史體,皆見《史通·六家篇》,其書皆不行。鄭樵生千載之後,排班固而祖馬遷,《通志》之主張,實能自圓其説,然《二十略》外,亦無人過問。蓋通史之作,意在除去複重。然同異即在複重之中,考據之家,一字爲寶;又欲考史事,宜據原書,新書競陳,勢必捨新而取舊,具兹二義,通史之作,即誠突過前賢,猶或見棄來哲。況乎卷帙過鉅,精力雖周,衆纂則取誚荒蕪,獨修則貽譏疏漏。安得不如子玄所云今學者寧習本書,怠窺新録邪?此體之長,在於有紀傳以詳理亂興衰,有表志以詳典章經制,昔人所重兩端,蓋惟此體爲能該備。若取編年,則於二者有所偏闕矣。故編年、紀傳,自古並稱正史;觀《史通·古今正史篇》可知。唐時三史,尚以《漢紀》與《史》、《漢》並列。而後世修史,卒皆用紀傳體;功令所定正史,亦專取紀傳也。此體之弊在於以人爲綱,使事實寸寸割裂,又不能通貫歷代,此不可以咎史公。史公書本通史體,其紀傳或非一時之人,即爲並時人,其材料各有所本,彼此關係,亦覺甚疏,初無複重割裂之弊也。《史通·列傳篇》曰:編年者,歷帝王之歲月,猶《春秋》之經;列事者,録人臣之行狀,猶《春秋》之傳。《春秋》則傳以解經,《史》、《漢》則傳以釋紀。信如所言,《五帝本紀》、《夏本紀》、《殷本紀》,豈不有綱而無目?凡諸列傳,亦豈不多有目無綱邪?不便觀覽,故編年、紀事本末及"二通"《通典》、《通考》。一類之政書,不得不與之並行。

編年體原起最早。孔子所修之《春秋》,固明義之書,其體裁則當沿魯史之舊,觀《公羊》引不修《春秋》,莊七年。《禮記·坊記》引《魯春秋》,其體皆與今《春秋》同,可知也。此種史蓋專記國家大事,其文體極爲簡嚴。專記國家大事,則非盡人所能知;文體過於簡嚴,則不免乾燥而無味,故其流行,遠不如記言體之廣。參看《史通·疑古篇》。然時固史事天然之條理,自《左氏》有作,取記言體之詳盡,而按紀事體之年月編排之,遂使讀者展卷之餘,於各方面之情形,皆可深悉,則於一時代之大勢,自易明瞭,以供研習,實遠較紀傳爲優。且依時排比,可使事無復出；而記載之訛舛，亦有不待校而自明者，故作長編者，亦必有取於兹焉。此體又有二：一爲温公之《通鑒》，一爲朱子之《綱目》。《通鑒》專法《左氏》，《綱目》則兼法《春秋》與《左氏》者也。論纂輯，自以《通鑒》爲精；論體裁，實以《綱目》爲便，此亦史體之一進步，不可不知。《通鑒》無綱目之分，檢閲殊爲不便，温公因之，乃有《目録》之作，又有《舉要》之作，然《目録》與本書分離，檢閲仍苦不便；《舉要》之作，朱子與潘正叔書，議其"論不能備首尾，略不可供檢閲"，亦係實情。《綱目》"大書以提要，分注以備言"，則此弊免矣。《左氏》爲《春秋》之傳與否，予實疑之，然無意中却爲史書創一佳體。運會將至，有開必先，即作僞者亦不自知其所以然也。

紀事本末，其出最晚，蓋至袁樞撰《通鑒紀事本末》，而後此體出焉。所以晚出，蓋亦有由，以史事愈後愈繁猥，愈繁猥，則求其頭緒愈難，故删繁就簡，分别部居之作，應時而出也。此體之作，最重分别部居，故必合衆事爲一書，乃足當之。梁任公論史學，乃立單復之名，以專記一事者爲單體，則何書不可稱紀事本末乎？誤矣。袁氏之書，本爲羽翼《通鑒》，然於無意中，乃爲作史者創一佳體，以其能删繁就簡，則蕪穢去而精粹存；分别部居，則首尾具而因果顯也。然此體以作觀覽之書則可，以修一代之史則不可，以零星之事，無可隸屬，刊落必多；而史事關係之有無，實爲天下之至賾，吾見爲無關係而删之，在後人或將求之而不得也。往者議修《清史》之初，論者乃或主用是體，可謂暗於務矣。

有編年體以通觀一代大勢；有紀事本末體以詳載一事之始末；更有紀傳體之紀傳，以總核一人之生平；理亂興衰之事，可以謂之無憾矣，然猶未也。典章經制，最宜通貫歷代，馬端臨氏之説，固當認爲不誣，見《通考序》。此《通典》、《通考》，所以相繼而作也。此類書搜採貴博，分類貴詳，故《通考》之體例，實較《通典》爲優。章實齋盛稱《通志》而言《通考》爲策括之倫，見《文史通義·答客問》。未爲知言也。又此等書恆成於正史之後，其所搜採，多出於正史之外，足以補正史之闕而訂其訛。故讀正史者，亦宜資爲考證，不僅供貫穿之用而已。

五、史部大略（下）

别史者，未列學官之正史也，細别之又有三：一，爲正史底稿，如《東觀漢紀》、《東都事略》是；二，修成而未列學官者，如謝承、華嶠之《後漢書》是；三，後人以前人之史爲不然而重作者，如宋蕭常之《續後漢書》、此書乃改《三國志》，以蜀漢爲正統，吴、魏爲載記。清周保緒之《晉略》是，使兩書並列學官，即如新、舊《唐書》，新、舊《五代史》，新、舊《元史》之例矣。又有雖非正史體，而所記之事，與正史相出入者，《四庫》亦入此類，如《周書》是。此書俗稱《逸周書》，或又稱《汲冢周書》，皆非是。此類書與正史互相出入，故讀正史時，可供參考之處最多。

雜史者，所記之事，亦與正史相出入，而其體例限於一時、一地者也，如《國語》是。

記一事之外形者，必推官文書爲最確，詔令、奏議，皆官文書也，故以考史事，爲用甚大。奏議之佳者，必能綜合各方情勢，娓娓言之，尤於讀史者有裨。

傳記一類，有當時人所撰者，亦有後人所撰者。當時人所撰者，聞見較真，自屬可貴；然或不免毁譽之私，甚有因此變亂事實者，用之不可不慎。又時人所撰，苟或粗疏，事跡亦未必不誤，如道宣、慧立皆玄奘弟子，而爲其師作傳，皆誤其出游之年，即其一例。見梁任公《中國歷史研究法》第五章。後人所撰，雖出捃摭，然其精密，有時轉非並時人所逮，如近世考證之家，所撰昔人年譜是也。特此等書功力僅在網羅考證，其事跡終不能出於前人所留詒者之外耳。

史鈔一體，看似鈔撮成書，然在今日，則其爲用甚大。何者？苟欲鈎玄提要，取精棄粗，其於昔人之書，勢必不能無所去取，然去取前人之書，一入自己口氣，爲之改作，原書之面目，即不可得見，兩書之同異信否，又生校勘考據之勞矣。惟用史鈔體者，可免此弊。今日史學趨向與昔不同，别編新史之事，勢必日出無已，若能推廣此體而善用之，實可爲讀史者省却無限精力也。又史鈔本有一種專爲節省後人考據之力起見者，如《新舊唐書合鈔》是也。

偏隅之國，正史不能甚詳，載記一門，足補其闕。非徒爲割據者詳其行事，於考究各地方之進化，亦深有裨焉，以偏方之地，往往爲割據者所資也。

時令本不當隸史部，舊時書目，無類可歸，乃强隸焉，實最無理可笑者也。或謂氣候與人生關係甚大，雨暘寒燠，於政治生計文化，咸有影響，隸之史部，未爲不可。然則何事於人生無關涉，復何書不可隸史部乎？故謂讀史者當參考時令之書則可；謂時令之書當入史部，實不可也。以舊時分類論，毋寧入之子部天文家，爲較當矣。

地理亦專門之學，然往時地理，多爲史學附庸，十之八九，皆讀史地理而已。總志、都會、郡縣、河渠、邊防、山川，讀史者皆當明其大概。然昔時之書，足供此用者頗少，大抵專門考據之士，然後能取資焉。古跡、雜記、游記等，披沙揀金，往往見寶，尤非初學之士所能使用。今者將普通地理，與讀史地理劃開。而將讀史地理，撰成一簡明切要、提綱挈領之書，以備初治史學者通知大要，而其餘則留待專門家之取携，實相需甚殷者也。昔時初學多讀《讀史方輿紀要》，然此書在今日亦不甚適用。外國之事，往史亦多不詳，史部地理中外紀一門，不徒記外國之地理、風俗、物産；即彼中史事及其與華夏之交涉，亦多存焉。實治外交史及外國史者，所當奉爲瑰寶也。

職官一門，昉自《周禮》，《唐六典》、《明清會典》，悉沿其流。國家行政，必借機關，詳各官之職司，實足挈政治之綱領。官箴一門，詳在官之法戒，可考行政實在情形，亦足見民生利弊，尤習政治者所當究心也。

一代典章，於國政民生，所關極鉅。正史表志所載，僅其厓略耳。若求詳備，則政書尚焉。此中門類甚多，各視其所欲治者而究心焉可也。此爲今後撰專門之史者所必資，然即爲考證普通史籍計，取材亦不少矣。

目録中之經籍，賅括羣書，實不僅爲史學示其綱領，通觀昔賢著述，最足見學術進步情形。我國今日，學術史尚乏善本，書目之佳者，實亦兼具學術史之用也。

金石一門，自宋以後，日蒸月盛，據其遺文，往往足以補正史籍；摩挲其物，又足以考見古代製作。今後考據之學日精，金石之出土者，必將更爲人所貴；其所貴之物，且將不限於金石，可豫決也。然此類物既足資稻粱之謀，又足快好事之意，故僞品亦日出不窮，不可不察。

史評一門，有論史事者，亦有論史裁者。論史裁之書，佳作殊鮮，著名者，惟劉知幾之《史通》、章學誠之《文史通義》耳。此事當有達識通才，區區計較於瑣細之間，無當也。論史事者，高者借抒己見，或託諷時事，雖不可謂之無識，然史事之實則不然，此不可爲論史之正；下者不考事實，妄發議論，則並不免於場屋策論之習矣。無已，其惟考據家之書乎，屬辭比事，參互錯綜，事實既明，則不待多發議論，而其是非得失自見，此則於讀史深有裨益者也。

史部之大略如此。此以言乎往日之史學，非謂今後之史學當以此爲範圍也。蓋治學問必先定其界説，界説異，斯其範圍異；範圍異，斯其所資者自不同矣，固不容一概論也。

六、史家宗旨今昔異同

史也者，非一成不變之物，而時時在改作之中者也。所謂改作者，非徒曰正其誤謬，補其闕略而已。蓋其所取之材料，實有不同焉。而材料之不同，則因宗旨之不同而生者也。

古人作史之宗旨，不同於今人者，大端有三。

一曰偏重政治。正式之史，本出史官，而史官由國家設立。其易於偏重政治者，勢也。人類之作事，恆有其惰性，前人創行焉，則後人率循而不敢越。抑不僅此，古代國小而俗樸，舉一國惟在上者之馬首是瞻，斯時廟堂之政令，蓋誠爲舉國之樞機。即在後世，法出而奸生，令下而詐起，然政治之力，仍足强制在下者，使之變易其外形，所及廣而收效宏，蓋無逾於政治者。此自來作史者，所以於他方面皆失之忽略，而獨於政治則喋喋不休也。然政治之力，雖能改易舉國之外形，而其所改易，亦僅及外形而止。況於國大民衆，中樞之命令，不能遍及，社會程度日高，一心聽令又非古昔之比，雖欲變易其外形，或且不可得乎？試觀近代，政治轉移社會之力，較機械爲何如乎？

一曰偏重英雄。此由古代事權，恆操於一二人之手之故，其實英雄全恃憑藉，亦全恃命運，試以身所接構之人，較其成功者與敗績者，其才力相去，初不甚遠可知。又英雄之稱，實由庸衆所賜，而庸衆識力不及，往往以矯誣僥幸之徒爲英雄，而真英雄轉非所識。試觀往史，有衆所唾駡，或以爲無足重輕，而今聲價日增者。亦有衆所歸美之人，今斷覺其一錢不值者。而先知先覺，眼光過於遠大，與恆人相去太遠者，尤易爲世所繆辱。驗諸並世，此等情形，尤隨在可見，特人莫之察耳，以莫能察者之多，而庸衆之程度可見矣。庸衆之程度可見，而其所評定之英雄可知矣。即謂英雄之成功，非全僥幸，然必能利用事勢，乃能成功，則確不可易。時勢造英雄，盈天地間皆是。英雄造時勢固非無其事，然皆世所淡漠視之者也。故真能促進社會之過程者，皆非世所謂英雄，而世所謂英雄，則皆隨波逐流之徒也。

一曰偏重軍事。此由外觀之興亡，每因軍事而起，其實國之興亡，由於戰之勝敗，而戰之勝敗，初不在於勝敗之時，事至習見，理亦易明。時至今日，本有取人之國而不用兵者，即在淺演之世，勝負專決於兵，亦不過能懾服之，使不我抗而已。真欲同化他族，使之泯然無跡，亦必別有設施，我族同化異族之事，即其佳證也。

偏重政治，偏重英雄，偏重軍事，三者弊亦相因，以政治軍事，古多合而爲一。而握有此權者，苟遭際時會，恆易有所成就，而爲世人目爲英雄也。此蓋往史最大之弊。自此以外，猶有五焉。

一曰用以獎勵道德。其義又有二，一以維持社會之正義。如往史之講褒貶，重激揚是。一資爲立身之模範。如以善人爲法，惡人爲戒是也。

一曰用以激勵愛國愛種族。今日之史，猶未能合全世界爲一。乙部大宗，大抵一國家一民族之史也。即一國種族甚多者，亦仍以一族爲主，如中國之史，以漢族爲主是也。同族同國之人，其相親愛，本已異於異族異國，況於今日種族之界限尚未能破，一民族爲他族所征服，往往爲之奴隸牛馬，不能不思所以自保。而欲圖自保，又不能無國家爲利器乎？況於古代褊狹之見，又有留詒至今，未能湔除者？愛國愛族，誠未嘗不可提倡，然蔽於偏見，致失史事之真，則繆矣。中西交接之初，史家此等謬誤，蓋未易枚舉，今日讀之，未見不啞然失笑者也。若乃明知非史事之真，而故爲矯誣，以愚民而惑世，如日本人之所爲者，則尤不足道矣。

一曰借以傳播神教。教徒所作之史恆有之。試讀《蒙古源流考》，觀其妄援吐蕃，以爲有元帝室之祖。又試讀梁任公佛教初輸入一篇，則見白馬馱經之説，本道教徒之讕言，而其後輾轉附會，轉用以詆毁道教，即可知此等史跡，無一可信。然至今日，此等事仍不能免。往者梁任公撰克倫威爾傳，稱揚其革命之功，基督舊教所出之匯報，乃務反之。又今日奉佛之人，喜援佛經之寓言，侈陳佛之靈跡。信孔教者，亦喜引讖緯怪説，以見孔子之殊異於人。此皆予所親見者也。其智與撰《蒙古源流考》，造白馬馱經之説者何異？此等事，在今世，誠不甚多，有之亦不足惑衆。然在往昔，則惑世誣民甚深。並有更無正史，欲考行事，惟有求之教中經典者矣。中國信教，不如外國之深。教徒奸亂歷史亦不如外國之甚。然其崇古，亦略帶迷信性質。如劉知幾《疑古》、《惑經》兩篇，往昔論者，多詆爲非聖無法是也。

一曰偏重生計。此弊舊日無之，祇病視之過輕耳。今之過信唯物史觀者，則頗有此弊。史事因果至爲繁複，誠有如釋家所謂帝網重重者，偏舉一端，縱極重要，必非真相。況於戴藍眼鏡者，則所見物無一非藍；戴黄眼鏡者，則所見物無一非黄；意有偏主，讀一切書，觀一切事，皆若足爲吾説之證，實則未足深信乎？孔子之講大同，老子之慕郅治，所慨想者，實皆隆古部落共産之世。今日社會學者所慨慕，夫豈古人所不知，然終不謂生計制度一變，天下遂可臻於大同郅治。以社會之事，經緯萬端，故非偏舉一端，所可概也。

一曰偏重文學。史之源出於傳述，傳述之語，必求新奇可喜，感慨動人。而事之真遂因之而隱。荷馬史詩，本類唱本者無論矣。即學者所傳，亦多不免此弊。《管子》述桓公之威，北懾離枝，西臣大夏。夫離枝即後世之鮮卑，大夏極近，亦當在今山西境。齊桓盟會，晉獻訖未嘗與，獻公死而國亂，齊桓亦未能正，安能暴師徒以征並北之遠夷。《左氏》謂山戎病燕，不過在今北平境，《公羊》謂其旗獲而過魯，則並在今山東境矣，安能遠及長城之外乎？此由口耳相傳，致兹不諦。先秦兩漢，多有此病，魏晉而降，務華飾而失真，趙宋以還，好學古而不切，近世文字，雖稍平實，然好講史法，務求簡潔雅馴，失實處仍不少也。

以上所舉,皆史家之弊。至於近世,又有教育之家,因兒童不能瞭解,曲説史事,致失真相者。學究固非史家,生徒亦難言史學,然其人數甚多,影響頗鉅,則亦不可不慎也。今日粗識之無之輩,以及耳食之徒,論三國事,無不誤以演義爲史實者,可知通俗教育,影響之大。

偏重之弊,厥有三端:一曰不重之事,易於漏略。二曰所重之事,易於擴大。無論有意無意。三曰原因結果,易於誤認,而史事之真相失矣。史籍無論如何詳博,斷不能舉天下事一一記載,終不能無所去取。去取必憑史家之意,意向稍歧,而史籍之誤滋多矣。此古人所以有盡信書不如無書之嘆也。

今日史家,異於往昔者,有一語焉。曰:求情狀,非求事實。何謂求情狀非求事實。曰:梅定九氏言之矣。梅氏之言曰:曆之最難知者有二,其一里差,其一歲差。是二差者,有微有著,非積差而至於著,雖聖人不能知,而非其距之甚遠,則所差甚微,非目力可至,不能入算。故古未有知歲差者,自晉虞喜,宋何承天、祖沖之,隋劉焯,唐一行始覺之。或以百年差一度,或以五十年,或以七十五年,或以八十三年,未有定説。元郭守敬定爲六十六年有八月,回回泰西,差法略似。而守敬又有上考下求,增減歲餘天周之法,則古之差遲,而今之差速,是謂歲差之差,可謂精到。若夫日月星辰之行度不變,而人所居有東西南北,正視側視之殊,則所見各異,謂之里差,亦曰視差。自漢至晉,未有知之者,北齊張子信,始測交道有表裏,此方不見食者,人在月外,必反見食。宣明曆本之,爲氣刻時三差,而大衍曆有九服測食定晷漏法,元人四海測驗七十二所。而近世歐邏巴,航海數萬里,以身所經山海之程,測北極爲南北差,測日食爲東西差,里差之説,至是而確。是蓋合數十年之積測,以定歲差,合數萬里之實驗,以定里差。距數愈遠,差積愈多,而曉然易辨。且其爲法,既推之數千年數萬里而準,則施之近用,可以無惑。曆至近日,屢變益精,以此。

夫史學之進步,亦若是則已矣。今日之政治,非夫古代之政治也。今日之風俗，亦非復古代之風俗也。以政治、風俗之不同也。生於其間者，其所作爲，與其所成就，自亦不能無異。然政治、風俗之不同，非旦夕可見者也。烝民之生雖久，而其有史則遲，大化之遷流，豈不知往事者所能睹，則以爲國家社會之爲物，亘古如兹。猶前劇後劇，舞臺初未嘗更，特般演於其上之人物，有不同而已。庸有當乎？試舉兩事爲證。

韓信之破陳餘也，曰驅市人而戰之，而戚繼光之御衆，則紀律極嚴，其兵至能植立大雨中而不動，讀《練兵實紀》一書，猶可想見其規制之密，訓練之勤焉。彼能驅市人而戰之乎？使驅市人以戰，而亦可獲勝，繼光何爲紛紛然，何繼光之不憚煩？然則繼光之才，不逮韓信邪？非也。信距戰國之世近，其民固人人能戰，故劫之以勢，則皆勝兵。若未習戰之白徒，則務固其勢，以壯其膽，猶且慮其奔北，若蹙之必死之地，彼非嘩潰，則相擠入水耳。不觀漢高彭城，苻堅淝水之敗乎？古人所處之時不同，爲尚論所不容遺，猶天文之有歲差也。

昔人之論佛也，曰：其微言不能出吾書，其誕者吾不信也。此語最中肯綮。彼教怪誕之言，論者本有兩説：一以爲皆實語。一則以爲寓言。神教非吾儕所知，以哲理論，則後説爲當矣。然則佛固誕謾，不如孔子之真實邪？須知佛所處者爲印度，孔子所處者爲中國，佛之説，亦印度舊説，非其所自創。猶子所雅言，詩書執禮，亦虞夏商周之舊物，非其所自爲也。以印度舊説之誕詆佛，亦將以詩書禮樂之違失罪孔子乎？此與訾孔子不通梵文，佛不以華言著書何異，古人所處之地不同，爲尚論所不可遺，猶天文之有里差也。

此等理，原非古人所不知，然於異時異地之情形，知之不悉，及其論事，終不免以異時異地之事，即在此時此地境界之中，猶評外國戲劇者，設想其即在中國舞臺之上，其言必無一得當矣。職是故，今日史家之先務，遂與昔時大異，彼其重情狀，不重事實，非吐棄事實也。其所求者，皆足以考證一時一地社會情形之事實云爾。社會之情形既明，而一切事實，皆不煩言而解矣。求明社會情形之事實如何？

曰:有二。

一曰重恆人。諺曰:三軍易得,一將難求。斯固然,然不知兵之勇怯,亦安知將之良否?讀前所論韓信、戚繼光之事可見矣。故英雄猶匠人,其所憑藉之社會猶土木。非有土木,匠人固不能成室,而匠人技藝之優劣,亦視其運用土木如何耳。成一時一地之情形者,恆人之飲食男女,日用行習也。英雄猶浮屠之頂,爲衆所著見,不待考而明,恆人猶全浮屠之磚石,易見忽略,故非詳加考察不可也。

一曰重恆事。恆事者,日常瑣屑之事也。亦易見忽略,然實爲大事之基。鮮卑者,東胡之裔,東胡蓋古之山戎也。方其未强盛時,齊桓伐之而捷,秦開却之而克,至匈奴冒頓攻之,遂奔北逃竄,一若絶無能爲者。然至檀石槐、軻比能,遂方制萬里,使邊郡之士夫爲之旰食,何哉?蔡邕之言曰:關塞不嚴,禁網多漏,精金良鐵,皆爲賊有。漢人逋逃,爲之謀主,兵馬利疾,過於匈奴。證以金室初興,厚值以市商人所携之兵甲,滿清猾夏,實起撫順之互市。而鮮卑盛强之原因,可想見矣。寧城下通胡市,後書之記此,固以見漢撫馭之略,非以著鮮卑强盛之由,而吾儕連類鈎考,乃能别有所得。知風化乃知山崩,地表之變動,海岸綫之升降,固不讓火山之暴發,洪澤湖之陷落。不知平時,固無由知革命也。平時實漸進之革命也。

學問之道,求公例,非求例外。昔人不知各時各地情形之不同,則無論何事,皆有其不可解之處,而史事悉成例外矣。知之,則事實之形狀不同,而其原理則一。匯萬殊歸一本,而公例斯立。此固凡學問之所同,不獨史也。

七、史　材

今日史家之宗旨，既已不同於往時，即往時史家之撰述，不能盡合於今日。由史學家言之，往史之在今日，特皆史材而已。善用史材，以成合於今日之用之史，固史家所有事也。然則所謂史材者，初不限於史書，其理亦不難知矣。

史材可大判爲二：一屬於記載者，一屬於非記載者。屬於記載者又分爲五：

（一）史籍，即前人有意記載，以詒後人者也。其識大識小，固因其才識境遇而不同，而其爲用則一。今者瀛海交通，古物日出，此種材料，亦日增多。如研究元史，可取資於歐洲、西亞之書，旁證舊聞，或得之於敦煌石室之籍是也。此種搜採，愈博愈妙，故秘籍之表章，佚書之搜輯，實史家之要務也。

（二）史以外之記載，謂雖亦有意記載，以詒後人，然非以之爲史者，大之如官府之檔案，小之如私家之日記、帳簿皆是。此等物，吾儕得之，固亦與昔人有意所作之史無異。然據理言之，實不容不分爲二。吾謂古代史官所記，嚴密論之，惟左右史之所書，可稱爲史以此。

（三）紀功之物，如金石刻是。此等物，或僅圖夸耀一時，非欲傳之永久；即其傳諸永久者，意亦僅主於夸耀；並有僅欲傳之子孫者。如衛孔悝之鼎銘。然後人於此，却可得無數事實，其辭雖多夸耀，究屬當時人親身之記述。去其夸辭，即得其真相矣，其爲用甚大。

（四）史以外之書籍，謂非有意作史，並非有意記載，以詒後人者也，如經、子、文集皆是。人與社會不能相離，故苟涉筆，雖無意於記載，社會之情形，必寓於其中。且社會之情形極繁，人能加意記述，以詒後人者，實至有限。故有許多過去之情形，在往史中不可得，轉於非史書中得之者，講古史必取材於經子；考後世之事，亦不能擯文集以此也。不獨正言莊論，即寓言亦可用，如讀《莊子》之《逍遥游》，而知其時之人，理想中之小物爲鯤（魚子），大物爲鵬；讀《盜跖篇》，而知其時"秀才遇著兵，有理講不成"之情形，與今日如出一轍；讀《水滸傳》，而知宋、元間社會情形；讀《儒林外史》，而知明、清間社會情形是也。

（五）傳述，傳述與記載原係一事，特其所用之具不同而已。"秦人不死，驗苻生之厚誣；蜀老猶存，知葛亮之多枉。"傳述之足以訂正史籍者何限？抑始終十口相傳，未曾筆之於書者，野蠻部落中固多；即號稱文明之國，亦不少也。口相傳述之語，易於悠謬而失真，第一章已言之，此誠非考訂不可用，然事實固存於其間，抑考其增飾之由，觀其轉變之跡，而可知傳述之性質，此亦一史實也。

屬於非記載者，其類有四：

（一）人體，此可以考古今人種之異同。因古今人種之不同，而其遷徙之由，以及文化不同之故，均可考索矣。吾國古有長狄，三傳記載，一似確有其事，而其長則又爲情理所無。即謂有此長人，吾國古代，似亦不應有之。以果有此特異之人，三傳而外，不應一無記載也。予嘗撰《長狄考》，考定其長，不過與今歐人等，自謂頗確。然考據終只是考據，不能徑以爲事實。《左氏》於見殺之長狄，一一記其埋骨之處，似亦慮後人之疑惑而然。萬一能案其地址，掘得其遺骸，則於人種學，於史學，皆發明匪細矣。此事誠類夢想，然吾國歷代，種族之移徙及混合極多，若能多得古人遺骸，定其時代，考其骨骼，實足考種族遷移之跡，及其混合之漸也。

（二）古物，有尚存於目前者，如雲岡石佛，無疑爲南北朝之遺；有埋藏地下而復發見者，如鄭縣所得古鼎等。萬人貞觀，不容作僞，且其物鉅大，亦不容作僞，此實三代彝器，復見於今者也。吾國地大物博,考古之學,雖不可云盛,然國民保守之性甚篤;又偏僻之區,數百千年,未經兵燹者,亦自不乏,古代遺物,實隨在而有,在能搜集鑒别之耳。且不必僻遠之區,吾鄉有吴某者,明亡時,其祖遺衣冠一襲,亦慎藏之,以待漢族之光復。辛亥之歲,吴氏年六十餘矣,無子,嘗衣之,一游於市,深幸及其身,得見光復之成也。此事足以振起民族之精神,姑勿論,即其衣,亦三百年前物,較之今日裁制,出於想像模擬者,迥不侔矣。惜當時戎馬倉皇,人無固志,未能訪得其人,請其將此衣捐贈公家,留爲永久之紀念耳。然以吾國之大,此等古物,正自不乏,大則宫室橋梁,小則衣服械器,不待發掘而可得者,正不知凡幾也。

(三) 圖畫及模型,中國人仿造古器,以供研究者絶鮮,惟販賣骨董之人,恒借是等僞器,爲稻粱謀耳。以此淆亂耳目,其罪誠可誅;然古器形制,借此而存,其功亦不可没。如漢代之五銖,唐代之開元錢,今日猶得見其形制,不徒索諸譜録中,即其一例也。此等仿造之品又不可得,則得圖畫而觀之,亦覺慰情勝無,如昔人所傳之《三禮圖》、《宣和博古圖》是也;又古物形制,有本國已亡,而轉存於他國者,如寢衣之在日本是。

(四) 政俗,二者本一物,特法律認之,又或加以修正,成爲典章,則謂之政;而不然者,則謂之俗耳。政俗最可考見社會情形。如宜興某鄉,有喪,其家若干日不舉火,鄰人飲食之,客有往吊者,亦由鄰家款以食宿,此必甚古之俗,當考其何自來,並當考其何以能保存至今也。政原於俗。俗之成,必有其故,一推跡之,而往昔社會之情形,瞭然在目矣。政俗之距今遠者,往往遺跡無存,然他族進化較晚者,實足以資借鏡:如觀於蒙古,而可追想我族游牧之世之情形;觀於西南之苗、瑶,而可追想我國古代山谷中之部落是也。

以上四者,皆非記載之物。然一切記載,自其又一方面觀之,亦爲古物之一,如宋、元書,觀其版本,而考其時之紙、墨、刻工是也。又一實物亦有多方面,如觀古之兵器,兼可知其時冶鑄之術是也,此皆學者所宜留意也。

八、論搜輯

駕馭史材之法，如之何？曰：不外二途：一曰正訛，一曰補佚。二者事亦相關，何則？謬説流傳，則真相隱没。苟將謬誤之説，考證明白，即不啻發見一新史實，而真相既出，舊時之謬説自亦不辯而明也。今請先言補佚之法。

補佚之法，是曰搜輯。舊日史家非不事搜輯也，然其所謂搜輯者，大抵昔人已認爲史材之物，有所缺脱而我爲之補苴而已。今也不然，兩間事物有記載之價值，而爲昔人所未及者，一一當爲之搜其缺而補其遺；而昔人已認爲史材之物，其當力求完備，更不俟論也。

史事之當搜輯，永無止息之期，是何也？曰：凡著書皆以供當時人之觀覽，並時之情形，自爲其時之人所共曉，無待更加説述，故其所記者，大抵特異之事而已，所謂常事不書也。然大化之遷流，轉瞬而即非其故，前一時代之情形，恒爲後一時代之人所不悉；不知其情形，即知其時之事實亦無所用之，況其事亦必不能解乎？此則史事之須搜輯所以無窮期也。

搜輯之種類有二：（一）本不以爲史材者，如鄭樵作《通志》，其《二十略》雖略本前代史、志，然其《氏族》、《七音》、《都邑》、《草木》、《昆蟲》五略，實爲前史所無，即其例也。今日欲作新史，此等材料何限，皆不可不加以搜輯矣。（二）則向亦以爲史材，而不知其有某種關係者，如茹毛飲血，昔人但以爲述野蠻之狀況，而不知茹毛爲疏食之源，疏食爲穀食之源，於飲食之進化關係殊大也。前代事實果其無復留詒，今日豈能憑空創造？雖曰可重行發現，然其事究非易也。史事所以時生新解，多緣同一事實，今昔觀點之不同耳。又有範圍、解釋皆同前人，特因前人搜輯有所未備，而吾爲之彌縫補苴者。此則舊時所謂補佚，十八九皆屬此類，雖無獨創之功，亦有匡矯之益也。

凡事物有既經記載、保存而又亡佚者，亦有未經記載、保存而即亡佚者。已經記載、保存而又亡佚者，又可分爲二：(一) 出無意，向來亡佚之書籍多此類也；(二) 出有意，或毁真者使不存，或造僞者以亂真，如向來焚毁禁書及造僞書者皆是也。其未經記載、保存而遺失者，則不可勝舉矣。凡今日欲知其事，而無從知之者，皆是。

然亦有業經亡失，閲時復見者：如已佚之古書忽然復見；又如意大利之龐貝，我國之鉅鹿，宋大觀二年湮没，民國八年發現。久埋土中，忽然復出是也。凡事物皆不能斷其不再發現，故所謂闕佚者，亦只就現時言之爾。

凡搜集，必只能專於一部，或按事物性質分類，或限以時，或限以地，均無不可。欲輯某種專門史實者，於此種專門學問，必須深通，否則材料當前，正明目而視之不可得而見也。求一時代、一地方之史實者亦然，於其時、其地之語言、文字、風俗、制度、器物等，皆不可以不知。知其物矣，知其事矣，據其事、其物而追思其時之情形，而使之復現於目前，道異時、異地之情況，若别黑白而數米鹽焉，此則史家之能事也已。

九、論考證

史事之須搜輯，永無已時，既如前章所述矣，其考證則如何？凡史事無不待考證者，何也？曰：史事必資記載，記載必本見聞，見聞殆無不誤者，即不誤，亦以一時一地爲限耳，一也。見聞不能無誤，記憶亦然；即謂不誤，亦不能無脱落之處，脱落之處，必以意補之，非必出於有意。以意補之，安能無誤乎？二也。事經一次傳述，必微變其原形，事之大者，其範圍必廣，相距稍遠之處，即不能不出於傳聞，傳聞之次數愈多，真相之改變愈甚，三也。推斯理也，史事傳之愈久者，其變形亦必愈甚矣，四也。凡一大事，皆合許多小事而成，恰如影戲中之斷片，爲之綫索者，則作史者之主觀也，主觀一誤，各事皆失其意義，五也。事爲主觀所重，則易於放大；所輕，則易於縮小，六也。每有史事大小相等，因史文之異，而人視之，遂輕重迥殊者。《史通·煩省》曰：蚩尤、黄帝交戰阪泉，施於《春秋》，則城濮、鄢陵之事也；有窮篡夏，少康中興，施於兩漢，則王莽、光武之事也；夫差既滅，勾踐霸世，施於東晉，則桓玄、宋祖之事也；張儀、馬錯爲秦開蜀，施於三國，則鍾會、鄧艾之事也。即此理。事之可見者，總止其外表，至於内情，苟非當事者自暴其隱，決無彰露之日，然當事者大抵不肯自暴者也，有時自暴，亦必僅一枝一節，即或不然，亦必隱去其一枝一節。夫隱去一枝一節，其事已不可曉，況於僅暴其一枝一節者乎？又況當事者之言，多不足信，或且有僞造以亂真者乎？更謂當事者之言，皆屬真實，然人之情感、理智，皆不能無偏，當局尤甚，彼雖欲真實，亦安得而真實乎？一事也，關涉之人亦多矣，安得人人聞其自暴之語乎？七也。情感、理智之偏，無論何人皆不能免，讀《文史通義・史德篇》可知。然此尚其極微者，固有甘心曲筆，以快其恩仇好惡之私；又有迫於勢，欲直言而不得者矣。鄰敵相誣之辭，因無識而誤採；怪誕不經之語，因好奇而過存，如王隱、何法盛《晉書》有《鬼神傳》，即其一例。見《史通・採撰篇》。更不必論矣。八也。事之可見，止於外形，則其内情不能不資推測，而推測爲事極難。識力不及，用心過深，其失一也；即謂識解無甚高低，而人心不同，各如其面，内情亦安可得乎？九也。異時、異地，情況即不相同，以此時、此地之事，置諸彼時、彼地情形之中，謬誤必不能免，前已言之。此等弊，顯者易知，其微者無論何人，皆不能免，十也。事固失真，物亦難免，何者？物在宇宙之中，亦自變化不已，古物之存於今者，必非當日之原形也，十一也。有此十一端，而史事之不能得實，無待再計矣。如攝影器然，無論如何逼肖，終非原形；如留聲機然，無論如何清晰，終非原聲。此固一切學問如此，然史主記載，其受病乃尤深也。歐洲史家有言：史事者，衆所同認之故事耳。豈不信哉？爲衆所不認者，其説遂至不傳，如宋代新黨及反對道學者之言論事實是也，此等不傳之説，未必遂非。

史實之不實如此，安得不加以考證？考證之法有：（一）所據之物，可信與否，當先加以審察；（二）其物既可信矣，乃進而考其所記載者，虛實如何也。

史家所據，書籍爲多。辨書籍真僞之法，梁任公《中國歷史研究法・史料搜集》一章，所論頗爲詳備。惟爲求初學明了起見，有失之説殺之處耳，當知之。

凡書無全僞者，如《孔子家語》，王肅以己意羼入處固僞，其餘仍自古書中採輯；又其將己意羼入處，以爲孔子之言則僞，以考肅説則真矣。故僞書仍有其用，惟視用之之法如何耳。凡讀古書，最宜注意於其傳授。讀古書者，固宜先知學術流別，然學術流別，亦多因其言而見。清儒輯佚多用此法，如陳喬樅之《三家詩遺説考》，其最顯而易見者也。又據文字以決書之真僞，似近主觀，然其法實最可恃，此非可執形跡以求，故非於文學有相當程度者，決不足以言此。《僞古文尚書》爲辨僞最大公案，然其初起疑竇，即緣文體之異同，此兩法雖亦平常，然近人於此，都欠留意，故不憚更言之也。

辨實物真僞之法，如能據科學論斷，最爲確實，否則須注意三端：（一）其物鉅大，不易僞造者；（二）發現之時，如章太炎所謂萬人貞觀不容作僞者；（三）其物自發現至今，流傳之跡如何。大抵不重古物之世，發現之物較可信，如宋人初重古物時，其所得之物，較清人所得爲可信是也。以此推之，則不重古物之地，所得之物，亦必較通都大邑、商賈雲集之地爲可信。

考證古事之法，舉其概要，凡有十端：設身處地，一也；謂不以異時、異地之事，置之此時、此地之情形中也。如以統一後之眼光，論封建時之事；以私産時之見解，度共産時之人，均最易誤。注意於時間、空間，二也；如以某事傅之某人，而此人、此時或未生，或已死，或實不在此地，或必不能爲此事，即可知其說之必誤。事之有絶對證據者，須力求之，三也；絶對證據，謂如天地現象等，必不可變動者。小事似無關係，然大事實合小事而成，一節模糊，則全體皆誤，四也；有時考明其小節，則大事可不煩言而解，如知宋太祖持以畫地圖之斧爲玉斧，則知以斧聲燭影之說，疑太宗篡弑之不確是也。記事者之道德、學識，及其所處之境，與所記之事之關係，皆宜注意，五也；關係在己者，如將兵之人自作戰史；關係在人者，如爲知交作傳志。進化、退化之大勢，固足爲論斷之資，然二者皆非循直綫，用之須極謹慎，六也；由此推之，則當知一時代中，各地方情形不同，不可一概而論，七也；如今固爲槍炮之世，然偏僻之地，仍用刀劍弓矢爲兵者，亦非無之。以科學定律論事物，固最可信，然科學定律，非遂無誤，又科學止研究一端，而社會情形，則極錯雜，據偏端而抹殺其餘，必誤矣，八也；事不違理，爲一切學術所由建立，然理極深奥，不易確知，時地之相隔既遥，測度尤易致誤，故據物理推斷之說，非不得已，宜勿用，九也；據理推斷之法，最易致誤，然其爲用實最廣，此法苟全不許用，史事幾無從論證矣，此其所以難也。必不得已，則用之須極謹慎。大抵愈近於科學者愈可信，如謂劉聖公本係豪傑，斷無立朝羣臣、羞愧流汗之理，便較近真；謂周公聖人，其殺管、蔡，必無絲毫私意，便較難信，因其事，一簡單，一複雜也。《史通·暗惑》一篇，皆論據理論事之法，可參看。其實此法由來最古。《孟子·萬章》、《吕覽·察傳》所用,皆此法也。此法施之古史最難,以其所記事多不確,時代相隔遠,又書缺有間,易於附會也。昔人有爲言之,或别有會心之語,不可取以論史,十也。搜採惟恐不多,别擇惟恐不少,此二語,固治史者所宜奉爲圭臬矣。

十、論論史事之法

前論考證史事之法，夫考證果何所爲乎？種穀者意在得食，育蠶者意在得衣，讀書稽古，亦冀合衆事而觀其會通，有以得其公例耳。信如是也，則論定史事之法尚矣。

史事可得而論乎？曰：難言之矣。世界本一也，史事之相關如水流然，前波後波息息相續，謂千萬里外之波濤，與現在甫起之微波無涉，不可得也。故曰：欲問一事之原因，則全宇宙皆其原因；欲窮一事之結果，則全宇宙皆其結果。佛説凡事皆因緣會合而成，無自相。夫無自相，則合成此事之因緣，莫非此事，因又有因，緣又有緣，即合全世界爲一體矣。所謂循環無端，道通爲一也。夫如是，則非遍知宇宙，不能論一事。此豈人之所能。彼自然科學所以能成爲科學者，以其現象彼此相同，得其一端，即可推其全體也。而社會現象又不能然，史事更何從論起乎？雖然絶對之真理，本非人所能知。所謂學問，本安立於人知之上，就人知以言史學，則論定史事之法，亦有可得而言者焉。

凡論史事，最宜注意於因果關係，真因果非人所能知，前既言之矣，又曰注意於其因果關係者，何也？曰天非管窺所能知也，然時時而窺之，終愈於不窺；海非蠡測所能知也，然處處而測之，終愈於不測。人類之學問，則亦如是而已，真欲明一事之因果，必合全宇宙而遍知，此誠非人之所能，就其所能而力求其所知之博，所論之確，則治學術者所當留意也。

凡事皆因緣會合而成，故決無無原因者，而其原因爲人所不知者甚多，於是一事之來，每出於意計之外，無以名之，則名之曰突變。而不知突變實非特變，人自不知其由來耳。一事也求其原因，或則在數千萬年以前，或則在數千萬里之外，人之遇此者，則又不勝其駭異，乃譬諸水之伏流。夫知史事如水之伏流，則知其作用實未嘗中斷。而凡一切事，皆可爲他事之原因，現在不見其影響者，特其作用尚未顯，而其勢力斷無消失之理，則可豫決矣。伏生之論旋機，曰其機甚微，而所動者大。一事在各方面，皆可顯出結果，恆人視之以爲新奇。若真知自然，則其結果，真如月暈而風礎潤而雨，可以操左券而致也。而事在此而效在彼者，視此矣。造金術本欲造黄金也，乃因此發明化學；蒸汽機之始，特以省人工，便製造耳，乃使社會組織爲之大變，皆使讀史者，不勝驚異。然若深求其因果，則有第一步，自有第二步，有第二步，自有第三步，如拾級而登，步步着實，了無可異，人之所驚異之者，乃由只見其兩端，而忽略其中間耳。凡此皆可見人於因果關係，所知不多，故其識見甚粗，措施多誤也。心理學家謂人之行爲，下意識實左右之。其實社會亦如是，一切社會現象，其原因隱蔽難知者，殆十之八九，而有何因，必有何果，又斷非鹵莽滅裂者，所能强使之轉移。此社會改革之所以難，而因改革而轉以召禍者之所以多也。史學之研求，則亦求稍救此失於萬分之一而已。

因果之難知，淺言之，則由於記載之闕誤。一物也，掩其兩端，而惟露其中間，不可識也；掩其中間，而惟露其兩端者亦然。天吴紫鳳傎倒焉而不可知，鶴足鳧脛互易焉而不可解，史事因果之難知，正此類矣。然淺言之，記載當尸其咎，深言之則考論者亦不能無責焉。何者，世無純客觀之記載，集甍桷而成棟宇，必已煩大匠之經營也。故考論誠得其方，不特前人之記載，不至爲我所誤用，而彼之闕誤，且可由我而訂正焉，其道維何？亦曰審於因果之間，執理與事參求互證而已矣。

凡論事貴能即小以見大，佛説須彌容芥子，芥子還納須彌，事之大小不同，其原理則一。故觀人之相處，猜嫌難泯，而軍閥之互相嫉忌，不能以杯酒釋其疑可知矣。觀人之情恆欲多，至於操干戈而行陰賊而不恤，而資本主義之國恃其多財，以侵略人者，斷非可緩頰説諭，以易其意，審矣。諸如此類，難可枚舉。要之小事可以親驗，大事雖只能推知，故此法甚要也。

自然現象所以易明，而社會現象則不然者，以彼其現象，實極簡單，而此則甚複雜也。職是故，史事決無相同者，以爲相同，皆察之未精耳，然亦無截然不同者，故論史事，最宜比較其同異，觀其同中有異，異中有同，則不待用心而自有悟入處矣。凡論史最忌空言，即兩事而觀其異同，就一事而求其因事義理，皆自然可見，正不待穿鑿求之也。

凡事皆因緣會合而成，則無自性。無自性則所謂環境者，僅假定之，以便言説思慮，實則與此事一體也。然則論一事，而不知環境，實即不知此事矣。故論史事，搜考宜極博。又凡一事也，設想其易一環境當如何？亦最足明其事之真相也。設想使人育於猿當如何？便可知人之知識，何者得諸先天，何者得諸後天。又試設想，使中國移居歐洲，歐洲人移居中國，當如何？便可知人與地理之關係。

史事論次之難如此，則知是非得失，未易斷言而不可輕於論定。且如漢武之通西域，當時論者恆以爲非，吾儕生二千年後，或徒歆其拓地之廣，不能瞭解其説，然試一考當時之史實，則漢武之通西域，本云以斷匈奴右臂。然其後征服匈奴，何曾得西域毫厘之力，徒如《漢書》所云漢憂勞無寧歲耳。當時人之非之，固無足矣。然試更觀唐代回鶻敗逋，西域至今爲梗，則知漢代之通西域，當時雖未收夾擊匈奴之效，然因此而西域之守御甚嚴，匈奴潰敗之後，未能走入天山南北路，其爲禍爲福，正未易斷言也。梁任公《中國歷史研究法·史跡之論次》一章論漢攻匈奴，與歐洲大局有關，其波瀾可謂極壯闊，其實何止如此，今日歐洲與中國之交涉，方興未艾，其原因未必不與匈奴之侵入歐有關，則雖謂漢攻匈奴，迄今日而中國還自受其影響可也。史事之論斷，又何可易言乎？塞翁失馬，轉瞬而禍福變易，閱世愈深而愈覺此言之罕譬而喻矣。

史事果進化者乎？抑循環者乎？此極難言者也。中國之哲學思想主於循環，歐洲則主於進化。蓋一取法於四時，一取法於生物。兩者孰爲真理，不可知。主進化論，宇宙亦可謂之進化，今之春秋，非古之春秋也。主循環説，進化亦可謂係循環中之一節，如舊小説謂十二萬年，渾混一次，開闢一次，後十二萬年中之事與前十二萬年同是也。十二萬年在今之主進化論者視之，誠若旦暮然。即十二萬年而十百千萬之，又孰能斷言其非循環乎？人壽至短，而大化悠久無疆，此等皆只可置諸不論不議之列耳。以研究學術論，則進化之説較爲適宜，何者？即使宇宙真係循環，其循環一次，爲時亦極悠久，已大足以供研究，人類之研究，亦僅能至此，且恐並此而亦終不能明也，又何暇騖心六合之表乎？

進化之方面，自今日言之，大略有三：一曰事權自少數人，漸移於多數，此自有史以來，其勢即如是，特昔人不能覺耳。一君專制之政，所以終於傾覆，舊時之道德倫理，所以終難維持，其真原因實在於此。自今以後，事權或將自小多數更移於大多數，寖至移於全體，以至社會組織全改舊觀，未可知也。二曰交通之範圍日擴，其密接愈甚，終至合全世界而爲一，此觀於中國昔者之一統而可知。今後全世界亦必有道一風同之一日，雖其期尚遠，其所由之路，亦不必與昔日同，其必自分而趨合，則可斷言也。三曰程度高之人，將日爲衆所認識，而真理將日明。凡讀史者恆覺古人之論人寬，而後世則嚴。宋儒創誅心之論，純王之説，幾於天下無完人，三代而下無善治，久爲論者所譏彈。然試一察譏彈者之議論，其苛酷殆有甚於宋儒，且不待學士大夫，即閭閻市井之民，其論人論事，亦多不留餘地。此有心人所爲慨嘆風俗之日漓也。其實亦不盡然。此亦可云古人之論事粗，後人之論事精，天下人皆但觀表面，真是非功罪何時可明，有小慧者何憚而不作僞以欺人。若全社會之知識程度皆高，即作僞者無所讎其欺，而先知先覺之士，向爲社會所迫逐所誅夷者，皆將轉居率將之位，而社會實受其福矣。凡此三者，皆社會進化之大端，自有史以來，即已陰行乎其間。昔時之人，均未見及，而今日讀史之士，所當常目在之者也。

十一、史學演進趨勢

史學演進,可分四期:(一)覺現象有特異者,則從而記之,史之緣起則然也。(二)人智愈進,則現象之足資研究者愈多,所欲記載者乃愈廣,太史公欲網羅天下放失舊聞,其機即已如此。至於後世,而其範圍亦愈式廓矣。凡事皆有其惰力,後世史家,盡有沿襲前人,不求真是者,章實齋所譏,同於科舉之程式,官府之簿書者也。然以大體言之,所搜求之範圍,總較前人爲廣,即門類不增,其所搜輯,亦較前人爲詳。《通志·總序》曰:臣今總天下之學術,條其綱目,名之曰略,凡二十略,百代之憲章,學者之能事,盡於此矣。即此思想之代表也。(三)然生有涯而知無涯,舉凡足資研究之現象,悉羅而致之,卒非人之才力所堪也,於是苦史籍之繁,而欲爲之提要鈎玄者出焉。鄭樵即已有此思想,至章學誠而其説大昌。樵謂凡著書者,雖採前人之書,必成一家之言。學誠分比次與獨斷爲二類,記注與著述爲二事,謂比次之書,僅供獨斷之取裁,考索之案據。"事萬變而不窮,史文當屈曲而適如其事。""纖悉委備,有司具有成書,吾特舉其重且大者,筆而著之。"即此等思想之代表也。然史籍之委積,既苦其研之不可勝研矣;更欲以一人之力,提其要而鈎其玄,云胡可得?目不兩視而明,耳不兩聽而聰,涉之博者必不精,將見所棄取者,無一不失當耳。(四)故至近世,而史學之趨向又變。史學趨向之更新,蓋受科學之賜,人智愈進,則覺現象之足資研究者愈多,而所入愈深,則其所能研究者亦愈少。學問之分科,蓋出於事勢之自然,原不自近世始;然分析之密,研究之精,實至近世而盛;分科研究之理,亦至近世而益明也。學問至今日，不但非分科研究不能精，其所取資，並非專門研究者不能解。於是史學亦隨他種學問之進步，而分析爲若干門，以成各種專門史焉。然欲洞明社會之所以然，又非偏據一端者所能，則又不得不合專門史而爲普通史，分之而致其精，合之以觀其通，此則今日史學之趨向也。

恆人之見，每以過而不留者爲事，常存可驗者爲物。研究事理者爲社會科學，研究物理者爲自然科學，此亦恆人之見耳。宇宙惟一，原不可分，學問之分科，不過圖研究之利便，既畫宇宙現象之一部，定爲一科而研究之，則凡此類現象，不論其爲一去無跡，稍縱即逝，與暫存而不覺其變動者，皆當有事焉。此各種科學，所以無不有其歷史，亦即歷史之所以不容不分科也。然則史不將爲他種科學分割以盡乎？是又不然，宇宙本一，畫現象之一部而研究之，固各有其理，合若干科而統觀之，又自有其理。此莊子所謂"丘里之言"，初非如三加三爲六，六無所餘於兩三之外也。故普通史之於專門史，猶哲學之於科學。發明一種原理，科學之所有事也；合諸種原理而發明一概括之原理，哲學之所有事也。就社會一種現象，而闡明其所以然，專門史所有事也；合各種現象，而闡明全社會之所以然，普通史之所有事也。各種學問，無不相資，亦無不各有其理，交錯紛紜，雖非獨存，亦不相礙，所謂帝網重重也。且專門家於他事多疏，其闕誤，恆不能不待觀其會通者之補正，史學又安得爲他科學所分割乎？有相得而益彰耳。然則將一切史籍，悉行看作材料，本現今科學之理，研究之以成各種專門史，更合之而成一普通史，則今日史學之趨向也。

史學能否成爲科學，此爲最大疑問。史學與自然科學之異有四：自然現象，異時而皆同，故可謂業已完具。史事則不然，世界苟無末日，無論何事，皆可謂尚未告終，一也。自然現象，異地而皆同，故歐洲人發明之化學、物理學，推之亞、非、澳、美而皆準。史事則不然，所謂同，皆察之不精耳。苟精察之，未有兩事真相同者也。然則史事之當研究者無限，吾儕今日所知史事誠極少，然史事即可遍知，亦斷無此精力盡知之也，二也。自然現象既異時異地而皆同，則已往之現象，不難推知。而材料無虞其散佚。史事則又不然，假使地球之有人類，爲五十萬年，則所知彌少矣。而其材料，較諸自然科學所得，其確實與否，又不可以道里計也，三也。自然科學所研究之物，皆無生命，故因果易知。史事則正相反，經驗不足恃，求精確必於實驗，此治科學者之公言，然實驗則斷不能施諸史事者也，四也。由此言之，欲史學成爲科學，殆不可得。然此皆一切社會科學所共，非史學所獨也。社會現象所以異於自然現象者，曰：有生命則有自由，然其自由決非無限。況自然現象之單簡，亦在實驗中則然耳。就自然界而觀之，亦何嘗不複雜。社會現象，割截一部而研究之，固不如自然科學之易，而亦非遂無可爲。若論所知之少，社會科學誠不容諱，自然科學亦何嘗不然。即如地質學，其所得之材料亦何嘗不破碎邪？故社會科學與自然科學之精確不精確，乃程度之差，非性質之異，史學亦社會科學之一，固不能謂其非科學也。

中國史籍讀法

弁　言

此稿乃予在華東師範大學講學時，擬於一九五四年春夏間，爲歷史系畢業班學生作若干次講演者。開學未幾，予即患病，在家休息。所擬講演之語，病閑後曾寫出崖略，僅就涉想所及，既未能精密構思，亦未能詳細參考，所説極爲淺近，似無一顧之價值。但爲初學計，作者雖詒淺陋之譏，讀者或有親切之感，所以未遽棄擲。其中仍有一部分，似乎頗涉專門者，則因舊籍性質如是，不知其性質，無從説起讀法也。研究歷史之事，不限於讀書；讀書不限於讀中國書；讀中國書，亦不限於舊日之史籍。所以此稿所述，不過治史學者一小部分人所有事而已。然治學固貴專精，規模亦須恢廓。目能見六合之大，再回過來治一部分的事情，則其所從事者不至於無意義；而其所取之途徑，亦不至誤其方向，如俗所謂鑽牛角尖者。然則此稿所言，雖僅一部分人所有事，而凡治史學者，似亦不妨一覽，以恢廓其眼界了。此亦所言雖極淺近，而未遽棄擲之微意也。一九五四年六月，吕思勉自記。

一、史學之用安在

史學究竟有用没有用？這個問題提出來，聽者將啞然失笑。既然一種學問，成立了幾千年，至今還有人研究，那得會無用？問題就在這裏了。既然説有用，其用安在？科舉時代的八股文，明明毫無用處，然在昔日，錮蔽之士，亦有以爲有用的。他們説：八股文亦有能發揮義理的。這誠然，然義理並不要八股文才能加以發揮，創造八股文體，總是無謂的。這並不但八股，科舉所試文字，論、策外實皆無用，而論、策則有名無實，學作應舉文字的人，精力遂全然浪費，而科舉亦不足以掄才了。然人才亦時出於其中，右科舉者恆以是爲解。正之者曰：若以探籌取士，人才亦必有出於其中的；此乃人才之得科舉，而非科舉之得人才，其説最通。所以一種無用之物，若以他力强行維持，亦必有能加以利用者，然決不能因此遂以其物爲有用。可見一種事物，不能因有人承認其有用，而即以爲有用；其所謂有用之處，要説出來在事理上確有可通。然則歷史之用安在呢？

提出這個問題來，最易得，而且爲多數人所贊同的，怕就是説歷史是前車之鑒。何謂前車之鑒？那就是説：古人的行事，如何而得，則我可取以爲法；如何而失，則我當引以爲戒。這話乍聽極有理，而稍深思即知其非。天下豈有相同之事？不同之事，而執相同之法以應之，豈非執成方以治變化萬端之病？夫安得而不誤！他且勿論，當近代西方國家東侵時，我們所以應付之者，何嘗不取鑒於前代馭夷之策，其中誠然有許多純任感情、毫無理智的舉動和議論，然就大體觀之，究以經過考慮者爲多。其結果怎樣呢？又如法制等，歷朝亦皆取鑒前代，有所損益。當其損益之時，亦自以爲存其利而去其弊，其結果又怎樣呢？此無他，受措施之社會已變，而措施者初未之知而已。此由人之眼光，只會向後看，而不會向前看。鑒於前代之弊，出於何處，而立法以防之；而不知其病根實别有在，或則前代之弊，在今代已可無虞，而弊將出於他途。此研究問題，所以當用辯證法也。譬如前代賦役之法不能精詳，實由記帳之法不能完善。明初鑒於前代，而立黄册與魚鱗册，其記帳之法，可謂細密了，然記帳之事，則皆委之地主、富農之流，此輩皆與官吏通同作弊之人，法安得而不壞？此爲歷代定法總深鑒於前代，而其結果依然不能無弊一個最深切明顯之例。其他若深求之，殆無不如此。此理，方正學的《深慮論》，有些見到，但僅作一鳥瞰，粗引其端，未及詳細發揮而已。所以治史學，單記得許多事實，是無用的。早在希羅多德，就説治史之任務有二：（一）在整理記録，尋出真確的事實；（二）當解釋記録，尋出那些事實間的理法。據李大釗在上海大學所講演的《研究歷史的任務》。希羅多德（Herodotus），希臘最早之史學家，生於公元前四八四年，即入春秋後之二三五年。而在中國，亦以爲道家之學，出於史官，"歷記成敗、存亡、禍福"，所以能"秉要執本"了。《漢書·藝文志》。然則史學之所求，實爲理而非事。"事不違理"，借用佛家語。這本無足爲奇，然而問題又來了。

學問決没有離開實際的，離開實際的，只是"戲論"。亦借用佛家語。佛家譬諸"龜毛、兔角"，謂想像中有其物，而實際則無之也。譬如馬克斯的學説，觀鑒社會的變遷，因以發明其發展之由，推測其前進的方向，而決定因應及促進之法，這自然是最有用的了。然則這種學問，究竟是從讀史得到的呢，還是從身所接觸的事物得到的呢？這個問題提出，我們知道：馬克斯雖已長往，果能起諸九泉而問之，其答語，必是説：看了被壓迫階級的苦痛，深知其與社會組織相關，然後求之於史，而知其變遷、發展之由；必非於當代之事茫無所知，但閉户讀書，銖積寸累，而得一貫串全史可以用諸當代的新發明。而且他的學説，雖大成於後來，而其大體的見解，則必成立於最初之時，後來不過加以注明、補充、修改。而決無根本上的變動。這不但馬克斯，從古以來，在學問上有所發明的人，都系如此。此即章實齋所謂"入識最初而不可易。"雖有學問之士，當其最初之時，讀書是不會多的。然則人有所得，實系由與事物接觸，而並不由於讀書。讀書的死活，即分於此。知書上某一句話，系指現社會某一種現象者,所讀者話書也。不知之者,所讀者死書也。讀話書者,似可先知現社會之某種現象,然後求之於書,亦可先知書上的某一句話,然後求之於現社會。然後者必爲後起的。已將書與事打成一片,然後能之,最初則必現社會之現象,對之先有所啓發,然後能以書合之也。發明必因乎時會,亦由於此。因必在某種環境之中,某種現象,乃能對人有所啓發。此亦時勢造英雄之理也。然則讀書究有何用呢?

答案是這樣的:人識最初而不可易的,只是一個方向,一個輪廓。所謂不可易,只是這個方向不變,輪廓不誤罷了。其中細節偏端,不能不藉經驗(一)爲之證明,(二)爲之補充,(三)爲之修正。一個人的經驗是有限的,即使隨處留心,至於白首,亦仍覺其淺薄,所以不得不求之於史。史學之用,就在這里了。證明、補充、修正的工作,不必自爲,亦不能皆自爲。一種大發明,必藉有人爲之羽翼者以此。

二、中國有史學麽

說到此，就覺得舊有史學的無用。把史部的書翻開來，自然全部都是記載。爲之羽翼的，則從性質上言之，大致可分爲三種：（一）注釋：因前人書中之名物、訓詁，後人不易明了而爲之說明；自隋以前，史學並有專門傳授；唐初猶然，即由於此。《隋書・經籍志》說正史惟《史記》、《漢書》，師法相傳並有解釋。《三國志》及范曄《後漢》雖有音注，既近世之作，並讀之可知，可見其注釋專爲文義。此爲注釋之正宗。若裴松之之注《三國志》，廣搜佚聞，則實屬補充一類矣。名物、訓詁，時代相近之作，雖大體易知；然一時代特殊之語，亦有相隔稍遠，即不易瞭解者，官文書及方俗語皆有之，實亦需要解釋也。（二）考證：前人書有誤處，爲之糾正；（三）補充：任何一部書，不能將應有的材料搜集無遺，於其所未備的，爲之補足。如清人所補各史表、志即是。這種著作，往往費掉很大的精力，其成績亦誠可欽佩，但亦只是希羅多德所謂尋出真確的事實而已；尋出其間理法之處實甚少；更不必說如馬克斯般，能發明社會發展的公例了。然則飽讀此等書，亦不過多知道些已往的事實而已，於現在究有何用？無怪近來論者說中國史料雖多，却並不能算有史學了。這話似是，其實亦不盡然。一切書籍，從其在心理上的根據說來，亦可分爲三種：即（一）根於理智的，是爲學術；（二）根於情感的，是爲文辭；（三）根於記憶的，是爲記載。中國書籍，舊分經、史、子、集四部。經、子雖分爲兩部，乃由後世特尊儒學而然，其實本係同類之物，此在今日，爲衆所共喻，無待於言。經、子自然是屬於理智的。史部之書，與屬於記憶者相當，亦無待言。集部之書，多數人都以爲屬於文辭，其起源或係如此，但至後來，事實上即大不然。我國學術，秦以前與漢以後，此以大致言之，勿泥。有一個大變遷，即古爲專門，後世爲通學。此四字本多用於經學，今用爲泛指一般學術之辭：即專門二字，本指治經而墨守一家之説者，通學則兼採諸家；今所用專門指專守經、子中一家之説，通學則指兼採諸家也。在古代，研究學問的人少，學問傳佈的機會亦少，有研究的人，大都只和一種學説接觸，所以不期而成爲專門，直到東周的末年，始有所謂雜家者出現。此就學術流別言，非指今諸子書。若就今諸子書而論，則因（一）古書編纂錯亂。（二）有許多人，又特別爲著書之人所喜附會，殆無不可成爲雜家者。如《晏子春秋》，兼有儒、墨之説，即因儒、墨二家，並欲依託晏子；管子名高，更爲諸家所欲依託，則其書中，儒、道、法、兵、縱橫家之言，無所不有矣。其一篇中諸説雜糅者，則編纂之錯亂爲之，蓋古簡牘難得，有所聞皆著之一編，傳録者亦不加分別，有以致之也。至後世則不然了，除西漢經生錮蔽的，還或墨守一先生之説外；其大多數，無不成爲通學，即無不成爲雜家。一人的著述中，各種學説都有，實跨據經、子兩部；此爲學術上一大進步，前人泥於尊古之見，以爲今不如古，誤矣。後世分別子、集，亦自謂以其學專門與否爲標準，然其所謂專門者，則其書專論一種事物耳，非古所謂專門也。而同時，這種人又可係熱心搜輯舊聞的人，遇有機會，即行記載。又集部的編纂，以人爲主，其人自己的行事，亦往往收入其中。如《諸葛忠武集》等即此類，實無其人執筆自作之文字也。後世之名臣奏議等，尚多如此。文人之集，固多但載其作品；然注家亦多搜考行事，務求詳實，與其自己的作品，相輔而行。如此，則集部之書，又與史部無異。所以前人的文集，譬以今事，實如綜合性雜志然，其内容可以無所不有。把書籍分爲經、史、子、集四部，只是藏庋上的方便，並非學術上的分類。章實齋的《校讎通義》，全部不過發揮此一語而已。要作學術上的分類，除編類書莫由，見第五節。所以我們要治史，所讀的書，並不能限於史部。在後世不能不兼考集部，正和治古史不能不兼考經、子相同。向來治史的人，於集部，只取其與史部性質相同，即屬於記載的一部分；而不取其對於社會、政治……發表見解，與經、子相同的一部分。那自然翻閲史部之書，只見其羅列事實，而不覺得其有何發明，使人疑中國只有史料，並無史學了。

所以如此，亦有其由。前人著述，或其議論爲他人所記録，涉及歷史的，大致可分爲三種：第一種所謂别有會心。即其人之言論，雖涉及古事，然不過因此觸發，悟出一種道理，與古事的真相，並不相合。此等言論，雖亦極有價值，然另是一種道理，初不能用以解釋或評論史事。如蘇子瞻論荀卿，謂李斯之焚書，原於卿之放言高論，此特鑒於當時黨争之愈演愈烈，有所感而云然，事實之真相，並非如此。後來姚姬傳作《李斯論》，又説斯之焚書，特以逢迎始皇，使其所遇非始皇，斯之術將不出於此，亦特鑒於當時風氣之詭隨，立朝者多無直節，"一以委曲變化從世好"而云然，史事之真相，亦並非如此也。此即兩先生亦自知之，其意原不在論古，特借以寄慨、託諷而已。若據此以論荀卿、李斯，便成笨伯了。第二種則綜合史事，而發明出一種道理來。有專就一類事實，加以闡發的。亦有綜合多種事實，觀其會通的。又有綜合某一時代、某一地域的各種事實，以説明該時代、該地域的情形的。其内容千差萬别，要必根據事實，有所發明，而後足以語於此。空言闊論無當也。這正和希羅多德所謂尋出事實間之理法者相當，在史學中實爲難能可貴。然第三種專從事實上着眼。即前所云注釋、考證、補充三類，力求事實之明了、正確、完備，與希羅多德所謂尋出真確之事實相當者，亦未可輕。因第二種之發明，必以此爲根據，此實爲史學之基礎也。此即所謂章句之學。"章句之學"或"章句之士"四字，習慣用爲輕視之辭，然欲循正當之途轍以治學問者，章句之學，又卒不能廢，實由於此。"章句"二字，最初係指古書中之符號，其後古書日漸難明，加以注釋，亦仍稱爲章句；注釋之範圍日廣，將考證、補充等一概包括在内；章句之稱，仍歷時未改（説出拙撰之《章句論》，曾由商務印書館印行，後又收入其"國學小叢書"中）。今且勿論此等詳細的考據。章句之學四字，看做正式治學者與隨意泛濫者不同的一種較謹嚴的方法；章句之士，則爲用此方法以治學的人，就够了。此等人，大抵只會做解釋、考證、補充一類的工作，而不能有所發明，所以被人輕視。然非此不能得正確的事實，所以其事卒不能廢。異於章句之士，能尋出事實間的理法者，爲世所謂"通才"，其人亦稱爲"通人"。天下章句之士多而通人少，故能爲章實齋所謂"比次之業"者多，而能著作者少。近數十年來，專題論文，佳篇不少，而中國通史，實無一佳作，並稍可滿意之作而亦無之，亦由於此。章句之學和通才，實應分業，而難兼擅。因大涵者不能細入，深入者不易顯出，不徒性不相同，甚至事或相尅也。劉子玄嘆息於才、學、識之不易兼長，實未悟分業之理。然人宜善用所長，亦宜勤攻己短。性近通才者，於學不可太疏；性善章句者，於識亦不可太乏也。中國人的史學,實在第二、第三兩種都有的。向來書籍的分類,只把性質屬於第三種之書,編入史部;其屬於第二種的,則古代在經、子二部,後世在集部中。淺人拘於名義,以爲中國史學,限於史部之書,就謂其只有史料而無史學了,這實在是冤枉的。

三、再爲中國史學訴冤

說到此，還該有一句話，爲中國的舊史訴冤。那即是近來的議論，往往說舊時史家顛倒是非。舊時史家顛倒是非者誠有之，如魏收之被稱爲穢史是。然其所謂顛倒者，止於如此，不過偏端，並非全體。若將全體的是非，悉行淆亂，則必無人能作此事。而據近來的議論，則幾謂舊史全部之是非無一可信；所載事實，無一非歪曲、僞造。問其何所見而云然？則不過泥於辭句。譬如說，歷代的史籍，對於政府，悉視爲正統；對於反抗政府的人，則悉視爲叛逆。於政府之暴虐、激變，及其行軍之騷擾、軍隊之怯懦、戰爭之失利，多所隱諱；而於反抗政府之人，則一切反是便是。此係舉其一端。其他，如漢族與異族的衝突，則歸曲於異族，而不著漢族壓迫之跡，如近人所謂大漢族主義等皆是。此乃未解舊史之性質。須知舊時之作史者，並非各方面的材料都很完備，而據以去取，只是據其所得的材料，加以編輯，以詒後世而已。當其編輯之時，自古至今的史家有一大體同守的公例：即不將自己的意思，和所據的史料相雜。此即《穀梁》所謂"信以傳信，疑以傳疑"，見桓公五年。這句話的意思，就是說，相傳的說法，無論自己以爲可信，抑以爲可疑，都照原來的樣子傳下去。人人謹守此法，則無論時代遠近，讀書的人，都得到和原始材料接觸的機會；而後人的議論，只須發表自己的意見，而不必再行敘述，則史籍的分量，不致過多，亦可節省讀者的精力也。亦即後世史家所謂"作文惟恐其不出於己，作史惟恐其不出於人"。可見其例起源甚古，沿襲甚久。其極端者，乃至於所據史料，不過照樣謄寫一過，於不合自己口氣之處，亦不加改動，如《史通》所譏

《漢書·陳勝傳》仍《史記·陳涉世家》"至今血食"之文。而不知直録原文,實爲古人著書之通例。照例愈古則愈嚴。不但直録原文,不加改竄,即兩種原文,亦不使其互相攙雜。如《史記·夏本紀》絶不及羿、浞之事,而《吴世家》詳之,以《夏本紀》所據者,乃《帝系》、《世本》一類之書;《吴世家》所據者,則《國語》之類,不以之相訂補也。全部《史記》復緟、矛盾之處,觸目皆是,初學者隨意披覽,即可見得,史公豈有不自知之理? 所以如是者,古人著書的體例,固如是也,此例守之愈嚴,愈使古書之真相,有傳於後。古人所缺者,乃在於原文之下,未曾注明其來歷,然此至多不過行文條例不如後人之密而已,以爲歪曲,則實不然。亦間有注明者,如《漢書·司馬遷》、《揚雄傳》,都著其自叙云爾是也。則其餘不著者,或在當時人人知之,不待加注,亦未可知。且如引書必著卷第,亦至後世而始嚴;古人則多但著書名而已。亦以時愈晚,書愈多,卷帙愈鉅,翻檢爲難,在古代則並不爾也。出於他人之説,有兩説異同者,古人未嘗不并存。其遠者,如《史記·五帝本紀》,既説"神農氏世衰,諸侯相侵伐,暴虐百姓,而神農氏弗能征",又説"炎帝欲侵陵諸侯";神農古多謂即炎帝,《史記》亦不以爲兩人。其近者,則如《舊唐書》的《高宗王皇后傳》,一篇之中,説王皇后、蕭淑妃死法,即顯相牴牾。所記之事,苟有一種材料,懷疑其不足信者,亦未嘗不兼著其説。如《金史·后妃傳》,多載海陵淫穢之事,蓋據金世實録,而在《賈益謙傳》,却明著"大定間,禁近能暴海陵蟄惡者,輒得美仕,故當日史官修實録,多所附會"。然則歪曲、僞造者,乃當日修實録之史官,而非修《金史》之人。歷代政府一方面對於人民,平時的暴虐,臨事的激變,及人民起義之後政府行軍的騷擾,軍隊的怯懦,戰事的失利,多所隱諱;而於反抗政府的一方面,則將其含冤負屈以及許多優點一筆抹殺,作此等歪曲僞造者,亦自有其人,與後來修史之人何涉? 若謂修史者,既明知所據材料之不足信,何故不加以説明,則此爲全部皆然之事,人人知之,何待於言? 亦何可勝言? 從前讀史的人,有治學常識者,其於史文,本只當他記事之文看,並只當他一方面所説的話看,無人以其言爲是非之準,並無人信其所記之事皆真實也。其有之,則學究之流而已。修史者不改原文,但加編輯,不徒不能尸詒誤後人之咎;反可使後人知史料之不足信,不啻揭發其覆,使讀者"聞一知二"了。如《金史》既有《賈益謙傳》之文,則《后妃傳》所載者,亦可云非以著海陵之淫亂，特以著金世實録的誣罔；然海陵亦非不淫亂，暴其惡者亦不可云盡誣，亦未便一筆抹殺，故又存其文於《后妃傳》也。然則歷代政府的罪惡，多被隱諱；人民的冤屈及優點，多被抹殺，其受病之根，乃在所傳係政府方面的材料，而人民方面的材料，幾於無有之故，與修史之人何涉？若説人民方面的材料，與政府方面的材料相反者，雖云缺乏，亦非一無所有，作史者何不據以參考，兼著其説？則不知史以正史爲主，歷代的正史，無論其爲官纂、爲私修，實皆帶有官的性質。其關係最大者，爲所用仍係官方的材料，及著述不甚自由兩端，説見下節。此乃被壓迫階級不能自有政權，而政權爲壓迫階級所攘竊之故，非復著述上的問題了。説到此，則不能不進而略論中國歷史的歷史。

四、史權爲統治階級所篡及史家苦心保存事實真相

歷史材料的來源,本有官私兩方面。歷史材料極其繁雜。自理論上言之,當分爲記載、非記載兩種。屬於非記載的,又分爲:(一)人,謂人類遺體;(二)物,包括:(甲)實物,(乙)模型、圖畫;(三)法俗:凡有意制定而有强行性質者爲法,成於無意而爲衆所率循者爲俗。記載包括口碑,又分爲:(一)有意記録,以遺後人的;(二)非欲遺後,但自記以備查檢的;(三)並非從事記載,但後人讀之,可知當時情狀的。(一)指作史言;(二)如日記、帳簿等,即官府的檔案,亦可云屬於此類;(三)則史部以外的書籍悉屬焉。此所云者,僅(一)項中之大別而已。私家的材料,即所謂"十口相傳爲古",乃由羣中之人遞相傳述的故事。此其起源,自較官家的記載,出於史官者爲早。但到後來,史料的中心,却漸移於史官所(一)記録、(二)編纂了。此其故有二:(一)只有國家,能經常設立史官,以從事於記録;而一切可充記録的材料,亦多集於政府,如衛宏《漢儀注》説:漢法,天下計書,先上大史,副上丞相。所以其材料較多而較完全。尋常人民:(甲)和國家大事,本無接觸;即有所知,亦屬甚少;(乙)常人對於不切己之事,多不關心,未必肯從事於記録;(丙)又或有此熱情而無此機會;如著作之暇日等。(丁)有所成就而不克流傳。如爲物力或禁令所限。私史的分量,就遠少於官書;其所涉及之方面亦遠少;從時間上論,亦覺其時斷時續了。此所謂私史,以其材料之來源,與官方不同者爲限。若編纂雖出私人,材料仍取諸官家,即不可謂之私史了。以此爲衡,則私史實少。此亦不可爲古人咎,實爲環境所限。凡事不能孤立看。以史材論,在某一時代,能有何種性質的材料出現?其分量有若干?能保存而傳諸後來的,又有若干?以著述論,某一時代,衆所視爲重要者,有何等問

題？對於此等問題，能從事研究的有若干人？其所成就如何？能傳之後來者又有幾何？均爲環境所限。不論環境，徒對古人痛罵一番，或則盲目崇拜，皆非也。（二）史官所記，幾於全部關涉政治。只記政治上的事情，而不及社會，在今日衆共知爲史學上的缺點，但此乃積久使然，當初起時，其弊並不甚著。此由後世的社會太大了，包括疆域廣大、人民衆多、各地方情形不同等。政府並不能任意操縱，所謂統治，不過消極的用文法控制，使其不至絶塵而馳而已。此爲治中國史者最要而宜知之義，至少自漢以後即如此。毛澤東同志在《中國革命和中國共産黨》中説："如果説，秦以前的一個時代是諸侯割據稱雄的封建國家，那末，自秦始皇統一中國以後，就建立了專制主義的中央集權的封建國家；同時，在某種程度上仍舊保留着封建割據的狀態。"這幾句話，對於向來所謂封建、一統之世同異之點，分析得極爲清楚。統治階級的利害，與被統治者恆相反。處於統治地位的，在諸侯割據之世，爲有世封及世官的貴族；在中央集權之世，則代之以官僚。君主固與官僚屬於同一階級，然行世襲之制，則入其中而不得去；與官吏之富貴既得，即可離職而以禍遺後人者不同。故君主雖借官僚以行剥削，又必控制其剥削，限於一定的程度，使不至激成人民之反抗。凡英明的君主，必知此義，一朝開創之初，政治必較清明者以此。然中國疆域太大，各地方的情形太複雜，以一中央政府而欲控制各地方及各事件，其勢實不可能，而每辦一事，官吏皆可藉以虐民，乾脆不辦，却無可藉手，所以集權的封建之世，中央政府即稱賢明，亦不過能消極的爲民除害至於某一程度，而能積極爲民興利之事却甚少。舊時的政治家有一句格言説："治天下不如安天下，安天下不如與天下安。"治天下是興利；安天下是除害；與天下安，則并除害之事亦不辦了。因爲要除害，還是要有些作爲，官吏還可藉以虐民的。此種現象的原理，實根於階級對立而來，所以非至掌握政權的階級改變，不能改變。但特殊的事件，可以放棄；常務則不能不行，官吏又藉以虐民，則如之何？則其所以控制之者爲文法。文法之治，僅求表面上與法令的條文不背，而實際是否如此，則非所問。此即所謂官僚主義，爲論者所痛惡，不自今始，然仍有其相當的作用。如計簿，下級政府不能不呈報上級，地方政府不能不呈報中央，明知所報全係虚帳，然既須呈報，則其侵吞總有一個限制。又如殺人，在清代，地方政府已無此權，太平天國起義後，各省督撫，乃多援軍興之例以殺人，此實爲違法，然既須援軍興之例乃能殺人，則其殺人之權，亦究有一個限度皆是也。中央集權的封建國家，號稱清明之世，所能維持者，則此最小限度而已。所以但記些政治上的事件，並不能知道社會上的情形。因爲政治上所辦的事情，實在太少了。且如曆法，向來總以爲人民不能自爲，非仰賴政府不可的，其實不然。唐文宗時，西川曾請禁官曆頒行以前民間先自印賣的曆書；而據《新五代史·司天考》，則當時民間所用的，實別有一種曆法，時人稱爲小曆，並非政府所用之法。直至宋時，還係如此。南宋末年，西南偏僻之區，官曆失頒，梧州等地大、小盡互異，民間就無所取正了，事見《困學紀聞》。即至近代，亦未能免，官用之曆法久變，民間印行曆本，還有據明人所造《萬年曆》的，以致大、小盡亦有差池，中華民國和中華人民共和國時，各曾發生過一次。民間所用曆法，或不如官法之確，然日用並不仰賴政府，則於此可見。且政府革新曆法時，所用之人才，亦皆出於民間，若欽天監等官署所養成的人才，則僅能按成法做技術工作，不能創法與議法也。舉此一事，其餘可以類推。但在古代小國寡民之世則不然，此時政治上所辦者，尚係社會的事情；而社會上最重要的事情，亦即操在政府手裏。所以政治二字，隨時代之古近，範圍廣狹，各有不同。大致時代愈古，所包愈廣。所以但記政治上的事件，即可見得社會上的情形。人類的作事，是有其惰性的，非爲局勢所迫，一切只會照着老樣子做去。況且社會的變遷，一時是看不出來的。又且歷代政府，於全局之控制雖疏，究爲最高權力所在，其所措施，至少在表面上爲有效。所以習慣相沿，史官所記，就都偏於政治方面了。此所謂政治，其範圍業已甚狹了。私家所知政治上的事件，固不能如史官之多；有些方面，亦不能如史官之確，如人、地名、年、月、日，官、爵、差遣名目等。這亦使歷代的史料，逐漸轉移到以史官所記爲重心。

讀史必求原始的材料。真正原始的材料，現在實不易得，大體上，衆共據爲原始材料的，則歷代所謂正史而已。此係爲物力所限。《南》、《北史》行，而《魏》、《齊》等史即有缺佚；《新五代史》行，而《舊五代史》之原本遂不可得，足見正史修成後，尚不易完全保存，更無論所據的原料了。歷代政府，所以恆視修前朝之史爲重要之事；而每逢開館修史，亦必有熱心贊助之人，即由於此。前人修史，用功精密者，多先作長編。如其書修成之後，長編仍獲保存，實可省後來校勘者許多精力，且可保存修書者棄而未取的材料。然長編恆不獲保存，亦由爲物力所限也。歷代所謂正史，大體上自南北朝以前爲私撰，唐以後則爲官修。可參看《史通・古今正史篇》。自唐以後，純出私修者，一歐陽修之《新五代史》而已，然其材料並不豐富也。然即在南北朝以前：(一）所有者亦必係官家的材料；如司馬遷雖爲史官，其作《史記》，實係私人事業，然其所以能作《史記》，則實因其身爲史官，故能得許多材料，如所謂"紬史記金匱、石室之書"是也。(二）或則受政府的委託，由政府予以助力；如沈約之《宋書》，蕭子顯之《齊書》，姚思廉之《梁》、《陳書》，魏收之《魏書》均係如此。此等雖或奉敕所撰；或得政府供給材料，補助物力；然其人皆本有志於此，纂輯亦以一人爲主，故仍不失其私撰的性質。（三）其或不然，則將受到政府的干涉，言論實並不自由。如班固，即以有人告其私改國史下獄。所以自政府設立史官，從事記録、編纂以來，作史之權，即漸爲統治階級所竊。記録之權的被竊，觀前言史料漸以史官所記爲重心可知。編纂之權的被竊，則觀唐以後正史非藉官修之力不能成可知。因非有政府之權力、物力，不能徵集材料，支持館局也。在清世，萬季野可謂挺挺高節，然清開史局，亦卒以布衣參史事，即由知非此《明史》必不能成，不得不在署銜、不受俸的條件下，委曲求全也。黄梨洲送季野詩云："不放河汾聲價倒，太平有策莫輕題。"其不肯屈節之心，昭然可見，而猶有議其作《明夷待訪録》爲有待於新朝者，真可謂形同聾瞽矣。然亦卒遣其子百家北上備史館詢訪，其心，猶之季野之心也。向使作史之權，不爲統治階級所竊，史家何必如此委曲；而其所成就，亦豈止如此哉？然此爲政權被攘竊後必至之勢，革命者所以必争政權也。於是有（一）積極的僞造史實；如漢末爲圖讖盛行之世，後漢光武即爲造讖最甚之人，而又以此誣劉歆、公孫述等，説見拙撰《秦漢史》第二十章第四節。僞造先世事跡者，莫甚於拓跋魏，詳見拙撰《晉南北朝史》第三章第八節（二書皆開明書店本）。此時崇尚門閥，僞造世系者尤多，如蕭齊之自託於蕭何，前人久發其覆矣。（二）消極的消滅史實之舉；魏太武以史案誅崔浩，其實非以作史，而由於浩欲覆魏，袁簡齋在《隨園隨筆》中始言之；清禮親王昭槤《嘯亭續録》又及其事，然皆語焉不詳；予始詳發其覆，見拙撰《晉南北朝史》第八章第六節。然浩雖非以史事誅，而此案之本身，即爲被消滅之一大史實，使其真相湮晦，逾於千載焉。此外魏世史實被隱没者尚多，可參看拙撰《晉南北朝史》第十一章第一節。清世實録，近世研究者證明其常在修改之中，故前後諸本不同，非徒蔣、王兩《東華録》之不同，授人以可疑之隙也。此蓋由清世家法，人主日讀實録而然，亦見《嘯亭續録》，則其消滅史實更甚矣。清初嘗自號其國曰金，後以恐挑漢人惡感，諱之。然沈陽大東門額壞，舊額露出，赫然署大金天聰幾年。民國九年，予在沈陽，尚親見之。當時曾致書教育廳長謝君演蒼，屬其取下藏諸圖書館。其時之奉天，反動氣氛頗甚，有力者多不欲暴清之隱，謝君亦未能行也。（三）甚且如清代，欲乘修史之便而禁書。清康熙末年，即藉修明史爲名，詔民間進呈野史。其時雖有所得，不過官吏之完成任務，民間所藏，凡涉及萬曆末年邊事者，即均行删去矣，見戴南山《與余生書》。乾隆時，乃徑行搜索。三十九年上諭云：明季野史甚多。其間毁譽任意，傳聞異辭，必有抵觸本朝之語。正當有此一番查辦，盡行銷毁，杜遏邪言，以正人心而厚風俗，斷不宜置之不辦。其欲消滅漢人的記載，亦明目張膽，直認不諱矣。私家所作之史，其外形，有時誠不如史官之詳實；然其内容，則往往爲史官所記所無有。然（一）敢筆之於書者已少；（二）即能筆之書，亦或不敢流傳；（三）其流傳於外者，則已多所改削；予幼時曾見一抄本《江陰城守記》，述明末典史閻應元抗清之事。諺所謂清三王、九將被殺之説，即在其中，此外尚有江陰人之歌謡等。後來所見抄、刻本，無一得同。（四）況且還要遭禁和受禍！自然私家之史，其分量要大減了。私家作史，不求詳實，甚或借此淆亂是非者，誠亦有之。然此正由其發達未能暢遂，不受人重視之故。倘使向來私家作史，一無阻力，則作者必多；作者多，即必受人重視，而引用者多；引用者多，則從事於考證者亦多，不求詳實及淆亂是非之弊，自易發現；妄作者的目的，不徒不得達，反將因此受到譏彈。自然私史之作者，不徒加多，亦且程度要提高了。借使考證之風盛行，李繁之《鄴侯家傳》等，必不敢出而問世。史官所記，我亦認爲很重要的一部分。但以天下之大，各方面情形之複雜，斷非少數因職業而從事於此的人所能盡，則可以斷言。然則私史的遭阻閼，官史之獲偏行，在史學上，確是一個大損失了。此皆由政權爲壓迫階級所攘竊之故。所以革命必争政權，確是天經地義。

即以藏庋論，作史之權，爲壓迫階級所攘竊，亦是史學上一個大損失。《史記·六國表》説：秦既得意，燒天下詩書，諸侯史記尤甚，爲其有所刺譏也。詩書所以復見者，多藏人家，而史記獨藏周室，以故滅，惜哉！惜哉！這一段文字中，“詩書”猶今言書籍；“史記”猶今言歷史；今之《史記》，《漢志》名《太史公書》。史記乃一類書籍之總名，此書首出，遂冒其稱耳。“人家”之“人”，疑唐人避諱改字，其原文當作“民”；“周室”二字，包諸侯之國言，乃古人言語以偏概全之例，因古人言語乏總括之辭。斷非陵夷衰微的東、西周，還能遍藏各國的史籍，更無待言。當時大國，亦有能藏外國之史者。《周官》，小史“掌邦國之志”，蓋指内諸侯；外史“掌四方之志”，則指外諸侯，此其國皆現存，又云“掌三皇、五帝之書”，則指前代諸國之史。此皆史官所記。誦訓氏“掌道方志，以詔觀事”，《注》云：説四方所識久遠之事。訓方氏“誦四方之傳道”，《注》云：世世所傳説往古之事也。則未筆諸書者，其間當有民間之傳説也。《周官》所説制度，與《管子》多同，蓋齊地之學。齊爲大國，又極殷富，故學術亦甚興盛。稷下學士七十人，可見其養士之規模。其能多藏列國之史籍，亦固其所，若東、西周則斷不能有此物力也。緯書謂孔子與左丘明如周，得百二十國之寶書，望而知爲造作之説。凡藏於官家，秘而不出之物，最易一遭破壞而即盡。不但史籍，一切書籍，亦係如此。太史公作《史記》，欲"藏之名山，傳之其人"，論者或譏其不和民衆接近。殊不知他下文還有"通邑大都"四字，他藏庋要在名山，傳播原是面向着通邑大都的。要學説的流行，必面向通邑大都而始廣。然其地爲變動劇烈之地，書籍及能通曉書籍之人，易於流散及播越；山地較爲安静，古籍、古物保存的機會較多，所以太史公要分途並進。書有五厄之説，牛弘已慨乎言之，見《隋書・經籍志》。然至後世，此弊仍不能免，即由攘竊者之自私，將其搜求所得，悉藏之於宫禁之故。倘使購求書籍的物力，不爲壓迫階級所專有，而别有文化機關，以司其事；搜求所得，亦不如向來之專藏於宫禁，而分藏於風波穩静之地。書籍之亡佚，決不至如此其甚，亦可斷言。清代四庫書，分藏數處，畢竟滅亡較難，亦其一證。此話從來少人提及，然一經説明，却可令人共信。一切書籍如此，史料之未經流佈者，自然更甚了。明代實録，姑秘藏不出，至清初修明史時，即已不全矣。後來竭力購求，終不能得。即由其秘藏，能鈔撮、移録者少也。所以作史之權，爲壓迫階級所攘竊，確是史學上一大損失。

雖然如此，參與作史和修史的人，畢竟是和學術有些關係的，總有些保存事實真相，以詒後世的公心，不會全做了統治者的奴隸。試舉和我很切近的一件事情爲例。我清初的祖宗吕宫，乃是明朝一個變節的士子。他入清朝便考中了狀元，官做到大學士。其時年事尚輕，正可一帆風順，大做其虜朝的僞官，却忽然告病回家了。而其時實在並没有什麽病。這是何緣故呢？我們族中相傳有一句話：説是由於當時的皇太后要和他通奸，他知道嫪毐是做不得的，將來必遭奇禍，所以趕快託病回鄉了。雖有此説，也不過將信將疑的傳述着，没一個人敢據爲信史的。因無人敢筆之於書，但憑傳説，故久而模糊也。然一讀清朝的《國史列傳》，中華書局所印行之《清史列傳》。却得到一個證據了。傳中明載着，當他告病而未獲允許時，王士禎曾參他一本，説他病得太厲害了，“人道俱絶”。試問太監豈不是官？若説無關緊要，則歷代宦官握有宰相實權，甚或超過宰相者甚多，“人道”的絶不絶，和做官有什麽關係？這便使我們族中的傳説，得到一個堅强的證據了。這便是當時作史，後來修史的人，苦心留給我們的真實史料。因他只是據官書材料叙述，所以連最善於僞造和消滅史實的清朝，也給他瞞過了。這便是從前的史家最堪矜愍和使我們感謝的苦心。所以凡事總合詳求，不可輕易一筆抹殺。清修明史時，顧亭林與人書云：“此番纂述，止可以邸報爲本，粗具草稿，以待後人，如劉煦之《舊唐書》。”蓋冀官書原文保存者多，則真實之史料保存者亦多，此亦前人之苦心也。

五、讀舊史宜注意之點

中國史家，既以作史惟恐其不出於人爲宗旨，所以其所最尊重的，爲其所根據的材料的原文，不但帶有原始材料性質的正史如此，即根據正史等書而編纂的史籍，亦係如此。譬如編年史，在前一卷中，還稱舊朝的君主爲帝，於新朝的君主，則但稱其名；到後一卷中，就可改稱新朝的君主爲帝，而於舊朝的君主，則改稱爲某主了。此其最大的理由，固爲所謂"窮於辭"，然在前一卷中，所用的還多係前朝的史料，在後一卷以後，則所用的多係後朝的史料，必如此，原文的多數，乃易因仍，亦不失爲一種理由。這似乎滑稽，然細思之，稱號原無關褒貶，亦無甚可笑也。近人好將前代帝王的謚號撤去，改稱其姓名，如稱漢武帝爲劉徹是。此實甚無謂。無論謚法或廟號，均不含有尊重或褒美之意，而漢武帝是一個皇帝，則不可以不知。稱之爲漢武帝，則就其名稱，已使人知其爲某一朝的一個皇帝矣。若其名爲徹，則即不知之，亦無甚妨礙，正不必徒勞人之記憶也。舊史作者，多須改入自己的口氣，因此，雖極尊重原文，終不能無改動，但其改動亦有一定的體例，讀書多者，自能知之。

昔人作史的體例如此，所以舊時史籍，多不能作編纂的人的話看，而只能作其所根據的原文的作者的話看，而史籍的性質，是隨時代而不同的，於此，就重煩讀者的注意了。

怎樣說史籍的性質，隨時代而不同呢？原來孤見最難傳播，所以一個時代，史事傳之後來的，必係其時多數人所能接受的一種説法，而其説多非真相。然則事實的真相，有没有知道的人呢？那自然是有的。然在口説流行的時代，對人無從談起，即或談起，亦無人爲之傳述；在使用文字的時代，未必皆筆之於書，即或筆之於書，其書亦少人閲讀。經過一個時期，此等較近真相的説法，就隨其人之衰謝而烟消雲散，而其流傳下來的，只是西洋史學家所謂"衆所同意的故事"了。所以歷史的内容，實和其時的社會程度，很有關係，此點最宜注意。或謂其時社會的程度既然甚低，何以其時的人機械變詐，曾與後世無異？殊不知爲機械變詐之事者乃個人，傳歷史則羣衆之力，個人之突出者，各時代皆有之，社會之進化，則自有其一定之程序也。

從大體上分劃，過去的歷史，可以分做三個時代，即：

（一）神話時代。這時候，人們還未知道人與物的區别，其文明程度，自然是很低的。然而其時代却是很早的。邃古的史料，大都隱藏於其中。這種材料，在中國人所認爲正式的史籍中，似乎不多。因爲衆所共認爲最早的正式的史籍爲《史記》，當其編撰之時，社會的文明程度已頗高，故於此等説法，多不之取。《五帝本紀》説"百家之言黄帝者，其文不雅馴"，而所取者專在《大戴禮記》、《尚書》一類書，即其明證。然最早的史事，實無不隱藏於神話中，不過經過程度較高的人的傳述，逐漸把它人事化，讀者不覺其詭異，就共認爲雅馴罷了。如能就此等人事化的材料，加以分析，使之還原，還是可以發現其神話的素質的。如《詩經・商頌》説"禹敷下土方"，《書經・禹貢》亦説"禹敷土"，讀來絶不見有何神怪之跡，然若將《山海經・海内經》"鯀竊帝之息壤，以湮洪水"，作爲敷土的注脚，即可見其中原含有神秘的成分，不過傳《詩》、《書》的人，不復注重於此，僅作爲一句成語傳述，而不復深求其中的意義罷了。此等分析的工作，近來所謂疑古派，曾做了一些，雖其説不盡可信，亦於史學有相當的益處。但神話真的有價值，僞造的則轉足淆亂史實，用之不可不極謹慎而已。將中國神話保存得最多的爲《山海經》。此書非《漢志》所著録的《山海經》，《漢志》所著録的《山海經》，乃講建設之書，即古所謂"度地居民"之法，讀《漢志》原文可見；今書蓋漢以前方士之記録，薈萃成編者，二書偶然同名耳。次則《楚辭》，其中《離騷》、《天問》等篇，亦多含古代神話。緯書似係神話淵蔽，然出漢人造作，多失原形，用之須極謹慎。道家書中，亦保存一部分神話，則又承緯書之流，其可信的程度更低了。

（二）爲傳奇時代。這時代流傳下來的史跡，都係人事而非神事，似乎其可信的程度增高了。然其所傳的，離奇怪誕實甚，而真相反極少，所以運用起來，要打的折扣還很大。譬如西周，確實的情狀，我們雖不之知，然其文明程度，決不至十分低下，則無疑義。而自幽王滅亡以後，百餘年間，其地爲戎、狄所據，幽王被殺，事在公元前771年。其後秦文公收岐以西之地，岐以東仍獻之周，事在公元前750年，然周實不能有；至秦穆公乃東境至河，則已在公元前7世紀中葉了。把其文明摧毁殆盡。直至戰國時，東方諸侯還説秦人雜戎、狄之俗，擯之使不得與於會盟之列。而秦地所以土曠人稀，使秦人能招三晉之人任耕，而自以其民任戰者，亦由於此。然則西周的滅亡，是何等大事，然其真相，我們乃絶無所知，所知者則一褒姒的物語而已。此與蒙古自遁入漠北後，至於達延汗之再興，只傳得一個洪郭斡拜濟的物語何異？見《蒙古源流考》。蒙古自遁入漠北以後，至達延汗再興以前，其自己所傳的歷史，實遠不如《明史》所著者之翔實也。回紇自漠北走西域，《新唐書》所載，事跡頗爲明白，而回紇人自己，却僅傳唐人鑿破其福山，以致風水被破壞，自此災異迭起之説，亦同此例。見《元史・亦都護傳》。以此推之，《左氏》所載夏姬的事跡，亦寧非此類？不過其粉飾的程度較高而已。此等性質的傳説，至漢初實尚不乏，斷不容輕信爲事實。試舉俗所謂鴻門宴之事爲例。按當時反動之思想正盛，其視列國並立，轉爲常局，一統轉爲變局，所欲取法者，則東周之世，天子僅擁虛名，實權皆在霸主之局。不過戰國時七國之君，皆已易公侯之稱而爲王，所以當時之人，所擬臨制諸王之名爲帝。齊湣王與秦昭王並稱東西帝；秦圍趙之邯鄲，魏又使辛垣衍間入圍城，勸趙尊秦爲帝是也。戲下之會，以空名奉義帝，而項羽以霸王之稱爲諸王之長，即係實現戰國以來此種理想。在當時，安有一個人想據有天下，再做秦皇帝之理？其後漢雖滅楚稱皇帝，然其下仍有諸王，則與秦始皇的盡廢封建，仍異其局。在當時，人人之思想，皆係如此。蒯徹勸韓信中立於楚、漢之間，韓信不聽，《史記》説由韓信自信功高，漢終不奪我齊，韓信再老實些，也不會相信漢高祖是個知恩報恩、不肯背信棄義的人。不過自當時想來，皇帝任意誅滅諸王，實不能有此事耳，此乃自古相傳之國際法也。漢高祖盡滅異姓諸王，乃係半靠陰謀，半靠實力，並非法律上的權利。而滅異姓諸王後，亦不能不改封同姓，仍不能一人據之，恢復秦始皇之舊局面也。漢帝對諸王權力之增大，乃由滅異姓、封同姓，中央與列國間，有宗法上統屬的關係，亦非自古相傳天子之國對諸侯之國的權利。然則,當秦朝甫滅之時,安有一人敢萌據有天下、繼承秦皇帝之地位之想?范增說:與項王争天下者必沛公,豈是事實?且軍門警衛,何等森嚴,安有樊噲能撞倒衛士,直達筵前,指責項王之理?古人筵宴,中間誠有離席休息之時,且或歷時頗久,然亦必有一個限度,乃漢高祖可招張良、樊噲等同出,與噲等脱身回向本軍,張良度其已至,然後入謝。筵宴間的特客,離席至於如此之久而無人查問;帶有敵意的賓客,與數人間行出軍,亦無人盤詰,項羽的軍紀,有如此之廢弛者乎?張良獻玉斗於范增,范增受而碎之,罵項王"竪子不足與謀",且當場言"奪項王天下者,必沛公也,吾屬今爲之虜矣",增年已七十,素好奇計,有如此之魯莽者乎?種種事跡,無一在情理之中。然則漢高祖與項羽此一會見,真相殆全然不傳;今所傳者,亦一則想像編造的故事也。此等傳説,在秦、漢間實未易枚舉。且如指鹿爲馬之説,又豈可以欺孩稚邪?

(三)爲傳説時代。此期的史實,其最初的來源,仍爲人口中的傳説,但其所説很接近事實,絶非如傳奇時代的離奇怪誕了,然仔細思之,其中所含的文學成分仍不少。譬如《史記》的《魏其武安侯列傳》,詳述魏其的外高亢而内實勢利,喜趨附;武安的器小易盈,驕縱齷齪;以及灌夫的粗鹵任氣,以一朝之忿而忘其身,可謂窮形盡相。這斷不能憑空杜撰,自然其中多含史實。然觀其篇末説武安侯死時,竟有冤鬼來索命,即可知篇中所言,亦仍不可盡信了。此類材料,在唐、宋史中,實尚不免,試觀《舊唐書》、《舊五代史》及《宋史》,多載時人評論之辭可知。至《元史》以後,則漸少了。

口傳較之書面,易於變動,所以史事出於傳述的,無意之中,自能將無味的材料删減,有趣的材料增加。這正如《三國演義》,其原始,實係説書先生的底本,不過鈔撮歷史事實,以備參考,其内容,實和正式的史籍,無甚同異,然到後來,逐漸將説時所附會增益的話,亦行寫入,與舊來鈔撮的材料,混雜一處,久之遂稍離其真,又久之則面目全非了。試觀其愈説得多的部分,離真愈遠;而説得少或不甚説及的部分,則仍和正式史籍無甚異同可知。史籍來源出於傳説的,其性質實亦如此,不過程度不同罷了。天下有文學好尚的人多,有史學好尚的人少。史學要推求事實的真相;文學則必求複雜的事情簡單化,晦暗的事情明朗化。從前軍閥紛争的時候,彼此之間,日日鈎心鬥角,使政治日益紊亂，社會大受影響，這自然是人民所深切關心的。然而多數人，都喜讀其時所謂小報，其中内幕新聞之類最受歡迎；而於大報，則能認真閲讀者較少。此無他，大報多記事實的外形，其所以然之故，須據事實推求；小報則説得頭頭是道，如指諸掌，不徒使人相説以解，並可作茶餘酒後的談助而已，然其所言乃無一得實。此其故何哉？人之做事，無不受環境的制約。利用環境，雖可馴服環境，然必能利用，乃能馴伏之，即其受環境的制約。所以對於某一個人的行爲，苟能熟知其環境者，自易明了其所以然，正不必從幕後窺測，然要熟悉各方面的情勢甚難。若將某一個人的行爲，歸之於其人的性格，或則云由於某一策士的陰謀，或又云由於某一事件的挑動，則其説甚易瞭解。如此，複雜的事情就簡單化，晦暗的事情就明朗化，合乎多數人的脾胃了。這種情況，距今不過數年，總還是我們所親歷，至少是得諸"所聞"的。其來源靠得住麽？然而歷史事實的來源，如此者亦不乏。

任何人都有一種感覺，讀古代的歷史，瞭解及記憶均較易，時代愈後則愈難，因此薄今而愛古。其實適得其反。這正和人們喜歡讀小報而不喜歡讀大報相同。歷史的材料有兩種：一種自始即爲記録，偏於叙述事情的外形，官文書爲最，私家所作碑、銘、傳、狀等次之；一種則原始出於口傳，經過若干歲月，始著竹帛，野史、小説等之來源，大率如此。官文書所説的，固然是官話；碑、銘、傳、狀等，亦多諛墓之作，然其夸張、掩飾，自有一定的限度，能僞事之内容，不能僞事之外形。如爲貪官污吏作傳者，可云其未曾貪污，不能云其未曾作官吏；可諱飾其激成民變之事，不能云民未曾變也。而且極容易看得出來。將這一部分剥去，所剩下來的，就是事實了。用此等材料所作的歷史，將僅剩一連串事實的外形，於内容則全未涉及，而要由讀者去推測，最使人感覺苦悶。且讀者之推測，乃係後世人的猜想，似不能如並時之人觀察所得者的精確。然其結果多正相反。這實由後人的推測，在其事實完全暴露之後，易於原始要終，加以推論；並時的觀察家，則無此便利，史事有一般情形，有特殊事件。一般情形，後人所知者，總不能如當時人之多且確。如今之北京、上海，是何情形？將來史家雖竭力考索，總不能如今日身居北京、上海之人是也。特殊事件，則正相反。身處其時者，往往於其真相全屬茫然，有所推測，亦多誤謬；而將來之人，則洞若觀火。實因事實的全部，悉行暴露，則其中一枝一節之真相，自然明了，不待推求，且甚確實也。枝節悉行明了，全體亦無遁形矣。而其物亦本係今內幕新聞之流也。非必著述者有意欺人，其所聞者固如是也。讀史者於此義，亦必不可以不知。《嘯亭續録・國史館》條云：國初沿明制，惟修列聖實録，附載諸臣勛績、履歷、官階。康熙中，仁廟欽定《功臣傳》一百六十餘人，名曰《三朝功臣傳》，藏於内府。雍正中，修《八旗通志》，諸王公大臣傳始備，然惟載豐、沛世家；其他中州士族，勛業懋著者，仍缺如也。所取皆憑家乘；秉筆詞臣，又復視其好惡，任意褒貶，皆剽竊碑版中語。純廟知其弊，乾隆庚辰，特命開國史館於東華門内，簡儒臣之通掌故者司之，將舊傳盡行删薙，惟遵照實録、檔册所載，詳録其人生平功罪，案而不斷，以待千古公論，真修史之良法也。後又重修《王公功績表傳》、《恩封王公表傳》、《蒙古、回部王公表傳》等書，一遵是例焉。按列傳以碑版、家乘爲據，舊有是法，初非修史者敢任其好惡，然清高宗猶以是爲未足，而只許依據實録、檔册，蓋不許天下之人有是非，而欲其一遵當朝之是非，其無道可謂甚矣。然詳録其事，案而不斷，以待後人論定，則比次之法，固應如是，不能以其出於清高宗之私意而非之。近代修史、立言務求有據，記事側重外形，固爲衆所共趨之鵠，亦非清高宗一人之私意所能爲也。

説到此，則並可略論今後作史的方法。現在史學界所最需要的，實爲用一種新眼光所作的史鈔。史鈔之鈔，非今所謂照本鈔謄之鈔。今所謂照本鈔謄之鈔，昔人稱爲寫、録等，不稱爲鈔。昔人所謂鈔，乃撮其精要，而刊落其餘之謂。史鈔之作，晉、南北朝時最多，讀《隋書・經籍志》可見，唐以後就漸少了，這亦可説爲史學衰替之一端。史學上的需要，隨時代而不同，而每逢學術上的趨向幡然大變之時，則其變動尤劇。今日讀昔人所作的歷史，總覺得不能滿意者以此。編撰新歷史，以供今人的閲讀，人人能言之。然其所作之書，多偏於議論，並未將事實叙明。此在熟於史事的人，觀其議論則可；若未熟史事的人，欲因此通知史事，則勢有所不能。此實可稱爲史論，而不可稱爲史鈔；而其所發的議論，空洞無實，或於史事全未瞭解，但將理論硬套者，更無論矣。

史鈔合作，必將前人所作的歷史，（一）仍爲今人所需要者因仍之；（二）其不需要者略去；（三）爲今人所需要，而前人未經注意者，則强調之使其突出，乃足以當之而無愧。至其文字的體裁，則最好能因仍原文，不加點竄；而自己的意見則別著之，使讀者仍能與我們所根據的原材料相接觸。如此，分量易多，怕只宜於專門研究的人，而不適於普通的讀者。供普通讀者閱覽之作，怕不能不入自己的口氣重作。但根據某書某篇，最好一一注明，使人易於查核；而其改易原文，亦最好有一定的體例，使讀者即不查核，亦易分別。此亦爲編撰最要之義，不可不注意及之。

至於搜集材料，則目前最緊要之事，實爲作史料匯編。除史部固有之書外，更宜將經、子、集三部中有關史事的材料，大舉搜集，分爲兩部分：（一）屬於記事的，即前所云足以證明、補充、訂正史事的，與史部的記載，相輔而行；（二）爲昔人有關史事的見解，此不必論史之作，凡涉及社會、政治，而其中包藴史事者，皆當採取。因爲此等作品，一方面表現昔人對於社會、政治的見解，一方面亦即表現其對於史學的見解。史學的有用，正在於此。使治史學者能多與此等材料接觸，自然胸次恢廓，眼光遠大，雖性近章句之士，亦不至流於拘泥、瑣碎了。這於史學的進步，實在是大有關係的。更推廣言之，則編纂大類書，實爲今後的急務。學術本須分類，況自專門變爲通學，一人的著作中，可以無所不有，則每治一門學問者，勢非讀遍天下之書不可，夫豈事所可能？故必合羣力，舉一切書籍，按學術分門，編成大類書，以供治學者之取材而後可。此其分門固極難確當；所輯得者，亦僅限於普通人所能見得，非有特別之眼光不能搜得者，所遺必多，然苟能盡普通人之力，忠實爲之，已足爲治學者省無限精力矣。編輯大類書，需要很大的物力，勢非政府不能爲。歷代之政府，亦多行之者。最早者如魏世之《皇覽》；最近者如明代之《永樂大典》，清代之《圖書集成》是也。然政府所辦之事，恆不免官僚主義，故如《大典》、《集成》，均不見佳。今日的情勢，已與往時不同，甚望文化高潮來臨之日，政府能以此爲當務之急也。史學所涉甚廣，好的史料匯編，有時亦可供治他學者之用。

附録一　古書名著選讀擬目

向來古書名著選讀等，係專讀一兩部書。現擬試改一法：於多種書籍中，選讀若干篇，俾學生知識較廣，如欲深研，亦可多識門徑。選讀之書，隨所想到，舉例如下：

《禮記・王制注疏》《注》與《疏》須全讀。

孫星衍《尚書今古文注疏》擇讀一篇，以見清儒疏釋之法。

陳立《白虎通義疏證》擇讀一篇，以見古典制。

陳壽祺《五經異義疏證》擇讀一篇，以知今古文異義所在。

《管子》擇有關典制者，與《輕重》各讀一兩篇。　《老》、《莊》、《荀》、《墨》、《間詁》。《韓》、《商》、《孫》

《吕氏春秋》擇讀一兩篇，以見古人政論。　《淮南》

《史記》選讀與經學有關者。《高祖本紀》與《漢書》對讀。《世家》，此合《春秋》與《系世》而成。《列傳》隨體例選讀若干篇。

《漢書》除與《史記》對讀者外，再讀《志》一兩篇。

《後漢書》與《三國志》擇同一人之傳，讀一兩篇，以見史例簡嚴、恢廓之異。

《晉書》擇讀一兩篇，以見史家多採雜説之例。

《宋》、《齊》、《梁》、《陳》、《魏》、《齊》、《周書》與《南》、《北史》對讀一兩篇，一以見《南》、《北史》刪削之例及其弊，二以見《南》、《北史》以私史增補官書處。

《新》、《舊唐書》的《昭宗紀》對讀，以見宋後立例修史者與前此但整齊官書者之異例。《四裔傳》中選一兩篇對讀，以見新書之增事及其妄改文字。

《宋》、《明史》擇讀一兩篇，以見晚近憑官書傳狀修史之例。

《通鑒》擇讀一兩卷，必須連胡《注》、《考異》讀。

《綱目》隨《通鑒》讀，以見二書體例之異。

《通考》擇讀一兩門。

《通志》就《二十略》中擇讀一二。

《經世文編》擇讀一兩卷，此章實齋重文徵之意，俾知奏議文集之重要。

《宋儒學案》、《明儒學案》擇讀一二。

《四庫書目提要》讀數卷，以啓目録學之門徑。

《日知録》、《廿二史札記》讀數卷，以見讀書之貫穿事實及鈎考有關致用之問題。《十七史商榷》中亦可選數條。

《十七史商榷》、《廿二史考異》鈎考一事者，隨選讀之史翻閱。

《癸巳類稿》，此書爲經生中最有思想者，又多治雜書，可選讀一二。

以上係隨意舉例。教授時除指示閱讀方法外，即與學生於閱後討論，或竟破除尋常上課形式亦可。學生人數不能多。

此項科目於歷史系自最有益。他科大體以社會科學爲限。欲取材於中國舊籍者亦次之。國文系學生修習者，可以植根柢於經、子、史之中，不致但就文論文。又有志學文者，亦可專闢一部分時間，就文學方面講授或討論。

附録二　關於正史(上)

〔名稱之由來〕《史通》有《六家》、《二體》篇,《隋志》只認其一,今沿用之,此體稱紀、傳、表、志體,簡稱紀傳體。

正史之名,係在所載的史事較重要、較完全、較正確之觀念下成立。

何種史事爲較重要的? 就舊日之觀念言之,可以馬端臨《文獻通考・總序》之言爲其代表:即(一) 理亂興亡,(二) 典章經制。

正史皆借政府之力而成。即纂述出於私人,材料亦必得自政府。自南北朝以前,皆由(一) 私人,(二) 政府委任私人撰述,故其性質爲獨修;唐以後皆由政府設局,合多人之力編纂,故其性質爲衆修。二者各有所長,但至後世,因材料日多,獨修已成爲不可能。

正史最重要之性質爲保存材料。編纂者之才、學、識,固有高下之不同,然大體皆知注意於此。

因此,正史本不能看作一人之著述,即獨撰者亦然。

古人之著作,原可兩説並存,史家尤然,如《舊唐書・高宗王皇后傳》爲其最顯著之例,故後人譏古人矛盾,古人不應負責處甚多。

凡正史皆非極精審之作,甚至係不精審之作,僅就某一時期所能得之材料,加以編纂而已。此中又分兩問題:(一) 材料不全,此撰述者不能負責;(二) 編纂草率,此則撰述者應負其責,而其中最重要之關鍵爲未作長編。

正史並非最原始的史料,但作正史時所據材料,十九不存,故正史在大體上即爲原始的史料。

在正史材料的預備中,國家所設立的史官,作用極大,欲知其略,可看《史通·古今正史篇》及拙撰《史通評》中此篇之評。

中國史學家之見解,大體可分三期,皆因事勢而變:(一) 初期:注重搜輯史料,加以編纂。此期所欲討論者,爲去取編纂之法,劉子玄之《史通》,爲其代表。(二) 感覺前人所搜史料范圍太狹,力求推廣。看鄭樵《通志·總序》,可知此等見解。(三) 第二期之見解仍在,但書籍日多,感覺其不勝讀,乃分(甲)比次史材與(乙)著述爲兩事。前者所以供作史者之取材,後者則以供閱讀。前者愈多愈好,故並要有增加材料的辦法(亦可謂之保存)。而撰述既成,所據材料仍須保存勿失,以便他人可以校勘或重作。章實齋之《文史通義》涉史學者,幾於全部發揮此思想。

正史所根據之材料,自《漢書》以下,大致相同,即皆以史官所記爲本,此顯而易見,不待論。惟《史記》所據,較爲難明,以鄙意觀之,重要者有四:(一) 左史,《春秋》類,記事;(二) 右史,《尚書》類,記言,其流爲"語",如《國語》、《論語》,此類書由記言擴及記行,爲列傳所本;(三)《系世》,合此及左史,大致爲本紀、世家所本;(四) 典志,八書所本,表原於古代的譜,乃一種著述的體例,内容無定。

凡正史,愈後愈近於客觀,因所據者:(一) 愈多書面而非口説,難於走樣;(二) 愈多官書注重事之外形,而不以意測度其内容,即私家著述,亦因史學程度之增高,大體上後代較前代爲翔實,但歐、宋改作文字有失真處爲例外。

以爲正史文字古奥難解,此乃誤解。反之,正史均甚接近其時之口語。晉、南北朝、隋、唐之史,雖所載文字頗多靡麗,叙事處亦不然。歐、宋爲例外,然宋之文爲澀體,歐亦不然。讀正史所應謹慎者,特在其中多時代語、方俗語、官書語,或難解,或易誤解也。

正史非初治史學者急讀之書,因其以人爲系統,將事實拆散。初學最要者，讀《通鑒》及在《文獻通考》中擇讀切於政治經濟者十餘門，此最爲基本，《通鑒》須連《考異》與胡注讀。昔人論史之書如《日知録》、《廿二史考異》、《廿二史札記》、《十七史商榷》等，可泛濫，略見昔人治史之法。

關於正史（下）

表——表之爲用甚廣，後世國史亦均用之，約舉如下：

表
- 表世系者——如《史記・三代世表》。
- 表國者——如《史記・六國表》、《唐書・方鎮表》、《遼史・屬國表》。
- 表事者——如《遼史・游幸表》、《金史・交聘表》。
- 表地者——如《五代史・職方表》。
- 表人者——如《遼史・王子表》、《公主表》，《元史・后妃表》。
- 表官者——如《漢書・百官公卿表》。

書所以記載典章制度，《史記》中凡八篇，《漢書》以下概稱志，志之重要者：

志
- 河渠（溝洫）
- 地理（郡國州郡地形郡縣）
- 平準（食貨）
- 刑法（刑罰）（刑）
- 藝文（經籍）
- 百官（職官）（《魏書》官氏）
- 選舉
- 兵（《遼史》營衛兵衛）

以上各志河渠地理，治歷史地理者必讀，其餘則普通治史者，皆不可不讀也。

世家以記有土之君，但其德行功業甚高，本身雖非諸侯，而子孫受爵榮譽,可比一國之君者,亦列世家,《史記·孔子世家》是也。除《史記》外,後世用之者甚少,《晉書》之載記,亦可稱世家之變例。

列傳載帝王君主以外之人,可分二種:

(一)依時代之先後,順次編排,不另立名目者,此普通之列傳也。(二)匯集同類之人,共爲一傳,且爲之特立名目者,是爲類傳。此例亦起於《史記》,如《刺客列傳》、《貨殖列傳》是也。後世沿用其例者甚多,普通如《儒林傳》、《文苑傳》等是。特殊者如《五代史》之《伶官傳》,《元史》之《釋老傳》等是,類傳與普通之傳不同者,以其不與時代先後編排也。但普通之傳,雖不立名目,亦有具類似之性質者,如開國時羣雄之傳,必排在最前,叛臣逆臣必排在最後是也。此外以同類相從者尚多,但仍以時間先後爲標準耳。

傳中最特別者,爲外國傳。普通之傳,皆以傳人;外國傳,則以傳國。《晉書》另載記,亦可稱外傳之變例也。正史者列於學官之史也,立於學官,本漢人語。漢時"官"與"宮"通,立於學宮之意,即當時學校中所刊之課本也。後世學校僅存其名,然在法律上,課程有常所習之書,亦有規定應科舉者亦然,經之立於學官者,謂之正經;史之立於學官者,謂之正史,正史之名,由是而起也。

立於學官之史,原不必拘定體裁,但在事實上所立,皆爲《史》、《漢》等一種體裁之史。夫正史固立於學官之名,非體裁之名也。以體裁名之者,或謂之表志紀傳體(世家少故略去)。此名固較顯明,但正史二字沿用已久,表志紀傳之名,又較累重,故用者甚少,立於學官之史,何故專取此一種體裁乎?厥故有二:

(一)向來史家紀事,注重理亂興衰,典章經制兩種現象。馬端臨《文獻通考》序説,此非馬氏之私言,足以代表一般人之意見。我國歷史記載大事者,除正史外,尚有編年、紀事本末、政書三者,但三者各有所偏,即編年史以時爲系統,紀事本末以事爲系統,專記理亂興衰,政書專記典章經制是也。惟表志紀傳之史,兩者兼賅,立於學官之書,必求完備,不容偏於一方面,此專取此種體裁之故一也。

（二）讀史當然以最初之本爲佳，與其讀第二第三次所編訂者，無寧讀第一次原本。蓋第二第三次所編之史，必以第一次之原本爲根據，故原本實爲原料，原則上原料恆不誤也。吾國習慣後一朝必修前一朝之史，所修皆爲表志紀傳體，故原料之史，恆屬此體，此亦其得立於學官之一因也。

六、讀舊史入手的方法

我這一次的講演，初意擬以實用爲主，卑之無甚高論的，然一講起來，仍有許多涉及專門的話。這實緣不讀舊史則已，既欲讀舊史，則其性質如此，天下事不講明其性質，是無從想出應付的方法來的，所以不得不如此。"行遠自邇，登高自卑"，講到入手的方法，我們就不能不從最淺近、最簡易的地方着眼了。大抵指示初學門徑之書，愈淺近、愈簡易愈好，惟不可流於陋耳。陋非少之謂，則不陋非多之謂。世惟不學之人，喜撐門面，乃臚列書名，以多爲貴，然終不能掩其陋也。當民國十二、三年時，胡適之在北京，曾擬一《最低限度的國學書目》，臚列書名多種，然多非初學所可閱讀，甚至有雖學者亦未必閱讀，僅備檢查者。一望而知爲自己未曾讀過書，硬撐門面之作。梁任公評之云：四史、三通等，中國的大學問都在此中，這書目一部沒有，却有《九命奇冤》。老實説，《九命奇冤》，我就是没有讀過的。我固然深知我學問的淺陋，然説我連最低限度都没有，我却不服。（因原載此評的雜志已爲倭寇所毁，無原文可以查檢，語句不盡相符，然大致必不誤。）真可發一噱。任公亦自擬一通，就好得多。

舊時史部之書，已覺其浩如烟海；而如前文所述，欲治史者，所讀的書，還不能限於史部；而且並没有一個界限，竟把經、子、集三部的書都拉來了。這更使人何從下手呢？且慢，聽我道來：

欲治史者，所讀的書，因不能限於史部，然仍宜從史部爲始，而且在史部之中，要揀出極少數、極緊要的書來。

此事從何着手？

舊史偏重政治，人人所知；偏重政治爲治史之大弊，亦人人所知。然（一）政治不可偏重，非謂政治可以不重；（二）而政治以外的事項，亦可從政治記載之中見得。如舊史的食貨志，雖偏重財政，然於社會經濟情形，亦多涉及。又如百官志，似乎專談政治，然某一朝的政府，對於某種經濟、文化事業，曾設官加以管理，某一朝却放棄了，亦可於其中見得。舉此兩端爲例，其餘可以類推。此二義亦不可不知。所以舊時史家視爲最重要的部分，仍爲今日讀史極重要的部分，而宜先讀。

舊時史家視爲最重要的部分，是哪一部分呢？這個問題，我們可以讀馬貴與先生的《文獻通考·總序》而得到解答。他把史事分爲兩大類：一曰理亂興衰，一曰典章經制。前者是政治上隨時發生的事情，今日無從預知明日的；後者則預定一種辦法，以控制未來，非有意加以改變，不會改變。此就形式言，其實際有效與否，另是一回事。故前者可稱爲動的史實，後者可稱爲静的史實。歷史上一切現象，都可包括在這兩個條件之中了。

正史之所以被認爲正史，即因其有紀、傳以載前一類的史實，有志以載後一類的史實。然紀、傳以人爲主，把事實尺寸割裂了，不便觀覽，這一點，是不能爲太史公咎的。因爲後世的歷史，紀、傳所紀之事，多係同一來源，而將其分隸各篇，所以有割裂之弊。若《史記》則各篇之來源各别，如前説，古人本不使其互相羼雜，亦不以之互相訂補也。所以又有編年體，與之並行。編年體最便於通覽一時代的大勢，任何一件事情，都和其四周的情勢有關係，不考其四周的情勢，則其事爲無意義。然欲將四周情勢叙述完備甚難；過求完備，又恐失之過繁；而時間爲天然的條理，將各事按其發生之先後排列，則每一事之四周情勢，及其前因、後果，均可一目瞭然，此編年史之所以似繁雜而實簡易也。現在學生讀史的，往往昧於一時代的大勢，甚至有朝代先後亦弄不清楚的。這固由於其人的荒唐，然亦由所讀的歷史，全係紀事本末體，各事皆分開叙述之故。倘使讀過一種編年史，就不至於此了。此供學習用的歷史，所以貴諸體並行也。編年史在統一的時代要，在列國並立、或統一後又暫行分裂的時代爲尤要。歐洲歷史分裂時長，且迄今未曾統一，又較中國爲要。現在世界大通，中外史事互有關係，則追溯從前，亦宜知其相互間之關係；即無直接關係，亦宜將其彼此間的情勢，互相對照。然則合古今、中外，而用編年體作一簡要的新史鈔，實於史學大有裨益也。編年史有兩種體裁：一如《通鑒》，逐事平叙，與單看《左傳》同。一如《綱目》，用簡單之語提綱，其筆法如《春秋》經，事情簡單的，其下即無復文字；繁複的，則於下文詳叙，低一格或雙行書之，謂之目。綱、目合觀，恰如將《春秋》與《左傳》合編一簡。編年史年代長者，一事在於何時,不易檢索。因此,温公作《通鑒》,曾自撰《目録》。然《目録》實不完全,且别爲一編,檢索仍覺不便。若《綱目》,則閲覽時可兼看其目;檢索時可但看其綱,而所檢索者即係本書,尤較另編目録爲便利。朱子創此體以救《通鑒》之失,實爲後勝於前,不能以其編纂不如《通鑒》之完善而並訾之也。讀《通鑒》時,宜隨意取一兩年之《綱目》,與之並讀,以見其體裁之異同。且最適於作長編。作史必先搜集材料,材料既多,勢必互有異同,互相重複,故必依一定之條理,將其編排,則同一之材料,自然匯合到一處;重複者可去,異同者亦不待考校而是非自見;其或仍不能判,即可兩説並存矣。條理如何,初無一定,要必依其事之性質,實即其事所自具也。時間爲最普遍的條理。無他種條理可用時,時間的條理必仍存。即按他種條理分類,每一類之中,時間之先後,仍不可不顧也。在歷史年代不長時,得此已覺甚便,一長就不然了。一事的始末,往往綿亘數十百年,其伏流且可在數百千年以上,閲至後文,前文已經模糊了,要查檢則極難。所以又必有紀事本末體,以救其弊。必時間長乃覺有此需要,此紀事本末一體,所以必至袁樞因《通鑒》而始出現也。有此三者,謂紀傳、編年、紀事本末三體也。紀傳體以人爲主,固不免將事實割裂,然人亦自爲史事一重要之因素,非謂其能創造時勢,乃謂其能因應時勢,代表時勢之需要耳。故鈎求理亂興衰一類的事實者,非有編年、紀事本末兩體以補紀傳體之缺不可,而紀傳體又卒不能廢也。理亂興衰一類的事實,可謂很有條理系統,編纂者都能使之就范了。然典章經制,亦宜通覽歷代;而正史斷代爲書,亦將其尺寸割裂。於是又有政書以彌其憾。有此四者,而舊日史家所重視的政治事項,都能俯就編纂者的范圍了。

讀書宜先博覽而後專精。世界上一切現象,無不互相關聯,萬能博士,在今日固然無人能做,然治學者,(一)於普通知識,必宜完具;(二)與本人專治的學問關係密切的科目,又宜知之較深;(三)至於本科之中各方面的情形,自更不必説了。所以要治史學者,當其入手之初,必將昔人認爲最重要之書,先作一鳥瞰。一切事無不互相關聯。所以專治一事者,於他事亦不可茫無所知。近來有僞造唐初鈔票以欺人者,人亦竟有受其欺者,即由近人之治學門徑太窄之故。若於唐代社會經濟、貨幣、官制、印刷術等方面的知識稍形廣闊,即知無論從那一方面立論,唐初決不能有鈔票也。然以中國史籍之多,即將最重要的部分作一鳥瞰,已經不容易了。於此,我們就要一個

"門徑之門徑,階梯之階梯"。張之洞《輶軒語》中語。《輶軒語》者,張之洞任四川學政時,教士子以治學門徑之作也。

於此,我以爲學者應最先閱覽的,有兩部書:(一)《通鑒》。此書凡二百九十四卷,日讀一卷,不及一年可畢。讀時必須連《注》及《考異》讀。《注》中關係官制、地理之處,更應留心細讀。這兩門,是胡身之用功最深處,可見得古人治學之細密。凡治史,固不必都講考據,然考據之門徑,是不能不知道的;於注釋亦應留意,否則所據的全係靠不住的材料,甚至連字句都解釋錯了,往往鬧成笑柄。如胡適之,昔年疑井田制度時,稱之爲豆腐干式,將昔人設法之談(設法,謂假設平正之例),認爲實事,已可笑矣,猶可説也。後乃誤古書之方幾里者爲幾方里。不但振振有辭,且於紙角附以算式。逮爲胡漢民指出,乃曰:我連《孟子》都忘了。其實此乃根本没有懂,無所謂忘也。旋又據今日之經緯度而疑《漢書·西域傳》所載各國道里爲不實,作爲古書數字不確之證。不知《漢書》所載者,乃人行道里;經緯度兩點間之直綫距離,則昔人謂之天空鳥跡。截然兩事,明見《尚書·禹貢疏》。不讀《禹貢疏》,甚而至於不讀《孟子》,本皆無足爲奇,然欲以史學家自居而高談疑古則繆矣。其説皆見昔年之《建設雜志》。(二)次爲《文獻通考》。論創作的精神,自以《通典》爲優;然《通考》所分門類,較《通典》更密,不可謂非後起者勝。且馬君所附考證,議論亦不乏,非徒能排比也。章實齋譏爲策括之流,蓋於此書實未細讀,後人附和之,非知言也。《通志》二十略中,《六書》、《七音》、《校讎》、《圖譜》、《金石》、《昆蟲》、《草木》等,爲舊時史志及《通典》、《通考》所無,然非初學所急。故但就《通考》中裁取若干門類。可擇讀以下諸門:《田賦考》七卷,《錢幣考》二卷,《户口考》二卷,《職役考》二卷,《征榷考》六卷,《市糴考》六卷,《土貢考》一卷,《國用考》五卷,《選舉考》十二卷,《學校考》七卷,《職官考》十一卷,《兵考》十三卷,《刑考》十二卷,《封建考》十八卷,共一百零四卷,日讀一卷,三個半月可畢。(三)此外,章實齋在其所著《文史通義》中,竭力强調别編文徵,以補後世有關係的文字太多,正史不能備載之缺。此即予所言治史宜兼考集部中不屬於記載部分之理。凡纂輯歷代文字者,如《全上古三代秦漢三國六朝文》等,固均有此作用。然其時代最近,讀之易於瞭解,且易感覺興味者,要莫如賀耦庚的《經世文編》,此書題賀耦庚之名,實則魏默深先生所輯。續編有數種,内容之豐富,皆不逮之。

可隨意泛覽數卷,以見其體例。前人讀史,能專就一事,貫串今古,並博引史部以外的書籍,以相證明,此可見其取材之廣。而深求其利弊的,莫如顧亭林的《日知録》,亭林此書,就所搜集之材料觀之,似尚不如今人所作專題論文之廣,然昔人之爲此,意不在於考據,故於材料,必有關論旨者然後取之,余則在所吐棄,非未曾見也。嚴格論之,必如此,乃可稱爲著述,徒能翻檢鈔録,終不離乎比次之業耳。可先讀其第八至第十三卷。其包孕史事,意在徹底改革,最富於經世致用的精神的,莫如黄梨洲的《明夷待訪録》,卷帙無多,可以全讀。清代考據家之書,錢辛楣的《廿二史考異》,最善校正一事的錯誤;王西莊的《十七史商榷》,長於鈎稽一事的始末;趙甌北的《廿二史札記》,專搜集一類的事實,將其排比貫串,以見其非孤立的現象而發生意義;均宜隨意泛覽,以知其治學的方法。此等並不費時間。然則我所舉第一步應讀之書,苟能日讀一卷,不使間斷,爲時不過一年餘耳。必有人譏議我所舉的不周不備。既讀《通鑒》,如何不讀《續通鑒》、《明通鑒》或《明紀》呢?既讀《通考》,如何不讀《續通考》、《清通考》、《續清通考》呢?難道所知者只要限於五代、宋以前麽?殊不知我所言者,乃爲使初學者窺見舊時史籍體例起見,非謂以此使其通知史實。若要通知史實,則所求各有不同,人人宜自爲之,他人豈能越俎代庖,一一列舉?老實説,所謂門徑,是只有第一步可説,第二步以下,就應該一面工作,一面講方法的。方法決不能望空講,更不能把全部的方法一概講盡了,然後從事於工作。譬如近人教人讀史時,每使之先讀《史通》、《文史通義》。此兩書誠爲名著,然其内容,均係評論前人作史的得失。於舊史全未寓目,讀之知其作何語?講亦何從講起?所以我所舉初學應讀之書,就不之及了。史部書目分類,歷代各有不同,然大致亦相類。今試舉最後的清代四庫書目爲例,則我所指爲史部重心的,實爲正史、編年、紀事本末、政書四類。居今日而治史學,重要者固不盡於此,然此四者,仍不失其最重要的性質,説已具前。四類書中,我所舉者,僅及編年、政書兩類。因正史事實割裂,初學不易讀;紀事本末,則讀《通鑒》時可以翻閲其目録,知一時代之中共有幾件大事,而欲查檢前文時,亦可於此中求之,則不待讀而已可通知其體例矣。此四類之外,曰别史,係體裁與正史相同,而未列爲正史者;曰雜史,則體例與正史相異,而所紀事實,與之相類者;曰詔令奏議，則文徵之一部分耳；曰傳記，專考一人之行事，正史中之列傳，尚且從緩，此自暫可擱置；曰載記，係記偏方諸國之事者，少數民族之歷史，或包含於其中，於研究此問題者，甚爲重要，初學亦難遽及；曰時令，此本不應入史部，講經濟史者，於治農家之書時，可供參考耳；曰職官，既從《通考》中知其大略，一時自不必求詳；曰目録，治學術史時宜求之，此時亦可不及；曰史評，最要者爲《史通》、《文史通義》兩書，此時之不能讀，正文中已言之矣。惟地理一門，知其大概，亦頗切用。昔人於此，均先讀《讀史方輿紀要》。此書之觀點，太偏於軍事，然在今日，尚無他書可以代之。學者若能取其《總論歷代州域形勢》九卷，與一種州郡名較完全的讀史地圖對照；於各省，則取其論封域及山川險要者，及各府下之總論，粗讀一過，費時亦不過月餘耳。史部之書，初學第一步當讀者，略盡於此。雖簡易，似不失之陋。亦從工作中求門徑，非空講方法也。經、子之學，於治古史者關係最大，别見下節。子部中之醫家、天文、算法、術數、藝術等，治專門史者乃能讀之。較普通者，爲關涉農、工二業之農寒、譜録兩類，亦非初學所及也。

凡讀書，決無能一字一句，無不懂得的。不但初學如此，即老師宿儒，亦係如此。吾鄉有一句俗話説："若要盤駁，性命交託。"若讀書必要一字一句都能解説，然後讀下去，則終身將無讀完一部書之日，更不必説第二部了。其實，有許多問題，在現時情形之下，是無法求解的；有些是非專門研究，不能得解；即能專門研究，得解與否，仍未可知的；有些雖可求解，然非讀下去，或讀到他書，不能得解，但就本文鑽研，是無益的；並有些，在我是可不求甚解的。不分輕重緩急，停滯一處，阻塞不前，最爲無謂。所以前人教初學讀書，譬諸略地，務求其速，而戒攻堅。但定爲應讀的，略讀則可，越過則不可，因爲越過是不讀，非略讀耳。

七、治古史的特殊方法

上節所説，乃係指普通欲讀中國舊史者而言；如性喜研究古史的，則更須有一種特殊的預備工作。

此所謂古史，古近之分，大略以周、秦爲界。史事必憑記載，有無正式的記載，實爲歷史上一道鴻溝。我國在秦及漢初所傳的史實，固多根據傳説，全不可信。然史實的來源，雖係傳説，而作史者所根據的材料，則多係記載，且其記載多係爲記載而記載，而非憑藉别種著述流傳下來。當此時期，我們就算它有正式的記載了。史公所記漢興時事，《漢書·司馬遷傳贊》謂其出於楚、漢春秋，此非指陸賈所著，春秋二字，爲古史籍之通稱，蓋凡記楚、漢間事者皆屬焉。其書既可總括稱爲春秋，必係爲記事而作，非發表主觀見解，引史事爲佐證，甚或出於虚構者矣。秦、漢間史跡，仍有帶此等性質者。如《史記·李斯列傳》載斯在獄中上二世書，論督責之術以求免，蓋儒家詆毁法家者所爲。《婁敬傳》載敬説漢高祖移都關中，其辭全爲儒家之義（見《吕覽·恃君覽》），蓋亦儒家所附會也。然此等漸少，故論史籍原料者，有書籍爲據，與有史籍爲據，仍係兩事也。這種轉變，大體以周、秦爲界。所以治周以前的歷史，即所謂先秦史者，是有一種特殊的方法的，但知道普通讀史方法還嫌不够。

讀古史的方法如何？即治經、子的方法而已。因爲古史的材料，都存於經、子之中。所以治古史的，對於治經、子的方法，雖不必如治經、子之學者之深通，亦宜通知至足以治古史的程度。史事前後相因，後世之事，無不導源於古。所以治古史之法，但欲讀普通史者，亦不可全不知道，不過較專治古史者，又可淺近一些而已。因其方法特殊，所以别爲一節論之。讀者可視其對於古史興味的深淺，以定其對於本節所説用功的深淺。

把書籍分爲經、史、子、集四部，乃係後世之事，在古代則無集而只有子，説已見前。現存最古的書目，實爲漢時劉向、劉歆父子所定的《七略》。《漢書·藝文志》即本此而成。此爲漢時王室藏書的目録。其所藏庋頗富，故據之以論古代學術的流别，最爲完全。近人講古代學術流别，多喜引《莊子·天下》、《荀子·非十二子》、《淮南子·要略》及《史記·自序》載其父談論六家要旨之辭，此等誠皆極寶貴之材料，然皆不如《漢志》之完全。因其時代較早，學術尚守專門，所以書籍的分類，和學術的分類，大致相合，深爲後人所景仰。其實此乃時代爲之，不關編次者之本領也。《七略》中的《輯略》，僅總論編輯之意，其中並無書目。《六藝略》即羣經，因漢人特尊儒家，乃别之於諸子之外，其實儒家亦諸子之一，説已見前。《兵書》、《數術》、《方技》，各爲專家，因校讎者異其人，所以書亦各爲一略，以學術流别論，自當列爲諸子之一。《詩賦略》專收文辭、記事之書，並不别爲一類。今之《史記》，《漢志》稱爲《大史公書》，特附《春秋》之末而已。然則就心理根據言之，其時根於記憶的記載，尚未與根於理智的學術分張，而特與根於情感的文辭對立也。《詩賦略》中的書，後世亦多入子部。然則欲治古史者，其材料，信乎都在經、子之中了。

經、子，我們本平等相看，然自漢以後，儒家之學盛行，（一）其書之傳者獨多，（二）而其訓釋亦較完備。借徑於治經以治子較易，而獨立以治子，則殆不可能。所以要治古史的，於經學，必不可不先知門徑。

治經的門徑如何？第一先須細讀經的本文。凡書經熟讀，則易於瞭解，而治之不覺費力，且隨處可以觸發。從前讀舊書的人，小時都熟誦經文，所以長大了要治經較易。現在的學子，這一層功夫都没有了，再要補做，既勢不可能，而亦事可不必。因爲一一熟誦，本來亦屬浪費也。但古經、子究較後世之書爲難解，讀時用力稍多，則勢不能免。所以對於古史有興味的人，最好能於羣經中先擇一種淺近的注解，此只求其於本文不太扞格，可以讀下去而已。既非據爲典要，故任何注釋皆可取，總以簡明易看爲主。閲讀一過。覺得其有用而難解之處，則多讀若干遍，至讀來有些習熟，不覺費力爲止。羣經本文無多，昔人言讀注疏雖不甚費力，亦一年可畢，譚仲修語。況於擇取淺近的注？爲時不逾一載，可以斷言。第二須略知訓詁。讀古書須通古代的言語，人人所知。訓詁本身，亦爲一種學問，治古史者，自不必如治小學者之專精，只須通知門徑，遇不應望文生義之處，能够知道，能够查檢而已。其第一部應讀之書，仍爲《説文解字》。無論鐘鼎、甲骨文字，考釋者均仍以篆書爲本。不知篆書，不徒自己不能解釋，即於他人之解釋，亦將不能瞭解也。此書看似枯燥，但其中的死字可以看過便棄；熟字只有固定意義的，亦不必究心；如鯉字是。虎字同爲動物名，然有虎虎有生氣等語，其含義便較廣。只其有引伸、假借的，須注意以求通知其條例。字之妙用，全在引伸、假借。若每字只有一義，則單字必不够用。若有一義即造一字，則單字將繁極不堪，不可復識矣。且文字所以代表語言，語言以音爲主，音同義異，而各别造字，而義之同異，各人所見不同，益將紛然淆亂矣。一種言語内容的豐富，固恃復音之辭之增多，亦恃爲復音之辭之基本之單字含義之豐富。單字含義之豐富，則一由引伸，一資假借。引伸者，同一語言，而含多義，自不必别造一字；假借者，本係兩語，而其音相同，於其不虞混淆者，亦即合用而不别造，皆所以限制單字之數者也。如此，則全書字數雖有九千餘，其所當注意者，實不過數百而已。全書十四篇，加《序》一篇，以段懋堂的《注》和王菉友的《句讀》，同時並讀，《説文》一書，久不可讀，清儒始創通條例，其首出者實爲段懋堂，故段《注》雖專輒、錯誤處多，必不可以不讀。王菉友於《説文》，亦功力甚深，《句讀》係爲初學而作，簡淺而平正，且可附帶知古書句讀之法，故亦宜一讀。假令半個月讀一篇，爲時亦不過七個半月而已。又凡字都無十分固定的意義，隨着應用而都小有變化。此不能於訓詁之書求之，非讀書時涵泳上下文不能得。此法至清代高郵王氏父子而始精，且幾乎可説到他們而後創通。所以王伯申的《經傳釋詞》，必須一讀。不求記憶而但求通知其條例，閲覽甚易。全書十卷，日讀一卷，可謂絶不費力。

經的本文既經熟習，訓詁亦有相當門徑，要研究古史的，自可進而閲讀各種注、疏。疏謂注之注，非專指匯刻之《十三經注疏》言。但在閲讀注、疏以前，尚宜有一簡單的預備。因爲解經大别有漢、宋二流，講義理别是一事，治史則旨在求真，漢人之説，自較宋人爲勝，漢儒理解之力，遠遜於宋儒。但宋儒喜據理推論，而不知社會之變遷，多以後世情形論古事，每陷於錯誤；漢儒去古近，所知古事較多，其言有時雖極可笑，究於古事爲近真。而漢學中又有今、古文兩派，對於經文的解釋，甚至所傳經文的本身，都時有異同，亦必須通知其門徑也。學者於此，當先讀陳恭甫的《五經異義疏證》。此書乃許慎列舉今古文異義，加以評騭，而鄭玄又對許氏加以駁正者，今古文異義重要的，略具於此。今古文説，初非每事俱異。朱希祖曾在《北京大學》月刊撰文，欲依"立敵共許"之法，取經文爲今古文家所共認者，立爲標準，然後據以評定其異義。不知異義之存，皆用此法不能評定者也。不然，從來治經者，豈皆愚騃，有此明白簡易之法而不之取邪？況就今學立場論，經文並不重於經説，因經學所重在義，義多存於口説中，且經文亦經師所傳，經師所傳之經文可信，其所傳之經説亦可信，所傳之經説不可信，則所傳之經文亦不可信。朱氏偏重經文，即非立敵共許之法也。次則《白虎通義》，爲今文經説的薈萃。此書有陳卓人《疏證》，瀏覽一過，則於經學中重要的問題，都能知道一個大概，然後進而求詳，自然不覺費力，且可避免一曲之見。廖季平的《今古文考》現在不易得。此書論今古文之異，原於一爲齊學，一爲魯學，實爲經學上一大發明。又前此分别今古文者，多指某書爲今文，某書爲古文；其細密者，亦不過指某篇爲今文，某篇爲古文。至廖氏，始知古書編次錯亂，不但一書之中，今古雜糅；即一篇之中，亦往往如此。分别今古文者，宜就其内容互相鉤考，方法可謂最密。廖氏中年以後，學説漸涉荒怪，然不能以此累其少作。此書如能得之，可以一覽，卷帙甚少，不費時也。經、子所重，都在社會、政治方面，此於治經、子者固爲重要，於治史者實更爲重要也。《異義》三卷，《通義》十二卷，日讀一卷，不過半個月，合諸前文所舉，歷時亦僅兩年耳。

經學既有門徑，同一方法，自可推以治子。治子第一步工夫，亦在細讀子之本文。古子書重要的有：《老子》二卷，《莊子》十卷，《列子》係晉張湛僞造，中亦間存古説，初學可暫緩。《荀子》二十卷，《墨子》十五卷，名家之學，道原於墨，見其書中之《經》上、下，《經説》上、下及《大取》、《小取》六篇。至惠施、公孫龍等而恢廓，見《莊子・天下篇》。名家之書，今有《公孫龍子》。其書《漢志》不著録，必非古本;但辭義古奥,不似僞造,蓋古人輯佚之作,初學可從緩。《管子》二十四卷,《韓非子》二十卷,《商君書》五卷,《孫子》一卷,《吴子》一卷,《司馬法》一卷,亦出輯佚,無甚精義,可從緩。《六韜》,論者以其題齊太公撰而指爲僞。然古書用作標題之人,本不謂書係其人手著,特謂其學原出此人耳。此説並亦不足信,然與書之真僞無關,因此乃古人所謂"名其學",當時學術界有此風氣也。《六韜》決非僞書,然多兵家專門之言,初學亦可暫緩。《吕氏春秋》二十六卷,《淮南子》二十一卷。此書雖出漢世,多述古説,與先秦諸子無異。其《周書》十卷,此書世多稱爲《逸周書》。逸乃儒家所用之名詞,詩、書等不爲儒家之經所取者,則謂之逸。不站在儒家之立場上,實無所謂逸也。此書與儒家所傳之《尚書》,體裁確甚相似,然述武王滅殷之事,即大不相同,可見古所謂書,亦春秋、戰國時人作,其原出於古記言之史,然決非當時史官原作也。《戰國策》三十三卷,舊入史部,然《周書》實兵家言,《戰國策》實縱横家言,《鬼谷子》僞書,且無價值。並諸子之一。《山海經》十八卷,舊亦入史部;《楚辭》十七卷,則入集部。二書中藏古神話最多,且最真,説已見前,並宜閲讀。諸書合計二百二十二卷,日讀一卷,費時亦不及兩年也。注釋可擇淺近易曉者讀之,亦與讀經同。

讀古史必求之經、子,可試舉一事爲例。秦始皇之滅六國,實變諸侯割據的封建國家爲中央集權的封建國家,其事在公元前二二一年,距今(一九五四年)不過二千一百七十五年耳。自此以前,追溯可知的歷史,其年代必尚不止此。中國以中央集權成立之早聞於世界,然其與諸侯割據之比尚如此,足見其事非容易。此自爲歷史上一大轉變,然其事跡,求諸古代的記載,可見者甚少,而求諸古人學説之中,則反有可見其概略者。經書中言封建之制:今文爲公、侯皆方百里,伯七十里,子、男五十里,不能五十里者,不達於天子,附於諸侯,曰附庸。《禮記·王制》、《孟子·萬章下篇》。古文則公方五百里,侯四百里,伯三百里,子二百里,男百里。《周官·大司徒》。諸子之説,大致皆同。諸子書《管子》多同古文,因其與《周官》同爲齊學也。餘皆同今文。觀諸子書不與今同,即與古同,即可知其非無本之説也。古書所言制度,非古代的事實,而爲學者所虚擬的方案,理極易明,無待辭費。然思想亦必有事實爲背景,而向前看,非向後看之理,昔人不甚瞭解,故其思想,又必較時代爲落後。

然則今文家的學説，蓋出春秋時，而其所欲仿行者，爲西周初年的制度；古文家的學説，蓋出戰國時，而其所欲仿行者，爲東周初年，亦即春秋時的制度。何以言之？按《穀梁》説：古者天子封諸侯，其地足以容其民，其民足以滿城而自守也。襄公二十九年。此爲立國自有其一定的大小，不容强事擴張，亦不容强加限制的原因。《左氏》説夏少康"有田一成"，哀公元年。此語當有所本。《易·訟卦》："其邑人三百户。"《疏》云："此小國下大夫之制。"《周禮·小司徒》：方十里爲成，九百夫之地，溝渠、城郭、道路，三分去一，餘六百夫，又以不易、一易、再易，定受田三百家。《吕覽》謂"海上有十里之諸侯"，《慎勢篇》。《論語》謂管仲"奪伯氏駢邑三百"，《憲問篇》。正指此。然則夏代的名國，在東周時，僅爲小國下大夫之封了，可以見其擴張之跡。方百里之地，劃爲一政治區域，在中國行之最久。此其形勢，蓋確定於春秋時。方七十里、五十里及不能五十里之國，在西周時，蓋尚當獲厠於會盟、征伐之列；然至東周之世，即寖失其獨立的資格，而淪爲人之私屬；如《左氏》襄公二十七年弭兵之會，齊人請邾，宋人請滕，以爲私屬，二國遂不與盟。而其時的大國，却擴充至五百里左右；《禮記·明堂位》説：成王封周公於曲阜，地方七百里。《史記·漢興以來諸侯年表》説：周封伯禽、康叔於魯、衛，地各四百里；太公於齊，兼五侯地。皆後來開拓的結果，説者誤以爲初封時事。據此形勢而擬封建方案者，就起於百里而終於五百里了。然大於百里之國，初非將百里的區域撤消，而改組爲二百里、三百里、四百里、五百里的區域，乃係以一較大的區域，而包含若干個方百里的區域於其中。觀楚滅陳、蔡，以之爲縣；《左氏》昭公十二年。晉亦分祁氏之田爲七縣，羊舌氏之田爲三縣；《左氏》昭公二年。商君治秦，亦并小都、鄉、邑聚以爲縣；《史記·商君列傳》。而秦、漢時之縣，仍大率方百里可知。《漢書·百官公卿表》。此一基層的官治單位，迄今未有根本的改變，所以説行之最久。而五百里左右的政治區域，則爲郡制成立的根源。此爲郡縣制度發生於割據時代的事實，亦即中央集權的封建制度，孕育於諸侯割據的封建制度之中。至於方千里之國，《左氏》襄公三十五年，子産説其時的大國，"地方數圻"，圻、畿一字，則又大於方千里。蓋以其幅員言之如此，其菁華之地，則不過方千里而已，猶後世內地與邊郡之别也。則今、古文家同謂之王，在周以前，從無封國能如此之大，亦從無以此等大國而受封於人的，所以擬封建方案者，並不之及了。楚、漢之際及漢初封國，有大於此者，然只曇花一現而已。古人立説，主客觀不分，將自己所擬的方案，和古代的事實，混爲一談，遂使人讀之而滋疑，然苟能善爲推求，事實自可因之而見。且如今文家説巡守之制：歲二月東巡守，至於岱宗；五月南巡守，至於南岳；八月西巡守，至於西岳；十有一月北巡守，至於北岳。這無論其都城在何處，巡完一方後回到都城再出，抑或自東徑往南，自南徑往西，自西徑往北，以古代的交通論，都無此可能，其説似極不可信。然《孟子·梁惠王下篇》載晏子説巡守之制云"春省耕而補不足，秋省斂而助不給"，則後世知縣之勸農耳，何來不及之有？古人所擬方案，皆本於此等小規模的制度而擴大之，而其方案遂實不可行，使其純出虚構，倒不至於如此不合情理了。足見其中自有事實，可以推求也。舉此一事爲例，其餘可以類推。今古文異説，今文所代表的，恒爲早一期的思想，其中即隱藏着早一期的事實；古文則反是。如言兵制，古文的兵教，即多於今文。

職是故，劉子玄所謂"輕事重言"之説，不得不常目在之，而利用經、子中材料的，不得不打一極大折扣。因爲隨意演説的，往往將其事擴大至無數倍也。如禹之治水，如今《尚書·禹貢》等所説，在當時決無此可能。此在今日，已無待辭費。《書經·皋陶謨》(今本分爲《益稷》)，載禹自述之辭曰："予決九川距四海，濬畎、澮距川。"九者，多數。川者，天然之河流。四海之海，乃晦字之義，四境之外，情形暗昧不明之地，則謂之海，非今洋海之海也。畎、澮者，人力所成之溝渠。然則禹之治水，不過將境内的溝渠，引導到天然的河流中；而將天然的河流，排出境外而已。《孟子·告子下篇》：白圭自夸其治水"愈於禹"，孟子譏之，謂禹之治水，"以四海爲壑，今吾子以鄰國爲壑"，而不知禹之所謂四海，正其時之鄰國也。白圭蓋尚知禹治水之真相。《論語·泰伯篇》：孔子之稱禹，亦不過曰"盡力乎溝洫"而已。此等皆古事真相，因單辭片語而僅存者，一經隨意推演，即全失其原形矣。又因主客觀不分，所以其所謂"寓言"者，明係編造之事，而可以用真人名；如《莊子·盜跖篇》載孔子説盜跖之事。又可將自己的話，裝入他人口中。如本書所引婁敬説漢高祖之事即是。

所重之言如此；而其所輕之事，則任其真相湮没。凡單辭片語未經擴大者，其説皆可信，然其詳則不傳。因此，讀古書的，於近人所謂“層累地造成”之外，又須兼“逐漸地剥落”一義言之，方爲完備。而編次錯亂一端，尚不在内。其方法，就不得不極其謹嚴了。但古人的思想，所走的係兩極端。一方面，自己立説的，極其隨便；一方面，傳他人之説的，又極謹嚴。此即前所云傳信傳疑，及所據的材料、來源不同，不使其互相羼雜，亦不以之互相訂補之例。書之時代愈早者，其守此例愈嚴。太史公的《史記》，所以勝於譙周的《古史考》、皇甫謐的《帝王世紀》者以此，此義亦決不可以不知。

以上的工夫既已做過，即可試讀《史記》的一部分，以自驗其能否瞭解、運用。中國所謂正史，必須以讀古史的方法治之者，實惟此一部也。説到此，則又須略論史籍的起源。按古無史部之書，非謂其無歷史的材料；相反，歷史的材料正多，特其時的人，尚未知尊重客觀的事實，莫能編纂之以行世耳。史料的來源，可分爲史官記録、民間傳説二者，民間傳説，流傳的機會較少，傳世者實以史官所記録爲多，説已見前。此等情形，乃係逐漸造成，在古代則又有異。古所謂史官，最重要者爲左、右史。“左史記事，右史記言，言爲《尚書》，事爲《春秋》”，《禮記・玉藻》説：“動則左史書之，言則右史書之。”鄭《注》説：“其書，《春秋》、《尚書》其存者。”《漢書・藝文志》説“右史記事，左史記言”，左右二字怕互訛。《禮記・祭統》説“史由君右，執策命之”，亦右史記言之證也。這説法，大約是不錯的。《春秋》的體例，蓋原於邃古，其時文字之用尚少，而事情亦極簡單，因之記事的筆法，亦隨之而簡單，爾後相沿未改，其爲物無甚興味，所以傳述者不多。而《尚書》一體，因記言擴及記行，遂成爲後來的所謂“語”，與古代社會口説流行的風習相結合，其體遂日以擴大。語之本體，當係記人君的言語，如今講演之類。其後擴而充之，則及於一切嘉言；而嘉言之反面爲莠言，亦可存之以昭炯戒。記録言語的，本可略述其起因及結果，以備本事；擴而充之，則及於一切懿行；而其反面即爲惡行。如此，其體遂日以恢廓了。《國語》乃語之分國編纂者，《論語》則孔子之語之分類編纂者也。《史記》的列傳，在他篇中提及，多稱爲語，如《秦本紀》述商鞅説孝公變法曰“其事在《商君語》中”是也。《禮記・樂記》述武王滅殷之事，亦謂之“牧野之語”。此外記貴族的世系的，則有系、世，出於《周官》的小史及瞽矇。又凡一切故事，官家具有記録的，總稱爲“圖法”，即後世的典志。《吕覽·先識覽》：夏之亡也，太史終古抱其圖法以奔商；商之亡也，太史向摯抱其圖法以奔周。自戰國以前，歷史的材料，大致如此。秦始皇的燒書，尸古書亡滅的總咎，實則其所燒者，不過官家所藏；若私家所藏，即所謂詩書百家語者，燒之必不能盡。然在戰國以前，除《世本》一書外，殆未有能編輯史官所記以行世者，故經始皇一燒而即盡，説已見前所引《史記·六國表》。《世本》一書，蓋私人所編輯，已在民間所藏詩書百家語之列，故爲秦火所不及。然則以《世本》爲最早的歷史，爲《史記》之前驅者，其説殆不誣也。洪飴孫撰《史表》，即以《世本》列於《史記》之前，居正史之首。《世本》的體裁，見於諸書徵引者，有本紀，有世家，有傳，其名皆爲《史記》所沿；有譜，則《史記》謂之表；有居篇、作篇，則記典章經制一類的事實，爲《史記》所謂書，而《漢書》已下改名爲志者。《世本》原書已不可見，就《史記》而推其源，則本紀及世家，出於古左史及小史；表源於譜；傳者，語之異名，排列多人，故稱列傳，《列女傳》者，列女人之傳也。女傳二字相屬，列女二字不相屬。後人以列女爲一名詞，實誤。此蓋源於右史；書則圖法之類也。今人每喜鑿言古之某書出於更古之某書；某人之學説源於較早的某人，或受其並時某人的影響。其實書闕有間，此事甚難質言。如《孟子·萬章上篇》説堯、舜禪讓，與《史記·五帝本紀》同，謂之同用孔門《書》説則可，近人鑿言史公用《孟子》，即無據。然某書出於某書不可知，而其本源爲古代某一類之書則可知；某説出於某人不可知，而其所據爲某一派之説則可知。如晚出之《古文尚書僞孔傳》，斷言其爲王肅所造，並無確據，然其爲肅一派之學説則無疑。明於此義，則於現存之書，可以考見其本源，讀之更易明了，並可推考較現存之書更早一時期的學術狀況了。

自疑古之説既起，人多以爲古書之久經行世者，必多竄亂、僞造，其新發現者必真；書籍或不可信，實物則無可疑。因此，特重古物及新發現的古書。其言似極有理，然疑古亦有條理，不能執空廓之論硬套；而古物及新發現的書籍，亦盡多僞品，有所偏主而輕信之，有反上其當者。如汲冢所發現之古書，當時雖實有其物，然不久即悉行亡佚，無一傳諸後世。所謂《竹書紀年》，出於明人者固僞；即後人所輯之古本，亦未嘗不僞。可參看拙撰《晉南北朝史》第二十三章第八節（頁一四五四至一四五九），又《先秦史》第四章（頁三九）及第七章第四節（頁七六）。又如近代所謂甲骨文，其中僞物亦極多。可參看拙撰《先秦史》第二章（頁二一）。此等材料，取用不可不極謹慎。至於古物，新發現者自不易欺人；其久經流傳者，真僞亦極難辨。章太炎曾謂：必（一）發現、流傳、收藏，確實有據；（二）又其物巨大，牟利者不肯爲，好事者不耐心爲之者，乃爲可信，自屬穩健之説。予又益以發現、流傳、收藏，在古物不值錢之時、之地，較之在值錢之時、之地者，可信的程度較高。持此鑒別，亦庶幾寡過也。

史　通　評

内 篇

六 家 第 一

《六家》、《二體》兩篇，乃劉氏論正史之作也。史本無所謂正不正；然其所記之事，萬緒千端，不能無要與不要之分。要與不要，隨各時代學者之眼光而異，無一定標準。一時代之學者，認其所記之事爲要，則以爲正史；謂其所記之事非要，則以爲非正史而已矣。"六家"者，劉氏所認爲正史；"二體"，則劉氏認爲六家中之善者，可行於後世者也。《雜述篇》所謂十家，則劉氏以爲非正史者也。參看《外篇·古今正史篇評》。

六家：浦氏曰："《尚書》記言家，《春秋》記事家，《左傳》編年家，《國語》國别家，《史記》通古紀傳家，《漢書》斷代紀傳家。"其推劉氏之意是也。然予謂劉氏以《尚書》、《春秋》、《左》、《國》並列爲四家，實於古代情事未合，何以言之？

古之史，蓋止記言、記事二家。《禮記·玉藻》曰："動則左史書之，言則右史書之。"鄭注曰："其書，《春秋》、《尚書》其存者。"《漢書·藝文志》："左史記言，右史記事，言爲《尚書》，事爲《春秋》。"其説當有所本，左氏果爲《春秋》之傳與否，事極可疑。漢博士謂左氏不傳《春秋》，近世推衍其説者，謂《太史公自序》但曰"左丘失明，厥有《國語》"，其《報任安書》亦然。下文又云"左丘明無目"，則宋祁所見越本，王念孫所見宋景祐本及《文選》，皆無"明"字。《論語》有"左丘明恥之，某亦恥之"之語，崔適謂《集解》録孔安國注，則此章亦出《古論》。然則自今文家言之，實有左丘，而無左丘明；有《國語》而無《春秋左氏傳》也。而《國語》一書，則只可謂與《尚書》同體，而不可别列爲一家。何者？古代記事之史，體至簡嚴，今所傳之《春秋》是也。孔子之修《春秋》，雖借以明義，然其文體則仍魯史之舊。其記言之史，則體極恢廓。蓋其初意，原主於記嘉言之可爲法者。然既記嘉言，自亦可推廣之而及於懿行；言行本難截然劃分。既記嘉言懿行之可爲法者，自亦可記莠言亂行之足爲戒者也。故《國語》者，時代較後之《尚書》也。其所記雖殊，其體制則與《尚書》無以異也。

或曰：秦漢以後之史，第一部爲《史記》，而《史記》之體例，實源於《世本》。洪飴孫撰《史表》，以《世本》列諸史之首，核其體例，則有本紀，有世家，有傳，《史記》稱列傳，謂合多人之傳，以次序列耳。並爲《史記》所沿，桓譚謂："太史公《三代世表》，旁行斜上，並效《周譜》。"本書《表歷篇》引，案此語亦見《梁書·劉杳傳》。《隋志》有《世本王侯大夫譜》二卷，蓋即《周譜》之倫，則《史記》之世表、年表、月表，其例亦沿自《世本》。《世本》又有《居篇》、記帝王都邑。《作篇》，記占驗、飲食、禮樂、兵農、車服、圖書、器用、藝術之源。則八書所由昉也。百三十篇，本名《太史公書》，《漢書·藝文志》如此，《宣元六王傳》、班彪《略論》，王充《論衡》同。《楊惲傳》謂之《太史公記》。應劭《風俗通》稱爲《史公記》。史記二字，爲當時史籍通名，猶今言歷史也。史公發憤著書，功在網羅綜貫，不在創造，所整齊者，實爲舊史之文，非其自作，則紀、傳、世家、書、表，乃前此史家之通例，正不獨《世本》然矣。安得謂古之史止記言、記事二家歟？案本紀、世家、世表之源，蓋出於古之《帝系》、《世本》；八書之作，則出於古之《典志》。此二者，後世雖以爲史，而推源其朔，則古人初不以之爲史也。《周官》：小史"掌邦國之志，奠系世，辨昭穆。若有事，則詔王之忌諱。大祭祀，讀禮法，史以書叙昭穆之俎簋。"鄭司農云："系、世，謂《帝系》、《世本》之屬。此《世本》僅記世系，與前所述之《世本》不同。先王死日爲忌，名爲諱。"又瞽矇：

"諷誦詩，世奠系。"杜子春云："世奠系，謂《帝系》，諸侯卿大夫《世本》之屬也。小史主次序先王之世，昭穆之系，述其德行；瞽矇主誦《詩》，並誦《世系》，以戒勸人君也。故《語》曰：教之世而爲之昭明德而廢幽昏焉，以休懼其動。"按小史所識者，先世之名諱、忌日及世次，今《大戴記》之《帝系姓》蓋其物。瞽矇所誦者，先王之行事，則《五帝德》之所本也。此本紀、世家、世表之所由來。凡一官署，必有記其職掌之書，今之《禮經》、《逸禮》等，蓋皆源出於此。此等無從知記者爲誰，大約屬於何官之守者，則何官之史所記耳。此即後世之典志、八書之所本也。今之八書，多空言闊論，乃後人所補，非史公原文也。古所謂史，專指珥筆記事者言之。小史、瞽史所識，《禮經》、《逸禮》之傳，後世雖珍爲舊聞，當時實非出有意，故追溯古史者，並不之及也。若夫年表、月表，則《春秋》之記事也。列傳則《國語》之記言，而其例實源於《尚書》者也。然則安得謂古史有出於記言記事之外者歟？劉氏以《左氏》、《國語》與《尚書》、《春秋》並列，不其繆歟？

言爲《尚書》，事爲《春秋》，特以大略言之。古人之分别，不能如後世之精，且記言者，固不容略及其事，以備其言之本末也。劉氏以《書》有《堯典》、今之《舜典》，篇首二十字爲僞，餘則割《堯典》下半篇爲之。《禹貢》、《洪範》、《顧命》，譏其爲例不純，未免拘泥。要之，劉氏之蔽，在不知古書體例與後世不同，而純以己見繩古人也。

史所以記事而已，事之善惡，非所問也。若以表言行、昭法式，爲史之用，則史成爲訓誡之書矣。其繆誤不待言。然昔人多存此等見解。謂史當重褒貶、寓勸懲，亦此類也。

《尚書》爲記言之史，《春秋》爲記事之史，二者原相輔而行，非謂既有《尚書》，餘事遂可忽略也。此篇論《尚書》一節有奪文。其謂"雖有脱略，而觀者不以爲非"，不知其所持之理若何。章實齋則謂："纖悉委備，有司具有成書，吾特舉其重且大者，筆而著之，以示帝王經世之大略。詳略去取，惟意所命，不必著爲一定之例。"《文史通義·書教上》。皆謂專恃《尚書》，則於史事有闕。而不知記事記言之史，實相輔而行，斷不容存其一而廢其一也。於此可見《禮記》、《漢志》之言，必有所本。

書之本體，自以載言爲主，後世之詔令奏議，即其物也。編輯存之，原不爲過。即劉氏亦謂制册章表，當別爲一書，見《載言篇》。但必翦截今文，模擬古法，則誠理涉守株耳，即推廣之，至類《家語》、《世説》，亦不失《尚書》變爲《國語》之例。王劭之失，亦在强欲模擬《尚書》，而非其書不可作也。

《春秋》爲記事之史，在古代，蓋各國俱有之。參看《史官建置篇》。此篇引《汲冢》瑣語，謂夏殷及晉，皆有春秋，其書未必可信，即其證不可爲確。然所引《左氏》、《孟子》、《墨子》，則皆誠證。觀春秋二字之名，即知其書係依時以記事；其後晏子、虞卿諸書，所以並無年月，而亦號爲春秋者，乃其引伸之義。蓋其始專以春秋爲依時記事之史之名，後乃但取記事一義，以爲凡史之通名也。名詞涵義之變遷，固多如此。

春秋爲記事之史，譜牒則小史所掌，其事本截然殊科，然其後二者遂合爲一。此其事，蓋在晚周、秦、漢之際。譜牒之體似有二：其一但記世謚，而不詳其君之立年。在位年數。如《大戴記》之《帝系姓》是，《史記・十二諸侯年表序》所謂"譜牒獨記世謚"者也；其一則兼記其君之立年，《秦始皇本紀》後重叙秦之先君一段，係此體，此即《六國表》所謂"獨有《秦記》，又不載日月"者也。此體之出較後，故孔子序《尚書》，尚"略無年月"。至"諜記黄帝以來皆有年數"，蓋後人以意爲之，故衆説乖異也。《三代世表序》。古代記事之史，蓋但記某君某年有某事，而不詳其君之立年及世系；此時亦未必年年有事可記。小史又但記世系，而不詳其君之立年，故年數無可稽考。其後《春秋》之記事加詳，逐年皆有事跡，則君主之立年及世系，因之可考；而系世之體亦漸密，於世謚之外，並詳其君之立年，而二者遂可合爲一。二家體例之變，蓋自共和以來，故年表之作，肇端於是也。年表非必史公作，試觀諸本紀、世家，在厲王以前者，多無年代可稽；偶或有之，則《三代世表》所謂"或頗有，然多闕"者也。而共和以後，則大抵皆有，則整齊故事者，合《春秋》、《世本》爲一家久矣。整齊故事如此，自作之史，體例亦因之。如《秦始皇》、《漢高祖本紀》等是也。至此，則本紀一似法《春秋》而作；而其出於《系世》之跡，不可見矣。故劉氏謂史公"以天子爲本紀，考其宗旨，如法《春秋》"也。然試一讀五帝、夏、殷、西周之紀，則其出於《帝系》而不出於《春秋》，夫固顯然可見也。

史以記事，不必寓褒貶，亦不必別有宗旨，前已言之。然昔人之意，多不如此。史談之命其子曰："明主、賢君、忠臣、死義之士，余爲太史，而勿論載，廢天下之史文，余甚懼焉。"史遷之作《史記》，實欲上繼《春秋》。故曰："先人有言，自周公卒五百歲而有孔子；孔子卒後，至於今五百歲。有能紹明世，正《易傳》，繼《春秋》，本《詩》、《書》、《禮》、《樂》之際，意在斯乎？意在斯乎？小子何敢讓焉！"其對壺遂曰："余所謂述故事，整齊其《世》、《傳》，非所謂作也，而君比之於《春秋》，謬矣。"乃其謙辭也。其言曰："士賢能而不用，有國者之恥；主上明聖而德不布聞，有司之過也；且余嘗掌其官，廢明聖盛德不載；滅功臣世家賢大夫之業不述，墮先人之言，罪莫大焉！"其非無意於褒貶，審矣。特其書之體例，與《春秋》不同耳！劉氏謂僅整齊故事，未免專輒。

"或傳無而經有，或經闕而傳存"，此十二字，實《左氏》不傳《春秋》之明證：傳以解經，傳無經有，可諉爲闕；經闕傳存，果何爲乎？不與經麗而亦稱爲傳，復何書不可稱傳乎？豈獨今之《左氏》哉？近儒謂《左氏》實劉歆取《國語》依《春秋》編年爲之，信不誣也。然劉歆之作此書，就經學言，雖有作僞之罪；就史學言，却爲史書創一佳體。何則？記言之史，降而彌繁，固宜有編年之作，以示後人；自劉歆於無意中創此體，後人遂羣相沿襲，蓋亦運會之自然也。不特此也，其與《春秋》並行，又開《綱目》之例，自《資治通鑒》以前，編年者皆但法《左氏》。朱子之修《綱目》，則法《左氏》之與《春秋》並行也。《綱目》事實，自不如《通鑒》之核；其講書法，自今日觀之，亦爲無謂；然其體例，則確有勝於《通鑒》之處，不可誣也；蓋《通鑒》有目而無綱，則無以挈其要領，檢閲殊爲不便；温公因此，乃有《目録》之作，又有《舉要》之作。《目録》不與本書相附麗;《舉要》則朱子答潘正叔書議其"詳不能備首尾,略不可供檢閲",實仍無以解其不便。自有《綱目》,而此弊免矣。夫亦可謂奇矣。

《國語》、《國策》,名相似而實不同——《國語》爲時代較後之《尚書》,具如前説;《國策》則縱横家言,其記事寓言十九,實不可作史讀也。

國别之史,可行於古代,而不可行於後世。古代各國分立,彼此之關係較淺。時愈古,則此等情形愈甚。分國編纂,眉目較清,合居一簡,轉滋眩惑。後世則海内一統,已無國别之存;即或割據分争,亦係暫時之局。依其疆域而編纂,即於國史爲不全,此孔衍、司馬彪之書,所以不行於世;亦三國、東晉之史,所以不容不合爲一編也。

《史記》之體,實與《漢書》以下諸史不同。《漢書》以下,君臣皆一時之人,紀傳所載,即皆一時之事;而必以人爲主,使其寸寸割裂,則披覽殊覺不便矣。《史記》則紀、傳、世家所記,並非一時之人,即或同時,非彼此關係甚疏,即其所據之材料,各有所本,而不容强合爲一。劉氏譏史公事罕異聞,語饒重出,實誤。彼所據材料如此,既不容以此廢彼,又不容强合爲一,則惟有各如其本來而並存之矣。不然,世豈有牴牾復沓、罅漏百出如《史記》,而猶可稱爲良史者哉!各自爲篇,固其所也。《漢書》以下,情事既異,而猶强襲其體,則效顰無謂矣。然此不足爲班氏咎,以《史記》記漢初君臣,業已如此也。亦不當爲史公咎,以史公亦皆承用舊文,非自作也。然則紀、傳、書、表、世家之體,乃整齊古代記言、記事、系世、典志者之所爲,而後世之作史者,遂沿而用之,以叙當世之事耳。此體以之整齊古史則善,以之作後世之史則非。然人類之見解,恒不免於守舊,欲其隨時通變,悉協其宜,固不易也。後之視今,亦猶今之視昔,正不必訾議古人耳。

紀、傳、表、志之體,誠非盡善,然自漢以後,卒相沿而不能改,蓋亦有其故焉。此體有紀、傳以詳理亂興衰,有志以詳典章經制。向者史家所認爲重要之事,頗足以攬其全。《文獻通考·序》曰:"《詩》、《書》、《春秋》之後,惟太史公號稱良史,作爲紀、傳、書、表,紀、傳以述理亂興衰,書、表以述典章經制。”斯言乃向者史家之公言，而非馬氏一人之私言也。蓋向者之史，偏重政治，此兩端，實其所認爲最重要者也。若棄此體而用編年，則於典章經制爲有闕矣。此編年史所以緣起較紀、傳、表、志之史爲早；兩漢以後，亦嘗與紀、傳、表、志之史並行；而其後卒不得與於正史之列也。參看《外篇·古今正史篇》。

史事後先一貫，强分朝代，本如抽刀斷流；況夫斷代爲書，彼此銜接之間，必不免於復緟矛盾；章實齋《釋通》一篇，言之詳矣。然梁武《通史》、元暉《科録》，並皆湮滅，亦有其由。考古必據本書，本書與新録並行，讀者斷不肯謀新而舍舊，一也；二書今皆不傳，劉氏譏其蕪累，則其撰次蓋未盡善，二也。後者作史者之咎，前者則作史者初不任咎，蓋亦理勢之自然也。然以體例論，自以通史爲便，劉氏因二書之殘缺，遂並通史之例而排之，則過矣。

《南》、《北史》劉氏齒諸通史之列。然秦漢而下，久以分裂爲變，一統爲常；況分裂者，特乘時擾亂之奸雄，論國民之真意，則初未嘗欲其如此，作此時之史，斷不容依其分裂，各自爲篇，前已言之矣。推斯義也，則《南》、《北史》實仍當以爲斷代史，而不容齒諸通史之列也。

斷代爲史，亦有數便，前朝後代，雖不能凡事截然劃爲鴻溝，然由衰亂以至承平，事勢自亦爲一大變，據此分劃，不可謂全然無理，一也；紀述當朝，勢不能無所隱諱，並有不敢形諸筆墨者，革易以後，諱忌全除，而前朝是非之真，亦惟此時知之最審，過此則又或湮晦矣，史料之搜輯亦然，二也。此外尚有多端，而此兩端，則其犖犖大者。此所以易姓受命之時，天下粗定，即以修前朝之史爲事，儼若成爲常例也。

章實齋最稱通史，而劉氏之意與之相反，此時代爲之，不足相非也。蓋劉氏之時，史書尚少，披覽易周，故其所求在精詳，不在扼要；欲求精詳，自以斷代爲易。章氏之世，史籍之委積既多，史體之繁蕪尤甚，編覽已云不易；況乎提要鈎元，删繁就簡，實不容已，此其持論之所以不同也。

二體第二

此篇乃從六家中取其二體，以爲可行於後世者也。編年之體有二長：一則便於考見一時代之大勢，以其以時爲綱，在同一時代中，各方面之情形畢具，此篇所謂"中國外夷，同年共世，莫不備載其事，形於目前"者也。一則可將重複之文，盡行删去，故其體最宜於爲長編。按時排列，則事之誤繆，有不待校而自見者，如某人已死於某年，而向來傳説，附諸某人之事，乃或在是年之後是也，此亦編年體之所以便於爲長編也。此篇所謂"理盡一言，語無重出"者也。其短，則在委曲瑣細，不能備詳；"干寶議撰《晉史》，以爲宜準丘明。其臣下委曲，仍爲譜注"，即所以救此失。見下篇。朝章國典，無所依附。故其記載，不如紀、傳、表、志體之完全；而後世正史之體，遂不得不舍此而取彼，已見《六家篇評》中。至謂高才雋德，跡在沉冥，即丘山是棄，自係往史偏重政治之故，不得以咎編年。即如《左氏》，浮夸之辭亦多矣，豈不可舍之以記顔回、柳惠邪！

載言第三

言事分記，乃古史至粗之體，其實言必因事而發；而欲詳一事，亦必不容略其論議，記載稍求精詳，言事即不容分析矣。此乃理勢之自然，故《國語》之體，雖源出《尚書》，然其記事，遂較《尚書》爲詳備也。夫記事記言，文各有體。記言可備詳其言；記事則誠有不宜隔以大篇，斷其氣脈者，故《國語》之文，大體雖屬記言，而有時記事頗詳，記言遂略，蓋爲自然之理勢所驅，而文體遂不覺其潛移也。如周襄王拒晉文請隧，《國語》備載其辭，而《左氏》記之，則只"王章也，未有代德，而有二王，亦叔父之所惡也"十八字而已。此十八字實總攝《國語》全篇，決非傳聞異辭；實乃檃括其辭，以就體制，即其一證。然此亦非造《左氏》者所自爲，蓋《國語》中本有此等文字，而造《左氏》者從而抄録之也。何以知其非造《左氏》者所自爲也？曰：以其他處又多不能如是。且如邲之戰，所重豈不在戰事哉？然《左氏》於此，敘戰事實多漏略；所致詳者，乃在士會、荀首、欒書、楚莊等之議論耳。蓋《國語》中無詳敘邲戰之文字，而有記載士會等議論之專篇；造《左氏》者，照本鈔謄，遂不覺略所宜詳，詳所宜略也。此可見《左氏》不獨非《春秋》之傳；即鈔撮《國語》，造爲《春秋》之傳者，亦徒鈔撮而未暇求其完善也。

漢代風氣，尚不甚重文辭，故如賈、晁等以議論著稱者，不過數人，以辭賦名家者亦不多，故可各爲立傳，備載其文；後世則以文辭自見者日多，有載之不可勝載之勢，此劉氏所以欲變舊體，别立一書，亦事勢爲之也。自唐至今，文字之繁愈甚，即如劉氏更立一書之議，亦覺其不能容；此章實齋氏所以又欲别爲文徵，與史並行，而俾立於史之外也。見《文史通義・書教中篇》。亦事勢爲之也。

作史用編年體，委曲别爲譜注，頗便覽觀。干氏之議，惜未有行者。朝鮮人有一種史，用編年或紀事本末體，以敘理亂興衰；而典章經制，别爲專篇附後，頗得此意也。説本日本林泰輔《朝鮮通史》。

本紀第四

必天子而後可稱紀；紀必編年，只記大事；每事又止以簡嚴之筆，記其大綱；此乃後世史體，不可追議古人。《史記》於周自西伯、秦自莊襄以上，亦稱本紀，蓋沿古之《帝系》。《帝系》所以記王者先世，未必於其未王時别之爲世家也。世家亦然。下篇爲譏《史記》於三晉、田氏未爲君以前，俱歸之世家，亦由未知本紀、世家出於古之系世也。《帝系》與《春秋》異物，説已見前；本紀出《帝系》，不出《春秋》，自不能皆編年矣。正統、僭僞之别，亦後世始有。項籍雖僅號霸王，然秦已滅，漢未王，義帝又廢，斯時號令天下之權，固在於籍；即名號亦以霸王爲最尊，古代有天下者，在當時本不稱帝。編之本紀，宜也；此亦猶崇重名號之世，天子雖已失位，猶不没其紀之名爾。

後史之紀，非紀帝王本人，乃爲全史提挈綱領耳，所謂"猶《春秋》之經"也。然帝王之身，亦有時宜加叙述；必嚴紀與傳之别，於紀只許以簡嚴之筆，叙述大事，則帝王之性行不顯矣；故章實齋又謂帝紀於記述大事之外，又宜别爲帝王一人作傳也。

世家第五

世家所以記諸侯，非諸侯而入世家者，孔子及陳涉兩篇耳。故劉氏首以爲譏。後人於此，議論亦多，然無足疑也。《陳涉世家》自序曰："桀、紂失其道而湯、武作，周失其道而《春秋》作，秦失其政而陳涉發跡，諸侯作難，風起雲蒸，卒亡秦族。天下之端，自涉發難。"史公以陳涉比湯、武，其不容儕之匹夫可知。然涉之功止於發難，未嘗如項羽分裂天下，而封王侯，政由己出；編之本紀，又不可也，則不入之世家，而焉置之乎？後世天澤分嚴，人臣而儕之於君，人莫不以爲駭；在古代則不如此，孟子曰："匹夫而有天下者，德必若舜、禹，而又有天子薦之者，故仲尼不有天下。繼世而有天下者，天之所廢，必若桀、紂者也，故益、伊尹、周公不有天下。"孟子之視孔子，與其視益、伊尹、周公等耳。成王以王禮葬周公，又賜魯以天子禮樂，今文家説金縢雷風之變如此。儒家不以爲僭，蓋其視天子之位，本以爲有德者所宜居也。梅福之請封孔子後也，曰："'諸侯奪宗，聖庶奪適。'《傳》曰'賢者子孫宜有土'，而況聖人，又殷之後哉？昔成王以諸侯禮葬周公，而皇天動威，雷風著災，今仲尼之廟，不出闕里；孔氏子孫，不免編户；以聖人而歆匹夫之祀，非皇天之意也。今陛下誠能據仲尼之素功，以封其子孫，則國家必獲其福；又陛下之名與天亡極。何者？追聖人素功，封其子孫,未有法也,後聖必以爲則。不滅之名,可不勉哉?”則以孔子之後爲宜封,實漢人公意也。史公以《春秋》之作比湯、武;又其序《孔子世家》曰:“周室既衰,諸侯恣行。仲尼悼禮廢樂崩,追修經術,以達王道;匡亂世,反之於正;見其文辭,爲天下制儀法;垂六藝之統紀於後世。”亦儼然有撥亂反正、創業垂統之意焉。其不容儕之匹夫,編之列傳,又審矣。故此兩篇,在後人觀之,幾於史公自亂其例,然在史公,則正以爲義例宜然也。

或曰:漢元帝時,已封孔子之後爲褒成君。成帝綏和元年,又封孔子之後爲殷紹嘉公。今之《史記》,非盡史公原文,漢興以來將相名臣表,實下逮成帝鴻嘉元年,則孔子之入世家,實孔子之後已受封,修《史記》者所改也。此説亦可通;然史公自序及其《報任安書》,並云“世家三十”,若孔子本非世家,則其都數不符,必謂此兩語亦後之修《史記》者所改而後可,立説未免迂曲矣。

古之諸侯,固與後世之諸侯王不同,亦與割地自專者有别;班史以後,遂删世家之名,總稱列傳,宜也。《五代史》以十國爲世家,實沿梁武《通史》以吴、蜀爲世家之例,固不容議其不善,然謂與《史記》之吴太伯、齊太公等世家同物,則仍不然也。拓跋氏乃異族,與匈奴等耳,劉氏謂當以爲世家,尤爲擬於不倫。

列 傳 第 六

紀以編年,傳以列事,紀舉大綱,傳詳委曲,《春秋》則傳以解經,《史》、《漢》則傳以釋紀,此例實成於後世,初起時並不其然。劉氏謂後之作史者當如此可也,以此議古人則誤矣。參看前數篇評自明。

史公之作《史記》,雖欲竊比《春秋》,然其文,則所謂“整齊故事”者耳,非所自作也。《夏》、《殷本紀》與《項羽本紀》,體例絶不相侔,蓋由於此;《夏》、《殷本紀》,蓋據古之《帝系》,説已見前;《項羽本紀》,未知所據,然亦必有所本，非史公自作。或曰：《史記》所載秦、漢間事，大抵皆本陸賈《楚漢春秋》也。劉氏以此譏《史記》爲例不純，而不知編次舊文，不加改易，即《史記》之體例也。漢人引用舊文，多仍其舊，不加改削，使如己出，讀予所撰《章句論》自明。

表歷第七

史之有表，似繁實省。蓋史法愈疏，則愈偏於主觀；愈密，則愈近於客觀。偏於主觀者，事之詳略去取，不妨惟意所欲；重於客觀者，則既立定體例，即當搜求事實，無濫無遺，以待讀者之自得也。夫如是，則於零碎事實，所取必多。零碎事實，固非表無以馭之。"先看本紀，越至世家，表在其間，緘而不視"，此自讀者之失，不得轉以咎作者也。

表之爲用，至後世而愈廣。綜論其例，約有六端：《史記》之《三代世表》，所以表世系者也；《十二諸侯年表》，則所以表國者也。《遼史》之《屬國表》，名爲表國，而其體實不同；唐代之方鎮，雖不得爲獨立國，然據土自事，實與周之十二諸侯相似；故此二者，皆表國之變例也。《漢書》之《百官公卿表》，用以表官，《唐書》之《宰相表》，《宋史》之《宰輔表》，皆用其例。《五代史》之《職方考》，則用以表地。《遼史》之《皇子公主》，《元史》之《后妃》，則又用以表人。《遼史》之《游幸》，《金史》之《交聘》，則所以表事者也。要而言之，事之零碎無從叙，又不可棄者，則以表馭之；眉目既清，事實又備，實法之最便者也。今後史法較前益密，表之爲用必愈廣。劉氏專取《列國年表》一端，實未爲允當也。黄公度作《日本國志》，用表極多。

史表之例，最不可解者，莫如《漢書·古今人表》。案斷代爲史，始自孟堅。孟堅以前，作者十餘家，皆仍《史記》之體；而《漢書》八表，實未克成，具見本書《古今正史篇》。此表，蓋續《史記》者所撰，後人編入《漢書》，初非孟堅之自亂其例也。

浦氏曰："《外篇·雜説》云：觀太史公之創表也，燕、越萬里，而徑寸之内，犬牙可接；昭穆九代，而方尺之中，雁行有序，使讀者舉目可詳。郭評據此，以駁兹篇，良是。大抵《内》、《外篇》非出一時，互有未定之説。兩存参取，折衷用之，不爲無助。”案：此説是也。此書《外篇》與《内篇》，復緟矛盾處頗多。就大體言，《外篇》蓋《内篇》未成時隨手札記之作；《内篇》則合《外篇》所見，精心結撰而成，自當以《内篇》爲主。然曲折入微，盛水不漏，其事良難。故《外篇》之意，間有《内篇》收攝不盡者；亦有一時失檢，《内篇》所論轉不如《外篇》之允者，正不容作一概之論也。

書志第八

史有普通、專門之别。專門之史，專記一事者也。普通之史，則合各方面之情形，以明社會之遷變者也。社會遷變，原因孔多，非合各方面之情形，不足以明之；然專明一事者，又不可以謂之史。自成爲一事之史耳，不得徒稱爲史。此猶哲學必合科學而成，而科學又不可謂之哲學也。

前史所記之事，盡有與史無關者：如天文不影響於人事，即不可入於史。不必如水旱偏災等實有利害者，乃可謂之有影響也；災祥之説，雖不足憑，然其時之人，信之既篤，或因此而側身修行焉，或因此而鼓衆倡亂焉，皆可謂之有影響。然古人知識粗，未知宇宙間現象，當分爲若干類研究之，但睹其可異者，則從而記之而已。此石隕、鷁飛等事，所由充斥於古史也。

今後史學，將與昔大異，凡專門之事，皆將劃出於普通史之外，而自成一書。舊史書志所載，在今日大抵可自成一專門史者也。故論書志之體裁，何者當芟除，何者當增作，在今日實無大關係。若就昔日情形立論，則劉氏之説，不爲無見。惟天文非竟無變改；而藝文一志，備載前代之書，亦足以考見存佚。劉氏之論，微嫌酷狹也。

常事不書，爲史家公例，蓋常事而亦書之，則有書不勝書者矣。

考古之士，每以欲求前代尋常之情形而不可得，遂以此致怨於古人；然使其自爲一史，即亦將尋常事物，於無意中略去，以此爲天然條例，凡執筆者皆莫能自外也。

惟是同一異也，而今人之所謂異者，亦與昔人不同，有古以爲異，而今不以爲異者，如日食、星隕等是；有今以爲異，而古不以爲異者，凡前史不詳，而後人加意搜輯者皆是。一時代人，只能作一時代之事。《春秋》之聞異則書，亦據當時之所謂異者異之耳；必執後人之見，以議古人，則猶宋人譏越人之不資章甫矣。凡劉氏之論，大抵如此，謂其所見可施諸當日則是，以此議古人則非，由其不審於時代之異也。《漢書》之《五行志》，由後人觀之，誠覺無謂，然在當日，則自有此一種學問也。

劉氏所欲增之三志：《氏族》則《魏書》有《官氏志》，已略啓其端，至鄭樵《通志》撰《氏族略》而大暢其流；《都邑》、《方物》二志，前史《地理志》、《外國傳》中，亦略載其事，所以不能成爲專篇者，亦以其太多，而書之不可勝書也。

論贊第九

《左氏》之稱"君子曰"，蓋當時記事之文，有此一體。記事者，兼記時人議論。其所據之材料如是，而非其所自爲也。觀《晏子春秋》，於記事之後，繫之以論，亦稱"君子曰"可知。《公》、《穀》所載，則先師釋經之論，與《左氏》之稱君子者不同。《公》、《穀》皆主釋經，《左氏》則主記事也。

史公之作《史記》，蓋皆裒輯舊文。其係以"太史公曰"者，則談、遷所自著，此四字固多用在篇末，亦有在篇首或中幅者。自著之文，隨宜置之，非必如劉氏所云"限以篇終，各書一論"也。其所著，或補前人記事所不及，或則發明一理；皆有所爲而爲之，非空言，自無所謂"彊生其文"、"淡薄無味"者矣，劉氏之論非也。然其所稱"事無重出”、“文省可知”兩端，自足爲作論贊者之模楷；蓋“理有非要，而彊生其文”，則必不免有此二弊，馬、班當日，既無意於爲文，則此二弊者，自不待戒而自絶耳。

序例第十

古人之序，每置篇末；全書總序外，又有各篇之分序，《史記》、《漢書》皆如此，此所以明各篇之次第，正所謂序也。蔚宗分繫各篇之末，失其意矣，宜劉氏之譏之也。

凡有系統條理之書，必有例，正不獨作史爲然；而作史其尤要者也。與其炫文采作無謂之序，毋寧述條理，明統系，而作切實之例。此篇所論，殊中肯綮。惟古人著書，雖有例，而恆不自言其例，欲評其得失，必先通貫全書，發明其例而後可。此等讀書之法，非劉氏之時所有；故劉氏論史例當如何，説多精審，而其譏彈古人處，則多失之，由其未知一書有一書之例，未可概執我見，以繩古人也。

題目第十一

浦氏曰：“假號不臣，都歸載記，《史通》殊有理據，但陳、項輩流於勝國爲寇，於興代則非。擬諸劉、石，未便同科，況載記例載卷終，而羣雄先事發難，爲我驅除，列之傳首，於分非越，故李密、王世充、韓林兒、徐壽輝等，《唐書》、《明史》並襲蘭臺，不宗東觀也。讀者於此，宜審從違。”愚案浦氏之説是也。劉、石等又係異族，與新市、平林，實非同儔，《新晉》借用舊名，實未爲得當也。

浦氏又曰：“柳州有言：每讀古人一傳，數紙以後，再三申卷，復觀姓氏，旋又廢失；鈍器正多患此，題目加詳，宜勿深責也。”愚案數人之傳,合爲一卷,特取以類相從;兼使卷帙均等。既已同爲立傳,雖有詳略之異,實無主客之分,備標氏名,於義亦允;正不徒爲便於查檢計也。

斷限第十二

斷限即範圍之謂。史事前後銜接,而作史必有範圍,抽刀斷流,允當非易,此篇即論其法也。

史家記事,必求完備。董卓與漢末羣雄,雖若與魏武無涉,然魏武爲戡定漢亂之人,略此諸人,即漢末之亂象不明,魏武之功業,亦不能睹其全矣。陳壽既非兼修《後漢書》之人,其修《三國志》,亦非承接某一家之漢史而作,於此諸人,安得而略乎! 劉氏之論,似謹嚴而實非也。斷代爲史,兩朝嬗代之時,復緟總不能免。此章實齋所以主修通史也。然修通史而删其復緟則可;必責專修一史之人勿與他人犯復,則理不可通,而事亦不可行矣。

《漢書》表、志爲未成之稿,已見《表歷篇評》,斷限失宜,未可爲班氏咎;又古人著述,採自他人者,多直録原文不加删削,當時文字,體例如是;《地理志》論風俗之文,蓋出劉向、朱贛,而作志者從而録之,亦遵當時文例而行,並未可議其失也。

讀史與評史不同,論史法,可譏前人之體例有失謹嚴;至考史事,則轉有因前史體例之未嚴,而得多存材料者。如"北狄起自淳維,南蠻出於槃瓠"等,劉氏謂"何書不有",今則古書存者寥寥,唯借正史以存之矣。即或間見他書,亦不如正史爲人信據。況修一代之史,必求網羅完備;繁蕪固當力戒,漏略尤所深譏,過而存之,未爲大失,原不必謂他書已有,此即當芟也。清侯君模嘗謂:"注史與修史異;注古史與注近史又異。何者? 史例貴嚴,史注貴博。注近史者,羣書大備;注古史者,遺籍罕存。""當日爲吐棄之餘,在今日皆見聞之助。"《後漢書補注續·

序》其論甚允。此等隨時而變,因宜而立之例,讀史者必不可以不知也。

編次第十三

本篇所論甚正,惟古人著書,多不自言其例;而後人評騭,則有非先通其例,未可輕易下筆者,前已言之,讀此篇亦宜知此義。即如老子、韓非同傳,安知非史公所據材料本然。果然,則因仍舊文,不加改削,即史公之義例。評其不改舊文之得失則可;議其老、韓之同傳之不類則非矣。凡《史記》文字,不著"太史公曰"者,疑皆因襲舊文,不獨叙事之處爲然。如《屈原列傳》,驟觀之,一似史公大發議論者,更觀淮南王安所撰《離騷傳》,乃知二者皆有所本,而其所本者極相類,皆非其所自爲也。且如《孟子荀卿列傳》,叙孟、荀事,轉不如鄒衍之詳,標題爲孟、荀,而叙稷下先生、三鄒子等凡八人;又兼及趙之公孫龍、魏之李悝、楚之尸子長盧、阿之吁子,篇末並及於墨翟;而於此諸人,又絶不及其事跡,世間安有此文體乎?蓋亦固有兼論諸人之文,如《莊子・天下》,《荀子・非十二子》之類,而史公從而録之也。即謂此篇爲史公自作,而名、法之學,原出道家,合爲一篇,安知不正有深意?未能審諦先秦學術流别,談、遷宗旨所在,又安可輕加評論乎?此外論《史》、《漢》之處,皆可依此推之;惟如《東觀》之抑聖公,《齊》、《隋》兩史之黜永元,隱大業,顯係取媚當時,可決其無他深意者,則不妨辭而辟之耳。偏安割據之朝理宜與正朔相承者有别。帝魏帝蜀之論,後世乃甚囂塵上,在承祚時無此事也。自承祚觀之,則先主之據益州,正乃承二牧之緒者耳;先後之次,未爲失也。參看下篇評。

稱謂第十四

此篇持論亦正,但亦有未可輕議古人者。蓋古之稱人,多以其號。所謂號者,乃衆所習稱之名。或名、或字、或官、或爵、或謚、或生地、或里居、或封邑,皆可爲之。又或舍此而别有稱謂,無定例,亦不能强使一律也。小時見父老曾經洪楊之役者,其談湘軍諸將,皆津津有味,其稱謂即不一,大抵於曾國藩多稱其謚曰文正,於國荃則以次第呼之曰曾九,於左宗棠則多斥其名。問其何以如此,不能言也。若深求之,自亦必有其所以然之故,但稱之者亦不自知耳。此即所謂號也。《史記》之稱項籍爲項王,蓋亦如此,非尊之也。不然,漢初諸將,夏侯嬰未必獨賢,何以文中多稱爲滕公,而韓信、彭越等顧不然乎?號既爲衆所習稱,舉之自爲衆所易曉。古人之文,原近口語,舉筆時即從衆所習稱者書之,固其宜耳。此正劉氏所謂"取協隨時"者也。堯、舜、禹等,既不可謂之名,又不可謂之謚,皆號也。今文家謂周成王之成非謚,以號釋之也。柳子厚《論語辨》謂:"是書載弟子必以字,獨曾子、有子不然,意曾子弟子爲之。有子則孔子之歿,諸弟子以爲似夫子,立而師之。其後乃叱避而退,固嘗有師之號矣。"姚姬傳曰:"《檀弓》最推子游,似子游之徒所爲,而於子游稱字,有子稱子,似聖門相沿稱皆如此。非以稱字與子爲重輕也。"案此亦所謂號也。

正統之論,至趙宋以降而始喧嚚,前此初不甚嚴。至今日,則又若無足致辨矣。平心論之,國家之主權,必有所寄。主權唯一,斷不容分寄諸紛争角立之人;故雖當羣雄擾攘之時,代表主權之統緒,必仍有所繫屬。此史家秉筆,當分争角立之時,仍宜擇一國焉,以爲正統之真諦;非如迂儒所云:天澤之分不可干,前朝之子姓,苟能割據偏隅,即當奉之以名號也。然則政治重心之所在,即代表主權之統緒,所宜歸矣。政治之重心,果安在乎?則惟劉氏所云"地處函夏,人傳正朔"者,足以當之。承祚《國志》,以魏承漢,固由晉所受嬗,不得不然,然即微論此,而斯時政治之重心,實在於此,固不容承以崎嶇僻處之益州,則《國志》體例,實未爲失;而習鑿齒之改作,轉爲不達矣。

雖然,斯義也,可施之本族,而不可施之異族。何者?代表主權統緒之所寄,宜決之以無形之民心。見勝異族,乃國民所痛心而無可如何,固非其所願欲也。然則如晉之東、宋之南,度長絜大,雖弗與劉、石、金源乎?正統固斷宜歸之矣。此猶曰:南方版圖兵甲,未必遠遜北方;財力文化,或且勝之也。乃如祥興之竄厓山,永曆之奔緬甸,土地人民,亦既不足以言國矣,然一日未亡,仍宜以統緒歸之。雖至元、清薦食之代,中華已無一民尺土之存;然將來修通史者,仍宜特立新例,黜彼僭竊,殊之本族之帝皇。匪曰狹隘,揆諸無形而可信之民心,固應爾也。劉氏譏承祚之宗魏邦,而轉議晉人之賤劉、石,可謂不達於理矣。遼、金、元、清諸史,將來編書目者,亦宜用阮孝緒之例,别爲僞史,見《因習》篇。

稱名必求合事實,故衆所習稱之號,即不當改。君主之或稱其謚,或稱其廟號,亦宜循斯例。若謂功德不稱,即宜奪其祖宗之稱,則自漢以降,雖有稱天以誄之虚文,已無名之幽、厲之直道,亦當審其仁暴、明暗,以定其予奪去取乎?

採撰第十五

此篇及下篇,並爲記事求徵信而發。此篇言記述及口碑之不可信者,不宜誤採。下篇則爲採他人文中之言,以考見當時之情形者而發也。

史家記事之誤,原因甚多。合此下兩篇,及《直書》、《曲筆》、《鑒識》三篇觀之,便可見其大概。此篇所論,可以約爲三端:一由迷信以致失實:如"禹生啓石,伊産空桑",孰不知其不足信?然大禹、伊尹等,皆向所視爲神聖之人,遂并其不足信者,而亦不敢疑。向來讀書之士,雖皆排斥迂怪之談,而獨於古先聖王,則若别開一例,皆由於此。此猶信佛教者,樂道釋典之誕辭;信耶教者,侈陳基督之異跡耳。一則出於好奇,或愛博,如范曄《後漢書》,採及羊鳴鳬履;以至皇甫謐作《帝王世紀》,多存圖讖;唐人修《晉史》,好取小説是。此非如赤烏玄烏,有類乎神教之拘墟,非過而存之,即愛不忍割也。一則由於不加别擇，如“郡國之記，矜其州里”，“譜牒之書，夸其氏族”，乃至“訛言難信”，“傳聞多失”，一不考核，據爲實録是也。至於好誣造謗，則更不足論矣。此實當入《曲筆篇》。然事之得失，亦正難言，除去好誣造謗一端，蓋亦未易片言而決；且如迷信之談，删之豈不甚善，然古代神話，實多藉此而存。《後漢書》之傳四夷，如槃瓠負高辛之女，廪君射鹽水之神，不避荒唐，咸加甄録，當時看似非體，然迄今日，考彼族之初史者，於此實有資焉。反是者，史公以“言不雅馴”一語，盡删百家言黄帝之辭，而我族之神話，遂因此而亡佚孔多矣。我國神話，存於讖緯中者最多。然讖實爲有意造作之言，殊失神話之本相。漢儒拘於儒家不語怪力亂神之義，史公而外，於神話亦罕稱述。遂使考古最可珍之材料，與有意造作之物，相溷而失其真，殊可惜也。《漢書·藝文志》小説家有《百家》，百三十九卷。此即史公所謂“言黄帝其文不雅馴”者也。然則史公所棄，即小説家言也。小説家言之不可輕棄，亦可見矣。蓋史事有無關係，分别甚難：往往有此人視之，以爲無用，而易一人觀之，則大有用者；又有現在視之，絶無足重，而易一時觀之，則極可寶者；古昔記載所略，後人極意搜求，率由於此。然則好奇愛博，未必無益於方來，而過而存之，究勝於過而廢之，亦審矣。至於芻蕘之言，可採與否，尤難論定。劉氏謂：“蜀相薨於渭濱，《晉書》稱嘔血而死；魏君崩於馬圈，《齊史》云中矢而亡。”以是見敵國傳聞之辭，不可盡信，固也。然如蒙古憲宗，死於合州城下，其初未聞疾病，何以卒然而殂，則宋人謂其死由中弩矢，疑若可信；又如清太祖之死，實以攻寧遠負重傷，則朝鮮使人目擊其事，明見記載者矣。見日本稻葉君山《清朝全史》。此事與《齊史》之魏君中矢而亡極相類。然則敵國之語，又安可一概斥棄乎？況事之不見載籍者，允宜以口碑補之；《史記》中此等處最多。即書之記載有誤者，亦宜以口碑正之。“秦人不死，驗苻生之厚誣；蜀老猶存，知葛亮之多枉。”即劉氏亦言之矣。見《曲筆篇》。然則此篇所言，蓋專爲口碑之不足信者而發，非謂凡口碑皆如此也，推此而言，則劉氏於採取小説雜書者，亦僅斥其不可信者而已，非謂概不當採也。

載文第十六

此篇論魏晉以降，文辭華靡，採以爲史，有失真實之義，可謂深切著明。大抵華靡之文，最不宜於作史。此篇與《言語》、《浮詞》兩篇合看，可見當時文體之弊也。

《史》、《漢》之録辭賦，不能以失實譏之。辭賦固非叙事之文，録之之意，亦使人作辭賦看，不使人作事實看也。

補注第十七

此篇所論，兼自注及注釋兩種，所謂"文言美辭，列於章句，委曲叙事，存於細書"；及"除煩則意有所恡，畢載則言有所妨，定彼榛楛，列爲子注"者，皆自注也。前者以求文字之簡潔，後者以求網羅之究備也。其裴松之、陸澄、劉昭等作，則注釋他人之書者也。大抵史注有三：一釋文，二補遺，三考異。考異又分兩種：一考事實之異，一考文字之異。考事實之異，如劉氏所謂"孝標善於攻繆"是。考文字之異，如所云陸澄注《班史》，多引司馬遷之書，"此缺一言，彼增半句，皆採摘成注，標爲異説"是。然考文字之異，意正在於考事實之異，則二者事雖異而意實同也。考文字之異者，亦稱校勘。釋文者，釋其名物、訓詁，多施之古書，時代相近者罕用。自爲者可謂絶無，以其可解，不煩此也。正史中，惟《史記》、《漢書》之注，屬於此者最多，以其時代遠，所採者又多古書也。後世惟宋子京之《唐書》，文字僻澀，亦宜用之，然此實宋氏之病。又譯語有宜用之者，如《遼》、《金》、《元史》之《國語解》是也。補遺有出於自爲者，蕭大圜等之定榛蕪爲子注是也。有他人爲之者，裴松之之注《三國志》，劉昭之注《續漢書》是也。考異出於自爲者，昔人多即存正文中。如《史記·大宛列傳》贊:“《禹本紀》言河出昆侖。昆侖,其高可二千五百餘里,日月所相避隱爲光明也,其上有醴泉瑶池。今自張騫使大夏之後也,窮河源,惡睹《本紀》所謂昆侖者乎?故言九州山川,《尚書》近之矣,至《禹本紀》、《山海經》所有怪物,余不敢言之也。”是其一例。後世乃有特著一書者,司馬光之《通鑒考異》,其最著者也。他人爲之者極多,史部考證之書,悉屬此類。考文字同異亦只有他人爲之,而多用之古書。近世之書,則惟施之版本同異、傳寫訛奪之間耳。以其文義易明,材料存者尚多,不待區區求之於此也。

自注之求文字簡潔者,乃文體使然,與叙事之詳略無關係。古人文字,皆有自注。此謂自注之例,始於《漢書》,其實《漢書》乃其格式尚未淆亂者耳。詳見予所撰《章句論》。

“注史與修史異,注古史與注近史尤異。史例貴嚴,史注貴博,注古史者,搜採尤貴完備”,已見《斷限篇》評。裴松之、劉昭雖爲劉氏所譏,然後人得其益實不少也。又劉氏譏裴松之“好採異同”,而“不加刊定”,在當時自爲篤論,然後人讀古史,則正宜多考異同,少下論斷;以古史所存已少,年代又相去久遠,情勢迥殊,難於臆度,貿然武斷,勢必繆誤也。惟在裴氏當時,情形與今大異,所搜採之異同,斷無不能明辨其得失者。乃考辨之語,十無一二;徒勤採獲,而甘苦不分,自不免爲劉氏所譏矣。校勘文字,在時代相近之世,亦爲徒勞,然後人之讀古書,則往往因此而得妙語,亦不能作一概之論也。

因習第十八

此篇所論,有宜矯正者三端:古代通名少而專名多,後世則通名行而專名廢,此由後人之思想,視古人爲有進,善於籀異而得其同,不如古人之拘拘於形跡也。如古義歌、謠有别,而後世則有樂、無樂,通稱爲歌;古語苑、囿不同,而後世則有禽、無禽,皆名爲苑,即其一例。

崩、薨、卒、不禄等别，後世業已無之；史家有作，亦以今言述古事可耳，何必更用古代之名？且古史之以薨、卒别内外者，亦惟《春秋》爲然，他書初未必爾；史公之書，多本舊記，安知一例書卒，非其所據者如是乎？又古人著書，多直録他人之辭，既不加以改削，使之如自己出；亦不注明其出於何書，詳見予所撰《章句論》。間有不然者，如《漢書·揚雄傳》，引雄自序之文，而題之曰："雄之自序云爾"是也。但此等甚少。以其時書少，人人知之，不至誤會也。古人文字，引書多不明言，後乃漸著其書，今則必明徵其篇名卷第矣，理亦同此。《班史》專撰漢事，而不除《史記》沛漢之文；襲録《陳涉世家》，而仍其"至今血食"之語，即由於此。此自古今文例不同，未可以後世之見，訾議古人也。又異族薦食上國，實與同族割據者殊料，事既不同，文宜有異。晉人目劉、石等爲僞史，未可厚非。特十六國中，亦有仍爲漢族者，理宜加以分别，方爲盡善。參見《稱謂篇》評。

邑里第十九

古代命氏，恆因封土。封土既易，氏族即隨之而改。故氏族可驗，邑里即無待具詳。後世此例漸破，則舉其氏不能知其所居之地，故必備詳其邑里。此《史記》之文，所以與五經、諸子異例也。東晉以還，矜重門閥，徒知氏族關係之重，而不知居地關係之重，遂有詳其郡望，忽其邑里者。劉氏以"人無定質，因地而化"一語，深著其非，可謂卓識。惟門閥既爲當時所重，即亦史氏所宜詳。兩者並著，斯爲無憾。亦不宜詳此而略彼也。

言語第二十

凡事用則進，不用則退。古人重口舌，故其言語較優於後世；後世重筆札，故其文字較勝於古人；吾儕讀後世文字，恆覺其不如古代之美者，其故有三：古人語簡，後世語繁。語簡則含義多而其味深，語繁則含義少而其味淺，一也。古人重情感，後世重理智。文學動人之處，必在於情，二也。同一語也，已古者即謂其文，猶今者乃驚其質，文質既異，雅俗斯殊，三也。此皆别有原因，實非關於文字之勝劣。若但就文字論，則説理之細，記事之詳，古不逮今，亦云遠矣。此乃時代爲之，無可如何之事。後世恆以古人辭令之美，而稱古書文字之工，則誤矣。此篇謂古人文字之美，由於語言，可謂卓識。以古語改今言，所以不可者：一在失真。此篇所謂"記事則歸附五經，載語則依憑三史，是春秋之俗，戰國之風，亘兩儀而並存，經千載而如一"，無以"驗氓俗之遞改，知歲時之不同"者也。二在割棄。以古語叙今言，終必有不可通之處。既務以放古爲雅，勢不得不删削事實以就之。此篇所訾張太素、郎餘令，料其所棄不可勝記者也。惟是記言有必須仍其口語，以存方言世語之真，或顯發言之人之性格者，有不必然者。大抵後世社會，實有兩種言語，同時並行。惟文言、口語真合一之時無之，稍分即稍有之矣。一爲文言，用諸筆札；一爲口語，宣諸脣吻。兩者有同有異。其異處：有可對翻者，有不可對翻者。可對翻者，宜改口語爲文言；不可對翻者，則宜仍口語之舊。蓋口語之性質善變，惟善變，故能盡萬物之情；文言之性質不變，非萬不得已時必不變，故其變甚緩，非謂竟不變也。惟不變，故能節制口語，不使絶塵而馳，使今古之語言，常相聯絡。又口語失之鄙俗之處，文言能救藥之，此等處，翻口語爲文言，可使鄙俗之情形，依然如見；而穢惡之感觸，業已不存。此文言所以與口語並行而不容廢也。然此皆唐宋以後，散文既興，而後能然。若前此塗澤模仿之文，則直是般演古人之言語耳，幾無以達人之意，此劉氏所以力詆之也。

明乎此，則可知唐宋以後，散文之所由興矣。變浮靡爲雅正，南北朝來，久有此論；然其事卒至唐之韓、柳輩而後大成者，前此矯浮靡之弊之人，仍是般演古人之語，不過所般演者不同而已，如蘇綽之擬《大誥》是也。直至韓、柳輩出，用古文之義法，以運今人之語言；其法雖古，其詞則新，今人之意，至此乃無不能達矣。此其文所以爲後世所不能廢也。

因求文字之雅，而割棄事實，文人往往不免。如吴摯甫與人書，謂："《後漢書》所載羣盜之名，銅馬、大彤、高湖、重連、鐵脛、大搶、尤來、上江、青犢、五校、檀鄉、五幡、五樓、富平、獲索等。殊爲不雅，使史公遇此，必别有法以處之。"而不知史公之文，實當時最通俗之文也。吴氏處史法及文字義法大明之世，而尚不免此論，文人意見之錮敝，可勝嘆哉！

浮詞第二十一

此篇戒叙事時羼入主觀之語，以致失真也。叙事不可羼入議論，人尚易知；乃至詞氣未竟之時，加一二語以足之，而亦有關出入，則知者甚鮮，劉氏此論，可謂入微矣。惟其議古人，亦有失當處，如賢，"愈也"，"趙鞅諸子，無恤最賢"，但謂其勝於餘子；"蕭何知韓信賢"，亦謂其過於常人耳。且賢字非專指德行，才優於人，亦賢也。劉氏不知訓詁，而妄加抨擊，誤矣。又《酷吏傳》謂"嚴延年精悍敏捷，雖子貢、冉有不能絶"，此子貢、冉有，不過長於政事之代名，語言自有此例，如辯擬蘇、張，勇侔賁、育等皆是也。劉氏不知文例，而妄加抨擊，又誤矣。要之：劉氏論事，長在精核；而其短處，則失之拘泥武斷，與王充《論衡》殊相類也。能謹守條例是其長；實未通天然之條例，而妄執不合之條例，以繩墨人，是其短。

叙事所最忌者，爲增益其所本無，如《高士傳》之倫是也。若《魏書》稱以鳥名官，而曰"好尚淳樸，遠師少皞"之類，人人知爲浮詞，決不致誤以爲事實，文字雖劣，詒害轉淺。

凡叙事欲求其簡，往往捨有形之事實，而作一總括之語；又有既叙事實，復作一總括之語以示人者，往往易犯此篇所指之弊，不可不察。

叙事第二十二

此篇論史家叙事之文,《簡要》、《隱晦》兩節極精,《妄飾》所譏亦是,當與《言語篇》參看。

《左氏》、《史》、《漢》等書,皆係裒輯舊文,非出自作;其所裒輯,亦非出一人之手,事極易見。然昔人於此,多見之未瑩。如此篇譏《史記》自周以往,言皆闊略;《左氏》當王道大壞,無復美辭,皆坐此弊。由其時讀古書之體未精也。

古者簡牘用少,事皆十口相傳,口傳最易失真,故古史所記之事,多不審諦。參看《申左篇》及其評語。然於文字之美,却大有裨。蓋事經輾轉傳述,自能將其無味之處淘汰;有精采、有趣味之處增加;其失真亦由於此。又能造出極精要之語,如《隱晦》一節所舉"晉國之盜奔秦"等是也。此乃所據如此,非關筆札之功,然於此,却可悟叙事之法。蓋事固有其緊要關鍵,而叙此緊要關鍵之語,又自有簡而且賅、晦而愈明者;叙事時苟能得此緊要關鍵,而又得此等佳語以述之,自能使其事精神畢見,而讀者亦如身歷其境矣。求諸文字不能悟,可借經於言語以明之,試觀善於言辭之人,其述一事,必有其所認爲緊要之處,於此必説得異常精采;其餘,則隨意敷陳而已。不獨叙事然,即論事説理亦然,中必有數緊要處,於此説得明白,餘俱不煩言而解矣。既觀諸人,當驗諸己,設想我述一事、論一事、説一理,究竟哪幾處,我認爲緊要邪?既認定此數處爲緊要,出之於口,當以何辭達之邪?於語言既明,乃即本此以觀文字,必有所得。

文貴簡,簡之道,在省字,又在省句,誠然。然如所譏《公羊》、《漢書》則當時口語如是,古人本言語以爲文,不容致譏也。惟以此譏古人則非,以此爲行文修辭之法仍是。所當致謹者,過求簡練,必與口語相去甚遠,文之與口語相去過遠者,往往誦之不能成聲。讀書非但目治,實亦一面默誦之,不能成聲,不徒有佶屈之病,並足使意義因之而晦也。故文字之簡，當不妨音調之圓，昔之所謂“練不傷氣”也。

《妄飾》一節，譏漢人稱帝室爲王室，目諸王爲諸侯，以及短書小説，“論逆臣則呼爲問鼎，稱巨寇則目以長鯨”，殊不達於文例。文字之用，端在引伸；引伸之詞，多以專指之名，易爲統類之語。此由立名之初，本指一事一物，非後乃即此一事一物所涵之義之一端，而引而伸之故耳。至此，則此名所含之義，已與其初造之時不同矣。如王字本爲有天下者之稱，既爲有天下之稱，即涵有天下之義，專用此義，則雖其人以皇帝自號，仍不妨以王室稱之矣。諸侯二字，久爲五等之爵之通稱，理亦由此。問鼎、長鯨，亦非實指其事其物，但爲覬覦之名，猛惡之稱；猶今人言根本之計，則曰釜底抽薪；狀凶暴之形，則曰刀頭舐血也。文字中此等處不可枚舉。復語如是，單文亦然，如“篤，馬行遲也”，而以爲篤實之稱；“頗，頭偏也”，而以爲不全之義；設皆援引本義，以相詰難，更何一字之可用邪？

品藻第二十三

褒善貶惡，誠亦史家所重。然人之善惡，論定極難；亦有奇節懿行，衆所共知，不煩陳論，而轉論列其褊端者，如泄冶正諫而死，而《左氏》載孔子之辭，譏其立辟以召禍。宣公九年：“陳靈公與孔寧、儀行父通於夏姬，皆衷其衵服，以戲諸朝。泄冶諫曰：‘公卿宣淫，民無效焉，且聞不令，君其納之。’公曰：‘吾能改矣。’公告二子，二子請殺之。公弗禁。遂殺泄冶。孔子曰：‘詩云：民之多辟，無自立辟。其泄冶之謂乎？’”豈謂正諫不足取？以其爲人所共知，無煩陳論故也。以此知論人固難，論古人論人之當否亦不易。如此篇詆秋胡之妻，至目爲“凶險之頑人，彊梁之悍婦”，實爲過當。孔子曰：“不得中行而與之，必也狂狷乎！”凡奇節懿行，足使貪廉懦立者，無不自意氣激昂中來；其勝於貌中庸而實鄉願者多矣。“奮乎百世之上，百世之下，聞者莫不興起也”，列而傳之，正有激濁揚清之效，而劉氏痛詆之，此非子政之失，而劉氏自失之也。又如《古今人表》，所據以爲甲乙者，今既不可得見；書缺有間矣，作此表者所見古人事跡，亦多後人所不知；又安得不守存疑之義，而遽譏其評論之失當乎？舉此兩端，餘可類推。要之，褒貶古人，極宜審慎，此篇所論，實未爲平允也。以此篇與《鑒識》、《探賾》兩篇同看，便知劉氏之所以譏他人者，往往躬自蹈之。

又近人多謂史家不宜以彰善癉惡爲宗旨，但當記述事實，悉得其真，以詔後人耳。此固然，然因欲彰善癉惡故，而所記之事，遂偏於可爲法戒者，幾於勸善懲惡之書，則誠失作史之意。若其不然，則雖以己意揚榷是非，示後人以去就，固亦未爲失當也。何者？事實具在，所論而誤，固與人人以共見，而未嘗彊人人以必從也。彰善瘅惡誠非史家本旨，亦不失爲作史之一義，但惡以此害事實耳，無害於事，又何病焉？

直書第二十四

史事貴乎得實，而欲求得實，其事極難，求其實而不得，此無可如何之事也。真僞並陳，識有不及，遂至捨真而取僞，此亦無可如何之事也。乃至事實具在，識力亦非不及，徒以徇私畏禍之故，甘爲惡直醜正之徒，則史事之糾紛彌多，而後人欲睹信史，亦愈難矣。然詐僞日啓，淳樸日漓，“惟聞以直筆見誅，不聞以曲辭獲罪”，春秋以降，大抵皆然，此則記載之所以多誣，而考證之所以必不容已也。

大抵記載之誣妄者，後人皆可考證而得其真，以史事面面相關，能僞一事，必不能舉其相關之事而盡僞之也。然則虚美者，美究不可虚；掩惡者，惡亦不能掩；徒使後人并其作僞之伎倆而亦洞燭之，又添一笑柄耳。不亦心勞日拙乎？然雖如是，而真是非之爲其所淆亂者，亦必歷若干時；而後人考證之勞，因此而徒費者，亦不知其幾許矣。此則仗氣直書不畏彊禦者，所以究爲可貴也。

曲筆第二十五

推論史事極難，有知其記載之誣，而有相反之記載、傳説，足以證明之者：如司馬宣王列營渭曲，見屈武侯，雖陳、王杜口，陸機《晉史》且爲虚張拒葛之鋒，然有死諸葛走生仲達之言，已足爲葛優於馬之征，更得蜀老之説以參之，而晉人記載之誣，不待言而自見矣。然誣罔之記載，不能皆有此等相反之證據以折之。至如劉聖公，年代久遠，口傳其事者，既已無聞；其形諸記載者，又以"炎祚靈長，簡書莫改"，而誣罔之語，遂無所據以折之矣。然史以求直爲尚，明知其誣罔者，不能以無反證，故而遂聽之，則據理而推之法尚焉。如此篇以聖公身在微賤，已能結客報仇，避難緑林，號爲豪傑，決其無貴爲人主，南面立朝，羞愧流汗，刮目不敢視之理是也。此法用之，宜極矜慎。以人之行爲，非如他物之易測，前後易節，有所棄，有所蔽，而改其常度者，皆非無之也。然人之行爲，究非全不可測，如謂力足以扛九鼎，而忽焉見弱於病夫；謀足以奪三軍，而遽爾見欺於童竪，苟能決其非别有原因，即可斷其爲必無此事。故此法用之雖宜慎，而亦非竟不可用也。

大抵載籍完備之世，一事之記載誣罔，皆可從他方面求得相反之證據以折之；載籍闕略之世則不然。《孟子·萬章上篇》論史事幾皆據理而推，近人頗不然之，然須知當時記載闕略，實有不得不爾之勢也。其有反證處，孟子亦非不用，如萬章問或謂孔子於衛主癰疽，而孟子謂孔子於衛主顔仇由是也。其論百里奚，以其知虞公之不可諫而去之秦，年已七十，而決其不至食牛以干主，亦非全不據事實。

史家記載，多有誣罔，非必不知其誣也，信史既已無存，史事又不可闕，則不得不據其現存者而姑書之。不明言其誣罔者，意亦以爲此事之誣罔昭然可見，讀者當自知之，無待於言耳。然究以明言之爲善，如《金史·海陵紀》，盡載其淫亂之事，而又明言其爲世宗時誣罔之辭是也。

謂陳壽以父辱受髠，謗議蜀漢，此言亦頗失實。黄氣見於秭歸等，未必定出史官；不置史官，亦非大惡，何足爲謗?《晉書·陳壽傳》謂壽以父受髠，因訾諸葛亮將略非長。今讀《三國志·諸葛亮傳》曰："然連年動衆，未能成功，蓋應變將略，非其所長歟?"及以亮所敵對者爲司馬宣王，故有此不得已之辭，然猶如一蓋字，以爲疑辭也。其《上諸葛氏集表》曰："然亮才於治戎爲長，奇謀爲短，理民之幹，優於將略；而所與對敵，或直人傑；加衆寡不侔，攻守異體，故雖連年動衆，未能有克。昔蕭何薦韓信，管仲舉王子城父，皆忖己之長，未能兼有故也。亮之器能政理，抑亦管、蕭之亞匹也，而時之名將，無城父、韓信，故使功業陵遲，大義不及邪？蓋天命有歸，不可以智力争也。"以時無名將爲問，而以天命有歸爲答，則大義之不及，非由將略之未優可知；凡諸貶損之詞，悉非由衷之言明矣。此外全傳之文，無不推挹備至。謗議之云，寧非夢囈？劉氏讀書，最爲精核，於此顧未見及，信乎論古之難也。

後世直道陵夷，子孫恒欲虚美其祖父。史家不察，據以成書，其於求信，爲累甚大，趙宋一史，此弊尤深，試讀《岳飛傳》，便可知之。《陳慥傳》直録蘇軾之《方山子傳》，尤可發噱，此乃贈序之流，豈可據以作史邪？如欲録之，則當用《漢書·揚雄傳》之例，注二語曰："蘇軾之《方山子傳》云爾。"庶乎其可。

鑒識第二十六

此篇所論極精，惟有兩端非是：一劉氏譽《左》成癖，其實《左氏》所載，未必盡信，詳見《申左篇》評；又一"虞舜見阨，匿空而出；宣尼既殂，門人推奉有若"。古人傳説，大抵如此，以爲不足信而棄之，古史之所取材，將無幾矣。史公時代相去久遠，所據史料，又多佚亡，去取之意如何，實已無可考見。妄加推測，總難得當，不如置之不論不議之列。食肉不食馬肝，未爲不知味也。

探賾第二十七

欲評一書,必先知其書之體例;然古書體例多不自言,貴在讀者求而得之。求得一書之體例,必須通觀全局,虛心推校;妄爲穿鑿,無當也。此篇所譏孫盛之論《左氏》、《漢紀》,葛洪之論《史記》,即犯此病。此病明人最多,由其讀書不講義例,而好爲新奇之論也。

模擬第二十八

文辭宜據事理,所謂"協諸義而協,則禮之所無,可以義起"者,行文之道亦然也;然世多好模擬古人,而不求其所以然之故,此則劉氏所譏貌同心異者矣。大抵放古不襲形跡,實至韓、柳而後能然;六朝人之擬古,則專襲其形跡者,故劉氏深譏之也。參看《言語篇》評。史文近已而事相類,而自晉以降,轉喜效五經,即模古但取形跡之證。

此篇所譏,又可分爲二科:一模擬古人之書法而失之者:如譙周《古史考》書李斯之死曰"秦殺其大夫",吴均《齊春秋》每書災變亦曰"何以書? 記異也"是也。一爲模擬古人之文字而失之者:如干寶《晉紀》之"吴國既滅,江外忘亡"是也。

浦氏曰:"《左氏》敍一人,名封字謚傳中錯出,讀者苦之。必斟、牂,産、僑之爲擬,竊謂非是。"案此蓋《左氏》之作,由於裒集舊文,其敍一事之辭,初不出一人之手,昔人於文字不甚注意,故未曾刊改,使歸一律也。此雖在當時爲人人所知,不爲大害;然究係古人之疏,並此而欲效之,誠可謂譽《左》成癖,抑亦不免貌同心異之譏矣。惟《左氏》敍事,簡而且明,劉氏所謂:"文雖闕略,理甚昭著。"誠有獨絶古今者,奉爲史家文字之準的,誠不誣也。

《叙事篇》評云："口傳最易使事實失真，然於文字之美，却大有裨。蓋事經輾轉傳述，自能將無味處淘汰，有精采、有趣味處增加；又能造出極精要之語故也。"此篇所稱"舟中之指可掬"等語，亦可爲前説之證。此等處，文人握管效爲之，亦或得其近似，然終不如口相傳述者之有神采矣。此亦一人之智不敵多人之一端也。

書事第二十九

此篇論史家去取之法也。史文無論如何詳贍，斷不能將所有之事，悉數網羅，則必有所去取；去取必有標準，此篇所舉荀悦、干寶之論，及劉氏所廣三科，皆其標準也。此等標準，隨世而異，難以今人之見評議古人。若以昔時眼光觀之，則本篇所論，大抵可云得當。惟藩牧朝貢、官吏遷黜，足資考核之處甚多；書之本紀，或病繁蕪，一舉删之，亦傷闕略，是宜用旁行斜上之法，作表以備檢查，往史固有行之者矣。大抵劉氏之時，考證之學未盛，故劉氏所論，多只求史例之謹嚴，而不甚知零星事實之可貴也。欲删表曆，即其一端。

去取標準，既隨世而異；則作史者無論如何盡心斟酌，亦決無以饜後人之望。然則如之何而可乎？予意莫如史成之後，仍保存其長編。長編者，舉所有事實，悉數網羅，無或遺棄者也。則後人去取標準設或有異前人；更事搜羅，不患無所取材矣。即去取標準不異，而編纂之際，百密必不免一疏；存其長編，亦令考證者得所借手也。不但新作之史如此，即據舊史重編者亦然。後人校勘此書，可省無限氣力。

人物第三十

此篇亦論史文去取者。除古書去今已遠，去取之意不可知，不容妄論外；如責《史記》不爲皋陶、伊尹、傅説、仲山甫列傳。自餘所論，多中肯綮，論史例者，所宜熟復也。

史之責，只在記往事以詒後人；懲惡勸善，實非所重。即謂懲勸有關史職，而爲法爲戒，輕重亦均。本篇之論，意似側重於勸善，亦一蔽也。

覈才第三十一

此篇亦攻六朝華靡之文，不可以作史也。唐時史館，多取文人，劉氏目擊其弊，故不覺其言之之激，宜與《辨職》、《自叙》、《忤時》等篇參看。

序傳第三十二

書之有序，其義有二：一曰：序者，緒也，所以助讀者，使易得其端緒也。一曰：序者，次也，所以明篇次先後之義也。《史記》之《自叙》，《漢書》之《叙傳》，既述作書之由，復逐篇爲之叙列，可謂兼此二義。夫欲深明一書者，必先知其書之何以作，及其書之如何作。而欲知其書之何以作、如何作，則必不容不知作書之人。孟子曰："誦其詩，讀其書，不知其人可乎？是以論其世也。"此後之人，所以於古之著書者，必詳考其身世，或爲之傳記，或爲之年譜也。人之知我，必不如我自知之真，亦斷不如我自知之悉，然則欲舉我爲何如人以告讀者，誠莫如我自爲之之得矣，此序傳之所由興。不過以完其書序之責，初非欲自表暴也。古重氏族，又其事業多世代相承，故其自序，必上溯祖考，甚者極之得姓受氏之初，亦其時自叙之義當爾，非苟自夸其先世也。惟其如是，故其所溯可以甚遠，初不必以其書之年代爲限。本篇譏班氏《叙傳》，遠逾漢代，似非也。若其情形已與古異，而猶模擬古人之形跡；侈述先世，實則所記者乃不知誰何之人；又屑屑自表暴，而其所述者，亦皆無足重輕之事，則誠有如劉氏之所譏者矣。然後人蹈此失者頗多，皆由不知古人文字之所以然，而妄模擬其形跡也，正劉氏所謂貌同而心異者也。

自敍貴於真實，既不宜妄益所長，亦不宜自諱其短。衒粥誠爲醜行，文過尤爲小人矣。相如自序，不諱竊妻，正古人質直之處。王充敍其先世，語皆真實，但謂任氣不揆於人，並無爲州閭所鄙語。其謂瞽頑、舜神、鯀惡、禹聖，乃設難以"宗祖無淑懿之基，文墨無篇籍之遺，雖著鴻麗之論，無所稟階，終不爲高"，而答以"士貴孤興，物貴獨産"，推論及此，非以舜、禹自方，瞽、鯀目其先世也。"細族孤門"，寧必自諱？亦豈容終諱？劉氏所論，亦似有誤會。

煩省第三十三

古史卷帙少，後史卷帙繁，自由材料有多少，不關書之優劣，才之工拙也。令升、世偉之言，殊爲未達；劉氏所辨，極其雋快。

史文煩省，究竟如何方爲得宜？直是無從對答。此由向者每欲斷代勒成一史，既以存先朝之事跡，又以備學者之誦讀，兩事并爲一談，故有此難題也。其實存先代事跡，與備學者誦讀，自係兩事。存先代之事跡，自以完備爲貴。備學者之誦讀，則隨各人資性之不同，或詳或略，可由學者撰述，聽人自擇也。故知作史可仍存其長編，而史文難於割棄之憂解；知誦習不必專於一書，而史文動憂汗漫之難除。

雜述第三十四

此篇乃劉氏所謂非正史者也，合此篇及《六家》篇觀之，可見劉氏史書分類之法。

正史與非正史，其别有二：一以所記有無關係别之，説詳《六家篇》評；一則視其曾否編纂成書，抑但記録以供後人之取材，此篇所謂"爲削藳之資"者也。以爲區别。蓋凡編纂成書者，必有一定之範圍，於其所定範圍中，必曾盡力搜輯，故可信其較爲完備，否則有"丘山是棄"者矣。此偏記、小録等書，所以所記雖與正史同，而不容視爲正史也。又凡編纂成書者，於其所取材料，必曾加以考核，故可信其較爲確實；否則有"苟載傳聞，而無銓擇"者矣。此則逸事一流，所以雖可補正史之遺，而亦不容視爲正史也。此兩端，凡編纂成書者，固未必能皆盡此責，然其用意則固如此，故以體例論，正史與非正史終有區别也。《廿二史札記・序》曰"間有稗乘脞説，與正史歧互者，不敢遽詫爲得間之奇。蓋一代修史時，此等記載，無不搜入史局。其所棄而不取者，必有難以徵信之處。今反據以駁正史，不免詒譏有識。是以此編多就正史紀、傳、表、志，參互勘校"云云，即是此意。惟稗乘脞説，盡有爲修史時所未見者；又有雖見而未嘗參考，或考之未精者，其足正正史之處甚多。要當隨事考核，以定信否，不容據其體例，遽執一概之論也。

讀史必求原文，編纂而成之史，必較其所取材者爲後起，然世之所取，顧在此而不在彼，以此也。惟此二者之界，初非一定不移，關係之有無、大小，隨時代而所見不同。有昔人視爲無足重輕，而今則覺其極可珍貴者。昔惟視爲無足重輕，故聽其佚亡，不加記述，其材料遂如東云一鱗，西云一爪，散見各處，有如劉氏所云"言皆瑣碎，事皆叢殘"者。若能加意搜輯，網羅貫串，即可成有條理統系之書；條理統系具，而其關係自見矣。凡昔日所無，今人視爲有關係而新作之史，皆當屬此類，故自非正史而入於正史者，今後必將日出不窮也。

郡國書、地理書，即後世方志之源也。此類書之長處，在其記載之詳；其短處，則在偏美其本地，又或傳諸委巷，用爲故實，方志之不可盡爲信史，即由於此。然史材富足，究爲美事，亦視用之者何如耳。故各地方之志乘，將來必於史籍大有裨益也。又中國疆域廣大，五方風氣不齊，一區域之中，其情狀往往與他區域大異，得此類書，即可見一區域進化之跡，此亦國史所不能詳也。《六家篇》評言國别史不宜作，乃就政治言之。

家史材料，有出於方志及國史之外者，亦爲可寶，但亦病其不真實耳，是亦宜善用之也。

都邑簿不徒可見一地方之社會情形，並可見其物産及建築物等情狀，最爲可貴。劉氏以繁蕪爲病，以今日之眼光觀之，則正取其多多益善耳。此等材料，亦爲方志所兼該，方志之係於國史，誠大矣哉！

所論瑣言之失，乃魏、晉以後風氣如此，讀《抱朴子·疾謬篇》可見。

辨職第三十五

史職有二：一修前代之史，如清史館是也；一記當代之事，如今國史館是也。前代之史，自南北朝以前，皆成於一手；至唐始設局集衆爲之，後遂沿爲常例矣。參看《古今正史篇》。昔時論議，大抵左袒私修，此篇謂："古來賢儁，立言垂後，何必身居廨宇，跡參僚屬？"亦主張私修者也。論學識之相宜，及能實心任事，以及宗旨一貫，事實不易牴牾，自以私修爲勝。惟史料至後世而愈繁；史之重客觀，亦至後世而愈甚。編纂成書，既非獨力所及，搜材料，尤非私家所能；集衆爲之，佐以國力，亦誠有所不得已也。然衆手所修，總不過排纂事實而止，此正章實齋所謂比次之業，不足語於著述者。今後最好但以此等書保存史材；至於供學子閱讀、及名家自述己見之書，則一聽諸學人之自撰。範圍廣狹，卷帙多少，皆不必拘，不必如向者拘定每朝一史，或欲包括各種門類。庶幾離之兩美耳。

國家設立史館，以記當時之事，亦特沿之自古，其實以後世疆域之大、人事之繁，斷非設一官焉所能有濟也。章實齋欲以方志爲國史儲材，可謂特識，然此亦章氏時情勢如此。若在今日，則並非一縣設一志科所能盡其責矣。要其由分而合，多儲材料，以備取裁，其意則仍可師也。在今日，如將各種報紙分别保存，亦爲預儲材料之一法。又昔時儲備，僅以地分；今則各種事業皆日新月異，並可隨業以儲史材也。

自叙第三十六

此篇不遠述先世，無《序傳篇》所譏之弊，自叙亦極實在。

史也者，終古在改作之中者也。蓋無論如何詳贍之史，決不能舉宇宙間事備載無遺。而宇宙間事，其有關係當研究也，實無遠近，大小若一，遠近、大小，原係人所强立之名。特人不能盡知，當某一時，則覺某一類事關係較重，而研究者遂羣趨於此途耳。然則非事有有關係、無關係，其關係有大、有小，乃人於事之關係有時知之，有時不知；有時知之明，有時知之昧耳。惟人於事之關係，所感時有變遷，故於舊有之史，時時覺其不適於用；覺其不適於用，即須改作矣。人之見解，非旦夕可變；故史之需改作，亦每閲數百年而後有此趨向。而大史學家遂應運而生焉。中國論作史之法，有特見者，當推劉知幾、鄭漁仲、章實齋三人；世皆怪此等人才之少，不知此等人，必值史學趨向大變之時而後生，其勢不能多也。若夫宗旨無甚特異，但循前人成例，隨事襞積補苴，此等人才，則固不少矣。此篇欲自班、馬以降，諸史之書，普加釐革，即可見其見解有迥然特異於人者在也。

此篇所記徐堅等七人，其懷抱皆與劉氏相似者也。可見當時具劉氏一類之思想者，實不乏人；此亦無論何種思想，皆係如此，特其説有傳、有不傳，其人有著、有不著耳。此以見一思想之興，必其時勢所造成也。

此篇所舉七人，新、舊《唐書》皆有傳，薛謙光其初名。史從其後稱之曰薛登。宜與劉氏本傳合看。

外　篇

史官建置第一

《四庫提要》云："《外篇》之文，或與《内篇》重出，又或牴牾。觀開卷《六家篇》，首稱自古帝王文籍，《外篇》言之備矣，是先有《外篇》，乃擷其精華，以成《内篇》，故删除有所未盡也。"案《外篇》之文，惟《雜説》最爲零碎，與《内篇》相涉處亦最多，其餘亦皆自成首尾，無以斷其爲《内篇》稿本。觀本篇論蜀漢置史官事曰："别有《曲筆篇》，言之詳矣。"則明成於《内篇・曲筆》之後，又安得謂先有《内篇》，乃擷其精華，以成《外篇》邪？

史之作，不盡由於史官；十口流傳，私家記述，皆與有力焉。然保存材料之多而且確，究以史官爲最，故論史之所由成者，必以史官居首焉。

史之始，蓋專司以文字記事。古者事簡，須以文字記之之事尤少，司其事者，蓋一夔已足，即或分屬諸兩三人，亦無庸多立名目，古書於史官多但稱史，蓋由此。至《周官》、《禮記》所載諸史之名，則史職日繁，逐漸分設者也。分職而後，長官蓋稱太史，亦單稱史，《禮記・禮運》曰："王前巫而後史，卜筮瞽侑，皆在左右。"《大戴禮記・保傅》曰："明堂之位曰：篤仁而好學，多聞而道慎，天子疑則問，應而不窮者謂之道，道者，道天子以道者也，常立於前，是周公也；誠立而敢斷，輔善而相義者，謂之充，充者，充天子之志者也，常立於左，是大公也；潔廉而切直，匡過而諫邪者，謂之弼，弼者，弼天子之過者也，常立於右，是召公也；博聞而彊記，接給而善對者，謂之承，承者，承天子之遺忘者也，常立於後，是史佚也。”二者所本蓋同，承即《禮運》所謂後史也。天子之立，左聖鄉仁，右義背藏。人能多所畜藏則智，博聞彊記正其事，而亦正史職也。此職蓋即後來之大史，《王制》曰：“大史典禮，執簡記，奉諱惡。”以《周官》、《玉藻》所載史職考之：典禮爲諸史通職；執簡記屬左右史；奉諱惡屬小史；而《王制》並屬諸大史者，屬官所爲，固皆統於其長；此大史之所以稱大，亦其所以得專史之名也。《玉藻》所記，亦王居明堂之禮，則左右史分設頗早；惟以倉頡、沮誦爲黄帝之左右史，則不足信。詳見予所撰《中國文字變遷考》。至小史、内史、外史等，則其分設當較晚，《周官》：太宰“掌建邦之六典，以佐王治邦國”；“以八法治官府”；“以八則治都鄙”；而太史之職“掌建邦之六典，以逆邦國之治”；“掌法以逆官府之治”；“掌則以逆都鄙之治”；實爲太宰之貳，猶漢御史大夫爲丞相之貳也。小史“掌邦國之志；奠系世，辨昭穆；若有事，則詔王之忌諱”。《續漢書·百官志》：太史令“凡國祭祀喪娶之事，掌奏良日及時節禁忌”，是其職。内史“掌八柄之法，以詔王治，太宰“以八柄詔王，馭羣臣”。執國法及國令之貳，以考政事，以逆會計，凡四方之事書，内史讀之”，猶漢御史中丞，受公卿奏事，舉劾案章，“天下計書，先上大史”也。外史“掌書外令，掌四方之志，掌三皇五帝之書；此即外國史。《史記·十二諸侯年表》謂：“孔子西觀周室，論史記舊聞，興於魯，而次《春秋》。”《六國表》謂：“秦既得意，燒天下詩書，諸侯史記尤甚。”“詩書所以復見者，多藏人家，而史記獨藏周室，以故滅。”大抵當時大國，皆兼有外國之書。《左氏》：韓宣子適魯，觀書於大史氏，見《易象》與《春秋》，曰：“周禮盡在魯矣！”是其證。楚左史倚相，能讀三墳、五典、八索、九丘，亦其物。正不獨周室也。掌達書名於四方；若以書使於四方，則書其令”，則秦監御史之職所由昉也。御史“掌邦國都鄙及萬民之治令，以贊冢宰。凡治者受法令焉，掌贊書，凡數從政者”，此掌治民之法，及官吏之除授黜涉，猶漢世三公之曹掾也。皆可以秦、漢事相明，足徵《周官》爲六國時書矣。總之，史官之職：一記隨時所生之事；一據所記已往之事，以逆方來之事。記隨時所生之事者，後世仍謂之史；據已往之事，以逆方來之事者，則後世不以史名。以古文字之用少，故事總屬史官；後世則分屬諸官，官自有其故事也。

諸官各有當記之事，即必有司記事之人，古代亦已肇其端：試觀《周官》所載，各官無不有史，即其一證。大夫大子家有史，官中有女史，亦以此也，特其時文字之用未廣，諸官之史，蓋僅能記極簡之事，亦不能久之庋藏，故各官重要文件，必總藏於史官。《周官》太史"凡邦國都鄙及萬民之有約劑者藏焉，以貳六官"。章實齋以此爲六典之文，皆有副貳之證。予則謂其物特藏於太史，而其本官初無之耳。

惟如是，故史爲藏書之府，《左氏》載韓宣子適魯觀書於大史氏是也；其人既司記事，又居藏書之府，故多博聞彊識，史佚、倚相是也；職司記事，則直筆不隱者出焉，董狐、南史是也；職司典法，則奉法不撓者出焉，紂父欲立微子啓，殷大史執簡以争是也；愛重其法而不忍亡之者亦出焉，終古、向摯、屠黍之流是也。《周官》：大史"大遷國，抱法以前"，蓋即其所掌六典、八法等。鄭云"司空營國之法"謬矣。

史司以文字記事，故與文字關係最深。舊説以倉頡爲黄帝史官，始制文字，説出附會，詳見予所撰《中國文字變遷考》。然中國字書，可考最早者，爲周時之《籀篇》，實成於宣王太史籀之手；此説王静安疑之，非也。《中國文字變遷考》中，亦已辯之。改革文字，事在秦時，其時之字書《博學篇》，亦成於太史令胡毋敬，則無可疑也。子曰："吾猶及史之闕文也，今亡矣夫！"《説文解字序》曰："非其不知而不問，人用己私，是非無正。"案此乃史官自造新字用之，文字之創始，出於自然，不能附會諸一二人；其孳乳寖多，則史官確有力焉。亦見《中國文字變遷考》。

史官之掌天文，必溯其源於古之明堂，乃能明之。蓋古者篤信神教，以爲一切政事，皆當仰承天意；而天之所以示人者，厥惟時序之變更，故出令必依乎此；苟或違之，天必降之以罰。《禮記·月令》、《管子·幼官》、《吕覽·十二紀》、《淮南·時則訓》所言，是其事。此皆後人追述古禮，書成雖晚，所記則古。至於中有太尉等秦官之名，則以今言述古事，古人行文，自有此例，不能以此疑其所述爲嬴秦之新典也。夫如是，則司政典者，不容不明天象可知；司記事者，其所記，亦必首重天變矣。《春秋》之書日食災變，亦沿之自古也。此篇謂武帝置大史公，位在丞相上，説出如淳引《漢儀注》。臣瓚曰："《百官表》無大史公。茂陵中書，司馬談以大史丞爲大史令。"《索隱》因謂"公者，遷著書尊其父之詞"；韋昭云"遷外孫楊惲所稱"；桓譚《新論》又謂"史公書成，以示東方朔，朔爲平定，因署其下，楊惲繼此而稱"；子孫私尊，友朋推獎，不容改易官名，立説殊不衷理。虞喜《志林》曰："古者主天官者皆上公。自周至漢，其職轉卑，然朝會坐位，猶在公上，尊天之道。其官屬仍以舊名尊而稱也。"如此説，則大史公三字，非官名，亦非著書者之尊稱，乃當時本有此語，行文即據口語書之，則《史記》多有此例，於理最允矣。設官分職，苟非有意變古，必也前事不忘。《周官》大史不過下大夫，武帝何得忽躋之上公？若其尊之如此，史公《報任少卿書》安得云"近於下祝之間；主上所戲弄，倡優畜之；而流俗之所輕"乎？武帝亦安得遽下之蠶室乎？故知如淳之説爲非，虞喜之言有據也。亦或《漢儀注》本作大史令；如淳以令爲官名，公乃尊稱，人人所知，不虞疑誤，史文作公，因改所引，令亦爲公，不更申説。又或如淳原注，公亦作令，妄人不知，據正文以改之。簡策流傳，多有訛謬，難可質言也。此可見古代史官之尊，後世史職之卑。尊卑之間，實爲史事一大轉捩。蓋古史所記，重在天道；後史所記，重在人事也。天道人事，相去日遠，則掌天官執簡記者，不容并爲一談，而"以别職來知史務，當官唯知占候"，自出於事所不容已矣。《後漢書·百官志》：太史令"凡國有瑞應、災異，掌記之"。記注之屬於天道者，固未嘗奪其職也。《月令》："乃命大史，守典奉法；司天日月星辰之行。宿離不貸，毋失經紀，以初爲常。"《周官》：太史"正歲時以序事，頒之於官府及都鄙，頒告朔於邦國。閏月，詔王居門，終月"。《月令》："先立春三日，大史謁之天子。"立夏，立秋，立冬亦然。太師"抱天時，與大史同車"。此即《禮運》卜筮瞽侑之瞽也。《國語》：

單子謂魯成公曰:“吾非瞽史,焉知天道?”亦即此。《周官》保章氏、馮相氏,叙大史之下。鄭注曰:“天文屬太史。”古書此等處尚多,皆足見史官之緣起也。

推史官初主天文,故能爲道家之學所自出。《漢書·藝文志》曰:“道家者流,蓋出於史官歷記成敗、存亡、禍福、古今之道,然後知秉要執本,清虚以自守,卑弱以自持。”説固不誤。然道家之學,非但取資人事,實冶古代出於天象之神教及後世綜合人事之哲學於一爐焉。此説甚長,當别論。

人類生而有戀舊之情,亦生而有求是之性。惟戀舊,故已往之事,必求記識而不忘;惟求是,故身外之物,務欲博觀以取鑒。包“歷記成敗、存亡、禍福”,及“多識前言往行,以畜其德”二義。前者,記事之史所由興;後者,記言之史所由,推及一切嘉言懿行也。參看《六家篇》評。求知之欲,亦根於求是之情也。故史官之設,古代各國皆有之,然至晚周、秦、漢之際,史學實生一大變。此時《史記》之前驅《世本》見《六家篇》評。及《史記》之作,皆超出前此史家成例,蓋實由國别史進爲世界史也。孔子西觀周室,論史記舊聞,而作《春秋》,卒僅因魯史,守國别史之成例,運會未至,固無能爲力哉!當時所謂世界,不過中國聲教所及,猶歐人前此以西洋史爲世界史也。此實非史官之職,而爲學者之業。故史公之能成《史記》,雖以其爲史官故,得紬金匱石室之書;而其能作《史記》,則存乎其人,初不係於其官也。人之思想,不能離羣而獨立。一二哲人之思想,亦必其時之人所同具。故談、遷而後,續其書者紛紛。進一步,則人主亦知其要,而有令蘭臺令史撰紀傳,東觀中人撰史記之事;更進,即當特設專官,以司其事矣。故古代史料,實由史官所留詒,而後世之設史官,則又私家之作史者,有以導其先路也。古代之史官,至此已不知史事矣。此可見政治之原動力,必仍在於社會矣。

漢明帝命班固撰本紀列傳,又因楊子山獻《哀牢傳》,征詣蘭臺,蓋誠得其人然後任之。自此以後,撰述東觀者,亦多知名之士。六朝著作,多妙選其人;他官有才學者,亦令兼領,猶存此意。自唐以後,史職乃漸見冗濫。所記皆拘於格式,限以成例,不爲人所重矣。此實周、齊以來,領以大臣,有以致之。述作固别有其才,不宜徒任位高者；徒取位高者而任之，必致有名無實，欲以重其事，轉以壞其事矣。此實史職之一大變也。《辨職篇》載晉康帝以武陵王領秘書監，實爲大臣領史之始。然特偶然之事。唐、宋以後，專以大臣領其職，則實周、齊開之也。

《詩・静女》毛傳云："古者后夫人必有女史。彤管之法，史不記過，其罪殺之。后妃羣妾，以禮御於君所，女史書其日月，授之以環，以進退之。生子月辰，則以金環退之；當御者，則以銀環進之，著於左手；既御，著於右手。事無大小，記以成法。"疏云："此似有成文，未知所出。"案此實兼《周官》女史、女御之職。《周官》女史"掌王后之禮職。掌内治之貳，以詔后治内政，逆内宫，書内令"，此所謂事無大小，書以成法者也。女御"掌御叙於王之燕寢"，則所謂以禮進退后妃羣妾者也。《左氏》宣公元年："鄭文公有賤妾曰燕姞"，"文公見之，與之蘭而御之。辭曰：妾不才，幸而有子，將不信，敢征蘭乎？"蓋古貴人多荒淫，御女或不省記，故須有人以記之。史不記過其罪殺，所謂記過，蓋使之司察后妃羣妾也。亦云酷矣。古代文字簡易，少學習則能之。女史記凡宫中之事，更進乃與女御分職，理所可有。惟古代淫風雖甚，而其男女防禁，初不如後世之嚴，漢世宫中猶有士人，三代以前，更無論矣。謂驪姬之泣，蔡姬之言，皆出於女史之記注，實無以見其必然；即漢武之《禁中起居注》，馬后之《明帝起居注》，亦未必皆成於女史之手也。

"草創者資乎博聞實録"，謂搜輯史材，以備作史之用者也；"經始者貴乎儁識通才"，謂據史材以作史者也；此二語包藴甚富，一部《文史通義》，殆皆發揮此義，今後亦無以易之。惟其職不必專在史官爾。大抵文明程度愈低，則人民所能自任之事愈少；文明程度高，則亦反之。且古代國小而事簡，史事由國家設官掌之已足；今則社會情形日益複雜，史材關涉之方面愈多；苟非留心此事者衆，能廣爲記録保存，即國家能多設史官，史官皆克舉其職，猶難冀史材之完備也。中國史籍之繁富，國家之重視史事，誠有力焉。然今後則史官之重要，必將大不如前矣。古代野史少，後世野史多，即人民漸能留意史事之一證。

宋以後史官之制，今附述於下，以資參考。略據正史及《三通考》。

宋於門下省置編修院，俗呼爲史院。以掌國史、實録及日曆。監修國史，以宰相爲之。修撰，以朝官充。直館檢討，以京官以上充。元豐四年，廢編修院，立史館。官制行，以日曆隸秘書省國史案。元祐移國史案，别置史院，隸門下。紹聖時，復還秘書。初唐太宗退朝與宰相議政事，常命起居郎一人，執簡記録。高宗朝，許敬宗、李義府始奏令起居郎、舍人隨仗而出，以免漏泄機務。長壽中，姚璹以爲人主謨訓，不可遂無記述。若不宣自宰相，史官無得而書。乃表請仗下所言軍國政要，宰相一人，專知撰録，號爲《時政記》，每月封送史館。五代以來，中書、樞密，並皆撰記。宋端拱後，密院事皆送中書同修，爲一書。王欽若、陳堯叟始乞别撰，不關中書，直送史館。日曆者，韋執誼爲相時，令史官所撰，乃國史之底稿也。宋秘書省有日曆所，著作郎佐掌之，合《起居注》及《時政記》，以撰《日曆》；又有會要所，省官通任其事。《會要》起於唐之蘇冕，叙高祖至德宗九朝之因革損益；宣宗時，詔崔鉉等續之；而其書卒成於宋王溥之手，凡百卷。溥又修《五代會要》三十卷。宋天聖中，詔章得象編次。神宗命王珪續之，凡三百卷，稱《國朝會要》。南渡後所修，稱《中興會要》。若修實録，則别置實録院。修國史，則别置國史院。南渡後仍沿其制，起居郎、舍人，宋初爲寄禄官。别置起居院，命三館校理以上典其職，謂之同修起居注。官制行，罷之，還其職於郎、舍人。

遼國史院屬翰林院，有史館學士、史館修撰等官，亦有監修國史。劉慎行、邢抱樸、室昉、劉晟、馬保忠、耶律隆運、耶律玦、蕭韓家奴、耶律阿思、王師儒等，皆以此繫銜。見各本傳。著作局隸秘書監，有郎、佐。起居舍人院屬門下省，有起居舍人、知起居注、起居郎之官。

金國史院，亦有監修國史、修國史。其同修國史及編修官，並用女直、漢人。同修國史：女直、漢人各一；本有契丹，承安四年，罷之。編修官：女直、漢人各四，本亦有契丹，明昌元年，罷其三。著作局亦隸秘書監。有郎、佐，掌修日曆，初立記注院，置修起居注，皆以他官兼。貞祐三年，以左右司郎中員外郎兼，遂成定制。

元時政記屬中書，左司郎中。初置起居注，以翰林待制兼。至元六年，置左右補闕，以司記録。十五年，命給事中兼修起居注。改左右補闕爲左右侍儀奉御，兼修起居注；仁宗定給事中兼修起居注各二人，左右侍儀奉御同修起居注各一人。翰林國史，合爲一院。有修撰、編修之官。秘監僅掌圖籍。著作郎、佐，徒有其名而已。

明亦以翰林兼史職。修撰、編修、檢討，稱爲史官。實録、國史，並其所掌。永樂以前，諸色參用。天順二年，用李賢奏，專選進士，遂爲成例。吴元年置起居注，無員。洪武九年，定爲二人，後廢之；十四年，復；尋又革。《神宗實録》萬曆三年，大學士張居正申明史職議云："國初設起居注官，日侍左右，紀録言動，實古者左史記事，右史記言之制；迨後定官制，乃設翰林院修撰、編修、檢討等官。蓋以記載事重，故設官加詳，原非有所罷廢。但自職名更定之後，遂失朝夕記注之規，以致累朝以來，史文闕略。即如邇者，纂修世宗及皇考實録。臣等只事總裁，凡所編輯，不過總集諸司章奏，稍加删潤，櫽括成編，至於仗前柱下之語，章疏所不及者，即有見聞，無憑增入。"云云。《春明夢餘録》謂萬曆初，曾以居正之請，講官日輪一人記注，蓋居正當國，遂行其議也，然其後復罷。案《明史》：六科給事中，日輪一人，立殿右珥筆記旨，實古左右史之職。太祖定官制，廢起居注，蓋仍元制，以給事中司記録。其後職廢不舉，而居正乃别以講官代之也。

清初僅設文館。天聰十年，改設内三院，則記注實録，皆内國史院所掌。其後史職亦屬翰林。以殿閣學士充總裁，講讀學士以下，充滿、漢纂修官。修國史，實録聖訓皆然。有軍事則修方略，亦設館，以軍機大臣充總裁。纂修官亦出翰苑，或兼用軍機章京。記注官：滿八，漢十二，以翰林詹事官充。所記者，歲送内閣，會學士監視，貯庫收藏。

古者史事，悉由史官。國史則天子不觀，記注則大臣不預，故多能奮其直筆。《唐書·褚遂良傳》:"遷諫議大夫,兼知起居事。帝曰:'卿記起居,人君得觀之否?'對曰:'今之起居,古左右史也,善惡必記,戒人主不爲非法,未聞天子自觀史也。'"蓋唐以前相沿之法如此。後世亦有行之者:元文宗欲觀史,編修官吕思誠曰:"國史記當代人君善惡,自古無天子取觀者。"遂止,其一事也。但古代風氣質樸,史官盡職之念,君相畏法之心,皆勝於後世,故以能存此習慣爲常,後世則以能行之者爲變耳。自李義府、許敬宗奏令起居郎隨仗而出,而記注始失其官。自姚璹奏撰《時政記》,而載筆始由宰相。宋淳化中,梁周翰、李宗諤掌郎舍人事,始以起居注進御。後有撰述,亦必録本進呈。於是司記注者有所畏忌,而不敢直書;而記時政者,則政事本其所出,二者遂皆與官書無異。日曆則據此銓次,繫以日月而已。宋以後史,寖類官書,以此也。此實爲史職之大變,論者多謂出於君相之私心,因恐人之書其惡,遂使萬世無公是非;其實事之是非善惡,亦正難言。史官非聖人,所記者何能舉得其當,且機密之事,亦誠有不容令人與聞者也。若使其人可以參預,則身亦爲機密中人,必不能奮筆直書矣。要之,史事但求記載詳備,苟其如此,是非功罪,自可據多方面推校;必求局中人之自暴其隱,世間安有此拙策?且史事關涉之方面多矣,正不獨在君相;太阿倒持,紀綱崩潰之世,尤不在於君相,又安得舉居要地者,悉立一人於其側,以記其言動邪?

然史官之失職,雖於史事無大關係;而遂謂君相之無私心,則亦不可。私之至,乃并其史之流傳而亦靳之矣。《日知録》曰:"司馬遷之《史記》、班固之《漢書》、干寶之《晉書》、柳芳之《唐曆》、吴兢之《唐春秋》、李燾之《宋長編》,並以當時流布。至於會要、日曆之類,南渡以來,士大夫家,亦多有之,未嘗禁止。今則實録之進,焚草於太液池,尊藏於皇史宬。在朝之臣,非預纂修,皆不得見;而野史家傳,遂得以孤行於世。"蓋由畏人非議之一念,擴而充之,勢必至此。然豈真能箝天下人之口而錮蔽其耳目哉?亦可謂無謂矣。《通典》舉人條例,唐自高祖以下及《睿宗實録》并《貞觀政要》爲一史,可見當時不禁人讀本朝史乘。

古今正史第二

《六家》篇所述六家，乃劉氏認爲正史者；其《二體》，則劉氏以爲可行於後世者也，已見前評。此篇即本《六家》、《二體》兩篇，將歷代可稱爲正史者，逐一敘述也。所舉者皆不越二體之外；惟《尚書》及三墳、五典不然，以其時二體未興也。

首節云："伏犧始造書契，由是文籍生焉。"又曰："伏犧、神農、黄帝之書，謂之三墳；少昊、顓頊、高辛、唐、虞之書，謂之五典。"説出《尚書僞孔傳序》，殊不足信。曩撰《中國文字變遷考》嘗辨之。其説曰："伏犧造字之説，前無所承。或謂實出《許序》。顧許意特以見'庶業其繁'，其來有漸；伏犧垂憲，僅資畫卦，其始較結繩更簡耳，非以作八卦爲造書契張本也。然《僞孔》之説，亦有由來。彼其意，蓋欲以三墳、五典，爲三皇、五帝之書；又欲以伏犧、神農、黄帝爲三皇，少昊、顓頊、高辛、唐、虞爲五帝，其説實遠本賈、鄭，特賈、鄭雖以三墳、五典爲三皇、五帝之書，而未鑿言三皇時有文字；雖於五帝之中，增一少昊，而未去三皇中之燧人，升五帝中之黄帝耳。《左氏》昭十二年：'是能讀三墳、五典、八索、九丘。'杜注但云：'皆古書名。'《疏》引《僞孔序》外，又曰：'《周禮》外史，掌三皇五帝之書，鄭玄云：楚靈王所謂三墳、五典是也。賈逵云：三墳，三皇之書；《文選·閑居賦》注引，"墳大也"三字。五典，五帝之典；八索，八王之法；《選注》作"素王之法"。九丘，九州亡國之戒。《選注》無九州二字，蓋奪。延篤言：張平子説：三墳，三禮，禮爲大防。《爾雅》曰：墳，大防也。《書》曰：誰能典朕三禮，三禮，天、地、人之禮也。五典，五帝之常道也。八索，《周禮》八議之刑。索，空，空設之。九丘，《周禮》之九刑。丘，空也，亦空設之。馬融説：三墳，三氣，陰陽始生天、地、人之氣也；五典，五行也；八索，八卦；九丘，九州之數也。'據此，《僞孔序》説八索、九丘同馬融；《僞孔序》曰："八卦之説，謂之八索，求其義也。九州之志，謂之九丘，丘，聚也，言九州所有，土地所生，風氣所宜，皆聚此書也。"其説三墳、五典，則同賈逵。延篤説五典亦同，而説三墳則異。《周官疏》云：'延叔堅、馬季長等所説不同，惟孔安國《尚書序》解三墳、五典與鄭同。'是《僞孔》三墳、五典之説，實本賈、鄭也。三皇之説，《尚書大傳》、《含文嘉》、《風俗通》引。《甄耀度》宋均注《援神契》引之，見《曲禮正義》。皆以爲燧人、伏犧、神農。《白虎通》亦同。惟又列或説，以爲伏犧、神農、祝融。《元命苞》、《運斗樞》則以爲伏犧、女媧、神農。《元命苞》見《文選・東都賦》注引。《運斗樞》則鄭玄注《中候敕省圖》引之，見《曲禮正義》。案司馬貞補《三皇本紀》言：'共工氏與祝融戰，頭觸不周山崩，天柱折，地維缺。女媧乃煉五色石以補天，斷鰲足以立四極'云云。上言祝融，下言女媧，則祝融、女媧一人。《白虎通》或説與《元命苞》、《運斗樞》同。其五帝，則《大戴禮》、《世本》、《史記》，皆以爲黄帝、顓頊、帝嚳、唐堯、虞舜，蓋今文家之説如此。緯書多用今文説。鄭玄注《中候敕省圖》引《運斗樞》，其三皇之説，亦同今文，而五帝加一金天氏，遂成六帝。按《後漢書・賈逵傳》：逵奏《左氏》文義長於《二傳》者，曰：'五經家皆言顓頊代黄帝，而堯不得爲火德，《左氏》以爲少昊代黄帝，即圖讖所謂帝宣也。如令堯不得爲火，則漢不得爲赤。'此爲古文家於黄帝、顓頊之間，增一少昊之原因。然'實六人而爲五'，於理殊不可通。雖《曲禮正義》曲爲之説，曰：'以其俱合五帝座星'，亦終不免牽强。至《僞孔》説出，乃去三皇中之燧人，而升一黄帝，以足其數。於是黄帝、顓頊之間，雖增一少昊，而五帝仍爲五人矣。此實其説之彌縫而益工者也。然《周官疏》云：'文字起於黄帝。今云三皇之書者，以有文字之後，仰録三皇時事。'則賈、鄭雖以三墳、五典爲三皇五帝之書，猶未言三皇時有文字；而伏犧造字之説，實出《僞孔》矣。"以上《文字變遷考》原文。要之，我國古史，當始《尚書》，所謂三墳、五典者，究爲何物，殊難質言也。

《書》有今、古文。今文家以古文家所傳爲僞，而東晉晚出之古文，則又爲僞中之僞。實辨别經文真僞之最錯雜者也。今文家以《書》二十八篇爲備，見劉歆《讓太常博士書》。云《書》有百篇者，古文説也。古文家謂孔安國得古文書，以今文讀之，得多十六篇，其目具見《義疏》。姑無論其真僞，即謂爲真，亦無師説。故馬、鄭雖注古文書，於此皆不加注，謂之逸十六篇，今亦亡矣。東晉晚出之古文，增多二十五篇，篇數、篇名，皆與馬、鄭不合。是在古文中爲僞，而姚方興所得二十八字，則又僞之出於梅頤之後者也。晚出古文，自隋以後專行，宋朱子、吴棫始疑之，明梅鷟繼之。至清閻若璩始大發其覆，尚未得作僞者主名。丁晏撰《尚書餘論》，斷爲王肅所造，後儒多遵其説。近人吴承仕又謂不然，説見《華國月刊》中。要之，今所傳《尚書》，除今文所有二十八篇外，決爲僞物，惟究誰實爲之，則尚未能論定也。

《春秋》昔以《公》、《穀》爲今文，《左氏》爲古文。近崔氏適考定《穀梁》亦古文。今文家所謂《春秋》，乃合今之《春秋經》及《公羊傳》而名之。《公羊傳》之名，乃《左》、《穀》既出後所立，割去今之所謂經文者，儕之僞造之《左》、《穀》，而强名之者也。詳見所撰《春秋復始》。《左氏》，今文家疑爲劉歆取《國語》僞造，已見《六家篇》評。然解經處可以僞造，記事處不容杜撰。間有出於僞造者，如文十三年之"秦人歸其孥，其處者爲劉氏"等，昔人已明言之。此等處極少，且極易辨。故《左氏》以作經讀，非以作史讀，仍可信也。

《左氏》本史書，其記事自較《公》、《穀》爲多且詳，然亦有須參以《公》、《穀》，乃見其真者。又《左氏》所記之事實，亦不必皆信；世皆以爲可信，則以習讀此書，先入爲主；遇有異同，皆偏主《左氏》耳。詳見《申左篇》評。

《國語》疑即左氏原本，撰者名左丘，不名左丘明。《世本》爲《史記》先驅。《戰國策》乃縱横家言，不可據爲史實。皆見《六家篇》評。

作史必羅致人才，搜集資料，必有事權、財力，乃克致之。其勢實以國家爲最便；中國史籍之富，國家之重視史事，實有力焉，不可誣也。然亦有一弊，則執筆者不敢直言，直言者多遭慘禍是矣。甚至他族入主，欲圖掩蓋其穢德，並史料而毁滅之，如元魏、亡清之故事。國之不競，文化亦聽人摧毁，豈不哀哉？

讀書必先通目録之學，乃不至於謭陋差誤。此篇就所謂正史者，加以考核：先考某朝此等書有幾，其幾猶存；繼考其成書之始末，及其善否。讀者得此，知治某朝之史，有若干書可讀，有若干書當讀；讀之當用何等眼光，實於學問大有裨益也。今日治史宗旨，既與古人不同；史書之範圍，自亦與昔時有異。居今日而言史學，實當將一切書籍，悉數看作史材。書籍既多，指示門徑之作，尤不容緩。惟書之源流，考校已非易易；至其善否，決定尤屬爲難，不徒如《四庫提要》等，以一二人之意，略加考證評騭者，未足饜學者之求；即如朱竹坨之《經義考》，盡鈔其書之序例者，亦尚嫌不足於用。最好更事擴充，於昔人之考訂評論，一一鈔録，作爲長編。其續出者，亦隨時修輯，歷若干時，即一刊布。此實校讎之弘業，非僅有裨初學已也。

唐以後正史，略述其源流如下，以資參考。略據《四庫提要》、《日知録》、《十七史商榷》、《廿二史札記》、《陔餘叢考》等書。

唐自武宗以前，皆有實録，其總輯各實録勒成一書者，又有國史。景龍間，吴兢任史事，武三思、張易之等監修，事皆不實，兢乃私撰《唐書》、《唐春秋》，未就，後出爲荆州司馬，以史草自隨，會蕭嵩領國史，奏遣使就兢取其書，凡六十餘篇，此第一次國史也。然尚未完備。開元、天寶間，韋述總撰百十二卷，並史例一卷，蕭穎士以爲譙周、陳壽之流，此第二次國史也。肅宗又命柳芳與述，綴輯兢所次國史，述死，芳緒成之，起高祖，迄乾元，凡百三十篇，而叙天寶後事，去取不倫，史官病之，此第三次國史也。後芳謫巫州，會高力士亦貶在巫，因從質問，而《國史》已送官，不可改，乃仿編年法，爲《唐曆》四十篇。以力士所傳，載於年曆之下，頗有異聞；然芳所作，止於大曆，宣宗乃詔崔龜從、韋澳、李荀、張彦遠及蔣偕，分年撰次，至元和，爲《續唐曆》三十卷，此第四次國史也。中葉，遭安禄山之亂，末造，又遭黄巢、李茂貞、王行瑜、朱温等之亂，盡行散失。五代修《唐書》時，因會昌以後，事跡無存，屢詔購訪。然《五代會要》云："有紀傳者，惟代宗以前，德宗只存《實録》，武宗並只《實録》一卷。"《新書・韋述傳贊》云"大中以後，史録不存”,則雖屢購求,所得無幾矣。《新書·藝文志》所載唐代史書,爲《舊書》所無者,無慮數十百種,則修《舊書》時所有史料,實不如修《新書》時之多也。《舊書》成於晉出帝開運二年,其時劉昫爲相,任監修之職,由昫表上。故今本題其名,實則監修是書者爲趙瑩,天福五年,詔張昭遠、賈緯、趙熙、鄭受益、李爲光同修唐史,宰臣趙瑩監修。緯丁憂歸,瑩奏以刑部員外郎吕琦、侍御史尹拙同修。故吴縝《進新唐書糾謬表》,稱此書爲瑩所修;而薛、歐二史《昫傳》,皆不言其撰《唐書》也。其書自長慶以前,多仍舊史。諱飾之處,因之不能得實。會昌以後,則雜取朝報、史牘,補綴成之。本紀則詩話、書序、婚狀、獄詞,委悉具書,語多支蔓;列傳則多叙官資,曾無事實;或但載寵遇,不具首尾,所謂繁略不均者,誠有如宋人所譏。《新書》係仁宗命宋祁、歐陽修刊修,曾公亮提舉其事,歷十七年而成。修撰紀、志、表,祁撰列傳。故事,每書只用官尊者一人。修以祁先進,且於《唐書》功多,故各署以進。此見《直齋書録解題》。《解題》云:與此役者,尚有范鎮、王疇、宋敏求、吕夏卿。《宋史·夏卿傳》稱宰相世系表爲夏卿所撰。又據《新唐書糾謬》:天文、律曆、五行志,出於劉羲叟;方鎮百官表,出於梅堯臣;禮儀兵志,出於王景彝。則纂修是書者,實尚不止歐、宋二人也。又據《十七史商榷》:宋祁修《唐書》,在天聖晚年,至慶曆中告成。修之奉詔,在至和元年,而竣事於嘉祐五年;則當修被命時,祁書久告成矣。豈其表上,實在全書告成之後耶?詔付裴煜、陳薦、文同、吴申、錢藻校勘,曾無建明,遂頒行之。據《新唐書糾謬序》。新書修纂時,太平已久,文事正興。舊時記載,多出於世。宋初績學之士,亦各據見聞,别有撰述。歐、宋又皆能文之士。進表所云:“文省於前,事增於舊。”誠爲克副其言。以大體論,自較舊書爲勝;然叙述亦不無舛誤。故頒行未幾,而吴縝《糾謬》之作即出焉。又宋祁文字,好爲僻澀,轉不如舊書之流暢,亦一病也。

《五代史》亦有新舊,舊史係宋太祖開寶六年四月奉詔纂修,七年閏十月造成。監修者薛居正,同修者盧多遜、扈蒙、張澹、李昉、劉兼、李穆、李九齡。五代雖亂離,而各朝皆有實録,薛等即本之,而不復參考其事之真僞,此其成書之所由速,而亦歐陽修《新五代史》之所由作也。歐史本係私書，神宗熙寧五年，詔刊行之，於是二史並行。金章宗泰和七年，詔止用歐史。薛史由是漸湮。清開四庫館，從《永樂大典》中輯出。闕逸者，採宋人所徵引補之，始復成完帙，與《唐書》皆新舊並列爲正史焉。薛書文不逮歐史，而事較詳；然歐史所本，非僅實録，故所記事，亦多出於舊史之外者；即同記一事，月日亦多不同，此其所以不可偏廢也。記五代十國者，又有馬令、陸游兩《南唐書》，亦皆正史體。

《宋》、《遼》、《金》三史，皆元時所修。宋代史材最富，每帝皆有實録、國史。其纂修始末，具見《宋史・百官志》，今不復臚舉。宋之亡也，董文炳在臨安主留事，曰："國可滅，史不可滅。"乃以宋史館記注，盡歸元都，貯於國史院。此又宋代史料所以得無散佚也。至遼、金二代，則記述本少，而遼尤甚。遼太宗會同元年，曾詔有司，編始祖奇首可汗事跡，然今《遼史》僅記其生於都庵山，徙潢河之濱而已，則搜集所得無幾可知。聖宗命劉晟、馬保忠監修國史。《耶律孟簡傳》云：以爲"本朝之興，幾二百年，宜有國史，乃編耶律曷魯、屋質、休歌三人行事以進，興宗命置局編修"。《蕭韓家奴傳》云：擢翰林監修國史，乃録遥輦以來至重熙共二十卷上之。其時又有耶律谷欲、耶律庶成與蕭韓家奴，共編遼上世事跡，及諸帝實録。道宗大安元年，史臣進太祖以下七帝實録，蓋即韓家奴本，審訂成之。劉輝謂道宗曰："宋歐陽修編《五代史》，附我朝於四夷，妄加貶訾。臣亦請以趙氏初起時事，詳附國史。"則不惟有實録，更有《遼史》矣。蓋聖宗雖詔修纂，實至是時始裒輯成書也。金熙宗嘗於宮中閲《遼史》，蓋即此本。天祚帝乾統三年，詔耶律儼纂太祖以下諸帝實録，共成七十卷，當爲遼世實録最完備者。熙宗詔耶律固、移剌因、移剌子敬等續修《遼史》，而卒業於蕭永祺，皇統七年上之，此金第一次所修。章宗又命移剌履提控刊修，党懷英、郝俣充刊修官，移剌益、趙渢等七人爲編修官，凡民間遼時碑志、文集，或記憶遼時舊事者，悉送官，同修者有賈鉉、蕭貢、陳大任等。泰和元年，又增修遼史官三員。有改除者，聽以書自隨。党懷英致仕，詔陳大任繼成之，此金第二次所修也。至元修《遼史》時，耶律儼、陳大任二本俱在。今《遼史·后妃傳序》曰："儼、大任《遼史·后妃傳》，大同小異，酌取以著於篇。"《曆象志閏考》中，並明著儼本某年有閏，大任本某年無閏。則元修《遼史》，不過合校此二本而已。金代文化，較契丹稍高，故記載亦較詳備。《金史·完顏勗傳》及《宗翰傳》，謂女直初無文字，祖宗時並無記録，宗翰好訪問女直老人，多得先世遺事。太宗天會六年，令勗與耶律迪越掌國史。自始祖以下十帝，綜爲三卷，所紀咸得其實。皇統八年，勗等又進《太祖實録》二十卷。大定中，修《睿宗實録》成，世宗曰：當時舊人，惟彀英在，令史官就問之，多所更定。衛紹王見弑，記注無存。則元初王鶚修《金史》，採當時詔令及金令史竇詳所記二十餘條，楊雲翼《日録》四十條，陳老《日録》三十條，及女官所記資明夫人授璽事以補之。是《金史》舊底，頗爲確核。其宣、哀以後諸將列傳，則多本之元好問及劉祁。《金史·文藝傳》稱，好問晚年以著作自任。時《金實録》在順天張萬户家。言於張，願爲撰述，有阻而止。乃構野史亭，著述其上，凡金源君臣遺言往行，採摭所聞，有所得，輒以片紙細字記録，至百餘萬言。《壬辰雜編》謂劉祁撰《歸潜志》，於金末之事，多有足徵。蓋金之末造，史料雖傷闕佚，然其存者，則頗可信矣。此則綜論金之史跡，繁富雖不如宋，而翔實已勝於遼者也。元之修《遼》、《金》二史，事在世祖中統二年，以左丞相耶律鑄、平章政事王文統監修，尋詔史天澤亦監修。宋亡，又命史臣通修三史。延祐天曆間，屢詔纂修。時則或欲以宋爲世紀，遼金爲載紀；或欲以宋爲南史，遼金爲北史；或欲以太祖至靖康爲宋史，建炎以後爲南宋史。持論不決，書遂無成。及順帝時，詔宋、遼、金各爲一史，而編纂之法乃定。順帝之命脱脱修三史，開局於至正三年三月，而告成於五年十月。其程功實較明修《元史》爲更速，以世祖時業有成書，當時僅從事編排也。然三史實皆未饜人意。《宋史》前病繁蕪，後傷簡略，抵牾訛謬，尤屬僂指難窮。《遼》、《金》二史，以史料之少，抵牾訛謬處較少，然亦簡略已甚。二國文獻，固不如宋之有徵，然在當時，史事未必闕佚至是。至《宋史》末造之簡略，則尤無可恕矣。此則官纂之書，所以恆爲世所不滿也。宋代私家所撰史甚多，其用紀傳體者，惟王偁《東都事略》。遼則宋葉隆禮所撰《契丹國志》，係孝宗時奉敕所撰，多據中國人書。金則有《大金國志》四十卷，題宋宇文懋昭撰，以遼金史簡略之甚，得之亦足寶也。《夢溪筆談》云：遼制：國人著作，惟聽刊行境内。有傳於鄰境者，罪至死。此《契丹國志》所以僅據中國人記述歟？其所據之書，今又多亡佚，故此書彌可寶也。

元人自述其事最早之書曰《脱卜赤顔》，即所謂《蒙古秘史》也。其書以太宗十三年開忽力而臺譯言大會。時，成於客魯漣今克魯倫河。迭額阿剌勒之地，用回紇文，元人是時尚未有文字，恆令回紇人當載筆之任，著此書者，蓋亦回紇人也。此書仁宗時嘗用華文迻譯，名《聖武開天記》，亦曰《皇元聖武親征録》。而西域宗王合贊，命波斯人拉施特撰《蒙古全史》亦本之，然已爲修改之本，於太祖殺異母弟，及與札木合戰敗績等事，皆加諱飾，不如秘史之得實矣。元修《宋》、《遼》、《金》三史時，因事跡不備，虞集嘗請以《脱卜赤顔》參訂。或言此書非可令外人傳者乃止，故此書在元代，中國人訖不得見。至清人，乃從《永樂大典》中輯出焉。《脱卜赤顔》而後，曠無記述。世祖中統三年，始詔王鶚集廷臣議史事，鶚請以先朝事付史館。至元元年，敕翰林院採累朝事跡，以備纂輯。後撒里蠻等進累朝《實録》。成宗時，兀都帶等又進太宗、憲宗、世祖《實録》。皆事後追述，不免舛漏。明初，得元《十三朝實録》，據以修史。而徐一夔致王褘書曰："元朝不置日曆，不設起居注；獨中書置時政科，遣一文學掌之，以事付史館；易一朝，則國史院據以修實録而已。"其不能詳密可知。明修《元史》，開局於洪武二年二月，而成書於是年八月。以順帝無實録，復詔遣使分行天下。涉史事者，令郡縣上之，三年二月，復開局，至七月而書成。兩次爲總裁者，皆宋濂、王褘；而始終任纂録之事者，則趙壎也。成書既速，草率特甚。遺漏、歧誤、復緟之處，不可僂指。明解縉有《與吏部侍郎董倫書》，謂《元史》舛誤，承命改修云云，事在太祖末年，然所改者今無傳。清世從事此書者頗多。最早者爲邵遠平之《元史類編》，據《經世大典》、《元典章》等書加以補正。自《秘史》出，始得元人自述開國時之史料，洪鈞譯拉施特等之書，以爲《元史譯文證補》，又得異域史料。於是欲改修《元史》者，有魏源之《元史新編》、屠寄之《蒙兀兒史記》，皆未成。而柯劭忞重修二百五十七卷，於民國十一年刊行。奉大總統徐世昌令，列於正史，如唐五代之例，新舊並行焉。

明代史官不舉其職，故有實録，無國史，實録又闕建文、天啓、崇禎三朝。而士好横議，學不核實，野史甚多，抵牾尤甚。清初，傅維鱗以實録爲底本，參以志乘文集，撰《明書》百七十一卷。其時潘耒有志明史，嘗作長編，後僅成考異數十卷。康熙十七年，開博學鴻詞科，命取中諸臣分纂，以葉方靄、張玉書爲總裁，繼以湯斌、徐乾學、王鴻緒、陳廷敬、張英等。後由玉書主志，廷敬主紀，鴻緒主傳。五十三年，鴻緒傳稿成，表上之，而本紀、志、表尚未就。至雍正二年，乃再表上，命張廷玉爲總裁，即《鴻緒本》選詞臣再加訂正，至乾隆四年乃成，蓋前後凡六十年焉。《明史》之成，以王鴻緒之力爲多。然鴻緒之《明史稿》，實攘諸萬斯同而又加以改竄者。斯同於《明史》事最核，其撰《明史稿》，嘗言："吾所取者，或有可損；所不取者，必非其真。"而爲鴻緒私意所亂。斯同固無意於居其名，然因此而使今日之《明史》，轉不如其原稿之可信，則滋可惜已。

清代文字之獄最多，故無甚私史。官修之書，則累朝之實録、國史及方略而已。在清代行世之書，有蔣良驥、王先謙兩《東華録》，皆鈔節實録而成。其光緒朝之《東華録》，則某君採纂書報爲之者也。民國肇建，即設清史館，趙爾巽主其事最久。十六年之冬，清史館刊稿本百册，期十七年夏節成書，然今尚僅見其半。

編年之體，自三國以來，久已廢闕；至宋司馬光修《資治通鑒》，而後劉氏所謂二體者，復相平行，浦氏已言之矣。《通鑒》之後，朱子復有《綱目》之作。其叙事不如《通鑒》之核，而體例實較《通鑒》爲優，亦已見《六家篇》評。《通鑒》起於周威烈王二十三年。補其前者有：劉恕之《通鑒外紀》、金履祥之《通鑒前編》、胡宏之《皇王大紀》。續其後者有：元陳桱，明胡粹中、王宗沐、薛應旗及清徐乾學之書，皆未盡善。至畢沅續編出，始以詳核見稱。陳氏書以《續通鑒》稱，而實用《綱目》例。其書迄於宋。胡氏書名《元史續編》，起世祖，終順帝，蓋續陳書也。徐乾學書，萬斯同、閻若璩、胡渭等，皆嘗助其編訂，亦未能大改諸家之舊。畢氏書則以李燾長編、李心傳《繫年要録》爲底本，參考他書以成之。於遼、金事之大者，亦據正史採摭，與諸家僅記其君主嬗代，不詳其事跡者不同，雖亦不無遺議，然現有之《續通鑒》中，要以此書爲最善也。續其後者又有：陳鶴之《明紀》、夏燮之《明通鑒》焉。《綱目》於備觀覽外，兼重書法。朱子僅粗發其凡，分注事跡，皆以屬天台趙師淵，舛漏頗甚。元、明儒者，顧不於此加以訂正，而注意於其褒貶。於是有尹起莘之《發明》、劉友益之《書法》等。明黄仲昭取以散入本書，清聖祖又加以御批，又取明陳仁錫所改金履祥之書爲前編，商輅所續之書爲續編。先是宋江贄有《通鑒節要》五十卷，明李東陽因之而成《通鑒纂要》。清乾隆時，又加改訂，附以唐桂二王本末，名之曰《御批通鑒輯覽》。《輯覽》既成，又用爲底本，而成《通鑒綱目》三編四十卷焉。

《通鑒》及《綱目》，皆穿貫歷朝，乃編年中之通史也。若其僅記一朝，或一朝中若干年之事者則有：宋尹洙之《五代春秋》、二卷。李燾之《續資治通鑒長編》、五百二十卷，止欽宗。陳均之《九朝編年備要》、三十卷，亦止欽宗。李心傳之《建炎以來繫年要録》、二百卷，高宗朝。熊克之《中興小紀》、四十卷，高宗朝。失名之《靖康要録》、十六卷，記欽宗在儲位及靖康一年間事。《兩朝綱目備要》、十六卷，光、寧兩朝。《宋季三朝政要》、六卷，記理、度兩朝及幼主本末。以上三書，皆本實録。《宋史全文》、三十六卷。靖康前本《長編》，高、孝兩朝本留正《中興聖政》草，光、寧後其所自輯。明吴樸之《龍飛紀略》、太祖。失名之《秘閣元龜政要》、太祖。《成憲録》、太祖至英宗。薛應旗之《憲章録》、此書係續其《續通鑒》。雷禮之《大政紀》、張銓之《國史紀聞》、皆止武宗。黄光升之《昭代典則》、譚希思之《明大政纂要》、朱國禎之《大政記》、皆止穆宗。吴瑞登之《兩朝憲章録》、續薛應旗書。沈越之《嘉隆兩朝聞見紀》、皆世、穆兩朝。清蔣良驥、王先謙之兩《東華録》等。編年體既有《通鑒》、《綱目》兩類書，此等之書士人罕復誦習，然要足爲考據之資也。

紀傳體以人爲綱，編年體以時爲綱，一能備詳委曲，一可通覽大勢，夫固各有所長，廢一不可。然於一事之始末，尚病鈎考之艱難。於是有以事爲主之紀事本末出焉。其體始於宋之袁樞，本以櫽括《通鑒》，乃於無意中爲史家創一新體。踵之者有：明陳邦瞻之《宋元兩史紀事本末》、清谷應泰之《明史記事本末》、此書成於官修《明史》以前，異同之處，尤資考證。李有棠之《遼金二史紀事本末》。用此體以修《通鑒》以前之史者，則有：清高士奇之《左傳紀事本末》、馬驌之《左傳事緯》及《繹史》。此皆用以改纂成書者。其用此體以作史者，則清楊陸榮之《三藩紀事本末》也。江上蹇叟（即夏燮）之《中西紀事》，亦係用此體。

中國史家所重事實，爲理亂興衰、典章經制兩類，已見《六家篇》評。理亂興衰，詳於紀傳；典章經制，備於書志。編年及紀事本末，皆記理亂興衰，而各有其綱領條目；政書則專詳典章經制，皆可謂得紀傳表志史之一體；劉氏既認編年體可與紀傳表志並行，則紀事本末及政書兩類，亦必認爲正史也。政書有通記歷代者，以唐杜佑《通典》、宋馬端臨《文獻通考》爲最著，宋鄭樵之《通志》，雖係通史體，然學者所取，僅在其《二十略》，則亦以政書視之也。此書之《氏族》、《七音》、《都邑》、《草木》、《昆蟲》五略，爲史志所無。其專記一朝之事者，以宋代爲最多：彭百川之《太平治跡統類》、江少虞之《皇朝事實類苑》、李攸之《皇朝事實》、李心傳之《建炎以來朝野雜記》，皆不朽之名著也。又自唐人創會要之體，後人或用其例，施之古書，如宋徐天麟之《西》、《東漢會要》，亦當屬此類。清代敕撰《續三通》及《皇朝三通》，而《三通》亦成爲官纂之書。其後劉錦藻嘗續《清文獻通考》，亦私家之鉅著也。典章經制，最宜通觀歷代，此類書之體例，實有視正史爲便者，試以《通考》之《職官考》，與正史中之《百官志》並觀，自可悟及。正、續《三通》，皆成於正史之後，並有補正正史之處。

紀傳表志體之史，後世私家作者極鮮，以時愈降，史料愈繁，搜集纂修，力實有所不及也。其傳記宏編，如：宋朱子之《名臣言行録》、元蘇天爵之《名臣事略》，明徐紘之《名臣琬琰録》、項篤壽之《今獻備遺》、雷禮之《列卿記》、焦竑之《熙朝名臣記》、清李元度之《先正事略》、李桓之《耆獻類徵》等，亦足備紀傳之一體。

自李唐以後，以私家之力，獨修一代之史者絶少；而自趙宋以降，則欲改修前代之史頗多。大抵宋學盛行之時，所争者多在書法及正統偏安等義例；漢學繼興之後，則所欲刊正者，多在記事之遺漏及繁蕪，亦各因其風會也。以此行諸古史者：宋有蘇轍之《古史》，清有李鍇之《尚史》。先秦之史，本别一性質。蘇書多逞臆見，發議論，固不足取；李氏剪裁頗具苦心，亦不如《繹史》體例之善也。其施諸秦漢以後者：宋蕭常、元郝經，皆有《續後漢書》。蕭書以吴魏爲載記，郝書以吴魏爲列傳，皆爲争帝蜀而作也。清湯承烈有《季漢書》，則所用力者，在於表志，與蕭、郝異趣矣。《晉史》最蕪，改作者，明有茅國縉之《晉史删》，蔣之翹之《晉書别本》。《魏書》稱穢史，清代改作者，有謝啓昆之《西魏書》。《宋史》、《元史》亦極蕪，明柯維騏有《宋史新編》，增《景炎》、《祥興》二紀而列遼、金於外國，蓋亦争正統之見。清邵晉涵欲重修《宋史》，則意在刊正其誤謬，而未克成。重修《元史》者，已見前。此外補撰正史之表志者尤多，不暇備舉也。

疑古第三

此篇攻《尚書》，下篇駁《春秋》也。劉氏邃於史而疏於經。其所言，作論史觀則是，作説經觀則大非矣。即如定《禮》與修《春秋》，截然兩事。《周書》雖有若干篇類《尚書》，不過文體相似，其書要爲兵家言。魯無篡弑，見《禮記·明堂位》，非孔子之語。以美刺説詩，乃《詩序》之義，漢儒本無此説。此篇强斷《周書》爲《尚書》之餘，遂謂“夏桀讓湯，武王斬紂”，爲孔子所删；又並定《禮》與修《春秋》爲一談，遂並“魯無篡弑”之言，架諸孔子；泥《小序》美刺之説，乃謂魯無國風，係孔子爲國諱惡；皆坐不知經學之過。至孔子對陳司敗之語，則本與著書無涉，而亦曲加附會，則尤爲牽强矣。又左氏非《春秋》之傳，説已見前。《家語》亦僞物。漢儒不信此二書，自别有故，非關輕事重言也。

然輕事重言一語，要爲探驪得珠之談；蓋古之國史不傳，所傳者，皆私家之書。記事之史，實乾燥無味，不易記憶；故私家書中所徵引，大抵皆《尚書》一類，而非《春秋》一類也。

古無考據之學，故辨舊傳之説，不足信之文絶希。間有之，如《孟子·萬章上篇》、《吕覽·察傳》之類，意亦别有所在，而不在考證事實。其所記，大抵因襲舊文耳。劉氏所謂"因其美而美之，因其惡而惡之"是也。然亦未嘗不心知其意，觀第六條所引諸説可見。特時無考據之學，故辨説不之及耳。

第九條引《吕氏春秋》云云，浦氏曰："此句誤，嘗取其書……縱觀之，曾無一語及泰伯事者。試抽《吴越春秋》復之，乃遇其文。"案《玉海》謂"書目"《吕氏春秋》"凡百六十篇"。今書篇數與之同，然《序意》舊不入數，則尚少一篇。盧氏文弨曰："此書分篇極爲整齊。《十二紀》紀各五篇，《六論》論各六篇，《八覽》覽當各八篇，今第一覽止七篇，正少一。考《序意》本明《十二紀》之義，乃末忽載豫讓一事，與《序意》不類，且舊校云一作《廉孝》，與此篇更無涉，即豫讓亦難專有其名。因疑《序意》之後半篇俄空焉，别有所謂《廉孝》者，其前半篇亦簡脱，後人遂强相附合，並《序意》爲一篇，以補總數之缺。然《序意》篇首無'六曰'二字，後人於目中專輒加之，以求合其數，而不知其跡有難掩也。"案盧説是也，泰伯事蓋正在《廉孝》篇中。盧氏又曰："黄氏震云：《十二紀》終，而綴之以《序意》，主豫讓云，則宋時本已如此。"觀子玄此篇，則知所見本尚未佚奪也。

此篇於經學雖疏，然其論史眼光，自極精鋭，惜所據《山海經》、《汲冢紀年》等，皆非可信之書耳。予舊有《廣疑古》一篇，附録於後，以資參證。不徒爲劉氏張目，亦可見考據之法也。

附録 《廣疑古》篇

劉子玄疑古之説,後儒多訾之,此未有史識者也。彼衆人不知,則其論事,恆以大爲小。今有十室之邑,醵資而爲社,舉一人主其事,意有不樂,褰裳去之可也。假爲千室之邑,則其去之,有不若是其易者矣。受任於敗軍之際,奉命於危難之間,拂衣而去,在一人誠釋重負;然坐視繼任之無人,而國事遂至敗壞,衆民無所託命,必有蹙然不安者。古之居高位、當重任者,曷嘗不思息仔肩?然終不得去者,固未必無貪戀權力沉溺富貴之私;然念責任不得遽卸,不忍脱然而去,以壞大局,其情亦必有之,厚薄不同而已。非如世俗所測度,徒據高位,貪厚禄而不肯去;苟肯棄高位,舍厚禄,即無不可去,無不得去也。彼世俗之見,亦適自成其爲世俗之見而已。儒者之稱堯、舜禪讓,而譏後世篡奪,將毋同。

子玄曰:"魏文帝曰:舜、禹之事,吾知之矣;漢景帝曰:學者無言湯、武受命不爲愚;斯並曩賢精鑒,已有先覺,而拘於禮法,限以師訓,雖口不能言,而心知其不可者,蓋亦多矣。"案《汲冢紀年》,明係僞物。其所以爲僞,殆亦因口不能言,而託之於古與。夫書傳無説,而吾以臆度,以爲必然;書傳有説,而吾以臆度,以爲必不然,此學者之所深訾,亦恆情之所不服。然天下事固有臆度未必非,佐證完具未必是者。今謂自有地球,則天無二日,書傳無徵也。謂古者十日並出,則傳有其辭矣。二者果孰是乎?蓋治社會科學者,其視人之行爲與物同,今夫無生之物,其變動最易逆測者也;植物、動物猶可逆測也;惟人則不然。雖甚聖智,不能必得之於至愚者矣。雖然,人人而觀之,其舉動殆不可測;而合全社會而觀之,則仍有其必至之符。懦夫見弱,稽顙搏頰,壯士則有不膚撓、不目逃者,其勇怯之相去,若莛與楹。國民則未有見侮而不鬥者也。且即人人而觀之,其度量之相越,亦自有其限界,不能一爲神而一爲禽也。宋之田舍翁,其雄略孰與唐之太宗?然宋太祖與唐太宗，則相去初不甚遠。明之賣菜傭，其智力孰與漢之鄭康成？然以顧亭林與鄭康成比，則度長絜大，殆有過之。謂古今人不相及，姑以是砭末俗而寄其思古之情則可矣。以是爲實，殆不然也。然則謂後世惟有王莽、曹操、司馬懿、劉裕、楊堅、李淵、朱温、趙匡胤，古獨有堯、舜、禹、湯、文武，無有是處。

子玄疑古，頗據《汲冢書》及《山海經》，此皆僞物不足據，亦其所以不見信於世也。百家之言堯、舜、湯、武者多矣，非儒之於儒，猶儒之於非儒也。舉其説，猶不足以服儒者之心。今試以儒攻儒，則其可疑者，亦有六焉。

《書》曰："無若丹朱傲，惟慢游是好，傲虐是作，罔晝夜頟頟，罔水行舟。朋淫於家，用殄厥世。"《釋文》："傲字又作奡。"《説文》奡下，引《虞書》"若丹朱奡"。又引《論語》"奡蕩舟"。俞理初《癸巳類稿》曰："奡與丹朱，各爲一人，皆是堯子。"《莊子·盜跖篇》曰："堯殺長子。"《釋文》引崔云："長子考監明。"又《韓非子·説疑篇》云：《記》曰"堯誅丹朱"，堯時書稱允子朱，史稱嗣子丹朱。朱至虞時封丹，則堯未誅丹朱。又據《吕氏春秋·去私篇》云"堯有子十人"，高誘注云："孟子言九男事舜，而此云十子，殆丹朱爲胤子，不在數中。"其説蓋未詳。考《吕氏春秋·求人篇》云"妻以二女，臣以十子"，吕氏實連丹朱數之。而孟子止言九男，《淮南子·泰族訓》亦云堯屬舜以九子。合五書，知堯失一子。《書》又云"殄厥世"，是堯十子必絶其一，而又必非丹朱也。《管子·宙合篇》云"若覺卧，若晦明，若敖之在堯也"，即《史記·夏本紀》若丹朱敖。《漢書·楚元王傳》劉向引《書》，無若丹朱敖之敖，房喬注云"敖，堯子丹朱"，謂取敖名朱，若舉其謚者，尤不成辭。案《説文》言丹朱奡，《論語》已偏舉奡。司馬遷、劉向言丹朱敖，管子已偏舉敖，則奡與朱各爲一人，有三代古文爲證，無疑也。《漢書·鄒陽傳》云不合則骨肉爲仇敵，朱象管蔡是已，漢初必有師説，朱與奡以傲虐朋淫相惡，亦無疑也。故《經》曰"奡頟頟，罔水行舟"，則《論語》云"奡蕩舟"也。《經》曰"奡朋淫於家"，則鄒陽云："骨肉爲仇敵也。"

《經》曰奡殄厥世，則《論語》云"不得其死"。《孟子》、《吕氏》、《淮南》十子、九男之不同；《莊子》言殺長子，《韓非子》言誅丹朱，皆可明其傳聞不同之故。又得《管子》、《論語》偏舉之文，定知言奡者不是丹朱矣。趙耘崧《陔餘叢考》曰："羿善射，奡蕩舟，解以有窮后羿及寒浞之子，其説始於孔安國，而《朱注》因之，寒浞之子名澆，《左傳》並不言奡。澆之蕩舟，不見所出，陸德明《音義》於丹朱傲云：字又作奡，宋人吴斗南，因悟即此蕩舟之奡，與丹朱爲兩人。蓋禹之規戒，若但作傲慢之傲，則既云無若丹朱傲矣，何必又曰傲虐是作乎？以此知丹朱與奡爲兩人也。曰罔水行舟，正此陸地行舟之明證也。曰朋淫于家，則丹朱與奡二人同淫樂也。吴氏之説，真可謂鐵板注脚矣。"予案：奡能罔水行舟，則其人必有勇力，似與舜抗而不勝，而堯其餘九男，乃往事舜者，此可疑者一也。

太史公曰："夫學者載籍極博，猶考信於六藝。詩書雖缺，然虞夏之文可知也。堯將遜位，讓於虞舜，舜禹之間，岳牧咸薦。乃試之於位；典職數十年，功用既興，然後授政。示天下重器，王者大統，傳天下若斯之難也。而説者曰：堯讓天下於許由，許由不受，恥之，逃隱；及夏之時，有卞隨、務光者，此何以稱焉？太史公曰：余登箕山，其上蓋有許由冢云。孔子序列古之仁聖賢人，如吴太伯、伯夷之倫，詳矣，余以所聞，由光義至高，其文辭不少概見，何哉？"史公此文，蓋深慨載籍所傳之説，與《書》義不符，欲考信而無從也。案宋于庭《尚書略説》曰："《周禮》疏序引鄭尚書《注》云：四岳，四時之官，主四岳之事。始羲和之時，主四岳者謂之四伯。至其死，分岳事置八伯，皆王官。其八伯，惟驩兜、共工、放齊、鯀四人而已。其餘四人，無文可知矣。案上文羲和四子，分掌四時，即是四岳，故云四時之官也。云八伯者，《尚書大傳》稱陽伯、儀伯、夏伯、羲伯、秋伯、和伯、冬伯，其一闕焉。鄭注以陽伯爲伯夷掌之，夏伯棄掌之，秋伯咎繇掌之，冬伯垂掌之，餘則羲和仲叔之後。《堯典注》言驩兜四人者，鄭以《大傳》所言，在舜即真之年，此在堯時，當别自有人，而經無所見，故舉四人例之。案唐虞四岳有三：其始爲羲和之四子，爲四伯。其後共、驩等爲八伯，其後伯夷諸人爲之。《白虎通·王者不臣篇》：先王老臣不名，親與先王戮力共治國，同功於天下，故尊而不名也。《尚書》曰咨爾伯，不言名也。案班氏説《尚書》知伯夷逮事堯，故居八伯之首，而稱太岳。《春秋左氏》隱十一年：夫許，太岳之胤也。申、吕、齊、許同祖，故吕侯訓刑，稱伯夷、禹、稷爲三后，知太岳定是伯夷也。《墨子・所染篇》、《吕氏春秋・當染篇》，并去舜染於許由、伯陽。由與夷，夷與陽，并聲之轉，《大傳》之陽伯，《墨》、《吕》之許由、伯陽，與書之伯夷，正是一人。伯夷封許，故曰許由。《史記》堯讓天下於許由，正傳會咨四岳巽朕位之語，百家之言，自有所出。《周語》：太子晉稱共之從孫四岳佐禹。又云：胙四岳國，命爲侯伯，賜姓曰姜，氏曰有吕。《史記・齊太公世家》云：吕尚，其先祖，嘗爲四岳，佐禹平水土。虞夏之際，封於吕，姓姜氏。此云四岳，皆指伯夷。蓋伯夷稱太岳，遂號爲四岳，其實四岳非伯一人也。"據此，則孔子於許由未嘗無辭，史公偶未悟耳。而如宋氏之説，則四岳之三，即在四罪之中，豈不可駴？又神農姜姓，黄帝姬姓。《史記・五帝本紀》謂黄帝與炎帝戰於阪泉之野，又謂黄帝與蚩尤戰於涿鹿之野，其實阪泉、涿鹿即是一役；蚩尤、炎帝正是一人，予别有考。自黄帝滅炎帝後，至於周，有天下者，皆黄帝之子孫，而共工、三苗則皆姜姓也。伯夷雖得免患，卒亦不能踐大位。唐虞之際，其殆姬、姜之争乎？此可疑者二也。

《小戴記・檀弓》："舜葬於蒼梧之野。"各書皆同。惟孟子謂"舜生於諸馮，遷於負夏，卒於鳴條"，未知何據。案《史記・五帝本紀》："舜耕於歷山，漁雷澤，陶河濱，作什器於壽丘，就時於負夏。"《索隱》引《尚書大傳》："販於頓丘，就時負夏。"則史公、孟子同用今文書説。《史記》下文又云："南巡狩，崩於蒼梧之野，葬於江南九疑，是爲零陵。"蓋又一説也。古衡山或以爲在今湖南，或謂實今安徽之霍山。竊疑古代命山，所包甚廣。衡、霍峰嶺相接，實通名爲衡山；衡者，對縱而言，以其脈東西綿亘而名之也。而唐虞之世，所祀爲南岳主峰者，則實爲今之霍山。何者？禹會諸侯於塗山，又會諸侯於會稽，皆在淮南北、浙東西之地；而三苗之國，衡山在南，岐山在北，至禹時猶勤兵力以征之，舜未必能巡守至北也。自秦以前，戡定天下者，皆成功於今安徽，桀奔鳴條；武庚之叛，淮夷徐戎並興；楚之亡，亦遷壽春是也。竊疑舜卒於鳴條，實近當時之南岳。後人誤以唐虞時南岳亦今衡山，乃並舜之葬處，而移之零陵耳。然無論其爲鳴條，爲蒼梧，其有敗逋之嫌則一。鳴條桀之所放；蒼梧、九疑，則近乎舜放象之有庳矣。果其雍容揖讓，何爲而至於此乎？此可疑者三也。

《史記·秦本紀》："秦之先，帝顓頊之苗裔，孫曰女脩。女脩織，玄鳥隕卵，女脩吞之，生子大業。大業取少典之子曰女華。女華生大費，與禹平水土。已成，帝錫玄圭，禹受，曰：'非予能成，亦大費爲輔。'帝舜曰：'咨爾費，贊禹功。其賜爾皁游。爾後嗣將大出。'乃妻之姚姓之玉女。大費拜受，佐舜調馴鳥獸，鳥獸多馴服，是爲柏翳。"《正義》："《列女傳》云：陶子生五歲而佐禹。曹大家注云：'陶子者，皋陶之子伯益也。'按此，即知大業是皋陶。"《索隱》曰："尋檢《史記》上下諸文，伯翳與伯益是一人不疑。而《陳杞世家》，即叙伯翳與伯益爲二。未知太史公疑而未決邪？抑亦繆誤爾？"案《陳杞世家》，叙唐虞之際，有功德之臣十一人：曰舜，曰禹，曰契，曰后稷，曰皋陶，曰伯夷，曰伯翳，曰垂、益、夔、龍。《索隱》曰："秦祖伯翳，解者以翳、益則爲一人。今言十一人，叙伯翳，而又别言垂、益，則是二人也。且按《舜本紀》叙十人，無翳，而有彭祖。彭祖亦墳典不載。未知太史公意如何，恐多是誤。然據《秦本紀》叙翳之功，云佐舜馴調鳥獸，與《舜典》命益作虞，若予上下草木鳥獸文同，則爲一人必矣。今未詳其所以。"案《陳杞世家》之文，蓋漏彭祖。所以叙翳又别言益者，以垂、益、夔、龍四字爲句，雖並舉益，實但指垂，此古人行文足句之例，詳見予所撰《章句論》，十一人去舜得十，加十二牧，凡二十二人。《五帝本紀》上文云："禹、皋陶、契、后稷、伯夷、夔、龍、垂、益、彭祖，自堯時而皆舉用，未有分職。"次云："命十二牧。"下乃備載命禹、棄、契、皋陶、垂、益、伯夷、夔、龍之辭。而終之曰：嗟女二十有二人。明二十二人，即指十二牧，及前所舉十人，特失命彭祖之辭耳。然則翳、益爲一人不疑也。《夏本紀》曰："帝禹立，而舉皋陶薦之，且授政焉，而皋陶卒，而後舉益，任之政。"禹行禪讓，而所傳者反父子相繼，何邪？此可疑者四也。

《孟子》："萬章問曰：人有言，至於禹而德衰，不傳於賢，而傳於子，有諸？孟子曰：否，不然也。天與賢，則與賢；天與子，則與子。丹朱之不肖，舜之子亦不肖。舜之相堯，禹之相舜也，歷年多，施澤於民久；啓賢，能敬承繼禹之道；益之相禹也，歷年少，施澤於民未久，舜、禹、益相去久遠；其子之賢不肖，皆天也，非人之所能爲也。莫之爲而爲者，天也；莫之致而致者，命也。"辨矣。然《淮南子》曰："有扈氏爲義而亡。"注"有扈，夏啓之庶兄也。以堯舜舉賢，禹獨與子，故伐啓。啓亡之。"《齊俗訓》。《新序》曰："禹問伯成子高曰：'昔者堯治天下，吾子立爲諸侯。堯授舜，吾子猶存焉。及吾在位，子辭諸侯而耕。何故？'伯成子高曰：'昔堯之治天下，舉天下而傳之他人，至無欲也；擇賢而與之其位，至公也；……舜亦猶然。今……君之所懷者私也，百姓知之，貪争之端，自此始矣。德自此衰，刑自此繁矣。吾不忍見，以是野處也。'"《節士》。《淮南》世以爲雜家而主於道，其實多儒家言，予别有考，今姑勿論。《新序》之爲儒家言，則無疑矣。而其言如此。又《書·甘誓序疏》曰"自堯舜受禪相承，啓獨見繼父，以此不服"，故伐之。義疏所本，亦必儒家言也。然則夏之世繼，儒家傳説，亦有異辭矣。得毋三皇之事，或隱或顯，姑以意言之邪？此可疑者五也。

周公攝政，亦今古文之説不同，今文家謂武王克殷二年，天下未集，有疾，周公乃自以爲質，告於大王、王季、文王，藏其策金縢匱中。武王崩，成王少，周公恐天下聞而畔，乃踐阼，代成王攝行政，當國。管叔及其羣弟流言於國，周公告太公望、召公奭曰："我之所以弗辟而攝行政者，恐天下畔周，無以告我先王大王、王季、文王。"於是卒相成王。管、蔡、武庚等果率淮夷而反，周公乃奉成王命，興師東伐，誅管叔，殺武庚，放蔡叔，寧淮夷東土，二年而畢定。周公歸報成王，乃爲詩貽王，命之曰《鴟鴞》。成王七年，成王長，能聽政，周公乃還政於成王。初，成王少時，病，周公乃自揃其蚤，沉之河，以祝於神，曰：王少，未有識，奸神命者，乃旦也。亦藏其策於府。成王病有瘳。及成王用事，人或譖周公。周公奔楚。成王發府，見周公禱書，乃泣，反周公。《史記·魯世家》、《蒙恬列傳》。周公死，成王狐疑：欲以天子禮葬公，公人臣也；欲以人臣禮葬公，公有王功。天雷雨，禾偃，木拔，及成王寤金縢之策，改周公之葬，申命魯郊，而天立復風雨，禾盡起。《論衡·感類篇》、《後漢書·周舉傳注》引《尚書·洪範五行傳》。古文家則以爲武王崩，成王年十歲。年十二，喪畢，稱己小求攝，周公將代之。管、蔡流言，周公懼，明年，出居東國待罪，以須君之察己。周公之屬黨與知居攝者，周公出，皆奔。又明年，盡爲成王所得。周公傷其屬黨無罪將死，恐其刑濫，又破其家，而不敢正言，乃作《鴟鴞》之詩以貽王。明年，有雷風之異，王乃改先時之心，更自新，以迎周公於東，周公反，則居攝之元年。時成王年十五，《書傳》所謂一年救亂。明年，誅武庚、管、蔡等，《書傳》所謂二年克殷。明年，自奄而還，《書傳》所謂三年踐奄。四年，封康叔，《書傳》所謂四年建侯衛。時成王年十八。明年，營洛邑，故《書傳》云五年營成周。六年，制禮作樂。七年，致政成王。成王年二十一。明年乃即政，年二十二也。《禮記·明堂位》、《詩·七月》、《鴟鴞》、《東山》《疏》義。《疏》所引雖鄭氏一家之言，然《論衡·感類篇》曰："古文家以武王崩，周公居攝，管、蔡流言，王意狐疑周公，周公奔楚，故天雷雨，以悟成王。"則鄭所用，乃古文家之公言也。案周公既以成王幼，而欲攝政，而又出居東國，待罪，以須君之察己，不合情理，自當以今文說爲是。古文之説，蓋誤居東與奔楚爲一談也。周初之楚，在今丹、淅二水入漢之處。宋翔鳳《過庭録·楚鬻熊居丹陽武王徙郢考》。文王化行江漢，實得此以震蕩中原。迨穆王南巡守，不反，則自武關東南出之道絶，而王室之威靈稍替矣。《左氏》昭公七年："公將適楚，夢襄公祖。梓慎曰：襄公之適楚也，夢周公祖而行。子服惠伯曰：先君未嘗適楚，故周公祖以道之；襄公適楚矣，而祖以道君。"可見周公奔楚，確有其事。此事自當如今文說，在成王親政之後，謂屬黨之執，亦在斯時，則怡然冰釋，涣然理順矣。丹、淅形勝之地，周公據之，意欲何爲，殊不易測。其如何復反於周，亦不可考。發府見書之説，乃諱飾之辭，不足信也。雷風示變，因以王禮改葬，申命魯郊，其事亦殊可異。《漢書・匈奴列傳》："貳師在匈奴歲餘，衛律害其寵。會母閼氏病，律飭胡巫言先單于怒曰：'胡故時祠兵，常言得貳師以社，今何故不用？'於是收貳師，貳師罵曰：'我死，必滅匈奴。'遂屠貳師以祠。會連雨雪數月，畜産死，人民疫病，穀稼不熟。單于恐，爲貳師立祠室。"生則虐之，死又諛之，巫鬼之世，常有之矣，不足怪也。然則周公其果以功名終邪？此可疑者六也。

此等疑竇，一一搜剔，實不知凡幾，今特就其較顯著者言之耳。然儒家所傳，是否事實，固已不能無疑，則亦無怪子玄之疑之矣。近人有孔子託古改制之説，其甚者，至謂三代以前，皆榛狉之世；堯、舜、禹、湯、文、武爲不知誰何之人，皆孔子造作，以寄其意，此亦太過。無徵不信，豈能以一手掩盡天下目邪？且孔子固曰"我欲託之空言，不如見之行事之深切著明"矣。立説而蘄爲世之所信，固莫如即其所信者而增飾之。然則儒家之言，仍是當日流傳之説，儒家特加以張皇，爲之彌縫耳。仲任謂"聖人重疑，因不復定"，其説最允矣。《論衡・奇怪篇》。

然當時雖有流傳之説，而爲之張皇其辭，彌縫其闕者，則固儒家爲之，則亦足以考見儒家之主張矣。儒家之書，言禪繼之義者，莫備於《孟子・萬章上篇》。今試就其言考之，其第一步，實在破天下爲一人所私有之説，故曰："天子不能以天下與人。"然則孰與之？曰："天與之。"天與之者，諄諄然命之乎？曰：非也。"天視自我民視，天聽自我民聽"。故舜、禹之王，必以朝覲、訟獄之歸，益之繼世亦然也。此所謂"天與賢，則與賢；天與子，則與子"也，故曰："唐虞禪，夏后、殷、周繼，其義一也。"設詰之曰：德若舜、禹，必天之所生，欲命以爲天子者也，而何以仲尼不有天下？則曰：無天子薦之也。設又詰之曰：啓、太甲、成王之德，不必如益、伊尹、周公也，而何以益、伊尹、周公不有天下？則曰："繼世而有天下，天之所廢，必若桀紂者也。"如常山蛇，擊首則尾應,擊尾則首應,其立説可謂完密矣。當時雖未能行,卒賴其説,深入於民心,而二千年後,遂成國爲民有之局,爲儒家言者,尊孔子爲制法王,宜哉!

於史事不諦,而以意爲説,不獨儒家然也。《韓非子·忠孝》曰:"瞽叟爲舜父,而舜放之;象爲舜弟,而舜殺之。放父殺弟,不可爲仁;妻帝二女,而取天下,不可謂義。"《外儲説》曰:"燕王欲傳國於子之也,問之潘壽。對曰:'禹愛益而任天下於益,已而以啓人爲吏。及老,而以啓爲不足任天下,故傳天下於益,而勢重盡在啓也。已而啓與友黨攻益而奪之天下。'"舜、禹曾操、懿之不若矣。然《五蠹》則曰:"堯之王天下也。茅茨不剪,采椽不斲,糲粢之食,藜藿之羹,冬日麑裘,夏日葛衣,雖監門之服養,不虧於此矣。禹之王天下也,身執耒鍤,以爲民先;股無胈,脛不生毛;雖臣虜之勞,不苦於此矣。以是言之,夫古之讓天子者,是去監門之養。"則説又大異,何哉?一以明讓,非定位、一教之道;一以明争,讓由於養之厚薄也,皆取明義而已,事之實不實,非所問也。子玄所謂"輕事重言"者也。

或曰:古之讓國者亦多矣。許由、務光、王子搜《莊子·讓王》、《吕覽·貴生》。等姑勿論,其見於故書雅記者,若伯夷、叔齊,若吴泰伯,若魯隱公,若宋宣公,《春秋》隱公三年。若曹公子喜時,成公十六年。若吴季札,襄公二十九年。若邾婁叔術,昭公三十一年。若楚公子啓,哀公八年。皆是也,盡子虚邪?曰:夷齊之事,殊不近情;周大王之爲人,何其與晋獻公類也?此外苟察其實,有一如儒家所傳堯、舜、禹授受之事者邪?

惑經第四

此篇宗旨與前篇同,而不如前篇之可取。蓋前篇論經所載事之不足信,雖乖經義,有裨史識。此篇專攻《春秋》體例之不合,而又不達《春秋》之例,則悉成妄語矣。

《春秋》之作，所以明義。故曰："其事則齊桓、晉文，其文則史，其義則丘竊取之矣。"《公羊》曰："君子曷爲爲《春秋》？撥亂世，反諸正，莫近諸《春秋》。"又曰："制《春秋》之義，以俟後聖。"太史公曰："余聞董生曰：周道衰廢，孔子爲司寇，諸侯害之，大夫壅之。孔子知言之不用，道之不行也，是非二百四十二年之中，以爲天下儀表。貶天子，退諸侯，討大夫，以達王事而已矣。"凡漢人之言，無不如此者。知《春秋》之作，本非史書，不爲記事。若論史事，則不脩《春秋》俱在，自可觀覽而得也。莊公七年，"夏，四月，辛卯，夜，恆星不見。夜中，星貫如雨"。《公羊》曰："不修《春秋》曰：雨星，不及地尺而復。君子修之曰：星貫如雨。"此作《公羊》者及見《魯春秋》原文之明證。孔子之脩《春秋》，乃自著一書，非將原書毀滅也。後世不脩《春秋》既亡，《春秋》爲經不爲史之義復晦，學者多以《春秋》作史讀，遂覺其齟齬疏漏而不可通，乃有斷爛朝報之譏矣。須知孔子非編輯朝報，固無所謂斷爛。孔子因魯史修《春秋》，魯史所記之事，必不止如今之《春秋》，孔子只取此若干條者，取足明吾之義耳。且如《春秋》所記，隱桓之世，會盟征伐之國甚少，五霸桓公爲盛，葵丘之會，則周、魯、宋、衛、鄭、許、曹七國耳。《公羊》曰"葵丘之會，桓公震而矜之，叛者九國"，經所記國，不逮九也。召陵之役，晉可謂衰矣。而與于會者，有周、魯、宋、蔡、衛、陳、鄭、許、曹、莒、邾婁、頓、胡、滕、薛、杞、小邾婁、齊十八國，豈是時之晉，强於齊桓哉？所以見據亂、升平、太平之世，所治遠近之不同也。此等處，魯史原文，必不如是。故以《春秋》作史讀，非徒闕略其事，抑且每事皆改易失真，正不徒斷爛朝報而已。若其編輯朝報，而斷爛至是，而猶爲衆所歸美，如劉氏所舉者，則古之人無一非喪心病狂者矣，有是理邪？

太史公曰："《春秋》文成數萬，其旨數千。"董生曰："《詩》無達詁，《易》無達占，《春秋》無達例。"①必無達例，數萬之文，乃得有數千之旨。後人好以例言《春秋》，凡書法相同者，其義亦必相同，則《春秋》之旨，乃僅數十百耳，安得有數千？知此，則此篇之誤，不待辯而可明矣。

---

① 董仲舒《春秋繁露》卷三《精華》作"《春秋》無達辭"。"《春秋》無達例"之語，似出宋陸佃《陶山集》卷十二《答崔子方秀才書》。

本書所攻各條,《春秋》皆自有其義,檢閱《公羊》可知,今不暇具辯也。《汲冢書》亦僞物,據之以疑《春秋》,則更誤矣。

“仲尼没而微言絶,七十子喪而大義乖”,語出《漢書·藝文志》。微言,“李奇曰:隱微不顯之言也。”對大義言,非謂微婉其辭,隱晦其説,此篇譏虛美之五,乃誤解也。

申左第五

此篇申《左氏》而攻《公》、《穀》,亦以史家之眼光論三傳也;若論經學,則不如是。

所稱《左氏》三長,一爲凡例用周典,此説出於杜預,原注已自言之。案《漢書·楚元王傳》曰:“初《左氏傳》多古字古言,學者傳訓故而已。及歆治《左氏》,引傳文以解經,由是章句義理備焉。”此語實歆作僞顯證。傳本解經,何待歆引?曰歆引以解,則傳之本不解經明矣。《後漢書·鄭興傳》曰:“晚善《左氏》,遂積精深思,通達其旨,同學者皆師之。天鳳中,將門人從劉歆講正大義。歆美興才,使撰《條例》、《章句》、《訓詁》。”則僞造《左氏傳》者,尚不止劉歆一人,然此書仍爲未成之稿。何者?人之思想,不能無爲風氣所囿,《漢書·藝文志》謂孔子作《春秋》,“有所褒諱貶損,不可書見,口授弟子;弟子退而異言。丘明恐弟子各安其意,以失其真,故論本事而作傳,明夫子不以空言説經也”。此《左氏》既行之後,古文家攻擊今文之説也。其實《春秋》本爲明義,史事别有成書,作《公羊》者,且親見之,已見前篇評,安有以空言説經之事?故此説不足辯也。使劉歆等之思想亦係如此,則但將《國語》拆散,取其所記之事與《春秋》同者,成一編年之書,已足困《公羊》而有餘矣。無如當時風氣,習以《春秋》爲明義之書,造僞傳而但能徵引本事,實不足奪今文之席,乃不得不先造《穀梁》,體例一如《公羊》,而立説與之歧異,以淆亂耳目。繼又造一《左氏》,於備詳本事之外,曲撰解經之文，以示其學有師承焉。於是造端宏大，條例滋繁，而其書遂非一二人之力所能成矣。今之《左氏》，解經處甚少，與經無涉處極多，即其書未成之鐵證也。於是後之儒生，治《左氏》者，不得不爲之彌縫匡救。以《左氏》釋經之文之寥寥，條例之不備，乃不得不借資於《公》、《穀》。夫謂丘明作傳，專爲明本事以免失真，則解經之文一字不著可矣；無如又爲劉歆、鄭興輩造出數十條，不能脱然無累，此實作僞者之作繭自縛也，然欲以傳解經，而條例必借資於《公》、《穀》，則《左氏》之成，其爲《春秋》之傳者，尚幾何哉？直至杜預出，乃穿穴本書，自立凡例，不必乞靈於二傳，《左氏》至此，始可謂之獨立矣。杜預信《左氏》之功臣也。然因此而信其真得周公之舊典，則爲古人所欺矣。

要之《左氏》之可貴，在其能備《春秋》之本事；其所記之事，雖不必皆確，而在今日，欲考《春秋》之本事者，要以此記爲最優。則雖篤信《公羊》者，亦不容有異議也。然此在今日則爾，在孔子時決無此事，以其時史籍具存，無待《左氏》之論次也。即造《左氏》者之所重，亦不專在本事；以其時習以《春秋》爲明義之書，其重本事，不若後世之甚也。故以《左氏》作史讀，則爲希世之珍；以之作經讀，則不免紫之奪朱，鄭之亂雅也。三長中之第二第三兩條，宜本此義，分別觀之。

此篇之攻《公》、《穀》，謂其語地則與魯産相違，論時則與宣尼不接，此即《漢志》以"口説流行"詆《公》、《穀》之見。殊不知以經學論，則所貴者，孔門之口説；師師相傳，雖有闕誤，究之微言大義，猶有存者，非如《左氏》解經處，純出後人臆造也。其第二條謂《左氏》所載當時辭令多史官原文，而《公》、《穀》則僅憑口説，取諸胸臆，故豐儉不同，文野各異。案以文辭論，《左氏》誠美於《公》、《穀》，然《左氏》文字清麗排比處甚多，酷類西京末造東京初年手筆，竊疑《左氏》奥澀難解處，駿快排奡類《國策》處，皆係真古書；獨其辭令之美，爲後人稱道不置者，轉有出漢人潤飾處。其究與漢人文字不同者，則既以古書爲據，自與純然自作者不同。猶僞古文《尚書》雖氣體卑弱，亦自與魏晉人文字不同也。此論頗創，深於文者，苟能平心思之，自不以爲河漢。

至於豐儉之不同,則《公羊》之作本爲明義,不爲記事,其涉及本事處,但取足明經義而止;而《穀梁》則純模仿《公羊》者也。第四條病《公》、《穀》重述經文,無所發明。案《春秋》與《公羊》乃一書,不得分爲經傳,已具前評。《春秋》本應每條有義,所以無義者,則相傳失之,諸經本皆有闕佚也。第五條譏《公羊》是非之不當,此又涉及經學,可以勿論。

今日將三傳作史讀,《左氏》優於《公》、《穀》,自無待言;然亦有宜參考二傳者,不得一筆抹殺,作十成之論也。今試舉二事爲例:邲之戰,據《公羊》所載楚莊幾於堂堂之陣、正正之旗,而據《左氏》則始以和誤晉,繼又乘其不備而夜襲之,蓋未嘗不用詐。揆度事理,自以《左氏》所記爲真。《公羊》蓋專爲説經,故其記事有不備也。然《左氏》記邲戰之事云:"晉人或以廣隊不能進。楚人惎之,脱扃。少進,馬還。又惎之,拔旆投衡,乃出。顧曰:吾不如大國之數奔也。"當交戰之時,而教敵人遁逃,以致反爲所笑,殊不近情。故有以"惎之","又惎之"斷句,訓惎爲毒者。然如此,則顧曰云云,殊不可解。讀《公羊》"令之還師而佚晉寇"之文,乃知楚莊當未戰時,雖不恤用詭道求勝,而既勝之後,則又下令不必殲敵,以示寬仁。《左氏》此文,及下文"晉之餘師不能軍,宵濟,亦終夜有聲",蓋亦以見莊王之還師而佚寇。杜氏釋"宵濟,亦終夜有聲"曰"言其兵衆,將不能用",實未得《左氏》之意矣。季友之獲莒挐也,《穀梁》記其事曰:"公子友謂莒挐曰:吾二人不相説,士卒何罪?屏左右而相搏,公子友處下。左右曰:孟勞。孟者勞,魯之寶刀也,公子友以殺之。"此事范注疑之。案《史記》:漢王與項王臨廣武間而語,項王謂漢王曰:"天下匈匈數歲者,徒以吾兩人耳。願與漢王挑戰,決雌雄,毋徒苦天下之民父子爲也。"即季友謂莒挐之言。使當時漢王應之,則劉、項亦季友、莒挐也。蓋古自有此俗。《左氏》城濮之戰,"晉侯夢與楚子搏,楚子伏己,而盬其腦,是以懼。子犯曰:'吉。我得天;楚伏其罪,吾且柔之矣'"。杜注謂:"子犯審見事宜,故權言以答夢。"以夢兆爲不吉,究得《左》意與否,讀者不能無疑,證以《穀梁》季友、莒拏之事，則知當時手搏自以處下者爲負，此晉侯之所以懼，杜注自不誤也。此皆《左氏》記事，以《公》、《穀》參證，而益明者也。以大體論之，《左氏》記事，自較《公》、《穀》爲詳確；然《公》、《穀》反詳，《左氏》反略，《公》、《穀》得實，《左氏》訛誤之處，亦非無之。如黄池之會，《公羊》謂先吴，《左氏》謂先晉，以理度之，《公羊》爲信。《左氏》所採，《晉語》獨多也。處今古書闕佚之時，苟有異同，一字皆寶。要在平情静氣，以求其真，固不得如劉氏之偏主一書也。

劉氏佞《左》，可謂成癖，故凡《左氏》與他書歧異處，盡以他書爲僞，《左氏》爲真，其中《左氏》確而他書誤者誠有之。如云"秦繆居春秋之始，而云其女爲荆平夫人；韓魏處戰國之時，而云其君陪楚莊葬馬；欒書仕於周子，而云以晉文如獵，犯顔直言；荀息死於奚齊，而云觀晉靈作臺，累碁申誡"是也。於此可悟編年之長，及其宜於爲長編之理。然他書實不誤，而劉氏武斷處亦有之。如乘丘之戰，莊公敗績，事見《檀弓》，原文曰："魯莊公及宋人戰於乘丘，縣賁父御，卜國爲右，馬驚敗績。公隊，佐車授綏，公曰：末之卜也。縣賁父曰：他日不敗績，而今敗績，是無勇也，遂死之。圉人浴馬，有流矢在白肉。公曰非其罪也，遂誄之。士之有誄，自此始也。"所謂敗績，蓋專指莊公之車，與全軍得雋，各不相妨。"末之卜也"，注曰："末之，猶微哉，言卜國無勇。"案此注誤也。古未有呼臣之姓者。若咎卜國，當云"末之國也"，不當云"末之卜也"。且馬驚何與車右，而咎之乎？"末之卜也"，與《論語》"末之難矣"，句法相同。蓋指馬言，言乘此馬未嘗卜，故有敗績之咎也。縣賁父曰"他日不敗績，而今敗績，是無勇也"，則引咎責躬，而不以歸咎於馬也。案此説出自前人，不能記爲誰某矣。楚、晉相遇，置師兩棠，事見《新書·先醒篇》。原文云："莊王圍宋，伐鄭，鄭伯肉袒牽羊，奉簪而獻國，莊王曰：'古之伐者，亂則整之，服則舍之，非利之也。'遂弗受。乃南與晉人戰於兩棠，大克。"所述與《公羊》相合，安知邲不又名兩棠乎？晉人覘宋，亦見《檀弓》。案司城子罕殺宋君而奪其政，見《韓非子·外儲説右下》。或云：宋實有兩子罕，即謂不然，《左氏》記事，未必皆備，安知子罕相宋之時，晉人無將伐宋之事？且外爲和輯，内將窺伺者，列國多有之矣，又焉保國交方睦、遂無間諜覘察之舉乎？其疑《穀梁》鷄澤之會大夫皆執國權之言，蔽亦同此；至於項之滅，《公羊》謂齊桓爲之，《左氏》謂魯僖爲之，彼此皆無他證，又安得是此而非彼也。今之《列子》，本係僞書，據其論尼父之文，譏《七略》推校生年之誤，亦不中理；至扁鵲醫療虢公，而云時當趙簡子之日者，扁鵲乃治此術者之號，非一人之名，《史記》列傳所叙，實非一人之事也，詳見予所撰《章句論》。

點煩第六[①]

古書多兼用朱墨，又有於朱墨之外，更用他色者，傳鈔既多譌誤；刊板時苟簡，又多去之，詳見予所撰《章句論》。此篇亦其一也。

古人文煩，自由其時口語如此，不容據後世文法，妄加譏議，前評已言之矣。然以此譏古人則非；謂作文當求簡浄，理自不誤。古人口語煩，後世能易之以簡，即文字之進步也。劉氏所點，已不可見，今就所引，以鄙意點之。所去之字，以〔〕爲識，聊以示作文之法耳。非敢謂有當於前賢也。

《孔子家語》：魯公索氏將祭，而亡其牲。孔子聞之曰：〔公索氏〕不及二年矣。一年而亡。門人問：〔曰昔公索氏亡其祭牲，而夫子曰：不及二年，必亡。今果如期而亡，夫子何以知然？〕原除二十四字；蓋留“公索氏”及“曰夫子何以知然”十字也。其實去“公索氏”三字，則語氣愈簡截。《左氏》多有此例。門人問下，必有孔子答辭，有答辭，則問語可知矣。《論語》多有此例。

《家語》：晉將伐宋，使覘之。宋陽門之介夫死，司城子罕哭之哀。

---

① 《史通點煩篇補》，曾刊於1929年的《光華期刊》，卷首一段文字稍有不同，現摘録如下：文字各有時代，西漢以前散文，冗長最甚，由其去口語近也。此篇以己意議古人，非是。然謂文字當求簡浄，理自不誤。點處已不可見。輒以鄙意補之。豈敢謂有當於前賢，亦聊以藥今人文字枝蔓之病耳。

覘者反，言於晉侯曰："〔宋陽門之介夫死，而司城子罕哭之哀，〕〔民咸悦〕〔矣〕。宋殆未可伐也。"原除二十一字，移三字，疑首句作"晉侯將伐宋"，下作"覘者反曰"，更節"民咸悦"之"咸"字，或"宋殆未可伐也"之"殆"字。

《史記·五帝本紀》：諸侯之朝覲者，不之丹朱而之舜，百姓之獄訟者，不之丹朱而之舜，謳歌者，皆不謳歌丹朱而謳歌舜。案"諸侯之朝覲者"，今本《史記》無"之"字。"百姓之獄訟者"，今本《史記》無"百姓之"三字，此今本《史記》奪漏，劉氏所據本不誤也。"皆不謳歌丹朱而謳歌舜"，《史記》無"皆"字，上"謳歌"二字，一作"之"。浦氏云："當是除獄訟句内'不之'七字，加'皆'字以該之。其下之'謳歌'二字，亦當作'之'字也。"案《史記》不得有"皆"字，浦氏之説近是。然"謳歌"不可云"之"仍可疑也。此數語除一"皆"字係衍文外，餘實無字可節，不知劉氏如何節法。"諸侯之朝覲者"之"之"字，"百姓之獄訟者"之"百姓之"三字，浦氏疑爲劉氏所加；案劉氏最好簡，《史記》所無，未必加之。況"百姓之"三字，設非《史記》原文，劉氏何由知獄訟謳歌，不屬諸侯而屬百姓乎？古無刻板時，書皆傳寫。傳寫率由鈔胥，鈔胥最好節去虚字。故知此四字，《史記》原本有之，而今本奪也。

又：〔舜年二十以孝聞，三十而〕帝堯問可用者，四岳咸薦〔虞〕舜。堯老，使舜攝行天子政，巡狩，[舜得舉用事二十年，而堯使攝政，攝政八年而]堯崩。三年喪畢，讓丹朱，天下歸舜。舜年二十以孝聞，年三十，堯舉之，年五十攝行天子事，年五十八堯崩，年六十一代堯踐帝位，踐帝位三十九年，南巡狩，崩於蒼梧之野。原本奪漏太甚，今以意定《史記》原文如此，此處欲圖删削，必合此百十六字，乃可著手也。此條合上條，原本云："除二十九字，加七字。"今但此一條，適除二十九字。此條删法，可有多種，而以此種删法爲最清楚。否則删下"年二十以孝聞"至"堯崩"二十六字亦可，然較此似少晦。

《夏本紀》：〔禹之父曰鯀，鯀之父曰帝顓頊，顓頊之父曰昌意，昌意之父曰黄帝。禹者〕黄帝之玄孫，而帝顓頊之孫也。〔禹之〕曾大父昌意〔及〕父鯀，皆不得在帝位，爲人臣。除三十一字。原本云除五十七字，加五字。案除五十七字，疑太多，如再除"而帝顓頊之孫"之"而"字及"不得在帝位"五字，則得三十七字，疑五十七或三十七之訛也。然不得在帝位是一事，爲人臣又是一事，不得在帝位者，不必定爲人臣，此兩語實不復也。又案顓頊以前世系，已見《五帝本紀》，此處但曰父鯀，鯀之父曰帝顓頊亦可，則除五十三字。

《項羽本紀》：項籍者，下相人也；字羽，初起時年二十四，其季父

〔項〕梁，梁父〔即楚將項〕燕，爲秦將王翦所戮〔者也〕。項氏世世爲楚將；封於項，故姓項氏。〔項〕籍少時，學書不成。去學劍，又不成，〔項〕梁怒之。籍曰："書足以記名姓而已，劍一人敵，不足學，學萬人敵。"〔於是項〕梁乃教籍兵法。籍大喜。略知其意，又不肯竟學。〔項〕梁嘗爲櫟陽逮捕，〔乃〕請蘄獄掾曹咎書抵櫟陽獄掾司馬欣〔以故〕，事得已。〔項〕梁殺人，與籍避仇〔於〕吴中，吴中賢士大夫，皆出〔項〕梁下。〔每吴中〕有大繇役，及喪，〔項〕梁嘗爲主辦，陰以兵法部勒賓客及子弟，以是知其能。秦始皇帝游會稽，渡浙江，梁與籍俱觀。籍曰："彼可取而代也。"梁掩其口，曰："毋妄言！族矣。"梁以此奇籍。籍長八尺餘，力能扛鼎，才氣過人。雖吴中子弟，皆已憚籍矣。秦二世元年七月，陳涉等起大澤中。其九月，會稽守通謂梁曰："江西皆反，此亦天亡秦之時也；吾聞先即制人，後則爲人所制。吾欲發兵，使公及桓楚將。"是時桓楚亡在澤中。梁曰："桓楚亡，人莫知其處，獨籍知之耳。"梁乃出，誡籍持劍居外待。梁復入，與守坐。〔曰：〕請召籍，使受命召桓楚，守曰："諾。"梁召籍入。須臾，梁眴籍曰："可行矣！"〔於是〕籍遂拔劍斬守頭。〔項〕梁持守頭，佩其印綬。門下大驚，擾亂，籍所擊殺數十百人。一府中皆慴伏，莫敢起。梁乃召故所知豪傑吏，諭以所爲起大事，遂舉吴中兵。使人收下縣，得精兵八千人。梁部署吴中豪傑，爲校尉，候司馬。有一人不得用，自言於梁。梁曰："前時某喪，使公主某事，不能辦，以此不任用公。"衆乃〔皆〕伏。於是梁爲會稽守，籍爲裨將，徇下縣。原本僅至"故姓項氏"止，云"除三十二字，加二十四字，厘革其次序"。案自"故姓項氏"以上，決無三十二字可除。浦氏疑"此條原本全失，但存《項羽本紀》四字，後人聊寫篇首數語當之"。予案"初起時年二十四"一句，可移至"籍爲裨將，徇下縣"之下，云"時籍年二十四"，因疑原本實當至此爲止。又自"故姓項氏"以上，劉氏當尚有移易其先後處；今既不可考見，亦無庸唐突古人矣。《史記》原文，近於口語。以後世文法律之，其可删削處，略爲删削，凡得二十八字。原文"三十二"，三或二與五之訛。至於加二十四字，則必加入一事，方可足此數。竊疑會稽守通無姓，《集解》曰："《楚漢春秋》曰：會稽假守殷通。"《史記》亦不言假。劉氏當加一"假"字，一"殷"字；又"逮捕"，《索隱》曰："逮訓及，謂有罪相連及，爲櫟陽縣所逮録也，故漢史制獄有逮捕。""逮捕"二字，在漢時人人知之,後人或不知爲"連及",劉氏或當加數語以明之也。

《吕后本紀》:吕太后者,高祖微時妃也,生孝惠帝、魯元公主。〔及〕高祖爲漢王,得定陶戚姬,愛幸,生趙隱王如意。〔高祖嫌〕孝惠爲人仁弱,高祖以爲不類我。〔常欲廢太子,立戚姬子如意,如意類我;又〕戚姬幸,常獨從上之關東,日夜啼泣,欲立其子〔如意以代太子〕。吕后年長,常留守,希見,上益疏。如意立爲趙王後,幾代太子者數矣。賴大臣諍之,及留侯策,太子得無廢。原注曰"此事見高惠二紀,及諸王、叔孫通、張良等傳,過爲重叠矣。今又見於《吕后紀》,固可略而不言"。浦氏曰"劉意蓋謂並可不點矣"。案《史記》無《惠帝紀》、《趙隱王傳》。留侯稱《世家》,不稱《列傳》;高帝欲廢太子,立趙王,事見《留侯世家》及《周昌》、《叔孫通傳》中,亦與《吕后記》語不複,此注殊可疑。惟原文云"除七十五字",則非將高祖欲易太子事盡去之不可,疑《史通》原文,又爲後人所亂矣。今就原文點之。"高祖嫌孝惠爲人仁弱",今本《史記》無"高祖嫌"三字;"又戚姬幸,常獨從上之關東",今本無"又"字、"獨"字,"欲立其子如意以代太子",今本無"如意以"三字,此等字决非後人所加,亦今本《史記》奪也。

《宋世家》:景公卒,宋公子特攻殺太子而自立,是爲昭公。昭公者,元公之曾庶孫也。昭公父公孫糾,糾父公子褍秦,褍秦即元公少子也。景公殺昭公父糾,故昭公怨,攻殺太子而自立。案《史通》此文之前,多"初元公之孫糾,景公殺之"十字,"景公卒"下無"宋"字,而有"糾之"二字,浦氏謂"皆劉氏所加,宋公子特之'公'字亦應有。'昭公者'以下,大半在所點除"是也。案原文云:"除三十六字,加十三字",今所加者已十二字,只能更加一字。而自"昭公者"以下,大抵皆應删除,於《史記》原文,事實必有漏落,實爲未妥。予意當易爲"景公卒,元公少子公子褍秦,生公孫糾。糾生公子特。景公殺糾,故特怨,攻殺景公太子而自立。是爲昭公"。凡四十字。較《史記》省二十六字,而於事實一無遺漏,似較劉氏點法爲佳也。

《三王世家》:大司馬臣去病昧死,再拜上疏皇帝陛下:陛下過聽,使臣去病待罪行間,宜專邊塞之思慮,暴骸中野,無以報,乃敢惟他議以干用事者。誠見陛下憂勞天下,哀憐百姓以自忘,虧膳,貶樂,損郎員。皇子賴天,能勝衣趨拜。至今無號位,師傅官,陛下恭讓不恤。羣臣私望,不敢越職而言。臣竊不勝犬馬之心,昧死,願陛下詔有司,因盛夏吉時,定皇子位。惟陛下幸察。臣去病昧死再拜以聞皇帝陛下。三月,乙亥,御史臣光,守尚書令,奏未央宫,制曰:下御史。六年三月,戊申朔,乙亥,御史臣光,守尚書令丞非下御史書到,言丞相臣青翟、御史大夫臣湯、太常臣充、大行令臣息、太子少傅臣安,行宗正事,昧死上言。〔大司馬臣去病上疏曰:陛下過聽,使臣去病待罪行間,宜專邊塞之思慮,暴骸中野,無以報,乃敢惟他議以於用事者。誠見陛下憂勞天下,哀憐百姓以自忘,虧膳,貶樂,損郎員。皇子賴天,能勝衣趨拜。至今無號位,師傅官,陛下恭讓不恤。羣臣私望,不敢越職而言。臣竊不勝犬馬之心,昧死,願陛下詔有司,因盛夏吉時,定皇子位。惟陛下幸察。制曰:下御史。〕臣謹與中二千石,二千石臣賀等議曰:古者裂地立國,並建諸侯,以承天子,所以尊宗廟,重社稷也。〔今臣去病上疏不忘其職,因以宣恩,乃道天子卑讓自貶,以勞天下。慮皇子未有號位。臣青翟、臣湯等,宜奉義遵職,愚蠢不逮事。〕方今盛夏吉時,臣青翟、臣湯等昧死,請立皇子臣閎、臣旦、臣胥爲諸侯王。昧死請所立國名。案《史記》原文,乃即當時案牘録存之。古時書少,不甚以文煩爲慮,故於覆奏時仍録原奏之文,亦未加刪節也。若後世日以史文繁重爲慮,欲求節省閱者之精力,則豈徒重複之辭可去,即不重複處,亦無關弘旨,可以不載。誠如劉氏所云,全宜削除也。此篇原除一百八十四字,今所刪適與合。

《魏公子傳》:高祖始微少時,數聞公子賢。及即〔天子〕位,每過大梁,嘗祠公子。〔高祖〕十二年,〔從〕擊黥布還,爲公子置守冢五家,世世,歲以四時奉祠〔公子。〕太史公曰:吾過大梁之墟,求問其所謂夷門,〔以徵信陵君故事,〕説者云:當戰國之時,夷門者,城之東門也。天下諸公子,亦有喜士者矣。然而信陵君之接岩穴隱者,不恥下交,名冠諸侯,有以也。〔高祖每過之,祠奉不絶也。〕案今本《史記》無"以徵信陵君故事,説者云:當戰國之時"十五字;又"有以也"三字在"名冠諸侯"上,其下有"不虛耳"三字,又"高祖每過之"下多"而令民"三字,揆諸文義,俱不如《史通》所録之長,疑亦今本誤也。

《魯仲連傳》:魯仲連者,齊人也,好奇偉俶儻之畫策,而不肯仕宦任職,好持高節。〔游於趙。〕趙孝成王時,〔而〕秦〔王使白起〕破趙長平〔之〕軍,〔前後四十餘萬,秦兵遂〕東圍邯鄲。〔趙王恐,〕諸侯之救兵,莫敢擊〔秦軍;〕魏〔安釐王使〕將軍晉鄙救趙,〔畏秦,〕止於蕩陰,

〔不進;〕魏王使客將軍新垣衍間入邯鄲,因平原君謂趙王曰:"秦所爲急圍趙者,前與齊〔湣王〕争强爲帝,已而復歸帝。今齊〔湣王已〕益弱,〔方今〕惟秦雄天下,此非必貪邯鄲,〔其意欲復求爲帝。〕趙誠發使尊秦〔昭王〕爲帝,秦必喜,罷兵去。"平原君猶豫未有所決。〔此〕時魯仲連適游趙,〔會秦圍趙,聞魏將欲令趙尊秦爲帝,〕乃見平原君,曰:"事將奈何?"平原君曰:"勝也何敢言事。前亡四十萬之衆於外,今又内圍邯鄲而不能去。魏王使客將軍新垣衍令趙帝秦,今其人在是。勝也何敢言事。"魯仲連曰:"吾始以君爲天下之賢公子也,吾乃今〔然後〕知君非天下之賢公子也。梁客新垣衍安在? 吾請爲君責而歸之。"平原君曰:"勝請爲紹介而見之於先生。"平原君遂見新垣衍曰:"東國有魯仲連先生者,今其人在此,勝請爲紹介,交之於將軍。"新垣衍曰:"吾聞魯仲連先生,齊國之高士也;衍人臣也,使事有職,吾不願見魯仲連先生。"平原君曰:"勝既已泄之矣。"新垣衍許諾。魯連見新垣衍而無言,新垣衍曰:"吾視居此圍城之中者,皆有求於平原君者也;今吾觀先生之玉貌,非有求於平原君者也;曷爲久居此圍城之中而不去?"魯仲連曰:"世以鮑焦爲無從頌而死者,皆非也,衆人不知,則爲一身。彼秦者,棄禮義而上首功之國也;權使其士,虜使其民。彼即肆然而爲帝,過而爲政於天下,則連有蹈東海而死耳,〔吾〕不忍爲之民也。所爲見將軍者,欲以助趙也。"新垣衍曰:"先生助之將奈何?"魯連曰:"吾將使梁及燕助之,齊楚則固助之矣。"新垣衍曰:"燕則吾請以從矣。若〔乃〕梁〔者〕,則吾乃梁人也,先生惡能使梁助之?"魯連曰:"梁未睹秦稱帝之害故耳! 使梁睹秦稱帝之害,則必助趙矣。"新垣衍曰:"秦稱帝之害何如?"魯連曰:"昔者齊威王嘗爲仁義矣,率天下諸侯而朝周。周貧且微,諸侯莫朝,而齊獨朝之。居歲餘,周烈王崩,齊后往,周怒,赴於齊,曰:'天崩地坼,天子下席。東藩之臣因齊后至則斫。'〔齊〕威王勃然怒曰:'叱嗟,而母婢也。'卒爲天下笑! 故生則朝周,死則叱之,誠不忍其求也。彼天子固然,其無足怪。"新垣衍曰:"先生獨不見夫僕乎? 十人而從一人者,寧力不勝

〔而〕智不若邪？畏之也。”魯仲連曰：“嗚呼！梁之比於秦若僕邪？”新垣衍曰：“然。”魯仲連曰：“吾將使秦王烹醢梁王。”新垣衍怏然不悦，曰：“噫嘻！亦太甚矣，先生之言也。先生又惡能使秦王烹醢梁王？”魯仲連曰：“固也。吾將言之，昔者九侯、鄂侯、文王，紂之三公也，九侯有子而好，獻之於紂。紂以爲惡，醢九侯；鄂侯争之强，辯之疾，故脯鄂侯；文王聞之，喟然而嘆，故拘之羑里之庫百日，欲令之死，曷爲與人俱稱王，卒就脯醢之地？齊湣王之魯，夷維子〔爲〕執策而從，謂魯人曰：‘子將何以待吾君？’魯人曰：‘吾將以十太牢待子之君。’夷維子曰：‘子安取禮而來待吾君？彼吾君者，天子也。天子巡狩，諸侯辟舍，納筦籥，攝衽抱機，視膳於堂下，天下已食，乃退而聽朝也。’魯人投其筦，不果納，不得入於魯。將之薛，假途於鄒；當是時，鄒君死，湣王欲入吊。夷維子謂鄒之孤曰：‘天子吊，主人必將倍殯棺，設北面於南方，然後天子南面吊也。’鄒之羣臣曰：‘必若此，吾將伏劍而死。’故不敢入於鄒。鄒、魯之臣，生則不得事養，死則不得賻襚，然且欲行天子之禮於鄒、魯，〔鄒、魯之臣〕不果納。今秦萬乘之國也，梁亦萬乘之國也；俱據萬乘之國，各有稱王之名，睹其一戰而勝，欲從而帝之，是使三晉之大臣，不如鄒、魯之僕妾也。且秦無已而帝，則且變易諸侯之大臣；彼將奪其所不肖，而與其所賢；奪其所憎，而與其所愛；彼又將使其子女讒妾，爲諸侯妃姬，處梁之宫：梁王安得晏然而已乎？而將軍又何以得故寵乎？”於是新垣衍起，再拜謝曰：“始以先生爲庸人，〔吾〕乃今〔日〕知先生爲天下之士也。吾請出，不敢復言帝秦。”秦將聞之，爲却軍五十里。適會魏公子無忌奪晉鄙軍以救趙，擊秦〔軍〕，秦軍遂引而去。於是平原君欲封魯連，魯連辭讓，使者三，終不肯受。平原君乃置酒，酒酣，起前，以千金爲魯連壽，魯連笑曰：“所〔謂〕貴於天下之士者，爲人排患、釋難、解紛亂而無取也；即有取者，是商賈之事也，〔而〕連不忍爲也。”遂辭平原君而去，終身不復見。此篇可點除者，不過五六十字，原載除數，一本云“二百七十五字”，一本云“三百七十五字”，必有省去其語言之處。而不知此篇之語言，斷不可省也。何也？此文出於《戰國策》。《戰國策》本縱横家之書，其記此事，特以見魯連説術之妙。作《魯連傳》，自未便加以删削也。所謂説術之妙者，新垣衍挾帝秦之説而來，成見頗不易破，所以動之者，只在“將軍何以得故寵”一語。然此言非可徑直陳之，而新垣衍且深閉固拒，並魯連而不願見，可見魯連進説之難。“魯連見新垣衍而無言”者，戰國策士之游説，必視人之所言如何，而因之以進吾之説，較之直陳吾説者爲易入，此正進説之術，故此語看似空文，實全篇緊要關鍵也。新垣衍之拒平原君，謂“魯連高士，衍人臣，使事有職”，此猶言外交自有使命，不樂聞局外不負責任之言，可見其相距之深。其問魯連之語，看似居圍城中相慰藉之詞，實乃譏其無益於平原君，何故不去也。當此情勢，直是無從開口。然戰國策士，他人不開口則已，一開口，必能因之以進吾説，此可見其説術之工矣。魯連既以不爲一身之意，酬其曷爲不去之問；即進申助趙之旨，使其不得不問。自此以下，新垣衍問其如何助趙，則答語拉定一梁，使其不得不駁。新垣衍自承梁之比於秦若僕，則激之以烹醢梁王之言，使其不得不怒，曲曲折折，引入吾説，至於圖窮而匕首見，而新垣衍爲其所動矣。全篇緊要之語，原只“且秦無已而帝”以下數十字，然使僅存此數十字，而將上文曲曲折折引出此數十字處悉數删除，則何以見魯連説術之妙乎？故古人文字，有看似冗蔓，而實非冗蔓者，正未可率爾置議也。魯連見平原君後，必有與之熟籌利害，及論帝秦可否之語，平原君必已心折其説，故欲見之於新垣衍；否則魯連安得貿然譏平原君以爲非天下之賢公子，而平原君亦安得貿然爲之介紹乎？此等處史文皆略之者，以此篇之作，意在記魯連説術之妙，此等處無關宏旨故也，平原君曰“勝既已泄之矣”者，新垣衍不見魯連，必有其託辭，如云有疾或他出之類，泄之者，謂已將無疾或未嘗他出等實情告魯連也，此等處，史文皆極簡省。“前與齊湣王争强爲帝”，“湣王”二字乃注語，混入正文。“尊秦昭王爲帝”之“昭王”同。下文之“齊湣王”，則涉上文而衍者也。

《屈原賈生傳》：〔自屈原沈汨羅後百有餘年，漢有賈生爲長沙王太傅，過湘水投書以弔屈原。〕賈生名誼，洛陽人也云云。乃以賈生爲長沙王太傅，〔賈生既辭往〕，行聞長沙卑濕，自以壽不得長，又以謫去，意不自得，及度湘水，爲賦以弔屈原。其辭曰。賈生爲長沙王〔太〕傅，三年有鴞飛入〔賈生〕舍，止於坐隅，楚人命鴞曰鵩，賈生〔既以謫居長沙，長沙卑濕，自恐壽不得長，傷〕悼之乃爲賦以自廣，其辭曰云云。懷王騎，墮馬而死，無後。賈生自傷爲傅無狀，哭泣。歲餘，亦死。〔時〕年三十三〔矣〕。“漢有賈生”云云，蓋劉氏所除；然既除此語，則“自屈原沈汨羅後百有餘年”十一字，亦宜并除；原云除七十六字，無論如何，不能盈其數，必有誤。

《扁鵲倉公傳》：太倉公者，齊太倉長，臨菑人也。姓淳于氏，名意，〔少而喜醫方術。高后八年，更受師同郡元里公乘陽慶；慶年七十餘,無子,使意盡去其故方,更悉以禁方予之,傳黄帝扁鵲之脈書,五色診病。知人死生,決嫌疑,定可治,及藥論甚精,受之三年,爲人治病決死生多驗〕。詔召問〔所爲治病死生驗者幾何人?主名爲誰?詔問故太倉長臣意〕方伎所長,及所能治病者,有其書無有?皆安受學?受學幾何歲?嘗有所驗,何縣里人也?何病?醫藥已,其病之狀皆何如?〔具悉而對。臣〕意對曰:“自意少時,喜醫藥。〔醫藥〕方試之,多不驗〔者,〕至高皇后八年〔中〕,得見師臨淄元里公乘陽慶,慶年七十餘,〔意得見事之。〕謂意曰:‘盡去而方書,非是也。慶有古先道遺傳黄帝、扁鵲之脈書,五色診病。知人生死,決嫌疑,定可治,及藥論書,甚精。我家給富,心愛公,欲盡以我禁方書〔悉〕教公。’臣意即曰:‘幸甚,非意之所敢望也。’〔臣意即〕避席再拜謁,受其脈書上下經,五色診、奇咳術,揆度陰陽外變、藥論、石神、接陰陽禁書,受讀解驗之,可一年所。明歲即驗之,有驗,然尚未精也。要事之三年所。即常已爲人治,診病決死生,有驗,精良。今慶已死十年所。臣意年盡三年,年三十九歲也。”此文首節蓋採時人所傳倉公事,自“詔召問”以下,亦直録當時文牘也。時人所傳倉公事,亦採自倉公對辭,然下文倉公對辭,陽慶有子男殷,而此云無子,則倉公受業時,殷已死矣。此又對辭所不備,而傳倉公事者别有所採者。若删之,則此事當於下文補入。

《漢書·龔遂傳》:上遣使者征遂。議曹王生願從。功曹以爲王生素耆酒,亡節度,不可使,遂不忍逆,〔從〕至京師,王生日飲酒,不視太守。〔會〕遂引入宫。王生醉,從後呼曰:“明府且止,願有所白。”遂還問其故,王生曰:“天子即問君何以治渤海?君不可有所陳對,宜曰:‘皆聖主之德,非小臣之力也。’”遂〔受其言,既至前,上果問以治狀,遂對〕如〔王生〕言。天子悦其有讓,笑曰:“君安得長者之言而稱之?”遂〔因前〕曰:“臣非知此,乃臣議曹教戒臣也。”上以遂年老,不任公卿,拜爲水衡都尉。〔議曹〕王生爲〔水衡〕丞。

《新晉書·袁宏傳》:袁宏〔有逸才,文章絶美,曾爲詠史詩,是其風情所寄〕。少孤貧,以運租自業。謝尚〔時〕鎮牛渚。秋夜乘月,〔率爾與左右〕微服泛江。會宏在舫中，諷〔其所作詠史詩，〕詠聲既清，會詞又藻麗，〔遂〕駐聽久之，遣問焉，答云："是袁臨汝郎誦詩，即其咏史之作也。"尚〔傾率有勝致，〕即迎升舟，〔與之〕談論，申旦〔不寐。〕自此名譽日茂。從桓温北伐，〔作《北征賦》，皆其文之高者，嘗〕與王珣、伏滔，同在〔桓〕温坐，温令滔讀其《北征賦》，至"〔聞所傳於相傳，云獲麟於此野。誕靈物以瑞德，奚受體於虞者。疚尼父之慟泣，似實慟而非假，豈一性之足傷〕，乃致傷於天下"。〔其本至此〕便改韻，珣云："〔此賦方傳千載，無容率爾。今於天下之後，移韻徙事，然於〕寫送之致，似爲未盡。"滔云："得益寫韻一句，或爲小勝。"〔温曰："卿思益之。"〕宏應聲〔答〕曰："感不絶於予心，愬流風而獨寫。"謝安〔嘗〕賞其機〔對〕辯〔速〕。後安爲揚州刺史。宏自吏部郎出爲東陽郡。〔乃〕祖道〔於〕冶亭。時賢皆集。〔謝〕安欲以卒迫試之，臨别，執其手，顧就左右，以一扇而授之，曰："聊以贈行。"宏應聲〔答〕曰："輒當奉揚仁風，慰彼黎庶。"〔觀者無不嘆服。〕時人嘆其卒而能要焉。原云：除一百十四字。今除一百四十字。

《十六國春秋》：郭瑀有女始笄，〔妙〕選〔良〕偶，有心於劉昞，遂别設一席於座前，謂諸弟子曰："吾〔有一女，年向成長，〕欲覓一快女婿，誰坐此席者，〔吾當婿焉。〕"昞遂奮衣來坐，神志湛然，曰："〔向聞先生欲求快女婿，〕昞其人也。"此條除二十二字，與原載除數合。此條與《三王世家》所除，雖不敢謂必與劉氏合，然必頗近之也。

雜説上第七

雜説三篇，議論皆已見他篇中。此蓋其初時札記之稿，正論成後，仍未删除；或劉氏已删之，而後人掇拾存之也。其議論有待發明及應矯正處，亦多見他篇評中；今惟補其所未及者數事，餘不更贅。上篇中攻《公羊》兩條最謬，《曲禮》曰："君有疾飲藥，臣先嘗之；父有疾飲藥,子先嘗之。”蓋當時事君事父之禮如此。《公羊》引樂正子春之侍親疾,加一衣一飯,損一衣一飯,則脱然愈,以譏許世子之不嘗藥,此例可謂極切。又古以魚爲庶人之食,故孟子以“數罟不入汙池”,與“不違農時”並言,《詩》亦以“衆惟魚矣”爲豐年之兆也。劉氏昧於古禮,而轉譏《公羊》之囿於齊俗,誤矣。

人不可有所偏,有所偏,則美而不知其惡。劉氏譽《左》,可謂成癖;獨其與《汲冢紀年》有異,則又非《左氏》而取《紀年》,由其過尊目擊而賤傳聞,遂使作僞者得售其欺也。今人亦好言實物而賤書史;然其所謂實物者,實未必皆可信,不可不猛省也。

劉氏論事,每失之刻核。如《太史公自序》意不重在己之受刑,故但云“遭李陵之禍,幽於縲紲”,以渾括之辭出之。其曰“不韋遷蜀,世傳《吕覽》”,亦但取身廢而書行之意耳。此語本非叙不韋之著書,記《吕覽》之流傳;正不必斤斤於遷蜀與傳書之先後也。而皆吹毛求疵,將尋常述意達情之語,一一作叙事文看;則世間除叙事文外,他種文字更何從下筆乎?

史家之論,義各有當。叙事兩説並存,更足以昭謹慎。此篇以《漢書·孝成紀贊》與《五行志》之不同,而譏其自相矛盾,孝成即《左氏》所謂知儀而不知禮者,贊與志實並不矛盾也。已傷刻核,又以班氏論項羽、于公之語,與其《幽通賦》對勘,則幾於不知文矣。

古書標題,多有脱落,如《禮記·樂記》,據《疏》,實包含十一篇,今舊標題之存於其中者,僅“子貢問樂”一語而已。參看予所撰《章句論》。相如、方朔兩傳,獨無表,其自叙之文,亦由於此。此乃傳寫之失,不可以議作者。

雜説中第八

此篇譏《新晉書·劉伶》、《畢卓傳》一段頗謬。史以記事,非以垂法也。劉、畢沉湎，姑無論其爲是爲非；當時既有此一種人，自不容不爲立傳。若一概删除，但傳守禮拘謹之士，不將如劉氏所譏無以見"古往今來質文屢變"，而使人疑前代風氣，"亘兩儀而並存，經千載其如一"乎？劉説見《言語篇》。

雜説下第九

《列女傳》記事之誤，不足爲病，已見《申左篇》評。此篇既知劉向之識多才足，而其著書，猶沿訛襲謬如此，其故正可深長思矣。乃劉氏竟不細思，而武斷爲向之有心欺世，何其刻核而不衷情實邪？《列女傳》稱會績之女爲徐吾、李吾，吾即《管子》之"吾子"，蓋幼小之稱，非名也。邦里氏族，安知非傳説如此，何以斷爲向所僞造乎？

《漁父》之辭，《高唐》之賦，自非事實，昔賢採此，或亦以人人知爲辭賦之流，使人作辭賦觀，非使人作叙事文觀也。

《漢書・五行志》錯誤第十

《五行志》雜駁第十一

五行所志，乃當時一種學問，作志者特總攬諸家之説，疏舛不能責之。至於文句疵累，古書多是如此，以其甄録他家之説，大都仍其原文，不加改竄也。

就事論事，此兩篇所駁，亦有不中理者，如謂：《太史公書》春秋以前災眚占候，皆出《左氏》、《國語》；《班志》惟稱《史記》，豈非忘本逐末。夫安知太史公不別有所據？又何以斷此史記二字，非史籍通名，必指太史公書乎？史事傳者少，不傳者多；就載籍之所存，斷不足見當時之真相。此在後世尚然，況於古代？劉氏執乘丘、鄑之捷，而謂魯人不至愁怨；執《春秋》權臣惟有三桓、六卿、田氏，而以溴梁之盟，君若綴旒爲虚言，皆坐武斷之病也。

暗惑第十二

此篇根據事理，以駁傳説之虚誣，必能有此識解，乃不至爲讕言所惑，實讀史之要法也。惟所謂事理，必極客觀者乃可耳。

此篇有二條誤駁：一《史記·滑稽列傳》，欲以孫叔敖爲相之楚王，乃優人所象，非真楚王也。"歸乎田成子"之歌，則古書述人語，例不入其人口氣，多以我之辭述彼之意耳。此係古人語法如此，不容執後世文例相難。

忤時第十三

此篇當與《自叙》參看，可見唐時史館之弊，其發憤求官，則唐人風氣如此，不足爲劉氏病也。

附録一　評校《史通》序

《史通》行世，久無善本，(《四庫提要》謂《永樂大典》亦無此書，可見其傳本之罕。何義門云觀《玉海》所引《史通》，亦有訛字脱文。乃知宋時即甚少，則又無論明代矣。)明世刻本有三：一陸儼齋(嘉靖十四年)，一張元超(萬曆五年)，一張慎吾(萬曆三十年)。陸本最先出，《補注》、《因習》、《曲筆》、《鑒識》四篇，訛奪不可讀。慎吾言家有鈔本，宦轍所經，必先購求，復得二三鈔本，用校陸本，《曲筆篇》增四百餘字，《鑒識篇》增三百餘字，而去其自他篇羼入者六十餘字。《四庫提要》謂不知其所增益果據何本，然自是言是書者，皆以此本爲主云。李本寧、郭孔延之評釋，即其一也。王損仲因李、郭本而作訓詁，又以張元超本參校，增《曲筆篇》百十九字。(《提要》謂卷端題識稱除增《因習》一篇及更定《直書》、《曲筆》二篇外，共校正一千一百四十二字，然以二本相校，將《曲筆篇》增入一百一十九字，其《因習》、《直書》二篇，並與郭本相同，無增入之語，不知何以云然也。)清黄崑圃又因王書而補之，浦二田《通釋》略與黄氏同時，而成書前之一年，得黄書參校，故其書之成最後，今世通行者唯浦本，蓋以其書成最後，能奄有諸家之長，而去其短也。浦注採摭頗勤，而體例未善，評語間有可採，然十八皆陋儒評文之見也。涵芬樓藏張慎吾刻本，爲孫潛夫、顧千里所校，印入四部叢刊，司其事者爲無錫孫毓修，得江安傅氏所藏何義門校本及録顧千里校本；又上元鄧氏所藏千里别一校本及不知姓名者一家(校勘記稱爲鄧本)，據以作校勘記附於後。取與浦本相校，大體不如浦本,然間有勝之者,又有足正浦氏臆改之失者,刻本之舊而不必善者,固多如此。予嘗欲博求諸本,用相參校寫定,補正舊注之闕違而改其體例,商藏書家未能。十七年秋,講此書於上海光華大學,乃姑以四部叢刊與浦本相較而寫定爲一本焉。改正舊注,亦苦未暇,而於諸篇之後,皆附評語,抉劉氏思想之所由來,揚榷其得失,並著其與今日之異同,特所以示諸生,非足語於述作,然視浦氏之評,則固有間矣。寫既竟,以今日是書善本之罕,姑刊以問世焉。《四庫提要》評浦書謂使評注厘爲二書,庶乎離離雙美。予之注未成而先以評行世,竊取是語以解嘲焉。

附録二　《史通》習問

六家篇(《六家》、《二體》兩篇,與《外篇·古今正史》篇參看)

(一)《書》皆典、謨、訓、誥、誓、命,(記言)雜以《堯》、《舜典》、《禹貢》、《洪範》,爲例不純,其説如何?

(二)《漢尚書》、《隋書》等,何以不行於世?

(三)《周書》果《尚書》之類否?

(四)《竹書》是否可信?

(五) 晏子、虞卿、吕不韋、陸賈等書,并無年月,何以亦名春秋?

(六) 本紀法春秋,列傳爲之傳,其説當否?

(七)《春秋》、《左氏》,同爲編年,何以劉氏列爲兩體?

(八)《左氏》是否《春秋》之傳,《國語》是否外傳?

(九)《九州春秋》等,何以不行於世?

(十) 史記二字,在漢代是否專指太史公書?

(十一) 梁武《通史》,元暉《科録》,何以不行於世?《南》、《北史》何以能行?

(十二) 劉氏稱《史記》之失,(1) 論家國一政,而胡、越相懸;敘君臣一時,而參、商是隔;(2) 事罕異聞,語饒重出。果可爲史公咎否?

(十三) 劉氏於六家中,認可何家之體爲可祖述?

二體篇

(十四) 春秋、史記二體,互有長短,試言之。

載言篇

（十五）劉氏既稱《左氏》合記言、記事爲一書，何以又欲於表志之外，别立制册章表書？别立制册章表書之議可行否？包文章於制册章表書中，其議可行否？

本紀篇

（十六）劉氏謂(1)《史記・周本紀》當自西伯莊王以上，别爲世家；(2)又謂項羽不當列於本紀，其説然否？

（十七）本紀是否必須編年，陳壽《國志》假用漢年，陸機《晉書》不編年，二者孰得？

（十八）劉氏議魏、齊帝紀，全爲傳體，有異紀文。果如所言，本紀僅爲列傳提綱，君主個人之事，入之何處？若盡從删削，君主個性，何以顯見？

世家

（十九）陳涉何以稱世家？

（二十）三晉、田氏，可否稱世家？

（二十一）漢世諸王，應否稱世家？

（二十二）吴、蜀應否列爲世家？

列傳篇

（二十三）劉氏謂紀、傳不同，猶詩、賦有别，其别安在？

（二十四）合傳、附傳之别？

表曆篇

（二十五）表是否果無用？且與紀傳犯復？

（二十六）班氏《人表》，既屬無謂，且乖限斷，《漢書》列此，意果何居？

書志篇

（二十七）劉氏謂馬、班書志多效《禮經》，其説然否？

（二十八）劉氏謂《天文》、《藝文》二志所載皆當時爲限，其説然否？

（二十九）劉氏謂《五行志》不必附以災祥，其説然否？

（三十）劉氏欲創下列各志：人形、方言、都邑、氏族、方物，其當否如何？

論贊篇

（三十一）論贊之本意若何？

（三十二）劉氏謂馬遷限以篇，各書一論，理有非要，强生其文。《史記》果有此弊否？

（三十三）《晉書》用儷語作論，得失若何？

（三十四）劉氏謂范曄作贊，誤學《史》、《漢》，其説然否？

序列篇

（三十五）劉氏之意謂序可省、例必立，其説如何？

（三十六）古書率多無例，研究者何以處之？

題目篇

（三十七）《史記》傳皇后，何故以外戚名篇？

（三十八）載記之名，始於何時？《晉書》施諸十六國，是否得當？

（三十九）列傳標題以簡爲貴，抑宜全録姓名？

斷限篇

（四十）史於前後朝之事，不涉及則不明；所涉太多，則失之濫。應如何方爲適當？

編次篇

（四十一）《史記·龜策》究應列傳，抑應入志？

（四十二）一姓有傳附出餘親，事迹尤異分入他部，得失若何？向、歆事迹應否從《楚元王傳》中析出？

（四十三）陳壽《蜀書》首表二牧，得失若何？

（四十四）漢代宗廟制度是否應入《韋玄成傳》？

稱謂篇

（四十五）古書稱謂何以多錯誤（如《左氏》）雜不正（如《史記》稱頌籍爲項王）？

（四十六）帝皇尊號由追稱者，書法應如何？

（四十七）史傳稱謂應否有例？若云應有其例，當如何？

採撰篇

（四十八）（1）小説、（2）郡國之記、（3）譜牒、（4）傳説應否採取，採取之法宜如何？

載文篇

（四十九）辭賦率多虚矯，《史》、《漢》載之，其意何居？

（五十）魏、晉以下之文，何以與兩漢之世大異？

補注篇

（五十一）此篇所謂注者，可分幾種？

（五十二）裴注《國志》，後人多善其傳，此篇獨病其蕪，其故何歟？

（五十三）陸澄《班注》多引遷書，此缺一言，彼增半句，皆標爲異説，其得失若何？

因習篇

（五十四）因習之失，可分幾種？

邑里篇

（五十五）經子人物，何以惟書氏族，史公既草兹體，何以東晉以後仍復舊觀？

言語篇

（五十六）誤學古言之弊若何？

（五十七）已古者即謂之文，猶今者乃驚其質，何以古今通有此習？

（五十八）昔人論作史，貴於"直書其事而是非自見"，與此篇之説，有足相發明者否？

敘事篇

（五十九）此篇所論"尚簡"、"用晦"、"妄飾"三端，足否得當？

品藻篇

（六十）現今論作史者，惟貴客觀敘述，此篇所論是否尚有參考之價值?

直書篇　曲筆篇

（六十一）史求真實,作史者苟甘心曲筆,真實二字即將無從説起。然欲求直筆,其事極難。今日史學界難於直書易於曲筆之情勢,與劉氏所述,同異若何? 試推論之。

鑒識篇

（六十二）古書中每有極幼稚可笑之處,如"虞舜見厄,匿空而出","宣尼既殂,門人推舉有若"等,其故何與?

探賾篇

（六十三）此篇所論,皆推論古人著書之意而失之者,必如何方可免於斯弊?

模擬篇

（六十四）此篇所論,以文學眼光觀之,得失如何?

（六十五）《左氏》稱一人,名字號謚錯出,果足法否?

書事篇

（六十六）劉氏所論"書事之標準"如何? 試以今日之眼光評之。

人物篇

（六十七）立傳與否,當以何爲標準? 當傳不傳,是否可盡爲作史者之咎? 不當傳而傳,吾儕讀之,是否仍有用?

覈才篇

（六十八）文史何故異途? 修史何故忌用文士? 試言其原理。

序傳篇

（六十九）古人自叙,何以好侈陳先業? 今人是否可效爲?

（七十）自叙之體,如何方爲得當?

煩省篇

（七十一）後世之史籍,必繁於古代,其故安在?

（七十二）略則事實不具,詳則不可觀覽,此問題如何解決?

雜述篇

（七十三）此篇乃劉氏所謂非正史者，正史非正史之别，今日是否需要？大抵昔人所謂非正史者，所記之事，恒不如正史之可信，吾人當如何别擇？

辨職篇　自叙篇

（七十四）此兩篇可見官置史官之弊，何以後世之史，卒不能復於私修？私修既不能復，如何可救官修之弊？

史官建置篇

（七十五）古代天文，何故屬於史官？後世何以須分爲兩職？

（七十六）史事是否必須專設機關？專設機關，是否必須由國家設官？

（七十七）"書事記言"，"勒成删定"，是否當分爲兩事？兩者之標準當如何？

古今正史篇

（七十八）何以表志紀傳體之史，歷代皆有；編年之史，則或付闕如？何以修史者側重表志紀傳體？

疑古篇　惑經篇

（七十九）此兩篇，昔人何以多加訾議？以今日眼光觀之，此兩篇之議論，是否得當？

（八十）此兩篇係指何經言之，以經學之眼光觀之，是否與以史學之眼光觀之有别？

（八十一）古人何以輕事重言？

申左篇

（八十二）此篇是否以史學之眼光立論？如以經學眼光論之，當如何？即以文學眼光論，《左氏》亦有可疑之處否？

點煩篇

（八十三）點煩之論，是否得當？古人文字，何以多煩？

文史通義評

序

章學誠(實齋)爲近代之思想家。其學説見於《文史通義》、《校讎通義》二書。其説不必盡合於今;然精深透闢,足以矯前此之失,而爲後人導其先路者甚多。讀其書,既可知前此思想之轉變;又可知新説未輸入前,吾國史學家之思想如何,實治國學者所不可不留意也。兹先述其思想之大概,然後逐篇加以評論:或解釋其思想之所由來,或引申其所未盡,或補苴其所不足,或訂正其違失、偏激之處,冀爲讀是書者之一助焉。

章氏爲一既反對宋學,而又反對漢學之人。其反對宋學也,反對其空言無實;其反對漢學也,反對其徒事襞積補苴,而不知其所襞積補苴者之果爲何用。

宋學之弊也,人人談心説性,空疏無具,既不能有所作爲,並無復切實學問。起而矯其弊者乃有兩派:一如顧亭林之講究實學,清代之講考據者承之,遂成所謂漢學,此所以救宋學荒蕪之弊者也。明末大儒,如亭林等,皆非僅講學問之人;其於學問,亦非僅講考據之人,但清儒只承其考據之學。一則如顔習齋之力主實行,此所以救宋學空虚之弊,承其流者殊罕,章氏之思想頗近之。故亦謂必習於事而後可以言學,亦謂空言不可以教人。章氏之思想如是,故其所想望之境爲政教合一,官師不分;既主政教合一,官師不分,則不得不謂六經皆先王之政典;既主六經皆先王之政典,則不得不以集大成者爲周公,而謂孔子僅學周公而盡其道。章氏此等説,其根本皆自其崇實行、戒空言之一念來也。

章氏好深湛之思,故凡作一事,必先問此事何以須作,既乃考其如何作法,與徒事考據、而不問其所以然者大不相同。章氏謂道存於事,求道者必於事,故最重史,既重史,而其作事又必問其何以須作、當如何作，則於史事何者須記、何者不須記，必有辨之甚嚴者矣。本此以觀前史，乃覺其所載者，多不必載之事；而所當載者轉或闕焉。故章氏於前史幾無當意者，其稱《尚書》、《春秋》，乃舊時風氣，率舉其所謂最善之境，託之於古，傅之於經，非真有取於此兩書也。事實之當記、不當記，非一時所能定，故取之不可不謹嚴，而儲之不可不充足。職是故，章氏乃分保存史材、編輯史材與作史爲兩事：保存、編輯史材者，章氏之所謂記注，所謂比次之事；作史則章氏所謂撰述，所謂獨斷之學也。此爲章氏思想突過前人之處。前人於此理，雖不能謂其未嘗見及；而其言之斷不如章氏之明備。章氏論史之學，幾全以此二語爲歸宿。其注重方志，即其保存、編輯史料之苦心；其稱紀事本末，善通志，皆其作史意見之一斑也。此等思想，看似與漢學無涉，實則與漢學家大相反對；章氏反對漢學之論，皆與此等見解消息相通。

古者文與學不分；離文與學而言道，尤絶無其事。老子謂爲學日益，爲道日損，乃謂見道愈深，則其所謂道者，愈足以該貫萬事，非謂冥心求道也。徒見萬殊，而不知其一本，則學焉而日益矣。自魏之三祖崇尚文辭；兩晉至唐，扇而彌盛；儒林、文苑，始漸分途。宋儒出，以學問爲玩物喪志，以文辭爲浮華害道；而義理與考據、辭章，又若格不相入矣。此固社會演進，由渾趨晝，不得不然之勢；然源遠而流益分，往而不反，而遂忘其朔，亦是一病。故姚姬傳有義理、考據、詞章三者不可闕一之論，平心論之，固不能謂其無理也。章氏之見與姚氏相同，就此而論，章、姚亦可稱爲調和漢、宋學及文學之人。故雖重義理，講考據，而亦不廢文事。其所爲之文無足觀，其論文則多通達及獨到之處，深足矯正世俗之失，由其思想刻摯，而又能持綜核之論也。章氏思想之大概如此。

易　教　上

此篇爲章氏發揮其六經皆史之見之作,謂古人不著書,古人未嘗離事而言理,則不得不以六經爲先王之政典,以六經爲先王之政典,則不得不謂六經皆史矣。以先王之政典必爲史官所記也。

六經之中:《詩》、《書》、《禮》、《樂》、《春秋》爲政典,説均易通;惟《易》爲講哲學之書,以爲政典,較難取信。故章氏作《易教》上、中兩篇以發揮之:上篇之證據,爲歷代所用之《易》不同,及《易象》亦稱《周禮》兩端;中篇之證據,則謂曆法未發明時,即以卦畫爲憲象也。

三易見《周官・太卜》,鄭注引杜子春謂:"《連山》伏羲,《歸藏》黄帝。"康成《易贊》及《易論》則謂:"夏曰《連山》,殷曰《歸藏》,周曰《周易》。"案《世譜》等書謂黄帝一曰歸藏氏,《易緯》謂《周易》因代以題周,則以《歸藏》屬黄帝,《周易》屬周代,説自可通。惟連山一作列山,亦作厲山。係神農之號,以爲伏羲,未知何據。然縱謂子春以《連山》屬伏羲爲不誤,連山必爲帝王之號,則可以歸藏爲黄帝之號,《周易》因周代而題,比例以推。《禮記・禮運》:"孔子曰:我欲觀殷道,是故之宋,而不足徵也,吾得坤乾焉。"鄭注:"得殷陰陽之書也,其書存者有《歸藏》。"康成又釋《連山》之義曰:"象山之出雲,連連不絶。"釋《歸藏》之義曰:"萬物莫不歸藏於其中。"後儒因謂:周易首乾,殷易首坤,夏易首艮,實與通三統之義相合,則以三易分屬三代,亦非無據。以上徵引,據《禮記》、《周官正義》及《周易正義・八論》釋三代易名。然必以此爲三代法憲,與改正朔、易服色同科,苟或擬之,即蹈僭竊王章之罪,則未免失之太拘。《易》爲占筮之書,乃古代迷信之物。迷信必因社會之習尚,謂社會固有此物,而古帝王仍之則可;謂其爲古帝王所創造,則不然也。《春秋》舊例,皆出周公,乃杜預一人之私言。其實當爲古代史官記事成法。《易象》爲周代之書,自亦可稱周禮,然必謂一字不可改易,則亦章氏拘虚之見矣。

章氏謂聖人不以空言立教，故謂《易》爲周代政典。《易》爲周代政典，自非孔子所著之書；《易》非孔子所著之書，則聖人不以空言立教審矣。“非聖人一己之心思，離事物而特著一書，以謂明道也”，實篇中最要之語也。然欲證明六經非孔子所自作，其事甚易，正不必如章氏之迂曲也。何則？孔子曰“我欲託之空言，不如見諸行事之深切著明”，即此一語，已足證《春秋》非孔子所自著矣。以此推之：《易》爲占筮之書，《書》爲記言之史，《詩》爲太史所採，《禮》、《樂》亦當時所行。六經皆固有之書，正不俟煩言而解也。然六經雖固有之書，而既經孔子删修，則自有孔子所取之義。爲孔子之學者之重六經，亦重孔子所寓之義，而非重其固有之書也。非謂固有之書不足重，不可誤會。不然，自古相傳之書多矣，何以儒家獨尊此六種邪？此義也，昔辯梁任公《陰陽五行説之來歷》，嘗發明之，今節録其辭如下：原文見《東方雜志》二十卷二十號。原文曰：“在孔子當日所親身鑒定其文辭者，固經而非傳，而後人諷籀，則傳之爲用，且較大於經。何則？經猶今學校之教科書，傳則學生筆録教員口講之語，教科書死物，教員所講則活物也。今日若有經無傳，經之意義何在，將人人莫名其妙；若有傳無經，猶可得許多義理。請言《詩》：《詩》究係何語？讀之究有何義？恐徒讀經文者必不能解，而一讀《韓詩外傳》則可得許多義理矣。請言《書》：《書》者，乾燥無味之古史耳，然《孟子》與《大傳》多相復緟，趙邠卿謂孟子通五經，尤長於《詩》、《書》，今《萬章》一篇，論禪讓之理，雖多託古之談，亦或重疑之義，《論衡·奇怪篇》辟感生之説曰：“聖人重疑，因不復定。”《史通·疑古篇》亦同斯意。然民主之大義存焉，蓋皆誦述書説也。請言《禮》：《禮》尤乾燥無味之書也，然一讀《戴記》中《冠義》、《昏義》諸篇，則冠昏諸禮其義固極淵永矣。請言《易》：《易》之哲理，存於《繫辭》；然今《繫辭》中繫辭字及辭字甚多，似皆指《卦》、《爻》、《彖》、《象》之辭言之；而今《繫辭》，據釋文，王肅本實作《繫辭傳》，司馬談《論六家之要指》引今《繫辭》之文，謂之《易大傳》，則今《繫辭》蓋《易》之傳，與伏生之書《大傳》等也。《公羊春秋》非常異義尤多,無待深論,若但讀今所謂經文,則真斷爛朝報矣。"觀此可知六經雖皆舊書,而孔子删修,自别有所取義,不得謂義即盡於舊書之内也。

《太玄》、《元包》、《潛虚》亦皆言哲學之書,其中《元包》一種不足道,此書稱北周衛元嵩撰,而出於宋張行成,前有楊楫序,謂"大觀中,前進士張升景,初携《元包》見遺,曰:自後周歷隋、唐迄今,五百餘載,世莫得聞。頃因楊公元素内翰傳秘閣本,俾鏤板以傳"。《四庫提要》:"此書《唐志》、《崇文總目》並著録,何以云五百餘年世莫得聞?王世貞疑爲依託,似非無見。"案楊氏所謂世莫得聞者,謂其書藏於秘閣,民間莫得見,非謂無其書;《提要》之言,似屬誤會。然其書仍八卦而以坤爲首,明係附會《歸藏》;全書故爲艱深,實無深義,蓋又效《太玄》而失之者也,殊不似南北朝物,以爲依託,仍非無見。《太玄》、《潛虚》則亦不能謂其絶無所見。吾昔撰《理學綱要》,嘗論數術之學曰:"理事不違,欲明一理者,不得不遍究萬事,其説然矣。然事物之紛紜,卒非人所能盡究,乃不得不即已經研究之事,姑定爲一理,而執之以推其餘,此蓋凡治學術者所不能免。《史記》述鄒衍之學,謂其先驗小物,推而大之,至於無垠,所用者即此術。《太玄》爲揚雄最得意之作,其書起冬至,迄大雪之末,備詳一年之變遷,亦以宇宙久大,不可得而知,以爲宇宙一期之變遷,必與一年之變遷相類,故欲據此以測彼耳。邵子之元會運世,亦此意也。"觀此知各書所用之象數不同,而皆不過一種推測,亦皆不失爲一種推測。章氏必謂其理與數,無以出於《易》之外,可以不作;則《易》之理亦可謂其無以出於《太玄》、《潛虚》之外,數則二書所用,明明與《易》不同。亦得謂《太玄》、《潛虚》既作,而《易》可廢邪?至謂其蹈僭竊王章之罪,則觀前文所論,其失已不辯自明矣。

易　教　中

此篇亦申《易》爲先王政典之説。其所立證,則《易》有易歲之義,卦氣與曆法有關，而卦序、卦位已隱含其義。卦位見《易》帝出乎巽一節。其位離南坎北，震東兑西，坤西南，乾西北，巽東南，艮東北，坎離當子午，震兑當卯酉，艮在丑寅，巽在辰巳，坤在未申，乾在戌亥之間。附以大一行九宫之説，遂成所謂卦序。大一行九宫之説，見《後漢書·張衡傳》注引鄭注《乾鑿度》，其説曰："大一者，北辰神名。下行八卦之宫，每四乃還於中央。中央者，北辰之所居，故謂之九宫。天數大分，以陽出，以陰入。陽起於子，陰起於午。是以大一下行九宫，從坎宫始，自此而從於坤宫，自此而從於震宫，自此而從於巽宫，所行半矣，還息於中央之宫；既又自此而從於乾宫，又自此而從於兑宫，又自此而從於艮宫，又自此而從於離宫，行則周矣，上游息於大一之星，而反紫宫。"依其所行之序，以定九宫之次，與《大戴記》明堂九室之數合，即宋儒劉長民以爲河圖，蔡西山以爲洛書者也。卦氣之説，出於京房。以五日爲一候，三候爲一氣；以坎、離、震、兑四正卦，分管二十四氣；餘六十卦，當周天三百六十五又四分度之一，則每卦得六日七分，略以一爻當一日，觀其風雨、寒温，以爲占候。此皆曆法既精以後，通其術者，以此附會《易》説，未必《易》之初即如是也。章氏顧謂曆法即包含於卦畫之中，未免後先倒置矣。因疑曆法未立以前，卦畫與曆象即係一事也。然古代哲學，無不與天象有關。因其與天象有關，遂謂與曆法是一，並謂非無位者所得容喙，則亦未免早計矣。

	亥	子	丑	
戌	乾　六	坎　一	艮　八	寅
酉	兑　七	五	震　三	卯
申	坤　二	離　九	巽　四	辰
	未	午	巳	

謂《連山》、《歸藏》不必名《易》，《易》之名由後人所追命，其説甚通。古書此類極多，必知斯義，乃不致妄起疑竇也。謂《易》之名與易歲之義有關，因以牽合曆法，則不免於穿鑿。易爲"變化之總名，改换之殊稱"，所包甚廣，不能拘定一端也。《易》名初立，義果何取，今難質言；後人解釋，當以《乾鑿度》之説爲最賅、最善。《周易正義·八論》論《易》之三名曰："易緯《乾鑿度》云：易一名而含三義：所謂易也，變易也，不易也。又云：易者其德也。光明四通，簡易立節。天

以爛明。日月星辰,佈設張列。通精無門,藏神無穴。不煩不擾,澹泊不失。此其易也。變易者其氣也。天地不變,不能通氣。五行迭終,四時更廢。君臣取象,變節相移。能消者息,必專者敗。此其變易也。不易者其位也。天在上,地在下。君南面,臣北面。父坐,子伏。此其不易也。鄭玄依此義作《易贊》及《易論》云:易一名而含三義:易簡一也,變易二也,不易三也。"案所謂變易者,謂人所見之現象,無一息而不變;所謂不易者,謂現象雖變,而仍有其不變之則;所謂易簡者,謂自然現象,振古如斯,不見有司之者,而曾不見其差忒,即老子所謂"綿綿若存,用之不勤",亦即佛教之所謂無爲者也。此三義以哲學言之,極爲賅括,蓋今文家相傳之義也。緯書多用今文説。

要而言之,章氏謂空言不可以教人,必習於事而後可以言學。因之主政教合一,官師不分,雖稍失之偏,自亦不失爲一種見解,尤足箴宋學末流空言無實之弊。然必欲牽古事以合之,則未免失之於鑿矣。然此亦非章氏故爲矯誣之説以欺人,以吾所設想盡美、盡善之境,託之於古,傅之於經,昔時固有此風氣,人生其時,自不免爲所囿也。

易　教　下

此篇文字頗晦。其大意謂天地間事物雖各各不同,然自有其相似之處,夫是之謂類。兩物相類,此物即爲彼物之象。如名花之與美女,其爲物判然不同,而其悦於目則同,於是見名花者可思美女,見美女者亦或憶名花。人心之靈明,往往由此而生悟。如見鳥獸蹄迒之跡,而制文字;聞鼓鼙之聲,則思將帥之臣是也。物既畢同、畢異,則雖實無其物,亦可以假想造之,如有毛之龜,有角之兔是。此等幻想,有得有失,故章氏謂宜察天地自然之象,而衷之以理。

人心之營構所以不盡善者,章氏謂由於情之變易;而情之變易,則外由事物之接構,内由陰陽之消息。此爲理學家之説。理學家謂萬物皆氣之所成，氣有自然之屈伸，人爲萬物之一，自亦不能免此。屈伸而得其當則爲善，不得其當則爲不善矣。此説頗深奥，欲知其概，須讀張横渠之《正蒙》。

世間實無其物而人以爲有之者，皆出於其心之設想，設想即章氏所謂營構也。佛説之詭誕，蓋沿自印度，此爲印度人心所營構，與中國人心所營構見於《易》者相同，與耶教天堂、地獄、上帝、魔鬼之説出於希伯來人心所營構者，亦無不同也。此爲神教所由成，亦其所以維持於不敝，章氏能見及此，其思力可謂深沉矣。惟謂佛之異於聖人者，乃舍事物而别見有所謂道，則亦沿宋儒之説，未爲得當。宋時佛學，諸宗皆衰，惟禪宗獨盛。學禪之人，習静既久，往往别有所見，此爲變態心理，在佛學中亦爲魔境。宋儒自謂深於佛説，能入其室而操其戈，實則於佛學入之不深，遂以此等禪宗之末失概佛教，謂其本來如此。其實世間無離乎事物之道，佛教之所説，亦皆歸納事物而得之者也。

書　教　上

《書教》三篇，爲章氏論史最要之作。蓋作史之最難者，在於詳略之得宜，自今日觀之，若仍沿舊史之體，則此事真是無策。何則？史所以記事者也，天下之事繁矣，安能盡記？無論如何詳博，總只能就吾所認爲有關係者，從而記之；而不然者，則删之。删之，勢也。然事之當記、不當記，至難定也：有此人以爲不當記，而易一人觀之，則以爲極要者矣；有今日以爲不足記，而易一時觀之，則以爲極要者矣。蓋天下事原無大小、輕重之分，所謂大小、輕重者，特人之意有所偏主，見爲如此耳。故有自此方面觀之，以爲無關係；而自彼方面觀之，則覺其極有關係者，此各人之意見所以不同。有今日以爲無關係，而時異勢殊，忽有一有關係之事生，而追溯其源，乃即在此無關係之事，則今所以爲無關係者,一變而極有關係矣,此一人之意見所以前後不同也。然則天下事更無無關係者,亦無大小、輕重之分,欲求因果之盡明,勢非舉一切事盡記之不可,此爲辦不到之事。欲求詳備,亦惟有即力所能及者,廣爲搜羅而已。然以今日記載未及萬分一之史書,已覺其汗牛充棟,老死不可勝讀;設使更求詳備,更復誰能翻閱,史書不將成爲廢紙乎? 則必有以濟其窮而後可。濟其窮之策惟何? 曰:將記載與研究,分爲兩事;研究之中,復分爲若干門類而已。記載之作,本以供研究者之取材,非以備普通人之閱覽,則雖多而不厭其煩。研究之士,可以就性之所近,各專一門;研究愈精,則分别愈細,則其所去取,必能當乎大小、輕重,而謬誤較少。如是分工協力,則可以成多種專門史;而性喜綜攬者,乃復合專門之士研究所得,以成一普通史焉。記載無論如何詳備,總不能無所遺漏,則殫心考據之士,可以搜其逸而補其遺;研究無論如何精詳,總不能無所差誤,則好學深思之徒,可以繩其愆而糾其謬。一門有新説,可以波及於他門;分著之日新,益以裨補夫總著。時時搜輯,時時研究,看似分道揚鑣,實則相資爲用,此則今後史學演進必由之途也。章氏之時,尚未知史當分爲若干專門,然後綜合之以成一普通史,而於記載、撰述當分爲二,則言之甚瑩,其思力可謂深沉矣。

記言、記事之别,特以大略言之,固不能十分精確,亦不當以此駁古人也,見《史通・六家篇》評。

書　教　中

此篇申論記言、記事之不可分,而譏後世之擬《尚書》者之不得其當也。古史體例粗略,記言者但粗陳其事,記事者或不備其言,自後人觀之,則以爲無當矣。然欲求言、事之兼備,其間又有一難:蓋至後世而文字愈多,載之不可勝載,然其言皆與事有關係,或事之辦法,有取於其人之言；或當時未行，而後卒行之；或事迄未行，而其言甚善，足資鑒戒；又或議論之中，述及當時情形，實兼叙事之用。删之，則事又不全也。於是劉知幾出，欲將詔令奏議，别爲一書，編入本書之内，此誠可以濟舊史體例之窮。然至章氏時，而文字又繁於唐代，如劉氏之法，又覺其不能容矣，於是章氏又别出一策，以濟劉氏之説之窮。其策維何？一則極有關係之文字，附入正史之後，如杜氏《通典・禮門》，附以博士、經生之議；一則關係較淺之文，别爲一編，與正史相輔而行，如《唐文粹》、《宋文鑒》、《元文類》之例，章氏修志，所以欲立文徵也。章氏之論，自較劉氏爲可行，此非章氏之知過於劉氏，亦其時有不同耳。

議論與叙事，實不可分。删之則無以見事之全，然文字既繁，欲隱括之於叙事之内，其事已不可行。章氏之説，實爲最便，今後撰各種專門史者，皆可用其説，輯有關係之文字，或附本書之後，或與本書並行也。

文既與史相輔而行，則每篇皆當略叙其事，以備所言之本末，此説實爲最要：如是則借言以考事者，可以省力；而讀其言者，亦益明白矣。清賀耦庚輯《經世文編》，較之《唐文粹》等，益得與史相輔而行之妙，惜於此亦有所未遑也。

書　教　下

此篇暢發撰述、記注當分爲二之義，其精意尤在"史爲例拘，當求無例之始"一語。蓋史之作，所以舉一時代中重要之事，以告後人，俾後人明於其時之真相也。重要之事，歷代不一：有在此時代極爲重要，而在他時代則不然者；如發明曆法，在古代爲極重要之事；而後世曆法之小小改變，則非專門之士，不必詳知。亦有今日視爲極要，而前世則並無其事者。如輪船、火車、電報、電話等，與西洋交通以前，皆無之。作史者當深察一時代之事，孰爲重要，孰不重要，而後分别記載之、刊落之，以貽後人；所謂事萬變而不齊，史文當屈曲而適如其事也。不當如填表格者然，以前史之門類爲門類，其所有者則搜輯記載之，其所無者則任其蓋闕也，此則章氏所譏"同於科舉之程式，官府之簿書者"矣。歷代史籍，體例雖有不同，然大體因襲前人，實不免章氏所言之弊，故章氏深惡而欲改革之。其改革之宗旨，則"因事命篇，不拘常格"；其所擬之體裁，則去世家、列傳、表、志之分，但擇其重要者，則作一篇，名之曰傳，與提挈大綱之紀，相輔而行；此紀亦用以提挈全史之大綱耳，非復舊史之本紀也。果如章氏之例以作史，則舊史本紀體例之當改革，自不待言。傳之體例，亦無一定，圖表等靡不該焉。果用此例，歷代史籍之繁文，可以刊落許多；其所不備者，又可補入許多，復緟之弊，自亦可減少許多。誠最便於觀覽者也。正史固不便觀覽，《通鑒》、《通考》等，在今日亦已不甚適宜。如有博通之士，能用章氏之例，撰一通史，以資誦習，實於承學之士大有裨益也。

《尚書》究係史官撰述，抑出後人追記，已難質言。但無論其爲當時所撰，抑出後人追記，其體例皆不可考。在今日，只可謂書缺有間，存者只此數篇耳。謂其人實有特識，能取史事之重且大者，筆而著之，以示經世之大略，而其餘則在所棄，其言羌無證據也。章氏之説，只是舊時風氣，將理想中盡美、盡善之境，託之於古，附之於經耳，不可泥看。

《太史公書》體例之不劃一，亦其所本者然。《史記》之作，只是史公取所見古書，鈔録排比成之耳，以後世史例，議其未當，固屬妄説，謂其有圓神之妙，亦羌無證據之談也，此言亦不可泥看。

歷代紀傳編年之史，皆爲古人成例所拘，不免有不當載而載者。惟袁樞之《紀事本末》，體例爲其所自創，但取重要之事，浮文悉歸刊落，故章氏亟稱之。然袁氏此書，不過就《通鑒》一書加以删削編纂耳，與章氏所謂"深思古今大體、天下經綸、網羅𥴧括，無遺無濫"者，固不同物，故章氏又謂袁氏初無此意，其學亦未足以語此也。章氏以紀爲綱，盡泯世家、列傳、表、志之别，重要者即撰爲傳之説，即師紀事本末之意，而又推廣其例者也。

古人本無作史以詔後人之意，其所謂史者，只是將當時視爲奇異之事筆之以備遺忘，或必須參考之件，保存之以備將來復核耳，説見《史通·史官建置篇》評。章氏謂諸史皆掌記注，未嘗有撰述之官，以見撰述之非可易言，亦將自己理想附合古人也。在古則本無其事耳，非有其事而難其人也。然其説與今日非有專門知識不能作史之理，却極相合。要之章氏舉理想中盡美、盡善之境，附之古人，與古事不必相合，然其思力則可謂極沉摯也。

詩　教　上

《詩教》兩篇，章氏所以溯文學之源者也。著述之事，或屬於情，或屬於智，純理應用之學，皆屬於智者也；文學屬於情者也。文學之形式雖殊，其本質則一。本質惟何？曰：以美動人之情而已。章氏謂"文其言以達旨者，皆屬於詩"，可謂卓識。以今語譯之，即謂言之主於美者，皆可謂之文學也。章氏所謂詩，非就詩之形式言，而主詩之本質言也，觀下篇自明。

近人謂文學有純雜之别。意非主於有用而純出於情之不自已者，純文學也；而不然者，則雜文學也。中國學問素主實用，故純文學較少；而言之無文，行而不遠，自古即有此風尚，故雜文學特盛。大而經國、載道，小而叙事、述懷，凡著之簡牘者，未有不求其言之美者也。雜文學之本意，雖與純文學異，然既文其辭以達之，則其中亦既有文學之成分矣，章氏謂文其言以達旨者，皆可謂之文學，其説實極包括也。

昔人每以其所謂盡善、盡美之境，託之於古，或附之於經，非所謂經與古者，果如是其盡美而盡善也，人自以其盡美、盡善之境，託之、附之耳。章氏謂諸子之學，皆出六藝，立説自屬牽强。然又云："道體無所不該，六藝足以盡之。諸子之爲書，其持之有故而言之成理者，必有得於道體之一端……所謂一端者，無非六藝之所該，故推之而皆得其所本，非謂諸子果能服六藝之教，而出辭必衷於是也。"則非六藝足以該諸子，實章氏自以其所謂道者傅之於六藝，章章明矣。凡昔之則古，昔稱先王以爲盡美、盡善者，皆可作如是觀。人之思想必有所託，其所謂盡美、盡善之境者，亦必有所附，所以使空言變爲實像也。徒舉一理而使人遵從甚難；舉一物焉以實之，而曰：此實如是，汝當效之，則聽者覺其較有把握矣。每一時代必有其所企慕之境，則恆舉其所謂盡美、盡善者而一以附之。昔人開口輒曰三代以上如何如何，今人開口輒曰東西列强如何如何，皆是道也，其實所謂如何如何者，核諸三代以上東西列强，乃十九不然也。此自人之心理如此，無足爲怪。

文體古少而後世多，多由進化之理，始簡單而後複雜。後世雜多之體制，皆自古代數種文體中分化而出，必知此，乃能知文體之源。然古代簡單之文體，自有其不得不化爲多種文體之勢，必知此，乃可以盡文字之用。欲明於文體者：每一種文體皆當求其始於何時；更求諸未有此體以前，觀其從何種文體變化而出；而又深思其不得不變之故；更博觀之以明其遞變之勢，如此則於文體之源流可以洞明。洞明文體之源流，則持以觀他人之文字，可瞭然於其得失；而其所自爲亦必無差謬矣。此篇追溯各種文體之源，極有見地；試如其言翻閲之，亦求通文體入門之一道也。

昔人謂周末文勝，文勝者，過求形式之美，而情實不足相副之謂也。吾國自周至今，可謂迄未能改文勝之習。凡事但求表面，而不講實在；如建築不曰以資居處，而曰以壯觀瞻；練兵不曰以求克敵，而曰以壯軍容，皆是此等思想之流露。彼此以浮文相欺，明知其實非如此，而恬不爲怪，不但公事如此；即私人交際之間，亦復如此。皆是此弊，崇尚文辭，特其一端耳。然崇尚文辭，雖不足以盡文勝之弊；而文勝之弊，亦可於此見之。自魏、晉以後，隋李諤《論選舉疏》曰：自"魏之三祖，更尚文辭，下之從上，有同影響，競騁浮華，遂成風俗；江左齊、梁，其弊彌甚，世俗以此相高，朝廷據兹擢士，禄利之路既開，愛尚之情愈篤"。案唐、宋以後所尚之文，與魏、晉、南北朝不盡同，然其爲尚文則一也；兩漢之世，此風尚未大甚。言之無文者，其道恆不能大行；文士之浮華，明知其無實，而世争尚焉；事之不傳之以文辭，而須籍器物者，多失其傳，惟空言闊論，則盈天地間皆是。今日名崇科學，實亦惟發爲空論者最足譁世而取寵,皆是道也。此篇謂"後人著述,惟逐文辭",下篇謂"後世之文,不過自抒其情意",皆謂其偏於求美也,可謂能見及此弊。尚文之弊亦由社會進化而來。蓋程度高則愛美之心盛,凡事不徒求其足敷實用而止,章氏所謂"質當其用,必有以文之"是也。然文勝則無實之弊起,其後遂至虚僞百出,不可究詰焉。故昔人貴文質彬彬,又求歸真返樸;昔人此等見解,自是顛撲不破。

論至戰國而著述始專一節,亦極有見。近人創九流不出於王官之論,自謂獨到之見;而不知如此則九流之學,前無所承,何以突然而生乎?即就文字觀之:諸子之文有極明暢,可證其出於散文已盛之世者;亦有極簡質整齊,可證其尚在韻文時代者,亦足明其不出於一時也。王官之學,所以散爲九流者:自緣東周以後,社會之變動劇烈,舊制之改易者多;諸侯大夫又互相兼并,官失其守者日衆;而世變既劇,思想彌以發皇,平民之事學問者亦日多,前此在官之學遂一變而爲私家之業耳。諸子之學同本於古代之哲學,加以各守其官之經驗,故其源同而流異,莊生《天下篇》論此最爲諦當。九流之學可分家,而不可分人,所謂某子某子云者,特取其學派中最著名之人以名其書耳,實不謂書即其人所著也。此篇謂古人不自著書,《管子》稱桓公之謚不足疑,尤足箴近人摭拾諸子中涉及其人身後之事者,便指爲僞之失。惟謂諸子之學,盡出古代,亦爲非是。諸子之學,其源雖出於古,而加以後來之恢弘,自有非前人所能盡者。章太炎謂"官人守要,而九流究宣其義,及其發抒,王官所弗能與",其説自最持平也。

詩 教 下

文字有其質,亦有其形。拘其形而昧其質,固不可;重其質而蔑其形,亦不可。昔人之弊,在太拘形式,凡文字體制不同者,即不甚注意其理之相通,故往往昧於文字之原。近人之弊,則又在太重文字之質,而不能細辨其形。且如詩當重感情,當以美動人,固也,然謂凡重情感、能以美動人者，皆可爲詩，則詩何以别於他種文學乎？是明於詩與他種文學之同，而昧於其所異也。章氏此篇亦注重於文之質，故謂"言情達志、敷陳諷諭、抑揚涵泳之文，皆本於詩教"，而譏學者惟拘聲韻之爲詩。乍觀之，似爲新詩張目者，然章氏所謂詩教者，自爲文學之代名，故謂之詩教，而不謂之詩觀。下文論有韻之文，不皆可以謂之詩，並不可皆謂之賦，可見非謂無聲韻亦可謂之詩也。今之新詩，或可自成一種文體，然與舊詩必非同物。謂此爲詩則必改舊詩之名而後可，何則？其實異其名不得同也。今之新詩特言語之較有抑揚頓挫者，舊詩則出於歌謡，其原固不同也。論必有所當，古人之言，大抵爲救弊補偏而發，章氏之論，發於太拘文字形式之時，故導人以求其質。使生今日覩主張新詩者之决裂其所言，必適相反矣。

文之敷張揚厲者，皆賦之變體，此説最通。試取《淮南子》讀之，其《説山》、《説林》兩篇，文之以簡截爲貴者也，非賦也；其餘則皆敷張揚厲者也，皆賦也，便可知二體之别。

謂談天雕龍、堅白異同，皆《樂》之變，此説殊誤，此乃名家之學。名家之學，乃純粹之哲學，非情感之談也。章氏之時，此學暗晦，皆以爲故爲恢詭，不衷情實之言，故章氏亦視爲其人適情肆意之説耳。

文字之分類，莫謬於《文選》，此直是隨手立名，不足以云分類也。後世文字分類，當以姚姬傳氏之《古文辭類纂》爲最精，當試取其序目觀之，自見其源流貫澈之妙，此論文者之公言，非偏主桐城之論也。

經解上、中、下

《經解》三篇：上篇論儒家之書所由名爲經。中篇論諸家之書以經名者。下篇論後人之擬經也。

經之名蓋對傳而立。古人著書，傳之師者，説分詳略，其提挈大綱者稱經，詳其委曲者爲傳，上篇所論諸家之書，自分經、傳者是也。

傳所以釋經,故亦謂之解。如《管子》書有《牧民》、《形勢》諸篇,即有《牧民》、《形勢》諸解是也。《禮記》有《經解篇》,蓋所以總釋六經之義者也,篇中只首一節爲經解;"天子者"以下,與經解無涉,蓋雜録諸篇,以首篇之名爲全篇之名,而亡其以下諸篇之名也。其輯録舊聞、補經所不備者,則謂之記,《儀禮正義》謂凡記皆補經所不備,今之大、小《戴記》多出《禮經》之外,比物此志也。《禮記》中《冠》、《昏》、《燕》、《射》諸義當與《儀禮》合,即《儀禮》之傳也;其不與《儀禮》相附者,乃可謂之記。其以己意推衍之者,則謂之説,如《漢志・老子》於《鄰氏經傳》外,又有《傅氏經説》、《徐氏經説》、《劉向説》是也。傅氏、徐氏蓋仍全録經文,劉向則否。章氏謂劉、班著録諸子不稱經,失考。《尚書》有《歐陽説》,《詩》有《韓説》,《禮》有《中庸説》。記與説非必有,傳則一家之學皆有之。蓋古者簡牘用希,學問皆口耳相傳,撰爲簡要包括之語,以資誦習,是之爲經;其委曲解釋之辭,則但求明瞭其義而止,無復一定字句,是之爲傳。經傳之分如此。其後筆之於書,亦仍沿其例焉。經爲對緯之稱,舉經已該緯之義。古人辭尚簡要也,以相傳誦習之辭爲經,義蓋取於經綸;以委曲解釋之辭爲傳,義蓋主於傳習,立名各有取義,初不必爲相對之辭。漢世異學既興,乃謂經之外,别有所謂緯,足知其爲誣説也。經傳必出本師説,或不免各安其意,故韓非謂苦獲之屬皆誦《墨經》,而倍譎不同,相謂别墨也。《法經》稱經者,《晉書・刑法志》謂:李悝撰次諸國法,著《法經》六篇;商君受之以相秦;漢承秦法,蕭何益以事律《興》、《廄》、《户》三篇,爲九篇;叔孫通益以律所不及旁章爲十八篇,其後張湯、趙禹之屬,遞有增益,合六十篇;又有令及比等,都目凡九百六篇。漢去戰國不遠,文繁如此;六篇之法,秦、晉安能足用?則亦僅詳其大綱而已,故謂之經也。韓非《定法篇》曰:"韓者,晉之别國也,晉之故法未息,而韓之新法又生,先君之令未收,而後君之令又下。"可見當時法令之錯雜。魏亦晉之别國也,安得但有六篇之法乎?《離騷》稱經者,《漢書》謂淮南王安"旦受詔爲《離騷傳》,日食時上",今《史記》之《屈原列傳》與安所作傳大同,非必相襲,蓋當時自有此等文字,與《離騷》並行,爲二人所同本,猶《伯夷列傳》所引逸詩之傳矣。合此諸事觀之,經傳爲相輔而行之書可知。章氏謂諸子之書，皆有經傳之分，其説甚通；而謂儒家者流，因有諸子之書，乃自尊其書而謂之經，則未必然也。章氏謂孔子不著書，六經皆先王之政典，與諸子之自著書者不同，故謂儒家之書，體例與諸子不同。

漢世學重傳授，猶存古意，故除孔子手定之五經外，皆但稱爲傳，而不名爲經；後世古義既亡，但以經爲儒家所傳古籍之稱，則並傳記之屬而亦稱爲經矣。

章氏懲宋學末流之弊，力主政教合一，官師不分，空言不可以教人，亦自有其獨到之處。然因此謂孔子之書皆係古代之政典，孔子於此之外，一無所説，則實不免於偏，因此又墮入尊王之謬見。當代制度無論善否，皆欲强人遵守而弗渝，則尤爲拘墟矣。如下篇謂六藝皆周公政典，故可立爲經，夫子雖聖，而非政典，則不可稱經，揚子作《太玄》，不但有擬聖之愆，並蹈僭竊王章之罪；中篇謂制度之經，時王之法，既爲當代臣民，自當率由不越，即服膺六經，亦出王制之一端是也。然則孔子之時，只有桀、紂之法，孔子亦當修明之以立教，而不敢自有所作與？不知古代之民所以服膺時王之教而别無異議者，一由其時之人智識程度之淺，一亦其時之人尊君親上之情之深。後世智識感情皆異於古而猶欲强之惟上是從，並言思擬議而有所不許，豈真將如秦始皇之欲學法令以吏爲師邪？章氏謂始皇此舉，不悖於古，誠然，蓋亦思古之聖王，能行之於古者，何以秦皇不能行之於秦也？秦皇且不能行之於秦，況又欲行之於秦之後邪？

原道上、中、下

此三篇爲章氏排斥宋學末流之弊而自伸其離事不可以言道之説之作，其要旨有四：（一）道者，事物之所以然，人當求合之，所謂不得不然也。惟聖人能之。（二）世運日進，事物愈繁，道之因事物而見者亦愈顯，所謂漸形漸著也。道之漸著，必有聖人能知之。故道愈著,則聖人合乎道之製作亦愈多,後聖因而法之。(三)道之著至周而極,故周公爲集大成,孔子僅學周公而盡其道。非孔子之聖不如周公也,道之著已至乎其極,無俟更有作爲也。(四)道必因器而明。離器而言道,則變爲人人之私見而道晦,以人各有其受性之偏也。此說與今所謂爲學當重客觀,頗有相會處。故孔子不著書,但即器以示教。六經皆器。諸子離器而言道,道遂分而不合。此等見解,實自病宋學之憑空以求道來,固亦有理,然亦有所偏,試即其說以折之。章氏既知道之漸形漸著矣,則世運愈進,立說愈繁,實勢之不得不然者也。夫道亘古如兹,所以愈進而其說愈繁者,則以人之求道愈精耳。古人立說所以渾淪而其時亦無分歧角立之説者,正由其時求道之法尚粗,未知多其途以測之也。至於多其途以測之,則人各專一門,而其說勢不能盡合,固事之無可如何者矣。然分者各致其精,又有人焉,合諸專家之所發明以求其所謂一體者,亦未嘗非計之得;此今之言哲學者,所以必合諸科學家所得之原理而更求其原理也。舊時不知此義,徒見研究愈深,立說愈紛,以爲道之不明,實由衆説紛歧而然,遂轉慨想於古代立說渾淪、衆說未興之世。其言固亦有一面之理,然與學術演進之路,實相背馳。莊子《天下》之篇,與章氏《原道》之説,同一蔽也。然章氏謂義理、博學、文章三者必合於一,乃可見道,已有綜合衆說、以求其真理之機。特言之不如今日之人之瑩澈耳。事勢所趨,有思想者固皆能見到也。

言宋學者,有理氣是一是二之争。主理氣是一者,謂理即氣之條貫,實乃即氣而名之耳;主理氣是二者,則謂氣爲然而理爲使之然者。故謂氣到强横時,理亦無如之何。如是則理亦自爲一物,而不足以物物矣,謂統馭衆原理之理,當兼包衆原理;不可出於衆理之外,而自成一理。故當以前說爲是。此篇謂理附於氣,似亦墮入理氣是二之見也。

凡尊之甚者,必以己所謂盡美盡善之境附之,其極遂至出學術而入乎神教。中國人之尊聖人,往往如是,《論衡·實知篇》之所辟即是也。此篇謂"尊聖者莫若切近人情,不知其實,而但務推崇,則玄之又玄,聖人一神天之通號耳,世教何補焉”,意與仲任同,固亦一理。然神教之爲物,不徒理智,實兼情感。此等情感固亦須有以滿足之,非盡作此等説者之愚昧也。又宋學家盛推孔子,過於堯舜,因之重性命而薄事功,固亦有所偏,然與漢儒論聖人,以爲“前知千歲,後知萬世,有獨見之明,獨聽之聰,事來則名,不學則知,不問自曉”,純乎神教之談者,究有區别。性命之學自有其至精之境,以此附諸古聖,或失其真,然究未嘗離人事而人於語怪也。

原學上、中、下

此三篇:上篇自述爲學之準,頗近程朱,實亦調和漢、宋學之見也。中篇謂必習於事而後可以言學,近顔習齋。其謂極思而未習於事,雖持之有故,言之成理,而行之不能無病,可見學與行不能分立之理。下篇攻漢學家之弊,不訾其博學,而訾其以誦習爲學之究竟,亦諒其攻取之難,倍於古人,殊爲持平。末謂天下不能無風氣,風氣不能無循環,所貴君子之學,爲能持世而救偏;譏世之言學者,“不知持風氣,而惟知徇風氣”,由於“趨時而好名,徇末不知本”,可謂洞見學者之弊、卓然能自立之論。

博約上、中、下

此三篇乃辟漢學之流弊也,其説極通。

古之學簡,後世之學繁,此由後人之研究,較古人爲博且精,故不得不如是,下篇所論今人之學不能同於古人者是也。此實學術之進步也。顧天下事利弊恆相隨,分科既密,遂至於他事太疏,則亦不能無弊,何則? 宇宙現象本爲一體,分而治之,乃以人知有限,不得不然,而非其現象之本各離立也。於全體所知太疏，則於其所治之科見解亦不能無誤，此普通知識所由與專門並重也。故承學者非有所專精，不足以言學；以其不能深入。而非有普通知識，亦不足以言學。不自知其不足以言學，而囂囂然排斥他人，則不合不公，又增一糾紛矣，此則《原道下篇》所由引莊生之言，嘆百家之往而不反也。

爲學必專精一類。一類之外，固不必如昔時學者之妄求遍物：而一類之中，則不可以有所歉，上篇所謂市布者不可闕於衣材，市藥者不可闕於方劑也。分類之法無定，研究愈精，則分析愈密。若貪多務得，則看似博洽，而實皆無所心得，此則上篇所譏類纂策括之學也。世之以此欺人者不少，惟真知學問者不爲所惑耳。如中篇所論，則清儒之考據，章氏且不許其足爲學問，彼皆實有心得，非徒鈔撮、排比之爲也，而況於類纂策括之類乎？此以知學問之貴自得矣。近人鈔撮翻譯，看似洋洋大篇，而實則自己未説一句者，當深思此言。

章氏所以不認考據爲學者，以其徒能考據事實，而未能綜合之以立一原理也。學問之所研究者爲事，而其所求者爲理。徒考據事實，而未能因之以見理，則其考據爲無謂，此章氏所由判纂輯與著述爲二事，異求知之功力於成家之學術也。平心論之，學問愈精，分工愈密，專力纂輯亦未嘗不足名家，秫黍固不可爲酒，然種秫黍者亦不可謂非一業，不能責其必兼釀酒也。特不當沉溺偏端，而於全局茫如耳。此則章氏所謂道欲通方、業須專一並行不悖者也。

考證固視其功力，亦與眼光有關，眼光由於天賦。中篇所謂"學有天性……有入識最初，而終身不可變易"者是也。下篇云"高明者由大略而切求"，謂先有眼光，更求證據以實之也；"沈潛者循度數而徐達"，謂先從事於多識，終乃綜合之而得其原理者也。固貴不爲喜、怒、愛、惡所移，而己饑己溺之懷亦不可無；所謂"功力有餘而性情不足"，未可謂之學問者也。如睹貧富之不平、漠然無所動於其中者，必不可以治社會學。此皆非深於學問者不能道。

下篇云義理、制數、文辭爲道之一端，當致力其一，而不偏棄其二。即義理、考據、辭章三者不可闕一之説，當與《原道下篇》參看。

中國爲大國，又爲古國：學術之發達，不爲不早；資料不爲不多；數千年以文爲治，致力亦不可謂不深，卒之所造不如近世西人之精確者，由分科不密也。分科不密，故不能精别專門與普通：於是材力不足者，不免於陋；材力大者，亦以貪多務得，而所造不深，此實學術演進之大阻力也。此篇所論之理，今日人人知之，在當日則極通而難得之論也。

言公上、中、下

此三篇辨著述者之自私其言與否，爲古今之一大界。著述者之自私其言，蓋自好名之一念來。崇尚文辭，始於魏之三祖，而文帝《典論·論文》之言曰："年壽有時而盡，榮樂止乎其身，二者必至之常期，未若文章之無窮。"其意皎然若揭矣。下篇云："富貴願足，則慕神仙；黄白之術既絀，文章之尚斯專；度生人之不朽，久視弗若名傳。"真能洞燭其情也。果出於我，私據有之，似亦未足爲害。然既有争名之心，勢必至於欺世而後已。作始也簡，將畢也鉅，君子於弊之所生，所以常防其漸也。

諸子之書，皆非自著，讀其書者只可别其爲某家之學，而不當鑿求爲某人之作。不知此義，則近人疑諸子之僞者紛紛矣，此實自生葛藤也。詳見予所撰《論讀子之法》，在《經子解題》中。

古人引用他人之言，不必著其所出；然治某家之學者，其所引則無非此一家之言，此由古代學有專門，使之然也。參看《文集篇》。後人輯佚，因此而得所藉手不少。又引用書籍，古人亦多不著明，此由書少，人人知之故也；在今日則自以著明並詳其卷第、篇目爲宜，以便讀者按核，非以避抄襲之嫌也。學有心得，用前人之説，而不爲嫌；苟其無之，縱力避古人之形貌，仍不免於盜襲之誚，章氏固已言之矣。

古人輯佚，與後世體例亦有不同：後人之輯佚，大抵仍其單辭只句,而著其所自出;古人則不然,既不著所自出,又或以意聯屬,使成一篇文字。如今所傳司馬法,以爲真,則決非先秦之文;以爲僞,則析而觀之,又無可斷爲作僞之語,且其文多錯見他書,蓋即此類。此法最易失真,自不如後來之善。然見今輯佚之法,亦仍有未盡善者。蓋佚文皆借引用而存,然昔人引用,不施符號,孰爲引用之文,孰爲自著之語,辨别頗難,又引用多有删節、改易,有非並引用者之辭録之,則原文之意,亦不可見者。予意當並引用者之辭全録之:吾意以爲原文者,則用白文示别,如此則原文存於引用中之情狀,爲衆所共見,吾所定爲原文者,得當與否,讀吾書者亦易於推校矣。詳見予所撰《章句論》。

文學别是一事,必借載道或述事以自重,自屬舊見,然亦必有其實。文主情感,實有其情,而非無病之呻即實也。中篇所謂非徒文具,乃足以語於誠,當如是解。至謂:文可明道,亦可叛道;工於文者,譬彼舟車之良,適燕與粤,猶未可知,則又有辨。文之工者,其情必實,實則無不於世道有裨;若實無其情,而如鸚鵡之學爲人語,則未有能真工者也。然世事降而彌繁,專工纂組,亦不能不認爲文學之一派,特非其至者耳。

史　德

此篇所論,極爲入微。今人論學,莫不知重客觀;然所謂客觀,亦難言之矣。心有所偏,曲立一説,固不足論;即誠不雜以好惡之私,然史事如物,吾心如衡,衡之正久失於平時,臨事致謹,又惡足用哉?欲爲良史,當盡天而不益以人,從來論史學之求真,未有若此之入微者也。

謂《史記》爲謗書,可謂無目之論,此篇辨之,可謂暢快。且《史記》之文,皆删取舊籍爲之,所自作者甚少,何所用其謗哉?《封禪》、

《平準》兩書非舊物，久有定論；即《游俠》、《貨殖》列傳，亦當時固有此文，而史公輯録之耳。

史　　釋

此篇亦即道存於器之見。其謂《周官》府史之史，亦即後世書吏，能備存掌故之委折，則恐非。古代文字用少，當時諸官之史所記、所守，必極簡略，其較繁者，當總存於史官耳。

章氏懲宋學末流之弊，力主道器無二，未免於偏。此篇謂學者但誦先聖遺言，而不達時王制度，則爲鞶帨之文，射覆之學，其言却有至理。昔日所謂經世之學，本期見諸施行；欲求見諸施行，而不通當代之典故，則誠所謂"考西陵之蠶桑，講神農之樹藝"者矣。論秦人以吏爲師爲合古，李斯之禁詩書爲悖道，説亦平允。欲禁異説，在求政事之能厭人心；而欲求政事之能厭人心，則必博觀於古而後可協時宜，未有私心自用而能合乎道者也。況人智日開，學術日進，政治之得失，端借學者之評論以見之，並未可責當代之學悉合於時王之政邪？

史　　注

此篇論作史者必著其所取，且必明著其去取之由也。史法愈後而愈密，即愈後而愈趨於客觀。古人之於史材，直以己意去取之耳；去取或有未當，當並存其去取之由，以待後人别擇，此義古人不甚知之，《史》、《漢》等書之所以能簡也。《史記》必傳之外孫，《漢書》必授以女弟，特以其時學術之傳未廣，不得不然耳。章氏謂"必有法外傳心，筆削之功所不及"，誤矣。後人考證漸精，漸知客觀事實之可貴，其所作之史乃不得不詳。於是文誥案牘之類次，日月記注之先後，皆不能不兢兢致謹，而其文遂不得不繁蕪復沓，此乃勢之自然：與其主觀而武斷，毋寧客觀而多存前說。此則《史》、《漢》之簡，《唐書》、《宋史》之繁，初不容盲從昔人薄今愛古者也。惟是繁猥至《唐書》、《宋史》，已非尋常學者所能遍讀；讀亦不易得其要領。而以言保存史料，則猶病其闕略，此則修史與作史，所由必當分爲兩事也。

史注有補正文之不足者，如裴松之《三國志注》是。後世史籍繁猥，治斯學者貴能分别部居，不貴兼收并蓄。若如裴《注》之例，勢將不可勝采，故此類之注，尚非所急。而考異之作，既可自明去取之由，並可考定史事真僞，實於讀者大有裨益，章氏稱爲近代良法，洵不誣也。

凡史文，重修之稿，恆不如原稿之可信，以苟非有所訂正，則異同之處，其誤必在重修之稿也。然原稿能入學者之目者甚鮮，以其太繁猥也；然則重修之稿，不徒無心之誤不可知，即其專輒附會、剽竊成書、因陋就簡，亦莫得而正之矣。此篇欲借自注以祛其弊，固是一説，然仍未必足恃，何則？其人而苟矯黠，斷不肯於注中自暴其短；讀者未見原文，亦斷無以知其心術之不誠、聞見之狹、功力之疏也。自注如此；得人爲之校注，亦不過一二人之智，未必能極公極密。予謂一書之作當否，應由學者公同考校，隨時復核，其大體不善者，並可毁之而重作，然則史雖修成，仍當保存其長編，其説固確不可易矣。

傳　記

此篇辟世俗拘泥之非，與《古文十弊篇》參看。

習　固

此篇爲不真知而襲人之論者發：所謂“告主家之酒酸”，乃譏淺學者以人人知之之事矜爲創獲;所謂"真知是非者,不能遽言是非",乃譏高談闊論者,惟於學問所造不深,故覺其言之之易也。所言皆確有至理,亦閱歷有得之談也。

朱　　陸

此篇兼攻當時治漢、宋學者。其説曰"高明沈潛之殊致,譬則寒暑晝夜,……交相爲功";又曰"宋儒有朱、陸千古不可合之同異,亦千古不可無之同異";又曰"攻朱者固僞陸、王,……攻陸、王者亦僞陸、王";又曰"務爲實學,則自無暇及於門户異同之見,亦自不致隨於消長盛衰之風氣";又謂清儒考據之學實出於朱子之數傳,皆卓然不刊之論。

大抵一種學問,有其利必有其弊:利必出於公心,弊必出於私心,此百變而不能易者也。弊之徵爲好名,好名者或藉名以求利,或即以名爲利,要皆不越於好利,仍是一義利之辨而已。宋儒最嚴義利之辨,貌附其學者,猶不免於好利,況於漢學之本不致謹於是者乎?本篇攻漢學家之弊,可謂窮形盡相,與《感遇》、《辨似》、《説林》等篇參看,可知宋學之未可輕詆也。且此猶謂漢學家言行不符,其爲人不足取耳。抑知漢學之功,只在考證,若言主義,則初無可取。後來講今文者,頗有瑰奇之論,然此乃漢人所傳非常異義,非其所自得也。大抵清人所長,只在考證;身心性命之學實無所得,此其風俗之所以弊也。近人最尊其説,以爲足矯宋學之弊,於哲學中自樹一幟者,莫如戴東原。其實戴氏之駁宋儒,初未得其肯綮,自立之義膚淺,而亦未安,舊有《訂戴》一篇正之,參看自可曉然也。

文　　德

文必中理。不中理之文,不足爲文也,而多爲世所貴者:一則科舉餘習，本不求其中理；一則俗士無識，不能辨其中理不中理也。此篇所論，足爲箴砭，而一歸之於治心、養氣之功，則尤非深於理學者不能道也。

文　理

論文家之語，所以不可奉爲標準者：一以其不得古人之意，本篇所謂"起古人而問之，乃曰予之所命不在是"者也。一以其不能喻諸人人。本篇所謂"一時心之所會"者也。古今語法不同，後人所指妙處，往往當時語法如是。初非有意求工；其所謂似起非起、似結非結、似連非連、似斷非斷等，往往古書本各爲段落，後人傳寫，失其原式，以致溷淆不明，參看予所撰《章句論》。而世俗評騭之徒，一一指爲古人極意經營之處，由考據家觀之，實可發一大噱。惟文章與考據不同；古人此等處雖非有意求工，後人以爲工而效之，固亦未爲不可，特不當以是爲公言，强欲喻諸人人耳。苟其如是，奉吾之説者將不免舍康莊而趨荆棘矣。章氏謂此等皆不可揭以告人，真是通論。

文有其本，本者質也。質立而後形可以具，而後可以論其形之美惡；否則形且不存，更何美惡之可言！抑質之既立，形之美惡有不煩言而可解者，此篇所謂詩之音節，文之法度，可以不學而能也。自文學不明，乃多譏中國爲無文法，乃有執文法以論通不通，並有執修辭之學以論美不美者。其究也，法愈繁，而文之不通愈甚。設正告之，彼且將反唇相譏曰：天下豈有無法之事歟？誠哉其無無法之事也。然事必有法，是一事；人之求習此事，是否當執法以授之，又是一事。文固有法，然欲通文者，決非徒授之以法而即能，此侯官嚴氏所以謂文法者所以資已通者之印證，而非謂未通乎文者可執此以求通也。此其所以者何？則以文法至繁，不可勝授、不可勝習也。今夫弈之爲數，小數也，一一按數而演之，其數固可盡也，然從古有爲弈譜之人，無思盡演弈數之人，非特謂其不可盡，即能盡之，亦必無人能省，與無等爾。文法猶是也。執一句一節而言之，其通不通，似有定法。然一句必在一節之中，一節必在全篇之中，合一節而觀之，而句之通不通，其式驟繁；合全篇而觀之，而節之通不通，其式驟繁，而句之通不通，字之妥不妥，巧曆不能算矣。此所以欲使人通文字者，只有授以成文，迎機牖啓，使之漸悟，決無授以死法之理也。

文學之美，必由直覺。此篇所謂甘旨、輕暖，衣且食者自知之，難以告人者也。牖啓人者，亦牖啓之使能領略其美而已，非能以我所覺之美，授之於彼也。

文　　集

專門之學，迄於西漢；東京已無之，後世更不必論矣。此亦各有短長。專門名家之書，決無浮而不實之語；後世則應酬牽率之作，決科俳優之文，泛濫横決，不知所謂。此古專門之學精，而後世之學蕪也。然古專門名家之書，皆如章氏所云語無旁出，後世則不然，此亦可謂後世之學通，古專門之學隘也。此篇當與《校讎通義》參看。

篇　　卷

此篇考證精確，議論亦通。

後人分卷，亦有計文義起訖者，此猶古人之分篇册；專計短長，則猶古人之分卷也。篇爲大成，章爲分闋，予所撰《章句論》亦嘗考之，可以參看。近人引書，往往注頁數，然篇章隨文義不易變，頁數因版式而有不同，似不如注篇章之爲善也。

天　　喻

朱子曰：教學者如扶醉人，扶得東來西又倒。一人如是，一國亦然，一世亦然。大抵風氣不能無偏重，偏之所在，弊即隨之。古今學者所以大聲疾呼，嘵音瘏口，皆爲是耳。夏葛而冬裘，其事殊，其所以裘葛之理則一。裘葛之名殊，所以裘葛之理不能有異名也。然則天下無不可通之同異矣，而同異卒如是紛紛者：一則識有不及，執其事之異而不知其理之同；一則中於名利之私，明知其非而唯風氣之騖也。此篇謂名皆起於補偏救弊，非深明本原者，不能爲是論；又譏好名之士趨風氣而爲學，非卓然能自樹立者亦不能爲是言也。

末節所論，乃爲當時漢、宋之争作平亭也。無極、太極，先天、後天，河圖、洛書，義理、氣質：皆尊奉宋學者所殫心考辨，而詆毁宋學者所用爲口實者也。其實此自是一時之説；以爲萬古不易之理，以爲真得古人之意，皆非。爲漢學者力攻之，亦攻其不與古合耳；其説如何不合於理，不能言也。此諸説者，以爲宋儒之説自有其相當之價值焉，可也。此篇所論，至爲持平。

師　　説

古代社會組織，有與今大異者。今重平等，古重服從；今重自由，古重紀律。國無二君，家無二尊；羣居五人，則長者必異席；此等風氣，隨處可見。此自由今古異宜，不盡關於師道也。本篇於今古之師之異已能知之，而於古代尊師之理，尚未能知其本原。

師之不可易者二：一學有專門。此篇所謂“竹帛之外，别有心傳，口耳轉授，必明所自”者也，西漢經師皆然。一學有獨得。此篇所謂隱微獨喻，不論學問、技藝，精者皆然；否則皆所謂人所共知、共能，彼偶得而教我者也。

身心性命之學確能謂我以爲人之道者，師之宜尊者也；學問技藝雖有獨得之微，亦不容與之並而偶得夫，人所共知共能之事，不必論矣。

末節所論即孟子所謂尚友之理，亦可謂之能自得師於千載之上也，至行獨學之士，並世不必皆有，有之不必能與我相遇。能知此義，然後能得第一等師，而敬愛古人之情深，則過去之社會與今日之社會聯結益密，國性之堅凝，文化根柢之深厚，恆必由之，正不當以崇古太過譏之也。

假　年

此篇亦譏流俗務博而不知分科之理，與《博學篇》可以參看，而此篇又有進焉者。此篇所述客説，其蔽有二：一則不知聞見雖博，知識不必隨之而增。一則不知知識生於認識，以爲隨外物而有盡期，因欲畢吾力以窮之，此則所謂形與影競走也，章氏譏之宜矣。然遂欲絶聖棄知，頽廢自甘，則又非是。何者？人既有生，當順其性：固不當縱欲而求盡物，亦不當窒欲而務絶物也。子曰："發憤忘食，樂以忘憂，不知老之將至。"又曰："俛焉，日有孳孳，斃而後已。"君子之學如是而已。

感　遇

社會愈複雜，則人之所以自處者愈難。莊子曰："榮辱立然後睹所病，貨財聚然後睹所争；今立人之所病，聚人之所争，窮困人之身，使無休時。”又曰：“匿爲物而愚不識，大爲難而罪不敢，重爲任而罰不勝，民知力竭，則以僞繼之，日出多僞，士民安取不僞。”其感慨已如此矣。立乎二十世紀之初，追溯春秋、戰國之世，不又如四十五十者追念成童舞勺之時乎？

讀此篇當知古今事勢不同，欲知人，必先論世，不可徒薄今而愛古。一則改革社會是一回事，謀自處之道又是一回事。今日之社會固較古昔爲難處，固當謀所以改革之。然既生今之世，即宜並謀所以自處之道，不能縱恣而一切歸罪於社會也。

此篇不屑屑於考證，而議論之通，援據之確，雖專門名家不能過，抑非僅從事偏端末節者所能逮也。今人論學問，每謂研究當窄而深，此固是一理；然通貫之識，往往非徒事窄而深之研究者所知，故論學貴知異己之美，不可偏於一端也。

世事所貴者誠，所惡者僞。然能作僞者，名與利必歸焉，欲人之卓然自立，也難矣。章氏於趨時之士，皆痛加駁斥，無所容隱，可以見其識力。

辨　似

此篇亦斥當時鶩名趨利之士也，可謂窮形盡相矣，與《博約》、《朱陸》等篇參看。

説　林

此篇乃章氏雜述所見，中多見道之言。

其曰“道公而學私”，即《原道中篇》道不因人而名之説也。其曰“合兩渥窪之力，終不可致二千里”，即《假年篇》質性不可變之説也；又曰“合兩渥窪之力，未始不可負二百鈞而各致千里”，則分科騈進之理也。譏使人潤飾其文爲欺世,謂所定者當與原文並存;又謂取資於人無足諱,入他人之代言亦無傷,即《言公》之旨也。志識足以自立,則可以語於著述,所引者並懸天壤,而不病其重見,即《辨似》之旨也。並懸天壤而不病重見者:一則所謂理自不得不同;一則下節所謂李廣入程不識之軍而壁壘一新,似同而實異矣。

所謂"好古者,非謂古之必勝乎今也;正以今不殊古,而於因革異同,求其折衷也"。此數語可藥泥古之病,亦可箴蔑古之失。求糟粕者,意在想見其菁華;求疵病者,意在想見其典型,則謂徒事襞積補苴不足爲學,意亦與譏漢學家之説通也。

著述之以質貴者固不以文辭爲尚,然愛美亦人之天性,其質同,斯其傳不傳、行不行,決之於其辭之工不工矣。且辭之美亦非專以悦人,修飭則使人易曉,美妙則感人益深,固亦有裨於其實也。此篇謂"諸子百家未有鄙於辭而傳者",由"妍媸好惡之公心亦未嘗不出於理",可謂明於人類愛美之性,足箴理學、樸學二家過輕文辭之失。

人心之觀念愈析愈精,而口所能發之音有限;故文字所含之義,遞降而滋多。不知其然而妄事牽引,則辯説愈多,真理愈晦矣;此科學中每用一名,所以必先定其界説也。此篇謂諸子書中文字各有主義,彼此不必相通,已能見及此理。

天下之論,大抵起於一時之弊。言如相反,理實相同,知體道,則諸家皆可存,當與《天喻篇》參看。

學術之興,各因時會,不必相非,惟雷同附和者則必無可取。此篇譏徇風氣者爲"既飽而進粱肉,既暖而增狐貉";以風會自矜者爲"五穀不熟,不如荑稗",爲"王公僕圉";譏"妄援著作之義,以自文剽竊之私";譏"私心據之,惟恐名之不自我擅";譏"强不知以爲知,否則大言欺人,以爲此外皆不足道"。而其自述宗旨,則曰"拯弊而處中",曰"知所偏之中亦有不得而廢者"。又譏矯枉過正者爲"倍用偏枯之藥而思起死人",可謂卓然不惑而又能廓然大公者矣。兩種相反之學問各趨極端時,繼起者自易有處中之思想,此人心趨向之自然。不論何種學問,甲乙兩派之後,必有調和之之第三派出以此也。

知 難

此篇論相知之難，大抵有三：一由度量之相越，所謂無夫子之憂，則不能知文王之憂；無馬遷之志，則不能知屈原之志也。一由趨向不同，所謂"耳、目、鼻、口，皆有所明，而不能相通"也。一由嫉忌之私，所謂挾恐見破，而相詆毁者也。度量之相越，趨向之不同，皆無足憂；惟起於私見者爲足憂。何者？苟無私見，則度量相越者，自將敬謝不敏，不敢置議；趨向不同者，亦必以不相爲謀，而不妄置議。惟私心一起，則無所不至矣。故曰：是非之不明，亦人心之不正爲之。程子曰：人心不同各如其面，只是私心，殊有至理。

釋 通

劉知幾非通史，善斷代；鄭漁仲、章實齋則皆抑斷代而揚通史；此乃時勢爲之。蓋劉之時，史籍尚少，所求在精詳；鄭、章之時，則史籍浸繁，所難在鈎玄提要，而重複牴牾之處，尤覺其考不勝考也，説已見前。

本篇以自有創制者爲專門之學；並省凡目，取便檢閲者，爲記誦之陋，論史識固然。然亦有未可概論者，蓋弘識通裁，亦不能廢鈎稽纂輯；而學術愈精，分工愈細，鈎稽纂輯亦不能謂非一業也。

横 通

兼覽之博，與横通極相似，然而不容溷者：一有心得，一無心得也。學者讀書眼光，或專注於一隅，或綜覽乎全局，此爲專門之精與兼覽之博所由分，二者不可偏廢。而論其道，實以綜覽全局爲較難；論其人，亦能綜覽全局者較少。所惡者，纂類策括之士，以僞亂真耳；若其不然，則其人實景星慶雲，鳳毛麟角，學者所當馨香尸祝者也。近日論學偏重專精，而承學者多無普通知識，其所謂專精者，逐多入旁門左道，語以綜覽全局議，且瞠目而不知所謂，亦一弊也。

所謂横通，謂徒多識而不足以語於知識者。中國初講西學，舉社會科學、自然科學，一切包舉，其時纂類策括之士，試以西學，無不能言其大概者，其實則無一真知。此尚不足以語於横通，而其所由，則横通之途轍也。今既知其不然矣，更有標西學二字爲一名者，人必聞而笑之矣。乃又創國學、國故之名，治是學者，幾自謂於中國之事無所不曉，而衆皆説之，何其有類衆狙之喜怒顛倒於朝暮三四之間也。

繁　稱

世事皆由質入文，由簡趨繁，此無可如何者也。上古有名不諱，有號無謚；而後世謚號之外，繁稱錯出。古人著書，僅以其學派中最著之人爲書名，諸子書皆是。篇名則或取篇首二字；而後世矜奇吊詭百出，而未有已，皆此之由。繁稱誠屬可厭，然欲復反於古，勢必有所不能。試觀今人厭名字之繁，羣效西人之有名無字，及其著述題署，則離奇之號更甚於前可知。予謂反繁文爲簡質，逆於勢而難行，正不必生今之世，返古之道，惟如此篇有傷大雅者，則不當效之耳。

稱名之例，古書錯雜，而後世整齊。《左氏》稱人，名字謚號錯出，由其書成於纂輯，非出一手；《太史公書》亦然。此本不當效，所謂食肉不食馬肝，未爲不知味也。

書名及文字篇名，皆宜雅正，此篇已言之。近日書名詭異者尚少，篇名則極多。大抵篇名不外兩種：一觀其名即可知其實者。一不然者，其中又分爲二：（一）名取簡短，故不能盡表篇中之意；（二）故爲此以動人，此亦各有其用，予意則以能備括篇中之意者爲最善也。

匡　謬

此篇攻流俗之失，極爲痛快。惟有兩端須辨：一、史公以莊襄以前爲《秦紀》，始皇别爲《本紀》，蓋其所據者然；其作《漢武本紀》，則其書本訖於麟止，非有意足十二之數。二、《國策》所記，多非實事；古書所記問答之語，亦不必真出其人，此自古人義例如此，不容以後世藉其人以自重者同類，而並譏之也。

質　性

此篇攻世之有文而無質者也。不滿所處之境之情，人所共有，然非偶寓感慨，遂足爲文。稽古説詩曰：不得已，譽韓必曰明道，頌杜必曰愛國。夫固有病且近門面，然惡衣惡食之恥，所識窮乏者之德，意有不足，形之詠歌，遂足爲詩人已乎？今之所謂文學者，大抵怨天尤人之意多，悲天憫人之衷少。滿紙牢騷若有大不得已者，究其實則飲食男女之欲有所未遂耳，以此遷怒及於社會而詆訶之，寧不可恥？章氏曰：才情不離乎血氣，不可無學以持之，可以猛省矣。

黠　陋

此篇砭求名者之弊。

俗　嫌

此篇辟流俗不知文者之謬論,與《古文十弊篇》參看。近人有創八不之説者,所攻皆此等人也。此等皆不知文之人,章氏攻之而名之曰俗,是也。近人乃直以此等爲中國文學之弊而攻之則謬矣。

鍼　名

此篇論浮名之不足信,極爲刻摯。浮名者利用社會之弱點而成。浮氣息,風尚移,則社會之弱點,轉移於他方;在此一方面,無可利用,而一聽諸秉公心,具真鑒者之批評矣,此沽名之技所以終有窮時也。孟子以同乎流俗合乎汙世爲鄉願,舍己而求合乎一時之風尚則鄉願之尤也。吾儕當引爲深戒。

砭　異

此篇亦鍼好名之弊,其曰"求異者何嘗異人哉?特異於坦蕩之君子耳",可以發人深省。

砭　俗

文出於質一語,爲萬變不離之宗。泥古者往往以古無其體而擱筆不敢爲,有爲之者,則斥爲俗;誇多斗靡者,則又無其質而强爲之辭，皆繆也。此篇謂“事萬變，文亦萬變；事不變，文亦不變”，可謂通論。

申　鄭

此與《答客問》三篇，爲章氏宗旨所在，所謂劉議館閣纂修，吾議一家著述也。與《書教篇》參看。

答客問上、中、下

作史之功，當分三步：搜集材料，其始也；考訂之，整齊之，其中也；《浙東學術篇》曰：“整輯排比，謂之史纂；參互搜討，謂之史考。”皆此步中事。善用之以成一書，其終也，即此篇所謂比次之業，考索之功，獨斷之學也，與今日史學家之言，若合符節。

昔時科學未明，所謂原理者，往往虛而無薄，如上篇所謂“綱紀天人，推明大道，通古今之變，成一家之言”。而易爲似是者所託，此閎識孤懷，所以不見重於世，轉不若考據徵實之學易使人信從也。今科學之格律既嚴，又得邏輯以堅其壁壘，著述者苟能善自爲之，以開執室塞不通者之口，不難矣。

高明者爲獨斷之學，沉潛者深考索之功：學問之殊途，實由稟賦之各異，與其論朱、陸爲千古不可泯之同異，亦千古不可無之同異同意，真通論也。惟比次之功，實亦足卓然自立，初無慚於考據，而通則原理亦必自兹而出焉。學問之家，所以或事比次、或專考據、或則獨斷者，固由才性之殊，亦或以所值時勢之不同從事於其時之所當務也。章氏視比次之業過輕，似亦有偏，且如馬氏《通考》，考索之功頗深，立論亦多能綜貫今古，豈得儕諸策括之流邪？

答　問

此篇當與《言公篇》參看。

清代改前人之文者，於古文有方、劉，於時文有路潤生。名德，其所改明人之時文，曰《明文明》。路大爲人所譏訕，然時文取便場屋，猶之可也；若古文，則誠有如章氏所譏者矣。或曰：文惟其是，前人所見，果不逮後人，改之何妨？此有三義：（一）文辭不當斷斷於一字一句之得失，章氏所謂無關大義者是也；（二）古人之所見，或有爲我所未見及者，章氏所謂不知有不盡然者也；（三）文字源於語言，古代言語，與今不同，不容以我法繩之。此則予於評《史通》時言之詳矣。

古文公式

作文有二要義：一曰存真，一曰求雅。記事之文當以真爲尚，而雅次之；文學則二者當並重，但能無損於真，不妨盡力求雅也。《表忠觀碑》，後人必不泥之以求當時章奏之式，用“臣抃言”、“制曰可”等語，實屬無妨。章氏録巡撫奏議，亦但存其事可矣，篇首之“崇禎九年”云云，篇末之“奉旨覽奏”云云，亦何必直録其辭哉？若謂此不可改，則中間辭句雖無定體，亦必與秦、漢文字不同，又安可點竄邪？

李蒓客與譚仲修書曰：“章氏嚴核稱謂，誠文章之要義；然其中亦自有辨，執而求之，則不能通。蓋稱謂莫嚴於碑、志、傳、狀，不容一字出入。郡縣官名，一參古俗，皆乖史法；降而至序記，則可稍寬矣；又降而至書問箋啓，則更可稍寬矣。今名稱之古而失實者，有如生員爲秀才、舉人爲孝廉者乎？然與士友通書問，而必稱之曰某生員、某舉人，則嘩然駭矣。名稱之俗而不典者，有如知縣爲大令、同知爲司馬乎？唐之長史，乃今同知之職；司馬秩在别駕下，略仿漢之都尉而非是。然與當路通箋啓，而必目之曰某知縣、某同知，則色然愠矣。是惟求其不大戾乎古，以病吾文，而因文體之所宜，擇近焉者以不駭乎俗，古人於此，蓋亦有所不得已也。故大令不可稱也，不得已而曰明府；司馬不可稱也，不得已而曰郡丞；生員則秀才之可也；舉人則孝廉之可也。若碑版記載，則確守不可易。此僕爲文之旨，而亦嘗取以裁量古今者也。"此論足箴章氏之失。

或謂文無雅俗，今日衆所稱爲古雅之文，在當時亦俗語耳；則今日之俗語，安知異代不以爲古雅，而何必改邪？此亦有説：語之雅俗，存於人讀此語所生之想像。古語久廢，存於今者，惟有一義，人讀之者，不能因此而起惡濁之想像；今語則不然，此歷代所以恆視當時之語言爲俗，已廢之語言爲雅也。天下降而彌繁，文學亦然，有宜通俗之處，亦有宜求雅飭之處。執謂爾雅之文當廢，與執謂通俗之文不可行，同一失也。又古語不盡傳於今；其傳於今者，大抵文家所常用。文家於一時代之語言，所以或用或不用者，其所以然，固難悉數；然視其雅俗，以定去取，亦必其中之一事也。故古語之傳於今而爲文家所常用者，實已經過雅俗之别擇矣。

物之美者必純，説本國話而忽雜以外國話，説官話而忽雜以土語，豈必其不可通，然人多笑之者，爲其不純而不美也。此文言引用俗語，不得不加改竄之由。即白話中引用文言亦然，不能改者，必須加以解釋，非必讀白話者皆不解文言，爲其累於純也。《表忠觀碑》只能用"臣抃言"、"制曰可"，必不能用"都俞吁咈"之辭，亦以全篇皆學秦、漢文，不能忽作《尚書》體也。

古文十弊

作文字者，雖不必存載道之見，然道德實不可無。本篇所舉"八面求圓”、“私署頭銜”、“同里銘旌”等弊，皆人心世道之憂也。孔子曰：“斯民也三代之所以直道而行也。”自誇也，閹然媚於世也，直道之亡失久矣。

近數百年來，文字之壞，時文實爲其大原因。時文之弊，在求速化，於是本未能爲文者，亦强之爲文，爲文者遂多不明事理之徒。而“剜肉爲瘡”、“削趾適履”、“不達時勢”、“畫蛇添足”、“優伶演劇”等弊起矣。文以述事，故文法必源於事理；不明事理，而欲講文法，則穿鑿之弊起，此則“井底天文”、“誤學邯鄲”兩病之所由來也。予謂今日欲通文字，必舉向者陋劣之選本盡棄之而後可，無如舉世滔滔奉此等物爲圭臬者仍不乏也。干禄之文之流弊則可謂深矣。

“井底天文”之弊，稍博洽者不爲；“誤學邯鄲”，則雖通人時或不免，由古書章句失傳，有以致之也。參看拙撰《章句論》自明。

浙東學術

此篇亦箴宋學末流空言無實之弊，而欲以史學救之也，可覘章氏對理學、史學之意見。

婦學、婦學篇書後

此兩篇見解之迂腐，自不待言，惟亦有宜節取者。兩篇之作，皆所以攻袁枚，枚在當日聲名甚盛，依附者極多，而實齋嚴斥之不少恕，其卓然不爲流俗所移可見，一也。静近於學，男女皆然，擾擾者皆《俗嫌篇》所謂澆漓其實者也，二也。長文學者，胸次必高，胸次最忌者爲“俗”，同乎“流俗”，合乎“汙世”，則文學之本質先漓矣，“好名之士未有不俗”，實爲見道之言，三也。

近人於文學好言《詩經》，其實《詩》去今遠，作者之意已不可知，領略其美亦殊不易，苟其能之，必深於古文辭者也。今之好講《詩經》者，偏在自命爲新文學家之徒，異矣。盲從附和之徒，大抵皆盲從附和耳，非有真知灼見也。作者之意既不可知，故三家所傳寡本事而多“誦義”，《小序》作於漢代，篇篇皆具作義，後人已病其誣，況生於今日而自謂能得作者之意乎？《采蘭》、《贈芍》等篇，章氏謂以爲自述則徑直無味，作爲擬託文情自深，此亦難質言。我以爲如是固無不可耳。要之詩歌之作，即作者亦有得之偶然不能自言其意者，主誦義則見仁見智，存乎其人，路路皆通，不必鑿求而意味自覺深厚，必求作義則舍康莊趨荆棘而意反索然矣。此讀今古之詩皆然，抑且讀一切文學皆然，正不獨三百篇也。今人日攻昔之言詩者穿鑿，而其所爲顧變本加厲，如謂《月出皎兮》明明爲一首情歌之類。時過境遷必成笑柄矣。

古代人民畏神服教之念甚深，後世則不然。此自社會之進化，學求踏實，其道正自多端，不必返之於政教合一也。章氏此見，本不甚妥，處處借國家法令壓人，尤爲可笑，近人譏爲紹興師爺口吻，宜矣。

詩　話

此篇亦攻袁枚也。謂詩話通於傳記、小學、雜家，自是洞明流別之言。學問前後不相襲，而淵源必有所自，云能溯流别爲有本之學，亦不誣也。

古所謂小説者，非後世之小説；唐、宋時之小説，又非今日之平話。其説甚長，當别考。

以上爲内篇，已逐篇加以平論。其外篇多論方志，實齋之學特小試之，於是耳其綱領，見於《方志立三書議》、《州縣請立志科議》；其所創之例，則見於《答甄秀才論修志》兩書，《修志十議》、《與石首王明府論志例》、《報廣濟黄大尹論修志》、《覆崔荆州書》記與戴東原論修志一篇專爲排斥戴氏而作。及所爲諸志序。自《書武功志》以下，爲評論舊史之作，綱領既明，披覽易曉，不復逐篇加平也。

附録一　章學誠之史學思想

（一）章實齋所值之時代

（1）爲宋學已敝，漢學弊端肇見之世。

宋學之弊在空疏，反對之者：（甲）如顧亭林主博學，兼主事功，後人但承襲其考據之法，遂轉變而成清代之漢學；（乙）如顔習齋注重實事，反對空談心性。章氏思想頗與（乙）爲近。

漢學之弊在於破碎支離，專講考據，而不知其所考據者果有何用。且排斥義理及文辭，皆失之過當。反對之者，以桐城派爲最有力，主張義理、考據、辭章三者不可闕一。章氏之思想，與桐城派亦頗接近。

（2）爲史學窮而思變之世。

（甲）（A）時代累積，（B）史學愈進步，則史家覺須記載保存之材料日多，於是史學增多，有讀不勝讀之患。

（乙）因此故，讀史者乃須從事别擇——提要鈎玄，於是覺前此之史當載而不載，不當載而載者甚多。

（丙）歷代史書非一次編成，又其編纂不能盡善，故其中復緟矛盾、待删待考之處甚多。

（二）章實齋之性質，爲好深湛之思，而能綜核名實之人。故凡事必問其：

（1）何以須作，（2）是否值得作，（3）當如何作法。

（三）章實齋之學説

（1）章氏主張道因事而見，不能以臆想推測。故必事日積而後道日備。故主張至周公之時而進化達於極點——故以周公爲集大成，謂孔子僅學周公而得其道。其重要之思想，見於《原道》上、中、下三篇。此爲章氏對宋學空疏之反響，而亦其所以注重史學之根源。

(2) 章氏主張道不可憑虚測度，故主爲學者必習於事；故主政教合一，官師不分；故主六經皆先王之政典。其思想見於《易教》上、中、下三篇，《經解》上、中、下三篇及《史釋》篇。

(3) 章氏對於作史，主張自立體例：存其有用者，而删其無用者。反對前此作史按照前人成例：前人所有者亦有之，前人所無者亦無之。故謂"史爲例拘，當求無例之始"；謂"事萬變而不窮，史文當屈曲而適如其事"；譏前此作史者"同於科舉之程式，官府之簿書"；而善紀事本末："因事命篇，不拘常格"。舉其理想中盡善盡美之境，悉附之於《尚書》，謂自《春秋》、《史》、《漢》而下，逐步漸趨於拘滯。其自創之體，則爲合表、志、世家、列傳，而統名之曰傳——仍以本紀爲綱。其重要之思想，見於《書教》上、中、下三篇。

(4) 史家之著作，爲能提要鈎玄：(甲) 使人可讀；(乙) 授人以智識起見，必須有所刊落；而其所儲蓄之材料，則不可不多。故章氏分作史與儲備史材爲兩事：於前者謂之撰述，後者謂之記注。舉其理想中盡美盡善之境，傅之於古：謂三代以上，記注有成法，而撰述無定名——惟記注有成法，故撰述可以無定名；三代以下撰述有定名，而記注無成法——撰述有定名，故成書易；記注無成法，故取材難。保存史材，非但隨時記載，如記流水帳然；隔若干年代，亦須加以編輯，章氏謂之比次。作史：(子)既須抉擇去取，(丑)又須加以考證。章氏於(子)謂之獨斷之學，於(丑)謂之考索之功。謂比次之書欲其愚；獨斷之學、考索之功欲其智。其重要之思想，見於《書教》上、中、下三篇，《答客問》上、中、下三篇。

(5) 章氏對於作史，最主提要鈎玄，挈其綱領。又史本宜時時加以改纂——(甲) 改前人之誤繆；(乙) 補前人之不足；(丙) 言前人之所不能言、不敢言；(丁) 去前人所需要，而今日不需要者；(戊) 删除重複;(己) 考定牴牾;(庚) 合前此之分,而齊一其體例——故主通史,而反斷代。作通史必從大處着眼,不能求小節之完備,小節或有誤謬,亦勢所不免,章氏謂此不能以考據家之眼光吹求。其重要之思想,見於《釋通》、《申鄭》兩篇。

(6) 章氏重獨斷之學,故善私家撰述,而反對集衆纂修——章氏取《孟子》"其事"、"其文"、"其義"之文,謂必斷之以文,而書始成家,此非衆修所能有,故認衆修只爲比次之業。其重要之思想,見於《答客問篇》。

(7) 對於儲備史材: 章氏謂有一人之史,有一家之史,有一國之史,有天下之史。一人一家之史,私而難信,散而難稽;主以一國之史詳其分,以天下之史合其要,故最重方志。方志之纂修,爲比次之業;比次之材料,又必預儲之於平時: 故欲於州縣立志科。方志須其具國史——章氏所謂天下之史——之雛形,且此爲比次之業,須略有成式可循,故最致謹於方志之體例。其欲於方志立三書——志、掌故、文徵——則所以備國史之雛形也。一地方對於史材,平時謹於儲備;隔若干時,則加以編輯: 既可爲國史儲備材料;又可合一人一家之史,而稽其信否;且代爲保存勿失。其重要之思想,見於《州縣請立志科議》、《方志立三書議》及《論修志》各書,自爲各志序及各舊志書後。

(8) 作史須求真實,而如何乃能真實,事極難言。章氏對此之意見,見《史德篇》,其言極爲精深,雖今日之史學家,亦有所不逮,此由章氏明於理學——宋學——故也。

(四) 吾人對於章實齋之批評

(1) 章實齋時代,史學上積弊——因因習而來之弊害——甚深,章氏能發現之,且能提出改革之方法,其思力之沈鷙,爲不可及。

(2) 章氏最重要之思想爲分作史與儲備史材爲兩事。其論作史之法,在今日不盡可用: (甲) 今日之趨勢,當將昔日之歷史析爲各種專門史;然後合各專家考索之結果,而成爲一普通史。章氏欲以一人之意,抉擇去取,其事爲不可能。(乙) 今日供普通人閱讀之史,宜由多數史學家撰述,聽其同時並行,徐圖抉擇去取;且本應有若干部並行,不必有勒成一書立諸學官之舉。如此撰述乃易,且易於改善。章氏於此點未能見及,此自時代爲之,不足爲章氏咎——今日史學之趨勢,全受科學發達分科精密之影響——然吾人則不可不知此理也。

其論儲史材之法,雖:(A) 不必盡合於今,(B) 今日亦不能以此爲足,然可供參考之處甚多。

(3) 章氏謂古代如何如何,於實際不必相合。此由昔人每以其理想中盡美盡善之境,傅之於古,而古書荒略,無論何種思想,皆可傅會故——非必有心傅會,帶着色眼鏡,自易見合於己意之證據故也。吾人今日取其思想,不必信其此等説;亦並不必加以攻擊也——因其不合顯而易見,無待攻擊。

以上所論,以章氏關於史學之思想爲限。然其論漢、宋學之處,説極公允,且多精到,亦不可不注意,章氏自爲之文殊不見佳,其鍼砭俗弊處則極好。

附録二 《文史通義》選讀提要

《原道上》：此篇言道因事見，隨世運之進化而漸著，至周公而集大成。

《原道中》：言道器不可分，空言不可以爲教。

《原道下》：論離器言道之非。此三篇爲章氏對宋學之意見。

《博約上》：言各專一門之理。

《博約中》：此篇論考索，言學與識非一事。

《博約下》：辨博與雜，約與漏。此爲章氏對漢學之意見，參考《假年篇》。

《原學上》：言學必取於往事，此章氏之所以重史學，又言學不盡於往事，其論極通。

《原學中》：此篇申其六經皆政典之説，言諸子之病起於學而不盡，亦自其對宋學之意見也。章氏視諸子宋學佛學皆同病，其論佛之説，見《易教下篇》。

《原學下》：言世儒之病，起於學而不思，攻漢學。

《易教上》、《中》：論六經皆政典。

《朱陸》：攻宋學末流之弊，言漢學亦出宋學。

《浙東學術》：論宋學中治史一派。參看《天喻篇》。

《書教上》：論記注有成法，撰述無定名。

《書教中》：論記言當別爲專書，此其所以欲別立文徵也。章氏主記言記事，本不可分。

《書教下》：申論撰述無定名，有取於紀事本末體，並論傳志之别可泯。

《史釋》：論史本於掌故，其論政教合一，官師不分，爲其攻宋學之口實。

《釋通》：泛論通之可貴及史學之通，其辨通與類書之别，即著述與比次之别也。

《横通》：辨通與雜博之别。

《申鄭》：辨鄭之可貴在義例，不能以其闕考索之功而訾之。

《答客問上》：論著述比次考索之異。

《答客問下》：論比次之業。

《方志立三書議》、《州縣請立志科議》：此兩篇論記注之法。

《史注》：此篇論考索，其言作史，當以自注，詳去取則兼涉義例。

《言公上》：言古人書非自著，可矯令人辨僞之失。

《言公中》：論輯佚勝於僞造，知僞書與輯佚同源，其識甚卓。論同源者，其流不能無異，於辨章學術源流，尤爲有用。

《言公下》：論撰作假託等，亦有裨於辨僞。參看《辨似篇》。

《匡謬》：論妄效古書體例，及穿鑿爲説之非。

《史德》：論作史當求客觀，而其能否客觀，與道德有關，其説極精。

古史家傳記文選

導　言

從來論文章的人，都會説文章要原本經史。這話在普通人看來，只是一句門面話，然而門面話中，往往含有真理。經姑勿論，講到史，則正史中的四史，確實是文章的根原。人們都會説："二十四史之中，四史最要緊。四史之中，《史》、《漢》最要緊。"話雖不錯，可是説得太模糊了。我們若從文學的見地，來研究正史，則二十四史（或二十五史），可以大别爲四類：

（一）四史。

（二）自《晉書》至《舊五代史》。

（三）《新唐書》，《新五代史》。

（四）自宋至明之史。

而此四大類之中，仍各有小别。這話怎樣講呢？

讓我們先談談中國駢散文的變遷史吧。文學史上的公例，韻文的發達，先於散文。中國古代的韻文，即阮芸臺所謂"寡其辭，協其音"之文，見《文言説》。其發達遠在東周以前。散文則發達於東周，至西漢而極盛。西漢末年，風氣漸變，遂開東漢到唐初的駢文。文字何以自散而趨於駢呢？文字本是代表語言的，文字初興，本與語言一致，後來文字加以修飾，二者遂生差異。文字是怎樣修飾的呢？（一）爲求整齊。其中苞含（甲）無過長過短之句，（乙）多對偶。（二）爲求美麗。其中苞含（子）詞類之選擇及（丑）用典。用典到後來，如塗塗附，使人看了不懂，不但不能引起快感，反要感覺沈悶了。然其初所用的，則都是習熟之事，人人皆知。人人皆知之事，再加叙述，未免使人可厭。而且説了一大篇話，内容還只如此，何如以少數的話，包括多數的意思呢？唐宋後的散文，引用故實，較生的都詳加叙述。自東漢至唐初則不然，其所謂隸事，都以一語述一事，不論所引用的事的生熟，都把讀者當作已知的，即由於此。駢文的初期，不過是文字的修飾，後來踵事增華，就和散文判然了。駢文的體製，大略可分爲（一）漢魏，（二）晉宋，（三）齊梁，（四）初唐四期，至晚唐則成爲四六。宋代四六，受散文的影響，趨於生動流走，而作風又一變。愈後愈浮靡，亦愈後愈板滯，遂愈後而愈不適於用。但是六朝人於駢文之外，仍應用散行文字，名之爲筆，雖稍近自然，而文氣仍不免浮靡。所以到了唐代中葉，革新運動起來，韓愈、柳宗元等所做文字，以古爲法，稱爲"古文"。對於駢文而言之，則稱爲"散文"。散文二字，有新舊二義。舊義對駢文言之，此處所用的是新義，對韻文言之。然而此等文字，亦是以古爲標準的。不論名詞、句法、篇法，可古的地方，必先用古，必其不能古，或求古則妨害事實時，才參用今。而其參用，仍有種種規律，非可直情逕行。所以其事甚難，非盡人所能學。所以古文一體之外，别有一種普通應用的文字，此項文字，範圍較寬，學習亦易，故能普遍了。

以上已述歷代文學變遷的大略，再將分正史爲四部之説，大致言之。

（一）四史之部　此中《史記》，大部分爲東周至西漢的散文，一小部分爲西周以前極簡質的文字。《漢書》，一部分爲東漢人的作品，即駢文風氣初開時的文字，但大部分，亦係西漢以前的散文。古人的著書，不是像後世人一般，蒐集得材料，一定要將他的文字改過，使入自己口氣，且使其色彩一律的。大都是照鈔原文，一字不易而已。劉知幾《史通·因襲篇》，譏《漢書·陳涉傳》，襲《史記·世家》之文，而不改其"至今血食"之語，以後人眼光觀之，自屬得當，然在漢時，則通行文例如此，並非班固疏忽。職是故，一部書中，文字的色彩，極不一律。通常所謂某書（或某人）的文學如何者，乃指其自作之部分言之。如論《史》、《漢》，則指其自作的列傳、敘、論贊。其實是否自作，仍是問題，惟來源既無可考，則姑假定其爲自作。又或指其最有特色的一部分，如《左氏》、《國語》、《國策》，都有其奥僻難解處；即《左》、《國》亦間有類乎《國策》處，然通常所謂《左》、《國》文字如何者，自指風格凝重者而言；所謂《國策》文字如何者，自指其排奡駿快處而言。明乎此，則知統論文學的全體，馬、班大有區别，但就傳記文而論，則其爲别甚微。因爲《史記》中可假定爲史公自作的，都是漢朝人的傳，《漢書》亦是如此。班固雖是東漢人，然其所敘者，仍是西漢人。凡《漢書》中的列傳，大都是西漢人所作，而班固鈔録入書的，並非其所自作也。至於《三國志》，則作者係晉初人，其所褒録者，都是漢末及三國時人的作品。此時駢文漸盛，文章漸次分途。所謂筆者，雖與西漢前之散文，一綫相承，並未間斷，然已漸受其時文的影響，而趨於矜練。所以《三國志》的文字，最爲閒雅。至於《後漢書》，則自晉初司馬彪、華嶠而後，述作者本有多家，詳見《史通·古今正史篇》。至宋范曄，乃删定而成一書。述作删定者，皆自晉至宋之人，故其文字又較妍麗。總而言之：以傳記文論，《史》、《漢》可代表西漢一代的作品，《三國志》代表漢、東漢。魏的作品，《後漢書》代表晉宋的作品。

（二）自《晉書》至《舊五代史》　晉及宋、齊、梁、陳、魏、北齊、周、隋諸書，皆唐初官修。《南北史》則成於私人之手，雖體裁有異，而材料則與宋、齊、梁、陳、魏、北齊、周、隋諸書，大致從同。此等文字，即南北朝時代之所謂筆。猶之今日之淺近文言，去白話僅一等；且其夾雜俗語亦不少；故在當日，並非難解，亦無人特稱其文。但（一）前一時期之俗話，至後一時期，往往即成爲文言。後人學六朝文字，本非專學其文，亦可兼學其筆，況（二）當時作史傳文字，雖云通俗，究亦力求雅馴。（三）而苞含於其中的文亦不少。所以熟讀諸史，於學晉、宋、齊、梁體的駢文的人，非常有益。即僅學普通文字之人讀之，亦有增益見聞，開拓心胸之效。《舊唐書》、《舊五代史》，文體實與自晉至隋諸史相同。然時代既殊，文字之體製、神氣，自然隨之而變。所以此兩書的色采，又和自晉至隋之史小異。而讀者之受益，則其性質大致相同。

（三）《新唐書》、《新五代史》　此爲古文既興之後，用其義法所作之史。自古文家觀之，自較自晉至隋之史及《舊唐書》、《舊五代史》爲勝。如姚姬傳《古史辭類纂》，於《史》、《漢》外，只選此兩史之文。但歐、宋於史法皆不甚精。宋之文，尤有所謂澀僻之弊，甚有不妥而被後人資爲話柄者。故以普通之眼光觀之，此兩書並不較《舊唐書》、《舊五代史》爲勝。但此兩書在正史之中，卓然自成一種謹嚴的文體，則是事實。

（四）自宋至明之史，爲古文既興後之普通文。自文學方面言之，殊覺其黯然無色。（一）由此時代之文，較前一時代，本少華飾。（二）則史學進步，敘事漸趨客觀。凡事夾雜主觀敘述，覺其有聲有色者，專憑客觀，便覺聲希味淡，其理詳見下文。此時代的史，雖不足語於現在的所謂客觀，然時代愈後，究竟記述之法，漸趨謹嚴，不敢憑藉主觀，將瑣屑無味之材料删去，於是記載漸趨於蕪。蕪爲文學之大敵，故此時代之史，以文學論，率無足觀。《明史》體例，最稱謹嚴，其文字尤爲板滯。此節所謂客觀，並非謂其材料均能確實，乃謂史學隨時代而進步，則愈知事實之重要，而不敢輕於删薙。故時代愈後，歷史之分量愈增。

以上是就所謂正史者，略論其文學性質。雖然自五代以前，都可説有文學價值，然其價值要以四史爲最大，則斷然無疑了。以下再就四史的文學，略加論列。史家之文，本可分爲兩類：即（一）敘述制度的，是爲典志。（二）敘述事實的，是爲紀傳。敘事本不必以人爲主，但是什么事都有因襲性的，最初所傳的材料，是以人爲主的，作史的人，就以人爲主而加以編制，後來就沿爲故事了。而且《本紀》因史裁的變化，只成爲全書的提綱，失其爲傳記的性質。而所謂列傳者，遂專據正史中傳記文之席。今欲明史家傳記體的來源，請引我的舊作兩則如下：

古之史，蓋止記言記事二家。《禮記·玉藻》曰："動則左史書之，言則右史書之。"鄭《注》曰："其書，《春秋》、《尚書》其存者。"《漢書·藝文志》："左史記言，右史記事。言爲《尚書》，事爲

《春秋》。"其説當有所本。《左氏》果爲《春秋》之傳與否,事極可疑。漢博士謂《左氏》不傳《春秋》,近世推衍其説者謂《大史公自序》,但曰:"左丘失明,厥有《國語》。"其報任安書亦然。下文又云:"左丘明無目。"則宋祁所見越本,王念孫所見宋景祐本及《文選》,皆無明字。《論語》有"左丘明恥之,丘亦恥之"之語,崔適謂《集解》録孔安國《注》,則此章亦出古論。然則自今文家言之,實有左丘而無左丘明,有《國語》而無《春秋左氏傳》也。而《國語》一書,則衹可謂與《尚書》同體,而不可别列爲一家。何者?古代記事之史,體至簡嚴,今所傳之《春秋》是也。其記言之史,則體極恢廓。蓋其初意,主於記嘉言之可爲法者;然既記嘉言,自可推廣之而及於懿行;既記嘉言懿行之可爲法者,自亦可記莠言亂行之足爲戒者也。故《國語》者,時代較後之《尚書》也。或曰:秦漢以後之史,第一部爲《史記》,而《史記》之體例,實原於《世本》。洪飴孫撰《史表》,以《世本》列諸史之首。核其體例,則有本紀,有世家,有傳,《史記》稱列傳,謂合多人之傳,以次序列耳。並爲《史記》所沿。桓譚謂史公《三代世表》,旁行斜上,並效周譜。《史通·表歷篇》引,亦見《南史·王僧孺傳》。《隋志》有《世本王侯大夫譜》二卷,蓋即周譜之倫。則《史記》之世表、年表、月表,例亦沿自《世本》。《世本》又有《居篇》、記帝王都邑。《作篇》,記占驗、飲食、禮樂、兵農、車服、圖書、器用、藝術之原。則八書所由昉也。百三十篇,本名《太史公書》。《史記》二字,爲當時史籍通名,猶今言歷史也。史公發憤著書,功在網羅綜貫,不在創造。所整齊者,實爲舊史之文,非其自作。則紀、傳、世家、書、表,乃前此史家之通例,正不獨《世本》然矣。安得謂古之史,止記言記事二家歟?案本紀、世家、世表之原,蓋出於古之帝系、世本;八書之作,則出於古之典志;此二者,後世雖以爲史,而推原其朔,則古人初不以之爲史也。《周官》小史,"掌邦國之志。奠繫世,辨昭穆。若有事,則詔王之忌諱。大祭祀,讀禮法,史以書敘昭穆之俎簋。"鄭司農云:"繫世,謂帝繫，世本之屬。此世本僅記世系，與前所述世本不同。先王死日爲忌，名爲諱。"又瞽矇，"諷誦詩，世奠繫"。杜子春云："世奠繫，謂帝繫，諸侯卿大夫世本之屬也。小史主次序先王之世，昭穆之繫，述其德行。瞽矇主誦詩，並誦世系，以戒勸人君也。故《語》曰：教之世，而爲之昭明德而廢幽昏焉，以休懼其動。"案小史所識者，先世之名諱忌日及世次，今《大戴記》之《帝繫姓》蓋其物。瞽矇所誦者，先王之行事，則《五帝德》所本也。此本紀、世家、世表之所由來。凡一官署，必有記其職掌之書，今之禮經逸禮等，蓋皆原出於此。此等無從知記者爲誰，大約屬於何官之守者，則何官之史所記耳。此即後世之典志、八書之所本也。古所謂史，專指珥筆記事者言之。小史、瞽史所識，禮經、逸禮之傳，後世雖珍爲舊聞，當時實非出有意，故追溯古史者並不之及也。若夫年表、月表，則《春秋》之記事也。列傳則《國語》之記言，而其例實原於《尚書》者也。然則安得謂古之史有出於記言記事之外者歟？而劉氏以《左氏》、《國語》，與《尚書》、《春秋》並列，不其繆歟？《史通評·六家篇》。

記事之史，體極簡嚴，記言之史，則體較恢廓，求諸《周官》，亦可喻其故焉。史官主知天道，故馮相、保章，皆屬大史。馮相氏，掌十有二歲，十有二月，十有二辰，十月，二十有八宿之位，辨其序事，以會天位，蓋司天道之常。保章氏，掌天星，以志星辰日月之變動，以觀天下之遷，辨其吉凶，則司天道之變。常事不書，變事不可不記。執簡之始，蓋專記日食、星隕等事，此本不待煩言，其後記人事者，亦遂沿其體，此其所以簡嚴。古重言辭，書諸簡牘蓋其變，既重言辭，則其所書者，亦必如其口語；雖有潤飾，所異固無多也，此其體之所以日益恢廓也。記言之史，體既恢廓，其後凡敘述詳盡者皆沿之，以其初本記言辭；又古簡牘用少，傳者或不資記録，而以口耳相授受也；則仍謂之語。《禮記·樂記》：孔子謂賓牟賈曰："且女獨未聞牧野之語乎？"此記武王之事者稱語也。《史記》本紀、列傳，在他篇中述及多稱語，《秦本紀》述商鞅説孝公變法曰：其事在《商君語》中。《孝文紀》述大臣誅諸吕，謀召立代王曰：事在《吕后語》中。《禮書》述鼂錯事曰：事在《袁盎語》中。《陸賈傳》述其使尉佗事曰：事在《南越語》中。皆是。《朱建傳》：漢已誅布，聞平原君諫，不與謀，得不誅，曰語在《黥布語》中，而《布傳》無其事。蓋古人著書，多直録舊文，不加點定，史公所據朱建、黥布兩傳，非出一家，故其文如是也。《始皇本紀》述趙高與二世、李斯陰謀殺扶蘇、蒙恬曰語具《李斯傳》中，疑後人所改。亦或當時已有稱傳者，不始太史公。《蕭相國世家》述吕后用何計謀誅淮陰侯曰語在《淮陰事》中，《留侯世家》述良解鴻門之危曰語在《項羽事》中，事語二字，疑後人所互易。可知紀傳等爲後人所立新名，其初皆稱語。然則《論語》者，孔子及其門弟子之言行之以類纂輯者；《國語》則賢士大夫之言行，分國纂輯者耳。故吾謂《國語》實《尚書》之支流餘裔也。不惟《國語》、《晏子春秋》及《管子》之《大》、《中》、《小匡》諸篇，凡記士大夫之言行者，皆《國語》類也。亦不惟《論語》，諸子書中，有記大師、巨子之言行者，皆《論語》類也。《燕石札記·周官五史》。

《史記》爲正史中第一部，後來的史書，都係沿襲他的體例。觀上兩則，可知《史記》體例之所由來。蓋當太史公時，前代所留詒的史材，除述制度的典禮以外，其述人事的，可分爲（一）春秋，（二）繫世，（三）語三者。《史記》的年表、世表，係據春秋、繫世制成；本紀、世家，有兼據春秋及繫世的，亦有更益之以語的；而列傳則大致係根據於語。知此，則知後世之正史，以人爲綱，以致將事實寸寸割裂，要看一件大事，必須兼閲本紀及許多篇傳，殊覺不便，其咎實不在於史公。因爲史公所據的材料，是各有來源，本不相干的。照古人“信以傳信，疑以傳疑”的例子，異來源的材料，本不以之互相訂補，並不使之錯居一簡。譬如《齊世家》和《管晏列傳》，《魯世家》和《孔子世家》，便是各有來源，不能攙雜的。《史記》的多複緟、矛盾，即由於此。而《史記》的列傳，所以忽詳忽略，或分或合，莫名其妙的，亦由於此。譬如管仲、樂毅，是何等大人物？然而《管晏列傳》中，所詳叙的，只有管仲和鮑叔的關係,述其相桓公霸諸侯之事反甚略。樂毅亦然,於其外交及軍事,並没有詳叙,而只備載其和燕惠王往返的書函。老子爲什么要和韓非同傳?《孟子荀卿列傳》中,爲什么要兼載這許多人?而又語焉不詳?後世史學家、文學家,想出許多説法來,總不能使人滿意。如其不用私智穿鑿,而但就古書之義例求之,則可以一語斬盡葛藤,曰:其所據之材料,本來如是而已。普通列傳,傳者以人爲主,則史公亦以人爲主而傳之。類傳的傳者,以事爲主,則史公亦以事爲主而傳之。這種體例,如其説是好的,史公不應盡冒其功;如其説是壞的,史公亦不能盡尸其咎,正和後來的史家,襲用《史記》的體例,只負模仿的責任,不負創作的責任一樣。

以上的話,把史家傳記文體的來源説明了。如此,則創始之人,不過是因襲;而後來的人,不過是模仿而已,絶無所謂苦心創造,還有什么價值呢?話不是這樣説。文章的價值,是看其内容,並不論其體製的爲因爲創。至後人之取法於前人,也是移步换形的,並不是死板板的,亦趨亦步。譬如史公的傳管仲、樂毅,不能詳其行事之大者,而只能詳其軼事和書翰,固由材料如此,然後人作良相名將的傳,自可不以此篇爲法,其有大事不必細述,小事反宜詳叙,言論亦宜詳載的,則此兩篇又足爲法了。舉此一端,餘可類推。

以上係論體製,以下再就文字方面,略爲陳説。凡讀四史的人,只要對於文學,略有趣味,都能感覺其文字之美,較諸後此諸史爲勝,這是什么理由呢?原來史事最重客觀。求客觀,就只該就其可知之部分,加以説述;其不可知的部分,是不該以意補足的。凡事之可見者,總只是外形,然外形是無意義的。除非對於史學有特别修養的人,能就其外形而推想其内容,以完成其事實,而發見其關係,才會覺得有一種趣味。但是這種趣味,還只是史學上的趣味,不是文學上的趣味。至於文學上的趣味,總要是直觀可以感覺到的,不能多靠推理之力。所以文學上的方法,雖然有所謂"匣劍帷鐙","言有盡而意無窮"等,但其實,都是但憑感想,即可領會的。因而文學作品的叙事,没有真客觀。而真客觀的叙述,在科學上是有價值,在文學上是無價值的。我們讀報,看官方公布的消息,不如訪員通信之有味;而大報的記載,有時又不如小報;即由於此。記載當求客觀之理,爲古人所不知;而古代文字用少,凡事皆由口耳相傳,口耳相傳之事,最易變易其原形,而此中却又有一個删潤的妙理。人之述事,在無意之間,自能將其乾燥無味的部分縮小,或竟删去;富有趣味的部分擴大,甚至增加,如此,每傳述一次,即不啻經過一次之删潤。一篇文字,經過許多人傳述,即不啻經過許多無名作家的删潤,其趣味濃郁,自然無待於言了。凡古代的歷史,尤其是西漢初年以前,帶傳説的性質,實在很多。讀本書《項羽本紀》的評語,便可知道。所以古史文學之美,其内容之適合於文學,是其第一條件。

西漢以前的文字,現在看起來,很覺得其古色斑斕,然此乃時代使然。在當時實甚通俗。雖不能説竟是白話,亦必和白話相去無幾。東漢以後,雖然略加修飾,亦不過如現在的淺近文言。所以當時的文字,是很爲自然的,凡事總以自然的爲美。人工之美,固亦有天然所無之境。其技術的優良,我們亦不能不嘆服。然而較諸天然之美,未免終遜一籌。人造的花,終不如樹上的花;刻意經營的園林,終不如生成的山水。知此,則知唐、宋以後的古文家,窮老盡氣,模仿三代、兩漢之文,而終不能及三代、兩漢;不但古文家,其餘一切文字,也都如此。因而一時代必有一時代獨至之文,爲後人所不能及;所以現在的白話文,前途正有無窮的希望。《史》、《漢》文字,甚爲通俗,只要看他句法的冗長,稱名的隨便,便可知道。譬如《史記·周本紀》説:"諸侯不期而會孟津者,八百諸侯。"這兩個諸侯字,無論如何,總有一個可省。又如《史記》每稱項籍爲項王。衡以後世的義法,是很不妥當的。因爲從無以人之姓氏,冠於所封爵號之上之理。伯禽姓姬;其父旦,受封於周,亦可以周爲氏;然既受封於魯,則只可稱魯侯,而不可稱周侯了。項籍的爵,是西楚霸王,若可稱爲項王,則漢高祖爲什么要稱漢王,而不稱劉王呢?此等道理,史公豈不知,而竟如此稱呼,則除當時的口語如是，史公即照口語書寫，别無理由，可以解釋了。這話可參看拙撰《史通評》的《稱謂篇》，還要説得詳盡些。至於句法的冗長，自以《史記》爲最。然而現在的《史記》，已經給後來的人，把冗長無謂的字，删節了許多。論其原本，怕的還要冗長。這個，只要看《史通・點煩篇》所引《史記》原文，都較現行本爲冗長可知。關於這一點，我以爲此等删節，皆係鈔録時隨手所爲。因爲古人不講考據，則其讀古書，只要明白其意義而已足，不像現代講考據的人，一字的有無、同異，即可於其間生出妙悟來，因爲圖閲看之便，而免鈔寫之煩。古書中無用的字句，儘可隨意删節。句之删節尚較少，而字之删節則甚多。無論藏書的人自寫，或鈔胥代人鈔寫，都是如此。襲用人家的文字，照本鈔謄，不易一字，這是古人行文的通例。然而現在，《漢書》襲用《史記》之處，字句每有異同。大抵是《史記》繁而《漢書》簡。就因魏晉以後，《漢書》的通行，較《史記》爲廣，經過傳鈔的次數較多之故。評論之家，却説：這是班固有意爲之。又説：班固的本領真大，只要減省一兩個虚字，作風就和司馬遷判然不同了。真是夢囈。考據和文藝，固然是兩件事；懂得考據的人，固然未必懂得文藝；講文藝的人，亦不需要講考據；然而考據家考據所得的結果，成爲常識的，文學家亦應該知道。因爲文藝的批評，亦當根據於正確的事實。同理：考據家亦應略懂得文學。不然會把所根據的書講錯的，亦就大有害於事實的正確了。關於這一個問題，《史通評》的《點煩篇》，也是可以參看的。我所補出的點煩，就是近代人工的文字，和古代自然的文字一個絶好的對照。現在的《史記》，雖已非復原形，《漢書》更甚；而且自《漢書》以下，業已開修飾之風，其語調非復純任自然；然而保存自然的風格處仍不少，至少，語調雖有雕琢，全篇的杼軸，即篇法，亦即一大篇話先後的次序。還是自然的。這一點，不能舉例了，只好由讀者自己領悟。凡近於口語的文字，其叙述一定很詳盡，而且能描畫入微。如本書所選《史》、《漢》的《魏其武安侯列傳》、《李廣蘇建列傳》，便是其最好的例。《後漢書》的《隗囂公孫述傳》、《馬援傳》，也有此等風味，不過較之《史》、《漢》，已覺遜色罷了。惟《三國志》的文體，係以謹嚴見長，間有此等刻畫詳盡處，轉非其特色之所在。總之，一書有一書的特色，研治文學的人，對於一部書，或一個人的作品，都要能認識其特色之所在，纔算能瞉瞭解的。於此，正式文字和小説之别，却又不可以不知。古文貴叙述詳盡，刻畫入微，這是人人所可承認的，然古文而帶有小説氣，則歷來的作者，又均視爲大戒。究竟何等文字，算是帶有小説氣呢？這是很難舉出具體的標準的。論其原理，則其所叙述，都是依天然的條理，述客觀的事實的，爲正式的文字；而有意做作，超過如實叙述的程度的，則落入小説的科臼。這話似乎儱侗，然只説得到如此。其實際情形，只可望讀者自行領悟。勉強舉個例，譬如宋濂的《秦士録》，侯朝宗的《大鐵椎傳》，都是近來中學教科書中常見的作品，這兩篇就都有些小説氣味，不甚大雅。以近乎口語的句調，比之精心修飾的文言，自然是冗沓的。冗沓未免可厭，然就一句論之，雖然如此，合全篇論之，則自有一種抑揚高下，無不合宜的韻致，斷非文人學士有意爲之者所能及。以秦漢之文，與唐宋人所爲之古文比較自知。即以句法論，近乎口語的自然之調，亦有非人工的文字所能倣效的。本書中《史記・貨殖列傳》的批評已言之，兹不更贅。不但西漢以前文字如此，即東漢以後的文字，其情韻交至的，亦有自然的語調爲本，不過略加修飾而已。熟復《隗囂公孫述傳》、《馬援傳》中的書翰，《諸葛亮傳》中的《上諸葛氏集表》，便可悟入。

上述兩端，爲四史文字之所由美。至所選録各篇之美點，及其可見之義法，别詳分評中。義法是略有一定的。美點則由於各人的主觀，不能一定相合，亦不必求其相合。凡文評，都只可供觸發，助領會，不可執爲實然，所以不必十分拘泥。此書本供國文修習之用，所以凡所論列，都就文字方面立論。至於四史之爲用，自然不盡於文學方面的。最主要的，自然是史學方面。次之則經子考證方面，關係亦極大。濫行論列，將至喧賓奪主，失之蕪雜，故不更及。四史的歷史，就普通者言之，可看《史通・古今正史篇》，及《二十二史劄記》第一至第六卷中有關涉的各條。此皆習見之書，無待再行贅録。特别的考證,研究文學時,亦可無需,故亦不之及。

評注的體例,是很簡單的,不必另爲一篇,今亦附述於此:(一)注,只以文字可看懂爲限,不再繁徵博引,涉及史事暨訓詁、名物、制度的考證。因爲如此,勢將喧賓奪主,不成體裁。(二)地名皆加今釋。但亦僅言其爲今之某地而止,不及沿革、變遷。(三)批評主旨,係在文字,但史法及評論史事的知識,有爲瞭解文學所必需者,亦加述説。(四)凡古書的句法,恆較後世爲短。以後世的"長句"、"長讀"讀古書,易誤其意義,尤失其神味。故此書所定句讀皆較短。讀者如能留意,推廣之以讀他古書,亦頗有益。

《史記·項羽本紀》

項籍者，下相下相，在今江蘇宿遷縣西七里。人也，字羽。初起時，年二十四。其季父項梁，梁父即楚將項燕，爲秦將王翦所戮者也。項氏世世爲楚將，封於項，項，在今河南項城縣東北。故姓項氏。項籍少時，學書不成，去；學劍，又不成。項梁怒之。籍曰："書足以記名姓而已；劍一人敵，不足學；學萬人敵。"於是項梁乃教籍兵法，籍大喜，略知其意，又不肯竟學。項梁嘗有櫟陽櫟陽，在今陝西臨潼縣東北七十里。逮，《索隱》："按逮訓及，謂有罪相連及，爲櫟陽縣所逮録也。"乃請蘄蘄，今安徽宿縣。獄掾曹咎書，抵櫟陽獄掾司馬欣，以故事得已。《集解》："韋昭曰：抵，至也，謂梁嘗被櫟陽縣逮捕，梁乃請獄掾曹咎書，至櫟陽獄掾司馬欣，故事得止息也。"項梁殺人，與籍避讎於吴中，吴，縣名，今江蘇吴縣，秦時，爲會稽郡治。吴中賢士大夫，皆出項梁下。每吴中有大繇役，及喪，項梁常爲主辦。陰以兵法，部勒賓客及子弟，以是知其能。秦始皇帝游會稽，會稽，秦郡名，今江蘇東部浙江西部之地。渡浙江，梁與籍俱觀，籍曰："彼可取而代也。"梁掩其口，曰："毋妄言，族矣。"梁以此奇籍。籍長八尺餘，力能扛鼎，《集解》："韋昭曰：扛，舉也。"才氣過人；雖吴中子弟，皆已憚籍矣。

秦二世元年七月，陳涉等起大澤中；其九月，會稽守《集解》："《楚漢春秋》曰：會稽假守殷通。"案漢世叙人，往往不及其姓。通謂梁曰："江西今長江下游之南岸，古稱江東；其北岸稱江西。皆反，此亦天亡秦之時也。吾聞先即制人，後則爲人所制；即則義同。古則即二字恒通用。吾欲發兵，使公及桓楚將。"是時桓楚亡，在澤中，梁曰："桓楚亡，人莫知其處，獨籍知之耳。"梁乃出，誡籍，持劍居外待，梁復入，與守坐，曰："請召籍，使受命召桓楚。"守曰"諾"。梁召籍入，須臾，梁眴籍曰："可行矣。"於是籍遂拔劍，斬守頭。項梁持守頭，佩其印綬,門下大驚,擾亂,籍所擊殺數十百人,一府中皆慴伏,莫敢起。梁乃召故所知知,即今所謂認識。豪吏,諭以所爲起大事,遂舉吴中兵,使人收下縣,下縣,謂郡之屬縣。得精兵八千人。梁部署吴中豪傑,爲校尉、候、司馬,有一人不得用,自言於梁。梁曰:"前時某喪,使公主某事,不能辦,以此不任用公。"衆乃皆服。

於是梁爲會稽守,籍爲裨將,狥下縣。廣陵人召平廣陵,在今江蘇江都縣東北。於是爲陳王狥廣陵,未能下,聞陳王敗走,秦兵又且至,乃渡江,矯陳王命,拜梁爲楚王上柱國,曰:"江東已定,急引兵西擊秦。"項梁乃以八千人渡江而西。聞陳嬰已下東陽,東陽,在今安徽天長縣西北。使使與連和俱西。陳嬰者,故東陽令史,居縣中,素信謹,稱爲長者。東陽少年殺其令,相聚數千人,欲置長,無適用,乃請陳嬰。嬰謝不能,遂彊立嬰爲長。縣中從者,得二萬人。少年欲立嬰,便爲王,異軍倉頭特起,《集解》:"應劭曰:蒼頭特起,言與衆異也。蒼頭,謂士卒皂巾,若赤眉,青領,以相别也。如淳曰:魏君兵卒之號也。《戰國策》:魏有蒼頭二十萬。"陳嬰母謂嬰曰:"自我爲汝家婦,未嘗聞汝先古之有貴者,今暴得大名,不祥;不如有所屬,事成,猶得封侯;事敗,易以亡,非世所指名也。"嬰乃不敢爲王,謂其軍吏曰:"項氏世世將家,有名於楚,今欲舉大事,將,非其人不可,我倚名族,名族,顯名之族。亡秦必矣。"於是衆從其言,以兵屬項梁。項梁渡淮,黥布、蒲將軍,亦以兵屬焉,凡六七萬人。軍下邳。下邳,在今江蘇邳縣東。當是時,秦嘉已立景駒爲楚王,軍彭城東,彭城,即今江蘇銅山縣。欲距項梁。項梁謂軍吏曰:"陳王先首事,戰不利,未聞所在。今秦嘉倍陳王而立景駒,逆無道。"乃進兵擊秦嘉。秦嘉軍敗,走,追之,至胡陵,胡陵,在今山東魚臺縣東南六十里。嘉還戰,一日,嘉死,軍降,景駒走死梁地。項梁已并秦嘉軍,軍胡陵,將引軍而西,章邯軍至栗,栗,即今河南夏邑縣治。項梁使别將朱鷄石、餘樊君與戰,餘樊君死,朱鷄石軍敗,亡走胡陵,項梁乃引兵入薛,薛,今山東滕縣。誅鷄石。項梁前使項羽,别攻襄城,襄城,今河南襄城縣。襄城堅守不下,已拔,皆阬之。還報項梁。

項梁聞陳王定死,召諸别將會薛計事,此時,沛公亦起沛,往焉。居鄛居鄛,即居巢,在今安徽巢縣東北五里。人范增,年七十,素居家,好奇計,往説項梁曰:"陳勝敗,固當。夫秦滅六國,楚最無罪,自懷王入秦不返,楚人憐之至今。故楚南公曰:《集解》:"徐廣曰:楚人也,善言陰陽。駰案文穎曰:南方老人也。《正義》:《漢書·藝文志》云:《南公》十三篇,六國時人,在陰陽家流。"'楚雖三户,亡秦必楚也。'《集解》:"瓚曰:楚人怨秦,雖三户猶足以亡秦也。"《索隱》:"臣瓚與蘇林解同。韋昭以爲三户,楚大姓服,屈,景也。"《正義》:"按服虔云:三户,漳水津也。南公知秦亡必於三户,故出此言,後項羽果渡三户津破章邯軍,降章邯,秦遂亡。"案如服説,則雖字無意義,自當以臣瓚、蘇林之説爲是。文穎解南公,但以爲南方老人,亦不以爲知讖者也。今陳勝首事,不立楚後而自立,其勢不長。今君起江東,楚蠭午之將,《集解》:"如淳曰:蠭午,猶言蠭起也。"《索隱》:"凡物交横爲午,言蠭之起,交横屯聚也。故《劉向傳》注云:蠭午,雜沓也。又鄭玄曰:一縱一横爲午。"皆争附君者,以君世世楚將,爲能復立楚之後也。"於是項梁然其言,乃求楚懷王孫心民間,爲人牧羊,立以爲楚懷王,從民所望也。《集解》:"應劭曰:以祖謚爲號者,順民望。"陳嬰爲楚上柱國,封五縣,與懷王都盱台。在今安徽盱眙縣東北。項梁自號爲武信君。

居數月,引兵攻亢父亢父,在今山東濟寧縣南五十里。,與齊田榮、司馬龍且軍救東阿,東阿,在今山東陽穀縣東北五十里,即今河城鎮。大破秦軍於東阿。田榮即引兵歸,逐其王假,假亡走楚,假相田角亡走趙,角弟田間,故齊將,居趙不敢歸,田榮立田儋子市爲齊王。項梁已破東阿下軍,遂追秦軍,數使使趣齊兵,欲與俱西。田榮曰:"楚殺田假,趙殺田角、田間,乃發兵。"項梁曰:"田假爲與國之王,窮來從我,不忍殺之。"趙亦不殺田角、田間,以市於齊。齊遂不肯發兵助楚。項梁使沛公及項羽别攻城陽,城陽,在今山東城陽縣東南。屠之,西破秦軍濮陽東,濮陽,在今河北濮陽縣南。秦兵收入濮陽。沛公、項羽,乃攻定陶。定陶,在今山東定陶縣西北四里。定陶未下，去，西略地，至雝丘，雝丘，即雍丘，今河南杞縣。大破秦軍，斬李由，還攻外黄。外黄，在今河南杞縣東六十里。外黄未下。

項梁起東阿，西北至定陶，再破秦軍，項羽等又斬李由，益輕秦，有驕色。宋義乃諫項梁曰："戰勝而將驕卒惰者敗，今卒少惰矣，秦兵日益，臣爲君畏之。"項梁弗聽。乃使宋義使於齊，道遇齊使者高陵君顯，曰："公將見武信君乎?"曰："然。"曰："臣論武信君軍必敗，公徐行，則免死；疾行，則及禍。"秦果悉起兵益章邯，擊楚軍，大破之定陶，項梁死。沛公、項羽去外黄，攻陳留，陳留，今河南陳留縣。陳留堅守，不能下，沛公、項羽相與謀曰："今項梁軍破，士卒恐。"乃與吕臣軍乃與吕臣軍句，謂與吕臣合兵。俱引兵而東。吕臣軍彭城東，項羽軍彭城西，沛公軍碭。碭，在今江蘇碭山縣東。章邯已破項梁軍，則以爲楚地兵不足憂，乃渡河擊趙，大破之。當此時，趙歇爲王，陳餘爲將，張耳爲相，皆走入鉅鹿城。鉅鹿，今河北平鄉縣治。章邯令王離、涉間圍鉅鹿，章邯軍其南，築甬道《集解》："應劭曰：恐敵抄輜重，故築牆垣，如街巷也。"而輸之粟。陳餘爲將，將卒數萬人，而軍鉅鹿之北。此所謂河北之軍也。楚兵已破於定陶，懷王恐，從盱台之彭城，并項羽、吕臣軍，自將之。以吕臣爲司徒，以其父吕青爲令尹，以沛公爲碭郡長，封爲武安侯，將碭郡兵。

初，宋義所遇齊使者高陵君顯，在楚軍，見楚王曰："宋義論武信君之軍必敗，居數日，軍果敗，兵未戰而先見敗徵，此可謂知兵矣。"王召宋義，與計事而大説之，因置以爲上將軍，項羽爲魯公，爲次將，范增爲末將，救趙。諸别將皆屬宋義，號爲卿子冠軍。《集解》："文穎曰：卿子，時人相褒尊之辭，猶言公子也。上將，故言冠軍。"行至安陽，安陽，在今河南安陽縣西南。留，四十六日不進。項羽曰："吾聞秦軍圍趙王鉅鹿，疾引兵渡河，楚擊其外，趙應其内，破秦軍必矣。"宋義曰："不然，夫搏牛之蝱，不可以破蟣蝨。《集解》："如淳曰：用力多而不可以破蟣蝨，猶言欲以大力伐秦，而不可以救趙也。"今秦攻趙，戰勝則兵罷,我承其敝;不勝,則我引兵鼓行而西,必舉秦矣。故不如先鬭秦趙。夫被堅執鋭,義不如公;坐而運策,公不如義。”因下令軍中曰:“猛如虎,狠如羊,貪如狼,彊不可使者,皆斬之。”乃遣其子宋襄相齊,身送之,至無鹽,無鹽,在今山東東平縣東二十里。飲酒高會,天寒大雨,士卒凍饑。項羽曰:“將僇力而攻秦,久留不行;今歲饑民貧,士卒食芋菽,《集解》:“徐廣曰芋,一作半,半,五升器也。駰案瓚曰:士卒食蔬菜,以菽雜半之。《漢書》作半菽。”軍無見糧,乃飲酒高會;不引兵渡河,因趙食,與趙併力攻秦;乃曰承其敝。夫以秦之彊,攻新造之趙,其勢必舉趙,趙舉而秦彊,何敝之承?且國兵新破,王坐不安席,掃境内而專屬於將軍,國家安危,在此一舉。今不恤士卒,而狥其私,非社稷之臣。”項羽晨朝上將軍宋義,即其帳中斬宋義頭,出令軍中,曰:“宋義與齊謀反楚,楚王陰令羽誅之。”當是時,諸將皆慴服,莫敢枝梧,皆曰:“首立楚者,將軍家也,今將軍誅亂。”乃相與共立羽爲假上將軍,《正義》:“假,攝也。”使人追宋義子,及之齊,殺之。使桓楚報命於懷王,懷王因使項羽爲上將軍,當陽君、蒲將軍,皆屬項羽。

項羽已殺卿子冠軍,威震楚國,名聞諸侯,乃遣當陽君、蒲將軍,將卒二萬渡河,救鉅鹿,戰少利,陳餘復請兵,項羽乃悉引兵渡河,皆沉船,破釜甑,燒廬舍,持三日糧,以示士卒必死,無一還心。於是至則圍王離,與秦軍遇,九戰,絶其甬道,大破之,殺蘇角,虜王離,涉間不降楚,自燒殺。當是時,楚兵冠諸侯,諸侯軍救鉅鹿下者十餘壁,莫敢縱兵;及楚擊秦,諸將皆從壁上觀;楚戰士無不一以當十,楚兵呼聲動天,諸侯軍無不人人惴恐。於是已破秦軍,項羽召見諸侯將,入轅門,無不膝行而前,莫敢仰視。項羽由是始爲諸侯上將軍,諸侯皆屬焉。

章邯軍棘原,《集解》:“張晏曰:在漳南。晉灼曰:地名,在鉅鹿南。”項羽軍漳南,相持未戰。秦軍數卻,二世使人讓章邯,章邯恐,使長史欣請事,至咸陽,留司馬門《集解》:“凡言司馬門者,宫垣之内,兵衛所在,四面皆有司馬主武事。總言之,外門爲司馬門也。”三日,趙高不見,有不信之心,長史欣恐,還走其軍,不敢出故道。趙高果使人追之,不及。欣至軍,報曰:“趙高用事於中,下無可爲者;今戰能勝,高必嫉妒吾功;戰不能勝,不免於死;願將軍孰計之。”陳餘亦遺章邯書曰:“白起爲秦將,南征鄢、鄢,今河南鄢陵縣。郢,郢,楚都,今湖北江陵縣。北阬馬服,《索隱》:“韋昭曰:趙奢子括,代號馬服。”攻城略地,不可勝計,而竟賜死;蒙恬爲秦將,北逐戎人,開榆中《索隱》:“服虔云:金城縣所治。蘇林曰:在上郡。”案金城,在今甘肅皋蘭縣西南;上郡,今陝西省北部,及綏遠鄂爾多斯左翼之地。地數千里,竟斬陽周。陽周,在今陝西安定縣北。何者?功多,秦不能盡封,因以法誅之。今將軍爲秦將,三歲矣,所亡失以十萬數,而諸侯並起,滋益多;彼趙高素諛,日久;今事急,亦恐二世誅之,故欲以法誅將軍,以塞責;使人更代將軍,以脱其禍夫。夫字當上屬,古書夫字當上屬,後人誤割屬下句者甚多,此其一例。凡古書夫字,在句首者,皆與彼字義同,無虚無所指者。將軍居外久,多内郤,有功亦誅,無功亦誅;且天之亡秦,無愚智皆知之,今將軍内不能直諫,外爲亡國將,孤特獨立,而欲常存,豈不哀哉?將軍何不還兵,與諸侯爲從,約共攻秦,分王其地,南面稱孤,此孰與身伏鈇質,妻子爲僇乎?”章邯狐疑,陰使候始成《集解》:“候,軍候,官名,始成其名。”使項羽,欲約,約未成,項羽使蒲將軍日夜引兵渡三户,軍漳南,與秦戰,再破之,項羽悉引兵擊秦軍汙水上,《集解》:“徐廣曰:在鄴西。鄴,在今河南臨漳縣西四十里。”大破之。章邯使人見項羽欲約,項羽召軍吏謀曰:“糧少,欲聽其約。”軍吏皆曰:“善。”項羽乃與期洹水南殷墟上,《集解》:“瓚曰:洹水,在今安陽縣北,去朝歌殷都一百五十里。《汲冢古文》曰:盤庚遷於此。南去鄴三十里。”案即今河南安陽縣北掘獲甲骨古器物處。已盟,章邯見項羽而流涕,爲言趙高。項羽乃立章邯爲雍王,置楚軍中,使長史欣爲上將軍,將秦軍爲前行。

到新安,新安,在今河南澠池縣東。諸侯吏卒,異時故繇使屯戍,過秦中,秦中吏卒遇之多無狀。及秦軍降諸侯,諸侯吏卒乘勝,多奴虜使之,輕折辱秦吏卒。秦吏卒多竊言曰:"章將軍等詐吾屬降諸侯,今能入關破秦,大善;即不能,諸侯虜吾屬而東,秦必盡誅吾父母妻子。"諸將微聞其計,以告項羽。項羽乃召黥布、蒲將軍計曰:"秦吏卒尚衆,其心不服;至關中,不聽,聽,從也。事必危,不如擊殺之,而獨與章邯、長史欣、都尉翳入秦。"於是楚軍夜擊阬秦卒二十餘萬人新安城南。

行,略定秦地,函谷關函谷關,在河南靈寶縣西南。有兵守關,不得入;又聞沛公已破咸陽,項羽大怒,使當陽君等擊關,項羽遂入,至於戲西。戲,邑名,在新豐東南。亦水名,蓋邑本以水得名也。沛公軍霸上,霸上,在今陝西長安縣東。未得與項羽相見。沛公左司馬曹無傷,使人言於項羽曰:"沛公欲王關中,使子嬰爲相,珍寶盡有之。"項羽大怒,曰:"旦日享士卒,爲擊破沛公軍。"當是時,項羽兵四十萬,在新豐鴻門,新豐,在陝西臨潼縣東。沛公兵十萬,在霸上。范增説項羽曰:"沛公居山東古言山東者,爲華山以東。時,貪於財貨,好美姬;今入關,財物無所取,婦女無所幸,此其志不在小;吾令人望其氣,皆爲龍虎,成五采,此天子氣也,急擊,勿失。"楚左尹項伯者,項羽季父也,素善留侯張良,張良是時從沛公。項伯乃夜馳之沛公軍,私見張良,具告以事,欲呼張良與俱去,曰:"毋從俱死也。"張良曰:"臣爲韓王送沛公,沛公今事有急,亡去,不義,不可不語。"良乃入,具告沛公。沛公大驚,曰:"爲之奈何?"張良曰:"誰爲大王爲此計者。"曰:"鯫生《集解》:"徐廣曰:鯫音士垢反,魚名。駰案服虔曰:鯫音淺,鯫小人貌也。瓚曰:《楚漢春秋》:鯫,姓也。"説我曰:'距關,毋内諸侯,秦地可盡王也。'故聽之。"良曰:"料大王士卒,足以當項王乎?"沛公默然,曰:"固不如也,且爲之奈何?"張良曰:"請往謂項伯,言沛公不敢背項王也。"沛公曰:"君安與項伯有故?"張良曰:"秦時與臣游,項伯殺人,臣活之。今事有急,故幸來告良。"沛公曰:"孰與君少長?"良曰:"長於臣。"沛公曰:"君爲我呼入,吾得兄事之。"張良出,要項伯。項伯即入見沛公。沛公奉卮酒爲壽,約爲婚姻,曰:"吾入關,秋毫不敢有所近,籍吏民,封府庫,而待將軍,所以遣將守關者,備他盜之出入與非常也。日夜望將軍至,豈敢反乎?願伯具言臣之不敢倍德也。"項伯許諾,謂沛公曰:"旦日,不可不蚤自來謝項王。"沛公曰:"諾。"於是項伯復夜去,至軍中,具以沛公言報項王,因言曰:"沛公不先破關中,公豈敢入乎?今人有大功而擊之,不義也,不如因善遇之。"項王許諾。沛公旦日從百餘騎,來見項王。至鴻門,謝曰:"臣與將軍僇力而攻秦,將軍戰河北,臣戰河南,然不自意能先入關破秦,得復見將軍於此。今者,有小人之言,令將軍與臣有郤。"項王曰:"此沛公左司馬曹無傷言之,不然,籍何以至此?"項王即日因留沛公與飲,項王項伯東嚮坐。亞父南嚮坐;亞父者,范增也。沛公北嚮坐,張良西嚮侍。范增數目項王,舉所佩玉玦以示之者三,項王默然不應。范增起,出,召項莊謂曰:"君王爲人不忍,若入,前爲壽,壽畢,請以劍舞,因擊沛公於坐,殺之,不者,若屬皆且爲所虜。"莊則入爲壽,壽畢,曰:"君王與沛公飲,軍中無以爲樂,請以劍舞。"項王曰:"諾。"項莊拔劍起舞,項伯亦拔劍起舞,常以身翼蔽沛公,莊不得擊。於是張良至軍門,見樊噲,樊噲曰:"今日之事何如?"良曰:"甚急,今者項莊拔劍舞,其意常在沛公也。"噲曰:"此迫矣,臣請入,與之同命。"噲即帶劍擁盾,入軍門。交戟之衛士,欲止不內,樊噲側其盾以撞,衛士仆地,噲遂入,披帷西嚮立,瞋目視項王,頭髮上指,目眦盡裂。項王按劍而跽曰:"客何爲者?"張良曰:"沛公之參乘樊噲者也。"項王曰:"壯士,賜之卮酒。"則與斗卮酒。噲拜謝,起立而飲之。項王曰:"賜之彘肩。"則與一生彘肩。樊噲覆其盾於地,加彘肩上,拔劍切而啗之。項王曰:"壯士,能復飲乎?"樊噲曰:"臣死且不避,卮酒安足辭?夫秦王有虎狼之心,殺人如不能舉,刑人如恐不勝,天下皆叛之。懷王與諸將約曰:先破秦入咸陽者,王之。今沛公先破秦,入咸陽,毫毛不敢有所近,封閉宫室,還軍霸上,以待大王來,故遣將守關者,備他盜出入與非常也。勞苦而功高如此,未有封侯之賞,而聽細説,欲誅有功之人,此亡秦之續耳,竊爲大王不取也。”項王未有以應,曰:“坐。”樊噲從良坐。坐須臾,沛公起如廁,因招樊噲出。沛公已出,項王使都尉陳平召沛公,沛公曰:“今者出,未辭也,爲之柰何?”樊噲曰:“大行不顧細謹,大禮不辭小讓;如今人方爲刀俎,我爲魚肉,何辭爲?”於是遂去。乃令張良留謝,良問曰:“大王來何操?”曰:“我持白璧一雙,欲獻項王;玉斗一雙,欲與亞父;會其怒,不敢獻,公爲我獻之。”張良曰:“謹諾。”當是時,項王軍在鴻門下,沛公軍在霸上,相去四十里。沛公則置車騎,脱身獨騎,與樊噲、夏侯嬰、靳彊、紀信等四人,持劍盾步走,從酈山下酈山,即驪山,在今陝西臨潼縣。道芷陽芷陽,在今陝西長安縣東。間行。沛公謂張良曰:“從此道至吾軍,不過二十里耳。度我至軍中,公乃入。”沛公已去,間至軍中。張良入謝,曰:“沛公不勝桮杓,不能辭,謹使臣良,奉白璧一雙,再拜獻大王足下;玉斗一雙,再拜奉大將軍足下。”項王曰:“沛公安在?”良曰:“聞大王有意督過之,脱身獨去,已至軍矣。”項王則受璧,置之坐上。亞父受玉斗,置之地,拔劍撞而破之,曰:“唉!豎子不足與謀,奪項王天下者,必沛公也,吾屬今爲之虜矣。”沛公至軍,立誅殺曹無傷。

居數日,項羽引兵西,屠咸陽,殺秦降王子嬰,燒秦宫室,火三月不滅,收其貨寶婦女而東。人或説項王曰:“關中阻山河,四塞,地肥饒,可都以霸。”項王見秦宫室皆以燒,以同已,古書以已二字多相亂。殘破,又心懷思,欲東歸,曰:“富貴不歸故鄉,如衣繡夜行,誰知之者?”説者曰:“人言楚人沐猴而冠耳,果然。”項王聞之,烹説者。《集解》:“《楚漢春秋》、《揚子法言》云:説者是蔡生,《漢書》云是韓生。”

項王使人致命懷王,懷王曰:“如約。”乃尊懷王爲義帝。項王欲自王,先王諸將相,謂曰:“天下初發難時,假立諸侯後以伐秦，然身披堅執鋭首事，暴露於野三年，滅秦定天下者，皆將相諸君與籍之力也。義帝雖無功，故當分其地而王之。"諸將皆曰："善。"乃分天下，立諸將爲侯王。項王、范增疑沛公之有天下，業已講解，又惡負約，恐諸侯叛之，乃陰謀曰："巴蜀道險，秦之遷人，皆居蜀。"乃曰："巴、蜀，亦關中地也。"故立沛公爲漢王，王巴、蜀、漢中，都南鄭。南鄭，在今陝西南鄭縣東二里。而三分關中，王秦降將，以距塞漢王。項王乃立章邯爲雍王，王咸陽以西，都廢丘。廢丘，今陝西興平縣。長史欣者，故爲櫟陽獄掾，嘗有德於項梁；都尉董翳者，本勸章邯降楚。故立司馬欣爲塞王，王咸陽以東至河，都櫟陽。櫟陽，見前。立董翳爲翟王，王上郡，都高奴。高奴，在今陝西膚施縣東。徙魏王豹爲西魏王，王河東，都平陽。平陽，今山西臨汾縣。瑕丘申陽者，《集解》："徐廣曰：一云瑕丘公也。服虔曰：瑕丘縣，屬山陽。申姓，陽名。文穎曰：姓瑕丘，字申陽。瓚曰：瑕丘公申陽，是瑕丘縣名。"案楚縣令稱公。張耳嬖臣也，先下河南郡，秦三川郡，漢爲河南郡，治雒陽。迎楚河上，故立申陽爲河南王，都雒陽。在今河南洛陽東北二十里。韓王成因故都都陽翟，陽翟，今河南禹縣治。趙將司馬卬定河内，數有功，故立卬爲殷王，王河内，都朝歌。朝歌，在今河南淇縣東北。徙趙王歇爲代王，趙相張耳素賢，又從入關，故立耳爲常山王，王趙地，都襄國。襄國，在今河北邢臺縣西南。當陽君黥布爲楚將，常冠軍，故立布爲九江王，都六。六，今安徽六安縣。鄱君吴芮，今江南鄱陽縣。率百越佐諸侯，又從入關，故立芮爲衡山王，都邾。邾，今湖北黄崗縣。義帝柱國共敖，將兵擊南郡，功多，因立敖爲臨江王，都江陵。江陵，今湖北江陵縣。徙燕王韓廣爲遼東王，燕將臧荼從楚救趙，因從入關，故立荼爲燕王，都薊。薊，今河北薊縣。徙齊王田市爲膠東王，《集解》："徐廣曰：都即墨。"案即墨今山東即墨縣。齊將田都從共救趙，因從入關，故立都爲齊王，都臨菑。臨菑，今山東臨淄縣。故秦所滅齊王建孫田安，項羽方渡河救趙，田安下濟北數城，引其兵降項羽，故立安爲濟北王，都博陽。博陽，今山東泰安縣東南。田榮者，數負項梁，又不肯將兵從楚擊秦,以故不封。成安君陳餘,成安,在今河南臨汝縣東南。棄將印去,不從入關,然素聞其賢,有功於趙,聞其在南皮,南皮,在今河北南皮縣東。故因環封三縣。《集解》:"《漢書音義》曰:繞南皮三縣以封之。"番君將梅鋗功多,故封十萬户侯。項王自立爲西楚霸王,《正義》:"《貨殖傳》云:淮以北,沛、陳、汝南、南郡爲西楚也;彭城以東,東海、吴、廣陵爲東楚也。衡山、九江、江南、豫章、長沙爲南楚。孟康云:舊名江陵爲南楚,吴爲東楚,彭城爲西楚。"案霸即五霸之霸;此時分封之國皆稱王,故爲諸國之長者稱霸王。王九郡,都彭城。漢之元年四月,諸侯罷戲下,各就國。《索隱》:"戲音羲,水名也。言下者,如許下洛下然也。按上文云項羽入至戲西鴻門,沛公還軍霸上,是羽初停軍於戲水之下,後雖引兵西屠咸陽,燒秦宫室,則亦還戲下。今言諸侯罷戲下,是各受封邑號令訖,自戲下各就國。何須假借文字,以爲旌麾之下乎?顔師古、劉伯莊之説皆非。"案《漢書》旌麾之麾,皆作戲。見《竇田灌韓傳》注。

項王出之國,使人徙義帝,曰:"古之帝者,地方千里,必居上游。"乃使使徙義帝長沙郴縣。郴,今湖南郴縣。趣義帝行,其羣臣稍稍背叛之,乃陰令衡山臨江王擊殺之江中。韓王成無軍功,項王不使之國,與俱至彭城,廢以爲侯,已又殺之。臧荼之國,因逐韓廣之遼東,廣弗聽,荼擊殺廣無終,無終,今河北薊縣治。并王其地。田榮聞項羽徙齊王市膠東,而立齊將田都爲齊王,乃大怒,不肯遣齊王之膠東,因以齊反,迎擊田都。田都走楚。齊王市畏項王,乃亡之膠東就國。田榮怒,追擊,殺之即墨,榮因自立爲齊王,而西擊殺濟北王田安,并王三齊。榮與彭越將軍印,令反梁地。陳餘陰使張同、夏説,説齊王田榮曰:"項羽爲天下宰,不平,今盡王故王於醜地,而王其羣臣諸將善地,逐其故主,趙王乃北居代,餘以爲不可。聞大王起兵,且不聽不義,願大王資餘兵,請以擊常山,以復趙王。請以國爲扞蔽。"齊王許之,因遣兵之趙,陳餘悉發三縣兵,與齊并力,擊常山,大破之。張耳走歸漢。陳餘迎故趙王歇於代,反之趙,趙王因立陳餘爲代王。

是時漢還定三秦,項羽聞漢王皆已并關中,且東,齊、趙叛之,大怒,乃以故吴令鄭昌爲韓王,以距漢。令蕭公角等擊彭越,彭越敗蕭公角等。漢使張良狥韓，乃遺項王書曰："漢王失職，欲得關中，如約即止，不敢東。"又以齊、梁反書遺項王，曰："齊欲與趙并滅楚。"楚以此故無西意，而北擊齊，徵兵九江王布。布稱疾不往，使將將數千人行，項王由此怨布也。漢之二年冬，項羽遂北至城陽，田榮亦將兵會戰，田榮不勝，走，至平原，平原民殺之。遂北燒夷齊城郭室屋，皆阬田榮降卒，係虜其老弱婦女，狥齊，至北海，多所殘滅。齊人相聚而畔之。於是田榮弟田横，收齊亡卒，得數萬人，反城陽。項王因留，連戰，未能下。春，漢王部《集解》："徐廣曰：一作劫。"《索隱》："按《漢書》，見作劫字。"五諸侯兵《集解》："徐廣曰：塞、翟、魏、殷、河南。駰案應劭曰：雍、翟、塞、殷、韓也。韋昭曰：塞、翟、殷、韓、魏、雍時已敗也。"《索隱》："按徐廣、韋昭，皆數翟、塞及殷韓等，顏師古不數三秦，謂常山、河南、韓、魏、殷。顧胤意略同，乃以陳餘兵爲五，未知孰是。鄙意按韓王鄭昌拒漢，漢使韓信擊破之，則是韓兵不下而已破也。韓，不在此數，五諸侯者，塞、翟、河南、魏、殷也。"《正義》："五諸侯者，謂常山、河南、韓、魏、殷也。此年十月，常山王張耳降，河南王申陽降，韓王鄭昌降，魏王豹降，虜殷王卬，皆漢東之後。故知此爲五諸侯。時雍王猶在廢丘被圍，即非五諸侯之數也。《高紀》及《漢書》云：發關中兵，收三河士。韋昭云：河南、河東、河内。申陽都雒陽，韓王成都陽翟，皆河南也。魏豹都平陽，河東也。司馬卬都朝歌，張耳都襄國，河内也。此三河士，則五諸侯兵也。"凡五十六萬人，東伐楚。項王聞之，即令諸將擊齊，而自以精兵三萬人南，從魯出胡陵胡陵見前。，四月，漢皆已入彭城，收其貨寶美人，日置酒高會。項王乃西，從蕭蕭，在今江蘇蕭縣西北。晨擊漢軍，而東至彭城，日中，大破漢軍，漢軍皆走，相隨入穀、泗水，殺漢卒十餘萬人。漢卒皆南走山，楚又追擊，至靈壁靈壁，在安徽宿縣西北。東睢水上，漢軍却，爲楚所擠，多殺漢卒，十餘萬人，皆入睢水，睢水爲之不流。圍漢王三匝，於是大風從西北而起，折木，發屋，揚沙石，窈冥晝晦，逢迎楚軍，楚軍大亂壞散，而漢王乃得與數十騎遁去。欲過沛，收家室而西，楚亦使人追之沛，取漢王家，家皆亡，不與漢王相見。漢王道逢得孝惠、魯元，乃載行。楚騎追漢王，漢王急，推墮孝惠、魯元車下，滕公常下收載之，如是者三，曰：

"雖急,不可以驅,柰何棄之?"於是遂得脱。求太公、吕后不相遇,審食其從太公、吕后,間行,求漢王,反遇楚軍,楚軍遂與歸,報項王,項王常置軍中。是時,吕后兄周吕侯,爲漢將兵居下邑。在今江蘇碭山縣東。漢王間往從之,稍稍收其士卒。至滎陽,滎陽,今河南滎陽縣。諸敗軍皆會,蕭何亦發關中老弱未傅,《集解》:"孟康曰:古者二十而傅,三年耕,而有一年儲,故二十三年而後役之。如淳曰:律:年二十三,傅之疇官,各從其父疇内學之。高不滿六尺二寸以下爲罷癃。《漢儀注》:民年二十三爲正,一歲爲衛士,一歲爲材官騎士,習射御騎馳戰陳。又曰:年五十六,衰老,乃得免爲庶民,就田里。今老弱未嘗傅者皆發之。未二十三爲弱,過五十六爲老。"悉詣滎陽,復大振。楚起於彭城,常乘勝逐北,與漢戰滎陽南京、索間,京、索,二水名,在滎陽。漢敗楚,楚以故不能過滎陽而西。

項王之救彭城,追漢王,至滎陽。田横亦得收齊,立田榮子廣爲齊王。漢王之敗彭城,諸侯皆復與楚而背漢。漢軍滎陽,築甬道,屬之河,以取敖倉粟。漢之三年,項王數侵奪漢甬道,漢王食乏,恐,請和,割滎陽以西爲漢。項王欲聽之,歷陽侯歷陽,今安徽和縣。范增曰:"漢易與耳,今釋弗取,後必悔之。"項王乃與范增急圍滎陽。漢王患之,乃用陳平計,間項王。項王使者來,爲太牢具舉欲進之,舉,謂宰殺,見《周官》膳夫注。見使者,佯驚愕,曰:"吾以爲亞父使者,乃反項王使者?"更持去,以惡食食項王使者。使者歸報項王,項王乃疑范增與漢有私,稍奪之權。范增大怒,曰:"天下事大定矣,君王自爲之,願賜骸骨歸卒伍。"項王許之,行,未至彭城,疽發背而死。漢將紀信説漢王曰:"事已急矣,請爲王誑楚爲王,王可以間出。"於是漢王夜出女子滎陽東門,被甲,二千人,楚兵四面擊之,紀信乘黄屋車,《正義》:"李斐云:天子車以黄繒爲蓋裏。"案屋,即今幄字。傅左纛《集解》:"李斐曰:纛,毛羽幢也。在乘輿車衡左方上注之。蔡邕曰:以犛牛尾爲之。如斗。或在騑頭,或在衡上也。"曰:"城中食盡,漢王降。"楚軍皆呼萬歲。漢王亦與數十騎,從城西門出,走成皋。項王見紀信,問漢王安在,信曰:"漢王已出矣。"項王燒殺紀信。漢王使御史大夫周苛、樅公、魏豹,守滎陽。周苛、樅公謀曰:“反國之王,難與守城。”乃共殺魏豹,楚下滎陽城,生得周苛,項王謂周苛曰:“爲我將,我以公爲上將軍,封三萬户。”周苛罵曰:“若不趣降漢,漢今虜若,若非漢敵也。”項王怒,烹周苛,并殺樅公。漢王之出滎陽,南走宛、宛,今河南南陽縣治。葉,葉,今河南葉縣。得九江王布,行收兵,復入保成皋。成皋,在河南汜水縣西北。漢之四年,項王進兵圍成皋,漢王逃,獨與滕公出成皋北門,渡河,走脩武,脩武,今河南獲嘉縣。從張耳、韓信軍。諸將稍稍得出成皋,從漢王。楚遂拔成皋,欲西。漢使兵距之鞏,鞏,在今河南鞏縣西南三十里。令其不得西。是時彭越渡河擊楚東阿,東阿,在今山東陽穀縣東北五十里。殺楚將軍薛公。項王乃自東擊彭越。漢王得淮陰侯兵,欲渡河南,鄭忠説漢王,乃止壁河内。使劉賈將兵佐彭越,燒楚積聚。項王東擊破之,走彭越。漢王則引兵渡河,復取成皋。軍廣武,就敖倉食。項王已定東海,來西,與漢俱臨廣武而軍,相守數月。

當此時,彭越數反梁地,絶楚糧食,項王患之。爲高俎,置太公其上,告漢王曰:“今不急下,吾烹太公。”漢王曰:“吾與項羽,俱北面受命懷王,曰:‘約爲兄弟。’吾翁即若翁,必欲烹而翁,則幸分我一桮羹。”項王怒,欲殺之。項伯曰:“天下事未可知,且爲天下者不顧家,雖殺之,無益,祇益禍耳。”項王從之。楚漢久相持未決,丁壯苦軍旅,老弱罷轉漕。項王謂漢王曰:“天下匈匈數歲者,徒以吾兩人耳。願與漢王挑戰,決雌雄,毋徒苦天下之民父子爲也。”漢王笑謝曰:“吾寧鬭智,不能鬭力。”項王令壯士出挑戰,漢有善騎射者樓煩。《集解》:“應劭曰:樓煩胡也,今樓煩縣。”案樓煩乃北方部落之名,見《匈奴列傳》。後漢以其地爲縣,在今山西雁門關之北。楚挑戰三合,樓煩輒射殺之。項王大怒,乃自被甲持戟挑戰,樓煩欲射之,項王瞋目叱之,樓煩目不敢視,手不敢發,遂走還,入壁,不敢復出。漢王使人間問之,乃項王也，漢王大驚。於是項王乃即漢王，相與臨廣武間有二城，在滎陽西。而語，漢王數之，項王怒，欲一戰，漢王不聽。項王伏弩射中漢王，漢王傷，走入成皋。

項王聞淮陰侯已舉河北，破齊趙，且欲擊楚，乃使龍且往擊之，淮陰侯與戰。騎將灌嬰擊之，大破楚軍，殺龍且。韓信因自立爲齊王。項王聞龍且軍破，則恐，使盱台人武涉往説淮陰侯，淮陰侯弗聽。是時彭越復反，下梁地，絶楚糧，項王乃請海春侯大司馬曹咎等曰："謹守成皋，則漢欲挑戰，慎勿與戰，毋令得東而已。我十五日，必誅彭越，定梁地，復從將軍。"乃東行，擊陳留、外黄。外黄不下，數日，已降。項王怒，悉令男子年十五已上，詣城東，欲阬之。外黄令舍人兒，年十三，往説項王曰："彭越彊劫外黄，外黄恐，故且降，待大王，大王至，又皆阬之，百姓豈有歸心？從此以東，梁地十餘城，皆恐，莫肯下矣。"項王然其言，乃赦外黄當阬者。東至睢陽，睢陽，在今河南商丘縣東。聞之，皆争下項王。漢果數挑楚軍戰，楚軍不出。使人辱之，五六日，大司馬怒，渡兵汜水，士卒半渡，漢擊之，大破楚軍，盡得楚國貨賂。大司馬咎、長史翳、塞王欣皆自剄汜水上。大司馬咎者，故蘄獄掾，長史欣亦故櫟陽獄吏，兩人嘗有德於項梁，是以項王信任之。當是時，項王在睢陽，聞海春侯軍敗，則引兵還。漢軍方圍鍾離眛於滎陽東，項王至，漢軍畏楚，盡走險阻。

是時漢兵盛，食多，項王兵疲，食絶。漢遣陸賈説項王，請太公，項王弗聽；漢王復使侯公往説項王。項王乃與漢約，中分天下，割鴻溝以西者爲漢，鴻溝而東者爲楚，項王許之。即歸漢王父母妻子，軍皆呼萬歲。漢王乃封侯公爲平國君，匿，弗肯復見，曰："此天下辨士，所居傾國，故號爲平國君。"項王已約，乃引兵解而東歸。漢欲西歸，張良、陳平説曰："漢有天下大半，而諸侯皆附之，楚兵罷食盡，此天亡楚之時也，不如因其機而遂取之。今釋弗擊，此所謂養虎自遺患也。"漢王聽之。漢五年，漢王乃追項王,至陽夏南,陽夏,今河南太康縣治。止軍,與淮陰侯韓信、建成侯彭越期會而擊楚軍。至固陵,固陵,《集解》:"徐廣曰:在陽夏。"而信、越之兵不會。楚擊漢軍,大破之。漢王復入壁,深塹而自守。謂張子房曰:"諸侯不從約,爲之柰何?"對曰:"楚兵且破,信、越未有分地,其不至固宜,君王能與共分天下,今可立致也;即不能,事未可知也。君王能自陳以東,傅海,盡與韓信;睢陽以北至穀城,穀城,今山東東阿縣治。以與彭越;使各自爲戰,則楚易敗也。"漢王曰:"善。"於是乃發使者告韓信、彭越曰:"并力擊楚,楚破,自陳以東,傅海,與齊王;睢陽以北至穀城,與彭相國。"使者至韓信、彭越皆報曰:"請今進兵。"韓信乃從齊往,劉賈軍從壽春壽春,今安徽壽縣治。並行,屠城父,城父,在今安徽亳縣東南。至垓下。垓下,在今安徽靈壁縣東南。大司馬周殷叛楚,以舒舒,在今安徽廬江縣西。屠六,六,見前。舉九江兵,九江,秦郡,治壽春。隨劉賈、彭越,皆會垓下,詣項王。項王軍壁垓下,兵少食盡,漢軍及諸侯兵圍之數重。夜,聞漢軍四面皆楚歌,項王乃大驚曰:"漢皆已得楚乎?是何楚人之多也?"項王則夜起,飲帳中,有美人名虞,常幸從;駿馬名騅,常騎之;於是項王乃悲歌忼慨,自爲詩,曰:"力拔山兮氣蓋世,時不利兮騅不逝,騅不逝兮可柰何,虞兮虞兮柰若何!"歌數闋,美人和之。項王泣數行下。左右皆泣,莫能仰視。於是項王乃上馬騎,麾下壯士騎從者,八百餘人。直夜潰圍,南出馳走。平明,漢軍乃覺之,令騎將灌嬰,以五千騎追之。項王渡淮,騎能屬者百餘人耳。項王至陰陵,陰陵,在今安徽定遠縣西北。迷失道,問一田父,田父紿曰:"左。"左,乃陷大澤中,以故漢追及之。項王乃復引兵而東,至東城,東城,在今安徽定遠縣東南。乃有二十八騎,漢騎追者數千人。項王自度不得脱,謂其騎曰:"吾起兵至今八歲矣,身七十餘戰,所當者破,所擊者服,未嘗敗北,遂霸有天下。然今卒困於此,此天之亡我,非戰之罪也。今日固決死,願爲諸君決戰,必三勝之。爲諸君潰圍,斬將,刈旗,令諸君知天亡我,非戰之罪也。"

乃分其騎以爲四隊，四嚮。漢軍圍之數重。項王謂其騎曰："吾爲公取彼一將。"令四面騎馳下，期山東爲三處。於是項王大呼馳下，漢軍皆披靡，遂斬漢一將。是時赤泉侯爲騎將，追項王，項王瞋目而叱之，赤泉侯人馬俱驚，辟易數里。與其騎會爲三處。漢軍不知項王所在，乃分軍爲三，復圍之。項王乃馳，復斬漢一都尉，殺數十百人。復聚其騎，亡其兩騎耳。乃謂其騎曰："何如？"騎皆伏曰："如大王言。"於是項王乃欲東渡烏江。烏江，津名，在今安徽和縣東北四十里。烏江亭長檥船待，請項王曰："江東雖小，地方千里，衆數十萬人，亦足王也。願大王急渡，今獨臣有船，漢軍至，無以渡。"項王笑曰："天之亡我，我何渡爲？且籍與江東子弟八千人，渡江而西，今無一人還。縱江東父兄憐而王我，我何面目見之？縱彼不言，籍獨不愧於心乎？"乃謂亭長曰："吾知公長者，吾騎此馬五歲，所當無敵，常一日行千里，不忍殺之，以賜公。"乃令騎皆下馬，步行，持短兵接戰，獨籍所殺漢軍數百人。項王身亦被十餘創，顧見漢騎司馬吕馬童曰："若非吾故人乎？"馬童面之，《集解》："張晏曰：以故人故，難視斫之，故背之。如淳曰：面，不正視也。"案今作偭。指王翳曰："此項王也。"項王乃曰："吾聞漢購我頭千金，《正義》："漢以一斤金爲一金，當一萬錢也。"邑萬户，吾爲若德。"乃自刎而死，王翳取其頭，餘騎相蹂踐，争項王，相殺者數十人。最最，此即今之撮字，謂總計。其後，郎中騎楊喜，騎司馬吕馬童，郎中吕勝、楊武，各得其一體。五人共會其體，皆是，分其地爲五。封吕馬童爲中水侯，中水，在今河北獻縣西北三十里。封王翳爲杜衍侯，杜衍，在今河南南陽縣西南二十三里。封楊喜爲赤泉侯，赤泉，《索隱》："南陽有丹水縣，疑赤泉後改。"案丹水在今河南淅川縣西。封楊武爲吴防侯，吴防，《索隱》："《地理志》：縣名，屬汝南，故房子國。"今河南遂平縣。封吕勝爲涅陽侯。涅陽，在今河南鎮平縣南。項王已死，楚地皆降漢，獨魯不下。漢乃引天下兵，欲屠之，爲其守禮義，爲主死節，乃持項王頭視魯，視，今作示。漢時示人亦作視。魯父兄乃降。始楚懷王初封項籍爲魯公，及其死，魯最後下，故以魯公禮葬項王穀城。漢王爲發哀，泣之而去。諸項氏枝屬，漢王皆不誅。乃封項伯爲射陽侯。《集解》："徐廣曰：項伯，名纏，字伯。"射陽在今江蘇淮安縣城東南。桃侯、《集解》："徐廣曰：名襄。按桃，在今河北冀縣西北。"平臯侯、平臯，在今河南温縣東二十里。玄武侯玄武侯，《集解》："徐廣曰：諸侯表中不見。"皆項氏，賜姓劉氏。

太史公曰：吾聞之周生《集解》："文穎曰周時賢者。"《正義》："孔文祥曰：周生，漢時儒者，姓周也。按太史公云吾聞之周生，則是漢人與太史公耳目相接明矣。"案生，猶言先生，漢時多單稱生，亦有單稱先者。曰"舜目蓋重瞳子"，又聞項羽亦重瞳子，羽豈其苗裔？邪何興之暴也？夫秦失其政，陳涉首難，豪傑蠭起，相與並争，不可勝數。然羽非有尺寸，乘勢起隴畝之中，三年，遂將五諸侯《集解》：此時山東六國，而齊、趙、韓、魏、燕五國並起，從伐秦，故云五諸侯。滅秦，分裂天下，而封王侯，政由羽出，號爲霸王，位雖不終，近古以來，未嘗有也。及羽背關懷楚，放逐義帝而自立，怨王侯叛己，難矣！自矜功伐，奮其私智，而不師古，謂霸王之業，欲以力征經營天下，五年，卒亡其國，身死東城，尚不覺悟而不自責，過矣！乃引"天亡我，非用兵之罪也"，豈不謬哉！

此篇雖名本紀，然其文實傳體也，故列之傳記文選之首。本紀、世家、列傳，名雖不同，特因其爲天子、凡掌握一時代之最高主權者即屬之，故項羽亦列於本紀。諸侯，凡其德行功業，宜有國有家，不應與平民並列者，即屬之，故孔子、陳涉皆列於世家。或臣下而區别之，其來源初不一律。如《五帝本紀》，所來者多禮家、同《大戴禮記》處。尚書家同《尚書大傳》處。之説；《殷周本紀》之文，則多與世家同是也。蓋合《繫世》及《春秋》爲一編。《項羽本紀》，别爲一體，其文疑多採之《楚漢春秋》等書。

此篇帶傳説性質甚多。如沛公往鴻門見項羽，項羽不都關中，陳平閒疏楚君臣等皆是也。劉項和戰，自當有通盤計畫，豈有項王輕聽曹無傷一言，即欲饗士卒擊沛公，一經沛公解釋，又立以曹無傷之言告之之理？范增欲殺沛公，豈能不稟命於項王，而輕召項莊，於席間假舞劍擊殺之？果可如此，又豈一項伯所能翼蔽？樊噲撞仆衛士，面數項王；沛公脱身獨去，徒留張良入謝；范增七十之年，須臾不能容忍，竟至拔劍撞破玉斗；仔細思之，有一近於情理者乎？項氏世爲楚將，當時楚兵剽悍，冠於全國，項羽豈有背楚而都關中之理？劉項成敗，原因甚多，都關中特其一端耳。以背關懷楚，爲項羽滅亡之大原因，乃漢人既都關中後誇張之辭，非事實也。項羽答説者之語，論史者或以爲羽之託辭，吾則疑羽并無此語，實後人所造作耳。至所謂陳平間疏楚君臣之計，則尚不可以誑小兒，更可發一噱矣。此等處，無識者多輕信之；間有疑之者，則又以爲太史公之好奇。此等幼稚之説，亦何奇之有，而謂太史公好之乎？要之乃當時之史料如此耳。

漢初史料，雖尚帶傳説性質，其見解極爲幼稚可笑，然其諱飾，遠不如後世之甚。如漢高欲圖疾驅，乃推墮孝惠、魯元車下，殊足見其殘忍，然亦直書無所諱是也。又項羽之立章邯實在尚未入關時，可見其立三降將以距塞漢王之説之不確。此等處，在後世之史，必不能據事直書矣。

此篇文字之佳，無待贅論。如叙鉅鹿之戰，鴻門之敗，垓下之敗等之饒有精神，皆人人所共見。其特宜注意者，則爲篇中多用提擊之筆，以叙述特要之事，及各方面之情勢。前者如“此時沛公亦起沛往焉。”後者如“是時漢兵盛食多，項王兵罷食絶。”是也。叙事能用此等筆法，最易得要，且能醒目，極宜注意。

古人撰述，多仍所本材料之元文，不加更定。如此篇於范增，忽稱爲亞父，忽又舉其爵爲歷陽侯；漢欲西歸時，稱“張良、陳平説曰”，下又稱漢王“謂張子房曰”，皆是。《左氏》一書，名字謚號錯出，亦由於此。

《孔子世家》，雖以世家名，實亦傳體。因限於篇幅，未能選録。學者既知史裁初起時，本紀、世家、列傳等格式，並不十分固定，可以自取參觀。

《史記·伯夷列傳》

夫學者載籍極博，猶考信於六藝。《詩》、《書》雖缺，然虞夏之文可知也。堯將遜位，讓於虞舜；舜禹之間，岳牧咸薦，乃試之於位，典職數十年，功用既興，然後授政。示天下重器，王者大統，傳天下若斯之難也。而說者曰堯讓天下於許由，許由不受，恥之，逃隱。《正義》："皇甫謐《高士傳》云：許由，字武仲。堯聞致天下而讓焉，乃退而遁於中獄潁水之陽，箕山之下隱。堯又召爲九州長，由不欲聞之，洗耳於潁水濱。時有巢父，牽犢欲飲之，見由洗耳，問其故。對曰：'堯欲召我爲九州長，惡聞其聲，是故洗耳。'巢父曰：'子若處高岸深谷，人道不通，誰能見子？子故浮游，欲求其名譽，汚吾犢口。'牽犢上流飲之。"及夏之時，有卞隨、務光者。《索隱》："夏時有卞隨、務光等，殷湯欲讓之天下，並不受而逃。事具莊周《讓王篇》。"此何以稱焉？太史公曰：余登箕山，其上蓋有許由冢云。箕山，河北行唐縣，河南登封縣，山西平陵縣皆有之，似以在河南爲近是。孔子序列古之仁聖賢人，如吴太伯、伯夷之倫詳矣。余以所聞，由、光義至高，其文辭不少概見，何哉？《索隱》："按概是梗概，謂略也。"孔子曰："伯夷、叔齊，不念舊惡，怨是用希。""求仁得仁，又何怨乎！"余悲伯夷之意，睹軼詩可異焉。軼詩，謂不在儒家所傳三百五篇之内者。漢時詩書等，凡非儒家所傳者，概稱爲軼。

其傳曰：伯夷、叔齊，孤竹君《索隱》："按《地理志》：孤竹城，在遼西令支縣。應劭云：伯夷之國也。其君姓墨胎氏。"案令支，在今河北遷安縣西。之二子也。父欲立叔齊，及父卒，叔齊讓伯夷。伯夷曰："父命也。"遂逃去。叔齊亦不肯立而逃之。國人立其中子。於是伯夷、叔齊聞西伯昌善養老，盍往歸焉。及至，西伯卒，武王載木主，號爲文王，東伐紂。伯夷、叔齊叩馬而諫曰："父死不葬，爰及干戈，可謂孝乎？以臣弒君，可謂仁乎？"左右欲兵之，太公曰："此義人也。"

扶而去之。武王已平殷亂,天下宗周,而伯夷、叔齊恥之,義不食周粟,隱於首陽山,《集解》:"馬融曰:首陽山,在河東蒲阪華山之北,河曲之中。"《正義》:"曹大家注《幽通賦》云夷齊餓於首陽山,在隴西首。又戴延之《西征記》云洛陽東北首陽山,有夷齊祠,在今偃師縣西北。又孟子云夷齊避紂,居北海之濱。《説文》云首陽山在遼西。"采薇而食之。及餓且死,作歌,其辭曰:"登彼西山兮,采其薇矣。以暴易暴兮,不知其非矣。神農、虞、夏,忽焉没兮,我安適歸矣!于嗟徂兮,命之衰矣!"遂餓死於首陽山。

由此觀之,怨耶非耶!

或曰:"天道無親,常與善人。"若伯夷、叔齊,可謂善人者非邪?積仁絜行如此而餓死。且七十子之徒,仲尼獨薦顔淵爲好學。然回也屢空,糟糠不厭,而卒蚤夭。天之報施善人,其何如哉?盜跖日殺不辜,肝人之肉,暴戾恣睢,聚黨數千人,横行天下,竟以壽終。是遵何德哉?此其尤大彰明較著者也。若至近世,操行不軌,專犯忌諱,而終身逸樂,富厚累世不絶。或擇地而蹈之,時然後出言,行不由徑,非公正不發憤,而遇禍災者,不可勝數也。余甚惑焉,儻所謂天道,是邪非邪?子曰"道不同,不相爲謀",亦各從其志也。故曰"富貴如可求,雖執鞭之士,吾亦爲之;如不可求,從吾所好"。"歲寒,然後知松柏之後凋"。舉世混濁,清士乃見。豈以其重若彼,其輕若此哉。君子疾没世而名不稱焉。賈子《索隱》:"賈子,賈誼也,誼作《鵩鳥賦》云然。"曰:"貪夫徇財,烈士徇名,夸者死權,衆庶馮生。"同明相照,同類相求。雲從龍,風從虎,聖人作而萬物覩。伯夷、叔齊雖賢,得夫子而名益彰;顔淵雖篤學,附驥尾而行益顯。巖穴之士,趨舍有時若此,類名堙滅而不稱,悲夫!閭巷之人,欲砥行立名者,非附青雲之士,惡能施於後世哉?

史傳之文,大抵先叙事,後論贊,然亦不過多數如此,取行文之方便而已,非有一定格式也。此篇即論贊、叙事不分者,然亦可謂前兩段係叙事,後一段係論贊。蓋夷、齊之事,雖有軼詩之傳,然以考信之難言之,則許由、卞隨、務光等,傳説皆極可疑,夷、齊事同一例。此篇首段,實著其事之不盡可信,而又不能遽斷爲無,所謂疑以傳疑也。然則首段之意,實在考論其事之信否,固亦叙事之一部分也。

末段凡具二意,一言福善禍淫,報施之道,並不可信。士之不肯爲惡者,實由性情使然,所謂各從其志也。一言砥行立名者,非附青雲之士,不能施於後世。皆别有義理,與夷、齊之事無涉。於此可悟作論贊之法,凡作論贊者,必别有發揮,或發明義理,或叙正文所未及之事,或考辨其事等等。乃有意義,否則人人皆知之語,取充篇幅,遂成贅疣矣。

此篇乃兼述論次之意者,《孟子·荀卿列傳》等亦然,可以參看。

《史記·管晏列傳》

管仲夷吾者,潁上人也。《索隱》,潁,水名。少時常與鮑叔牙游,鮑叔知其賢。管仲貧困,常欺鮑叔,鮑叔終善遇之,不以爲言。已而鮑叔事齊公子小白,管仲事公子糾。及小白立爲桓公,公子糾死,管仲囚焉。鮑叔遂進管仲。管仲既用,任政於齊,齊桓公以霸,九合諸侯,一匡天下,管仲之謀也。管仲曰:"吾始困時,嘗與鮑叔賈,分財利,多自與,鮑叔不以我爲貪,知我貧也。吾嘗爲鮑叔謀事而更窮困,鮑叔不以我爲愚,知時有利不利也。吾嘗三仕三見逐於君,鮑叔不以我爲不肖,知我不遭時也。吾嘗三戰三走,鮑叔不以我爲怯,知我有老母也。公子糾敗,召忽死之,吾幽囚受辱,鮑叔不以我爲無恥,知我不羞小節,而恥功名不顯於天下也。生我者父母,知我者鮑子也。"鮑叔既進管仲,以身下之,子孫世禄於齊,有封邑者十餘世,常爲名大夫。天下不多管仲之賢,而多鮑叔能知人也。

管仲既任政相齊,以區區之齊,在海濱,通貨積財,富國彊兵,與俗同好惡。故其稱曰:"倉廩實而知禮節,衣食足而知榮辱,上服度,則六親《正義》:"上之服御物有制度,則六親堅固也。六親謂外祖父母一,父母二,姝姊三,妻兄弟之子四,從母之子五,女之子六。"固。四維不張,國乃滅亡。下令如流水之源,令順民心。故論卑而易行。俗之所欲,因而予之;俗之所否,因而去之。"其爲政也,善因禍而爲福,轉敗而爲功,貴輕重,任權衡。桓公實怒少姬,南襲蔡,管仲因而伐楚,責包茅不入貢於周室;桓公實北征山戎,而管仲因而令燕脩召公之政;於柯之會,桓公欲背曹沫之約,管仲因而信之;諸侯由是歸齊。故曰:"知與之爲取,政之寶也。"管仲富擬於公室,有三歸反坫,齊人不以爲侈。管仲卒,齊國遵其政,常彊於諸侯。

後百餘年,而有晏子焉。晏平仲嬰者,萊之夷維《正義》:"晏氏《齊記》云:齊城三百里,有夷安。即晏平仲之邑,漢爲夷安縣,屬高密國。應劭曰:故萊夷維邑。"案,夷安今山東高密縣。人也。事齊靈公、莊公、景公,以節儉力行重於齊。既相齊,食不重肉,妾不衣帛。其在朝,君語及之,即危言;語不及之,即危行。國有道,即順命;無道,即衡命。《正義》:"衡,秤也。謂國無道,則制秤稱之,可行即行。"以此三世顯名於諸侯。

越石父賢,在縲紲中。晏子出,遭之途,解左驂贖之,載歸。弗謝,入閨。久之,越石父請絶。晏子懼然,攝衣冠謝曰:"嬰雖不仁,免子於厄,何子求絶之速也?"石父曰:"不然,吾聞君子詘於不知己,而信於知己者;方吾在縲紲中,彼不知我也;夫子既已感寤而贖我,是知己;知己而無禮,固不如在縲紲之中。"晏子於是延入爲上客。

晏子爲齊相,出,其御之妻,從門間而闚其夫。其夫爲相御,擁大蓋,策駟馬,意氣揚揚,甚自得也。既而歸,其妻請去。夫問其故。妻曰:"晏子長不滿六尺,身相齊國,名顯諸侯。今者妾觀其出,志念深矣,常有以自下者。今子長八尺,乃爲人僕御,然子之意，自以爲足，妾是以求去也。”其後夫自抑損，晏子怪而問之，御以實對，晏子薦以爲大夫。

太史公曰：吾讀管氏《牧民》、《山高》、《乘馬》、《輕重》、《九符》《集解》：“劉向《别録》曰：《九府》書民間無有。《山高》一名《形勢》。”案餘皆《管子》篇名。及《晏子春秋》，詳哉其言之也。既見其著書，欲觀其行事，故次其傳；至其書，世多有之，是以不論，論其軼事。管仲世所謂賢臣，然孔子小之。豈以爲周道衰微，桓公既賢，而不勉之至王，乃稱霸哉？語曰：“將順其美，匡救其惡，故上下能相親也。”豈管仲之謂乎？方晏子伏莊公尸，哭之成禮然後去，豈所謂“見義不爲無勇”者邪？至其諫説，犯君之顔，此所謂“進思盡忠，退思補過”者哉？假令晏子而在，余雖爲執鞭，所忻慕焉。

此篇爲傳記文，略大詳小，略人人所知之事，而詳軼事之法。在太史公並非有意爲之，然後人却因此等文字而得此法焉。何謂太史公非有意爲之也？蓋漢人之叙事也，不過執前世所傳，排比先後，照文鈔録，於其名稱語氣等，與當時不合者，且不加以更改，更無論考核衆事，自行撰著也。管晏之傳，若使後人爲之，必將詳考齊國當時政事，於其犖犖大端，皆加叙次。然在古代，簡牘用少；又於史事，未知求真求密；則衆口相傳，不過或具大略，如此篇第二第三節。或詳軼事，如此篇第一第四節。如此篇所載而已。太史公即如其文而録之，不加更定，乃漢人行文體例如此，初非如後世文士一曲之見，有如何如何之用意也。於此可悟：正史本紀與列傳，列傳與列傳，皆病互相重複者，實至後世始有此弊，在史公初創此體時則無之，即如此篇所叙，何嘗與《齊世家》重複邪？然史公雖非有意爲之，而略大詳小，略人人所知之事，而詳軼事，行文自有此法，後世因古人此等文字而悟入，因而創爲此體，原無不可，特不當以鄉曲陋儒之見，妄論古人耳。

《史記·樂毅列傳》

樂毅者,其先祖曰樂羊。樂羊爲魏文侯將,伐取中山,魏文侯封樂羊以靈壽。靈壽在今河北靈壽縣西北十里。樂羊死,葬於靈壽,其後子孫因家焉。中山復國,至趙武靈王時復滅中山,而樂氏後有樂毅。

樂毅賢,好兵,趙人舉之。及武靈王有沙丘之亂,乃去趙適魏。聞燕昭王以子之之亂,而齊大敗燕,燕昭王怨齊,未嘗一日而忘報齊也。燕國小,辟遠,力不能制;於是屈身下士,先禮郭隗,以招賢者。樂毅於是爲魏昭王使於燕,燕王以客禮待之,樂毅辭讓,遂委質爲臣,燕昭王以爲亞卿,久之。

齊湣王彊,南敗楚相唐眛於重丘,重丘,在山東德縣東。西摧三晉於觀津,觀津,在今河北武邑縣東南二十五里。遂與三晉擊秦,助趙滅中山,破宋,廣地千餘里,與秦昭王爭重爲帝,已而復歸之。諸侯皆欲背秦而服於齊。湣王自矜,百姓弗堪。於是燕昭王問伐齊之事。樂毅對曰:"齊,霸國之餘業也,地大人衆,未易獨攻也。王必欲伐之,莫如與趙及楚魏。"於是使樂毅約趙惠文王,别使連楚、魏,令趙嚪嚪,《索隱》:"嚪與啗同。"秦以伐齊之利。諸侯害齊湣王之驕暴,皆爭合從,與燕伐齊。樂毅還報,燕昭王悉起兵,使樂毅爲上將軍,趙惠文王以相國印授樂毅。樂毅於是并護趙、楚、韓、魏、燕之兵以伐齊,破之濟西。諸侯兵罷歸,而燕軍此軍字爲駐紮之意,謂燕兵獨留屯。樂毅獨追,至於臨菑。齊湣王之敗濟西,亡走,保於莒。莒,今山東莒縣。樂毅獨留狥齊,齊皆城守。樂毅攻入臨菑,盡取齊寶財物祭器,輸之燕。燕昭王大説,親至濟上勞軍,行賞饗士,封樂毅於昌國,昌國,在今山東淄川縣東北三十里。號爲昌國君。於是燕昭王收齊鹵獲以歸,而使樂毅復以兵平齊城之不下者。

樂毅留狥齊，五歲，下齊七十餘城，皆爲郡縣，以屬燕，唯獨莒、即墨即墨，見《項羽本紀》。未服。會燕昭王死，子立，爲燕惠王。惠王自爲太子時，嘗不快於樂毅，及即位，齊之田單聞之，乃縱反間於燕，曰："齊城不下者兩城耳。然所以不早拔者，聞樂毅與燕新王有隙，欲連兵，且留齊，南面而王齊。齊之所患，唯恐他將之來。"於是燕惠王固已疑樂毅，得齊反間，乃使騎劫代將，而召樂毅。樂毅知燕惠王之不善代之，畏誅，遂西降趙。趙封樂毅於觀津，號曰望諸君。望諸君，《索隱》：望諸，澤名，在齊，蓋趙有之，故號焉。案望諸，即孟諸，見《周官》職方氏《疏》，在今河南商丘縣東北。尊寵樂毅，以警動於燕、齊。

齊田單後與騎劫戰，果設詐誑燕軍，遂破騎劫於即墨下，而轉戰逐燕，北至河上，盡復得齊城，而迎襄王於莒，入於臨菑。

燕惠王後悔使騎劫代樂毅，以故破軍亡將失齊；又怨樂毅之降趙，恐趙用樂毅而乘燕之弊以伐燕。燕惠王乃使人讓樂毅，且謝之曰："先王舉國而委將軍，將軍爲燕破齊，報先王之讎，天下莫不震動，寡人豈敢一日而忘將軍之功哉！會先王棄羣臣，寡人新即位，左右誤寡人。寡人之使騎劫代將軍，爲將軍久暴露於外，故召將軍且休計事。將軍過聽，以與寡人有隙，遂捐燕歸趙。將軍自爲計則可矣，而亦何以報先王之所以遇將軍之意乎？"樂毅報遺燕惠王書曰："臣不佞，不能奉承王命，以順左右之心，恐傷先王之明，有害足下之義，故遁逃走趙。今足下使人數之以罪，臣恐侍御者不察先王之所以畜幸臣之理，又不白臣之所以事先王之心，故敢以書對。臣聞賢聖之君，不以禄私親，其功多者賞之，其能當者處之。故察能而授官者，成功之君也；論行而結交者，立名之士也。臣竊觀先王之舉也，見有高世主之心，故假節於魏，以身得察於燕。先王過舉，廁之賓客之中，立之羣臣之上，不謀父兄，以爲亞卿。臣竊不自知，自以爲奉令承教，可幸無罪，故受令而不辭。先王命之曰：'我有積怨深怒於齊，不量輕弱,而欲以齊爲事。'臣曰:'夫齊,霸國之餘業,而最勝最,爲總計之詞。言總計其用兵,勝時常多;勝負相掩,可稱勝利。之遺事也。練於兵甲,習於戰攻,王若欲伐之,必與天下圖之;與天下圖之,莫若結於趙;且又淮北、宋地,楚、魏之所欲也;趙若許,而約四國攻之,齊可大破也。'先王以爲然,具符節,南使臣於趙。顧反命,起兵擊齊。以天之道,先王之靈,河北之地,隨先王而舉之濟上。濟上之軍,受命擊齊,大敗齊人。輕卒鋭兵,長驅至國。齊王遁而走莒,僅以身免;珠玉財寶,車甲珍器,盡收入於燕。齊器設於寧臺,寧臺,《索隱》:"燕臺也。"大吕陳於元英,《索隱》:"大吕,齊鐘名。元英,燕宫殿名也。"故鼎反乎磨室,《索隱》:"燕鼎前輸於齊,今反入磨室。磨室,亦宫名。《戰國策》作歷室。"薊丘之植,植於汶篁,《集解》:"徐廣曰:竹田曰篁,謂燕之疆界,移於齊之汶水。"《索隱》:"薊丘,燕所都之地也,言燕之薊丘所植,皆植齊王汶上之竹也。"自五霸以來,功未有及先王者也。先王以爲慊於志,《索隱》:"按慊音苦簟反,作嗛。嗛者,常慊然而不愜其志也。"按此處所用爲慊字之反訓,乃快意之辭。故裂地而封之,使得比小國諸侯。臣竊不自知,自以爲奉命承教,可幸無罪,是以受命不辭。臣聞賢聖之君,功立而不廢,故著於春秋;蚤知之士,名成而不毁,故稱於後世。若先王之報怨雪恥,夷萬乘之彊國,收八百歲之蓄積。及至棄羣臣之日,餘教未衰,執政任事之臣,修法令,慎庶孽,施及乎萌隸,皆可以教後世。臣聞之,善作者不必善成,善始者不必善終。昔伍子胥説聽於闔閭,而吴王遠跡至郢,夫差弗是也;賜之鴟夷而浮之江。吴王不寤先論之可以立功,故沈子胥而不悔;子胥不早見主之不同量,是以至於入江而不化。夫免身立功,以明先王之跡,臣之上計也。離毁辱之誹謗墮先王之名,臣之所大恐也。臨不測之罪,以幸爲利,義之所不敢出也。臣聞古之之者二字古通。下君子十六字爲成語。君子交絶,不出惡聲;忠臣去國,不潔其名。臣雖不佞,數奉教於君子矣。恐侍御者之親左右之説,不察疏遠之行,故敢獻書以聞,唯君王之留意焉。"

於是燕王復以樂毅子樂閒爲昌國君,而樂毅往來復通燕,燕、趙以爲客卿。樂毅卒於趙。

樂閒居燕三十餘年,燕王喜,用其相栗腹之計,欲攻趙,而問昌國君樂閒。樂閒曰:"趙四戰之國也,其民習兵,伐之,不可。"燕王不聽,遂伐趙。趙使廉頗擊之,大破栗腹之軍於鄗,鄗,在今河北柏鄉縣北。禽栗腹、樂乘。樂乘者,樂閒之宗也。於是樂閒奔趙,趙遂圍燕。燕重割地以與趙和,趙乃解而去。燕王恨不用樂閒,樂閒既在趙,乃遺樂閒書曰:"紂之時,箕子不用,犯諫不怠,以冀其聽;商容不達,身祇辱焉,以冀其變。及民志不入,獄囚自出,《索隱》:"民志不入,謂國亂而人離心向外,故云不入。又獄囚自出,故政亂,而士師不爲守法也。"然後二子退隱。故紂負桀暴之累,二子不失忠聖之名。何者? 其憂患之盡矣。今寡人雖愚,不若紂之暴也;燕民雖亂,不若殷民之甚也。室有語,不相盡,以告鄰里。《正義》:"言家室有忿争不決,必告隣里,今故以書相告也。"案疑謂不肯盡心於内而反暴露其事於外。《正義》說非。二者寡人不爲君取也。"樂閒、樂乘,怨燕不聽其計,二人卒留趙。趙封樂乘爲武襄君。其明年,樂乘、廉頗爲趙圍燕,燕重禮以和,乃解。後五歲,趙孝成王卒。襄王使樂乘代廉頗。廉頗攻樂乘,樂乘走,廉頗亡入魏。其後十六年而秦滅趙。

其後二十餘年,高帝過趙,問:"樂毅有後世乎?"對曰:"有樂叔。"高帝封之樂鄉,號曰華成君。華成君,樂毅之孫也。而樂氏之族,有樂瑕公、樂臣公,趙且爲秦所滅,亡之齊高密。樂臣公善修黄帝、老子之言,顯聞於齊,稱賢師。

太史公曰:始齊之蒯通及主父偃讀樂毅之報燕王書,未嘗不廢書而泣也。樂臣公學黄帝、老子,其本師號曰河上丈人,不知其所出。河上丈人教安期生,安期生教毛翕公,毛翕公教樂瑕公,樂瑕公教樂臣公,樂臣公教蓋公,蓋公教於齊高密、膠西,爲曹相國師。

此篇之體,與《管晏列傳》適相反。彼篇言管、晏之書世多有,是以不論,論其軼事。此篇於行事僅撮叙大略,而書辭則詳載靡遺,蓋傳者之所重,本在此也。首節叙樂毅家世,次節爲樂毅入燕之事,三節樂毅爲燕伐齊,四節載書辭,五節爲樂毅後世之事,蓋皆得諸舊傳。太史公曰以下,則自著所聞也。樂臣公修黄帝老子之言,傳已著其略,論復具其詳,不并作一處叙者,一出舊傳,一自著所聞,各有來源,不相間雜也。於此可悟古人著書之體。

劉知幾言:古人輕事重言。《戰國策》所傳縱横之士率如此,即《國語》亦然。《晏子春秋》等傳一人之行事者亦然。《易》曰:"君子多識前言往行,以畜其德。"傳者之意,固在記前人之言行,以資法戒也。太史公所據材料如此,其所成之傳記,自亦不得不然。故《史記》諸列傳,亦多詳於其人之言論,及行事之足爲法戒,若新奇可喜者,於功業之大端,學術之真相轉略。不徒蘇秦、張儀等傳如此,即留侯、陳丞相等,於其大謀畫,實亦不能言也。此等處,必須深知古書義例,乃可以論古人之文。

古代筆札用少,口語用多,故其辭令極美。辭令之美,一言蔽之,婉曲而已。所謂温柔敦厚也。《樂毅報燕惠王書》爲辭令之極則,須熟玩之。

《史記·屈原賈生列傳》

屈原者,名平,楚之同姓也。爲楚懷王左徒。博聞彊志,明於治亂,嫻於辭令,入則與王圖議國事,以出號令;出則接遇賓客,應對諸侯;王甚任之。上官大夫與之同列,争寵,而心害其能。懷王使屈原造爲憲令,屈平屬草藁,未定。上官大夫見而欲奪之,屈平不與,因讒之曰:"王使屈平爲令,衆莫不知,每一令出,平伐其功,曰以爲曰字與以爲字,以後世文法言之爲重複;然古用曰字與後世少異。此處之曰字,當看作"吾欲云云"之云云二字,乃一記號,猶今之連點

(……),以代屈原之言者也。‘非我莫能爲’也。”王怒,而疏屈平。屈平疾王聽之不聰也,讒諂之蔽明也,邪曲之害公也,方正之不容也,故憂愁幽思而作《離騷》。《離騷》者,猶離憂也。夫天者,人之始也;父母者,人之本也。人窮則反本,故勞苦倦極,未嘗不呼天也;疾痛慘怛,未嘗不呼父母也。屈平正道直行,竭忠盡智,以事其君,讒人間之,可謂窮矣;信而見疑,忠而被謗,能無怨乎?屈平之作《離騷》,蓋自怨生也。《國風》好色而不淫,《小雅》怨誹而不亂。若《離騷》者,可謂兼之矣。上稱帝嚳,下道齊桓,中述湯武,以刺世事。明道德之廣崇,治亂之條貫,靡不畢見。其文約,其辭微,其志潔,其行廉,其稱文小而其指極大,舉類邇而見義遠。其志潔,故其稱物芳;其行廉,故死而不容自疏。濯淖汙泥之中,蟬蜕於濁穢,以浮游塵埃之外,不獲世之滋垢,皭然泥而不滓者也。推此志也,雖與日月争光可也。

屈平既絀,其後秦欲伐齊,齊與楚從親,惠王患之,乃令張儀詳去秦,厚幣委質事楚,曰:“秦甚憎齊,齊與楚從親,楚誠能絶齊,秦願獻商、於之地六百里。”楚懷王貪,而信張儀,遂絶齊,使使如秦受地。張儀詐之曰:“儀與王約六里,不聞六百里。”楚使怒,去,歸告懷王。懷王怒,大興師伐秦,秦發兵擊之,大破楚師於丹、淅,《索隱》:“二水名。”斬首八萬,虜楚將屈匄,遂取楚之漢中地。懷王乃悉發國中兵,以深入擊秦,戰於藍田。藍田,在今陝西藍田縣西三十里。魏聞之,襲楚,至鄧。鄧,今湖北襄陽縣北。楚兵懼,自秦歸。而齊竟怒,不救楚,楚大困。明年,秦割漢中地與楚以和。楚王曰:“不願得地,願得張儀而甘心焉。”張儀聞,乃曰:“以一儀而當漢中地,臣請往如楚。”如楚,又因厚幣用事者臣靳尚,之者二字古通用,用事者臣,猶言用事之臣。而設詭辯於懷王之寵姬鄭袖。懷王竟聽鄭袖,復釋去張儀。是時屈平既疏,不復在位,使於齊,顧反,諫懷王曰:“何不殺張儀?”懷王悔,追張儀,不及。其後諸侯共擊楚,大破之,殺其將唐眛。時秦昭王與楚婚,欲與懷王會。

懷王欲行,屈平曰:“秦,虎狼之國,不可信,不如無行。”懷王稚子子蘭,勸王行:“奈何絶秦歡?”懷王卒行。入武關,秦伏兵絶其後,因留懷王,以求割地。懷王怒,不聽,亡走趙,趙不內。復之秦,竟死於秦而歸葬。長子頃襄王立,以其弟子蘭爲令尹。楚人既咎子蘭以勸懷王入秦而不反也。

屈平既嫉之,雖放流,睠顧楚國,繫心懷王,不忘欲反,冀幸君之一悟,俗之一改也。其存君興國,而欲反覆之,上“不忘欲反”下“不可以反”之反,指己身,謂由放流復歸於朝廷。此“欲反覆之”之反覆,指君,謂反惡而歸於善。一篇之中,三致志焉。然終無可奈何,故不可以反,卒以此見懷王之終不悟也。人君無愚智賢不肖,莫不欲求忠以自爲,舉賢以自佐,然亡國破家相隨屬,而聖君治國,累世而不見者,其所謂忠者不忠,而所謂賢者不賢也。懷王以不知忠臣之分,故內惑於鄭袖,外欺於張儀,疏屈平而信上官大夫、令尹子蘭,兵挫地削,亡其六郡,身客死於秦,爲天下笑,此不知人之禍也。《易》曰:“井泄不食,爲我心惻,可以汲。王明,並受其福。”《井卦》九三《爻辭》,井泄之泄,今本作渫,喻賢才;汲喻見用。王之不明,豈足福哉。

令尹子蘭聞之,大怒,卒使上官大夫,短屈原於頃襄王,頃襄王怒而遷之。屈原至於江濱,被髮,行吟澤畔,顔色憔悴,形容枯槁。漁父見而問之曰:“子非三閭大夫歟?何故而至此?”屈原曰:“舉世混濁,而我獨清;衆人皆醉,而我獨醒;是以見放。”漁父曰:“夫聖人者,不凝滯於物,而能與世推移。舉世混濁,何不隨其流而揚其波?衆人皆醉,何不餔其糟而啜其醨?何故懷瑾握瑜,而自令見放爲?”屈原曰:“吾聞之,新沐者必彈冠,新浴者必振衣,人又誰能以身之察察,受物之汶汶者乎?寧赴常流,《索隱》:“常流猶長流也。”而葬乎江魚腹中耳,又安能以皓皓之白,而蒙世之温蠖乎?”《索隱》:“蠖,音烏廓反,温蠖猶惛憒,《楚詞》作蒙世之塵埃哉。”乃作《懷沙》之賦。其辭曰:“陶陶孟夏兮,草木莽莽;傷懷永哀兮,汨徂南土。汩,《集解》:"王逸曰:汩,行貌。"眴兮窈窕,《集解》:"徐廣曰:眴,眩也。"《索隱》:"眴音舜。徐氏云:眴音眩。"孔静幽墨。《集解》:"王逸曰:孔,甚也;墨,無聲也。"《正義》:"孔,甚;墨,無聲,言江南山高澤深,視之眴兮甚清浄,嘆無人聲。"冤結紆軫兮,離愍之長鞠;《集解》:王逸曰:鞠,窮紆屈也;軫,痛也;愍,病也。撫情效志兮,俛詘以自抑。刓方以爲圜兮,常度未替;易初本由兮,君子所鄙。《集解》:"王逸曰:由,道也。"《正義》:"本,常也。言人遭世不道,變易初行,違離光道,君子所鄙。"章畫職墨兮,前度未改;《集解》:"王逸曰:章,明也;度,法也。言工明於所畫,念其繩墨,修前人之法,不易其道,則曲木直而惡木好。"内直質重兮,大人所盛。巧匠不斲兮,孰察其揆正?玄文幽處兮,矇謂之不章。《集解》:"王逸曰:玄,黑也;矇,盲者也。"離婁《集解》:"王逸曰:離婁,古明視者也。"微睇兮,瞽以爲無明。變白而爲黑兮,倒上以爲下。鳳凰在笯兮,《集解》:"徐廣曰:笯,一作郊。駰案王逸曰:笯,籠落也。"鷄雉翔舞。同糅玉石兮,一概而相量。夫黨人之鄙妒兮,羌不知吾所臧。《索隱》:"案王師叔云:羌,楚人語辭。"案師叔,逸字。任重載盛兮,陷滯而不濟;懷瑾握瑜兮,窮不得余所示。邑犬羣吠兮,吠所怪也;誹俊疑桀兮,固庸態也。文質疏内兮,衆不知吾之異采;材樸委積兮,莫知予之所有。重仁襲義兮,謹厚以爲豐;重華不可牾兮,孰知余之從容?古固有不並兮,豈知其故也?湯禹久遠兮,邈不可慕也。懲違改忿兮,抑心而自彊;離湣而不遷兮,願志之有象。進路北次兮,日昧昧其將暮,含憂虞哀兮,《索隱》:"《楚詞》作舒憂娱哀。娱音虞,娱者,樂也。"限之以大故。《集解》:"王逸曰:大故,謂死亡也。"亂曰:"浩浩沅、湘兮,分流汩兮。修路幽拂兮,《索隱》:"《楚詞》作幽蔽也。"道遠忽兮。曾唫恆悲兮,永嘆慨兮。世既莫吾知兮,人心不可謂兮。懷情抱質兮,獨無匹兮。伯樂既没兮,驥將焉程兮?人生有命兮,各有所錯兮。定心廣志,余何畏懼兮?曾傷爰哀,永嘆喟兮。世溷不吾知,心不可謂兮。知死不可讓兮,願勿愛兮。明以告君子兮,吾將以爲類兮。"於是懷石,遂自投汨羅以死。上游曰汨水,一名潤水,源出江西修水縣,西南流,經湖南平江縣,折西北,合昌江及諸水。又經湘陰縣,合鵜籠江,又西,羅水自岳陽縣西流來會,是爲汨羅江。屈原既死之後,楚有宋玉、唐勒、景差之徒者,皆好辭,而以賦見稱,然皆祖屈原之從容辭令,終莫敢直諫。其後楚以日削,數十年,竟爲秦所滅。

自屈原沉汨羅後,百有餘年,漢有賈生,爲長沙王太傅,過湘水,投書以弔屈原。

賈生名誼,雒陽雒陽,見《項羽本紀》。人也。年十八,以能誦詩屬書,聞於郡中。吴廷尉爲河南守,聞其秀才,召置門下,甚幸愛。孝文皇帝初立,聞河南守吴公,治平爲天下第一,故與李斯同邑,而常學事焉,乃徵爲廷尉。廷尉乃言:賈生年少,頗通諸子百家之書,文帝召以爲博士。是時賈生年二十餘,最爲少。每詔令議下,諸老先生不能言,賈生盡爲之對,人人各如其意所欲出,諸生於是乃以爲能,不及也。孝文帝説之,超遷,一歲中至太中大夫。賈生以爲漢興至孝文二十餘年,天下和洽,而固當改正朔,易服色,法制度,定官名,興禮樂,乃悉草具其事儀法,色尚黄,數用五,爲官名,悉更秦之法。孝文帝初即位,謙讓未遑也。諸律令所更定,及列侯悉就國,其説皆自賈生發之。於是天子議以爲賈生任公卿之位。絳、灌、東陽侯、馮敬之屬《正義》:"絳、灌、周勃、灌嬰也。東陽侯張相如,馮敬時爲御史大夫。"盡害之,乃短賈生曰:"雒陽之人,年少初學,專欲擅權,紛亂諸事。"於是天子後亦疏之,不用其議,乃以賈生爲長沙王太傅。即今湖南長沙縣。

賈生既辭,往行,聞長沙卑溼,自以壽不得長,又以適去,適同謫,譴也。意不自得。及度湘水,爲賦以弔屈原,其辭曰:"共承嘉惠兮,俟罪長沙。側聞屈原兮,自沉汨羅。造託湘流兮,敬弔先生。遭世罔極兮,乃隕厥身。嗚呼哀哉!逢時不祥,鸞鳳伏竄兮,鴟梟翺翔。闒茸尊顯兮,讒諛得志;賢聖逆曳兮,方正倒植。世謂伯夷貪兮,謂盜跖廉;莫邪爲頓兮,鉛刀《索隱》:"鉛者錫也。"爲銛。于嗟嚜嚜兮,生之無故!《集解》:"生謂屈原也。"斡棄周鼎兮寶康瓠，《索隱》："李巡曰：大瓠也。康，空也。"騰駕罷牛兮驂蹇驢，驥垂兩耳兮服鹽車。章甫薦屨兮，《集解》："應劭曰：章甫，殷冠也。"漸不可久；嗟苦先生兮，獨離此咎。"訊曰："已矣！國其莫我知，獨堙鬱兮其誰語？鳳漂漂其高遰兮，夫固自縮《索隱》："縮，《漢書》作引也。"而遠去。襲九淵之神龍兮，沕《集解》："徐廣曰：沕，潛藏也。"深潛以自珍。彌融爚彌融爚，《集解》："徐廣曰：一云偭蟂獺。"以隱處兮，《集解》："徐廣曰：一本云彌蝎爚以隱處也。"《索隱》："《漢書》作偭蟂獺，徐廣又一本作彌蝎爚以隱處，蓋總三本不同也。應劭曰：偭，背也。蟂獺，水蟲，害魚者，以言背惡從善也。"《正義》："顧野王云：彌，遠也；融，明也；爚，光也；没，深藏以自珍，彌遠明光以隱處也。"夫豈從螘與蛭螾？《集解》："《漢書》螘作蝦，韋昭曰：蝦，蝦蟇也；蛭，水蟲；螾，丘螾也。"《索隱》："螘音蟻，《漢書》作蝦，言偭然絶於蟂獺，況從蝦與蛭螾也。"所貴聖人之神德兮，遠濁世而自藏。使麒驥可得係羈兮，豈云異夫犬羊！般紛紛其離此尤兮，《集解》："孟康曰：般音班，或曰盤桓不去，紛紛構讒意也。"亦夫子之辜也！瞝九州而相君兮，《索隱》："瞝，丑知反，謂歷觀也，《漢書》作歷九州。"何必懷此都也！鳳凰翔於千仞之上兮，覽德輝焉下之；見細德之險微兮，摇增翮《正義》："摇，動也。增，加也。言見細德之人又有險難微起，則合加動羽翮，遠逝而去之。"逝而去之。彼尋常之汙瀆兮，豈能容吞舟之魚？横江湖之鱣鱏兮，固將制於螻蟻。"

賈生爲長沙王太傅，三年，有鴞飛入賈生舍，止於坐隅。楚人命鴞曰"服"。賈生既以適居長沙，長沙卑溼，自以爲壽不得長，傷悼之，乃爲賦以自廣。其辭曰："單閼之歲兮，《集解》："徐廣曰：歲在卯曰單閼。文帝六年，歲在丁卯。"四月孟夏，庚子日施兮，《集解》："徐廣曰：施，一作斜。"服集予舍，止於坐隅，貌甚閒暇。異物來集兮，私怪其故，發書占之兮，策言其度。曰'野鳥入處兮，主人將去'。請問於服兮，予去何之？吉乎告我，凶言其菑。淹數之度兮，語予其期。服乃嘆息，舉首奮翼，口不能言，請對以臆。萬物變化兮，固無休息。斡流而遷兮，或推而還。形氣轉續兮，化變而嬗。沕穆無窮兮，胡可勝言。禍兮福所倚，福兮禍所伏；憂喜聚門兮，吉凶同域。彼吴彊大兮,夫差以敗;越棲會稽兮,句踐霸世。斯斯,《集解》:"韋昭曰:斯,李斯也。"游遂成兮,卒被五刑;傅説胥靡兮,乃相武丁。夫禍之與福兮,何異糾纆?命不可説兮,孰知其極?水激則旱兮,矢激則遠。萬物回薄兮,振蕩相轉。雲蒸雨降兮,錯繆相紛。大專《集解》:"《漢書》:專字作鈞。"槃物兮,坱軋《集解》:"應劭曰:其氣坱軋。非有限齊也。"無垠。天不可與慮兮,道不可與謀。遲數有命兮,惡識其時?且夫天地爲爐兮,造化爲工;陰陽爲炭兮,萬物爲銅。合散消息兮,安有常則;千變萬化兮,未始有極。忽然爲人兮,何足控摶;化爲異物兮,又何足患!小知自私兮,賤彼貴我;通人大觀兮,物無不可。貪夫徇財兮,列士徇名;夸者死權兮,品庶馮生。《集解》:"孟康曰:馮,貪也。《索隱》:《漢書》作每生。音謀在反。孟康云:每者,貪也。"怵迫之徒兮,《集解》:"孟康曰:怵,爲利所誘怵也。迫,迫貧賤,東西,趨利也。"或趨西東;大人不曲兮,億變齊同。拘士繫俗兮,攌《索隱》:"《説文》云:攌,大木柵也。"如囚拘;至人遺物兮,獨與道俱。衆人或或兮,《集解》:"李奇曰:或或,東西也。所好所惡,積之萬億也。瓚曰:言衆懷抱好惡,積之心意。"好惡積意,真人淡漠兮,獨與道息。釋知遺形兮,超然自喪;寥廓忽荒兮,與道翱翔。乘流則逝兮,得坻則止。《集解》:"張晏曰:坻,水中小洲也。"縱軀委命兮,不私與己。其生若浮兮,其死若休。澹乎若深淵之静,汜乎若不繫之舟。不以生故自寶兮,養空而游。德人無累兮,《索隱》:"按德人,謂上德之人。"知命不憂。細故蔕薊兮,《索隱》:"薊音介,《漢書》作介,張揖云:蔕介,鯁刺也。"何足以疑?"

後歲餘,賈生徵見。孝文帝方受釐,《集解》:"徐廣曰:祭祀福胙也。"坐宣室。《集解》:"蘇林曰:未央前正室。"上因感鬼神事,而問鬼神之本。賈生因具道所以然之狀。至夜半,文帝前席。既罷,曰:"吾久不見賈生,自以爲過之,今不及也。"居頃之,拜賈生爲梁懷王太傅。梁懷王,文帝之少子,愛而好書,故令賈生傅之。文帝復封淮南厲王子四人,皆爲列侯。賈生諫,以爲患之興,自此起矣。賈生數上疏,言諸侯或連數郡,非古之制,可稍削之。文帝不聽。居數年,懷王騎,墮馬而死,無後。賈生自傷爲傅無狀,哭泣歲餘,亦死。賈生之死時之同其。年三十三矣。及孝文崩,孝武皇帝立,舉賈生之孫二人至郡守,而賈嘉最好學,世其家,與余通書。至孝昭時,列爲九卿。

太史公曰:余讀《離騷》、《天問》、《招魂》、《哀郢》,悲其志。適長沙,觀屈原所自沉淵,未嘗不垂涕,想見其爲人。及見賈生弔之,又怪屈原,以彼其材,游諸侯,何國不容,而自令若是。讀《服鳥賦》,同生死,輕去就,又爽然自失矣。

此篇爲史傳中兼載辭賦之式。古史傳載辭賦者甚多,以其時以此爲重也。《史記》此篇,則其用意又少異。此篇凡分八節:第一節與淮南王所爲《離騷傳》略同,與第三第四節,蓋並當時傳辭賦者之所傳。第二節略同《戰國策》,則縱橫家所傳也。《賈生傳》亦如此。第五第八節,與第六第七節,材料來源不同。

第四節之首句,遥接第二節之末句,蓋將第三節插入其間也。以此推之,知第三節與第一節文本相連,而將第二節插入其間。古人之所謂"論次"者,如是而已。此論必爲俗儒所駭。然古籍具在,其義例昭然可見,多讀細審自知,非可以臆見曲説争也。

《史記·魏其武安侯列傳》

魏其侯竇嬰者,孝文后從兄子也。父世,《索隱》:"累葉在觀津,故云父世。"觀津人。觀津,在今河北武邑縣東南二十五里。喜賓客。孝文時,嬰爲吴相,病免。孝景初即位,爲詹事。梁孝王者,孝景弟也,其母竇太后愛之。梁孝王朝,因昆弟燕飲。謂不行君臣之禮。是時上未立太子,酒酣,從容言曰:"千秋之後傳梁王。"太后驩。竇嬰引巵酒進上，曰："天下者，高祖天下，父子相傳，此漢之約也，上何以得擅傳梁王？"太后由此憎竇嬰。竇嬰亦薄其官，因病免。太后除竇嬰門籍，不得入朝請。

孝景三年，吴楚反，上察宗室諸竇，毋如竇嬰賢，乃召嬰。嬰入見，固辭謝病不足任。太后亦慙。於是上曰："天下方有急，王孫寧可以讓邪？"乃拜嬰爲大將軍，賜金千斤。竇嬰乃言袁盎、欒布諸名將，賢士在家者進之。所賜金，陳之廊廡下，軍吏過，輒令財取爲用，金無入家者。竇嬰守滎陽，監齊、趙兵。七國兵已盡破，封嬰爲魏其侯。諸游士賓客争歸魏其侯。孝景時，每朝議大事，條侯，魏其侯，諸列侯莫敢與亢禮。

孝景四年，立栗太子，使魏其侯爲太子傅。孝景七年，栗太子廢，魏其數争，不能得。魏其謝病，屏居藍田南山之下，藍田，見《屈原賈生列傳》注。數月，諸賓客辨士説之，莫能來。梁人高遂，乃説魏其曰："能富貴將軍者，上也；能親將軍者，太后也。今將軍傅太子，太子廢，而不能争；争不能得，又弗能死。自引謝病，擁趙女，屏間處而不朝。相提而論，是自明揚主上之過。有如兩宫螫將軍，則妻子毋類矣。"魏其侯然之，乃遂起，朝請如故。桃侯免相，竇太后數言魏其侯。孝景帝曰："太后豈以爲臣有愛，不相魏其？魏其者，沾沾自喜耳，多易，難以爲相，持重。"遂不用，用建陵侯衛綰爲丞相。

武安侯田蚡者，孝景后同母弟也，生長陵。長陵，在今陝西咸陽縣東北四十里。魏其已爲大將軍後，方盛，蚡爲諸郎，未貴，往來侍酒魏其，跪起如子姪。及孝景晚節，蚡益貴幸，爲太中大夫。蚡辨，有口，學《槃盂》諸書，《集解》："應劭曰：黄帝史孔甲所作銘也。凡二十九篇，書槃盂中，所爲法戒。諸書，諸子文書也。孟康曰：《孔甲槃盂》二十六篇，雜家書，兼儒、墨、名、法。"王太后賢之。孝景崩，即日太子立，稱制，所鎮撫多有田蚡賓客計筴。蚡弟田勝，皆以太后弟，孝景後三年，封蚡爲武安侯，勝爲周陽侯。武安侯新欲用事爲相，卑下賓客，進名士家居者貴之,欲以傾魏其諸將相。

建元元年,丞相綰病免,上議置丞相、太尉。籍福説武安侯曰:"魏其貴久矣,天下士素歸之。今將軍初興,未如魏其,即上以將軍爲丞相,必讓魏其。魏其爲丞相,將軍必爲太尉。太尉、丞相尊等耳,又有讓賢名。"武安侯乃微言太后風上,於是乃以魏其侯爲丞相,武安侯爲太尉。籍福賀魏其侯,因弔曰:"君侯資性喜善嫉惡,方今善人譽君侯,故至丞相;然君侯且疾惡,惡人衆,亦且毁君侯。君侯能兼容,則幸久;不能,今以毁去矣。"魏其不聽。

魏其、武安俱好儒術,推轂趙綰爲御史大夫,王臧爲郎中令。迎魯申公,欲設明堂,令列侯就國,除關,《索隱》:"謂除關門之税也。"以禮爲服制,《索隱》:"案其時禮度踰侈,多不依禮;今令吉凶服制,皆法於禮也。"以興太平。舉適諸竇宗室毋節行者,除其屬籍。時諸外家爲列侯,列侯多尚公主,皆不欲就國,以故毁日至竇太后。太后好黄老之言,而魏其、武安、趙綰、王臧等務隆推儒術,貶道家言,是以竇太后滋不説魏其等。及建元二年,御史大夫趙綰請毋奏事東宫。竇太后大怒,乃罷逐趙綰、王臧等,而免丞相、太尉。以柏至侯許昌爲丞相,武彊侯莊青翟爲御史大夫。魏其、武安由此以侯家居。武安侯雖不任職,以王太后故,親幸,數言事,多效,天下吏士趨勢利者,皆去魏其歸武安。武安日益横。

建元六年,竇太后崩,丞相昌、御史大夫青翟,坐喪事不辦免。以武安侯蚡爲丞相,以大司農韓安國爲御史大夫。天下士郡國諸侯,《索隱》:"按謂仕諸郡及仕諸侯王國者,猶言仕郡國也。"愈益附武安。武安者,貌侵,生貴甚。《索隱》:"按小顔云:生貴,謂自尊高,示貴寵。按生,謂蚡自生,尊貴之勢特甚。"案小顔,謂顔師古。又以爲諸侯王多長,《集解》:"張晏曰:多長年。"上初即位,富於春秋,蚡以肺腑《正義》:"顔師古曰:舊解云,肺腑,如肺肝之相附着也。一説:肺,斫木札也。喻其輕薄,附著大材。顧野王云:肺腑,腹心也。"爲京師相,非痛折節,以禮詘之,天下不肅。

《索隱》:"欲令士折節屈下於己。"當是時,丞相入奏事,坐語移日,所言皆聽。薦人或起家至二千石,權移主上。上乃曰:"君除吏已盡未?吾亦欲除吏。"嘗請考工地益宅,上怒曰:"君何不遂取武庫?"是後乃退。嘗召客飲,坐其兄蓋侯南向,自坐東向,以爲漢相尊,不可以兄故私撓。武安由此滋驕,治宅甲諸第,田園極膏腴,而市買郡縣器物,相屬於道。前堂羅鐘鼓,立曲旃,《索隱》:"按曲旃,旌旃柄上曲,僭禮也。通帛曰旃。《説文》曰:曲旃者,所以招士也。"後房婦女以百數。諸侯奉金玉、狗馬、玩好,不可勝數。魏其失竇太后,益疏不用,無勢,諸客稍稍自引而怠傲,唯灌將軍獨不失故。魏其日默默,不得志,而獨厚遇灌將軍。灌將軍夫者,潁陰人也。潁陰,今河南許昌縣。夫父張孟,嘗爲潁陰侯嬰舍人,得幸,因進之至二千石,故蒙灌氏姓,爲灌孟。吴楚反時,潁陰侯灌何《索隱》:"案何是嬰子,《漢書》作嬰,誤也。"爲將軍,屬太尉,請灌孟爲校尉,夫以千人與父俱。灌孟年老,潁陰侯彊請之,鬱鬱不得意,故戰嘗陷堅,遂死吴軍中。軍法,父子俱從軍,有死事,得與喪歸。灌夫不肯隨喪歸,奮曰:"願取吴王若將軍頭,以報父之讎。"於是灌夫被甲,持戟,募軍中壯士,所善願從者數十人。及出壁門,莫敢前,獨二人及從奴十數騎馳入吴軍,至吴將麾下,所殺傷數十人,不得前,復馳還,走入漢壁,皆亡其奴,獨與一騎歸。夫身中大創十餘,適有萬金良藥,故得無死。夫創少瘳,又復請將軍曰:"吾益知吴壁中曲折,請復往。"將軍壯義之,恐亡夫,乃言太尉,太尉乃固止之。吴已破,灌夫以此名聞天下。潁陰侯言之上,上以夫爲中郎將。數月,坐法去。後家居長安,長安中諸公莫弗稱之。孝景時至代相。孝景崩,今上初即位,以爲淮陽天下交,勁兵處,故徙夫爲淮陽太守。建元元年,入爲太僕。二年,夫與長樂衛尉竇甫飲,輕重不得,夫醉,搏甫。甫,竇太后昆弟也。上恐太后誅夫,徙爲燕相。數歲,坐法去官,家居長安。

灌夫爲人剛直,使酒,不好面諛。貴戚諸有勢在己之右,不欲加禮,必陵之;諸士在己之左,愈貧賤,尤益敬,與鈞。稠人廣衆,薦寵下輩。士亦以此多之。夫不喜文學,好任俠,已然諾。《索隱》:"已音以,謂已許諾,必使副其前言也。"諸所與交通,無非豪傑大猾。家累數千萬,食客日數十百人。陂池田園,宗族賓客爲權利,横於潁川。潁川兒乃歌之曰:"潁水清,灌氏寧;潁水濁,灌氏族。"灌夫家居,雖富,然失勢,卿相侍中賓客益衰。及魏其侯失勢,亦欲倚灌夫,引繩批根《集解》:"蘇林曰:引繩,直之意。"《索隱》:"批者,排也。《漢書》作排。孟康云:根音根格。"案格爲格拒之意。生平慕之後棄之者。灌夫亦倚魏其而通列侯宗室爲名高。兩人相爲引重,其游如父子然。相得驩甚,無厭,恨相知晚也。灌夫有服,過丞相。丞相從容曰:"吾欲與仲孺過魏其侯,會仲孺有服。"灌夫曰:"將軍乃肯幸臨況魏其侯,夫安敢以服爲解!請語魏其侯帳具,將軍旦日早臨。"武安許諾,灌夫且語魏其侯如所謂武安侯。魏其與其夫人益市牛酒,夜灑埽,早帳具至旦。平明,令門下候伺。至日中,丞相不來。魏其謂灌夫曰:"丞相豈忘之哉?"灌夫不懌,曰:"夫以服請,宜往。"《集解》:"徐廣曰:一云以服請,不宜往。"《索隱》:"案徐廣云:以服請,不宜往,其説非也。正言夫請不以服爲解,蚡不宜忘,故駕自往迎之。"乃駕自往迎丞相。丞相特前戲許灌夫,殊無意往。及夫至門,丞相尚卧。於是夫入見,曰:"將軍昨日幸許過魏其,魏其夫妻治具,自旦至今,未敢嘗食。"武安鄂,謝曰:"吾昨日醉,忽忘與仲孺言。"乃駕往,又徐行,灌夫愈益怒。及飲酒酣,夫起舞,屬《索隱》:"屬,猶委也,付也。小顔曰:若今之舞訖相勸也。"丞相,丞相不起,夫從坐上語侵之,魏其乃扶灌夫去,謝丞相。丞相卒飲至夜,極驩而去。丞相嘗使籍福請魏其城南田。魏其大望曰:"老僕雖棄,將軍雖貴,寧可以勢奪乎?"不許。灌夫聞,怒罵籍福。籍福惡兩人有郤,乃謾自好謝丞相曰:"魏其老且死,易忍,且待之。"已而武安聞魏其、灌夫實怒不予田,亦怒曰:"魏其子嘗殺人,蚡活之。蚡事魏其,無所不可,何愛數頃田?且灌夫何與也?吾不敢復求田。"武安由此大怨灌夫、魏其。

元光四年，春，丞相言灌夫家在潁川，横甚，民苦之。請案。上曰："此丞相事，何請？"灌夫亦持丞相陰事，爲奸利，受淮南王金與語言。賓客居間，遂止，俱解。夏，丞相取燕王女爲夫人，有太后詔，召列侯宗室皆往賀。魏其侯過灌夫，欲與俱。夫謝曰："夫數以酒失得過丞相，丞相今者又與夫有郄。"魏其曰："事已解。"彊與俱。飲酒酣，武安起爲壽，坐皆避席伏。已魏其侯爲壽，獨故人避席耳，餘半膝席。《集解》："蘇林曰：下席而膝半在席上。"灌夫不悦。起行酒，至武安，武安膝席，曰："不能滿觴。"夫怒，因嘻笑曰："將軍貴人也，屬《集解》："徐廣曰：屬一事畢。"《索隱》："案《漢書》作畢。"之。"時武安不肯。行酒次至臨汝侯，《集解》："徐廣曰：灌嬰孫，名賢也。"臨汝侯方與程不識耳語，又不避席。夫無所發怒，乃罵臨汝侯曰："生平毁程不識不直一錢，今日長者爲壽，乃效女兒《索隱》："女兒，猶云兒女也。《漢書》作女曹兒。曹，輩也；猶言兒女輩。"呫囁耳語。"武安謂灌夫曰："程李俱東西宫衛尉，今衆辱程將軍，仲孺獨不爲李將軍地乎？"灌夫曰："今日斬頭陷胸，何知程李乎？"坐乃起更衣，稍稍去。魏其侯去，麾灌夫出。武安遂怒曰："此吾驕灌夫罪。"乃令騎留灌夫。灌夫欲出，不得。籍福起爲謝，按灌夫項，令謝。夫愈怒，不肯謝。武安乃麾騎縛夫置傳舍，召長史曰："今日召宗室有詔。"劾灌夫罵坐不敬，繫居室。遂按其前事，遣吏分曹逐捕諸灌氏支屬，皆得棄市罪。魏其侯大愧，爲資使賓客請，《集解》："如淳曰：爲出資費，使人爲夫言。"莫能解。武安吏皆爲耳目，諸灌氏皆亡匿，夫繫，遂不得告言武安陰事。魏其鋭身爲救灌夫。夫人諫魏其曰："灌將軍得罪丞相，與太后家忤，寧可救邪？"魏其侯曰："侯，自我得之，自我捐之，無所恨。且終不令灌仲孺獨死，嬰獨生。"乃匿其家，《集解》："晉灼曰：恐其夫人復諫止也。"竊出上書。立召入，具言灌夫醉飽醉飽，猶言醉；飽字無義。連言飽者，所以圓文。參看《禮記・檀弓》吾欲暴尫而奚若左氏昭公十三年"鄭伯男也"《疏》。或拙撰《字例略説》第十章第六項。事,不足誅。上然之,賜魏其食,曰:"東朝廷辨之。"魏其之東朝,盛推灌夫之善,言其醉飽得過,乃丞相以他事誣罪之。武安又盛毁灌夫所爲横恣,罪逆不道。魏其度不可奈何,因言丞相短。武安曰:"天下幸而安樂無事,蚡得爲肺腑,所好音樂、狗馬、田宅。蚡所愛,倡優、巧匠之屬,不如魏其、灌夫,日夜招聚天下豪傑、壯士,與論議,腹誹而心謗,不仰視天而俯畫地,辟倪兩宫間,幸天下有變,而欲有大功。臣乃不知魏其等所爲。"於是上問朝臣:"兩人孰是?"御史大夫韓安國曰:"魏其言灌夫父死事,身荷戟,馳入不測之吴軍,身被數十創,名冠三軍,此天下壯士,非有大惡,争杯酒,不足引他過以誅也。魏其言是也。丞相亦言灌夫通姦猾,侵細民,家累巨萬,横恣潁川,凌轢宗室,侵犯骨肉,此所謂枝大於本,脛大於股,不折必披。丞相言亦是。唯明主裁之。"主爵都尉汲黯是魏其。内史鄭當時是魏其,後不敢堅對。餘皆莫敢對。上怒内史曰:"公平生數言魏其、武安長短,今日廷論,局趣效轅下駒,吾并斬若屬矣。"即罷起,入,上食太后。太后亦已使人候伺,具以告太后。太后怒,不食,曰:"今我在也,而人皆藉吾弟,令我百歲後,皆魚肉之矣。且帝寧能爲石人邪?《索隱》:"謂帝不如石人,得長存也。"《正義》:"顔師古云:言徒有人形耳;不知好惡。按今俗云人不辨事,杌杌若木人也。"此特帝在,即録録,設百歲後,是屬寧有可信者乎?"上謝曰:"俱宗室外家,故廷辨之。不然,此一獄吏所決耳。"是時郎中令石建爲上分别言兩人事。武安已罷朝,出,止車門,召韓御史大夫載,怒曰:"與長孺共一老秃翁,何爲首鼠兩端?"《集解》:"《漢書音義》曰:秃老翁,言嬰無官位扳援也。首鼠一前一卻也。"《索隱》:"案謂共治一老秃。"韓御史良久謂丞相曰:"君何不自喜?夫魏其毁君,君當免冠解印綬歸,曰'臣以肺腑,幸得待罪,固非其任,魏其言皆是'。如此,上必多君有讓,不廢君。魏其必内媿,杜門齚舌《索隱》:"案《説文》云:齚,齧也。"自殺。今人毁君,君亦毁之,譬如賈豎、女子争言,何其無大體也?"武安謝罪曰:"争時急,不知出此。"於是上使御史簿責魏其,所言灌夫頗不讎,欺謾。劾繫都司空。孝景時,魏其常受遺詔,曰"事有不便,以便宜論上"。及繫灌夫,罪至族,事日急,諸公莫敢復明言於上。魏其乃使昆弟子上書言之,幸得復召見。書奏上,而案尚書大行無遺詔。詔書獨藏魏其家,家丞封。乃劾魏其矯先帝詔,罪當棄市。五年十月,悉論灌夫及家屬。魏其良久乃聞,聞即恚,病痱,不食,欲死。或聞上無意殺魏其,魏其復食,治病,議定不死矣,乃有蜚語《集解》:"張晏曰:蚡僞作飛揚誹謗之語。"爲惡言聞上,故以十二月晦,論棄市渭城。

其春,武安侯病,專呼服謝罪,使巫視鬼者視之,見魏其、灌夫共守,欲殺之。竟死。子恬嗣。

元朔三年,武安侯坐衣襜褕入宫,不敬。淮南王安,謀反覺,治。王前朝,武安侯爲太尉時,迎王至霸上,謂王曰:"上未有太子,大王最賢,高祖孫,即宫車晏駕,非大王立當誰哉!"淮南王大喜,厚遺金財物。上自魏其時,不直武安,特爲太后故耳。及聞淮南王金事,上曰:"使武安侯在者,族矣!"

太史公曰:魏其、武安皆以外戚重,灌夫用一時決筴而名顯。魏其之舉以吴楚,武安之貴,在日月之際。然魏其誠不知時變,灌夫無術而不遜,兩人相翼,乃成禍亂。武安負貴而好權,杯酒責望,陷彼兩賢。嗚呼哀哉!遷怒及人,命亦不延。衆庶不載,竟被惡言。嗚呼哀哉,禍所從來矣!

此篇爲《史記》第一妙文。一言蔽之,叙述適如其分,無溢無歉而已。

漢去封建之世近,士大夫多喜結交,立名譽。魏其、武安之争,其實各欲士之媚己,聲勢出他人上而已。相持不肯相下,益以灌夫之使氣,遂至釀成大禍。此篇叙述:(一)兩人皆好聲華,騖勢利之徒;(二)魏其外爲高節,實不能輕富貴,一生死;(三)武安尤娖娖小人；（四）漢世游俠，如灌夫者之驕橫爲民害；（五）韓安國、鄭當時等，雖號爲賢士大夫，實畏謹不敢直言；無不歷歷如繪。其尤妙者；（六）前叙魏其諫景帝傳梁王，中述太后帝百歲後是屬皆不足信之語，末述武安與淮南交通事；又前述孝景謂魏其自喜，後記韓安國謂武安君何不自喜，以見兩人優劣，可謂曲盡其妙。然此皆事實如此，行文者僅能不歉不溢，適如其分，若如世俗之見，以爲有意爲之，則繆矣。

凡叙事，貴直書其事而是非自見。如此篇。武安與灌夫，自以醉飽相失，乃引召宗室有詔，以劾其不敬。又魏其所受景帝遺詔，尚書安得無之？造蜚語爲惡言聞上者爲誰？此皆不待評其得失，揭其内幕，而讀者自可意會者也。更爲辭費，以文學論，則傷於拙；以作史論，亦病失真。蓋凡事之内容，本宜由讀者意會，不應將作者主觀之見，作爲事實叙述也。

《韓長孺》及《汲鄭列傳》，因限於篇幅，未能選，須參看。

《史記·貨殖列傳》

老子曰："至治之極，鄰國相望，鷄狗之聲相聞，民各甘其食，美其服，安其俗，樂其業，至老死不相往來。"必用此爲務，輓近世塗民耳目，則幾無行矣。

太史公曰：夫神農以前，吾不知已。至若《詩》、《書》所述，虞夏以來，耳目欲極聲色之好，口欲窮芻豢之味，身安逸樂，而心誇矜勢能之榮使。"而心……使"，此句或有誤字，不必強解。俗之漸民久矣，雖户説以眇論，終不能化。故善者因之，其次利道之，其次教誨之，其次整齊之，最下者與之争。夫山西饒材、竹、穀、纑、《索隱》："穀，木名，皮可爲紙。纑，山中紵，可以爲布。"旄、玉石，山東多魚、鹽、漆、絲、聲色，江南出柟、梓、薑、桂、金、錫、連、《集解》："徐廣曰：音蓮。

鉛之未鍊者。"丹砂、犀、瑇瑁、珠璣、齒革，龍門、龍門，山名，在山西河津縣西二里。碣石碣石，在今河北昌黎縣南。北多馬、牛、羊、旃裘、筋角，銅、鐵則千里往往往往，猶今言歷歷，漢人用此二字就空間言，非如今人就時間言。山出棊置，此其大校也。皆中國人民所喜好，謡俗被服飲食奉生送死之具也。故待農而食之，虞而出之，工而成之，商而通之。此寧有政教發徵期會哉？人各任其能，竭其力，以得所欲。故物賤之徵貴，貴之徵賤，各勸其業，樂其事，若水之趨下，日夜無休時，不召而自來，不求而民出之。豈非道之所符，而自然之驗耶？《周書》曰："農不出則乏其食，工不出則乏其事，商不出則三寶絶，虞不出則財匱少。"財匱少而山澤不辟矣。此四者，民所衣食之原也。原大則饒，原小則鮮。上則富國，下則富家。貧富之道，莫之奪予，而巧者有餘，拙者不足。故太公望封於營丘，營丘，在山東臨淄縣西北。地瀉鹵，人民寡，於是太公勸其女功，極技巧，通魚鹽，則人物歸之，繈至而輻湊。故齊冠帶衣履天下，海岱之間，斂袂而往朝焉。其後齊中衰，管子修之，設輕重九府，《正義》："《管子》云輕重，謂錢也。夫治民有輕重之法，周有大府、玉府、内府、外府、泉府、天府、職内、職金、職幣，皆掌財幣之官，故云九府也。"按輕重謂物價貴賤。古法家言穀物貴賤，當由官以斂散之術制馭之，義具詳《管子書》，《正義》説未了。府爲掌財幣之官，是也，但其名亦不必即《周官》九官。則桓公以霸，九合諸侯，一匡天下，而管氏亦有三歸，三歸，見《論語·八佾》篇，《集解》引包咸曰："娶三姓女。"位在陪臣，富於列國之君。是以齊富彊至於威、宣也。故曰："倉廩實而知禮節，衣食足而知榮辱。"禮生於有而廢於無。故君子富，好行其德；小人富，以適其力。淵深而魚生之，山深而獸往之，人富而仁義附焉。富者得埶益張，失埶則客無所之，以而不樂。夷狄益甚。諺曰："千金之子，不死於市。"此非空言也。故曰："天下熙熙，皆爲利來；天下壤壤，皆爲利往。"夫千乘之王，萬家之侯，百室之君，尚有患貧，而況匹夫編户之民乎？

昔者越王句踐，困於會稽之上，乃用范蠡、計然。計然曰：

"知鬬則修備,時用則知物,二者形,則萬貨之情,可得而觀矣。故歲在金,穰;水,毁;木,饑;火,旱。旱則資舟,水則資車,物之理也。六歲穰,六歲旱,十二歲一大饑。夫糶,二十病農,九十病末。末病則財不出,農病則草不辟矣。上不過八十,下不減三十,則農末俱利。平糶齊物,關市不乏,治國之道也。積著之理,著即廢著之著,解見下。務完物,無息幣。以物相貿易,腐敗而食之。貨弗留,無敢居貴。論其有餘不足,則知貴賤。貴上極則反賤,賤下極則反貴。貴出如糞土,賤取如珠玉。財幣欲其行如流水。"修之十年,國富,厚賂戰士,士赴矢石,如渴得飲,遂報彊吴,觀兵中國,號稱"五霸"。

范蠡既雪會稽之恥,乃喟然而嘆曰:"計然之策七,越用其五而得意。既已施於國,吾欲用之家。"乃乘扁舟,浮於江湖,變名易姓,適齊,爲鴟夷子皮,之陶,陶,即定陶,見下。爲朱公。朱公以爲陶,天下之中,諸侯四通,貨物所交易也。乃治産積居,與時逐而不責於人。故善治生者,能擇人而任時。十九年之中,三致千金,再分散與貧交疏昆弟。此所謂富好行其德者也。後年衰老,而聽子孫,子孫修業而息之,遂至巨萬。故言富者皆稱陶朱公。

子贛既學於仲尼,退而仕於衛,廢著《集解》:"徐廣曰:《子貢傳》云廢居,著猶居也。著讀音如貯。"《索隱》:"著音住,《漢書》亦作貯。"案廢化同音。廢著,即《尚書》之化居。化字亦即貨字。謂以物易物,居謂屯積。鬻財於曹、魯之間,七十子之徒,賜最爲饒益。原憲不厭糟糠,匿於窮巷。子貢結駟連騎,束帛之幣,以聘享諸侯,所至,國君無不分庭與之抗禮。夫使孔子名布揚於天下者,子貢先後之也。此所謂得勢而益彰者乎?

白圭,周人也。當魏文侯時,李克務盡地力,而白圭樂觀時變,故人棄我取,人取我予。夫歲熟,取穀,予之絲漆;蠒出,取帛絮,與之食。太陰在卯,穰;明歲衰惡。至午,旱;明歲美。至酉,穰;明歲衰惡。至子,大旱;明歲美,有水。至卯,積著率歲倍。

欲長錢,取下穀;長石斗,取上種。能薄飲食,忍嗜欲,節衣服,與用事僮僕同苦樂,趨時若猛獸鷙鳥之發。故曰:"吾治生産,猶伊尹、吕尚之謀,孫吴用兵,商鞅行法是也。是故其智不足與權變,勇不足以決斷,仁不能以取予,彊不能有所守,雖欲學吾術,終不告之矣。"蓋天下言治生祖白圭,白圭其有所試矣。能試有所長,非苟而已也。

猗頓用鹽起。而邯鄲邯鄲,今河北邯鄲縣。郭縱以鐵冶成業,與王者埒富。烏氏倮,烏氏,今甘肅平涼縣西北。畜牧,及衆,《索隱》:"謂畜牧及至衆多之時。"斥賣,求奇繒物,間獻遺戎王,戎王什倍其償,與之畜,畜至用谷量馬牛。秦始皇帝令倮比封君,以時與列臣朝請。而巴蜀寡婦清,其先得丹穴,而擅其利數世,家亦不訾。清,寡婦也,能守其業,用財自衛,不見侵犯。秦皇帝以爲貞婦而客之,爲築女懷清臺。夫倮鄙人牧長,清窮鄉寡婦,禮抗萬乘,名顯天下,豈非以富耶?

漢興,海内爲一,開關梁,弛山澤之禁,是以富商大賈,周流天下,交易之物莫不通,得其所欲,而徙豪傑諸侯彊族於京師。關中自汧、雍以東至河、華,膏壤沃野千里,自虞夏之貢以爲上田,而公劉適邠,邠,今陝西邠縣。太王、王季在岐,岐,今陝西岐山縣。文王作豐,豐,今陝西鄠縣東。武王治鎬,鎬,今陝西長安縣西南。故其民猶有先王之遺風,好稼穡,殖五穀,地重,重爲邪。《索隱》:"言重耕稼也。"及秦文、孝,繆居雍,雍,今陝西鳳翔縣南。隙,《集解》:"徐廣曰:隙者,間孔也。地居隴蜀之間要路,故曰隙。"按隙字疑當下屬。隴蜀之貨物而多賈。獻孝公徙櫟邑,櫟即櫟陽,在今陝西臨潼縣東北七十里。櫟邑北卻戎翟,東通三晉,亦多大賈。武、昭治咸陽,咸陽,見《項羽本紀》。因以漢都長安諸陵,四方輻湊,並至而會,地小人衆,故其民益玩巧而事末也。南則巴蜀。巴蜀亦沃野,地饒卮、薑、丹砂、石、銅、鐵、竹、木之器。南御滇、僰,僰僮。西近邛笮,笮馬、旄牛。然四塞,棧道千里,無所不通,唯褒斜褒斜道起,在今陝西褒城縣東南十里,通郿縣之斜谷。綰轂其口,以所多易所鮮。天水、天水郡治,今甘肅通渭縣西南。隴西、隴西郡治,今甘肅臨洮縣。北地、北地郡治,今甘肅環縣。上郡上郡,今陝西省北部,及綏遠鄂爾多斯左翼地。治膚施,今陝西綏德縣。與關中同俗,然西有羌中之利,北有戎翟之畜,畜牧爲天下饒。然地亦窮險,唯京師要其道。故關中之地,於天下三分之一,而人衆不過什三;然量其富,十居其六。

昔唐人都河東,殷人都河内,周人都河南。夫三河在天下之中,若鼎足,王者所更居也,建國各數千百歲,土地小狹,民人衆,都國諸侯所聚會,故其俗纖儉習事。楊、平陽陳,《索隱》:"陽,平陽,二邑名,在趙之西。陳蓋衍字。下有楊平陽陳椽,此因衍也。"西賈秦、翟,北賈種、代。《正義》,種,在恆州石邑縣北,蓋蔚州也。代今代州。按唐蔚州,即今蔚縣;代州,今代縣。種、代,石北也,地邊胡,數被寇。人民矜懻忮,《集解》:"瓚曰:懻音慨,今北土名彊直爲懻中也。"好氣,任俠爲奸,不事農商。然迫近北夷,師旅亟往,中國委輸,時有奇羡。其民羯羠《索隱》:"羯音己紇反,羠音燕紀反。徐廣云:羠音兕,皆健羊也。"不均,自全晉之時,固已患其剽悍,而武靈王益厲之,其謡俗猶有趙之風也。故楊、平陽陳椽其間《索隱》:"椽音逐緣反。猶經營馳逐也。",得所欲。温、温,今河南温縣。軹軹,今河南濟源縣東南十三里,軹城鎮。西賈上黨,上黨,今山西長子縣。北賈趙、中山。中山地薄人衆,猶有沙丘沙丘,今河北平鄉縣。紂淫地餘民,民俗懁急,仰機利而食。丈夫相聚游戲,悲歌慷慨,起則相隨椎剽,休則掘冢作巧奸冶,多美物,《集解》:"徐廣曰:美,一作弄,一作椎。"爲倡優。女子則鼓鳴瑟,跕屣,《集解》:"瓚曰:躡跟爲跕。"游媚貴富,入後宫,徧諸侯。

然邯鄲亦漳、河之間一都會也。北通燕、涿,涿,今河北涿縣。南有鄭、衛。鄭、衛俗與趙相類,然近梁、魯,微重而矜節。濮上之邑徙野王,《集解》:"徐廣曰:衛君角徙野王。"按野王今河南沁陽縣。野王好氣任俠,衛之風也。

夫燕,亦勃碣《正義》:"勃海,碣石在西北。"案在今河北昌黎縣南。之間一都會也。南通齊、趙，東北邊胡。上谷上谷郡治，今察哈爾懷來縣南。至遼東，遼東郡治，今遼寧遼陽縣北七十里。地踔遠，人民稀，數被寇，大與趙、代俗相類，而民雕悍少慮，有魚鹽棗栗之饒。北鄰烏桓、夫餘，東綰濊貊、朝鮮、真番之利。

洛陽東賈齊、魯，南賈梁楚。故泰山之陽則魯，其陰則齊。

齊帶山海，膏壤千里，宜桑麻，人民多文綵布帛魚鹽。臨淄臨淄，見《項羽本紀》。亦海岱之間一都會也。其俗寬緩，闊達而足智，好議論，地重，難動搖，怯於衆鬬，勇於持刺，故多劫人者，大國之風也。其中具五民。《集解》："服虔曰：士，農，工，商，賈。如淳曰：游子樂其俗不復歸，故有五方之民。"

而鄒、魯濱洙、泗，猶有周公遺風，俗好儒，備於禮，故其民齪齪。頗有桑麻之業，無林澤之饒。地小人衆，儉嗇，畏罪遠邪。及衰，好賈趨利，甚於周人。

夫自鴻溝以東，芒、在今河南永城縣東北三十里。碭在今江蘇碭山縣南。以北，屬巨野，今山東鉅野縣。此梁、宋也。陶、睢陽亦一都會也。昔堯作游成陽，《集解》："如淳曰：作，起也。成陽在定陶。"按定陶，今山東定陶縣。舜漁於雷澤，《集解》："徐廣曰：在成陽。"湯止於亳。《集解》："徐廣曰：今梁國薄縣。"按薄，在今河南商丘縣北。其俗猶有先王遺風，重厚，多君子，好稼穡，雖無山川之饒，能惡衣食，致其蓄藏。

越、楚則有三俗。《正義》："越滅吴，則有江淮以北。楚滅越則兼有吴越之地。故言越楚也。"夫自淮北沛、今安徽宿縣西北。陳、郡治今河南睢陽縣。汝南、郡治今河南汝南縣東南。南郡，治江陵，今湖北江陵縣。此西楚也。其俗剽輕，易發怒，地薄，寡於積聚。江陵故郢都，西通巫、巴，東有雲夢之饒。陳在楚、夏之交，通魚鹽之貨，其民多賈。徐、僮、取慮，《集解》："徐廣曰：皆在下邳。"則清刻，矜已諾。

彭城彭城，見《項羽本紀》。以東，東海、東海郡治，今山東郯城縣。吴、吴，見《項羽本紀》。廣陵，廣陵，見《項羽本紀》。此東楚也。其俗類徐、僮。朐、朐，在今江蘇東海縣南。繒、繒，在今山東嶧縣東八十里。以北，俗則齊。浙江南則越。夫吴自闔閭、春申、王濞三人，招致天下之喜游子弟，東有海鹽之饒，章山之銅，三江、五湖之利，亦江東一都會也。

衡山、《集解》："徐廣曰：都邾。"邾見《項羽本紀》。九江、九江，《正義》："九江郡都陰陵。"按陰陵，在今安徽定遠縣西北。江南、《集解》："徐廣曰：高帝所置江南者，丹陽也。秦置爲鄣郡，武帝改名丹陽。"《正義》："案徐説非，秦置鄣郡，在湖南長城縣西南八十里，鄣郡故城是也。漢改爲丹陽郡，徙郡宛陵。今宣州地也。上言吴有章山之銅，明是東楚之地。此言大江之南，豫章長沙二郡，南楚之地耳。徐裴以爲江南丹陽郡屬南楚，誤之甚矣。"按長城縣，在今浙江長興縣東。宣州，即今安徽宣城縣。豫章、豫章郡治，今江西南昌縣。長沙，長沙郡治長沙。見《屈原賈生列傳》。是南楚也。其俗大類西楚。郢之後徙壽春，壽春，今安徽壽縣。亦一都會也。而合肥合肥，今安徽合肥縣。受南北潮，皮革、鮑、木輸會也。與閩中、於越雜俗，故南楚好辭，巧説少信。江南卑濕，丈夫早夭，多竹木。豫章出黄金，長沙出連、錫，然堇堇物之所有，取之不足以更費。九疑、《集解》："徐廣曰：山在營道縣南。"按營道縣，在今湖南寧遠縣西。蒼梧蒼梧，今廣西蒼梧縣。以南至儋耳者，儋耳郡治，今廣東儋縣。與江南大同俗，而楊越多焉。番禺，番禺，即今廣州市。亦其一都會也，珠璣、犀、瑇瑁、果、布之湊。

潁川、潁川，治陽翟，今河南禹縣。南陽，南陽，治宛，今河南南陽縣。夏人之居也。夏人政尚忠樸，猶有先王之遺風。潁川敦愿。秦末世，遷不軌之民於南陽。南陽西通武關、武關，在今陝西商縣東一百八十五里。鄖關，《正義》："《地理志》云：宛西通武關，而無鄖關，蓋鄖當爲徇，徇水上有關，在金州洵陽縣。徇亦作郇，與鄖相似也。"按洵陽今陝西洵陽縣。東南受漢、江、淮。宛亦一都會也。俗雜，好事，業多賈。其任俠，交通潁川，故至今謂之夏人。

夫天下物所鮮所多，人民謡俗，山東食海鹽，山西食鹽鹵，《正義》："謂西方鹹地也。堅且鹹，即出石鹽及池鹽。"嶺南、沙北，《正義》："謂沙漠之北也。"固往往出鹽，大體如此矣。

總之，楚越之地，地廣人稀，飯稻羹魚，或火耕而水耨，果隋《集解》："徐廣曰：《地理志》作蓏。"蠃蛤，不待賈而足，地勢饒食，無饑饉之患，以故呰窳偷生，無積聚而多貧。是故江、淮以南，無凍餓之人，亦無千金之家。沂、泗水以北，宜五穀、桑麻、六畜，地小人衆，數被水旱之害，民好畜藏，故秦、夏、梁、魯，好農而重民。三河、宛、陳亦然，加以商賈。齊、趙設智巧，仰機利，燕、代田畜而事蠶。

由此觀之，賢人深謀於廊廟，論議朝廷，守信死節隱居巖穴之士，設爲名高者安歸乎？歸於富厚也。是以廉吏久，久更富，更，續也。言久於其位，則禄入不絶。廉賈歸富。富者，人之情性，所不學而俱欲者也。故壯士在軍，攻城先登，陷陳卻敵，斬將搴旗，前蒙矢石，不避湯火之難者，爲重賞使也。其在閭巷，少年攻剽椎埋，劫人作奸，掘冢鑄幣，任俠并兼，借交報讎，篡逐幽隱，不避法禁，走死地如鶩，其實皆爲財用耳。今夫趙女鄭姬，設形容，揳鳴琴，揄長袂，躡利屣，《集解》："徐廣曰：躡，一作跕。"目挑心招，出不遠千里，不擇老少者，奔富厚也。游閒公子，飾冠劍，連車騎，亦爲富貴容也。弋射漁獵，犯晨夜，冒霜雪，馳阬谷，不避猛獸之害，爲得味也。博戲馳逐，鬭雞走狗，作色相矜，必争勝者，重失負也。醫方，諸食伎術之人，焦神極能，爲重糈也。吏士舞文弄法，刻章僞書，不避刀鋸之誅者，没於賂遺也。農工商賈畜長，固求富益貨也。此有智盡能索耳，終不餘力而讓財矣。

諺曰："百里不販樵，千里不販糴。"居之一歲，種之以穀；十歲，樹之以木；百歲，來之以德。德者，人物之謂也。今有無秩禄之奉，爵邑之入，而樂與之比者，命曰"素封"。素封，《索隱》："素，定也。"封者食租税，歲率户二百。千户之君則二十萬，朝覲聘享出其中。庶民農工商賈，率亦歲萬息二千户，百萬之家則二十萬，而更徭租賦出其中。衣食之欲，恣所好美矣。故曰陸地牧馬二百蹄，《集解》："《漢書音義》曰：五十匹。"《索隱》："案馬有四足，二百蹄有五十匹也。"按畜以蹄角計數,凡云千者皆謂千匹,舊注太泥。以下同。牛蹄角千,《集解》:"《漢書音義》曰:百六十七頭也。"千足羊,澤中千足彘,《集解》:"韋昭曰:二百五十頭。"水居千石魚陂,《集解》:"徐廣曰:魚以斤兩爲計也。"山居千章之材。《索隱》:"服虔云:章,方也;如淳云:言任方章者千枚。"安邑安邑,今山西夏縣。千樹棗;燕、秦千樹栗;蜀、漢、江陵千樹橘;淮北、常山已南,河濟之間千樹萩;陳、夏千畝漆;齊、魯千畝桑麻;渭、川千畝竹;及名國萬家之城,帶郭千畝,畝鍾之田,《集解》:"徐廣曰:六斛四斗也。"若千畝卮茜,千畦薑韭,此其人皆與千户侯等。然是富給之資也,不窺市井,不行異邑,坐而待收,身有處士之義,而取給焉。若至家貧親老,妻子軟弱,歲時無以祭祀、進、醵,飲食案進即讙字,醵,謂合錢飲食。被服不足以自通,如此不慚恥,則無所比矣。是以無材作力,少有鬭智,既饒争時,此其大經也。今治生不待危身取給,則賢人勉焉。是故本富爲上,末富次之,奸富最下。無巖處奇士之行,而長貧賤,好語仁義,亦足羞也。

凡編户之民,富相什則卑下之,伯則畏憚之,千則役,萬則僕,物之理也。夫用貧求富,農不如工,工不如商,刺繡文不如倚市門,此言末業貧者之資也。通邑大都,酤一歲千釀,醯醬千瓨,《集解》:"徐廣曰:長頸罌。"醬千甔,《集解》:"徐廣曰:大罌缶。"屠牛羊彘千皮,飯穀糶千鍾,薪藁千車,船長千丈,《索隱》:"按積數長千丈。"木千章,竹竿萬个,其軺車百乘,牛車千兩,木器髤者千枚,銅器千鈞,素木鐵器若卮茜千石,《集解》:"《漢書音義》曰:素木,素器也。"馬蹄躈千,牛千足,羊彘千雙,僮手指千,《集解》:"《漢書音義》曰:僮,奴婢也。古者無空手游,曰皆有作務,作務須手指,故曰手指,以别馬牛蹄角也。"按此謂有僮奴千人也。筋角丹砂千斤,其帛絮細布千鈞,文綵千匹,榻布皮革千石,《集解》:"《漢書音義》曰:榻布,白疊也。"《正義》:"顔師古曰:麤厚之布也。其價賤,故與皮革同重耳。非白疊也,白疊,木棉所織,非中國有也。"漆千斗,蘗麯鹽豉千答,《集解》:"徐廣曰:或作台,器名,有瓵。孫叔然云:瓵,瓦器,受斗六升,音貽。"鮐鮆千斤,《正義》:"《説文》云:鮐,海魚也。鮆音齊禮反,刀魚也。"鯫千石，鮑千鈞，《集解》："徐廣曰：鯫音輒，膞魚也。"《索隱》："鮿音輒，一音昨苟反，小魚也。"《正義》："膞並各反，謂破開中，頭尾不相離爲鮑。"棗栗千石者三之，《索隱》："三千石也。"狐鼦裘千皮，羔羊裘千石，旃席千具，他果菜千鍾，子貸金錢千貫，節駔儈，《集解》："《漢書音義》曰：節，節物貴賤。"貪賈三之，廉賈五之，此亦比千乘之家，其大率也。佗雜業不中什二，則非吾財也。請略道當世千里之中賢人所以富者，令後世得以觀擇焉。

蜀卓氏之先，趙人也，用鐵冶富。秦破趙，遷卓氏。卓氏見虜略，獨夫妻推輦，行詣遷處。諸遷虜少有餘財，爭與吏，求近處，處葭萌。葭萌，在今四川昭化縣東南五十里。唯卓氏曰："此地狹薄，吾聞汶山汶山，即岷山。之下沃野，下有蹲鴟，《集解》："《漢書音義》曰：水鄉多鴟。"《正義》："蹲鴟，芋也。《華陽國志》云：汶山郡都安縣，有大芋，如蹲鴟也。"至死不饑。民工於市，易賈。"乃求遠遷。致之臨邛，臨邛，即今四川邛崍縣。大喜，即鐵山鼓鑄，運籌策，傾滇、蜀之民，富至僮千人。田池射獵之樂，擬於人君。

程鄭，山東遷虜也，亦冶鑄，賈椎髻之民。富埒卓氏，俱居臨邛。

宛孔氏之先，梁人也，用鐵冶爲業。秦伐魏，遷孔氏南陽。大鼓鑄，規陂池，連車騎，游諸侯，因通商賈之利，有游閑公子之賜與名。然其贏得過當，愈於纖嗇，家致富數千金，故南陽行賈，盡法孔氏之雍容。

魯人族儉嗇，而曹邴氏尤甚，以鐵冶起，富至巨萬。然家自父兄子孫約，俛有拾，仰有取，貰貸行賈遍郡國。鄒、魯以其故，多去文學而趨利者，以曹邴氏也。

齊俗賤奴虜，而刀閒獨愛貴之。桀黠奴，人之所患也，唯刀閒收取，使之逐漁鹽商賈之利，或連車騎，交守相，然愈信任之。終得其力，起富數千萬。故曰："寧爵毋刀。"《集解》："《漢書音義》曰：奴自相謂曰寧欲免去作民有爵邪？將止爲刀氏作奴乎？"言其能使豪奴自饒而盡其力。

周人既纖，而師史尤甚，轉轂以百數，賈郡國，無所不至。洛陽街居，在齊秦楚趙之中。貧人學事富家，相矜以久賈，數過邑，不入門。設任此等，故師史能致七千萬。

宣曲《索隱》："韋昭云：地名。高祖功臣有宣曲侯，《上林賦》曰：'西馳宣曲。'當在京輔，今闕其地。"《正義》："張揖云：宣曲，宫名，在昆池西也。"任氏之先，爲督道倉吏。《集解》："《漢書音義》曰：若今吏督租穀，使上道輸在所也。韋昭曰：督道，秦時邊縣名。"秦之敗也，豪傑皆争取金玉，而任氏獨窖倉粟。楚漢相距滎陽也，民不得耕種，米石至萬，而豪傑金玉，盡歸任氏，任氏以此起富。富人争奢侈，而任氏折節爲儉，力田畜。田畜人争取賤賈，任氏獨取貴善。富者數世。然任公家約，非田畜所出弗衣食，公事不畢，則身不得飲酒食肉。以此爲閭里率，故富而主上重之。

塞之斥也，《正義》："孟康云：邊塞主斥候卒也。唯此人能致富若此。顔云：塞斥者，言國斥開邊塞，更令寬廣，故橋姚得恣其畜牧也。"唯橋姚已已同以。致馬千匹，牛倍之，羊萬頭，粟以萬鍾計。吴楚七國兵起時，長安中列侯封君，行從軍旅，齎貸子錢，子錢家以爲侯邑國在關東，關東成敗未决，莫肯與。唯無鹽氏出捐千金貸，其息什之。三月，吴楚平，一歲之中，則無鹽氏之息十倍，用此富埒關中。

關中富商大賈，大抵盡諸田，田嗇、田蘭。韋家栗氏，安陵、安陵，在今陝西咸陽縣東。杜杜，在陝西長安縣東南。杜氏亦巨萬。

此其章章尤異者也。皆非有爵邑奉禄，弄法犯奸而富，盡椎埋去就，與時俯仰，獲其贏利，以末致財，用本守之，以武一切，用文持之，變化有概，故足術也。若至力農畜，工虞商賈，爲權利以成富，大者傾郡，中者傾縣，下者傾鄉里者，不可勝數。

夫纖嗇筋力，治生之正道也。而富者必用奇勝。田農，拙業，而秦揚以蓋一州；掘冢，奸事也，而曲叔以起；博戲，惡業也，而桓發用之富；行賈，丈夫賤行也，而雍樂成其饒；販脂，《正義》：

“《説文》云:戴角者脂,無角者膏也。”辱處也,而雍伯千金;賣漿,小業也,而張氏千萬;灑削,《集解》:“《漢書音義》曰:治刀劍名。”薄伎也,而郅氏鼎食;胃脯,《索隱》:“晉灼曰:太官常以十月作沸湯,燖羊胃,以末椒薑粉之。訖,暴使燥,則謂之脯。”簡微耳,濁氏連騎;馬醫,淺方,張里擊鐘。此皆誠壹之所致。

由是觀之,富無經業,則貨無常主。能者輻湊,不肖者瓦解。千金之家,比一都之君,巨萬者乃與王者同樂,豈所謂素封者邪?非也?

凡儒林文苑等,總述一類之人者,謂之類傳。其意實欲以叙述社會上之一種現象,而非以傳人也。故如子貢,既入《仲尼弟子列傳》,又入《貨殖列傳》。説本章實齋。《史記》各類傳皆極佳,因限於篇幅,僅選此一篇,餘可類推也。

此篇自第六節以上,所述者皆前代生計學家成説。第七節備論當時各地方風俗及生計情形,蓋亦學者成説,而史公録之。第九第十節亦然。十一節乃備述當世之長於貨殖者。全篇之意,主於説明一種社會現象,非主傳人,其意昭然可見。故凡作類傳,不能於社會現象,有所發明,徒屑屑爲若干人稱述行事者,皆失史公之初意也。

以文字論:此篇之妙,全在其句法之錯落,音節之生動,故所列舉之名詞及排比之句極多,而文氣仍極疏宕可誦。此皆本於語調之自然,非人力所可强爲也。

《史記·太史公自序》(節録)

昔在顓頊,命南正重以司天,北正黎以司地。唐虞之際,紹重黎之後,使復典之,至於夏商,故重黎氏世序天地。其在周,程伯休甫其後也。當周宣王時,失其守,而爲司馬氏。司馬氏世典周史。惠襄之間,司馬氏去周適晉。晉中軍隨會奔秦,而司馬氏入少梁。少梁,在今陝西韓城縣南。自司馬氏去周適晉,分散,或在衛,或在趙,或在秦。其在衛者,相中山。在趙者,以傳劍論顯,蒯聵其後也。在秦者名錯,與張儀爭論,於是惠王使錯將伐蜀,遂拔,因而守之。錯孫靳,事武安君白起。而少梁更名曰夏陽。靳與武安君阬趙長平軍,長平,在今山西高平縣西北。還而與之俱賜死杜郵,杜郵,在今陝西咸陽縣東。葬於華池。《正義》、《括地志》云:華池,同州韓城縣西南七十里,在夏陽故城西北四里。靳孫昌,昌爲秦主鐵官,當始皇之時。蒯聵玄孫卬,爲武信君將而徇朝歌。諸侯之相王,王卬於殷。漢之伐楚,卬歸漢,以其地爲河内郡。昌生無澤,無澤爲漢市長。無澤生喜,喜爲五大夫,卒,皆葬高門。喜生談,談爲太史公。

太史公學天官於唐都,受《易》於楊何,習道論於黄子。太史公仕於建元元封之間,愍學者之不達其意而師悖。乃論六家之要指,曰:

"《易大傳》,天下一致而百慮,同歸而殊塗。夫陰陽、儒、墨、名、法、道德,此務爲治者也,直所從言之異路,有省不省耳。嘗竊觀陰陽之術,大祥《正義》:"顧野王曰:祥,善也;吉凶之先見也。"而衆忌諱,使人拘而多所畏;然其序四時之大順,不可失也。儒者博而寡要,勞而少功,是以其事難盡從;然其序君臣父子之禮,列夫婦長幼之别,不可易也。墨者儉而難遵,是以其事不可遍循;然其彊本節用,不可廢也。法家嚴而少恩;然其正君臣上下之分,不可改矣。名家使人儉而善失真;然其正名實,不可不察也。道家使人精神専一,動合無形,贍足萬物;其爲術也,因陰陽之大順,采儒墨之善,撮名法之要,與時遷移,應物變化,立俗施事,無所不宜,指約而易操,事少而功多。儒者則不然,以爲人主天下之儀表也,主倡而臣和,主先而臣隨。如此則主勞而臣逸。至於大道之要,去健羨,絀聰明,釋此而任術。夫神大用則竭,形大勞則敝。形神騷動,欲與天地長久,非所聞也。此以上七十五字,及下"凡人所生者……"七十六字,皆神仙家附會道家之言,非漢初所有,疑後人竄入。

"夫陰陽四時、八位、十二度、二十四節《集解》:"張晏曰:八位,八卦位也,十二度,十二次也。"各有教令,順之者昌,逆之者不死則亡,未必然也,故曰'使人拘而多畏'。夫春生夏長,秋收冬藏,此天道之大經也。弗順則無以爲天下綱紀,故曰'四時之大順,不可失也。'

"夫儒者以六藝爲法。六藝經傳以千萬數,累世不能通其學,當年不能究其禮,故曰'博而寡要,勞而少功'。若夫列君臣父子之禮,序夫婦長幼之别,雖百家弗能易也。

"墨者亦尚堯舜道,言其德行曰:'堂高三尺,土階三等,茅茨不翦,采椽不刮。食土簋,啜土刑,糲粱之食,藜藿之羹。夏日葛衣,冬日鹿裘。'其送死,桐棺三寸,舉音不盡其哀。教喪禮,必以此爲萬民之率。使天下法若此,則尊卑無别也。夫世異時移,事業不必同,故曰'儉而難遵'。要曰彊本節用,則人給家足之道也。此墨子之所長,雖百家弗能廢也。

"法家不别親疏,不殊貴賤,一斷於法,則親親尊尊之恩絶矣。可以行一時之計,而不可長用也,故曰'嚴而少恩'。若尊主卑臣,明分職不得相踰越,雖百家弗能改也。

"名家苛察繳繞,《集解》:"如淳曰:繳繞,猶纏繞不通大體也。"使人不得反其意,專决於名而失人情,故曰'使人儉而善失真'。若夫控名責實,參伍不失,此不可不察也。

"道家無爲,又曰無不爲,其實易行,其辭難知。其術以虚無爲本,以因循爲用。無成勢,無常形,故能究萬物之情。不爲物先,不爲物後,故能爲萬物主。有法無法,因時爲業;有度無度,因物與合。故曰'聖人不朽,時變是守。虚者,道之常也;因者,君之綱'也。羣臣並至,使各自明也。其實中其聲者謂之端,實不中其聲者謂之窾。窾言不聽,姦乃不生,賢不肖自分,白黑乃形。在所欲用耳，何事不成。乃合大道，混混冥冥。光耀天下，復反無名。凡人所生者神也，所託者形也。神大用則竭，形大勞則敝，形神離則死。死者不可復生，離者不可復反，故聖人重之。由是觀之，神者生之本也，形者生之具也；不先定其神，而曰'我有以治天下'，何由哉?"

太史公既掌天官，不治民，有子曰遷。

遷生龍門，耕牧河山之陽。年十歲則誦古文，二十而南游江、淮，上會稽，探禹穴，禹穴，在浙江紹興縣宛委山。闚九疑，浮於沅、湘；北涉汶、泗，講業齊、魯之都，觀孔子之遺風，鄉射鄒、嶧；鄒、嶧，《正義》："鄒，縣名；嶧，山名。嶧山在鄒縣北二十二里。"戹困鄱、鄱，《漢書·地理志》作蕃縣，屬魯國，今山東滕縣。薛、彭城，過梁、楚以歸。於是遷仕爲郎中，奉使西征巴、蜀以南，南略邛、笮、昆明，還報命。

是歲天子始建漢家之封，而太史公留滯周南，《集解》："徐廣曰：摯虞曰：古之周南，今之洛陽。"不得與從事，故發憤且卒。而子遷適使反，見父於河洛之間。太史公執遷手而泣曰："余先周室之太史也。自上世常顯功名於虞夏，典天官事。後世中衰，絶於予乎?汝復爲太史，則續吾祖矣。今天子接千歲之統，封泰山，而予不得從行，是命也夫，命也夫！余死，汝必爲太史，爲太史，無忘吾所欲論著矣。且夫孝，始於事親，中於事君，終於立身。揚名於後世，以顯父母，此孝之大者。夫天下稱誦周公，言其能論歌文、武之德，宣周、召之風，達太王、王季之思慮，爰及公劉，以尊后稷也。幽、厲之後，王道缺，禮樂衰，孔子修舊起廢，論《詩》、《書》，作《春秋》，則學者至今則之。自獲麟以來，四百有餘歲，而諸侯相兼，史記放絶。今漢興，海内一統，明主賢君忠臣死義之士，余爲太史，而弗論載，廢天下之史文，余甚懼焉，汝其念哉！"遷俯首流涕曰："小子不敏，請悉論先人所次舊聞，弗敢闕。"

卒三歲，而遷爲太史令，紬史記石室金匱《索隱》："案石室金匱，皆國家藏書之處。"之書。五年而當太初元年，十一月甲子朔旦冬至，天歷始改,建於明堂,諸神受紀。《索隱》:"虞喜《志林》云:改歷於明堂,班之於諸侯。諸侯羣神之主,故曰諸神受紀。"

太史公曰:"先人有言,自周公卒五百歲而有孔子。孔子卒後至於今五百歲,有能紹明世,正《易傳》,繼《春秋》,本《詩》、《書》、《禮》、《樂》之際,意在斯乎!意在斯乎!小子何敢讓焉!"

上大夫壺遂曰:"昔孔子何爲而作《春秋》哉?"太史公曰:"余聞董生曰:《集解》:"服虔曰:仲舒也。"'周道衰廢,孔子爲魯司寇,諸侯害之,大夫壅之。孔子知言之不用,道之不行也,是非二百四十二年之中,以爲天下儀表,貶天子,退諸侯,討大夫,以達王事而已矣。'子曰:'我欲載之空言,不如見之於行事之深切著明也。'行事,謂已往之事。夫《春秋》,上明三王之道,下辯人事之紀,别嫌疑,明是非,定猶豫,善善惡惡,賢賢賤不肖,存亡國,繼絶世,補敝起廢,王道之大者也。《易》著天地陰陽四時五行,故長於變;《禮》經紀人倫,故長於行;《書》記先王之事,故長於政;《詩》紀山川谿谷禽獸草木牝牡雌雄,故長於風;《樂》樂所以立,故長於和;《春秋》辯是非,故長於治人。是故《禮》以節人,《樂》以發和,《書》以道事,《詩》以達意,《易》以道化,《春秋》以道義。撥亂世,反之正,莫近於《春秋》。《春秋》文成數萬,其指數千。萬物之散聚,皆在《春秋》。《春秋》之中,弒君三十六,亡國五十二,諸侯奔走不得保其社稷者不可勝數。察其所以,皆失其本矣。故《易》曰:'失之毫釐,差以千里。'《集解》:"今《易》無此語,《易緯》有之。"故曰:'臣弒君,子弒父,非一旦一夕之故也,其漸久矣。'故有國者不可以不知《春秋》,前有讒而弗見,後有賊而不知。爲人臣者,不可以不知《春秋》,守經事而不知其宜,遭變事而不知其權。爲人君父而不通於《春秋》之義者,必蒙首惡之名。爲人臣子而不通於《春秋》之義者,必陷篡弒之誅,死罪之名。其實皆以爲善,爲之不知其義,被之空言而不敢辭。夫不通禮義之旨,至於君不君,臣不臣,父不父,子不子。君不君則犯,臣不臣則誅,父不父則無道，子不子則不孝。此四行者，天下之大過也。以天下之大過予之，則受而弗敢辭。故《春秋》者，禮義之大宗也。夫禮禁未然之前，法施已然之後，法之所爲用者易見，而禮之所爲禁者難知。”

壺遂曰：“孔子之時，上無明君，下不得任用，故作《春秋》，垂空文以斷禮義，當一王之法。今夫子上遇明天子，下得守職，萬事既具，咸各序其宜，夫子所論，欲以何明？”

太史公曰：“唯唯，否否，不然。余聞之先人曰：‘伏羲至純厚，作《易》八卦。堯舜之盛，《尚書》載之，禮樂作焉。湯武之隆，詩人歌之。《春秋》采善貶惡，推三代之德，褒周室，非獨刺譏而已也。’漢興以來，至明天子，獲符瑞，建封禪，改正朔，易服色，受命於穆清，澤流罔極，海外殊俗，重譯款塞，請來獻見者，不可勝道。臣下百官，力誦聖德，猶不能宣盡其意。且士賢能而不用，有國者之恥；主上明聖而德不布聞，有司之過也。且余嘗掌其官，廢明聖盛德不載，滅功臣世家賢大夫之業不述，墮先人所言，罪莫大焉。余所謂述故事，整齊其世傳，非所謂作也，而君比之於《春秋》，謬矣。”

於是論次其文。七年而太史公遭李陵之禍，幽於縲絏。乃喟然而嘆曰：“是余之罪也夫！是余之罪也夫！身毀不用矣。”退而深惟曰：“夫《詩》、《書》隱約者，欲遂其志之思也。昔西伯拘羑里，演《周易》；孔子戹陳蔡，作《春秋》；屈原放逐，著《離騷》；左丘失明，厥有《國語》；孫子臏腳，而論兵法；不韋遷蜀，世傳《呂覽》；韓非囚秦，《説難》孤憤；《詩》三百篇，大抵賢聖發憤之所爲作也。此人皆意有所鬱結，不得通其道也，故述往事，思來者。”於是卒述陶唐以來，至於麟止，《集解》：“張晏曰：武帝獲麟，遷以爲述事之端。”自黄帝始。

此篇雖以序名，實係自傳之體，故録之，而删其後半，以後半係專爲書作序，與自傳無涉也。

古代職業，恒父子相傳；又其時社會等級方嚴，故最重家世。此篇可分四節：第一節叙司馬氏先世；次節述其父談之學術及志事；第三節自述學問經歷，及受命於父而作《史記》；第四節自述述作之旨，及其始末。語皆實録，性情又極真摯，自係自傳佳作。後世社會情形既變，亦或摹放古人之形式，妄溯遠祖事實上毫無關係者；又或妄自誇張，附益失實；則非修辭立誠之道矣。

《漢書·李廣蘇建傳》

李廣，隴西成紀成紀，在今甘肅秦安縣北三十里。人也。其先曰李信，秦時爲將，逐得燕太子丹者也。廣世世受射。師古曰："受射法。"孝文十四年，匈奴大入蕭關，蕭關，在今甘肅固原縣東南。而廣以良家子從軍擊胡，用善射，殺首虜多，爲郎，騎常侍。師古曰："官爲郎，而常騎以侍天子，故曰騎常侍。"數從射獵，格殺猛獸，文帝曰："惜廣不逢時，令當高祖世，萬户侯豈足道哉?"

景帝即位，爲騎郎將。師古曰："爲騎郎之將，主騎郎。"吴楚反時，爲驍騎都尉，從太尉亞夫戰昌邑下，昌邑，在今山東金鄉縣西北四十里。顯名。以梁王授廣將軍印，故還，賞不行。爲上谷太守，數與匈奴戰。典屬國公孫昆邪爲上泣曰："李廣材氣，天下亡雙，自負其能，數與虜确，師古曰："負，恃也，确，爲競勝敗也。"恐亡之。"乃徙廣爲上郡太守。

匈奴入上郡，上使中貴人從廣勒習兵擊匈奴。中貴人者將數十騎從，見匈奴三人，與戰。射傷中貴人，殺其騎且盡。中貴人走廣，廣曰："是必射鵰者也。"文穎曰："鵰，鳥也，故使善射者射之。"師古曰："鵰，大鷙鳥也，一名鷲。黑色，翮可以爲箭羽。"廣乃從百騎往馳三人。三人亡馬，步行，行數十里。廣令其騎張左右翼，而廣身自射彼三人者，殺其二人，生得一人，果匈奴射鵰者也。已縛之上山，望匈奴數千騎,見廣,以爲誘騎,驚,上山陳。廣之百騎皆大恐,欲馳還走。廣曰:"我去大軍數十里,今如此走,匈奴追射我,立盡。今我留,匈奴必以我爲大軍之誘,不我擊。"廣令曰:"前。"未到匈奴陳二里所,止,令曰:"皆下馬解鞌。"騎曰:"虜多如是,解鞌,即急,奈何?"廣曰:"彼虜以我爲走,今解鞌以示不去,用堅其意。"有白馬將出護兵。廣上馬,與十餘騎奔射殺白馬將,而復還至其百騎中,解鞌,縱馬卧。時會暮,胡兵終怪之,弗敢擊。夜半,胡兵以爲漢有伏軍於傍,欲夜取之,即引去。平旦,廣乃歸其大軍。後徙爲隴西、北地、鴈門、雲中太守。隴西,治狄道,在今甘肅臨洮縣東北。北地,治義渠,今甘肅寧縣西北。雁門,治善無,在今山西右玉縣南。雲中,治雲中,今綏遠托克托縣。

武帝即位,左右言廣名將也,由是入爲未央衛尉,而程不識時亦爲長樂衛尉。程不識故與廣俱以邊太守將屯。及出擊胡,而廣行無部曲行陳,師古曰:"《續漢書·百官志》曰:'將軍領軍,皆有部曲,大將軍營五部,部校尉一人;部下有曲,曲有軍候一人。'今廣尚於簡易,故行道之中,而不立部曲也。"就善水草頓舍,人人自便,不擊刁斗自衛,孟康曰:"刁斗,以銅作鐎,受一斗,晝炊飯食,夜擊持行夜,名曰刁斗。"莫府省文書,師古曰:"莫府者,以軍幕爲義,軍旅無常居止,故以帳幕言之。"然亦遠斥候,未嘗遇害。程不識正部曲行伍營陳,擊刁斗,吏治軍簿至明,軍不得自便。不識曰:"李將軍極簡易,然虜卒犯之,無以禁,而其士亦佚,樂爲之死。我軍雖煩擾,虜亦不得犯我。"是時漢邊郡李廣、程不識爲名將,然匈奴畏廣,士卒多樂從,而苦程不識。不識,孝景時以數直諫,爲太中大夫,爲人廉,謹於文法。

後漢誘單于以馬邑城,使大軍伏馬邑傍,而廣爲驍騎將軍,屬護軍將軍。師古曰:"韓安國。"單于覺之,去,漢軍皆無功。後四歲,廣以衛尉爲將軍出鴈門,擊匈奴。匈奴兵多,破廣軍,生得廣。單于素聞廣賢,令曰:"得李廣,必生致之。"胡騎得廣,廣時傷,置兩馬間,絡而盛之卧。行十餘里,廣陽死,睨其傍,有一兒騎善馬，暫騰而上胡兒馬，因抱兒鞭馬南馳數十里，得其餘軍。匈奴騎數百追之，廣行取兒弓，射殺追騎，以故得脱，於是至漢，漢下廣吏，吏當廣亡失多，爲虜所生得，當斬，贖爲庶人。

數歲，與故潁陰侯屏居藍田南山中射獵。嘗夜從一騎出，從人田間飲。還至亭，霸陵尉醉，呵止廣，廣騎曰："故李將軍。"尉曰："今將軍尚不得夜行，何故也！"宿廣亭下。居無何，匈奴入遼西，遼西，治且慮，今河北盧龍縣。殺太守，敗韓將軍，韓將軍後徙居右北平，死。韓將軍，蘇林曰："韓安國。"右北平，治平剛，今熱河平泉縣。於是上乃召拜廣爲右北平太守。廣請霸陵尉與俱，至軍而斬之，上書自陳謝罪。上報曰："將軍者，國之爪牙也。《司馬法》曰：'登車不式，遭喪不服，振旅撫師，以征不服；率三軍之心，同戰士之力，故怒形則千里竦，威振則萬物伏；是以名聲暴於夷貉，威稜憺乎鄰國。'夫報忿除害，捐殘去殺，朕之所圖於將軍也；若迺免冠徒跣，稽顙請罪，豈朕之指哉！將軍其率師東轅，彌節白檀白檀，在今熱河承德縣西。以臨右北平盛秋。"廣在郡，匈奴號曰"漢飛將軍"，避之，數歲不入界。

廣出獵，見草中石，以爲虎而射之，中石没矢，視之，石也。他日射之，終不能入矣。廣所居郡，聞有虎，常自射之。及居右北平，射虎，虎騰，傷廣，廣亦射殺之。

石建卒，上召廣代爲郎中令。元朔六年，廣復爲將軍，從大將軍出定襄。諸將多中首虜率爲侯者，師古曰："率，謂軍功封賞之科，著在法令者也。"而廣軍無功。後三歲，廣以郎中令將四千騎出右北平，博望侯張騫將萬騎與廣俱，異道。行數百里，匈奴左賢王將四萬騎圍廣，廣軍士皆恐，廣迺使其子敢往馳之。敢從數十騎，直貫胡騎，出其左右而還，報廣曰："胡虜易與耳。"軍士乃安。爲圜陳外鄉，胡急擊，矢下如雨。漢兵死者過半，漢矢且盡。廣乃令持滿毋發，而廣身自以大黄大黄，弩名。射其裨將，殺數人，胡虜益解。會暮，吏士無人色，而廣意氣自如，益治軍。軍中服其勇也。明日，復力戰，而博望侯軍亦至，匈奴迺解去。漢軍罷，師古曰："罷，讀如疲。"弗能追。是時廣軍幾没，罷歸。漢法，博望侯後期，當死，贖爲庶人。廣軍自當，亡賞。

初，廣與從弟李蔡俱爲郎，事文帝。景帝時，蔡積功至二千石。武帝元朔中，爲輕車將軍，從大將軍擊右賢王，有功，中率，封爲樂安侯。元狩二年，代公孫弘爲丞相。蔡爲人在下中，名聲出廣下遠甚，然廣不得爵邑，官不過九卿。廣之軍吏及士卒，或取封侯。廣與望氣王朔語曰："自漢擊匈奴，廣未嘗不在其中，而諸妄校尉已下，張晏曰："妄，猶凡也。"材能不及中，師古曰："中，謂中庸之人也。"以軍功取侯者數十人。廣不爲後人，然終無尺寸功以得封邑者，何也？豈吾相不當侯邪？"朔曰："將軍自念，豈嘗有恨者乎？"廣曰："吾爲隴西守，羌嘗反，吾誘降者八百餘人，詐而同日殺之，至今恨，獨此耳。"朔曰："禍莫大於殺已降，此迺將軍所以不得侯者也。"

廣歷七郡太守，前後四十餘年，得賞賜，輒分其戲下，飲食與士卒共之。家無餘財，終不言生産事。爲人長，爰臂，其善射亦天性，雖子孫他人學者莫能及。廣吶口少言，與人居，則畫地爲軍陳，射闊狹以飲。專以射爲戲。將兵，乏絶處，見水，士卒不盡飲，不近水；不盡餐，不嘗食。寬緩不苛，士以此愛樂爲用。其射，見敵，非在數十步之内，度不中不發，發即應弦而倒。用此，其將數困辱，及射猛獸，亦數爲所傷云。

元狩四年，大將軍票騎將軍大擊匈奴，廣數自請行。上以爲老，不許；良久，乃許之，以爲前將軍。

大將軍青出塞，捕虜，知單于所居，迺自以精兵走之。師古曰："走，趨也。"而令廣并於右將軍軍，出東道。東道少回遠，大軍行，水草少，其勢不屯行。廣辭曰："臣部爲前將軍，今大將軍乃徙臣出東道，且臣結髮而與匈奴戰，迺今一得當單于，臣願居前，先死單于。"大將軍陰受上指，以爲李廣數奇，毋令當單于，恐不得所欲。是時公孫敖新失侯,爲中將軍,大將軍亦欲使敖與俱當單于,故徙廣。廣知之,固辭。大將軍弗聽,令長史封書與廣之莫府,曰:"急詣部,如書。"廣不謝大將軍而起行,意象慍怒而就部,引兵與右將軍食其合軍,出東道。惑失道,後大將軍。大將軍與單于接戰,單于遁走,弗能得而還。南絶幕,迺遇兩將軍。廣已見大將軍,還入軍。大將軍使長史持糒醪遺廣,因問廣、食其失道狀,曰:"青欲上書,報天子失軍曲折。"廣未對。大將軍長史急責廣之莫府上簿。廣曰:"諸校尉亡罪,乃我自失道,吾今自上簿。"至莫府,謂其麾下曰:"廣結髮與匈奴大小七十餘戰,今幸從大將軍出接單于兵,而大將軍徙廣部,行回遠,又迷失道,豈非天哉? 且廣年六十餘,終不能復對刀筆之吏矣。"遂引刀自剄。百姓聞之,知與不知,老壯皆爲垂泣,而右將軍獨下吏,當死,贖爲庶人。

廣三子,曰當户、椒、敢,皆爲郎。上與韓嫣戲,嫣少不遜,當户擊嫣,嫣走,於是上以爲能。當户蚤死,乃拜椒爲代郡太守,皆先廣死。廣死軍中時,敢從票騎將軍。廣死明年,李蔡以丞相坐詔賜冢地陽陵當得二十畝,蔡盗取三頃,頗賣,頗賣,謂賣去其一部分。得四十餘萬,又盗取神道外壖地一畝,葬其中,當下獄,自殺。敢以校尉從票騎將軍擊胡左賢王,力戰,奪左賢王旗鼓,斬首多,賜爵關内侯,食邑二百户,代廣爲郎中令。頃之,怨大將軍青之恨其父,迺擊傷大將軍。大將軍匿諱之。居無何,敢從上雍,師古曰:"雍之所在,地形積高,故云上也。"至甘泉宫獵,票騎將軍去病怨敢傷青,射殺敢。去病時方貴幸,上爲諱,云鹿觸殺之。居歲餘,去病死。

敢有女,爲太子中人,愛幸。敢男禹,有寵於太子,然好利,亦有勇。嘗與侍中貴人飲,侵陵之,莫敢應。後愬之上,上召禹,使刺虎,縣下圈中,未至地,有詔引出之。禹從落中以劍斫絶纍,師古曰:"落與絡同,謂當時繩絡而下之也。纍,索也。"欲刺虎。上壯之,遂救止焉。而當户有遺腹子陵,將兵擊胡,兵敗降匈奴。後人告禹謀欲亡從陵，下吏死。

陵字少卿，少爲侍中建章監。善騎射，愛人，謙讓下士，甚得名譽。武帝以爲有廣之風，使將八百騎，深入匈奴二千餘里，過居延居延澤名，在今寧夏居延縣北。視地形，不見虜，還。拜爲騎都尉，將勇敢五千人，教射酒泉、張掖以備胡。數年，漢遣貳師將軍伐大宛，使陵將五校兵隨後行，至塞，會貳師還，上賜陵書，陵留吏士，與輕騎五百出敦煌，至鹽水迎貳師還。復留屯張掖。酒泉、張掖、敦煌，皆郡名，今屬甘肅。

天漢二年，貳師將三萬騎出酒泉，擊右賢王於天山。召陵，欲使爲貳師將輜重。陵召見武臺，叩頭自請曰："臣所將屯邊者，皆荆楚勇士，奇材劍客也，力扼虎，射命中，願得自當一隊，到蘭干山南，以分單于兵，毋令專鄉貳師軍。"上曰："將惡相屬邪？吾發軍多，毋騎予女。"陵對："無所事騎，臣願以少擊衆。步兵五千人，涉單于庭。"上壯而許之，因詔彊弩都尉路博德將兵半道迎陵軍。博德故伏波將軍，亦羞爲陵後距，奏言："方秋，匈奴馬肥，未可與戰，臣願留陵至春，俱將酒泉、張掖騎各五千人，並擊東西浚稽，師古曰："浚稽，山名。"按山當在今外蒙古土剌河及鄂爾渾河之間。可必禽也。"書奏，上怒，疑陵悔不欲出，而教博德上書，迺詔博德："吾欲予李陵騎，云欲以少擊衆，今虜入西河，其引兵走西河，遮鉤營之道。"詔陵："以九月發出遮虜鄣，至東浚稽山南龍勒水上，徘徊觀虜，即亡所見，從浞野侯趙破奴故道抵受降城受降城，在今綏遠境烏喇特旗北。休士，因騎置以聞。所與博德言者云何，具以書對。"

陵於是將其步卒五千人，出居延北行，三十日至浚稽山，止營，舉圖所過山川地形，使麾下騎陳步樂還以聞。步樂召見，道陵將率得士死力，上甚說，拜步樂爲郎。陵至浚稽山，與單于相直，騎可三萬，圍陵軍。軍居兩山間，以大車爲營。陵引士出營外爲陳，前行持戟盾，後行持弓弩，令曰："聞鼓聲而縱，聞金聲而止。"虜見漢軍少，直前就營。陵搏戰攻之，千弩俱發，應弦而倒。

虜還走上山,漢軍追擊,殺數千人。單于大驚,召左右地兵八萬餘騎攻陵。陵且戰且引,南行數日,抵山谷中。連戰,士卒中矢傷三創者載輦,兩創者將車,一創者持兵戰。陵曰:"吾士氣少衰而鼓不起者,何也?軍中豈有女子乎?"始軍出時,關東羣盜妻子徙邊者,隨軍爲卒妻婦,大匿車中。大,多也。陵搜得,皆劍斬之。明日,復戰,斬首三千餘級。引兵東南循故龍城道行,此當係匈奴會衆之龍城,在今察哈爾地方。四五日,抵大澤葭葦中,虜從上風縱火,陵亦令軍中縱火以自救。師古曰:"預自燒其旁草木,令虜火不及延及也。"南行至山下,單于在南山上,使其子將騎擊陵。陵軍步鬬樹木間,復殺數千人,因發連弩射單于。單于下走。是日捕得虜,言:"單于曰:'此漢精兵,攻之不能下,日夜引吾南近塞,得毋有伏兵乎?'諸當户君長皆言'單于自將數萬騎,擊漢數千人,不能滅,後無以復使邊臣,令漢益輕匈奴。復力戰山谷間,尚四五十里,得平地,不能破,迺還。'"

是時陵軍益急,匈奴騎多,戰一日數十合,復傷殺虜二千餘人。虜不利,欲去,會陵軍候管敢,爲校尉所辱,亡降匈奴,具言:"陵軍無後救,射矢且盡,獨將軍麾下及成安侯校各八百人爲前行,以黄與白爲幟,當使精騎射之,即破矣。"成安侯者,潁川人,父韓千秋,故濟南相,奮擊南越戰死,武帝封子延年爲侯,以校尉隨陵。單于得敢,大喜,使騎並攻漢軍,疾呼曰:"李陵、韓延年趣降。"遂遮道急攻陵。陵居谷中,虜在山上,四面射,矢如雨下。漢軍南行,未至鞮汗山,鞮汗山,當距遮虜障不遠,觀下文可見。一日五十萬矢皆盡,即棄車去。士尚三千餘人,徒斬車輻而持之,軍吏持尺刀,抵山,入陿谷。單于遮其後,乘隅下壘石,師古曰:"言放石以投人,因山隅曲而下也。"士卒多死,不得行。昏後,陵便衣獨步出營,止左右:"毋隨我,丈夫一取單于耳。"良久,陵還,大息曰:"兵敗,死矣。"軍吏或曰:"將軍威震匈奴,天命不遂,後求道徑還歸,如浞野侯爲虜所得,後亡還,天子客遇之,況於將軍乎?"陵曰:"公止,吾不死，非壯士也。”於是盡斬旌旗及珍寶埋地中，陵嘆曰：“復得數十矢，足以脱矣。今無兵復戰，天明坐受縛矣。各鳥獸散，猶有得脱歸報天子者。”令軍士人持二升糒，一半冰，如淳曰：“半讀如片。”或曰五升曰半。師古曰：“半讀曰判，大片也。”期至遮虜鄣者相待。遮虜鄣，亦曰居延塞，在甘肅金塔縣北，蒙古額濟納旗地。夜半時，擊鼓起士，鼓不鳴。陵與韓延年俱上馬，壯士從者十餘人。虜騎數千追之，韓延年戰死。陵曰：“無面目報陛下。”遂降。軍人分散，脱至塞者四百餘人。陵敗處去塞百餘里。

邊塞以聞。上欲陵死戰，召陵母及婦，使相者視之，無死喪色。後聞陵降，上怒甚，責問陳步樂，步樂自殺。羣臣皆罪陵，上以問太史令司馬遷，遷盛言：“陵事親孝，與士信，常奮不顧身，以殉國家之急。其素所畜積也，有國士之風。今舉事一不幸，全軀保妻子之臣，隨而媒糵其短，誠可痛也。且陵提步卒不滿五千，深輮戎馬之地，抑數萬之師，虜救死扶傷不暇，悉舉引弓之民，共攻圍之。轉鬬千里，矢盡道窮，士張空拳，文穎曰：拳，弓弩拳也。師古曰：拳字與絭同，音去權反，又音眷。冒白刃，北首爭死敵，得人之死力，雖古名將，不過也。身雖陷敗，然其所摧敗，亦足暴於天下。彼之不死，宜欲得當以報漢也。”初，上遣貳師大軍出，財令陵爲助兵，及陵與單于相值，而貳師功少。上以遷誣罔，欲沮貳師，爲陵游説，下遷腐刑。久之，上悔陵無救，曰：“陵當發出塞，迺詔彊弩都尉令迎軍，坐預詔之，得令老將生姦詐。”迺遣使勞賜陵餘軍得脱者。

陵在匈奴歲餘，上遣因杅將軍公孫敖將兵深入匈奴迎陵。敖軍無功還，曰：“捕得生口，言李陵教單于爲兵，以備漢軍，故臣無所得。”上聞，於是族陵家，母弟妻子皆伏誅。隴西士大夫以李氏爲愧。其後，漢遣使使匈奴，陵謂使者曰：“吾爲漢將步卒五千人，横行匈奴，以亡救而敗，何負於漢，而誅吾家？”使者曰：“漢聞李少卿教匈奴爲兵。”陵曰：“迺李緒，非我也。”李緒本漢塞外都尉,居奚侯城,匈奴攻之,緒降,而單于客遇緒,常坐陵上。陵痛其家以李緒而誅,使人刺殺緒。大閼氏欲殺陵,單于匿之北方,大閼氏死,迺還。單于壯陵,以女妻之,立爲右校王,衛律爲丁靈王,皆貴,用事。衛律者,父本長水胡人。律生長漢,善協律都尉李延年,延年薦言律使匈奴。使還,會延年家收,律懼并誅,亡還降匈奴。匈奴愛之,常在單于左右。陵居外,有大事,迺入議。

昭帝立,大將軍霍光、左將軍上官桀輔政,素與陵善,遣陵故人隴西任立政等三人俱至匈奴招陵。立政等至,單于置酒,賜漢使者,李陵、衛律皆侍坐。立政等見陵,未得私語,即目視陵,而數數自循其刀環,握其足,陰諭之,言可還歸漢也。後陵、律持牛酒勞漢使,博飲,兩人皆胡服椎結。立政大言曰:"漢已大赦,中國安樂,主上富於春秋,霍子孟、上官少叔用事。"以此言微動之。陵墨不應,孰視而自循其髮,答曰:"吾已胡服矣。"有頃,律起更衣,立政曰:"咄,少卿良苦,霍子孟、上官少叔謝女。"陵曰:"霍與上官無恙乎?"立政曰:"請少卿來歸故鄉,毋憂富貴。"陵字立政曰:"少公,歸易耳,恐再辱,奈何?"語未卒,衛律還,頗聞餘語,曰:"李少卿,賢者不獨居一國,范蠡徧游天下,由余去戎入秦,今何語之親也。"因罷去。立政隨謂陵,曰:"亦有意乎?"陵曰:"丈夫不能再辱。"陵在匈奴二十餘年。元平元年,病死。

蘇建,杜陵人也,以校尉從大將軍青擊匈奴,封平陵侯。以將軍築朔方。今綏遠南境,故城在鄂爾多斯右翼後旗界内。後以衛尉爲游擊將軍,從大將軍出朔方。後一歲,以右將軍再從大將軍出定襄,定襄在今綏遠及蒙古喀爾喀右翼四子部落之地,治成樂,今綏遠和林格爾縣。亡翕侯,翕侯,服虔曰:趙信也。失軍,當斬,贖爲庶人。其後爲代郡太守,卒官。有三子,嘉,爲奉車都尉,賢,爲騎都尉,中子武,最知名。

武字子卿,少以父任兄弟並爲郎,稍遷至移中廄監。師古曰:"移中,廄名,爲之監也。"時漢連伐胡,數通使相窺觀,匈奴留漢使郭吉、路充國等,前後十餘輩。匈奴使來,漢亦留之以相當。天漢元年,且鞮侯單于初立,恐漢襲之,迺曰:"漢天子我丈人行也。"師古曰:"丈人,尊老之稱。"盡歸漢使路充國等。武帝嘉其義,迺遣武以中郎將使持節,送匈奴使留在漢者,因厚賂單于,答其善意。武與副中郎將張勝,及假吏常惠等,募士斥候百餘人俱。既至匈奴,置幣遺單于。單于益驕,非漢所望也。

方欲發使送武等,會緱王與長水虞常等謀反匈奴中。緱王者,昆邪王姊子也,與昆邪王俱降漢,後隨浞野侯師古曰:"從趙破奴擊匈奴,兵敗而降。"没胡中,及衛律所將降者,陰相與謀,劫單于母閼氏歸漢。會武等至匈奴,虞常在漢時,素與副張勝相知,私候勝曰:"聞漢天子甚怨衛律,常能爲漢伏弩射殺之。吾母與弟在漢,幸蒙其賞賜。"張勝許之,以貨物與常。後月餘,單于出獵,獨閼氏子弟在。虞常等七十餘人欲發,其一人夜亡,告之。單于子弟發兵與戰。緱王等皆死,虞常生得。

單于使衛律治其事。張勝聞之,恐前語發,以狀語武。武曰:"事如此,此必及我,見犯迺死,重負國。"欲自殺,勝、惠共止之。虞常果引張勝。單于怒,召諸貴人議,欲殺漢使者。左伊秩訾臣瓚曰:"胡官之號也。"曰:"即謀單于,何以復加,宜皆降之。"單于使衛律召武受辭,武謂惠等:"屈節辱命,雖生,何面目以歸漢!"引佩刀自刺。衛律驚,自抱持武,馳召毉。鑿地爲坎,置煴火,師古曰:"謂聚火無焱者也。"覆武其上,蹈其背以出血。武氣絶半日復息。惠等哭,輿歸營。單于壯其節,朝夕遣人候問武,而收繫張勝。武益愈,單于使使曉武,會論虞常,欲因此時降武。劍斬虞常已,律曰:"漢使張勝謀殺單于近臣,師古曰:"衛律自謂也。"當死,單于募降者赦罪。"舉劍欲擊之,勝請降。律謂武曰:"副有罪,當相坐。"武曰:"本無謀,又非親屬,何謂相坐?"復舉劍擬之,武不動。律曰:"蘇君,律前負漢,歸匈奴,幸蒙大恩,賜號稱王,擁衆數萬,馬畜彌山,富貴如此。蘇君今日降,明日復然。空以身膏草野,誰復知之?”武不應。律曰:“君因我降,與君爲兄弟,今不聽吾計,後雖欲復見我,尚可得乎?”武罵律曰:“女爲人臣子,不顧恩義,畔主背親,爲降虜於蠻夷,何以女爲見?師古曰:“言何用見汝爲也。”且單于信女,使決人死生,不平心持正,反欲鬬兩主,觀禍敗。南越殺漢使者,屠爲九郡;宛王殺漢使者,頭縣北闕;朝鮮殺漢使者,即時誅滅。獨匈奴未耳!若知我不降明,欲令兩國相攻,匈奴之禍,從我始矣。”律知武終不可脅,白單于,單于愈益欲降之,迺幽武置大窖中,絶不飲食。天雨雪,武卧齧雪,與旃毛并咽之。數日不死,匈奴以爲神,乃徙武北海上無人處,使牧羝,羝乳,乃得歸。别其官屬常惠等,各置他所。

武既至海上,廩食不至,掘野鼠去屮實而食之。蘇林曰:“取鼠所去草實而食之。”師古曰:“屮古草字。去,謂藏之也。”杖漢節牧羊,卧起操持,節旄盡落。積五六年,單于弟於靬王弋射海上。武能網紡繳,檠弓弩,師古曰:“繳,生絲縷也,可以弋射。檠,謂輔正弓弩也。”於靬王愛之,給其衣食。三歲餘,王病,賜武馬畜服匿劉德曰:“服匿,如小旃帳。”孟康曰:“服匿,如罂,小口,大腹,方底。用受酒酪。穹廬,旃帳也。”晉灼曰:“河東北界人呼小石罂受二斗所曰服匿。”穹廬。王死後,人衆徙去。其冬,丁令盗武牛羊,武復窮厄。

初,武與李陵俱爲侍中,武使匈奴明年,陵降,不敢求武。久之,單于使陵至海上,爲武置酒設樂,因謂武曰:“單于聞陵與子卿素厚,故使陵來説足下,虚心欲相待,終不得歸漢。空自苦亡人之地,信義安所見乎?前長君爲奉車,服虔曰:“武兄嘉。”從至雍棫陽宫,扶輦下除,觸柱折轅,劾大不敬,伏劍自刎,賜錢二百萬以葬。孺卿張晏曰:“武弟賢。”從祠河東后土,宦騎與黄門駙馬争船,師古曰:“宦騎,宦者而爲騎也。黄門駙馬,天子騎馬之在黄門者也。駙,副也。”推墮駙馬河中溺死,宦騎亡,詔使孺卿逐捕不得,惶恐,飲藥而死。來時大夫人已不幸,陵送葬至陽陵。子卿婦年少,聞已更嫁矣。獨有女弟二人,兩女一男,今復十餘年,存亡不可知。人生如朝露,何久自苦如此！陵始降時，忽忽如狂，自痛負漢，加以老母繫保宫，子卿不欲降，何以過陵？且陛下春秋高，法令亡常，大臣亡罪夷滅者數十家，安危不可知，子卿尚復誰爲乎？願聽陵計，勿復有云。”武曰：“武父子亡功德，皆爲陛下所成就，位列將，爵通侯，兄弟親近，常願肝腦塗地。今得殺身自效，雖蒙斧鉞湯鑊，誠甘樂之。臣事君，猶子事父也，子爲父死無所恨，願勿復再言。”陵與武飲數日，復曰：“子卿壹聽陵言。”武曰：“自分已死久矣，王必欲降武，請畢今日之驩，效死於前。”陵見其至誠，喟然嘆曰：“嗟乎，義士！陵與衛律之罪，上通於天。”因泣下霑衿，與武決去。陵惡自賜武，使其妻賜武牛羊數十頭。

後陵復至北海上。語武：“區脱服虔曰：“區脱，土室，胡兒所作，以候者也。”捕得雲中生口，言太守以下吏民皆白服，曰：‘上崩。’”武聞之，南鄉號哭，歐血，旦夕臨。數月，昭帝即位。數年，匈奴與漢和親。漢求武等，匈奴詭言武死。後漢使復至匈奴，常惠請其守者與俱，得夜見漢使，具自陳道。教使者謂單于，言天子射上林中，得鴈，足有繫帛書言武等在某澤中。使者大喜，如惠語以讓單于，單于視左右而驚，謝漢使曰：“武等實在。”於是李陵置酒賀武曰：“今足下還歸，揚名於匈奴，功顯於漢室，雖古竹帛所載，丹青所畫，何以過子卿？陵雖駑怯，令漢且貰陵罪，全其老母，使得奮大辱之積志，庶幾乎曹柯之盟，此陵宿昔之所不忘也。收族陵家，爲世大戮，陵尚復何顧乎？已矣！令子卿知吾心耳。異域之人，壹别長絶。”陵起舞，歌曰：“徑萬里兮度沙幕，爲君將兮奮匈奴。路窮絶兮矢刃摧，士衆滅兮名已隤。老母已死，雖欲報恩將安歸？”陵泣下數行，因與武決。單于召會武官屬，前以降及物故，凡隨武還者九人。武以元始六年春至京師，詔武奉一太牢，謁武帝園廟，拜爲典屬國，秩中二千石，賜錢二百萬，公田二頃，宅一區。常惠、徐聖、趙終根皆拜爲中郎，賜帛各二百匹。其餘六人老，歸家，賜錢人十萬，復終身。常惠後至右將軍，封列侯，自有傳。武留匈奴凡十九歲，始以彊壯出，及還，鬚髮盡白。

武來歸，明年，上官桀子安與桑弘羊及燕王、蓋主謀反，武子男元與安有謀，坐死。初桀、安與大將軍霍光争權，數疏光過失予燕王，令上書告之。又言蘇武使匈奴二十年不降，還迺爲典屬國，大將軍長史無功勞，爲搜粟都尉，光顓權自恣。及燕王等反誅，窮治黨與，武素與桀、弘羊有舊，數爲燕王所訟，子又在謀中，廷尉奏請逮捕武。霍光寢其奏，免武官。數年，昭帝崩，武以故二千石與計謀立宣帝，賜爵關内侯，食邑三百户。久之，衛將軍張安世薦武明習故事，奉使不辱命，先帝以爲遺言。宣帝即時召武，待詔宦者署，數進見，復爲右曹典屬國。以武著節老臣，令朝朔望，號稱祭酒，甚優寵之。武所得賞賜，盡以施予昆弟故人，家不餘財。皇后父平恩侯，帝舅平昌侯、樂昌侯，師古曰："平恩侯許伯，平昌侯王無故，樂昌侯王武也。"車騎將軍韓增，丞相魏相，御史大夫丙吉，皆敬重武。武年老，子前坐事死，上閔之，問左右："武在匈奴久，豈有子乎？"武因平恩侯自白："前發匈奴時，胡婦適産一子通國，有聲問來，願因使者致金帛贖之。"上許焉。後通國隨使者至，上以爲郎。又以武弟子爲右曹。武年八十餘，神爵二年病卒。甘露三年，單于始入朝。上思股肱之美，迺圖畫其人於麒麟閣，法其形貌，署其官爵姓名。唯霍光不名，曰大司馬大將軍博陸侯姓霍氏，次曰衛將軍富平侯張安世，次曰車騎將軍龍頟侯韓增，次曰後將軍營平侯趙充國，次曰丞相高平侯魏相，次曰丞相博陽侯丙吉，次曰御史大夫建平侯杜延年，次曰宗正陽城侯劉德，次曰少府梁丘賀，次曰太子太傅蕭望之，次曰典屬國蘇武。皆有功德，知名當世，是以表而揚之，明著中興輔佐，列於方叔、召虎、仲山甫焉。凡十一人，皆有傳。自丞相黄霸、廷尉于定國、大司農朱邑、京兆尹張敞、右扶風尹翁歸，及儒者夏侯勝等，皆以善終，著名宣帝之世，然不得列於名臣之圖，以此知其選矣。

贊曰：李將軍恂恂如鄙人，口不能出辭，及死之日，天下知與不知，皆爲流涕，彼其中心誠信於士大夫也。諺曰："桃李不言，下自成蹊。"此言雖小，可以喻大。然三代之將，道家所忌，自廣至陵，遂亡其宗，哀哉！孔子稱："志士仁人，有殺身以成仁，無求生以害仁。""使於四方，不辱君命。"蘇武有之矣！

此篇李廣傳襲《史記》，李陵、蘇武之傳則撰《漢書》者所自爲。其妙亦在適如其分，無溢無歉而已。

漢去封建之世近，士大夫皆慷慨喜功名。以當時中國之國力，如得嚴明任法之主而用之，所立之功，雖十倍於漢武可也。漢武嚴而不明，任喜怒而不任法。置宿將而任椒房之親；又任嚴酷之吏，以深文隨其後；雖能摧匈奴，通西域，縣朝鮮，平兩越，開西南夷，實當時中國國力，與四夷相去懸絶，有以致之。計其所失亡，中國轉遠過於夷狄，蓋國力之浪費者多矣。此篇叙李廣之見扼於衛青，李陵立奇功，而以見疑欲沮貳師，并司馬遷而下之蠶室；廣以不肯對刀筆之吏而自剄，陵以不能再辱而不肯歸；以及全軀保妻子之臣，隨順意旨，不敢直言，并媒孽傾陷他人，以圖自免；無不曲盡。

武帝親以李廣爲前將軍，豈有不欲其當單于之理？云"大將軍陰受上指"，明其事之無徵；云"欲使敖與俱當單于"，明其意實在此也。此亦所謂直書其事，而是非自見者。

李陵國士，斷非愛死降敵者，云欲得當而報漢，事必不誣。其終已不顧者，封建時代忠臣之效忠，非以爲國，實以爲君，漢代倫理觀念，雖與古稍異，仍多帶此等性質。君臣本以義合，孟子曰："君之視臣如草芥，則臣視君如寇讎。"陵以步卒五千人，横行匈奴中，以無救而敗，而漢收族其家，君臣之義已絶矣，義固不可以復返，非徒曰丈夫不能再辱也。文亦不必爲之辯白，但歷叙陵在匈奴中，親任不如李緒、衛律，及其與蘇武、任立政等語，惓惓不忘故國之意，而陵之本心自明。亦所謂直書其事，而是非自見者也。

《漢書·霍光金日磾傳》

霍光,字子孟,票騎將軍去病弟也。父中孺,河東平陽人也,以縣吏給事平陽侯家,與侍者衛少兒私通,而生去病。中孺吏畢歸家,娶婦生光,因絶不相聞。久之,少兒女弟子夫,得幸於武帝,立爲皇后,去病以皇后姊子貴幸。既壯大,迺自知父爲霍中孺,未及求問。會爲票騎將軍擊匈奴,道出河東,河東太守郊迎,負弩矢先驅,至平陽傳舍,遣吏迎霍中孺。中孺趨入拜謁,將軍迎拜,因跪曰:"去病不早自知爲大人遺體也。"中孺扶服叩頭,曰:"老臣得託命將軍,此天力也。"去病大爲中孺買田宅奴婢而去。還,復過焉,迺將光西至長安,時年十餘歲,任光爲郎,稍遷諸曹侍中。去病死後,光爲奉車都尉,光禄大夫,出則奉車,入侍左右,出入禁闥,二十餘年,小心謹慎,未嘗有過,甚見親信。

征和二年,衛太子爲江充所敗,而燕王旦、廣陵王胥,皆多過失。是時上年老,寵姬鉤弋趙倢伃有男,上心欲以爲嗣,命大臣輔之。察羣臣,唯光任大重,可屬社稷。上迺使黄門畫者畫周公負成王朝諸侯以賜光。後元二年春,上游五柞宫,五柞宫,在今陝西盩厔縣東南。病篤,光涕泣問曰:"如有不諱,誰當嗣者?"上曰:"君未諭前畫意邪? 立少子,君行周公之事。"光頓首讓曰:"臣不如金日磾。"日磾亦曰:"臣外國人,不如光。"上以光爲大司馬大將軍,日磾爲車騎將軍,及太僕上官桀爲左將軍,搜粟都尉桑弘羊爲御史大夫,皆拜卧内牀下,受遺詔輔少主。明日,武帝崩,太子襲尊號,是爲孝昭皇帝。帝年八歲,政事壹決於光。

先是,後元年,侍中僕射莽何羅與弟重合侯通謀爲逆,時光與金日磾、上官桀等共誅之,功未録。武帝病,封璽書曰:"帝崩發書以從事。"遺詔封金日磾爲秺侯,上官桀爲安陽侯,光爲博陸侯，文穎曰："博，大。陸，平，取其嘉名，無此縣也，食邑北海、河、東城。師古曰：蓋亦取鄉聚之名以爲國號，非必縣也，公孫弘平津鄉則是矣。"皆以前捕反者功封。時衛尉王莽子男忽侍中，揚語曰："帝病，忽常在左右，安得遺詔封三子事！羣兒自相貴耳。"光聞之，切讓王莽，莽酖殺忽。光爲人沈靜詳審，長財七尺三寸，白皙，疏眉目，美鬚顧。每出入下殿門，止進有常處，郎僕射竊識視之，不失尺寸，其資性端正如此。初輔幼主，政自己出，天下想聞其風采。殿中嘗有怪，一夜，羣臣相驚，光召尚符璽郎，郎不肯授光。光欲奪之，郎按劍曰："臣頭可得，璽不可得也。"光甚誼之。明日，詔增此郎秩二等。衆庶莫不多光。

光與左將軍桀結婚相親，光長女爲桀子安妻。有女，年與帝相配，桀因帝姊鄂邑蓋主，内安女後宫爲倢伃，數月，立爲皇后。父安爲票騎將軍，封桑樂侯。光時休沐出，桀輒入代光決事。桀父子既尊盛，而德長公主。公主内行不修，近幸河間丁外人。桀、安欲爲外人求封，幸依國家故事，以列侯尚公主者，光不許。又爲外人求光禄大夫，欲令得召見，又不許。長主大以是怨光。而桀、安數爲外人求官爵，弗能得，亦慙。自先帝時，桀已爲九卿，位在光右；及父子並爲將軍，有椒房中宫之重，皇后親安女，光迺其外祖，而顧專制朝事，繇是與光争權。燕王旦，自以昭帝兄，常懷怨望。及御史大夫桑弘羊，建造酒榷、鹽鐵，爲國興利，伐其功，欲爲子弟得官，亦怨恨光。於是蓋主、上官桀、安及弘羊，皆與燕王旦通謀，詐令人爲燕王上書，言："光出都肄郎羽林，道上孟康曰："都，試也。肄，習也。"師古曰："謂總閲試，習武備也。"稱趕，大官師古曰："供飲食之具。"先置。又引蘇武前使匈奴，拘留二十年不降，還迺爲典屬國，而大將軍長史敞亡功，爲搜粟都尉。師古曰："楊敞也。"又擅調益莫府校尉。師古曰："調，選也。莫府，大將軍府也。"光專權自恣，疑有非常。臣旦願歸符璽，入宿衛，察姦臣變。"候司光出沐日奏之。桀欲從中下其事，桑弘羊當與諸大臣共執退光。書奏,帝不肯下。明旦,光聞之,止畫室中不入。如淳曰:“近臣所止計畫之室也。”或曰:“雕畫之室。”師古曰:“雕畫是也。”上問大將軍安在?左將軍桀對曰:“以燕王告其罪,故不敢入。”有詔召大將軍。光入,免冠頓首謝。上曰:“將軍冠,朕知是書詐也,將軍亡罪。”光曰:“陛下何以知之?”上曰:“將軍之廣明,都郎屬耳。調校尉以來,未能十日,燕王何以得知之?且將軍爲非,不須校尉。”是時帝年十四,尚書左右皆驚,而上書者果亡,捕之甚急。桀等懼,白上少事不足遂,上不聽。後桀黨與有譖光者,上輒怒曰:“大將軍忠臣,先帝所屬,以輔朕身,敢有毀者,坐之。”自是桀等不敢復言,迺謀令長公主置酒請光,伏兵格殺之,因廢帝,迎立燕王爲天子。事發覺,光盡誅桀、安、弘羊、外人宗族。燕王、蓋主皆自殺。光威震海内。

昭帝既冠,遂委任光,訖十三年,百姓充實,四夷賓服。元平元年,昭帝崩,亡嗣。武帝六男,獨有廣陵王胥在,羣臣議所立,咸持廣陵王。王本以行失道,先帝所不用。光内不自安。郎有上書言:“周太王廢太伯立王季,文王舍伯邑考立武王,唯在所宜,雖廢長立少可也。廣陵王不可以承宗廟。”言合光意。光以其書視丞相敞等,師古曰:“視讀曰示。敞即楊敞也。”擢郎爲九江太守,即日承皇太后詔,遣行大鴻臚事少府樂成、宗正德、光禄大夫吉、中郎將利漢迎昌邑王賀。賀者,武帝孫,昌邑哀王子也。既至,即位,行淫亂。光憂懣,獨以問所親故吏大司農田延年。延年曰:“將軍爲國柱石,師古曰:“柱者,梁下之柱;石者,承柱之礎也。”審此人不可,何不建白太后,更選賢而立之?”光曰:“今欲如是,於古嘗有此否?”延年曰:“伊尹相殷,廢太甲以安宗廟,後世稱其忠,將軍若能行此,亦漢之伊尹也。”光迺引延年給事中,陰與車騎將軍張安世圖計,遂召丞相、御史、將軍、列侯、中二千石、大夫、博士會議未央宫。光曰:“昌邑王行昏亂,恐危社稷,如何?”羣臣皆驚鄂失色,莫敢發言,但唯唯而已。田延年前,離席按劍曰:“先帝屬將軍以幼孤，寄將軍以天下，以將軍忠賢，能安劉氏也。今羣下鼎沸，社稷將傾，且漢之傳謚，常爲孝者，以長有天下，令宗廟血食也。如令漢家絶祀，將軍雖死，何面目見先帝於地下乎？今日之議，不得旋踵。羣臣後應者，臣請劍斬之。”光謝曰：“九卿責光是也。天下匈匈不安，光當受難。”於是議者皆叩頭，曰：“萬姓之命，在於將軍，唯大將軍令。”光即與羣臣俱見白太后，具陳昌邑王不可以承宗廟狀。皇太后迺車駕幸未央承明殿，詔諸禁門毋内昌邑羣臣。王入朝太后還，乘輦欲歸温室，中黄門宦者各持門扇，王入，門閉，昌邑羣臣不得入。王曰：“何爲？”大將軍跪曰：“有皇太后詔，毋内昌邑羣臣。”王曰：“徐之，何迺驚人如是！”光使盡驅出昌邑羣臣，置金馬門外。車騎將軍安世將羽林騎收縛二百餘人，皆送廷尉詔獄。令故昭帝侍中中臣侍守王。光敕左右：謹“宿衛，卒有物故自裁，令我負天下，有殺主名。”王尚未自知當廢，謂左右：“我故羣臣從官安得罪，而大將軍盡繫之乎？”頃之，有太后詔召王。王聞召，意恐，迺曰：“我安得罪而召我哉？”太后被珠襦，盛服，坐武帳中，侍御數百人，皆持兵，期門武士，陛戟陳列殿下。師古曰：“陛戟，謂執戟以衛陛下。”羣臣以次上殿，召昌邑王伏前聽詔。光與羣臣連名奏王，尚書令讀奏曰：“丞相臣敞、大司馬大將軍臣光、車騎將軍臣安世、度遼將軍臣明友、前將軍臣增、後將軍臣充國、御史大夫臣誼、宜春侯臣譚、當塗侯臣聖、隨桃侯臣昌樂、杜侯臣屠耆堂、太僕臣延年、太常臣昌、大司農臣延年、宗正臣德、少府臣樂成、廷尉臣光、執金吾臣延壽、大鴻臚臣賢、左馮翊臣廣明、右扶風臣德、長信少府臣嘉、典屬國臣武、京輔都尉臣廣漢、司隸校尉臣辟兵、諸吏文學光禄大夫臣遷、臣畸、臣吉、臣賜、臣管、臣勝、臣梁、臣長幸、臣夏侯勝、李奇曰：“同官同名，故以姓别也。”太中大夫臣德、臣卬，昧死言皇太后陛下：臣敞等頓首死罪。天子所以永保宗廟，總壹海内者，以慈孝禮誼賞罰爲本。孝昭皇帝早棄天下，亡嗣，臣敞等議：禮曰‘爲人後者爲之子也’,昌邑王宜嗣後。遣宗正、大鴻臚、光禄大夫奉節使徵昌邑王典喪。服斬縗,亡悲哀之心,廢禮誼,居道上不素食,師古曰:“素食,菜食無肉也。”使從官略女子載衣車,内所居傳舍。始至謁見,立爲皇太子,常私買鷄豚以食。受皇帝信璽、行璽大行前,孟康曰:“漢初有三璽:天子之璽自佩,行璽、信璽在符節臺。大行前,昭帝柩前也。”就次發璽不封。師古曰:“璽既國器,常當緘封,而王於大行前受之,退還所次,遂爾發漏,更不封之,得令凡人皆見,言不慎重也。”從官更持節,引内昌邑從官、騶宰、官奴二百餘人,常與居禁闥内敖戲。自之符璽,取節十六,朝暮臨,令從官更持節從。爲書曰:‘皇帝問侍中君卿,師古曰:“昌邑之侍中,名君卿也。”使中御府令高昌奉黄金千斤,賜君卿取十妻。’大行在前殿,發樂府樂器,引内昌邑樂人,擊鼓歌吹,作俳倡。會下還,上前殿,如淳曰:“下,謂柩之入冢。葬還,不居喪位,便處前殿也。”擊鐘磬,召内泰壹宗廟樂人輦道牟首,鄭氏曰:“祭泰壹神樂人也。”臣瓚曰:“牟首,池名也,在上林苑中。”師古曰:“召泰壹樂人,内之於輦道牟首,而鼓吹歌舞也。”鼓吹歌舞,悉奏衆樂。發長安廚三太牢具祠閣室中,如淳曰:“《黄圖》,北出中門,有長安廚,故謂之廚城門。閣室,閣道之有室者,不知禱何淫祠也。”祀已,與從官飲啗。駕法駕,皮軒鸞旗,驅馳北宫、桂宫,弄彘鬭虎。師古曰:“皮軒、鸞旗,皆法駕所陳也。北宫、桂宫,並在未央宫。”召皇太后御小馬車,張晏曰:“皇太后所駕游宫中輦車也。”使官奴騎乘,游戲掖庭中。與孝昭皇帝宫人蒙等淫亂,詔掖庭令敢泄言要斬。”太后曰:“止!爲人臣子,當悖亂如是邪!”王離席伏。尚書令復讀曰:“取諸侯王、列侯、二千石綬,及墨綬、黄綬,以并佩昌邑郎官者免奴。師古曰:“免奴,謂免放爲良人者。”變易節上黄旄以赤。發御府金錢、刀、劍、玉器、采繒,賞賜所與游戲者。與從官官奴夜飲,湛沔於酒。師古曰:“湛讀如沈,又讀如耽。”詔大官上乘輿食如故。食監奏未釋服,未可御故食,復詔大官趣具,無關食監。大官不敢具,即使從官出買鷄豚,詔殿門内,以爲常。獨夜設九賓温室,師古曰:“於温室中設九賓之禮也。”延見姊夫昌邑關内侯。祖宗廟祠未舉,爲璽書,使使者持節,以三太牢祠昌邑哀王園廟,稱嗣子皇帝。受璽以來二十七日,使者旁午,持節詔諸官署徵發,凡千一百二十七事。文學光禄大夫夏侯勝等及侍中傅嘉數進諫以過失,使人簿責勝,縛嘉繫獄。荒淫迷惑,失帝王禮誼,亂漢制度。臣敞等數進諫,不變更,日以益甚,恐危社稷,天下不安。臣敞等謹與博士臣霸、臣雋舍、晉灼曰:"雋姓,舍名也。下有臣虞舍,故以姓别之。"臣德、臣虞舍、臣射、臣倉議,皆曰:'高皇帝建功業爲漢太祖,孝文皇帝慈仁節儉爲太宗,今陛下嗣孝昭皇帝後,行淫辟不軌。詩云:"籍曰未知,亦既抱子。"五辟之屬,莫大不孝。周襄王不能事母,《春秋》曰:"天王出居于鄭。"繇不孝出之,絶之於天下也。宗廟重於君,陛下未見命高廟,不可以承天序,奉祖宗廟,子萬姓,當廢。'臣請有司御史大夫臣誼、宗正臣德、太常臣昌、與太祝以一太牢具告祠高廟。臣敞等昧死以聞。"皇太后詔曰:"可。"光令王起拜受詔,王曰:"聞天子有争臣七人,雖無道,不失天下。"光曰:"皇太后詔廢,安得天子!"迺即持其手,解脱其璽組,奉上太后,扶王下殿,出金馬門,羣臣隨送。王西面拜曰:"愚戇,不任漢事。"起就乘輿副車。大將軍光送至昌邑邸。光謝曰:"王行自絶於天,臣等駑怯,不能殺身報德。臣寧負王,不敢負社稷。願王自愛,臣長不復見左右。"光涕泣而去。羣臣奏言:"古者廢放之人,屏於遠方,不及以政,請徙王賀漢中房陵縣。"太后詔歸賀昌邑,賜湯沐邑二千户。昌邑羣臣,坐亡輔導之誼,陷王於惡,光悉誅殺二百餘人。出死,號呼市中曰:"當斷不斷,反受其亂。"

光坐庭中,會丞相以下,議定所立。廣陵王已前不用,及燕刺王反誅,其子不在議中。近親唯有衛太子孫,號皇曾孫,在民間,咸稱述焉。光遂復與丞相敞等上奏曰:"禮曰:'人道親親,故尊祖,尊祖故敬宗。'太宗亡嗣,擇支子孫賢者爲嗣。孝武皇帝曾孫病已,武帝時有詔掖庭養視,至今年十八,師受《詩》、《論語》、《孝經》,躬行節儉,慈仁愛人,可以嗣孝昭皇帝後,奉承祖宗廟,子萬姓。臣昧死以聞。”皇太后詔曰:“可。”光遣宗正劉德至曾孫家尚冠里洗沐,賜御衣,太僕以軨獵車迎曾孫就齋宗正府,入未央宫,見皇太后,封爲陽武侯。已而光奉上皇帝璽綬,謁于高廟,是爲孝宣皇帝。

明年,下詔曰:“夫褒有德,賞元功,古今通誼也。大司馬大將軍光,宿衛忠正,宣德明恩,守節秉誼,以安宗廟。其以河北、東武陽益封光萬七千户。”與故所食凡二萬户。賞賜前後黄金七千斤,錢六千萬,雜繒三萬疋,奴婢百七十人,馬二千疋。甲第一區。自昭帝時,光子禹及兄孫雲皆中郎將,雲弟山奉車都尉侍中,領胡越兵。光兩女婿爲東西宫衛尉,昆弟、諸婿、外孫皆奉朝請,爲諸曹大夫、騎都尉、給事中。黨親連體,根據於朝廷。光自後元秉持萬機,及上即位,迺歸政。上謙讓不受,諸事皆先關白光,然後奏御天子。光每朝見,上虚己斂容,禮下之已甚。光秉政前後二十年,地節二年春,病篤,車駕自臨問光病,上爲之涕泣。光上書謝恩曰:“願分國邑三千户,以封兄孫奉車都尉山爲列侯,奉兄票騎將軍去病祀。”事下丞相御史,即日,拜光子禹爲右將軍。光薨,上及皇太后親臨光喪。太中大夫任宣與侍御史五人持節護喪事,中二千石治莫府冢上。如淳曰:“典爲冢者。”賜金錢、繒絮、繡被百領、衣五十篋,璧、珠、璣、玉衣、師古曰:“《漢儀注》:以玉爲襦,如鎧狀,連綴之,以黄金爲縷。要以下玉爲札,長尺,廣二寸半,爲甲,下至足,亦綴以黄金縷。”梓宫、便房、黄腸、題湊各一具,服虔曰:“便房,藏中便坐也。”蘇林曰:“以柏木黄心,致累棺外,故曰黄腸。木頭皆向内,故曰題湊。”如淳曰:“《漢儀注》:天子陵中明,中高丈二尺四寸,周二丈,内梓宫,次楩椁,柏黄腸題湊。”樅木外臧椁十五具。服虔曰:“在正臧外,婢妾臧也。”或曰:“廚廐之屬也。”東園温明,服虔曰:“形如方漆桶,開一面,漆畫之,以鏡置其中,以懸屍上,大斂并蓋之。”師古曰:“東園,署名也,屬少府,其署主作此器也。”皆如乘輿制度。載光尸柩以輼輬車,孟康曰:“如衣車,有窗牖,閉之則温,開之則涼。故名之輼輬車。”師古曰:“輼輬本安車也。可以卧息,後因載喪,飾以柳翣,故遂爲喪車耳。輼者,密閉;輬者,旁開窗牖;各别一乘,隨車爲名。後人既專以載喪,又去其一,總爲藩飾,而合二名呼之耳。"黄屋左纛,黄屋左纛,見《史記·項羽本紀》注。發材官輕車北軍五校士軍陳至茂陵,以送其葬,謚曰宣成侯。發三河卒穿復土,起冢祠堂,置園邑三百家,長丞奉守如舊法。既葬,封山爲樂平侯,以奉車都尉領尚書事。天子思光功德,下詔曰:"故大司馬大將軍博陸侯宿衛孝武皇帝三十有餘年,輔孝昭皇帝十有餘年,遭大難,躬秉誼,率三公九卿大夫定萬世册册同策。以安社稷,天下蒸庶咸以康寧。功德茂盛,朕甚嘉之。復其後世,疇其爵邑,世世無有所與,功如蕭相國。"明年夏,封太子外祖父許廣漢爲平恩侯。復下詔曰:"宣成侯光,宿衛忠正,勤勞國家。善善及後世,其封光兄孫中郎將雲爲冠陽侯。"

禹既嗣爲博陸侯,太夫人顯,改光時所自造塋制而侈大之,起三出闕,築神道,北臨昭靈,南出承恩,服虔曰:"昭靈、承恩,皆館名。"盛飾祠室,輦閣通屬永巷,而幽良人婢妾守之。晋灼曰:"閣道,乃通屬至永巷中也。"師古曰:"此亦其冢上作輦閣之道及永巷也。非謂掖庭之永巷也。"廣治第室,作乘輿輦,加畫繡絪馮,黄金塗,如淳曰:"絪亦茵,馮謂所馮者也。"師古曰:"茵,蓐也。以繡爲茵馮,而黄金塗輿輦也。"韋絮薦輪,晋灼曰:"御輦以韋緣輪,著之以絮。"師古曰:"取其行安,不摇動也。"侍婢以五采絲輓顯,游戲第中。初,光愛幸監奴馮子都,常與計事,及顯寡居,與子都亂。而禹、山亦並繕治第宅,走馬馳逐平樂館。雲當朝請,數稱病私出,多從賓客,張圍獵黄山苑中,使蒼頭奴上朝謁,莫敢譴者。而顯及諸女,晝夜出入長信宫殿中,亡期度。宣帝自在民間,聞知霍氏尊盛日久,内不能善。光薨,上始躬親朝政,御史大夫魏相給事中。顯謂禹、雲、山:"女曹不務奉大將軍餘業,今大夫給事中,他人壹間,女能復自救邪?"後兩家奴争道,霍氏奴入御史府,欲蹋大夫門,御史爲叩頭謝,迺去。人以謂霍氏,顯等始知憂。會魏大夫爲丞相,數燕見言事。平恩侯與侍中金安上等徑出入省中。時霍山自若領尚書,師古曰:"自若,猶言如故也。"上令吏民得奏封事,不關尚書,羣臣進見獨往來,於是霍氏甚惡之。宣帝始立,立微時許妃爲皇后。顯愛小女成君,欲貴之,私使乳醫淳于衍行毒藥殺許后,因勸光内成君,代立爲后。語在《外戚傳》。始許后暴崩,吏捕諸醫,劾衍侍疾亡狀,不道,下獄。吏簿問急,顯恐事敗,即具以實語光。光大驚,欲自發舉,不忍,猶與。會奏上,因署衍勿論。光薨後,語稍泄。於是上始聞之而未察,迺徙光女婿度遼將軍未央衛尉平陵侯范明友爲光禄勳,次婿諸吏中郎將羽林監任勝出爲安定太守。安定在甘肅涇川縣北五里。數月,復出光姊婿給事中光禄大夫張朔爲蜀郡太守,蜀郡,治今四川成都縣。羣孫婿中郎將王漢爲武威太守。郡治今甘肅武威縣。頃之,復徙光長女婿長樂衛尉鄧廣漢爲少府。更以禹爲大司馬,冠小冠,亡印綬,罷其右將軍屯兵官屬,特使禹官名與光俱大司馬者。蘇林曰:"特,但也。"又收范明友度遼將軍印綬,但爲光禄勳。及光中女婿趙平爲散騎騎都尉光禄大夫將屯兵,又收平騎都尉印綬。諸領胡、越騎、羽林及兩宫衛將屯兵,悉易以所親信許、史子弟代之。禹爲大司馬,稱病。禹故長史任宣候問,禹曰:"我何病?縣官非我家將軍,不得至是,今將軍墳墓未乾,盡外我家,反任許、史,奪我印綬,令人不省死。"宣見禹恨望深,迺謂曰:"大將軍時何可復行!持國權柄,殺生在手。中廷尉李种、王平、左馮翊賈勝胡及車丞相女婿少府徐仁皆坐逆將軍意下獄死。使樂成小家子師古曰:"即上所云少府樂成者也。使者其姓也,字或作史。"得幸將軍,至九卿封侯。百官以下,但事馮子都、王子方等,服虔曰:"皆光奴。"視丞相亡如也。各自有時,今許、史自天子骨肉,貴正宜耳。大司馬欲用是怨恨,愚以爲不可。"禹默然。數日,起視事。顯及禹、山、雲自見日侵削,數相對啼泣,自怨。山曰:"今丞相用事,縣官信之,盡變易大將軍時法令,以公田賦與貧民,發揚大將軍過失。又諸儒生多窶人子,遠客飢寒,喜妄説狂言,不避忌諱,大將軍常讎之,今陛下好與諸儒生語,人人自使書對事,多言我家者。嘗有上書言大將軍時，主弱臣强，專制擅權，今其子孫用事，昆弟益驕恣，恐危宗廟，災異數見，盡爲是也。其言絶痛，山屏不奏其書。後上書者益黠，盡奏封事，輒使中書令出取之，不關尚書，益不信人。”顯曰：“丞相數言我家，獨無罪乎？”山曰：“丞相廉正，安得罪？我家昆弟諸婿多不謹。又聞民間讙言霍氏毒殺許皇后，寧有是邪？”顯恐急，即具以實告山、雲、禹。山、雲、禹驚，曰：“如是，何不早告禹等？縣官離散斥逐諸婿，用是故也。此大事，誅罰不小，奈何？”於是始有邪謀矣。

初趙平客石夏，善爲天官，語平曰：“熒惑守御星，御星，太僕奉車都尉也，不黜則死。”平内憂山等。雲舅李竟所善張赦，見雲家卒卒，師古曰：“卒，讀如猝，怱遽之貌也。”謂竟曰：“今丞相與平恩侯用事，可令太夫人言太后，先誅此兩人。移徙陛下，在太后耳。”長安男子張章告之，事下廷尉。執金吾捕張赦、石夏等，後有詔止勿捕。山等愈恐，相謂曰：“此縣官重太后，故不竟也。然惡端已見，又有弑許后事，陛下雖寬仁，恐左右不聽，久之猶發，發即族矣，不如先也。”遂令諸女各歸報其夫，皆曰：“安所相避？”會李竟坐與諸侯王交通，辭語及霍氏，有詔雲、山不宜宿衛，免就第。光諸女遇太后無禮，服虔曰：“光諸女自以於上官太后爲姨母，遇之無禮。”馮子都數犯法，上并以爲讓。山禹等甚恐。顯夢第中井水溢，流庭下，竈居樹上，又夢大將軍謂顯曰：“知捕兒不？亟下捕之。”第中鼠暴多，與人相觸，以尾畫地。鴞數鳴殿前樹上。第門自壞。雲尚冠里宅中門亦壞。巷端人共見有人居雲屋上，徹瓦投地，就視，亡有，大怪之。禹夢車騎聲正讙來捕禹，舉家憂愁。山曰：“丞相擅減宗廟羔、菟、鼃，可以此罪也。”謀令太后爲博平君置酒，召丞相平恩侯以下，使范明友、鄧廣漢承太后制引斬之，因廢天子而立禹。約定，未發。雲拜爲玄菟太守，玄菟，今朝鮮咸鏡道及吉林南境地，治沃沮城。太中大夫任宣爲代郡太守。山又坐寫秘書，顯爲上書獻城西第，入馬千匹，以贖山罪。書報聞。師古曰：“不許之。”

會事發覺,雲、山、明友自殺,顯、禹、廣漢等捕得。禹要斬,顯及諸女昆弟皆弃市。唯獨霍后廢處昭臺宫,與霍氏相連坐誅滅者數千家。上迺下詔曰:"迺者東織室令史張赦,使魏郡豪李竟報冠陽侯雲謀爲大逆,朕以大將軍故,抑而不揚,冀其自新。今大司馬博陸侯禹與母宣成侯夫人顯及從昆弟子冠陽侯雲、樂平侯山諸姊妹婿謀爲大逆,欲詿誤百姓。賴祖宗神靈,先發得,咸伏其辜,朕甚悼之。諸爲霍氏所詿誤,事在丙申前,未發覺在吏者,皆赦除之。男子張章先發覺,以語期門董忠,忠告左曹楊惲,惲告侍中金安上。惲召見對狀後,章上書以聞。侍中史高與金安上建發其事,言無入霍氏禁闥,卒不得遂其謀,皆讎,有功。晉灼曰:"讎,等也。"師古曰:"言其功相等類也。"封章爲博成侯,忠高昌侯,惲平通侯,安上都成侯,高樂陵侯。"

初,霍氏奢侈,茂陵徐生曰:"霍氏必亡。夫奢則不遜,不遜必侮上。侮上者,逆道也。在人之右,衆必害之。霍氏秉權日久,害之者多矣。天下害之,而又行以逆道,不亡何待?"迺上疏言:"霍氏泰盛,陛下即愛厚之,宜以時抑制,無使至亡。"書三上,輒報聞。其後霍氏誅滅,而告霍氏者皆封。人爲徐生上書曰:"臣聞客有過主人者,見其竈直突,傍有積薪,客謂主人更爲曲突,遠徙其薪。不者,且有火患。主人嘿然不應。俄而家果失火,鄰里共救之,幸而得息。於是殺牛置酒,謝其鄰人,灼爛者在於上行,餘各以功次坐,而不録言曲突者。人謂主人曰:'鄉使聽客之言,不費牛酒,終亡火患。今論功而請賓,曲突徙薪亡恩澤,燋頭爛額爲上客耶?'主人迺寤而請之。今茂陵徐福數上書,言霍氏且有變,宜防絶之。鄉使福説得行,則國亡裂土出爵之費,臣亡逆亂誅滅之敗。往事既已,而福獨不蒙其功,唯陛下察之。貴徙薪曲突之策,使居焦髮灼爛之右。"上迺賜福帛十疋,後以爲郎。

宣帝始立,謁見高廟,大將軍光從驂乘,上内嚴憚之,若有芒刺在背。後車騎將軍張安世代光驂乘,天子從容肆體,甚安近焉。及光身死,而宗族竟誅,故俗傳之曰:"威震主者不畜,霍氏之禍,萌於驂乘。"至成帝時,爲光置守冢百家,吏卒奉祠焉。元始二年,封光從父昆弟曾孫陽爲博陸侯,千户。

金日磾,字翁叔,本匈奴休屠王太子也,武帝元狩中,票騎將軍霍去病將兵擊匈奴右地,多斬首,虜獲休屠王祭天金人。其夏,票騎復西過居延,攻祁連山,大克獲。於是單于怨昆邪、休屠居西方,多爲漢所破,召其王,欲誅之。昆邪、休屠恐,謀降漢。休屠王後悔,昆邪王殺之,并將其衆降漢。封昆邪王爲列侯,日磾以父不降見殺,與母閼氏弟倫俱没入官,輸黄門養馬,時年十四矣。久之,武帝游宴見馬,後宫滿側。日磾等數十人牽馬過殿下,莫不竊視,至日磾,獨不敢。日磾長八尺二寸,容貌甚嚴,馬又肥好,上異而問之,具以本狀對。上奇焉,即日賜湯沐衣冠,拜爲馬監,遷侍中駙馬都尉,光禄大夫。日磾既親近,未嘗有過失,上甚信愛之,賞賜累千金,出則驂乘,入侍左右。貴戚多竊怨曰:"陛下妄得一胡兒,反貴重之。"上聞,愈厚焉。日磾母教誨兩子,甚有法度,上聞而嘉之。病死,詔圖畫於甘泉宫,署曰:"休屠王閼氏。"日磾每見畫,常拜,鄉之涕泣,然後迺去。日磾子二人,皆愛,爲帝弄兒,常在旁側。弄兒或自後擁上項,日磾在前,見而目之。弄兒走且啼,曰:"翁怒。"上謂日磾:"何怒吾兒爲?"其後弄兒壯大,不謹,自殿下與宫人戲,日磾適見之,惡其淫亂,遂殺弄兒。弄兒即日磾長子也。上聞之大怒,日磾頓首謝,具言所以殺弄兒狀。上甚哀,爲之泣,已而心敬日磾。初,莽何羅與江充相善,及充敗衛太子,何羅弟通,用誅太子時力戰得封。後上知太子冤,迺夷滅充宗族黨與。何羅兄弟懼及,遂謀爲逆。日磾視其志意有非常,心疑之,陰獨察其動静,與俱上下。何羅亦覺日磾意,以故久不得發。是時上行幸林光宫,日磾小疾,卧廬,何羅與通及小弟安成矯制夜出,共殺使者,發兵。明旦,上未起,何羅亡何師古曰:"亡何,猶言無故也。"從外入。日磾奏廁,師古曰:"奏,向也。日磾方向廁而心動。"心動,立入坐内户下,須臾,何羅褎白刃從東箱上,見日磾,色變,走趨卧内,欲入,行觸寶瑟,僵。日磾得抱何羅,因傳曰:"莽何羅反。"上驚起,左右拔刃欲格之,上恐并中日磾,止勿格。日磾捽胡投何羅殿下,孟康曰:"胡音互。捽胡,若今相僻卧輪之類也。"晉灼曰:"胡,頸也,捽其頸而投殿下也。"得禽縛之,窮治,皆伏辜。繇是著忠孝節。

日磾自在左右,目不忤視者數十年。賜出宫女,不敢近。上欲内其女後宫,不肯。其篤慎如此,上尤奇異之。及上病,屬霍光以輔少主,光讓日磾。日磾曰:"臣外國人,且使匈奴輕漢。"於是遂爲光副。光以女妻日磾嗣子賞。

初,武帝遺詔,以討莽何羅功,封日磾爲秺侯,日磾以帝少,不受封。輔政歲餘,病困,大將軍光白封日磾,卧授印綬,一日,薨,賜葬具冢地,送以輕車、介士,軍陳至茂陵,謚曰敬侯。日磾兩子賞、建,俱侍中,與昭帝略同年,共卧起。賞爲奉車,建駙馬都尉。及賞嗣侯,佩兩綬,上謂霍將軍曰:"金氏兄弟兩人,不可使俱兩綬邪?"霍光對曰:"賞自嗣父爲侯耳。"上笑曰:"侯不在我與將軍乎?"光曰:"先帝之約,有功迺得封侯。"時年俱八九歲。宣帝即位,賞爲太僕,霍氏有事萌牙,上書去妻,上亦自哀之,獨得不坐。元帝時爲光禄勳,薨,亡子,國除。元始中,繼絶世,封建孫當爲秺侯,奉日磾後。初日磾所將俱降弟倫,字少卿,爲黄門郎,早卒。日磾兩子貴,及孫則衰矣,而倫後嗣遂盛,子安上始貴顯,封侯。

安上,字子侯,少爲侍中,惇篤有智,宣帝愛之。頗與發舉楚王延壽反謀,賜爵關内侯,食邑三百户。後霍氏反,安上傳禁門闥,無内霍氏親屬,封爲都成侯,至建章衛尉。薨,賜冢塋杜陵,謚曰敬侯。四子:常、敞、岑、明。岑、明皆爲諸曹中郎將,常光禄大夫。元帝爲太子時,敞爲中庶子,幸,有寵,帝即位,爲騎都尉,光禄大夫,中郎將侍中。元帝崩,故事,近臣皆隨陵爲園郎,敞以世名忠孝,太后詔留侍成帝,爲奉車水衡都尉,至衛尉。敞爲人正直,敢犯顔色,左右憚之,唯上亦難焉。病甚,上使使者問所欲,以弟岑爲託。上召岑,拜爲郎,使主客。敞子涉,本爲左曹,上拜涉爲侍中,使待幸緑車,載送衛尉舍。李奇曰:"幸緑車,常設以待幸也。臨敞病,拜子爲侍中,以此車送,欲敞見其榮寵也。"如淳曰:"幸緑車常置左右以待召載皇孫,今遣涉歸,以皇孫車載之,寵之也。"晉灼曰:"《漢注》:緑車名皇孫車。太子有子,乘以從。"須臾卒。敞三子涉、參、饒。涉明經,儉節,諸儒稱之。成帝時,爲侍中騎都尉,領三輔胡越騎。哀帝即位,爲奉車都尉,至長信少府。而參使匈奴,拜匈奴中郎將,越騎校尉,關都尉,安定、東海太守。饒爲越騎尉校。涉兩子湯、融,皆侍中諸曹將大夫。師古曰:"將,亦謂中郎將也。"而涉之從父弟欽,舉明經,爲太子門大夫,哀帝即位,爲太中大夫給事中。欽從父弟遷爲尚書令,兄弟用事。帝祖母傅太后崩,欽使護作,職辦,擢爲泰山、弘農太守,著威名。平帝即位,徵爲大司徒司直、京兆尹。帝年幼,選置師友,大司徒孔光以明經高行,爲孔氏師,京兆尹金欽以家世忠孝,爲金氏友。徙光禄大夫侍中,秩中二千石,封都成侯。時王莽新誅平帝外家衛氏,召明禮少府宗伯鳳入説爲人後之誼,白令公卿、將軍、侍中、朝臣並聽,欲以内厲平帝而外塞百姓之議。欽與族昆弟秺侯當俱封。初,當曾祖父日磾傳子節侯賞,而欽祖父安上傳子夷侯常,皆亡子,國絶,故莽封欽、當奉其後。當母南,即莽母功顯君同産弟也。當上南大行文穎曰:"大行,官名也。當上名狀於大行也。"爲太夫人。欽因緣謂當:"詔書陳日磾功,亡有賞語,當名爲以孫繼祖也,自當爲父、祖父立廟。賞故國君,使大夫主其祭。"時甄邯在旁,庭叱欽,因劾奏曰:"欽幸得以通經術,超擢侍帷幄,重蒙厚恩,封襲爵號,知聖朝以世有爲人後之誼。前遭故定陶太后背本逆天,孝哀不獲厥福,迺者吕寬、衛寶,復造姦謀,至於反逆,咸伏厥辜。太皇太后懲艾悼懼,逆天之咎,非聖誣法，大亂之殃，誠欲奉承天心，遵明聖制，專壹爲後之誼，以安天下之命，數臨正殿，延見羣臣，講習禮經。孫繼祖者，謂亡正統持重者也。賞見嗣日磾，後成爲君，持大宗重，則禮所謂'尊祖故敬宗'，'大宗不可以絶'者也。欽自知與當俱拜同誼，即數揚言殿省中，教當云云。當即如其言，則欽亦欲爲父明立廟而不入夷侯常廟矣。進退異言，頗惑衆心，亂國大綱，開禍亂原，誣祖不孝，罪莫大焉。尤非大臣所宜，大不敬。秺侯當上母南爲太夫人，失禮不敬。"莽白太后，下四輔、公卿、大夫、博士、議郎，皆曰："欽宜以時即罪。"謁者召欽詣詔獄，欽自殺。邯以綱紀國體，亡所阿私，忠孝尤著，益封千户。更封長信少府涉子右曹湯爲都成侯。湯受封日，不敢還歸家，以明爲人後之誼。益封之後，莽復用欽弟遵，封侯，歷九卿位。

贊曰：霍光以結髮内侍，起於階闥之間，確然秉志，誼形於主。受繦褓之託，任漢室之寄，當廟堂，擁幼君，摧燕王，仆上官，因權制敵，以成其忠。處廢置之際，臨大節而不可奪，遂匡國家，安社稷。擁昭立宣，光爲師保，雖周公、阿衡，何以加此？然光不學亡術，闇於大理，陰妻邪謀，立女爲后，湛溺盈溢之欲，以增顛覆之禍，死財三年，宗族誅夷，哀哉！昔霍叔封於晉，晉即河東，光豈其苗裔乎？金日磾夷狄亡國，羈虜漢庭，而以篤敬寤主，忠信自著，勒功上將，傳國後嗣，世名忠孝，七世内侍，何其盛也？本以休屠作金人爲祭天主，故因賜姓金氏云。

兩漢人文字，後人讀之，恒覺其古茂，此乃時代相隔久遠爲之，其實在當時，只是通行口語耳。讀此篇最可見之。魏晉以後，文字日趨靡麗；然所謂文者，特施之宜華飾之事，尋常叙事達意，别自有筆。筆中未嘗不閒雜口語，其杼軸亦於口語爲近。讀兩晉南北朝人奏議書翰，及其時史傳文字可見。此篇叙事及所載奏議，與六朝人所謂筆者極近，加以對勘，可悟文字源流。

燕王、廣陵王，皆多過失，武帝立賢，未嘗不是。然主少國疑之際，必得才德學識兼茂之大臣，乃足持之，武帝徒能拔用謹慎之人，實非人君之度。霍光、金日磾，皆小忠小信之徒，非能以道事君者也。中央再行廢立，而海内晏然。霍氏已席震主之勢，而仍爲宣帝所誅夷，匕鬯不驚者，其時本無亂源，宣帝又有相當才具，霍氏親黨，皆庸才耳。否則未嘗不可召變也。此篇亦但如實述之，而其事之真相自見。如載霍光等奏昌邑王之辭，信否已難質言，即謂皆信，亦皆個人失德耳，未嘗害及政事也。王見廢，曰："天子有争臣七人，雖無道，不失天下。"則光等之未嘗諫可知。光殺昌邑餘臣二百餘人，號呼市中曰："當斷不斷，反受其亂。"則昌邑實欲謀光，光乃先發可見。然則昭、宣之得安，正以其恭己委任耳。霍山謂丞相用事，盡變易大將軍時法令，以公田賦與貧民，發揚大將軍過失；又大將軍讎諸儒生，而今陛下好與之語；則光秉權時，暴横多失政，專權蒙蔽，又可見也。可謂婉而章矣。

金日磾傳，歷叙其後嗣甚詳者，金氏累世貴顯，且以一胡人而致此，自係當時一重要事實也。後世史籍，於事實無關係者，亦纍纍記之則亡謂矣。

《漢書·眭兩夏侯京翼李傳》

眭弘，字孟，魯國蕃人也。蕃，縣名。今山東滕縣。少時好俠，鬭鷄走馬，長迺變節，從嬴公受《春秋》。以明經爲議郎，至符節令。孝昭元鳳三年，正月，泰山萊蕪山南匈匈有數千人聲，民視之，有大石自立，高丈五尺，大四十八圍，入地深八尺，三石爲足。石立後，有白烏數千，下集其旁。是時昌邑有枯社木卧復生，又上林苑中大柳樹，斷枯卧地，亦自立生，有蟲食樹葉成文字，曰："公孫病已立。"孟推《春秋》之意，以爲石柳皆陰類，下民之象。而泰山者岱宗之嶽,王者易姓告代之處。今大石自立,僵柳復起,非人力所爲,此當有從匹夫爲天子者。枯社木復生,故廢之家公孫氏當復興者也。孟意亦不知其所在,即説曰:"先師董仲舒有言:雖有繼體守文之君,不害聖人之受命,漢家堯後,有傳國之運。漢帝宜誰差天下,求索賢人,孟康曰:"誰,問;差,擇也。問擇天下賢臣。"禮以帝位,師古曰:"禮,古禪字也。"而退自封百里,如殷周二王後,以承順天命。"孟使友人内官長賜上此書。時昭帝幼,大將軍霍光秉政,惡之,下其書廷尉。奏賜、孟妄設祆言惑衆,大逆不道,皆伏誅。後五年,孝宣帝興於民間,即位,徵孟子爲郎。

夏侯始昌,魯人也。通五經,以《齊詩》、《尚書》教授。自董仲舒、韓嬰死後,武帝得始昌,甚重之。始昌明於陰陽,先言柏梁臺災日,至期日,果災。時昌邑王以少子愛,上爲選師,始昌爲太傅。年老以壽終。族子勝,亦以儒顯名。

夏侯勝,字長公。初,魯共王分魯西寧鄉以封子節侯,别屬大河,大河後更名東平,故勝爲東平人。今山東東平縣。勝少孤,好學,從始昌受《尚書》及《洪範五行傳》,説災異。後事蕳卿,又從歐陽氏問。爲學精孰,所問非一師也。善説禮服。師古曰:"禮之喪服也。"徵爲博士光禄大夫。會昭帝崩,昌邑王嗣立,數出。勝當乘輿前諫曰:"天久陰而不雨,臣下有謀上者,陛下出欲何之?"王怒,謂勝爲祆言,縛以屬吏。吏白大將軍霍光,光不舉法。是時,光與車騎將軍張安世謀,欲廢昌邑王,光讓安世,以爲泄語。安世實不言,乃召問勝。勝對"言在《鴻範傳》曰:'皇之不極,厥罰常陰,時則下人有伐上者。'惡察察言,故云臣下有謀。"光、安世大驚,以此益重經術士。後十餘日,光卒與安世共白太后,廢昌邑王,尊立宣帝。光以爲羣臣奏事東宫,太后省政,宜知經術,白令勝用《尚書》授太后。遷長信少府,賜爵關内侯,以與謀廢立,定策安宗廟,益千户。

宣帝初即位,欲襃先帝,詔丞相御史曰:"朕以眇身,蒙遺德,承聖業，奉宗廟，夙夜惟念：孝武皇帝，躬仁誼，厲威武，北征匈奴，單于遠遁；南平氐、羌、昆明、甌駱、兩越；東定薉貉、朝鮮，廓地斥境，立郡縣，百蠻率服，款塞自至，珍貢陳於宗廟。協音律，造樂歌，薦上帝，封太山，立明堂，改正朔，易服色。明開聖緒，尊賢顯功，興滅繼絶，褒周之後。備天地之禮，廣道術之路，上天報況，符瑞並應。寶鼎出，白麟獲，海效鉅魚，神人並見，山稱萬歲。功德茂盛，不能盡宣，而廟樂未稱，朕甚悼焉。其與列侯二千石博士議。"於是羣臣大議廷中，皆曰："宜如詔書。"長信少府勝獨曰："武帝雖有攘四夷，廣土斥境之功，然多殺士衆，竭民財力，奢泰亡度，天下虛耗。百姓流離，物故者過半。蝗蟲大起，赤地數千里，或人民相食，畜積至今未復。亡德澤於民，不宜爲立廟樂。"公卿共難勝曰："此詔書也。"勝曰："詔書不可用也。人臣之誼，宜直言正論，非苟阿意順指。議已出口，雖死不悔。"於是丞相義、御史大夫廣明劾奏勝非議詔書，毀先帝，不道，及丞相長史黄霸，阿縱勝不舉劾，俱下獄。有司遂請尊孝武帝廟爲世宗廟，奏盛德、文始、五行之舞，天下世世獻納，以明盛德。武帝巡狩所幸郡國凡四十九，皆立廟，如高祖太宗焉。

勝、霸既久繫，霸欲從勝受經，勝辭以罪死。霸曰："朝聞道，夕死可矣。"勝賢其言，遂授之。繫再更冬，講論不怠。至四年夏，關東四十九郡同日地動，或山崩，壞城郭室屋，殺六千餘人。上迺素服，避正殿，遣使者弔問吏民，賜死者棺錢。下詔曰："蓋災異者，天地之戒也。朕承洪業，託士民之上，未能和羣生。曩者，地震北海、琅邪，壞祖宗廟，朕甚懼焉。其與列侯中二千石博問術士，有以應變，補朕之闕，毋有所諱。"因大赦，勝出爲諫大夫給事中，霸爲揚州刺史。

勝爲人質樸守正，簡易亡威儀。見時師古曰："見，見於天子。"謂上爲君，誤相字於前，師古曰："前，天子之前也。君前臣名，不當相呼字也。"上亦以是親信之。嘗見出，道上語，上聞而讓勝。勝曰："陛下所言善,臣故揚之。堯言布於天下,至今見誦。臣以爲可傳,故傳耳。”朝廷每有大議,上知勝素直,謂曰:“先生通正言,師古曰:“通,謂陳道之也。”無懲前事。”勝復爲長信少府,遷太子太傅,受詔撰《尚書》、《論語》説,賜黄金百斤,年九十卒。官賜冢塋葬平陵。太后賜錢二百萬,爲勝素服五日,以報師傅之恩,儒者以爲榮。

始勝每講授,常謂諸生曰:“士病不明經術,經術苟明,其取青紫如俛拾地芥耳。學經不明,不如歸耕。”勝從父子建,字長卿,自師事勝及歐陽高,左右采獲,又從五經諸儒,問與《尚書》相出入者,牽引以次章句,具文飾説。勝非之曰:“建所謂章句小儒,破碎大道。”建亦非勝爲學疏略,難以應敵。建卒自顓門名經,爲議郎,博士,至太子少傅。勝子兼,爲左曹太中大夫,孫堯至長信少府、司農、鴻臚,曾孫蕃,郡守、州牧、長樂少府。勝同産弟子賞爲梁内史。梁内史子定國爲豫章太守。而建子千秋,亦爲少府、太子少傅。

京房,字君明,東郡頓丘人也。頓丘,漢縣名,在今河北省清豐縣西南二十五里。治《易》,事梁人焦延壽。延壽字贛,贛貧賤,以好學,得幸梁王,王共其資用,令極意學。既成,爲郡史,察舉補小黄令。漢縣名,在今河南陳留縣東北三十三里。以候司先知姦邪,盜賊不得發。愛養吏民,化行縣中。舉最當遷,三老官屬上書願留贛,有詔許增秩留,卒於小黄。贛常曰:“得我道以亡身者,必京生也。”其説長於災變,分六十四卦,更值日用事,以風雨寒温爲候,各有占驗。房用之,尤精。好鍾律,知音聲。

初元四年,以孝廉爲郎。永光、建昭間,西羌反,日蝕,又久青亡光,陰霧不精。房數上疏,先言其將然,近數月,遠一歲,所言屢中。天子説之,數召見問,房對曰:“古帝王以功舉賢,則萬化成,瑞應著,末世以毁譽取人,故功業廢而致災異。宜令百官各試其功,災異可息。”詔使房作其事,房奏考功課吏法。上令公卿朝臣與房會議温室,皆以房言煩碎,令上下相司,不可許。上意鄉之。時部刺史奏事京師，上召見諸刺史，令房曉以課事，刺史復以爲不可行。唯御史大夫鄭弘，光禄大夫周堪，初言不可，後善之。

是時中書令石顯顓權，顯友人五鹿充宗爲尚書令，與房同經，論議相非。二人用事，房嘗宴見，問上曰："幽、厲之君，何以危？所任者何人也？"上曰："君不明，而所任者巧佞。"房曰："知其巧佞而用之邪？將以爲賢也？"上曰："賢之。"房曰："然則今何以知其不賢也？"上曰："以其時亂而君危知之。"房曰："若是，任賢必治，任不肖必亂，必然之道也。幽、厲何不覺寤而更求賢？曷爲卒任不肖，以至於是？"上曰："臨亂之君，各賢其臣，令皆覺寤，天下安得危亡之君？"房曰："齊桓公、秦二世，亦嘗聞此君而非笑之，然則任豎刀、趙高，政治日亂，盜賊滿山，何不以幽、厲卜之而覺寤乎？"上曰："唯有道者，能以往知來耳。"房因免冠頓首曰："《春秋》紀二百四十二年災異，以視萬世之君，今陛下即位已來日月失明，星辰逆行，山崩泉涌，地震石隕，夏霜冬靁，春凋秋榮，隕霜不殺，水旱螟蟲，民人飢疫，盜賊不禁，刑人滿市，《春秋》所記災異盡備。陛下視今爲治邪？亂邪？"上曰："亦極亂耳，尚何道？"房曰："今所任用者誰與？"上曰："然，幸其瘉於彼，又以爲不在此人也。"房曰："夫前世之君，亦皆然矣。臣恐後之視今，猶今之視前也。"上良久，迺曰："今爲亂者誰哉？"房曰："明主宜自知之。"上曰："不知也。如知之，何故用之？"房曰："上最所信任，與圖事帷幄之中，進退天下之士者是矣。"房指謂石顯，上亦知之，謂房曰："已諭。"房罷出。

後上令房上弟子曉知考功課吏事者，欲試用之。房上中郎任良、姚平，"願以爲刺史，試考功法，臣得通籍殿中，爲奏事，以防雍塞"。石顯、五鹿充宗皆疾房，欲遠之，建言宜試以房爲郡守。元帝於是以房爲魏郡太守，秩八百石，居得以考功法治郡。房自請，願無屬刺史，得除用它郡人，自第吏千石已下，歲竟，乘傳奏事。天子許焉。房自知數以論議爲大臣所非,内與石顯、五鹿充宗有隙,不欲遠離左右,及爲太守,憂懼。房以建昭二年二月朔拜,上封事曰:"辛酉以來,蒙氣衰去,太陽精明,臣獨欣然,以爲陛下有所定也。然少陰倍力而乘消息,孟康曰:房以消息卦爲辟,辟,君也。息卦曰太陰,消卦曰太陽,其餘卦曰少陰少陽,謂臣下也。臣疑陛下雖行此道,猶不得如意,臣竊悼懼。守陽平侯鳳欲見未得,至己卯,臣拜爲太守,此言上雖明,下猶勝之效也。臣出之後,恐必爲用事所蔽,身死而功不成,故願歲盡乘傳奏事,蒙哀見許。迺辛巳,蒙氣復乘卦,太陽侵色,此上大夫覆陽而上意疑也。己卯、庚辰之間,必有欲隔絶臣,令不得乘傳奏事者。"房未發,上令陽平侯鳳承制詔房,止無乘傳奏事,房意愈恐,去至新豐,因郵上封事,曰:"臣以六月中言遯卦不效,法曰:'道人始去,寒,涌水爲災。'師古曰:"道人,有道術之人也。天氣寒而有水涌出也。"至其七月,涌水出,臣弟子姚平謂臣曰:'房可謂知道,未可謂信道也。房言災異未嘗不中,今涌水已出,道人當逐死,尚復何言?'臣曰:'陛下至仁,於臣尤厚,雖言而死,臣猶言也。'平又曰:'房可謂小忠,未可謂大忠也。昔秦時趙高用事,有正先者,孟康曰:"姓正,名先,秦博士也。"非刺高而死,高威自此成,故秦之亂,正先趣之。'今臣得出守郡,自詭效功,師古曰:"詭,責也。"恐未效而死,惟陛下毋使臣塞涌水之異,當正先之死,爲姚平所笑。"房至陝,復上封事,曰:"乃丙戌小雨,丁亥蒙氣去,然少陰并力而乘消息,戊子益甚,到五十分,蒙氣復起。此陛下欲正消息,雜卦之黨并力而争,消息之氣不勝。彊弱安危之機,不可不察。己丑夜,有還風,盡辛卯,孟康曰:"還風,暴風也。風爲教令,言正令還也。"太陽復侵色,至癸巳,日月相薄,此邪陰同力,而太陽爲之疑也。臣前白九年不改,必有星亡之異。臣願出任良試考功,臣得居内,星亡之異可去。議者知如此於身不利,臣不可蔽,故云:'使弟子不若試師。'臣爲刺史,又當奏事,故復云:'爲刺史恐太守不與同心,不若以爲太守。'此其所以隔絶臣也。陛下不違其言,而遂聽之,此迺蒙氣所以不解,太陽亡色者也。臣去朝稍遠,太陽侵色益甚,唯陛下毋難還臣,而易逆天意。邪説雖安于人,天氣必變,故人可欺,天不可欺也。願陛下察焉。”房去月餘,竟徵下獄。

初,淮陽憲王舅張博,從房受學,以女妻房。房與相親,每朝見,輒爲博道其語,以爲上意欲用房議,而羣臣惡其害己,故爲衆所排。博曰:“淮陽王上親弟,敏達好政,欲爲國忠。今欲令王上書求入朝,得佐助房。”房曰:“得無不可?”博曰:“前楚王朝薦士,何爲不可?”房曰:“中書令石顯,尚書令五鹿君,相與合同,巧佞之人也,事縣官十餘年,及丞相韋侯,皆久亡補於民,可謂亡功矣。此尤不欲行考功者也。淮陽王即朝見,勸上行考功事,善;不然,但言丞相中書令任事久而不治,可休丞相,以御史大夫鄭弘代之,遷中書令置他官,以鉤盾令徐立代之,如此,房考功事得施行矣。”博具從房記諸所説災異事,固令房爲淮陽王作求朝奏草,皆持柬與淮陽王,石顯微司具知之,以房親近,未敢言。及房出守郡,顯告房與張博通謀,非誇政治,歸惡天子,詿誤諸侯王,語在《憲王傳》。初房見道幽、厲事,出爲御史大夫鄭弘言之。房、博皆棄市,弘坐免爲庶人。房本姓李,推律自定爲京氏,死時年四十一。

翼奉,字少君,東海下邳人也。今江蘇邳縣。治《齊詩》,與蕭望之、匡衡同師。三人經術皆明,衡爲後進,望之施之政事,而奉惇學不仕,好律曆陰陽之占。元帝初即位,諸儒薦之,徵待詔宦者署,數言事宴見,天子敬焉。時平昌侯王臨以宣帝外屬侍中,稱詔欲從奉學其術。奉不肯與言,而上封事曰:“臣聞之於師:‘治道要務,在知下之邪正。人誠鄉正,雖愚爲用;若迺懷邪,知益爲害。’知下之術,在於六情十二律而已。北方之情,好也。好行貪狼,申子主之;東方之情,怒也,怒行陰賊,亥卯主之。貪狼必待陰賊而後動,陰賊必待貪狼而後用,二陰並行,是以王者忌子卯也。《禮經》避之,《春秋》諱焉。南方之情,惡也;惡行廉貞,寅午主之。西方之情,喜也;喜行寬大,巳酉主之。二陽並行,是以王者吉午酉也。詩曰:'吉日庚午。'上方之情,樂也;樂行姦邪,辰未主之。下方之情,哀也;哀行公正,戌丑主之。辰未屬陰,戌丑屬陽,萬物各以其類應。今陛下明聖虚静,以待物至,萬事雖衆,何聞而不論?豈况乎執十二律而御六情?於以知下參實,亦甚優矣。萬不失一,自然之道也。迺正月癸未,日加申,有暴風,從西南來,未主姦邪,申主貪狼,風以大陰,下抵建前,是人主左右邪臣之氣也。孟康曰:"時太陰在未,月建在寅,風從未下,至寅南也。建爲主氣。太陰臣氣也。加主氣,是人主左右邪臣驗也。"平昌侯比三來見臣,皆以正辰加邪時。辰爲客,時爲主人。以律知人情,王者之秘道也。愚臣誠不敢以語邪人。"

上以奉爲中郎,召問奉:"來者以善日邪時,孰與邪日善時?"奉對曰:"師法用辰不用日。辰爲客,時爲主人。見於明主,侍者爲主人。辰正時邪,見者正,侍者邪;辰邪時正,見者邪,侍者正。忠正之見,侍者雖邪,辰時俱正;大邪之見,侍者雖正,辰時俱邪。即以自知侍者之邪,而時邪辰正,見者反邪;即以自知侍者之正,而時正辰邪,見者反正。辰爲常事,時爲一行,辰疏而時精,其效同功,必參五觀之,然後可知。故曰:'察其所繇,省其進退,參之六合五行,則可以見人性,知人情。難用外察,從中甚明,故詩之爲學,情性而已。五性不相害,六情更興廢。觀性以歷,觀情以律,明主所宜獨用,難與二人共也。'故曰:'顯諸仁,臧諸用。'露之則不神,獨行則自然矣。"唯奉能用之,學者莫能行。

是歲,關東大水,郡國十一,飢疫尤甚。上迺下詔江海、陂湖、園池屬少府者,以假貧民,勿租税;損大官膳,減樂府員,省苑囿,諸宫館稀御幸者,勿繕治。太僕少府減食穀馬,水衡省食肉獸。明年,二月,戊午,地震。其夏,齊地人相食。七月,己酉,地復震。上曰:"蓋聞賢聖在位,陰陽和,風雨時,日月光,星辰静,黎庶康寧,考終厥命。今朕共承天地,託于公侯之上,明不能燭,德不能綏,災異並臻,連年不息。乃二月戊午,地大震于隴西郡,毁落太上廟殿壁木飾,壞敗豲道縣豲道縣,屬天水。故城在今甘肅隴西縣西北。城郭、官寺、及民室屋,厭殺人衆,山崩地裂,水泉涌出。一年地再動,天惟降災,震驚朕躬。治有大虧,咎至於此。夙夜兢兢,不通大變,深懷鬱悼,未知其序。比年不登,元元困乏,不勝飢寒,以陷刑辟,朕甚閔焉,憯怛於心。已詔吏虛倉廩,開府臧,振捄貧民。羣司其茂思天地之戒,有可蠲除減省,以便萬姓者,各條奏。悉意陳朕過失,靡有所諱。"因赦天下,舉直言極諫之士。奉奏封事曰:"臣聞之於師曰:'天地設位,懸日月,布星辰,分陰陽,定四時,列五行,以視聖人,名之曰道。聖人見道,然後知王治之象,故畫州土,建君臣,立律曆,陳成敗,以視賢者,名之曰經。賢者見經,然後知人道之務,則《詩》、《書》、《易》、《春秋》、《禮》、《樂》是也。'《易》有陰陽,《詩》有五際,孟康曰:"《詩内傳》曰:'五際,卯、酉、午、戌、亥也。'陰陽始終際會之歲,於此則有變改之政也。"《春秋》有災異,皆列終始,推得失,考天心,以言王道之安危。至秦迺不説,傷之以法,師古曰:"説音悦。言不悦《詩》、《書》,而以文法傷文學之人也。"是以大道不通,至於滅亡。今陛下明聖,深懷要道,燭臨萬方,布德流惠,靡有闕遺。罷省不急之用,振救困貧,賦醫藥,賜棺錢,恩澤甚厚。又舉直言,求過失,盛德純備,天下幸甚。臣奉竊學《齊詩》,聞五際之要《十月之交》篇,知日蝕地震之效,昭然可明,猶巢居知風,穴處知雨,亦不足多,適所習耳。臣聞人氣内逆,則感動天地,天變見於星氣日蝕,地變見於奇物震動。所以然者,陽用其精,陰用其形,猶人之有五臧六體,五臧象天,六體象地,故臧病則氣色發於面,體病則欠申動於貌。今年太陰建於甲戌,律以庚寅初用事,歷以甲午從春。孟康曰:"太陰在甲戌,則太歲在子,十一月庚寅日,黄鍾律初起用事也。"歷中甲庚,律得參陽,性中仁義,情得公正貞廉,百年之精歲也。正以精歲,本首王位,日臨中時接律而地大震，其後連月久陰，雖有大令猶不能復，師古曰："大令，虛倉廩，開府庫之屬也。復，補也。"陰氣盛矣。古者朝廷必有同姓以明親親，必有異姓以明賢賢，此聖王之所以大通天下也。同姓親而易進，異姓疏而難通，故同姓一，異姓五，迺爲平均。今左右亡同姓，獨以舅后之家爲親，異姓之臣又疏。二后之黨滿朝，非特處位，埶尤奢僭過度，吕、霍、上官，足以卜之，甚非愛人之道，又非後嗣之長策也。陰氣之盛，不亦宜乎！臣又聞未央、建章、甘泉宫才人，各以百數，皆不得天性。師古曰："言絶男女之好也。"若杜陵園，其已御見者，臣子不敢有言，雖然，太皇太后之事也。及諸侯王國，與其後宫，宜爲設員，出其過制者，此損陰氣，應天救邪之道也。今異至不應，災將隨之。其法大水，極陰生陽，反爲大旱，甚則有火災，《春秋》宋伯姬是矣。唯陛下財察。"

明年夏四月乙未，孝武園白鶴館災。奉自以爲中，上疏白："臣前上五際地震之效，曰極陰生陽，恐有火災。不合明聽，未見省答，臣竊内不自信，今白鶴館以四月乙未，時加於卯，月宿亢災，與前地震同法。臣奉迺深知道之可信也。不勝拳拳，願復賜間，卒其終始。"上復延問以得失，奉以爲祭天地於雲陽、汾陰，及諸寢廟不以親疏迭毁，皆煩費，違古制。又宫室苑囿，奢泰難供，以故民困國虚，亡累年之畜。所繇來久，不改其本，難以末正，迺上疏曰："臣聞昔者盤庚改邑，以興殷道，聖人美之。竊聞漢德隆盛，在於孝文皇帝，躬行節儉，外省繇役，其時未有甘泉、建章，及上林中諸離宫館也；未央宫又無高門、武臺、麒麟、鳳皇、白虎、玉堂、金華之殿，獨有前殿、曲臺、漸臺、宣室、温室、承明耳。孝文欲作一臺，度用百金，重民之財，廢而不爲，其積土基，至今猶存，又下遺詔，不起山墳。故其時天下太和，百姓洽足，德流後嗣。如令處於當今，因此制度，必不能成功名。天道有常，王道亡常。亡常者，所以應有常也。必有非常之主，然後能立非常之功。臣願陛下徙都於成周，左據成皋，右阻黽池，前鄉崧高，後介大河，建滎陽，扶河東，南北千里以爲關，而入敖倉；地方百里者八九，足以自娛；東厭諸侯之權，西遠羌、胡之難，陛下共己亡爲，按成周之居，兼盤庚之德，萬歲之後，長爲高宗。漢家郊兆寢廟祭祀之禮多不應古，臣奉誠難亶居而改作，師古曰："亶讀如但。但居，謂依舊都也。"故願陛下遷都正本。衆制皆定，亡復繕治宫館不急之費，歲可餘一年之畜。臣聞三代之祖，積德以王，然皆不過數百年而絶。周至成王，有上賢之材，因文武之業，以周召爲輔，有司各敬其事，在位莫非其人，天下甫二世耳，然周公猶作《詩》、《書》，深戒成王，以恐失天下。《書》則曰：'王毋若殷王紂。'其《詩》則曰：'殷之未喪師，克配上帝，宜監于殷，駿命不易。'今漢初取天下，起於豐沛，以兵征伐，德化未洽，後世奢侈，國家之費，當數代之用，非直費財，又迺費士。孝武之世，暴骨四夷，不可勝數。有天下雖未久，至於陛下八世九主矣，雖有成王之明，然亡周召之佐。今東方連年飢饉，加之以疾疫，百姓菜色，或至相食。地比震動，天氣溷濁，日光侵奪。繇此言之，執國政者豈可以不懷怵惕而戒萬分之一乎！故臣願陛下因天變而徙都，所謂與天下更始者也。天道終而復始，窮則反本，故能延長而亡窮也。今漢道未終，陛下本而始之，於以永世延祚，不亦優乎！如因丙子之孟夏，順太陰以東行，到後七年之明歲，必有五年之餘蓄，然後大行考室之禮，師古曰："考，成也。成其禮也。"雖周之隆盛，亡以加此。唯陛下留神詳察萬世之策。"書奏，天子異其意，答曰："問奉：今園廟有七，云東徙，狀何如?"奉對曰："昔成王徙洛，盤庚遷殷，其所避就，皆陛下所明知也。非有聖明，不能一變天下之道。臣奉愚戇狂惑，唯陛下裁赦。"其後貢禹亦言當定迭毁禮，上遂從之。及匡衡爲丞相，奏徙南北郊，其議皆自奉發之。奉以中郎爲博士諫大夫，年老，以壽終，子及孫皆以學在儒官。

李尋，字子長，平陵人也。在今山東歷城縣東。治尚書，與張孺、鄭寬中同師。寬中等守師法教授，尋獨好《洪範》災異，又學天文月令陰陽。事丞相翟方進，方進亦善爲星曆，除尋爲吏，數爲翟侯言事。帝舅曲陽侯王根爲大司馬票騎將軍，厚遇尋。是時多災異，根輔政，數虚己問尋。尋見漢家有中衰阸會之象，其意以爲且有洪水爲災，迺説根曰："《書》云'天聰明'，蓋言紫宫極樞，通位帝紀，孟康曰："紫宫，天之北宫也。極，天之北極星也。"太微四門，孟康曰："太微，天之南宫也。四門，太微之四門也。"廣開大道，五經六緯，尊術顯士，孟康曰："六緯，五經與樂緯也。"案：此亦當指天象言，孟説恐未是。翼張舒布，獨臨四海，張晏曰："翼，二十八星。舒，布；張，廣也。"少微處士，爲比爲輔，孟康曰："少微四星，在太微西。主處士，儒學之冠，爲太微輔佐也。"故次帝廷，女宫在後。孟康曰："女宫，謂軒轅星也。"聖人承天，賢賢易色，師古曰："賢賢，尊上賢人；易色，輕略於色，不貴之也。"取法於此。天官上相上將，皆顓面正朝，孟康曰："朝，太微宫垣也。西垣爲上將，東垣爲上相，各專一面，而正天下之朝事也。"憂責甚重，要在得人。得人之效，成敗之機，不可不勉也。昔秦穆公説諓諓之言，任仡仡之勇，身受大辱，社稷幾亡。悔過自責，思惟黄髮，任用百里奚，卒伯西域，德列王道。二者禍福如此，可不慎哉！夫士者，國家之大寶，功名之本也。將軍一門九侯，二十朱輪，漢興以來，臣子貴盛，未嘗至此。夫物盛必衰，自然之理，唯有賢友彊輔，庶幾可以保身命，全子孫，安國家。《書》曰：'曆象日月星辰。'此言仰視天文，俯察地理，觀日月消息，候星辰行伍，揆山川變動，參人民繇俗，以制法度，考禍福。舉錯誖逆，咎敗將至，徵兆爲之先見。明君恐懼修正，側身博問，轉禍爲福；不可救者，即蓄備以待之，故社稷亡憂。竊見往者赤黄四塞，地氣大發，動土竭民，天下擾亂之徵也。彗星争明，庶雄爲桀，大寇之引也。此二者已頗效矣。城中訛言大水，奔走上城，朝廷驚駭，女孽入宫，此獨未效。閒者重以水泉涌溢，旁宫闕仍出。月、太白入東井，犯積水，缺天淵。日數湛於極陽之色。羽氣乘宫，孟康曰："《天文志》曰：'西方爲羽。'羽，少陰之位，少陰臣氣，乘於君也。"晉灼曰："羽，北方，水也。水陰爲臣。宫，中央土也。土爲君。今水乘土,言臣氣勝於君也。”起風積雲。又錯以山崩地動,河不用其道。盛冬靁電,潛龍爲孽。繼以隕星流彗,維填上見,孟康曰:“有地維星有四填星,皆妖星也。”日蝕有背鄉。此亦高下易居,洪水之徵也。不憂不改,洪水迺欲盪滌,流彗迺欲埽除;改之,則有年亡期。師古曰:“言可延期,得禳災。”故屬者頗有變改,小貶邪猾,日月光精,時雨氣應,此皇天右漢亡已也,何況致大改之!宜急博求幽隱,拔擢天士,任以大職。諸闒茸佞讇,抱虛求進,及用殘賊酷虐聞者,若此之徒,皆嫉善憎忠,壞天文,敗地理,涌趯邪陰,湛溺太陽,師古曰:“趯字與躍同。湛讀如沈。”爲主結怨於民,宜以時廢退,不當得居位。誠必行之,凶災銷滅,子孫之福,不旋日而至。政治感陰陽,猶鐵炭之低卬,孟康曰:“先冬夏至,縣鐵炭於衡,各一端。令適停,冬陽氣至,炭仰而鐵低。夏陰氣至,炭低而鐵仰,以此候二至也。”見效可信者也。及諸蓄水連泉,務通利之。修舊隄防,省池澤税,以助損邪陰之盛。案行事,考變易,訛言之效,未嘗不至。請徵韓放,服虔曰:“姓名也。曉水。”掾周敞、王望,可與圖之。”根於是薦尋。

哀帝初即位,召尋待詔黄門,使侍中衛尉傅喜問尋曰:“間者水出地動,日月失度,星辰亂行,災異仍重,極言毋有所諱。”尋對曰:“陛下聖德,尊天敬地,畏命重民,悼懼變異,不忘疏賤之臣,幸使重臣臨問,愚臣不足以奉明詔。竊見陛下新即位,開大明,除忌諱,博延名士,靡不並進。臣尋位卑術淺,過隨衆賢待詔,食太官,衣御府,久汙玉堂之署。師古曰:“玉堂殿,在未央宫。”比得召見,亡以自效。復特見延問至誠,自以逢不世出之命,願竭愚心,不敢有所避,庶幾萬分有一可采。唯棄須臾之間,宿留瞽言,考之文理,稽之五經,揆之聖意,以參天心。夫變異之來,各應象而至,臣謹條陳所聞。《易》曰:‘縣象著明,莫大乎日月。’夫日者,衆陽之長,煇光所燭,萬里同晷,人君之表也。故日將旦,清風發,羣陰伏,君以臨朝,不牽於色。日初出,炎以陽,君登朝,佞不行,忠直進,不蔽障。日中煇光,君德盛明,大臣奉公。日將入,專以壹,君就房,有常節。君不修道,則日失其度,晻昧亡光。各有云爲。其於東方作,日初出時,師古曰:"作,起也。"陰雲邪氣起者,法爲牽於女謁,有所畏難;日出後,爲近臣亂政;日中,爲大臣欺誣;日且入,爲妻妾役使所營。間者日尤不精,光明侵奪失色,邪氣珥蜺數作。本起於晨,相連至昏,其日出後至日中間差瘉。小臣不知内事,竊以日視陛下志操,衰於始初多矣。其咎恐有以守正直言而得罪者,傷嗣害世,不可不慎也。唯陛下執乾剛之德,彊志守度,毋聽女謁邪臣之態。諸保阿乳母甘言悲辭之託,斷而勿聽。勉强大誼,絶小不忍,良有不得已,可賜以貨財,不可私以官位,誠皇天之禁也。日失其光,則星辰放流,陽不能制陰,陰桀得作。間者,太白正晝經天。宜隆德克躬,以執不軌。臣聞月者,衆陰之長,銷息見伏,百里爲品,千里立表,萬里連紀,妃后大臣諸侯之象也。朔晦正終始,弦爲繩墨,望成君德,春夏南,秋冬北。間者,月數以春夏與日同道,過軒轅上后受氣,孟康曰:"軒轅南大星爲后。"入太微帝廷楊光煇,犯上將近臣,列星皆失色,厭厭如滅,此爲母后與政亂朝,陰陽俱傷,兩不相便。外臣不知朝事,竊信天文即如此,近臣已不足杖矣。屋大柱小,可爲寒心。唯陛下親求賢士,無彊所惡,以崇社稷,尊彊本朝。臣聞五星者,五行之精,五帝司命,應王者號令,爲之節度。歲星主歲事,爲統首,號令所紀,今失度而盛,此君指意欲有所爲,未得其節也。又填星不避歲星者,后帝共政,相留於奎、婁,張晏曰:歲星爲帝,填星爲女主也。當以義斷之。熒惑往來亡常,周歷兩宫,張晏曰:"兩宫,謂紫微,太微。"作態低卬,入天門,上明堂,貫尾亂宫。太白發越犯庫,張晏曰:"發越,疾貌也。"孟康曰:"奎爲天庫。"兵寇之應也。貫黄龍,入帝庭,張晏曰:"黄龍,軒轅也。"當門而出,隨熒惑入天門,至房而分,欲與熒惑爲患,不敢當明堂之精。此陛下神靈,故禍亂不成也。熒惑厥弛,張晏曰:"厥弛,動摇貌。"佞巧依埶,微言毀譽,進類蔽善。太白出端門,孟康曰:"端門,太微正南門。"臣有不臣者。火入室,金上堂,張晏曰:

"熒惑入營室也。"孟康曰:"火入室,謂熒惑,歷兩宫也。金,謂太白也。上堂,入房星也。"不以時解,其憂凶。填歲相守,又主内亂。宜察蕭牆之内,毋忽親疏之微,誅放佞人,防絶萌牙,以盪滌濁濊,消散積惡,毋使得成禍亂。辰星主正四時,當效於四仲;四時失序,則辰星作異。今出於歲首之孟,天所以譴告陛下也。政急則出蚤,政緩則出晚,政絶不行則伏不見而爲彗茀。師古曰:"茀與孛同。"四孟皆出,爲易王命;四季皆出,星家所諱。今幸獨出寅孟之月,蓋皇天所以篤右陛下也。宜深自改。治國故不可以戚戚,欲速則不達。《經》曰:'三載考績,三考黜陟。'加以號令不順四時,既往不咎,來事之師也。間者,春三月治大獄,時賊陰立逆,恐歲小收;小同少。季夏舉兵,法時寒氣應,恐後有霜雹之災;秋月行封爵,其月土溼奥,恐後有雷雹之變。夫以喜怒賞罰而不顧時禁,雖有堯舜之心,猶不能致和善。言天者,必有效於人。設上農夫而欲冬田,肉袒深耕,汗出種之,然猶不生者,非人心不至,天時不得也。《易》曰:'時止則止,時行則行,動静不失其時,其道光明。'《書》曰:'敬授民時。'故古之王者,尊天地,重陰陽,敬四時,嚴月令。順之以善政,則和氣可立致,猶枹鼓之相應也。今朝廷忽於時月之令,諸侍中尚書近臣宜皆令通知月令之意,設羣下請事;若陛下出令,有謬於時者,當知争之,以順時氣。臣聞五行以水爲本,其星玄武婺女,天地所紀,終始所生。水爲準平,王道公正修明,則百川理,落脈通。偏黨失綱,則踊溢爲敗。《書》云:'水曰潤下。'陰動而卑,不失其道。天下有道,則河出圖,洛出書,故河洛決溢,所爲最大。今汝、潁畎澮皆川水漂踊,與雨水並爲民害,此詩所謂'爗爗震電,不寧不令,百川沸騰'者也。師古曰:"《詩·小雅》、《十月之交》之詩也。"其咎在於皇甫卿士之屬。師古曰:"皇甫卿士,周室女寵之族也。"按見《詩·十月之交》篇。唯陛下留意詩人之言,少抑外親大臣。臣聞地道柔静,陰之常義也。地有上中下,其上位震,應妃后不順,中位應大臣作亂,下位應庶民離畔。震或於其國,國君之咎也。四方中央連國歷州俱動者,其異最大。間者,關東地數震,五星作異,亦未大逆,宜務崇陽抑陰,以救其咎。固志建威,閉絶私路,拔進英儁,退不任職,以彊本朝。夫本彊則精神折衝,本弱則招殃致凶,爲邪謀所陵。聞往者淮南王作謀之時,其所難者獨有汲黯,公孫弘等不足言也。弘,漢之名相,於今亡比,而尚見輕,何況亡弘之屬乎? 故曰朝廷亡人,則爲賊亂所輕,其道自然也。天下未聞陛下奇策固守之臣也。《語》曰:'何以知朝廷之衰? 人人自賢,不務於通人,師古曰:"通人,謂薦達賢材也。"故世陵夷。'馬不伏歷,不可以趨道;士不素養,不可以重國。《詩》曰:'濟濟多士,文王以寧。'孔子曰:'十室之邑,必有忠信。'非虚言也。陛下秉四海之衆,曾亡柱幹之固守聞於四境,殆開之不廣,取之不明,勸之不篤。《傳》曰:'土之美者善養禾,君之明者善養士。'中人皆可使爲君子,詔書進賢良,赦小過,無求備,以博聚英儁。如近世貢禹,以言事忠切蒙尊榮,當此之時,士厲身立名者多。禹死之後,日日以衰。及京兆尹王章坐言事誅滅,智者結舌,邪僞並興,外戚顓命,君臣隔塞,至絶繼嗣,女宫作亂。此行事之敗,誠可畏而悲也。本在積任母后之家,非一日之漸,往者不可及,來者猶可追也。先帝大聖,深見天意昭然,使陛下奉承天統,欲矯正之也。宜少抑外親,選練左右,舉有德行道術通明之士充備天官,然後可以輔聖德,保帝位,承大宗。下至郎吏從官,行能亡以異,又不通一蓺,及博士無文雅者,宜皆使就南畝,以視天下,明朝廷皆賢材君子,於以重朝尊君,滅凶致安,此其本也。臣自知以言害身,不辟死亡之誅,唯財留神,反覆覆愚臣之言。"是時,哀帝初立,成帝外家王氏未甚抑黜,而帝外家丁、傅新貴,祖母傅太后尤驕恣,欲稱尊號。丞相孔光、大司空師丹執政,諫争,久之,上不得已,遂免光、丹而尊傅太后。語在《丹傳》。上雖不從尋言,然采其語,每有非常,輒問尋。尋對屢中,遷黄門侍郎,以尋言且有水災,故拜尋爲騎都尉,使護河隄。

初，成帝時，齊人甘忠可詐造《天官歷》、《包元太平經》十二卷，以言"漢家逢天地之大終，當更受命於天，天帝使真人赤精子下，教我此道"。忠可以教重平夏賀良、容丘丁廣世、東郡郭昌等，中壘校尉劉向奏忠可假鬼神罔上惑衆，下獄治服，未斷病死。賀良等坐挾學忠可書，以不敬論，後賀良等復私以相教。哀帝初立，司隸校尉解光亦以明經通災異得幸，白賀良等所挾忠可書事下奉車都尉劉歆，歆以爲不合五經，不可施行。而李尋亦好之。光曰："前歆父向奏忠可下獄，歆安肯通此道?"時郭昌爲長安令，勸尋宜助賀良等。尋遂白賀良等，皆待詔黄門，數召見，陳説："漢歷中衰，當更受命。成帝不應天命，故絶嗣。今陛下久疾，變異屢數，天所以譴告人也。宜急改元易號，迺得延年益壽，皇子生，災異息矣。得道不得行，咎殃且亡。不有洪水將出，災火且起，滌盪人民。"哀帝久寢疾，幾其有益，遂從賀良等議。於是詔制丞相御史："蓋聞《尚書》五曰考終命，言大運壹終，更紀天元人元，考文正理，推曆定紀，數如甲子也。朕以眇身，入繼太祖，承皇天，總百僚，子元元，未有應天心之效。即位出入三年，災變數降，日月失度，星辰錯謬，高下貿易，大異連仍，盜賊並起。朕甚懼焉，戰戰兢兢，唯恐陵夷。惟漢興至今二百載，曆紀開元，皇天降非材之右，師古曰："右，讀曰祐。祐，助也。帝自言不材而得天助也。"漢國再獲受命之符，朕之不德，曷敢不通。夫受天之元命，必與天下自新。其大赦天下，以建平二年爲太初元將元年。號曰陳聖劉太平皇帝。漏刻以百二十爲度。布告天下，使明知之。"後月餘，上疾自若。賀良等復欲妄變政事，大臣争以爲不可許。賀良等奏言大臣皆不知天命，宜退丞相御史，以解光、李尋輔政。上以其言亡驗，遂下賀良等吏，而下詔曰："朕獲保宗廟，爲政不德，變異屢仍，恐懼戰栗，未知所繇。待詔賀良等，建言改元易號，增益漏刻，可以永安國家。朕信道不篤，過聽其言，幾爲百姓獲福。卒無嘉應，久旱爲災。以問賀良等，對當復改制度，皆背經誼，違聖制,不合時宜。夫過而不改,是爲過矣。六月甲子詔書,非赦令也,皆蠲除之。賀良等反道惑衆,姦態當窮竟。”皆下獄,光禄勳平當、光禄大夫毛莫如與御史中丞、廷尉雜治,當賀良等執左道,亂朝政,傾覆國家,誣罔主上,不道。賀良等皆伏誅,尋及解光減死一等,徙敦煌郡。

贊曰:“幽贊神明,通合天人之道者,莫著乎《易》、《春秋》。然子贛猶云‘夫子之文章,可得而聞,夫子之言性與天道,不可得而聞’已矣。漢興,推陰陽言災異者,孝武時有董仲舒、夏侯始昌,昭、宣則眭孟、夏侯勝,元、成則京房、翼奉、劉向、谷永,哀、平則李尋、田終術。此其納説時君著明者也。察其所言,仿佛一端。假經設誼,依託象類,或不免乎‘億則屢中’。仲舒下吏,夏侯囚執,眭孟誅戮,李尋流放,此學者之大戒也。京房區區,不量淺深,危言刺譏,構怨彊臣,罪辜不旋踵,亦不密以失身。悲夫!”

《漢書》學者之傳甚多,以限於篇幅,選此一篇。

漢世陰陽五行之學盛行,似涉迷信。然其人皆通達治體,慷慨欲有所爲。如眭孟至勸漢帝求賢人,禪以帝位,而退自封百里。此後世之人,所萬不敢言者也。京房考功之法,王符嘗稱之,實察吏之要政。翼奉、李尋等所建,亦皆治本之道,大改革之方。爲權要不便者所泥,道不行,身且獲禍耳。古人言論,傳於後者不多。如賈生之策治安,可謂切於事矣。然亦未嘗不言改正朔易服色也。設使賈生他説皆不傳,而獨傳其改正朔易服色之論,後人亦將以迷信之徒視之矣。書闕有間,不宜據偏端作一成之論,凡讀古書皆然,正不獨漢史也。

《後漢書·隗囂公孫述列傳》

隗囂,字季孟,天水成紀人也。少仕州郡,王莽國師劉歆,引囂爲士。歆死,囂歸鄉里。季父崔,素豪俠,能得衆,聞更始立,而莽兵連敗,於是乃與兄義及上邽人楊廣、冀人周宗謀起兵應漢。囂止之曰:“夫兵,凶事也。宗族何辜?”崔不聽,遂聚衆數千人,攻平襄,在今甘肅省通渭縣西南。殺莽鎮戎大尹。崔、廣等以爲舉事宜立主,以一衆心,咸謂囂素有名,好經書,遂共推爲上將軍。囂辭讓不得已,曰:“諸父衆賢不量小子,必能用囂言者,乃敢從命。”衆皆曰:“諾。”囂既立,遣使聘請平陵人方望,以爲軍師。望至説囂曰:“足下欲承天順民,輔漢而起,今立者乃在南陽,王莽尚據長安,雖欲以漢爲名,其實無所受命,將何以見信於衆乎?宜急立高廟,稱臣奉祠,所謂‘神道設教’,求助人神者也。且禮有損益,質文無常,削地開兆,茅茨土階,以致其肅敬。雖未備物,神明其舍諸?”囂從其言,遂立廟邑東,祀高祖、太宗、世宗,囂等皆稱臣執事,史奉璧而告。祝畢,有司穿坎于庭,章懷太子《注》(以下簡稱《舊注》):“《周禮》,司盟,掌盟載之法。鄭玄注曰:載,盟辭也。書其辭於策,殺牲取血,坎其牲,加書於上,而薶之。”牽馬操刀,奉盤錯鍉,遂割牲而盟。《舊注》:“前書《匈奴傳》云:韓昌等與單于及大臣俱登諾水東山,刑白馬,單于以徑路刀金留犁撓酒。應劭曰:留犁,飯匕也。撓,攪也。以匕攪血而歃之,今亦奉盤措匙而歃也。以此而言,鍉即匙字。”曰:“凡我同盟三十一將,十有六姓,允承天道,興輔劉宗。如懷姦慮,明神殛之。高祖、文皇、武皇,俾墜厥命,厥宗受兵,族類滅亡。”有司奉血鍉進,護軍舉手揖諸將軍曰:“鍉不濡血,歃不入口,是欺神明也,厥罰如盟。”既而薶血加書,一如古禮。事畢,移檄告郡國曰:“漢復元年七月己酉朔,己巳,上將軍隗囂、白虎將軍隗崔、左將軍隗義、右將軍楊廣、明威將軍王遵、雲旗將軍周宗等,告州牧、部監、郡卒正、連率、大尹、尹、尉隊大夫、屬正、屬令:故新都侯王莽,慢侮天地,悖道逆理。鴆殺孝平皇帝,篡奪其位。矯託天命,僞作符書,欺惑衆庶,震怒上帝。反戾飾文,以爲祥瑞。戲弄神祇,歌頌禍殃。楚越之竹,不足以書其惡。天下昭然,所共聞見。今略舉大端,以喻吏民。

蓋天爲父,地爲母,禍福之應,各以事降。莽明知之,而冥昧觸冒,不顧大忌,詭亂天術,援引史傳。昔秦始皇毀壞謚法,以一二數,欲至萬世,而莽下三萬六千歲之歷,言身當盡此度。循亡秦之軌,推無窮之數。是其逆天之大罪也。分裂郡國,斷截地絡。《舊注》:"絡,猶經絡也。謂莽分坼郡縣,斷割疆界也。"田爲王田,賣買不得。規錮山澤,奪民本業。造起九廟,窮極土作。發冢河東,攻劫丘壟。此其逆地之大罪也。尊任殘賊,信用姦佞,誅戮忠正,覆按口語,赤車奔馳,《舊注》:"《續漢志》曰:小使車,赤轂白蓋,赤帷,從騶騎四十人。"法冠晨夜,冤繫無辜,妄族衆庶。行炮烙之刑,除順時之法,灌以醇醯,裂以五毒。政令日變,官名月易,貨幣歲改,吏民昏亂,不知所從,商旅窮窘,號泣市道。設爲六管,《舊注》:"莽設六管之令,謂沽酒、賣鹽、鐵器、鑄錢、名山、大澤。"增重賦斂,刻剥百姓,厚自奉養,苞苴流行,財入公輔,上下貪賄,莫相檢考。民坐挾銅炭,没入鍾官,《舊注》:"鍾官,主鑄錢之官也。"徒隸殷積,數十萬人,工匠飢死,長安皆臭。既亂諸夏,狂心益悖,北攻强胡,南擾勁越,西侵羌戎,東摘濊貊。使四境之外,並入爲害,緣邊之郡,江海之瀕,滌地無類。故攻戰之所敗,苛罰之所陷,飢饉之所夭,疾疫之所及,以萬萬計。其死者則露尸不掩,生者則奔亡流散,幼孤婦女,流離係虜。此其逆人之大罪也。是故上帝哀矜,降罰於莽,妻子顛殞,還自誅刈。大臣反據,亡形已成。大司馬董忠、國師劉歆、衛將軍王涉,皆結謀内潰;司命孔仁、納言嚴尤、秩宗陳茂,舉衆外降。今山東之兵,二百餘萬,已平齊、楚,下蜀、漢,定宛、洛,據敖倉,守函谷,威命四布,宣風中岳。興滅繼絶,封定萬國,遵高祖之舊制,修孝文之遺德。有不從命,武軍平之。馳使四夷,復其爵號。然後還師振旅,櫜弓卧鼓。申命百姓,各安其所,庶無負子之責。"《舊注》:"百姓襁負流亡,責在君上,既安其業,則無責也。"囂乃勒兵十萬,擊殺雍州牧陳慶。將攻安定。治高平。今甘肅固原縣,後漢治臨涇,在今甘肅鎮原縣附近。安定大尹王向,莽從弟平阿侯譚之子也,威風獨能行其邦内,屬縣皆無叛者。囂乃移書於向,喻以天命,反覆誨示,終不從。於是進兵虜之,以徇百姓,然後行戮,安定悉降。而長安中亦起兵誅王莽。囂遂分遣諸將徇隴西、治狄道,在甘肅臨洮縣東北。武都、治武都,在今甘肅成縣西八十里。金城、武威、張掖、酒泉、燉煌,金城治久吾,在今甘肅皐蘭縣西北。武威、張掖、酒泉、敦煌,皆郡名,治今縣。皆下之。

更始二年,遣使徵囂及崔、義等。囂將行,方望以爲更始未可知固止之,囂不聽。望以書辭謝而去,曰:"足下將建伊、吕之業,弘不世之功,而大事草創,英雄未集。以望異域之人,疵瑕未露,欲先崇郭隗,想望樂毅,故欽承大旨,順風不讓。將軍以至德尊賢,廣其謀慮,動有功,發中權,基業已定,大勳方緝。今俊乂並會,羽翮比肩,望無耆耇之德,而猥託賓客之上,誠自愧也。雖懷介然之節,欲絜去就之分,誠終不背其本,貳其志也。何則?范蠡收責句踐,乘偏舟於五湖;咎犯謝罪文公,亦逡巡於河上。夫以二子之賢,勒銘兩國,猶削跡歸愆,請命乞身,望之無勞,蓋其宜也。望聞烏氏有龍池之山,烏氏縣,在今甘肅平涼縣西北。微徑南通,與漢相屬,其傍時有奇人,聊及閒暇,廣求其真。願將軍勉之。"囂等遂至長安,更始以爲右將軍,崔、義皆即舊號。其冬,崔、義謀欲叛歸,囂懼并禍,即以事告之,崔、義誅死,更始感囂忠,以爲御史大夫。明年夏,赤眉入關,三輔擾亂。流聞光武即位河北,囂即説更始歸政於光武叔父國三老良,更始不聽。諸將欲劫更始東歸,囂亦與通謀。事發覺,更始使使者召囂,囂稱疾不入,因會客王遵、周宗等,勒兵自守。更始使執金吾鄧曄將兵圍囂,囂閉門拒守,至昏時,遂潰圍,與數十騎夜斬平城門關,亡歸天水。天水治平襄,見前。復招聚其衆,據故地,自稱西州上將軍。及更始敗,三輔耆老士大夫皆奔歸囂。囂素謙恭愛士,傾身引接,爲布衣交。以前王莽平河大尹長安谷恭爲掌野大夫,平陵平陵,在陝西咸陽西北十五里。范逡爲師友,趙秉、蘇衡、鄭興爲祭酒,申屠剛、杜林爲持書,楊廣、王遵、周宗及平襄人行巡、阿陽人王捷、河陽,在山東禹城縣。長陵人王元長陵,在今陝西咸陽東北。爲大將軍,杜陵、金丹之屬爲賓客。杜陵,在陝西長安縣東南。由此名震西州,聞於山東。

建武二年,大司徒鄧禹西擊赤眉,屯雲陽。今陝西淳化縣西北。禹裨將馮愔引兵叛禹,西向天水,囂迎擊,破之於高平,高平在今甘肅固原縣境。盡獲輜重。於是禹承制遣使持節命囂爲西州大將軍,得專制涼州、朔方事。及赤眉去長安,欲西上隴,囂遣將軍楊廣迎擊,破之,又追敗之於烏氏涇陽間。今甘肅平涼縣西四十里。囂既有功於漢,又受鄧禹爵,署其腹心,議者多勸通使京師。三年,囂乃上書詣闕,光武素聞其風聲,報以殊禮,言稱字,用敵國之儀,所以慰藉之良厚。時陳倉陳倉,在今陝西寶鷄縣東。人吕鮪擁衆數萬,與公孫述通,寇三輔。囂復遣兵佐征西大將軍馮異擊之,走鮪,遣使上狀。帝報以手書,曰:"慕樂德義,思相結納;昔文王三分,猶服事殷。但駑馬鈆刀,不可强扶。數蒙伯樂一顧之價,而蒼蠅之飛,不過數步,即託驥尾,得有絶羣。隔於盜賊,聲問不數。將軍操執款款,扶傾救危,南距公孫之兵,北禦羌胡之亂。是以馮異西征,得以數千百人躑躅三輔。微將軍之助,則咸陽已爲佗人禽矣!今關東寇賊,往往屯聚,志務廣遠,多所不暇,未能觀兵成都,與子陽角力。如令子陽到漢中、三輔,願因將軍兵馬,鼓旗相當。儻肯如言,蒙天之福,即智士計功割地之秋也。管仲曰:'生我者父母,成我者鮑子。'自今以後,手書相聞,勿用傍人解構之言。"自是恩禮愈篤。

其後公孫述數出兵漢中,遣使以大司空扶安王印綬授囂。囂自以與述敵國,恥爲所臣,乃斬其使,出兵擊之,連破述軍,以故蜀兵不復北出。時關中將帥數上書,言蜀可擊之狀,帝以示囂,因使討蜀,以效其信。囂乃遣長史上書,盛言三輔單弱,劉文伯在邊,未宜謀蜀。帝知囂欲持兩端,不願天下統一,於是稍黜其禮，正君臣之儀。初囂與來歙、馬援相善，故帝數使歙、援奉使往來，勸令入朝，許以重爵。囂不欲東，連遣使，深持謙辭，言無功德，須四方平定，退伏閭里。五年，復遣來歙説囂遣子入侍，囂聞劉永、彭寵，皆已破滅，乃遣長子恂隨歙詣闕。以爲胡騎校尉，封鐫羌侯。而囂將王元、王捷，常以爲天下成敗未可知，不願專心内事。元遂説囂曰："昔更始西都，四方響應，天下喁喁，謂之太平。一旦敗壞，大王既無所厝。今南有子陽，北有文伯，江湖海岱，王公十數，而欲牽儒生之説，弃千乘之基，羈旅危國，以求萬全，此循覆車之軌，計之不可者也。今天水完富，士馬最强，北收西河、上郡，東收三輔之地，按秦舊跡，表裏河山。元請以一丸泥爲大王東封函谷關，此萬世一時也。若計不及此，且畜養士馬，據隘自守，曠日持久，以待四方之變，圖王不成，其弊猶足以霸。要之，魚不可脱於淵，神龍失埶，即還與蚯蚓同。"囂心然元計，雖遣子入質，猶負其險阸，欲專方面，於是游士長者，稍稍去之。六年，關東悉平，帝積苦兵閒，以囂子内侍，公孫述遠據邊垂，乃謂諸將曰："且當置此兩子於度外耳。"因數騰書隴、蜀，告示禍福。囂賓客、掾史多文學生，每所上事，當世士大夫皆諷誦之，故帝有所辭答，尤加意焉。囂復遣使周游詣闕，先到馮異營，游爲仇家所殺。帝遣衛尉銚期持珍寶繒帛賜囂，期至鄭被盗，亡失財物。帝常稱囂長者，務欲招之，聞而嘆曰："吾與隗囂，事欲不諧，使來見殺，得賜道亡。"會公孫述遣兵寇南郡，乃詔囂當從天水伐蜀，因此欲以潰其心腹。囂復上言："白水險阻，白水，在今四川昭化縣西北。棧閣絶敗。"又多設支閡。帝知其終不爲用，叵欲討之。《舊注》："叵，猶遂也。"遂西幸長安，遣建威大將軍耿弇等七將軍從隴道伐蜀，先使來歙奉璽書喻旨。囂疑懼，即勒兵，使王元據隴坻，伐木塞道，謀欲殺歙。歙得亡歸。諸將與囂戰，大敗，各引退。囂因使王元行巡侵三輔，征西大將軍馮異、征虜將軍祭遵等擊破之。囂乃上疏謝曰："吏人聞大兵卒至，驚恐自救，臣囂不能禁止。兵有大利,不敢廢臣子之節,親自追還。昔虞舜事父,大杖則走,小杖則受。臣雖不敏,敢忘斯義?今臣之事,在於本朝,賜死則死,加刑則刑,如遂蒙恩,更得洗心,死骨不朽。"有司以囂言慢,請誅其子恂。帝不忍,復使來歙至汧,賜囂書曰:"昔柴將軍與韓信書云:'陛下寬仁,諸侯雖有亡叛而後歸,輒復位號,不誅也。'以囂文吏,曉義理,故復賜書。深言則似不遜,略言則事不決。今若束手,復遣恂弟歸闕庭者,則爵祿獲全,有浩大之福矣。吾年垂四十,在兵中十歲,厭浮語虛辭。即不欲,勿報。"囂知帝審其詐,遂遣使稱臣於公孫述。

明年,述以囂爲朔寧王,遣兵往來,爲之援埶。秋,囂將步騎三萬侵安定,至陰槃,陰槃,在今陝西長武縣西北。馮異率諸將拒之。囂又令别將下隴,攻祭遵於汧。兵並無利,乃引還。帝因令來歙以書招王遵,遵乃與家屬東詣京師,拜爲大中大夫,封向義侯。遵字子春,霸陵人也。霸陵,在今陝西長安縣東。父爲上郡太守。遵少豪俠,有才辯,雖與囂舉兵,而常有歸漢意。曾於天水私於來歙曰:"吾所以戮力不避矢石者,豈要爵祿哉!徒以人思舊主,先君蒙漢厚恩,思効萬分耳。"又數勸囂遣子入侍,前後辭諫切甚,囂不從,故去焉。八年春,來歙從山道襲得略陽城。略陽,在今甘肅秦安縣東北九十里。囂出不意,懼更有大兵,乃使王元拒隴坻,行巡守番須口,《舊注》:"番須口,與回中相近,並在汧。"王孟塞鷄頭道,《舊注》:"鷄頭,山道也。鷄,或作笄,一名崆峒山,在原州西。"案唐原州,在今甘肅鎮原縣。牛邯軍瓦亭,《舊注》:"安定烏支縣有瓦亭故關,有瓦亭川水,在原州南。"囂自悉其大衆圍來歙。公孫述亦遣其將李育、田弇助囂攻略陽,連月不下。帝乃率諸將西征之,數道上隴,使王遵持節監大司馬吴漢留屯於長安。遵知囂必敗滅,而與牛邯舊故,知其有歸義意,以書喻之曰:"遵與隗王歃血盟爲漢,自經歷虎口,踐履死地,已十數矣。于時周洛以西,無所統壹,故爲王策,欲東收關中,北取上郡,進以奉天人之用,退以懲外夷之亂。數年之間,冀聖漢復存,當挈河隴，奉舊都，以歸本朝。生民以來，臣人之埶，未有便於此時者也。而王之將吏，羣居穴處之徒，人人抵掌，欲爲不善之計。遵與孺卿日夜所争，害幾及身者，豈一事哉？前計抑絶，後策不從，所以吟嘯扼腕，垂涕登車。幸蒙封拜，得延論議，每及西州之事，未嘗敢忘孺卿之言。今車駕大衆，已在道路，吴、耿驍將，雲集四境，而孺卿有奔離之卒，拒要阸，當軍衝，視其形埶何如哉？夫智者覩危思變，賢者泥而不滓，是以功名終申，策畫復得。故夷吾束縛而相齊，黥布杖劍以歸漢，去愚就義，功名並著。今孺卿當成敗之際，遇嚴兵之鋒，可爲怖慄。宜斷之心胸，參之有識。"邯得書，沈吟十餘日，乃謝士衆，歸命洛陽，拜爲太中大夫。於是囂大將十三人，屬縣十六，衆十餘萬皆降。王元入蜀求救，囂將妻子奔西城，西城，在今陜西安康縣西北。從楊廣，而田弇、李育保上邽。上邽，在今甘肅天水縣西南。詔告囂曰："若束手自詣，父子相見，保無佗也。高皇帝云：'横來，大者王，小者侯。'若遂欲爲黥布者，亦自任也。"囂終不降。於是誅其子恂，使吴漢與征南大將軍岑彭圍西城，耿弇與虎牙大將軍蓋延圍上邽，車駕東歸。月餘，楊廣死，囂窮困。其大將王捷别在戎丘，登城呼漢軍曰："爲隗王城守者，皆必死無二心。願諸軍亟罷，請自殺以明之。"遂自刎頸死。數月，王元、行巡、周宗將蜀救兵五千餘人，乘高卒至，鼓譟大呼曰："百萬之衆方至。"漢軍大驚，未及成陳，元等決圍，殊死戰，遂得入城，迎囂歸冀。冀，今甘肅伏羌縣。會吴、漢等食盡退去，於是安定、北地、天水、隴西，復反爲囂。

九年春，囂病且餓，出城餐糗糒，恚憤而死。王元、周宗，立囂少子純爲王。明年，來歙、耿弇、蓋延等攻破落門，《舊注》："落門，聚名也。有落門谷水，在秦州伏羌縣西。"案伏羌，今爲縣，屬甘肅。周宗、行巡、苟宇、趙恢等將純降。宗、恢及諸隗分徙京師以東，純與巡、宇徙弘農，唯王元留爲蜀將。及輔威將軍臧宫破延岑，元舉衆詣宫降。元字惠孟，初拜上蔡令，遷東平相，坐墾田不實，下獄死。牛邯,字孺卿,狄道人,有勇力才氣,雄於邊垂。及降,大司空司直杜林、太中大夫馬援並薦之,以爲護羌校尉,與來歙平隴右。十八年,純與賓客數十騎亡入胡,至武威,捕得,誅之。

論曰:隗囂援旗糾族,假制明神,跡夫創圖首事,有以識其風矣。終於孤立一隅,介于大國,隴坻雖隘,非有百二之埶,區區兩郡,以禦堂堂之鋒,至使窮廟策,竭征徭,身歿衆解,然後定之。則知其道有足懷者,所以棲有四方之桀,士至投死絶亢而不悔者矣。夫功全則譽顯,業謝則釁生,回成喪而爲其議者,或未聞焉。若囂命會符運,敵非天力,雖坐論西伯,豈多嗤乎?

公孫述,字子陽,扶風茂陵人也。茂陵,在陜西興平縣東北。哀帝時,以父任爲郎。後父仁爲河南都尉,而述補清水長。清水,在甘肅清水縣西。仁以述年少,遣門下掾隨之官。月餘,掾辭歸,白仁曰:"述非待教者也。"後太守以其能,使兼攝五縣。政事修理,姦盜不發,郡中謂有鬼神。王莽、天鳳中,爲導江卒正,居臨邛,復有能名。及更始立,豪傑各起其縣以應漢,南陽人宗成自稱虎牙將軍,入略漢中;又商人王岑,亦起兵於雒縣,雒縣,今四川廣漢縣。自稱定漢將軍,殺王莽庸部牧以應成,衆合數萬人。述聞之,遣使迎成等。成等至成都,虜掠暴横。述意惡之,召縣中豪傑謂曰:"天下同苦新室,思劉氏久矣。故聞漢將軍到,馳迎道路。今百姓無辜而婦子係獲,室屋燒燔,此寇賊,非義兵也。吾欲保郡自守,以待真主。諸卿欲并力者即留,不欲者便去。"豪桀皆叩頭曰:"願効死。"述於是使人詐稱漢使者自東方來,假述輔漢將軍、蜀郡太守兼益州牧印綬。乃選精兵千餘人,西擊成等。比至成都,衆數千人,遂攻成,大破之。成將垣副殺成,以其衆降。二年秋,更始遣柱功侯李寶、益州刺史張忠,將兵萬餘人徇蜀、漢。述恃其地險衆附,有自立志,乃使其弟恢於綿竹擊寶、忠,大破走之。由是威震益部。

功曹李熊説述曰:"方今四海波蕩,匹夫横議。將軍割據千里,地什湯武,若奮威德以投天隙,霸王之業成矣。宜改名號,以鎮百姓。”述曰:“吾亦慮之,公言起我意。”於是自立爲蜀王,都成都。蜀地肥饒,兵力精强,遠方士庶多往歸之,邛、筰君長,皆來貢獻。李熊復説述曰:“今山東飢饉,人庶相食,兵所屠滅,城邑丘墟。蜀地沃野千里,土壤膏腴,果實所生,無穀而飽。女工之業,覆衣天下。名材、竹幹、器械之饒,不可勝用。又有魚鹽、銅銀之利,浮水轉漕之便。北據漢中,杜褒、斜之險,東守巴郡,拒扞關之口;扞關,在湖北長湯縣西。地方數千里,戰士不下百萬。見利則出兵而略地,無利則堅守而力農。東下漢水,以窺秦地,南順江流,以震荆、揚。所謂用天因地,成功之資。今君王之聲,聞於天下,而名號未定,志士狐疑,宜即大位,使遠人有所依歸。”述曰:“帝王有命,吾何足以當之?”熊曰:“天命無常,百姓與能。能者當之,王何疑焉?”述夢有人語之曰:“八厶子系,十二爲期。”覺,謂其妻曰:“雖貴而祚短,若何?”妻對曰:“朝聞道,夕死尚可,況十二乎?”會有龍出其府,殿中夜有光耀,述以爲符瑞,因刻其掌,文曰“公孫帝”。建武元年,四月,遂自立爲天子。號成家,色尚白。建元曰龍興元年。以李熊爲大司徒,以其弟光爲大司馬,恢爲大司空。改益州爲司隸校尉,蜀郡爲成都尹。越嶲越嶲郡治邛都,在今四川西昌縣東南。任貴,亦殺王莽大尹而據郡降。述遂使將軍侯丹開白水關,白水關在陝西寧羌縣境。北守南鄭,將軍任滿從閬中閬中縣,在今四川閬中縣西。下江州,江州縣,即今四川巴縣。東據扞關,於是盡有益州之地。

自更始敗後,光武方事山東,未遑西伐,關中豪桀吕鮪等,往往擁衆以萬數,莫知所屬,多往歸述,皆拜爲將軍。遂大作營壘,陳車騎,肄習戰射,會聚兵甲數十萬人,積糧漢中,築宫南鄭。又造十層赤樓帛蘭船。《舊注》:“蓋以帛飾其蘭檻也。”多刻天下牧守印章,備置公卿百官。使將軍李育、程烏將數萬衆出陳倉,與李鮪徇三輔。三年,征西將軍馮異擊鮪、育於陳倉,大敗之。鮪、育奔漢中。五年，延岑、田戎爲漢兵所敗，皆亡入蜀。岑字叔牙，南陽人。始起據漢中，又擁兵關西，關西所在破散，走至南陽，略有數縣。戎，汝南人。郡名，治市輿，在今河南汝南縣東南六十里。初起兵夷陵，今湖北宜昌縣。轉寇郡縣，衆數萬人。岑戎並與秦豐合，豐俱以女妻之。及豐敗，故二人皆降於述。述以岑爲大司馬，封汝寧王，戎翼江王。六年，述遣戎與將軍任滿出江關，在荆門虎牙二山間。下臨沮、夷陵間，臨沮，在今湖北當陽縣西北。招其故衆，因欲取荆州諸郡，竟不能克。

是時述廢銅錢，置鐵官錢，百姓貨幣不行。蜀中童謡言曰："黄牛白腹，五銖當復。"好事者竊言王莽稱黄，述自號白，五銖錢，漢貨也，言天下當并還劉氏。述亦好爲符命鬼神瑞應之事，妄引讖記，以爲"孔子作《春秋》爲赤制而斷十二公。明漢至平帝十二代，歷數盡也，一姓不得再受命。又引《籙運法》曰：'廢昌帝，立公孫。'《括地象》曰：'帝軒轅受命，公孫氏握。'《援神契》曰：'西太守，乙卯金。'謂西方太守而乙絶卯金也。五德之運，黄承赤而白繼黄，金據西方爲白德，而代王氏，得其正序。"又自言手文有奇，及得龍興之瑞，數移書中國，冀以感動衆心。帝患之，乃與述書曰："圖讖言公孫，即宣帝也。代漢者當塗高，君豈高之身邪？乃復以掌文爲瑞，王莽何足效乎？君非吾賊臣亂子，倉卒時人，皆欲爲君事耳，何足數也！君日月已逝，妻子弱小，當早爲定計，可以無憂。天下神器，不可力争，宜留三思。"署曰公孫皇帝。述不答。

明年，隗囂稱臣於述，述騎都尉平陵人荆邯見東方漸平，兵且西向，説述曰："兵者，帝王之大器，古今所不能廢也。昔秦失其守，豪桀並起，漢祖無前人之跡，立錐之地，起於行陣之中，躬自奮擊，兵破身困者數矣。然軍敗復合，創愈復戰。何則？前死而成功，踰於却就於滅亡也。隗囂遭遇運會，割有雍州，兵强士附，威加山東。遇更始政亂，復失天下，衆庶引領，四方瓦解。囂不及此時推危乘勝,以争天命,而退欲爲西伯之事,尊師章句,賓友處士,偃武息戈,卑辭事漢,喟然自以爲武王復出也。令漢帝釋關隴之憂,專精東伐,四分天下而有其三,使西州豪傑,咸居心於山東,發間使,召攜貳,則五分而有其四;若舉兵天水,必至沮潰,天水既定,則九分而有其八。陛下以梁州之地,内奉萬乘,外給三軍,百姓愁困,不堪上命,將有王氏自潰之變。臣之愚計,以爲宜及天下之望未絶,豪傑尚可招誘,急以此時發國内精兵,令田戎據江陵,臨江南之會,倚巫山之固,築壘堅守,傳檄吴、楚,長沙以南,必隨風而靡。令延岑出漢中,定三輔、天水、隴西,拱手自服。如此,海内震摇,冀有大利。"述以問羣臣。博士吴柱曰:"昔武王伐殷,先觀兵孟津,八百諸侯不期同辭,然猶還師以待天命。未聞無左右之助,而欲出師千里之外,以廣封疆者也。"邯曰:"今東帝無尺土之柄,驅烏合之衆,跨馬陷敵,所向輒平。不亟乘時與之分功,而坐談武王之説,是效隗囂欲爲西伯也。"述然邯言,欲悉發北軍屯士及山東客兵,使延岑、田戎分出兩道,與漢中諸將,合兵并埶。蜀人及其弟光以爲不宜空國千里之外,決成敗於一舉,固争之,述乃止。延岑、田戎,亦數請兵立功,終疑不聽。述性苛細,察於小事,敢誅殺,而不見大體,好改易郡縣官名。然少爲郎,習漢家制度,出入法駕,鑾旗旄騎,陳置陛戟,然後輦出房闥。又立其兩子爲王,食犍爲、廣漢各數縣。犍爲,治棘道,在四川宜賓西南。後漢移治武陽,在四川彭山縣東。廣漢後漢治雒,今四川廣漢縣。羣臣多諫,以爲成敗未可知,戎士暴露而遽王皇子,示無大志,傷戰士心。述不聽,唯公孫氏得任事,由此大臣皆怨。

八年,帝使諸將攻隗囂,述遣李育將萬餘人救囂。囂敗,并没其軍,蜀地聞之恐動。述懼,欲安衆心。成都郭外,有秦時舊倉,述改名白帝倉,自王莽以來常空。述即詐使人言白帝倉出穀如山陵,百姓空市里往觀之。述乃大會羣臣,問曰:"白帝倉竟出穀乎?"皆對言"無"。述曰:"訛言不可信,道隗王破者復如此矣。”俄而囂將王元降,述以爲將軍。明年,使元與領軍環安拒河池,河池,在今甘肅徽縣西。又遣田戎及大司徒任滿、南郡太守程汎將兵下江關,破虜將軍馮駿等拔巫巫,今四川巫山縣。及夷陵、夷道,夷道,在今湖北宜都縣西北。因據荆門。荆門,山名,在湖北宜都縣西北五十里。十一年,征南大將軍岑彭攻之,滿等大敗,述將王政斬滿首降於彭,田戎走保江州。城邑皆開門降,彭遂長驅至武陽。武陽,在四川彭山縣東十里。帝乃與述書,陳言禍福,以明丹青之信。述省書嘆息,以示所親太常常少、光禄勳張隆,隆、少皆勸降。述曰:“廢興,命也,豈有降天子哉!”左右莫敢復言。中郎將來歙急攻王元、環安,安使刺客殺歙,述復令刺殺岑彭。十二年,述弟恢及子婿史興,並爲大司馬吴漢、輔威將軍臧宫所破,戰死。自是將帥恐懼,日夜離叛,述雖誅滅其家,猶不能禁。帝必欲降之,乃下詔喻述曰:“往年詔書比下,開示恩信,勿以來歙、岑彭受害自疑。今以時自詣,則家族完全;若迷惑不喻,委肉虎口,痛哉奈何!將帥疲倦,吏士思歸,不樂久相屯守,詔書手記,不可數得,朕不食言。”述終無降意。九月,吴漢又破。斬其大司徒謝豐、執金吾袁吉,漢兵遂守成都。述謂延岑曰:“事當奈何?”岑曰:“男兒當死中求生,可坐窮乎?財物易聚耳,不宜有愛。”述乃悉散金帛,募敢死士五千餘人,以配岑於市橋,僞建旗幟,鳴鼓挑戰,而潛遣奇兵出吴漢軍後,襲擊,破漢,漢墮水,緣馬尾得出。十一月,臧宫軍至咸門。述視占書云:“虜死城下”,大喜,謂漢等當之。乃自將數萬人攻漢,使延岑拒宫。大戰,岑三合三勝,自旦及日中,軍士不得食,並疲。漢因令壯士突之,述兵大亂,被刺洞胸,墮馬,左右輿入城,述以兵屬延岑,其夜死。明旦,岑降。吴漢乃夷述妻子,盡滅公孫氏,并族延岑。遂放兵大掠,焚述宫室。帝聞之,怒,以譴漢;又讓漢副將劉尚曰:“城降三日,吏人從服,孩兒老母,口以萬數,一旦放兵縱火,聞之可爲酸鼻。尚宗室子孫,嘗更吏職,何忍行此?仰視天,俯視地,觀放麑啜羹,二者孰仁,《舊注》:

“韓子曰：孟孫獵得麑，使秦西巴持之，其母隨而呼，秦西巴不忍，而與其母。《戰國策》曰：樂羊爲魏將，而攻中山，其子在中山，中山君烹其子，而遺之羹，樂羊啜之盡一杯，而攻拔中山。”良失斬將弔人之義也。”初常少、張隆勸述降，不從，並以憂死。帝下詔追贈少爲太常，隆爲光禄勳，以禮改葬之。其忠節志義之士，並蒙旌顯。程烏、李育，以有才幹，皆擢用之。於是西土感悦，莫不歸心焉。

論曰：昔趙佗自王番禺，公孫亦竊帝蜀漢，推其無他功能，而至於後亡者，將以地邊處遠，非王化之所先乎。述雖爲漢吏，無所馮資，徒以文俗自憙，遂能集其志計，道未足而意有餘，不能因隙立功，以會時變，方乃坐飾邊幅，以高深自安，昔吴起所以慙魏侯也。及其謝臣屬，審廢興之命，與夫泥首銜玉者，異日談也。

贊曰：公孫習吏，隗王得士。漢命已還，二隅方跱。天數有違，江山難恃。

此篇爲羣雄傳之最有精神者，故選之。范曄以謀反誅，蓋亦數奇尚氣之徒，故於囂、述皆深致惋惜之意。立意稍失之偏，然革易之際，乘時崛起者，亦多有才略德澤，以與興朝相距，莫爲表章，遂致湮没。范書立意稍偏，於事轉得持平也。

范書列傳，多載書疏，蓋取其文辭之美也。以史裁論，或少傷於冗，然以文章論自極美。

《後漢書・馬援列傳》

馬援，字文淵，扶風茂陵人也。茂陵，見前。其先趙奢爲趙將，號曰馬服君，子孫因爲氏。武帝時，以吏二千石，自邯鄲徙焉。曾祖父通，以功封重合侯，坐兄何羅反，被誅，故援再世不顯。援三兄：況、余、員，並有才能，王莽時，皆爲二千石。援年十二而孤，少有大志，諸兄奇之。嘗受《齊詩》，意不能守章句，乃辭況，欲就邊郡田牧。況曰:“汝大才,當晚成,良工不示人以朴,且從所好。”會況卒,援行服朞年,不離墓所,敬事寡嫂,不冠不入廬。後爲郡督郵,送囚至司命府,《舊注》:“王莽置司命官,上公以下皆糾察。”囚有重罪,援哀而縱之,遂亡命北地。遇赦,因留牧畜,賓客多歸附者,遂役屬數百家。轉游隴漢間,嘗謂賓客曰:“丈夫爲志,窮當益堅,老當益壯。”因處田牧,至有牛馬羊數千頭,穀數萬斛。既而嘆曰:“凡殖貨財産,貴其能施賑也,否則守錢虜耳!”乃盡散以班昆弟故舊,身衣羊裘皮絝。王莽末,四方兵起,莽從弟衛將軍林廣招雄俊,乃辟援及同縣原涉爲掾,薦之於莽。莽以涉爲鎮戎大尹,《舊注》:“王莽改天水爲鎮戎,改太守爲大尹。”援爲新成大尹。《舊注》:“莽改漢中爲新成。”及莽敗,援兄員,時爲增山連率,《舊注》:“莽改上郡爲增山。連率,亦太守也。莽法:典郡者,公爲牧,侯稱卒正,伯稱連率;其無封爵者爲尹也。”與援俱去郡,復避地涼州。世祖即位,員先詣洛陽,帝遣員復郡,卒於官。援因留西州,隗囂甚敬重之,以援爲綏德將軍,與決籌策。

是時公孫述稱帝於蜀,囂使援往觀之。援素與述同里閈,相善,以爲既至當握手歡如平生,而述盛陳陛衛,以延援入,交拜禮畢,使出就館,更爲援制都布單衣、《舊注》:“《東觀記》曰‘都作答’,見《史記·貨殖傳》。”交讓冠,會百官於宗廟中,立舊交之位。述鸞旗旄騎,警蹕就車,磬折而入,禮饗官屬甚盛,欲授援以封侯大將軍位。賓客皆樂留,援曉之曰:“天下雄雌未定,公孫不吐哺走迎國士,與圖成敗,反修飾邊幅,如偶人形。此子何足久稽天下士乎?”因辭歸,謂囂曰:“子陽井底蛙耳!而妄自尊大,不如專意東方。”建武四年冬,囂使援奉書洛陽。援至,引見於宣德殿。世祖迎,笑謂援曰:“卿遨游二帝間,今見卿,使人大慙。”援頓首辭謝,因曰:“當今之世,非獨君擇臣也,臣亦擇君矣。臣與公孫述同縣,少相善。臣前至蜀,述陛戟而進臣。臣今遠來,陛下何知非刺客姦人,而簡易若是?”帝復笑曰:“卿非刺客,顧説客耳。”援曰:“天下反覆,盜名字者不可勝數,今見陛下,恢廓大度,同符高祖,乃知帝王自有真也。”帝甚壯之。援從南幸黎丘,轉至東海,及還,以爲待詔,使太中大夫來歙持節送援西歸隴右。隗囂與援共卧起,問以東方流言及京師得失。援説囂曰:“前到朝廷,上引見數十,每接讌,語自夕至旦,才明勇略,非人敵也。且開心見誠,無所隱伏,闊達多大節,略與高帝同。經學博覽,政事文辯,前世無比。”囂曰:“卿謂何如高帝?”援曰:“不如也。高帝無可無不可,今上好吏事,動如節度,又不喜飲酒。”囂意不懌,曰:“如卿言,反復勝邪?”然雅信援,故遂遣長子恂入質,援因將家屬隨恂歸洛陽。

居數月,而無它職任。援以三輔地曠土沃,而所將賓客猥多,乃上書求屯田上林苑中,帝許之。會隗囂用王元計,意更狐疑,援數以書記責譬於囂。囂怨援背己,得書增怒,其後遂發兵拒漢。援乃上疏曰:“臣援自念歸身聖朝,奉事陛下,本無公輔一言之薦,左右爲容之助。臣不自陳,陛下何因聞之?夫居前不能令人輊,居後不能令人軒,與人怨不能爲人患,臣所恥也。故敢觸冒罪忌,昧死陳誠。臣與隗囂,本實交友。初,囂遣臣東,謂臣曰:‘本欲爲漢,願足下往觀之;於汝意可,即專心矣。’及臣還反,報以赤心,實欲導之於善,非敢譎以非義。而囂自挾姦心,盜憎主人,怨毒之情,遂歸於臣。臣欲不言,則無以上聞。願聽詣行在所,極陳滅囂之術,得空匈腹,申愚策,退就隴畝,死無所恨。”帝乃召援計事,援具言謀畫,因使援將突騎五千,往來游説囂將高峻、任禹之屬,下及羌豪,爲陳禍福,以離囂支黨。援又爲書與囂將楊廣,使曉勸於囂,曰:“春卿無恙,前别冀南,寂無音驛。援間還長安,因留上林,竊見四海已定,兆民同情,而季孟閉拒背畔,爲天下表的。常懼海内切齒,思相屠裂,故遺書戀戀,以致惻隱之計。乃聞季孟歸罪於援,而納王游翁諂邪之説,游翁,王元也,按王元字惠孟,見前《隗囂傳》。自謂函谷以西,舉足可定,以今而觀,竟何如邪?援閒至河内,過存伯春,見其奴吉從西方還,説伯春小弟仲舒望見吉,欲問伯春無它否,竟不能言,曉夕號泣,婉轉塵中,又説其家悲愁之狀,不可言也。夫怨讎可刺不可毁,援聞之,不自知其泣下也。援素知季孟孝愛,曾、閔不過。夫孝於其親,豈不慈於其子?可有子抱三木,而跳梁妄作,自同分羹之事乎?季孟平生自言所以擁兵衆者,欲以保全父母之國而完墳墓也,又言苟厚士大夫而已。而今所欲全者將破亡之,所欲完者將毁傷之,所欲厚者將反薄之。季孟嘗折愧子陽而不受其爵,今更共陸陸,欲往附之,將難爲顔乎?若復責以重質,當安從得子主給是哉?往時子陽獨欲以王相待,而春卿拒之;今者歸老,更欲低頭與小兒曹共槽櫪而食,并肩側身於怨家之朝乎?男兒溺死何傷而拘游哉!今國家待春卿意深,宜使牛孺卿與諸耆老大人共説季孟,若計畫不從,真可引領去矣。前披輿地圖,見天下郡國百有六所,奈何欲以區區二邦,以當諸夏百有四乎?春卿事季孟,外有君臣之義,内有朋友之道。言君臣邪,固當諫争;語朋友邪,應有切磋。豈有知其無成,而但萎腇咋舌,《舊注》:萎腇,耎弱也。叉手從族乎?及今成計,殊尚善也,過是,欲少味矣。《舊注》:以食爲諭。且來君叔天下信士,朝廷重之,其意依依,常獨爲西州言。援商朝廷,尤欲立信於此,必不負約。援不得久留,願急賜報。”廣竟不答。八年,帝自西征囂,至漆,諸將多以王師之重,不宜遠入險阻,計冘豫未決。會召援,夜至,帝大喜,引入,具以羣議質之。援因説隗囂將帥有土崩之埶,兵進有必破之狀。又於帝前聚米爲山谷,指畫形埶,開示衆軍所從道徑,往來分析,曲折昭然可曉。帝曰:“虜在吾目中矣。”明旦遂進軍,至第一,《續漢志·郡國志》:高平有第一城。高平見《隗囂傳》。囂衆大潰。

九年,拜爲太中大夫,副來歙監諸將平涼州。自王莽末,西羌寇邊,遂入居塞内,金城屬縣,多爲虜有。來歙奏言隴西侵殘,非馬援莫能定。十一年夏,璽書拜援隴西太守。援迺發步騎三千人，擊破先零羌於臨洮，今甘肅岷縣治。斬首數百級，獲馬牛羊萬餘頭。守塞諸羌八千餘人詣援降。諸種有數萬，屯聚寇鈔，拒浩亹隘。在今甘肅碾伯縣東。援與揚武將軍馬成擊之，羌因將其妻子輜重，移阻於允吾谷。援乃潛行間道，掩赴其營。羌大驚潰，復遠徙唐翼谷中，援復追討之。羌引精兵聚北山上，援陳軍向山，而分遣數百騎繞襲其後，乘夜放火，擊鼓叫譟，虜遂大潰，凡斬首千餘級。援以兵少，不得窮追，收其穀糧畜産而還。援中矢貫脛，帝以璽書勞之，賜牛羊數千頭。援盡班諸賓客。是時朝臣以金城破羌之西，塗遠多寇，議欲棄之。援上言："破羌以西，城多完牢，易可依固，其田土肥壤，灌溉流通，如令羌在湟中，則爲害不休，不可棄也。"帝然之。於是詔武威太守，令悉還金城客民。歸者三千餘口，使各反舊邑。援奏爲置長吏，繕城郭，起塢候，開導水田，勸以耕牧，郡中樂業。又遣羌豪楊封譬説塞外羌，皆來和親。又武都氐人背公孫述來降者，援皆上復其侯王君長，賜印綬，帝悉從之。乃罷馬成軍。十三年，武都參狼羌與塞外諸種爲寇，殺長吏。援將四千餘人擊之，至氐道縣，氐道縣在今甘肅清山縣西南。羌在山上，援軍據便地，奪其水草，不與戰，羌遂窮困，豪帥數十萬户亡出塞，諸種萬餘人悉降，於是隴右清静。援務開寬信，恩以待下，任吏以職，但總大體而已。賓客故人日滿其門。諸曹時白外事，援輒曰："此丞掾之任，何足相煩？頗哀老子，使得遨游，若大姓侵小民，黠羌欲旅距，此乃太守事耳。"傍縣嘗有報仇者，吏民驚言羌反，百姓奔入城郭。狄道狄道在今甘肅狄道縣西南。長詣門，請閉城發兵。援時與賓客飲，大笑曰："燒虜何敢復犯我？曉狄道長，歸守寺舍，良怖急者，可牀下伏。"後稍定，郡中服之。視事六年，徵入爲虎賁中郎將。初援在隴西上書，言宜如舊鑄五銖錢，事下三府，三府奏以爲未可許，事遂寢。及援還，從公府求得前奏難十餘條，乃隨牒解釋，更具表言。帝從之，天下賴其便。援自還京師，數被進見。爲人明鬚髮，眉目如畫。閑於進對,尤善述前世行事。每言及三輔長者,下至閭里少年,皆可觀聽。自皇太子諸王侍聞者,莫不屬耳忘倦。又善兵策,帝常言伏波論兵,與我意合。每有所謀,未嘗不用。

初,卷人維汜,訞言稱神,有弟子數百人,坐伏誅。後其弟子李廣等宣言,汜神化不死,以誑惑百姓。十七年,遂共聚會徒黨,攻没皖城,殺皖侯劉閔,自稱"南嶽太師"。遣謁者張宗將兵數千人討之,復爲廣所敗,於是使援發諸郡兵,合萬餘人,擊破廣等,斬之。又交阯女子徵側及女弟徵貳反,交阯,郡名,今安南北部。攻没其郡。九真、九真,郡名,今安南河内以南,順化以北,清華、義安等處。日南、日南,郡名,今安南南部。合浦合浦,郡名,今廣東欽廉雷等處。蠻夷皆應之,寇略嶺外六十餘城。側自立爲王,於是璽書拜援伏波將軍,以扶樂侯劉隆爲副,督樓船將軍段志等,南擊交阯。軍至合浦而志病卒,詔援并將其兵。遂緣海而進,隨山刊道千餘里。十八年春,軍至浪泊上,與賊戰,破之,斬首數千級,降者萬餘人。援追徵側等至禁谿,數敗之,賊遂散走。明年,正月,斬徵側、徵貳,傳首洛陽。封援爲新息侯,食邑三千户。援乃擊牛釃酒,勞饗軍士。從容謂官屬曰:"吾從弟少游,常哀吾慷慨多大志,曰:'士生一世,但取衣食裁足,乘下澤車,《舊注》:"《周禮》曰:車人爲身,行澤者欲短轂,行山者欲長轂,短轂則利,長轂則安"也。御款段馬,《舊注》:"款猶緩也,言行段遲緩也。"爲郡掾史,守墳墓,鄉里稱善人,斯可矣。致求盈餘,但自苦耳。'當吾在浪泊、西里間,虜未滅之時,下潦上霧,毒氣重蒸,仰視飛鳶,《舊注》:"鳶,鴟也。"跕跕墯水中,卧念少游平生時語,何可得也?今賴士大夫之力,被蒙大恩,猥先諸君,紆佩金紫,且喜且慙。"吏士皆伏稱萬歲。援將樓船大小二千餘艘,戰士二萬餘人,擊九真賊徵側餘黨都羊等,自無功至居風,無功,居風,二縣名,並屬九真郡。斬獲五千餘人,嶠南悉平。援奏言西于縣西于縣,屬交阯。户有三萬二千,遠界去庭千餘里,庭,郡治公庭也。請分爲封溪、望海二縣,許之。援所過輒爲郡縣治城郭,穿渠灌溉,以利其民。條奏越律與漢律駮者十餘事，與越人申明舊制，以約束之。自後駱越奉行馬將軍故事。二十年秋，振旅還京師，軍吏經瘴疫，死者十四五，賜援兵車一乘，朝見位次九卿。

援好騎，善别名馬，於交阯得駱越銅鼓，乃鑄爲馬式，還上之，因表曰："夫行天莫如龍，行地莫如馬。馬者，甲兵之本，國之大用。安寧則以别尊卑之序，有變則以濟遠近之難。昔有騏驥，一日千里，伯樂見之，昭然不惑。近世有西河子輿，亦明相法。子輿傳西河儀長孺，長孺傳茂陵丁君都，君都傳成紀楊子阿，臣援嘗師事子阿，受相馬骨法，考之於行事，輒有驗効。臣愚以爲傳聞不如親見，視景不如察形。今欲形之於生馬，則骨法難備具，又不可傳之於後。孝武皇帝時，善相馬者東門京鑄作銅馬法法，猶今言模型。獻之，有詔立馬於魯班門外，則更名魯班門曰金馬門。臣謹依儀氏羈，中帛氏口齒，謝氏脣鬐，丁氏身中，備此數家骨相以爲法。"馬高三尺五寸，圍四尺四寸。有詔，置於宣德殿下，以爲名馬式焉。

初援軍還，將至，故人多迎勞之。平陵人孟冀，名有計謀，於坐賀援。援謂之曰："吾望子有善言，反同衆人邪？昔伏波將軍路博德，開置七郡，裁封數百户；今我微勞，猥饗大縣，功薄賞厚，何以能長久乎？先生奚用相濟？"冀曰："愚不及。"援曰："方今匈奴、烏桓，尚擾北邊，欲自請擊之，男兒要當死於邊野，以馬革裹尸還葬耳。何能卧牀上，在兒女子手中邪？"冀曰："諒爲烈士，當如此矣。"還月餘，會匈奴、烏桓寇扶風，援以三輔侵擾，園陵危逼，因請行，許之。自九月至京師，十二月，復出屯襄國，詔百官祖道。援謂黄門郎梁松、竇固曰："凡人爲貴，當使可賤，如卿等欲不可復賤，居高堅自持，勉思鄙言。"松後果以貴滿致災，固亦幾不免。明年秋，援乃將三千騎出高柳，行鴈門、代郡、上谷障塞，烏桓候者見漢軍至，虜遂散去，援無所得而還。

援嘗有疾，梁松來候之，獨拜牀下，援不答。松去後，諸子問曰:“梁伯孫帝婿,貴重朝廷,公卿已下,莫不憚之,大人奈何獨不爲禮?”援曰:“我乃松父友也。雖貴,何得失其序乎?”松由是恨之。二十四年,武威將軍劉尚擊武陵武陵後漢治臨沅,在湖南常德縣西。五溪蠻夷,《舊注》:“酈元注《水經》,武陵有五溪,謂雄溪、樠溪、西溪、潕溪、辰溪。”深入,軍没,援因復請行。時年六十二,帝愍其老,未許之。援自請曰:“臣尚能被甲上馬。”帝令試之,援據鞍顧眄,以示可用。帝笑曰:“矍鑠哉,是翁也!”遂遣援率中郎將馬武、耿舒、劉匡、孫永等,將十二郡募士及弛刑四萬餘人征五溪。援夜與送者訣,謂友人謁者杜愔曰:“吾受厚恩,年迫餘日索,常恐不得死國事,今獲所願,甘心瞑目,但畏長者家兒,或在左右,或與從事,殊難得調,介介獨惡是耳。”明年春,軍至臨鄉,臨鄉,在湖南常德古城山,即沅南故城。遇賊攻縣,援迎擊,破之,斬獲二千餘人,皆散走入竹林中。初,軍次下雋,下雋,在今湖南沅陵縣東北。有兩道可入,從壺頭壺頭,山名,在湖南沅陵縣境。則路近而水嶮,從充充,在今湖南大庸縣西。則塗夷而運遠,帝初以爲疑,及軍至,耿舒欲從充道,援以爲弃日費糧,不如進壺頭,搤其喉咽,充賊自破。以事上之,帝從援策。三月,進營壺頭。賊乘高守隘,水疾,船不得上。會暑甚,士卒多疫死,援亦中病,遂困,乃穿岸爲室,以避炎氣。賊每升險鼓譟,援輒曳足以觀之,左右哀其壯意,莫不爲之流涕。耿舒與兄好畤侯弇書曰:“前舒上書,當先擊充,糧雖難運,而兵馬得用,軍人數萬,争欲先奮。今壺頭竟不得進,大衆怫鬱行死,誠可痛惜。前到臨鄉,賊無故自致,若夜擊之,即可殄滅。伏波類西域賈胡,到一處輒止,以是失利。今果疾疫,皆如舒言。”弇得書,奏之。帝乃使虎賁中郎將梁松乘驛責問援,因代監軍,會援病卒,松宿懷不平,遂因事陷之,帝大怒,追收援新息侯印綬。

初,兄子嚴敦,並喜譏議,而通輕俠客。援前在交阯,還書誡之曰:“吾欲汝曹聞人過失,如聞父母之名,耳可得聞,口不可得言也。好論議人長短,妄是非正法,此吾所大惡也,寧死不願聞子孫有此行也。汝曹知吾惡之甚矣，所以復言者，施衿結褵，申父母之戒，欲使汝曹不忘之耳。龍伯高郭厚周慎，口無擇言，謙約節儉，廉公有威，吾愛之重之，願汝曹效之；杜季良豪俠好義，憂人之憂，樂人之樂，清濁無所失，父喪致客，數郡畢至，吾愛之重之，不願汝曹效也。效伯高不得，猶爲謹敕之士，所謂刻鵠不成尚類鶩者也；效季良不得，陷爲天下輕薄子，所謂畫虎不成反類狗者也。訖今季良尚未可知，郡將下車輒切齒，州郡以爲言，吾常爲寒心，是以不願子孫效也。"季良名保，京兆人，時爲越騎司馬。保仇人上書，訟：保"爲行浮薄，亂羣惑衆，伏波將軍萬里還書以誡兄子，而梁松、竇固，以之交結，將扇其輕僞，敗亂諸夏。"書奏，帝召責松、固，以訟書及援誡書示之，松、固叩頭流血，而得不罪。詔免保官。伯高名述，亦京兆人，爲山都長，山都，縣名，屬南陽郡，在今湖北襄陽縣西北。由此擢拜零陵太守。零陵，今湖南零陵縣。

初，援在交阯，常餌薏苡實，用能輕身省慾，以勝瘴氣。南方薏苡實大，援欲以爲種，軍還，載之一車，時人以爲南土珍怪，權貴皆望之。援時方有寵，故莫以聞。及卒後，有上書譖之者，以爲前所載還，皆明珠文犀。馬武與於陵侯侯昱等，皆以章言其狀。帝益怒，援妻孥惶懼，不敢以喪還舊塋，裁買城西數畝地，槀葬而已。賓客故人，莫敢弔會。嚴與援妻子草索相連，詣闕請罪。帝乃出松書以示之，方知所坐，上書訴寃，前後六上，辭甚哀切，然後得葬。又前雲陽令同郡朱勃，詣闕上書曰："臣聞王德聖政，不忘人之功，採其一美，不求備於衆。故高祖赦蒯通而以王禮葬田横，大臣曠然，咸不自疑。夫大將在外，讒言在內，微過輒記，大功不計，誠爲國之所愼也。故章邯畏口而奔楚，燕將據聊而不下。豈其甘心末規哉，悼巧言之傷類也！竊見故伏波將軍新息侯馬援，拔自西州，欽慕聖義，間關險難，觸冒萬死，孤立羣貴之間，傍無一言之佐，馳深淵，入虎口，豈顧計哉！寧自知當要七郡之使,徼封侯之福邪? 八年,車駕西討隗囂,國計狐疑,衆營未集,援建宜進之策,卒破西州。及吴漢下隴,冀路斷隔,唯獨狄道爲國堅守,士民飢困,寄命漏刻。援奉詔西使,鎮慰邊衆,乃招集豪傑,曉誘羌戎,謀如湧泉,埶如轉規,遂救倒懸之急,存幾亡之城,兵全師進,因糧敵人,隴、冀略平,而獨守空郡,兵動有功,師進輒克。銖鋤先零,緣入山谷,猛怒力戰,飛矢貫脛。又出征交阯,土多障氣,援與妻子生訣,無悔吝之心,遂斬滅徵側,克平一州。間復南討,立陷臨鄉,師已有業,未竟而死,吏士雖疫,援不獨存。夫戰或以久而立功,或以速而致敗,深入未必爲得,不進未必爲非。人情豈樂久屯絶地,不生歸哉! 惟援得事朝廷二十二年,北出塞漠,南渡江海,觸冒害氣,僵死軍事,名滅爵絶,國土不傳。海内不知其過,衆庶未聞其毁,卒遇三夫之言,横被誣罔之讒,家屬杜門,葬不歸墓,怨隙並興,宗親怖慄。死者不能自列,生者莫爲之訟,臣竊傷之。夫明主醲於用賞,約於用刑。高祖嘗與陳平金四萬斤以間楚軍,不問出入所爲,豈復疑以錢穀間哉? 夫操孔父之忠,而不能自免於讒,此鄒陽之所悲也。詩云:'取彼讒人,投畀豺虎。豺虎不食,投畀有北。有北不受,投畀有昊。'此言欲令上天而平其惡。惟陛下留思竪儒之言,無使功臣,懷恨黄泉。臣聞《春秋》之義,罪以功除;聖王之祀,《舊注》:"《禮記》曰:夫聖王之制祀也,法施於人則祀之,以死勤事則祀之,以勞定國則祀之,能禦大災則祀之,能捍大患則祀之。"案見《祭法》篇。臣有五義。若援,所謂以死勤事者也。願下公卿,平援功罪,宜絶宜續,以厭海内之望。臣年已六十,常伏田里,竊感欒布哭彭越之義,冒陳悲憤,戰慄闕庭。"書奏,報,歸田里。勃字叔陽,年十二,能誦詩書,常候援兄況。勃衣方領,能矩步,辭言嫺雅,援裁知書,見之自失。況知其意,乃自酌酒慰援曰:"朱勃小器速成,智盡此耳,卒當從汝稟學,勿畏也。"朱勃未二十,右扶風請試守渭城宰,及援爲將軍,封侯,而勃位不過縣令。援後雖貴,常待以舊恩,而卑侮之,勃愈身自親,及援遇讒,唯勃能終焉。肅宗即位,追賜勃子穀二千斛。

初,援兄子婿王磐子石,子石,槃字也。王莽從兄平阿侯仁之子也。莽敗,磐擁富貴居故國,爲人尚氣節,而愛士好施,有名江淮間。後游京師,與衛尉陰興、大司空朱浮、齊王章共相友善。援謂姊子曹訓曰:"王氏,廢姓也,子石當屏居自守,而反游京師長者,用氣自行,多所陵折,其敗必也。"後歲餘,磐果與司隸校尉蘇鄴、丁鴻事相連,坐死洛陽獄。而磐子肅,復出入北宮及王侯邸第。援謂司馬吕种曰:"建武之元,名爲天下重開。自今以往,海内日當安耳。但憂國家諸子並壯,而舊防未立,若多通賓客,則大獄起矣。卿曹戒慎之。"及郭后薨,有上書者,以爲肅等受誅之家,客因事生亂,慮致貫高、任章之變。《舊注》:張敖爲趙王,相貫高,高祖不禮趙王,高恥之,置人壁中,欲害高祖。又任章父宣,霍氏女婿,坐謀反誅,宣帝祠昭帝廟,章乃玄服,夜行入廟,待帝至,欲爲逆,發覺,伏誅。並見《前書》。帝怒,乃下郡縣收捕諸王賓客,更相牽引,死者以千數。吕种亦豫其禍,臨命,嘆曰:"馬將軍誠神人也。"

永平初,援女立爲皇后。顯宗圖畫建武中名臣列將於雲臺,以椒房故,獨不及援。東平王蒼觀圖,言於帝曰:"何故不畫伏波將軍像?"帝笑而不言。至十七年,援夫人卒,乃更修封樹,起祠堂。建初三年,肅宗使五官中郎將持節追策,謚援曰忠成侯。四子:廖、防、光、客卿。客卿幼而岐嶷,年六歲,能應接諸公,專對賓客。嘗有死罪亡命者來過,客卿逃匿,不令人知。外若訥而内沈敏,援甚奇之,以爲將相器,故以客卿字焉。援卒後,客卿亦夭没。

論曰:馬援騰聲三輔,遨游二帝,及定節立謀,以干時主,將懷負鼎之願,蓋爲千載之遇焉。然其戒人之禍,智矣,而不能自免於讒隙。豈功名之際,理固然乎?夫利不在身,以之謀事則智;慮不私己,以之斷義必厲;誠能回觀物之智,而爲反身之察,若施之於人則能恕,自鑒其情亦明矣。

廖字敬平，少以父任爲郎。明德皇后既立，拜廖爲羽林左監、虎賁中郎將。顯宗崩，受遺詔典掌門禁，遂代趙熹爲衛尉，肅宗甚尊重之。時皇太后躬履節儉，事從簡約，廖慮美業難終，上疏長樂宫，以勸成德政，曰："臣案前世詔令，以百姓不足，起於世尚奢靡，故元帝罷服官，《舊注》："《前書音義》曰：'齊國舊有三服之官。'"成帝御浣衣，哀帝去樂府，《舊注》："哀帝即位，詔罷鄭衛之音，減郊祭及武樂等人數也。"然而侈費不息，至於衰亂者，百姓從行不從言也。夫改政移風，必有其本。《傳》曰：'吴王好劍客，百姓多創瘢；楚王好細腰，宫中多餓死。'長安語曰：'城中好高髻，四方高一尺；城中好廣眉，四方且半額；城中好大袖，四方全匹帛；'斯言如戲，有切事實。前下制度，未幾，後稍不行。雖或吏不奉法，良由慢起京師。今陛下躬服厚繒，斥去華飾，素簡所安，發自聖性。此誠上合天心，下順民望，浩大之福，莫尚於此。陛下既已得之自然，猶宜加以勉勗。法太宗之隆德，戒成、哀之不終。《易》曰：'不恆其德，或承之羞。'誠令斯事一竟，則四海誦德，聲薰天地。神明可通，金石可勒，而況於行仁心乎？況於行令乎？願置章坐側，以當瞽人夜誦之音。"太后深納之，朝廷大議，輒以詢訪。

廖性質誠畏慎，不愛權埶聲名，盡心納忠，不屑毁譽。有司連據舊典，奏封廖等，累讓，不得已，建初四年，遂受封爲順陽侯，以特進就第。每有賞賜，輒辭讓不敢當。京師以是稱之。子豫，爲步兵校尉。太后崩後，馬氏失埶，廖性寬緩，不能教勒子孫，豫遂投書怨誹。又防、光奢侈，好樹黨與。八年，有司奏免豫，遣廖、防、光就封。豫隨廖歸國，考擊物故。後詔還廖京師。永元四年，卒。和帝以廖先帝之舅，厚加賵賻，使者弔祭，王主會喪，謚曰哀侯。子遵嗣，徙封程鄉侯。遵卒，無子，國除。元初三年，鄧太后詔封廖孫度爲潁陽侯。

防，字江平，永平十二年，與弟光俱爲黄門侍郎。肅宗即位，拜防中郎將，稍遷城門校尉。建初二年，金城、隴西保塞羌皆反，拜防行車騎將軍事,以長水校尉耿恭副,將北軍五校兵及諸郡積射士三萬人擊之。軍到冀,而羌豪布橋等圍南部都尉於臨洮,防欲救之,臨洮道險,車騎不得方駕,防乃别使兩司馬將數百騎,分爲前後軍,去臨洮十餘里爲大營,多樹幡幟,揚言大兵旦當進。羌候見之馳還,言漢兵盛,不可當。明旦,遂鼓譟而前,羌虜驚走,因追擊破之,斬首虜四千餘人,遂解臨洮圍。防開以恩信,燒當種皆降,唯布橋等二萬餘人,在臨洮西南望曲谷。十二月,羌又敗耿恭司馬及隴西長史於和羅谷,死者數百人。明年,春,防遣司馬夏駿將五千人從大道向其前,潛遣司馬馬彭將五千人從間道衝其心腹,又令將兵長史李調等將四千人繞其西,三道俱擊,復破之,斬獲千餘人,得牛羊十餘萬頭。羌退走。夏駿追之,反爲所敗。防乃引兵與戰於索西,索西,在今甘肅岷縣東北。又破之。布橋迫急,將種人萬餘降。詔徵防還,拜車騎將軍,城門校尉如故。

防貴寵最盛,與九卿絶席。光自越騎校尉遷執金吾。四年,封防潁陽侯,光爲許陽侯,兄弟二人,各六千户。防以顯宗寢疾,入參醫藥,又平定西羌,增邑千三百五十户,屢上表讓位,俱以特進就第。皇太后崩,明年,拜防光禄勳,光爲衛尉,防數言政事,多見采用。是冬,始施行《十二月迎氣樂》,防所上也。子鉅,爲常從小侯。《舊注》:"以小侯,故得常從也。"六年正月,以鉅當冠,特拜爲黄門侍郎。肅宗親御章臺下殿,陳鼎俎,自臨冠之。明年,防復以病乞骸骨,詔賜故中山王田廬,以特進就第。

防兄弟貴盛,奴婢各千人已上,資産巨億,皆買京師膏腴美田,又大起第觀,連閣臨道,彌亘街路,多聚聲樂,曲度比諸郊廟。《舊注》:"曲度謂曲之節度也。"賓客奔湊,四方畢至。京兆杜篤之徒數百人,常爲食客,居門下。刺史守令,多出其家。歲時賑給,鄉間故人,莫不周給。防又多牧馬畜,賦斂羌胡,帝不喜之,數加譴敕,所以禁遏甚備,由是權執稍損,賓客亦衰。八年,因兄子豫怨謗事，有司奏防兄弟奢侈踰僭，濁亂聖化，悉免就國。臨上路，詔曰："舅氏一門，俱就國封，四時陵廟，無助祭先后者，朕甚傷之。其令許侯思僽田廬，有司勿復請，《舊注》："於京守田廬，而思僽過也。"以慰朕渭陽之情。"光爲人小心周密，喪母過哀，帝以是特親愛之，乃復位特進。子康，黄門侍郎。永元二年，光爲太僕，康爲侍中。及竇憲誅，光坐與厚善，復免就封。後憲奴誣光與憲逆，自殺，家屬歸本郡。本郡復殺康，而防及廖子遵皆坐徙封丹陽。防爲翟鄉侯，租歲限三百萬，不得臣吏民。防後以江南下溼，上書乞歸本郡，和帝聽之。十三年，卒。子鉅嗣，後爲長水校尉，永初七年，鄧太后詔諸馬子孫還京師，隨四時見會如故事，復紹封光子郎爲合鄉侯。

嚴字威卿。父余，王莽時爲揚州牧。嚴少孤，而好擊劍，習騎射。後乃白援，從平原楊太伯講學，專心墳典，能通《春秋左氏》，因覽百家羣言，遂交結英賢，京師大人，咸器異之。仕郡督郵，援常與計議，委以家事。弟敦，字孺卿，亦知名。援卒後，嚴乃與敦俱歸安陵，在今陝西咸陽縣東。居鉅下，《舊注》："《決録注》曰：鉅下，地名也。"三輔稱其義行，號曰："鉅下二卿。"明德皇后既立，嚴乃閉門自守，猶復慮致譏嫌，遂更徙北地，斷絶賓客。永平十五年，皇后敕使移居洛陽。顯宗召見，嚴進對閑雅，意甚異之，有詔留仁壽闥，與校書郎杜撫、班固等雜定《建武注記》。常與宗室近親臨邑侯劉復等論議政事，甚見寵幸。後拜將軍長史，將北軍五校士、羽林禁兵三千人屯西河美稷，美稷，縣名，在今綏遠境内，蒙古鄂爾多斯左翼前旗。衛護南單于，聽置司馬、從事。牧守謁敬，同之將軍。敕嚴過武庫，祭蚩尤，帝親御阿閣，觀其士衆，時人榮之。

肅宗即位，徵拜侍御史中丞，除子鱄爲郎，令勸學省中。其冬，有日食之災，嚴上封事曰："臣聞日者，衆陽之長；食者，陰侵之徵。書曰：'無曠庶官，天工人其代之。'言王者代天官人也。故考績黜陟，以明褒貶，無功不黜，明陰盛陵陽。臣伏見方今刺史太守,專州典郡,不務奉事,盡心爲國,而司察偏阿,取與自己。同則舉爲尤異,異則中以刑法,不即垂頭塞耳,採取財賂。今益州刺史朱酺、揚州刺史倪説、涼州刺史尹業等,每行考事,輒有物故,又選舉不實,曾無貶坐,是使臣下得作威福也。故事州郡所舉上奏,司直察能否,以懲虚實。今宜加防檢,式遵前制。舊丞相、御史,親治職事,唯丙吉以年老優游,不案吏罪,於是宰府習爲常俗,更共罔養,以崇虚名。或未曉其職,便復遷徙,誠非建官賦禄之意。宜敕正百司,各責以事。州郡所舉,必得其人,若不如言,裁以法令。《傳》曰:'上德以寬服民,其次莫如猛;故火烈則人望而畏之,水懦則人狎而翫之。'爲政者寬以濟猛,猛以濟寬。如此,綏御有體,災眚消矣。"書奏,帝納其言,而免酺等官。

建初元年,遷五官中郎,除三子爲郎。嚴數薦達賢能,申解宽結,多見納用。復以五官中郎將行長樂衛尉事。二年,拜陳留太守。嚴當之職,乃言於帝曰:"昔顯親侯竇固,誤先帝出兵西域,置伊吾盧屯,煩費無益。又竇勳受誅,其家不宜親近京師。"是時勳女爲皇后,竇氏方寵,時有側聽嚴言者,以告竇憲兄弟,由是失權貴心。嚴下車,明賞罰,發姦慝,郡界清静。時京師訛言賊從東方來,百姓奔走,轉相驚動,諸郡遑急,各以狀聞。嚴察其虚妄,獨不爲備。詔書敕問,使驛係道,嚴固執無賊,後卒如言。典郡四年,坐與宗正劉軼、少府丁鴻等更相屬託,徵拜太中大夫,十餘日,遷將作大匠。七年,復坐事免。後既爲竇氏所忌,遂不復在位。及帝崩,竇太后臨朝,嚴乃退居自守,訓教子孫。永元十年,卒于家,時年八十二。弟敦,官至虎賁中郎將。嚴七子,唯續、融知名。續,字季則,七歲能通《論語》,十三明《尚書》,十六治《詩》,博觀羣籍,善《九章算術》。《舊注》:"劉徽《九章算術》曰:《方田》第一,《粟米》第二,《差分》第三,《少廣》第四,《商功》第五,《均輸》第六,《盈不足》第七,《方程》第八,《句股》第九。"順帝時,爲護羌校尉,遷度遼將軍,所在有威恩稱。融自有傳。

棱字伯威,援之族孫也。少孤,依從兄毅,共居業,恩猶同産。毅卒,無子,棱心喪三年。建初中,仕郡功曹,舉孝廉,及馬氏廢,肅宗以棱行義,徵拜謁者。章和元年,遷廣陵太守。時穀貴,民飢,奏罷鹽官,以利百姓,賑貧羸,薄賦斂,興復陂湖,溉田二萬餘頃,吏民刻石頌之。永元二年,轉漢陽太守,有威嚴稱。大將軍竇憲,西屯武威,棱多奉軍費,侵賦百姓,憲誅,坐抵罪。後數年,江湖多劇賊,以棱爲丹陽太守。棱發兵掩擊,皆禽滅之。轉會稽太守,治亦有聲。轉河内太守。永初中,坐事抵罪,卒于家。

贊曰:伏波好功,爰自冀、隴。南静駱越,西屠燒種。徂年已流,壯情方勇。明德既升,家祚以興。廖乏三趣,防遂驕陵。

此篇爲開國功臣傳之最有精神者。馬援乃功名之士,其背隗囂而歸光武,亦欲自就功名耳。觀其決去就於天下未定之時,東征西討,無或寧居,垂老猶有壯志,似其忠悃可取,而光武疑之爲已薄。然觀朱勃能始終於援,而援顧卑侮之,則援實非長厚之徒,實乃傾巧之士,其誠不足以見信於人,光武疑之久矣。援之兢兢畏慎,惟恐獲禍,蓋自有其由,特其事無傳於後耳。不然,歷代開國之主,待功臣以光武爲最厚,何獨於援而疑之哉?此等處,必能於無記載處,推見事實,乃能得史事之真相,非穿鑿附會,事理固如此也。昔人所謂讀書當於無字句處也。

《後漢書·周黄徐姜申屠列傳》

《易》曰:“君子之道,或出或處,或默或語。”孔子稱:“蘧伯玉,邦有道,則仕;邦無道,則可卷而懷也。”然用舍之端,君子之所以存其誠也。故其行也,則濡足蒙垢,出身以効時;及其止也,則窮棲茹菽，臧寶以迷國。太原太原，郡名，治今山西太原縣。閔仲叔者，世稱節士，雖周黨之潔清，自以弗及也。黨見其含菽飲水，遺以生蒜，受而不食。建武中，應司徒侯霸之辟，既至，霸不及政事，徒勞苦而已。仲叔恨曰："始蒙嘉命，且喜且懼；今見明公，喜懼皆去。以仲叔爲不足問邪，不當辟也；辟而不問，是失人也。"遂辭出，投劾而去。復以博士徵，不至。客居安邑。老病，家貧，不能得肉，日買猪肝一片，屠者或不肯與，安邑令聞，敕吏常給焉。仲叔怪而問之，知，乃嘆曰："閔仲叔豈以口腹累安邑邪?"遂去，客沛。以壽終。仲叔同郡荀恁，字君大，少亦修清節，資財千萬，父越卒，悉散與九族。隱居山澤，以求厥志。王莽末，匈奴寇其本縣廣武，廣武，在今山西代縣西。聞恁名節，相約不入荀氏閭。光武徵，以病不至。永平初，東平王蒼爲驃騎將軍，開東閤，延賢俊，辟而應焉。及後朝會，顯宗戲之曰："先帝徵君不至，驃騎辟君而來，何也?"對曰："先帝秉德以惠下，故臣可得不來；驃騎執法以檢下，故臣不敢不至。"後月餘，罷歸，卒于家。桓帝時，安陽今河南安陽縣。人魏桓，字仲英，亦數被徵。其鄉人勸之行，桓曰："夫干祿求進，所以行其志也。今後宫千數，其可損乎？廐馬萬匹，其可減乎？左右悉權豪，其可去乎?"皆對曰："不可。"桓乃慨然嘆曰："使桓生行死歸，於諸子何有哉?"遂隱身不出。若二三子，可謂識去就之槩，候時而處。夫然，豈其枯槁苟而已哉！蓋詭時審己，以成其道焉。余故列其風流，區而載之。

周燮，字彦祖，汝南安城人，安城，在今河南汝南縣東南七十里。決曹掾燕之後也。燮生而欽頤折頞，醜狀駭人。《舊注》："頤，頷也。欽頤，曲頷也。《説文》曰：頞，鼻莖也。折，亦曲也。"其母欲棄之，其父不聽，曰："吾聞賢聖多有異貌。興我宗者，乃此兒也。"於是養之。始在髫鬌，而知廉讓；十歲就學，能通《詩論》；及長，專精《禮》、《易》。不讀非聖之書，不修賀問之好。有先人草廬結于岡畔，下有陂田，常肆勤以自給，非身所耕漁，則不食也。鄉黨宗族，希得見者。舉孝廉、賢良方正,特徵,皆以疾辭。延光二年,安帝以玄纁羔幣聘燮及南陽馮良,二郡各遣丞掾致禮。宗族更勸之曰:"夫修德立行,所以爲國。自先世以來,勳寵相承,君獨何爲守東岡之陂乎?"燮曰:"吾既不能隱處巢穴,追綺季之跡,《舊注》:綺季、東園公、夏黄公、甪里先生,謂之四皓,隱於商山。而猶顯然不遠父母之國,斯固以滑泥揚波,同其流矣。夫修道者,度其時而動,動而不時,焉得亨乎?"因自載到潁川陽城,陽城,在今河南登封縣。遣生送敬,遂辭疾而歸。《舊注》:"送敬,猶致謝也。"良亦載病到近縣,送禮而還。《舊注》:"送禮,送其所致之禮也。"詔書告二郡,歲以羊酒養病。良字君郎,出於孤微,少作縣吏。年三十爲尉從佐。《舊注》:"從佐,謂隨從而已,不主案牘也。"奉檄迎督郵,即路慨然,恥在廝役,因壞車殺馬,毀裂衣冠,乃遁至犍爲,從杜撫學。妻子求索,蹤跡斷絶,後乃見草中有敗車死馬,衣裳腐朽,謂爲虎狼盜賊所害,發喪制服。積十許年,乃還鄉里。志行高整,非禮不動,遇妻子如君臣,鄉黨以爲儀表。燮、良年皆七十餘終。

黄憲,字叔度,汝南慎陽人也。慎陽,在今河南正陽縣北四十里。世貧賤,父爲牛醫。潁川荀淑至慎陽,遇憲於逆旅,時年十四,淑竦然異之,揖與語,移日不能去。謂憲曰:"子,吾之師表也。"既而前至袁閎所,未及勞問,逆曰:"子國有顔子,寧識之乎?"閎曰:"見吾叔度邪?"是時同郡戴良,才高倨慠,而見憲未嘗不正容,及歸,罔然若有失也。其母問曰:"汝復從牛醫兒來邪?"對曰:"良不見叔度,不自以爲不及,既覩其人,則瞻之在前,忽焉在後,固難得而測矣。"同郡陳蕃、周舉,常相謂曰:"時月之閒,不見黄生,則鄙吝之萌,復存乎心。"及蕃爲三公,臨朝歎曰:"叔度若在,吾不敢先佩印綬矣。"太守王龔在郡,禮進賢達,多所降致,卒不能屈憲。郭林宗少游汝南,先過袁閎,不宿而退;進往從憲,累日方還。或以問林宗,林宗曰:"奉高之器,譬諸氿濫,雖清而易挹。《舊注》:"奉高,閎字也。《爾雅》曰:側出氿泉,正出濫泉。"叔度汪汪若千頃陂，澄之不清，淆之不濁，不可量也。”憲初舉孝廉，又辟公府，友人勸其仕，憲亦不拒之，暫到京師而還，竟無所就。年四十八終，天下號曰徵君。

論曰：黄憲言論風旨，無所傳聞，然士君子見之者，靡不服深遠，去玼吝。將以道周性全，無德而稱乎？余曾祖穆侯，《晋書》曰：“范汪，字玄平，安北將軍，謚曰穆侯。”以爲憲隤然其處順，淵乎其似道，淺深莫臻其分，清濁未議其方，若及門於孔氏，其殆庶乎！故嘗著論云。

徐穉字孺子，豫章南昌人也。今江西南昌縣。家貧，常自耕稼，非其力不食。恭儉義讓，所居服其德。屢辟公府，不起。時陳蕃爲太守，以禮請署功曹，穉不之免，既謁而退。蕃在郡不接賓客，唯穉來特設一榻，去則縣之。後舉有道，家拜太原太守，《舊注》：“就家而拜之也。”皆不就。延熹二年，尚書令陳蕃、僕射胡廣等上疏薦穉等曰：“臣聞善人，天地之紀，政之所由也。《詩》云：‘思皇多士，生此王國。’天挺俊乂，爲陛下出，當輔弼明時，左右大業者也，伏見處士豫章徐穉、彭城姜肱、汝南袁閎、京兆韋著、潁川李曇，德行純備，著于人聽，若使擢登三事，協亮天工，必能翼宣盛美，增光日月矣。”桓帝乃以安車、玄纁，備禮徵之，並不至。帝因問蕃，曰：“徐穉、袁閎、韋著，孰爲先後？”蕃對曰：“閎生出公族，聞道漸訓；著長于三輔，禮義之俗；所謂不扶自直，不鏤自雕。至於穉者，爰自江南卑薄之域，而角立傑出，宜當爲先。”穉嘗爲太尉黄瓊所辟，不就，及瓊卒，歸葬，穉乃負糧，徒步到江夏赴之，設鷄酒薄祭，哭畢而去，不告姓名。時會者四方名士郭林宗等數十人，聞之，疑其穉也，乃選能言語生茅容輕騎追之，及於塗，容爲設飯，共言稼穡之事。臨訣去，謂容曰：“爲我謝郭林宗，大樹將顛，非一繩所維，何爲栖栖，不遑寧處？”及林宗有母憂，穉往弔之，置生芻一束於廬前而去。衆怪，不知其故。林宗曰：“此必南州高士徐孺子也。詩不云乎：‘生芻一束，其人如玉。’吾無德以堪之。"靈帝初,欲蒲輪聘穉,會卒,時年七十二。子胤,字季登,篤行孝悌,亦隱居不仕。太守華歆,禮請相見,固病不詣。漢末,寇賊縱横,皆敬胤禮行,轉相約敕,不犯其閭。建安中,卒。李曇字雲,少孤,繼母嚴酷,曇事之愈謹,爲鄉里所稱法。養親行道,終身不仕。

姜肱,字伯淮,彭城廣戚人也。廣戚,前漢侯國,屬沛。後漢爲縣,屬彭城。家世名族。肱與二弟仲海、季江,俱以孝行著聞。其友愛天至,常共卧起。及各娶妻,兄弟相戀,不能别寢,以係嗣當立,乃遞往就室。肱博通五經,兼明星緯,士之遠來就學者,三千餘人。諸公争加辟命,皆不就。二弟名聲相次,亦不應徵聘。時人慕之。肱嘗與季江謁郡,夜於道遇盜,欲殺之,肱兄弟更相争死,賊遂兩釋焉,但掠奪衣資而已。既至郡中,見肱無衣服,怪問其故,肱託以他辭,終不言盜。盜聞而感悔,後乃就精廬求見徵君,肱與相見,皆叩頭謝罪,而還所略物。肱不受,勞以酒食而遣之。後與徐穉俱徵,不至。桓帝乃下彭城,使畫工圖其形狀。肱卧於幽闇,以被韜面,言感眩疾,不欲出風,工竟不得見之。中常侍曹節等,專執朝事,新誅太傅陳蕃,大將軍竇武,欲借寵賢德,以釋衆望,乃白徵肱爲太守。肱得詔,乃私告其友曰:"吾以虚獲實,遂藉聲價;明明在上,猶當固其本志;況今政在閹竪,夫何爲哉?"乃隱身遯命,遠浮海濱,再以玄纁聘,不就,即拜太中大夫,詔書至門,肱使家人對云:"久病就醫。"遂羸服間行,竄伏青州界中,賣卜給食。召命得斷,家亦不知其處,歷年乃還。年七十七,熹平二年,終于家。弟子陳留、劉操,陳留,今河南陳留縣。追慕肱德,共刊石頌之。

申屠蟠字子龍,陳留外黄人也。外黄在今河南杞縣東。九歲喪父,哀毁過禮。服除,不進酒肉十餘年。母忌日,輒三日不食。同郡緱氏女玉爲父報讎,殺夫氏之黨,吏執玉,以告外黄令梁配,配欲論殺玉。蟠時年十五,爲諸生,進諫曰:"玉之節義,足以感無恥之孫,激忍辱之子,不遭明時,尚當表旌廬墓,況在清聽,而不加哀矜?"配善其言,乃爲讞,得減死論,鄉人稱美之。家貧,傭爲漆工,郭林宗見而奇之。同郡蔡邕深重蟠,及被州辟,乃辭讓之曰:"申屠蟠稟氣玄妙,性敏心通,喪親盡禮,幾於毀滅;至行美義,人所鮮能,安貧樂潛,味道守真,不爲燥濕輕重,不爲窮達易節。方之於邕,以齒則長,以德則賢。"後郡召爲主簿,不行。遂隱居精學,博貫五經,兼明圖緯。始與濟陰王子居濟陰,在今山東定陶縣西北。同在太學,子居臨歿,以身託蟠。蟠乃躬推輦車,送喪歸于鄉里,遇司隸從事於河鞏之間,從事義之,爲封傳護送,蟠不肯受,投傳於地而去。事畢,還學。太尉黃瓊辟不就,及瓊卒,歸葬江夏,四方名豪,會帳下者六七千人,互相談論,莫有及蟠者。唯南郡一生,與相酬對,既別,執蟠手曰:"君非聘則徵,如是,相見於上京矣。"蟠勃然作色曰:"始吾以子爲可與言也,何意乃相拘教樂貴之徒邪?"因振手而去,不復與言。再舉有道,不就。先是京師游士,汝南范滂等,非訐朝政,自公卿以下,皆折節下之。太學生爭慕其風,以爲文學將興,處士復用,蟠獨嘆曰:"昔戰國之世,處士横議,列國之王,至爲擁篲先驅,卒有阬儒燒書之禍,今之謂矣。"乃絶跡於梁碭之間。因樹爲屋,自同傭人。居二年,滂等果罹黨錮,或死或刑者數百人,蟠確然,免於疑論。後蟠友人陳郡馮雍陳郡,治陳縣,今河南淮陽縣。坐事繫獄,豫州牧黄琬欲殺之。或勸蟠救雍,蟠不肯行曰:"黄子琰爲吾故邪,未必合罪;如不用吾言,雖往何益?"琬聞之,遂免雍罪。大將軍何進連徵不詣,進必欲致之,使蟠同郡黄忠書勸曰:"前莫府初開至如先生,特加殊禮,優而不名。申以手筆,設几杖之坐。經過二載,而先生抗志彌高,所尚益固。竊論先生高節有餘,於時則未也。今潁川荀爽,載疾在道;北海鄭玄,北面受署;彼豈樂羈牵哉!知時不可逸豫也。昔人之隱,遭時則放聲滅跡,巢棲茹薇;其不遇也,則裸身大笑,被髮狂歌。今先生處平壤,游人間,吟典籍,襲衣裳,事異昔人,而欲遠蹈其跡,不亦難乎!孔氏可師,何必首陽?"蟠不答。中平五年,復與爽、玄及潁川韓融、陳紀等十四人,並博士徵,不至。明年董卓廢立,蟠及爽、融、紀等,復俱公車徵,唯蟠不到。衆人咸勸之,蟠笑而不應。居無幾,爽等爲卓所脅迫,西都長安,京師擾亂,及大駕西遷,公卿多遇兵飢,室家流散。融等僅以身脱。唯蟠處亂末,終全高志,年七十四,終于家。

贊曰:琛寶可懷,貞期難對。《舊注》:"貞期,謂明時也。對,偶也。"道苟違運,理用同廢。與其遐棲,豈若蒙穢?悽悽碩人,陵阿窮退。韜伏明姿,甘是堙曖。

兩漢士尚氣節,好立名譽。其性質活動,喜奔走朝市者,則成黨錮之士;其性恬退,不喜奔走者,則雖有譽望,仍得善終。此篇所言是也。文亦含豪邈然,殊有高致。

《三國志·魏志·方技傳》

華佗,字元化,沛國譙人也,今安徽亳縣。一名旉。游學徐土,兼通數經。沛相陳珪舉孝廉,太尉黄琬辟,皆不就。曉養性之術,養性,即養生,古生性二字時通用。時人以爲年且百歲,而貌有壯容。又精方藥,其療疾,合湯不過數種。心解分劑,不復稱量,煑熟便飲,語其節度,舍去輒愈。若當灸,不過一兩處,每處七八壯,病亦應除。若當針,亦不過一兩處。下針,言"當引某許;若至,語人。"病者言已到,應便拔針,病亦行差。若病結積在内,針藥所不能及,當須刳割者,便飲其麻沸散,須臾,便如醉死,無所知,因破取病。若在腸中,便斷腸湔洗,縫腹膏摩,四五日差。不痛,人亦不自寤;一月之間,即平復矣。

故甘陵相夫人,今山東清平縣。有娠六月,腹痛不安。佗視脈,曰:“胎已死矣。”使人手摸,知所在,在左則男,在右則女。人云在左,於是爲湯下之,果下男形,即愈。縣吏尹世苦四支煩,口中乾,不欲聞人聲,小便不利。佗曰:“試作熱食,得汗則愈,不汗後三日死。”即作熱食,而不汗出。佗曰:“藏氣已絶於内,當啼泣而絶。”果如佗言。府吏兒尋、李延共止,俱頭痛身熱,所苦正同。佗曰:“尋當下之,延當發汗。”或難其異,佗曰:“尋外實,延内實,故治之宜殊。”即各與藥,明旦並起。鹽瀆嚴昕,與數人共候佗,適至。佗謂昕曰:“君身中佳否?”昕曰:“自如常。”佗曰:“君有急病,見於面,莫多飲酒。”坐畢,歸,行數里,昕卒頭眩墮車,人扶將還載歸家,中宿死。故督郵頓子獻得病,已差,詣佗視脈,曰:“尚虚,未得復,勿爲勞事,御内即死。臨死當吐舌數寸。”其妻聞其病除,從百餘里來省之,止宿,交接,中間三日,發病,一如佗言。督郵徐毅得病,佗往省之。毅謂佗曰:“昨使醫曹吏劉租針胃管,訖,便苦欬嗽,欲卧不安。”佗曰:“刺不得胃管,誤中肝也。食當日減,五日不救。”遂如佗言。東陽在山東恩縣西北六十里。陳叔山小男,二歲,得疾下利,常先啼,日以羸困,問佗。佗曰:“其母懷軀,陽氣内養,乳中虚冷,兒得母寒,故令不時愈。”佗與四物女宛丸,十日即除。彭城夫人夜之廁,蠆螫其手,呻呼無賴。佗令温湯近熱,漬手其中,卒可得寐。但旁人數爲易湯,湯令煖之,其旦即愈。軍吏梅平得病,除名還家,家居廣陵,未至二百里,止親人舍。有頃,佗偶至主人許,主人令佗視平,佗謂平曰:“君早見我,可不至此。今疾已結,促去,可得與家相見,五日卒。”應時歸,如佗所刻。佗行道,見一人,病咽塞,嗜食而不得下。家人車載,欲往就醫。佗聞其呻吟,駐車往視,語之曰:“向來道邊有賣餅家,蒜齏大酢,從取三升飲之,病自當去。”即如佗言,立吐蛇一枚。縣車邊,欲造佗。佗尚未還,小兒戲門前,逆見,自相謂曰:“似逢我公,車邊病是也。”疾者前入坐,見佗北壁縣此蛇輩約以十數。又有一郡守病,佗以爲其人盛怒則差,乃多受其貨,而不加治,無何,棄去,留書罵之。郡守果大怒,令人追捉殺佗。郡守子知之,屬使勿逐,守瞋恚既甚,吐黑血數升而愈。又有一士大夫,不快。佗云:"君病甚,當破腹取,然君壽亦不過十年,病不能殺君,忍病十歲,壽俱當盡,不足故自刳裂。"士大夫不耐痛癢,必欲除之,佗遂下手,所患尋差,十年竟死。廣陵太守陳登得病,胸中煩懣,面赤不食,佗脈之,曰:"府君胃中有蟲數升,欲成内疽,食腥物所爲也。"即作湯二升,先服一升,斯須,盡服之。食頃,吐出二升許蟲,赤頭,皆動,半身是生魚膾也。所苦便愈。佗曰:"此病後三期當發,遇良醫乃可濟救。"依期果發動,時佗不在,如言而死。太祖聞而召佗,佗常在左右。太祖苦頭風,每發,心亂目眩。佗針鬲,隨手而差。李將軍妻病甚,呼佗視脈,曰:"傷娠而胎不出。"將軍言:"聞實傷娠,胎已去矣。"佗曰:"案脈,胎未去也。"將軍以爲不然,佗舍去,婦稍小差,百餘日,復動,更呼佗。佗曰:"此脈故事有胎。前當生兩兒,一兒先出,血出甚多,後兒不及生,母不自覺,旁人亦不寤。不復迎,遂不得生。胎死,血脈不復歸,必燥著母脊,故使多脊痛。今當與湯,并針一處,此死胎必出。"湯針既加,婦痛急如欲生者。佗曰:"此死胎,久枯,不能自出,宜使人探之。"果得一死男。手足完具,色黑,長可尺許。佗之絶技,凡類此也。然本作士人,以醫見業,意常自悔。後太祖親理,得病篤重,使佗專視。佗曰:"此近難濟,恆事政治,可延歲月。"佗久遠家,思歸,因曰:"當得家書,方欲暫還耳。"到家,辭以妻病,數乞期不反。太祖累書呼,又勑郡縣發遣,佗恃能,厭食事,猶不上道。太祖大怒,使人往檢。若妻信病,賜小豆四十斛,寬假限日。若其虚詐,便收送之。於是傳付許獄,許,今河南許昌縣,時漢獻帝遷都於此。考驗首服。荀彧請曰:"佗術實工,人命所縣,宜含宥之。"太祖曰:"不憂天下當無此鼠輩邪?"遂考竟佗。佗臨死,出一卷書,與獄吏曰:"此可以活人。"吏畏法不受,佗亦不彊,索火燒之。佗死後,太祖頭風未除,太祖曰:"佗能愈此,小人養吾病,欲以自重。然吾不殺此子,亦終當不爲我斷此根原耳。”及後愛子倉舒病困,太祖嘆曰:“吾悔殺華佗,令此兒彊死也。”初軍吏李成苦欬嗽,晝夜不寤,時吐膿血,以問佗。佗言:“君病腸臃,欬之所吐,非從肺來也。與君散兩錢,當吐二升餘膿血。訖快。自養一月,可小起,好自將愛,一年便健。十八歲當一小發,服此散,亦行復差,若不得此藥,故當死。”復與兩錢散。成得藥去。五六歲,親中人有病如成者,謂成曰:“卿今彊健,我欲死,何忍無急去藥以待不祥?裴《注》:“古語以藏爲去。”案此亦所謂反訓。先持貸我。我差,爲卿從華佗更索。”成與之。已,故到譙,適值佗見收,怱怱,不忍從求。後十八歲,成病竟發,無藥可服,以至於死。

廣陵吴普、彭城樊阿,皆從佗學。普依準佗治,多所全濟。佗語普曰:“人體欲得勞動,但不當使極耳。動揺則穀氣得消,血脈流通,病不得生,譬猶户樞不朽是也。是以古之仙者,爲導引之事,熊頸,鴟顧,引輓腰體,動諸關節,以求難老。吾有一術,名五禽之戲:一曰虎,二曰鹿,三曰熊,四曰猨,五曰鳥,亦以除疾,並利蹄足,以當導引。體中不快,起作一禽之戲,沾濡汗出,因上著粉,身體輕便,腹中欲食。”普施行之。年九十餘,耳目聰明,齒牙完堅。阿善針術。凡醫咸言背及胸藏之間,不可妄針。針之不過四分。而阿針背入一二寸;巨闕胸藏,針下五六寸;而病輒皆瘳。阿從佗求可服食益於人者。佗授以漆葉青黏散,漆葉屑一升,青黏屑十四兩,以是爲率。言久服去三蟲,利五藏,輕體,使人頭不白。阿從其言,壽百餘歲。漆葉處所而有,青黏生於豐、沛、彭城及朝歌云。豐,今江蘇豐縣。餘均見《史記·項羽本紀》注。

杜夔字公良,河南人也。今河南洛陽縣。以知音,爲雅樂郎,中平五年,疾去官,州郡司徒禮辟,以世亂奔荆州。荆州牧劉表,令與孟曜爲漢主合雅樂。樂備,表欲庭觀之。夔諫曰:“今將軍號不爲天子,合樂而庭作之,無乃不可乎!”表納其言而止。後表子琮降太祖,太祖以夔爲軍謀祭酒,參太樂事,因令創制雅樂。

夔善鍾律,聰思過人。絲竹八音,靡所不能,惟歌舞非所長。時散郎鄧静、尹齊,善詠雅樂;歌師尹胡,能歌宗廟郊祀之曲;舞師馮肅、服養,曉知先代諸舞;夔總統研精,遠考諸經,近采故事,教習講肄,備作樂器,紹復先代古樂,皆自夔始也。黄初中,爲太樂令協律都尉。

漢鑄鐘工柴玉,巧有意思,形器之中,多所造作,亦爲時貴人見知。夔令玉鑄銅鐘,其聲韻清濁,多不如法,數毁改作。玉甚厭之,謂夔清濁任意,頗拒捍夔。夔、玉更相白於太祖。太祖取所鑄鐘雜錯更試,然知夔爲精而玉之妄也,於是罪玉,及諸子皆爲養馬士。文帝愛待玉,又嘗令夔與左願等,於賓客之中,吹笙鼓琴,夔有難色,由是帝意不悦。後因他事繫夔,使願等就學。夔自謂所習者雅,仕宦有本,意猶不滿,遂黜免以卒。弟子河南邵登、張泰、桑馥,各至太樂丞;下邳陳頏,司律中郎將。自左延年等,雖妙於音,咸善鄭聲,其好古存正,莫及夔。

朱建平,沛國人也。善相術,於閭巷之間,效驗非一。太祖爲魏公,聞之,召爲郎。文帝爲五官將,坐上會客,三十餘人。文帝問己年壽,又令徧相衆賓。建平曰:“將軍當壽八十,至四十時,當有小厄,願謹護之。”謂夏侯威曰:“君四十九位爲州牧,而當有厄。厄若得過,可年至七十,致位公輔。”謂應璩曰:“君六十二,位爲常伯,而當有厄。先此一年,當獨見一白狗,而旁人不見也。”謂曹彪曰:“君據藩國,至五十七,當厄於兵,宜善防之。”初潁川荀攸、鍾繇,相與親善。攸先亡,子幼,繇經紀其門户,欲嫁其妾,與人書曰:“吾與公達,曾共使朱建平相。建平曰:‘荀君雖少,然當以後事付鍾君。’吾時啁之曰:‘惟當嫁卿阿鶩耳!’何意此子,竟早隕没,戲言遂驗乎!今欲嫁阿鶩,使得善處。追思建平之妙,雖唐舉、許負,唐舉戰國時人,嘗相李兑、蔡澤。許負,漢河内老嫗,嘗相周亞夫,決其當餓死。何以復加也?”文帝黄初七年,年四十,病困。謂左右曰:“建平所言八十,謂晝夜也,吾其決矣。”頃之,果崩。

夏侯威爲兗州刺史,年四十九,十二月上旬得疾,念建平之言,自分必死,豫作遺令,及送喪之備,咸使素辦。至下旬,轉差,垂以平復。三十日,日昃,請紀綱大吏設酒,曰:"吾所苦漸平,明日鷄鳴,年便五十,建平之戒,真必過矣。"威罷客之後,合瞑,疾動,夜半,遂卒。璩六十一爲侍中,直省内,欻見白狗,問之衆人,悉無見者。於是數聚會,并急游觀田里,飲宴自娱,過期一年,六十三卒。曹彪封楚王,年五十七,坐與王凌通謀,賜死。凡説此輩,無不如言,不能具詳,故粗記數事。惟相司空王昶、征北將軍程喜、中領軍王肅有蹉跌云。肅年六十二,疾篤,衆醫並以爲不愈,肅夫人問以遺言。肅云:"建平相我踰七十,位至三公,今皆未也。將何慮乎?"而肅竟卒。建平又善相馬。文帝將出,取馬外入。建平道遇之,語曰:"此馬之相,今日死矣。"帝將乘馬,馬惡衣香,驚齧文帝膝。帝大怒,即便殺之。建平黄初中卒。

周宣,字孔和,樂安人也。樂安,漢縣。在今山東博興縣北。爲郡吏,太守楊沛夢人曰:"八月一日,曹公當至,必與君杖,飲以藥酒。"使宣占之。是時黄巾賊起,宣對曰:"夫杖起弱者,藥治人病,八月一日,賊必除滅。"至期,賊果破。後東平劉楨,夢蚰生四足,穴居門中。使宣占之。宣曰:"此爲國夢,非君家之事也。當殺女子而作賊者。"頃之,女賊鄭姜,遂俱夷討。以蚰女子之祥,足非蚰之所宜故也。文帝問宣曰:"吾夢殿屋兩瓦墮地,化爲雙鴛鴦,此何謂也?"宣對曰:"後宫當有暴死者。"帝曰:"吾詐卿耳。"宣對曰:"夫夢者,意耳。苟以形言,便占吉凶。"言未畢,而黄門令奏宫人相殺。無幾,帝復問曰:"我昨夜夢青氣,自地屬天。"宣對曰:"天下當有貴女子寃死。"是時帝已遣使賜甄后璽書,聞宣言而悔之。遣人追使者,不及。帝復問曰:"吾夢摩錢文欲令滅,而更愈明,此何謂邪?"宣悵然不對,帝重問之。宣對曰:"此自陛下家事,雖意欲爾,而太后不聽,是以文欲滅而明耳。"時帝欲治弟植之罪,偪於太后,但加貶爵。以宣爲中郎,屬太史。

嘗有問宣曰:"吾昨夜夢見芻狗,其占何也?"宣答曰:"君欲得美食耳。"有頃,出行,果遇豐膳。後又問宣曰:"昨夜復夢見芻狗,何也?"宣曰:"君欲墮車折脚,宜戒慎之。"頃之,果如宣言。後又問宣:"昨夜復夢見芻狗何也?"宣曰:"君家欲失火,當善護之。"俄遂火起。語宣曰:"前後三時,皆不夢也,聊試君耳。何以皆驗邪?"宣對曰:"此神靈動君使言,故與真夢無異也。"又問宣曰:"三夢芻狗,而其占不同,何也?"宣曰:"芻狗者,祭神之物,故君始夢當得飲食也。祭祀既訖,則芻狗爲車所轢,故中夢當墮車折脚也。芻狗既車轢之後,必載以爲樵,故後夢憂失火也。"宣之敍夢,凡此類也。十中八九,世以比建平之相矣。其餘效故不次列,明帝末卒。

管輅字公明,平原人也。今山東省平原縣。容貌粗醜,無威儀,而嗜酒,飲食言戲,不擇非類,故人多愛之而不敬也。父爲利漕。利漕民郭恩,兄弟三人,皆得躄疾,使輅筮其所由。輅曰:"卦中有君本墓,墓中有女鬼,非君伯母,當叔母也。昔饑荒之世,當有利其數升米者,排著井中,嘖嘖有聲,推一大石,下破其頭,孤魂寃痛,自訴於天。"於是恩涕泣服罪。廣平劉奉林廣平,在今河北省鷄澤縣東。婦病困,已買棺器,時正月也。使輅占,曰:"命在八月辛卯日日中之時。"林謂必不然,而婦漸差。至秋發動,一如輅言。輅往見安平太守王基,安平,治信都,今河北省冀縣。基令作卦。輅曰:"當有賤婦人,生一男兒,墮地便走,入竈中死。又牀上當有一大蛇銜筆,小大共視,須臾去之也。又烏來入室中,與鷰共鬬,鷰死烏去,有此三怪。"基大驚,問其吉凶。輅曰:"直官舍久遠,魑魅魍魎爲怪耳。兒生便走,非能自走,直宋無忌之妖,將其入竈也。大蛇御筆,直老書佐耳。烏與鷰鬬,直老鈴下耳。今卦中見象,而不見其凶,知非妖咎之徵,自無所憂也。"後卒無患。時信都令家,信都,安平治,見上。婦女驚恐,更互疾病,使輅筮之。輅曰:"君此堂西頭,有兩死男子,一男持矛,一男持弓箭,頭在壁内,脚在壁外,持矛者主刺頭,故頭重痛,不得舉也。持弓箭者主射胸腹,故心中縣痛,不得飲食也。晝則浮游,夜來病人。故使驚恐也。”於是掘徙骸骨,家中皆愈。清河王經,清河,今河北清河縣。去官還家,輅與相見。經曰:“近有一怪,大不喜之,欲煩作卦。”卦成,輅曰:“爻吉,不爲怪也。君夜在堂,户前有一流光,如燕爵者,入居懷中,殷殷有聲,内神不安,解衣彷徉,招呼婦人,覓索餘光。”經大笑曰:“實如君言。”輅曰:“吉,遷官之徵也。其應行至。”頃之,經爲江夏太守。在今湖北黄岡縣西北。輅又至郭恩家,有飛鳩來,在梁頭,鳴甚悲。輅曰:“當有老公,從東方來,攜豚一頭,酒一壺,主人雖喜,當有小故。”明日,果有客,如所占。恩使客節酒,戒肉,慎火,而射鷄作食,箭從樹間,激中數歲女子手,流血,驚怖。輅至安德令劉長仁家,安德,今山東陵縣治。有鳴鵲來,在閣屋上,其聲甚急。輅曰:“鵲言東北有婦昨殺夫,牽引西家人夫離婁,候不過日在虞淵之際,告者至矣。”到時,果有東北同伍民來告,鄰婦手殺其夫,詐言西家人與夫有嫌,來殺我婿。輅至列人典農王弘直許,列人,在今河北省肥鄉縣東北。有飄風,高三尺餘,從申上來,在庭中幢幢回轉,息以復起,良久乃止。直以問輅。輅曰:“東方當有馬吏至,恐父哭子,如何?”明日,膠東吏到,直子果亡。直問其故,輅曰:“其日乙卯,則長子之候也。木落於申,申破寅,死喪之候也;日加午而風發,則馬之候也;離爲文章,則吏之候也;申未爲虎,虎爲大人,則父之候也。”有雄雉飛來,登直内鈴柱頭,直大以不安,令輅作卦。輅曰:“到五月必遷。”時三月也。至期,直果爲渤海太守。館陶令諸葛原遷新興太守。館陶,今山東館陶縣。新興,今山西忻縣。輅往祖餞之,賓客並會。原自起取燕卵蜂窠鼅鼄著器中,便射覆。卦成,輅曰:“第一物含氣須變,依乎宇堂,雄雌以形,翅翼舒張,此燕卵也。第二物家室倒縣,門户衆多,藏精育毒,得秋乃化,此蠭窠也。第三物觳觫長足,吐絲成羅,尋網求食,利在昏夜,此鼅鼄也。”舉坐驚喜。輅族兄孝國,居在斥丘。斥丘,漢縣,今河北成安縣。輅往從之,與二客會。客去後,輅謂孝國曰:“此二人天庭及口耳之間,同有凶氣,異變俱起,雙魂無宅。流魂于海,骨歸於家,少許時當並死也。”復數十日,二人飲酒醉,夜共載車,牛驚下道,入漳河中,皆即溺死也。當此之時,輅之鄰里,外户不閉,無相偷竊者。

清河太守華表,召輅爲文學掾,安平趙孔曜薦輅於冀州刺史裴徽曰:“輅雅性寬大,與世無忌。仰觀天文,則同妙甘公、石申,甘公、石申,古天文家,見《漢書·律曆志》。俯覽《周易》,則齊思季主,司馬季主,漢時楚人,賣卜長安市,見《史記·日者列傳》。今明使君,方垂神幽藪,留神九皋,輅宜蒙陰和之應,得及羽儀之時。”徽於是辟爲文學從事,引與相見,大善友之。徙部鉅鹿,遷治中別駕。初應州召,與弟季儒共載,至武城西,自卦吉凶,語儒云:“當在故城中,見三狸,爾者乃顯。”前到河西故城角,正見三狸,共踞城側,兄弟並喜。正始九年,舉秀才。十二月二十八日,吏部尚書何晏請之,鄧颺在晏許。晏謂輅曰:“聞君著爻神妙,爲作試一卦,知位當至三公不?”又問:“連夢見青蠅數十頭,來在鼻上,驅之不肯去。有何意故?”輅曰:“夫飛鴞天下賤鳥,及其在林食椹,則懷我好音,况輅心非草木,敢不盡忠。昔元凱之弼重華,宣慈惠和;周公之翼成王,坐而待旦;故能流光六合,萬國咸寧,此乃履道休應,非卜筮之所明也。今君侯位重山岳,勢若雷電,而懷德者鮮,畏威者衆,殆非小心翼翼,多福之仁。又鼻者艮,此天中之山,裴《注》:“相書謂鼻之所在爲天中,鼻有山象,故曰天中之山也。”高而不危,所以長守貴,今青蠅臭惡而集之焉,位峻者顛,輕豪者亡,不可不思害盈之數,盛衰之期。是故山在地中曰謙,雷在天上曰壯;謙則裒多益寡,壯則非禮不履,未有損己而不光大,行非而不傷敗,願君侯上追文王六爻之旨,下思尼父彖象之義,然後三公可決,青蠅可驅也。”颺曰:“此老生之常譚。”輅答曰:“夫老生者見不生,常譚者見不譚。”晏曰:“過歲更當相見。”輅還邑舍,具以此言語舅氏,舅氏責輅言太切至。輅曰:"與死人語,何所畏邪?"舅大怒,謂輅狂悖。歲朝,西北風大,塵埃蔽天,十餘日,聞晏、颺皆誅。然後舅乃服。

始輅過魏郡太守鍾毓,共論《易》義,輅因言卜可知君生死之日。毓使筮其生日月,如言無蹉跌。毓大愕然曰:"君可畏也,死以付天,不以付君。"遂不復筮。毓問輅:"天下當太平否?"輅曰:"方今四九天飛,利見大人,神武升建,王道大明,何憂不平?"毓未解輅言。無幾,曹爽等誅,乃覺寤云。平原太守劉邠,取印囊及山鷄毛著器中,使筮。輅曰:"内外方員,五色成文,含寶守信,出則有章,此印囊也。高岳巖巖,有鳥朱身,羽翼玄黄,鳴不失晨,此山鷄毛也。"邠曰:"此郡官舍,連有變怪,使人恐怖,其理何由?"輅曰:"或因漢末之亂,兵馬擾攘,軍尸流血,汙染丘山,故因昏夕,多有怪形也。明府道德高妙,自天祐之,願安百禄,以光休寵。"清河令徐季龍,使人行獵,令輅筮其所得。輅曰:"當獲小獸,復非食禽,雖有爪牙,微而不彊。雖有文章,蔚而不明。非虎非雉,其名曰貍。"臘人暮歸,果如輅言。季龍取十三種物,著大篋中,使輅射。云器中藉藉,有十三種物,先説鷄子,後道蠶蛹,遂一一名之,惟以梳爲枇耳。輅隨軍西行,過毌丘儉墓下,倚樹哀吟,精神不樂。人問其故。輅曰:"林木雖茂,無形可久,碑誄雖美,無後可守。玄武藏頭,蒼龍無足,白虎銜尸,朱雀悲哭。四危以備,法當滅族。不過二載,其應至矣。"卒如其言。後得休,過清河倪太守,時天旱,倪問輅雨期,輅曰:"今夕當雨。"是日暘燥,晝無形似,府丞及令在坐,咸謂不然。到鼓一中,星月皆没,風雲並起,竟成快雨。於是倪盛脩主人禮,共爲歡樂。

正元二年,弟辰謂輅曰:"大將軍待君意厚,冀當富貴乎?"輅長嘆曰:"吾自知有分直耳。然天與我才明,不與我年壽,恐四十七八間,不見女嫁兒娶婦也。若得免此,欲作洛陽令,可使路不拾遺,枹鼓不鳴。但恐至太山治鬼,不得治生人,如何?"辰問其故，輅曰："吾額上無生骨，眼中無守精，鼻無梁柱，脚無天根，背無三甲，腹無三壬，此皆不壽之驗。又吾本命在寅，加月食夜生，天有常數，不可得諱，但人不知耳。吾前後相當死者過百人，略無錯也。"是歲八月，爲少府丞，明年二月卒，年四十八。

評曰："華佗之醫診，杜夔之聲樂，朱建平之相術，周宣之相夢，管輅之術筮，誠皆玄妙之殊巧，非常之絶技矣。昔史遷著扁鵲、倉公、日者之傳，所以廣異聞而表奇事也。故存録云爾。"

此篇爲技術人才傳式，所言未必盡實，然自是一種文體也。凡專門技術之才，最好得深通其術者以傳之，然不能皆得；亦或傳世材料，本由恒人，不能知其學術，惟能侈語其跡；作史者豈能將無作有？亦豈能遂廢不傳？則亦衹得就所有者整齊之，以待後之人矣。如此篇是也。醫學發明，必由解剖；鍼石封割，事尤徑捷；其始用者必多。後世專門技術，稍以失傳，乃專用湯藥耳。宋以後醫藉之多，幾於汗牛充棟，然皆言脈理方劑。鍼石之書，十不得一；間有之，其所言亦不能有加於古，或反不逮焉，即以此故。華陀蓋猶有古代專門技術之傳者。志所述治跡，不甚可信，則傳者之過也。

《佗傳》首節總言其醫術，次節述其治效，三節言太祖召之及殺之之始末，四節言其弟子。李將軍妻一事，獨置第三節中者，第二節所記，蓋佗在南方時事，此則太祖召之之後，在許下時事也。古人敍次，於材料之異其來源者，皆各如其舊而傳之，不苟并合如此。

《三國志·魏志·烏丸鮮卑東夷傳》

《書》載"蠻夷猾夏"，《詩》稱"玁狁孔熾"，久矣其爲中國患也！秦、漢以來，匈奴久爲邊害。孝武雖外事四夷，東平兩越、朝鮮，西討貳師、大宛，開邛笮、夜郎之道，然皆在荒服之外，不能爲中國輕重。而匈奴最逼於諸夏，胡騎南侵，則三邊受敵，是以屢遣衛、霍之將，深入北伐，窮追單于，奪其饒衍之地。後遂保塞稱藩，世以衰弱。建安中，呼廚泉南單于入朝，遂留内侍，使右賢王撫其國，而匈奴折節，過於漢舊。然烏丸、鮮卑，稍更彊盛，亦因漢末之亂，中國多事，不遑外討，故得擅漢南之地，寇暴城邑，殺略人民，北邊仍受其困。會袁紹兼河北，乃撫有三郡烏丸，寵其名王，而收其精騎。其後尚、熙又逃于蹋頓。蹋頓又驍武，邊長老皆比之冒頓，恃其阻遠，敢受亡命，以控百蠻。太祖潛師北伐，出其不意，一戰而定之，夷狄慴服，威振朔土，遂引烏丸之衆，服從征討，而邊民得用安息。後鮮卑大人軻比能，復制御羣狄，盡收匈奴故地，自雲中、五原以東，抵遼水，皆爲鮮卑庭。數犯塞寇邊，幽、并苦之。田豫有馬城之圍，畢軌有陘北之敗。青龍中，帝乃聽王雄，遣劍客刺之。然後種落離散，互相侵伐，彊者遠遁，弱者請服。由是邊陲差安，漠南少事，雖時頗鈔盜，不能復相扇動矣。烏丸、鮮卑，即古所謂東胡也。其習俗前事，撰《漢記》者已録而載之矣。故但舉漢末魏初以來，以備四夷之變云。

漢末，遼西烏丸大人丘力居，衆五千餘落，上谷烏丸大人難樓，衆九千餘落，各稱王，而遼東屬國烏丸大人蘇僕延，衆千餘落，自稱峭王，右北平烏丸大人烏延，衆八百餘落，自稱汗魯王，皆有計策勇健。中山太守張純叛入丘力居衆中，自號彌天安定王，爲三郡烏丸元帥，寇略青、徐、幽、冀四州，殺略吏民。靈帝末，以劉虞爲幽州牧，募胡斬純首，北州乃定。後丘力居死，子樓班年小，從子蹋頓有武略，代立，總攝三王部，衆皆從其教令。袁紹與公孫瓚連戰不決，蹋頓遣使詣紹，求和親，助紹擊瓚破之。紹矯制賜蹋頓、難峭王、汗魯王印綬，皆以爲單于。後樓班大，峭王率其部衆奉樓班爲單于，蹋頓爲王。然蹋頓多畫計策。廣陽閻柔，少没烏丸、鮮卑中，爲其種所歸信。柔乃因鮮卑衆殺烏丸校尉邢舉代之，紹因寵尉以安北邊。後袁尚敗奔蹋頓，憑其勢，復圖冀州,會太祖平河北,柔帥鮮卑、烏丸歸附,遂因以柔爲校尉,猶持漢使節,治廣寧如舊。在今河北省宣化縣西北。建安十一年,太祖自征蹋頓於柳城,在今遼寧興城西南。潛軍詭道,未至百餘里,虜乃覺,尚與蹋頓將衆逆戰於凡城,兵馬甚盛。太祖登高望虜陣,柳軍未進,觀其小動,乃擊破其衆,臨陣斬蹋頓首,死者被野,速附丸、樓班、烏延等走遼東,遼東悉斬傳送其首,其餘遺迸皆降。及幽州、并州柔所統烏丸萬餘落,悉徙其族居中國,帥從其侯王大人種衆與征伐,由是三郡烏丸,爲天下名騎。

鮮卑步度根既立,衆稍衰弱。中兄扶羅韓亦别擁衆數萬,爲大人。建安中,太祖定幽州,步度根與軻比能等因烏丸校尉閻柔上貢獻。後代郡烏丸能臣氐等叛,求屬扶羅韓。扶羅韓將萬餘騎迎之到桑乾。氐等議以爲扶羅韓部威禁寬緩,恐不見濟,更遣人呼軻比能。比能即將萬餘騎到,當共盟誓。比能便於會上殺扶羅韓,扶羅韓子泄歸泥及部衆悉屬比能。比能自以殺歸泥父,特又善遇之。步度根由是怨比能。文帝踐祚,田豫爲烏丸校尉,持節并護鮮卑,屯昌平。步度根遣使獻馬,帝拜爲王。後數與軻比能更相攻擊,步度根部衆稍寡弱,將其衆萬餘落,保太原、鴈門郡。今山西代縣。步度根乃使人招呼泄歸泥曰:“汝父爲比能所殺,不念報仇,反屬怨家,今雖厚待汝,是欲殺汝計也。不如還我,我與汝是骨肉至親,豈與仇等?”由是歸泥將其部落,逃歸步度根,比能追之,弗及。至黄初五年,步度根詣闕貢獻,厚加賞賜,是後一心守邊,不爲寇害。而軻比能衆遂彊盛。明帝即位,務欲綏和戎狄,以息征伐,羈縻兩部而已。至青龍元年,比能誘步度根深結和親,於是步度根將泄歸泥及部衆悉保比能,寇鈔并州,殺略吏民,帝遣驍騎將軍秦朗征之,歸泥叛比能,將其部衆降,拜歸義王,賜幢麾曲蓋鼓吹,居并州如故,步度根爲比能所殺。

軻比能,本小種鮮卑,以勇健,斷法平端,不貪財物,衆推以爲大人。部落近塞,自袁紹據河北,中國人多亡叛歸之,教作兵器、鎧楯，頗學文字，故其勒御部衆，擬則中國，出入弋獵，建立旌麾，以鼓節爲進退。建安中，因閻柔上貢獻，太祖西征關中，田銀反河間，今河北省獻縣。比能將三千餘騎，隨柔擊破銀，後代郡烏丸反，比能復助爲寇害。太祖以鄢陵侯彰爲驍騎將軍，北征，大破之，比能走出塞，後復通貢獻。延康初，比能遣使獻馬，文帝亦立比能爲附義王。黄初二年，比能出諸魏人在鮮卑者五百餘家，還居代郡。明年比能帥部落大人小子代郡烏丸修武盧等三千餘騎，驅牛馬七萬餘口交市，遣魏人千餘家居上谷。後與東部鮮卑大人素利及步度根三部争鬬，更相攻擊。田豫和合，使不得相侵。五年，比能復擊素利，豫帥輕騎，徑進掎其後，比能使别小帥瑣奴拒豫，豫進討，破走之，由是懷貳。乃與輔國將軍鮮于輔書曰："夷狄不識文字，故校尉閻柔，保我於天子。我與素利爲讐，往年攻擊之，而田校尉助素利，我臨陣，使瑣奴往，聞使君來，即便引軍退。步度根數數鈔盜，又殺我弟，而誣我以鈔盜，我夷狄雖不知禮義，兄弟子孫，受天子印綬，牛馬尚知美水草，況我有人心邪？將軍當保明我於天子。"輔得書，以聞帝，帝復使豫招納安慰。比能衆遂彊盛，控弦十餘萬騎。每鈔略，得財物，均平分付，一決目前，終無所私，故得衆死力，餘部大人皆敬憚之，然猶未能及檀石槐也。太和二年，豫遣譯夏舍詣比能女婿鬱築鞬部，舍爲鞬所殺。其秋，豫將西部鮮卑蒲頭、泄歸泥出塞討鬱築鞬，大破之。還至馬城，比能自將三萬騎圍豫七日。上谷太守閻志，柔之弟也，素爲鮮卑所信，志往解喻，即解圍去。後幽州刺史王雄并領校尉，撫以恩信。比能數款塞，詣州奉貢獻。至青龍元年，比能誘納步度根，使叛并州，與結和親，自勒萬騎，迎其累重於陘北。陘嶺今雁門山，山北之地，謂之陘北。并州刺史畢軌，遣將軍蘇尚、董弼等擊之，比能遣子將騎與尚等會戰於樓煩，縣名。見《史記·項羽本紀》注。臨陣害尚、弼。至三年中，雄遣勇士韓龍刺殺比能，更立其弟。素利、彌加、厥機，皆爲大人，在遼西、右北平、漁陽塞外，道遠,初不爲邊患,然其種衆多於比能。建安中,因閻柔上貢獻,通市,太祖皆表寵以爲王。厥機死,又立其子沙末汗爲親漢王。延康初,又各遣使獻馬。文帝立素利、彌加爲歸義王。素利與比能更相攻擊,太和二年,素利死。子小,以弟成律歸爲王,代攝其衆。

《書》稱"東漸於海,西被於流沙"。其九服之制,可得而言也。然荒域之外,重譯而至,非足跡車軌所及,未有知其國俗殊方者也。自虞暨周,西戎有白環之獻,東夷有肅慎之貢,皆曠世而至,其遐遠也如此。及漢氏遣張騫使西域,窮河源,經歷諸國,遂置都護,以總領之,然後西域之事具存,故史官得詳載焉。魏興,西域雖不能盡至,其大國龜兹、于寘、康居、烏孫、疏勒、月氏、鄯善、車師之屬,無歲不奉朝貢,略如漢氏故事。而公孫淵仍父祖三世有遼東,天子爲其絶域,委以海外之事,遂隔斷東夷,不得通於諸夏。景初中,大興師旅誅淵,又潛軍浮海收樂浪今朝鮮咸鏡、平安二道境,故治即今朝鮮平壤。帶方今朝鮮京畿道及忠清北道之地。之郡,而後海表謐然,東夷屈服。其後高句麗背叛,又遣偏師致討,窮追極遠,踰烏丸、骨都,過沃沮,踐肅慎之庭,東臨大海。長老説有異面之人,近日之所出,見下《沃沮傳》。遂周觀諸國,采其法俗,小大區别,各有名號,可得詳紀。雖夷狄之邦,而俎豆之象存。中國失禮,求之四夷,猶信。故撰次其國,别其同異,以接前史之所未備焉。

夫餘,在長城之北,去玄菟朝鮮咸鏡道及吉林南部之地,治沃沮城。千里,南與高句麗,東與挹婁,西與鮮卑接,北有弱水,即今松花江。方可二千里。户八萬,其民土著,有宫室、倉庫、牢獄。多山陵、廣澤,於東夷之域最平敞。土地宜五穀,不生五果。其人麤大,性彊勇謹厚,不寇鈔。國有君王,皆以六畜名官,有馬加、牛加、豬加、狗加、犬使、大使者、使者。邑落有豪民,名下户皆爲奴僕。諸加别主四出道,大者主數千家,小者數百家,食飲皆用俎豆,會同、拜爵、洗爵，揖讓升降。以殷正月祭天，國中大會，連日飲食歌舞，名曰迎鼓，於是時斷刑獄，解囚徒。在國衣尚白，白布大袂，袍、褲，履革鞜。出國則尚繒繡錦罽，大人加狐狸、狖白、黑貂之裘，以金銀飾帽。譯人傳辭，皆跪，手據地竊語。用刑嚴急，殺人者死，没其家人爲奴婢。竊盜一責十二，男女淫，婦人妬，皆殺之。尤憎妬，已殺，尸之國南山上，至腐爛。女家欲得，輸牛馬乃與之。兄死妻嫂，與匈奴同俗。其國善養牲，出名馬、赤玉、貂狖、美珠。珠大者如酸棗。以弓、矢、刀、矛爲兵，家家自有鎧仗。國之耆老，自説古之亡人，作城栅皆員，有似牢獄。行道，晝夜無老幼皆歌，通日聲不絶。有軍事亦祭天，殺牛觀蹄以占吉凶，蹄解者爲凶，合者爲吉。有敵，諸加自戰，下户俱擔糧飲食之。其死，夏月皆用冰。殺人殉葬，多者百數。厚葬，有棺無槨。

夫餘本屬玄菟。漢末，公孫度雄張海東，威服外夷，夫餘王尉仇台更屬遼東。時句麗、鮮卑彊，度以夫餘在二虜之間，妻以宗女。尉仇台死，簡位居立。無適子，有孽子麻余。位居死，諸加共立麻余。牛加兄子名位居，爲大使，輕財善施，國人附之，歲歲遣使詣京都貢獻。正始中，幽州刺史毌丘儉討句麗，遣玄菟太守王頎詣夫餘，位居遣大加郊迎，供軍糧。季父牛加有二心，位居殺季父父子，籍没財物，遣使薄斂送官。舊夫餘俗，水旱不調，五穀不熟，輒歸咎於王，或言當易，或言當殺。麻餘死，其子依慮年六歲，立以爲王。漢時，夫餘王葬用玉匣，常豫以付玄菟郡，王死則迎取以葬。公孫淵伏誅，玄菟庫猶有玉匣一具。今夫餘庫有玉璧、珪、瓚，數代之物，傳世以爲寶，耆老言，先代之所賜也。其印文言"濊王之印"，國有故城名濊城，蓋本濊貊之地，而夫餘王其中，自謂亡人，抑有似也。

句麗在遼東之東千里，南與朝鮮、濊貊，東與沃沮，北與夫餘接，都於丸都之下。方可二千里，户三萬。多大山深谷，無原澤。隨山谷以爲居，食澗水。無良田，雖力佃作，不足以實口腹。其俗節食,好治宫室,於所居之左右立大屋,祭鬼神,又祀靈星、社稷。其人性凶急,喜寇鈔。其國有王,其官有相加、對盧、沛者、古雛加、主簿、優台丞、使者、皁衣先人,尊卑各有等級。東夷舊語以爲夫餘别種,言語諸事,多與夫餘同,其性氣衣服有異。本有五族,有涓奴部、絶奴部、順奴部、灌奴部、桂婁部。本涓奴部爲王,稍微弱,今桂婁部代之。漢時賜鼓吹技人,常從玄菟郡受朝服衣幘,高句麗此高句麗爲縣名,屬玄菟郡,地在今遼寧長白縣境。令主其名籍。後稍驕恣,不復詣郡,於東界築小城,置朝服衣幘其中,歲時來取之,今胡猶名此城爲幘溝漊。溝漊者,句麗名城也。其置官,有對盧,則不置沛者;有沛者,則不置對盧。王之宗族,其大加皆稱古雛加。涓奴部本國主,今雖不爲王,適統大人,得稱古雛加,亦得立宗廟,祀靈星、社稷。絶奴部世與王婚,加古雛之號。諸大加亦自置使者、皁衣先人,名皆達於王,如卿大夫之家臣,會同坐起,不得與王家使者、皁衣先人同列。其國中大家不佃作,坐食者萬餘口,下户遠擔米糧魚鹽供給之。其民喜歌舞,國中邑落,暮夜男女羣聚,相就歌戲。無大倉庫,家家自有小倉,名之爲桴京。其人潔清自喜,善藏釀。跪拜申一脚,與夫餘異,行步皆走。以十月祭天,國中大會,名曰'東盟'。其公會,衣服皆錦繡金銀以自飾。大加主簿頭着幘,如幘而無後,其小加著折風,形如弁。其國東有大穴,名隧穴。十月,國中大會,迎隧神,還於國東上祭之,置木隧於神坐。無牢獄,有罪諸加評議,便殺之,没入妻子爲奴婢。其俗作婚姻,言語已定,女家作小屋於大屋後,名婿屋,婿暮至女家户外,自名,跪拜,乞得就女宿,如是者再三,女父母乃聽使就小屋中宿,傍頓錢帛,至生子已長大,乃將婦歸家。其俗淫。男女已嫁娶,使稍作送終之衣。厚葬,金銀財幣,盡於送死,積石爲封,列種松柏。其馬皆小,便登山。國人有氣力,習戰鬭,沃沮、東濊皆屬焉。又有小水貊。句麗作國,依大水而居,西安平縣西安平,相傳今遼寧遼陽縣東六十里有屯名安平,即其故址。

北有小水南流入海，句麗别種，依小水作國，因名之爲小水貊。出好弓，所謂貊弓是也。

王莽初，發高句麗兵以伐胡，不欲行，彊迫遣之，皆亡出塞爲寇盜。遼西大尹田譚追擊之，爲所殺。州郡縣歸咎於句麗侯騊。嚴尤奏言："貊人犯法，罪不起於騊，且宜安慰，今猥被之大罪，恐其遂反。"莽不聽，詔尤擊之。尤誘期句麗侯騊，至而斬之，傳送其首詣長安。莽大悦，布告天下，更名高句麗爲下句麗。當此時，爲侯國，漢光武帝八年，高句麗王遣使朝貢，始見稱王。至殤、安之間，句麗王宫數寇遼東，更屬玄菟。遼東太守蔡風、玄菟太守姚光，以宫爲二郡害，興師伐之。宫詐降，請和，二郡不進。宫密遣軍攻玄菟，焚燒候城，入遼隧，縣名，漢置，後漢廢，公孫度復置，在今遼寧海城縣境。殺吏民。後宫復犯遼東，蔡風輕將吏士追討之，軍敗没。宫死，子伯固立。順、桓之間，復犯遼東，寇新安、居鄉，又攻西安平，於道上殺帶方令，略得樂浪太守妻子。靈帝建寧二年，玄菟太守耿臨討之，斬首虜數百級，伯固降，屬遼東。嘉平中，伯固乞屬玄菟。公孫度之雄海東也，伯固遣大加優居主簿然人等，助度擊富山賊，破之。伯固死，有二子，長子拔奇，小子伊夷模。拔奇不肖，國人便共立伊夷模爲王。自伯固時，數寇遼東，又受亡胡五百餘家。建安中，公孫康出軍擊之，破其國，焚燒邑落。拔奇怨爲兄而不得立，與涓奴加各將下户三萬餘口詣康降，還住沸流水。今佟家江。降胡亦叛伊夷模。伊夷模更作新國，今日所在是也。拔奇遂往遼東，有子留句麗國，今古雛加駮位居是也。其後復擊玄菟，玄菟與遼東合擊，大破之。伊夷模無子，淫灌奴部，生子，名位宫。伊夷模死，立以爲王，今句麗王宫是也。其曾祖名宫，生能開目視，其國人惡之，及長大，果凶虐，數寇鈔，國見殘破。今王生墮地，亦能開目視人，句麗呼相似爲位，似其祖，故名之爲位宫。位宫有力勇，便鞍馬，善獵射。景初二年，太尉司馬宣王率衆討公孫淵，宫遣主簿大加將數千人助軍。

正始三年,宫寇西安平,其五年,爲幽州刺史毋丘儉所破,語在《儉傳》。

東沃沮,在高句麗蓋馬大山之東,蓋馬大山,與下單單大領,皆今縱貫朝鮮半島之山脈。濱大海而居。其地形東北狹,西南長,可千里,北與挹婁、夫餘,南與濊貊接。户五千,無大君王,世世句,上世字爲名詞,下世字猶言相繼。邑落,各有長帥,其言語與句麗大同,時時小異。

漢初,燕亡人衛滿王朝鮮,時沃沮皆屬焉。漢武元封二年,伐朝鮮,殺滿孫右渠,分其地爲四郡,以沃沮城爲玄菟郡。後爲夷貊所侵,徙郡句麗西北,今所謂玄菟故府是也。沃沮還屬樂浪,漢以土地廣遠,在單單大領之東,分治東部都尉,治不耐城,别主領東七縣,時沃沮亦皆爲縣。漢光武六年,省邊郡,都尉由此罷。其後皆以其縣中渠帥爲縣侯,不耐、華麗、沃沮諸縣,皆爲侯國。夷狄更相攻伐,唯不耐濊侯至今猶置功曹、主簿諸曹,皆濊民作之。沃沮諸邑落渠帥皆自稱三老,則故縣國之制也。國小,迫於大國之間,遂臣屬句麗。句麗復置其中大人爲使者,使相主領,又使大加統責其租賦,貊布、魚、鹽、海中食物,千里擔負致之,又送其美女以爲婢妾,遇之如奴僕。

其土地肥美,背山向海,宜五穀,善田種。人性質直彊勇,少牛馬,便持矛步戰。食飲居處,衣服禮節,有似句麗。其葬,作大木槨,長十餘丈,開一頭作户。新死者皆假埋之,才使覆形,皮肉盡,乃取骨置槨中。舉家皆共一槨,刻木如生形,隨死者爲數。又有瓦鑩,置米其中,編縣之於槨户邊。

毋丘儉討句麗,句麗王宫奔沃沮,遂進師擊之。沃沮邑落皆破之,斬獲首虜三千餘級,宫奔北沃沮。北沃沮,一名置溝婁,去南沃沮八百餘里,其俗南北皆同,與挹婁接。挹婁喜乘船寇鈔,北沃沮畏之,夏月恒在山巖深穴中,爲守備,冬月冰凍,船道不通,乃下居村落。王頎别遣追討宫,盡其東界。問其耆老"海東復有人不?”耆老言:“國人嘗乘船捕魚,遭風見吹,數十日,東得一島,上有人,言語不相曉,其俗常以七月取童女沈海。”又言:“有一國,亦在海中,純女無男。”又說:得一布衣,從海中浮出,其身如中國人衣,其兩袖長三丈。又得一破船,隨波出在海岸邊。有一人,項中復有面,生得之,與語,不相通,不食而死。其域皆在沃沮東大海中。

挹婁,在夫餘東北千餘里,濱大海,南與北沃沮接,未知其北所極。其土地多山險。其人形似夫餘,言語不與夫餘、句麗同。有五穀、牛、馬、麻布。人多勇力,無大君長,邑落各有大人。處山林之間,常穴居,大家深九梯,以多爲好。土氣寒,劇於夫餘。其俗好養豬,食其肉,衣其皮。冬以豬膏塗身,厚數分,以御風寒。夏則裸袒,以尺布隱其前後,以蔽形體。其人不潔,作溷在中央,人圍其表居。其弓長四尺,力如弩,矢用楛,長尺八寸,青石爲鏃,古之肅慎氏之國也。善射,射人皆入,因矢施毒,人中皆死。出赤玉、好貂,今所謂挹婁貂是也。自漢以來,臣屬夫餘,夫餘責其租賦重,以黄初中叛之。夫餘數伐之,其人衆雖少,所在山險,鄰國人畏其弓矢,卒不能服也。其國便乘船寇盜,鄰國患之。東夷飲食,類皆用俎豆,唯挹婁不,法俗最無綱紀也。

濊,南與辰韓,北與高句麗、沃沮接,東窮大海,今朝鮮之東,皆其地也。户二萬。昔箕子既適朝鮮,作八條之教以教之,無門户之閉,而民不爲盜。其後四十餘世,朝鮮侯淮,僭號稱王。陳勝等起,天下叛秦,燕、齊、趙民避地朝鮮數萬口。燕人衛滿,魋結夷服,復來王之。漢武帝伐滅朝鮮,分其地爲四郡。自是之後,胡、漢稍别。無大君長,自漢已來,其官有侯、邑君、三老,統主下户。其耆老舊自謂與句麗同種。其人性愿愨,少嗜欲,有廉恥,不請句麗。言語法俗,大抵與句麗同,衣服有異。男女衣皆著曲領,男子繫銀花,廣數寸,以爲飾。自單單大領以西屬樂浪,自領以東七縣,都尉主之,皆以濊爲民。後省都尉,封其渠帥爲侯,今不耐濊,皆其種也。漢末,更屬句麗。其俗重山川,山川各有部分,不得妄相涉入。同姓不婚。多忌諱,疾病死亡,輒捐棄舊宅,更作新居。有麻布,蠶桑作緜。曉候星宿,豫知年歲豐約。不以珠玉爲寶。常用十月節祭天,晝夜飲酒歌舞,名之爲舞天。又祭虎以爲神。其邑落相侵犯,輒相罰,責生口牛馬,名之爲責禍。殺人者償死。少寇盜。作矛,長三丈,或數人共持之,能步戰。樂浪檀弓出其地。其海出班魚皮,土地饒文豹,又出果下馬,漢桓時獻之。

正始六年,樂浪太守劉茂、帶方太守弓遵,以領東濊屬句麗,興師伐之,不耐侯等舉邑降。其八年,詣闕朝貢,詔更拜不耐濊王。居處雜在民間,四時詣郡朝謁。二郡有軍征賦調,供給役使,遇之如民。

韓,在帶方之南,東西以海爲限,南與倭接,方可四千里。有三種:一曰馬韓,二曰辰韓,三曰弁韓。辰韓者,古之辰國也。馬韓在西,其民土著,種植,知蠶桑,作緜布。各有長帥,大者自名爲臣智,其次爲邑借,散在山海間,無城郭。有爰襄國、牟水國、桑外國、小石索國、大石索國、優休牟涿國、臣濆活國、伯濟國、速盧不斯國、日華國、古誕者國、古離國、怒藍國、月支國、咨離牟盧國、素謂乾國、古爰國、莫盧國、卑離國、占離卑國、臣釁國、支侵國、狗盧國、卑彌國、監奚卑離國、古蒲國、致利鞠國、冉路國、兒林國、駟盧國、内卑離國、感奚國、萬盧國、辟卑離國、臼斯烏旦國、一離國、不彌國、支半國、狗素國、捷盧國、牟盧卑離國、臣蘇塗國、莫盧國、古臘國、臨素半國、臣雲新國、如來卑離國、楚山塗卑離國、一難國、狗奚國、不雲國、不斯濆邪國、爰池國、乾馬國、楚離國,凡五十餘國。大國萬餘家,小國數千家,總十餘萬户。辰王治月支國,臣智或加優呼臣雲遣支報安邪踧支濆臣離兒不例拘邪秦支廉之號。其官有魏率善、邑君、歸義侯、中郎將、都尉、伯長。

侯淮既僭號稱王，爲燕亡人衛滿所攻奪，將其左右宫人，走入海，居韓地，自號韓王。其後絶滅，今韓人猶有奉其祭祀者。漢時屬樂浪郡，四時朝謁。桓、靈之末，韓濊彊盛，郡縣不能制，民多流入韓國。建安中，公孫康分屯有縣以南荒地爲帶方郡，遣公孫模、張敞等收集遺民，興兵伐韓濊，舊民稍出，是後倭韓遂屬帶方。景初中，明帝密遣帶方太守劉昕、樂浪太守鮮于嗣越海定二郡，諸韓國臣智加賜邑君印綬，其次與邑長。其俗好衣幘，下户詣郡朝謁，皆假衣幘，自服印綬衣幘，千有餘人，部從事吴林，以樂浪本統韓國，分割辰韓八國，以與樂浪，吏譯轉有異同，臣智激韓忿攻帶方郡崎離營，時太守弓遵，樂浪太守劉茂，興兵伐之，遵戰死，二郡遂滅韓。

其俗少綱紀，國邑雖有主帥，邑落雜居，不能善相制御。無跪拜之禮。居處作草屋土室，形如冢，其户在上，舉家共在中，無長幼男女之别。其葬有棺無槨，不知乘牛馬，牛馬盡於送死。以瓔珠爲財寶，或以綴衣爲飾，或以縣頸垂耳，不以金銀錦繡爲珍。其人性强勇，魁頭魁頭，即科頭。露紒如炅，兵衣布袍，足履革蹻蹋。其國中有所爲，及官家使築城郭，諸年少勇健者，皆鑿脊皮，以大繩貫之，又以丈許木鍤之，通日嚾呼作力，不以爲痛，既以勸作，且以爲健。常以五月下種訖，祭鬼神，羣聚歌舞，飲酒晝夜無休。其舞，數十人俱起，相隨踏地低昂，手足相應，節奏有似鐸舞。十月農功畢，亦復如之。信鬼神，國邑各立一人，主祭天神，名之天君。又諸國各有别邑，名之爲蘇塗。立大木，縣鈴鼓，事鬼神。諸亡逃至其中，皆不還之。好作賊，其立蘇塗之義，有似浮屠，而所行善惡有異。其北方近郡諸國，差曉禮俗，其遠處，直如囚徒、奴婢相聚。無他珍寶，禽獸草木，略與中國同。出大栗，大如梨。又出細尾鷄，其尾皆長五尺餘。其男子時時有文身。又有州胡，在馬韓之西，海中大島上，其人差短小，言語不與韓同，皆髡頭如鮮卑，但衣韋，好養牛及豬，其衣有上無下，略如裸勢，乘船往來，市買中韓。

辰韓，在馬韓之東，其耆老傳世，自言古之亡人，避秦役，來適韓國，馬韓割其東界地與之。有城柵。其言語不與馬韓同。名國爲邦，弓爲弧，賊爲寇，行酒爲行觴，相呼皆爲徒，有似秦人，非但燕、齊之名物也。名樂浪人爲阿殘，東方人名我爲阿。謂樂浪人本其殘餘人。今有名之爲秦韓者。始有六國，稍分爲十二國。

弁辰亦十二國，又有諸小别邑，各有渠帥，大者名臣智，其次有險側，次有樊濊，次有殺奚，次有借邑。有已柢國、不斯國、弁辰彌離彌凍國、弁辰接塗國、勤耆國、難彌離彌凍國、弁辰古資彌凍國、弁辰古淳是國、冉奚國、弁辰半路國、弁樂奴國、軍彌國、弁軍彌國、弁辰彌烏邪馬國、如湛國、弁辰甘路國、户路國、州鮮國、馬延國、弁辰狗邪國、弁辰走漕馬國、弁辰安邪國、馬延國、弁辰瀆盧國、斯盧國、優中國。弁、辰韓合二十四國，大國四五千家，小國六七百家，總四五萬户。其十二國屬辰王。辰王常用馬韓人作之，世世相繼。辰王不得自立爲王。土地肥美，宜種五穀及稻，曉蠶桑，作縑布，乘駕牛馬。嫁娶禮俗，男女有别。以大鳥羽送死，其意欲使死者飛揚。國出鐵，韓、濊、倭皆從取之。諸市買皆用鐵，如中國用錢，又以供給二郡。俗喜歌舞飲酒。有瑟，其形似筑，彈之亦有音曲。兒生，便以石壓其頭，欲其褊，今辰韓人皆褊頭。男女近倭，亦文身。便步戰，兵仗與馬韓同。其俗，行者相逢，皆住讓路。

弁辰與辰韓雜居，亦有城郭。衣服居處，與辰韓同。言語法俗相似，祠祭鬼神有異，施竈皆在户西。其瀆盧國與倭接界。十二國亦有王，其人形皆大。衣服絜清，長髮，亦作廣幅細布。法俗特嚴峻。

倭人，在帶方東南大海之中，依山島爲國邑。舊百餘國，漢時有朝見者，今使譯所通三十國。從郡至倭，循海岸水行，歷韓國，乍南乍東，到其北岸狗邪韓國，七千餘里，始度一海，千餘里至對馬國。其大官曰卑狗，副曰卑奴母離。所居絶島，方可四百餘里，土地山險，多深林，道路如禽鹿徑。有千餘户，無良田，食海物自活，乘船南北市糴。又南渡一海，千餘里，名曰瀚海，至一大國，官亦曰卑狗，副曰卑奴母離。方可三百里，多竹木叢林，有三千許家，差有田地，耕田猶不足食，亦南北市糴。又渡一海，千餘里至末盧國，有四千餘户，濱山海居，草木茂盛，行不見前人。好捕魚鰒，水無深淺，皆沈没取之。東南陸行五百里，到伊都國，官曰爾支，副曰泄謨觚、柄渠觚。有千餘户，世有王，皆統屬女王國，郡使往來常所駐。東南至奴國百里，官曰兕馬觚，副曰卑奴母離，有二萬餘户。東行至不彌國，百里，官曰多模，副曰卑奴母離，有千餘家。南至投馬國，水行二十日，官曰彌彌，副曰彌彌那利，可五萬餘户。南至邪馬臺國，女王之所都，水行十日，陸行一月。官有伊支馬，次曰彌馬升，次曰彌馬獲支，次曰奴佳鞮，可七萬餘户。自女王國以北，其户數道里可略載，其餘旁國遠絶，不可得詳。次有斯馬國，次有已百支國，次有伊邪國，次有都支國，次有彌奴國，次有好古都國，次有不呼國，次有姐奴國，次有對蘇國，次有蘇奴國，次有呼邑國，次有華奴蘇奴國，次有鬼國，次有爲吾國，次有鬼奴國，次有邪馬國，次有躬臣國，次有巴利國，次有支惟國，次有烏奴國，次有奴國，此女王境界所盡。其南有狗奴國，男子爲王，其官有狗古智卑狗，不屬女王。自郡至女王國萬二千餘里。

男子無大小，皆黥面文身。自古以來，其使詣中國，皆自稱大夫。夏后少康之子，封於會稽，斷髮文身，以避蛟龍之害。今倭水人好沈没捕魚蛤，文身亦以厭大魚水禽，後稍以爲飾。諸國文身各異，或左或右，或大或小，尊卑有差。計其道里，當在會稽、東冶之東。東冶，漢縣，在今福建閩侯縣境。其風俗不淫，男子皆露紒，以木緜招頭，其衣横幅，但結束相連，略無縫。婦人被髮，屈紒,作衣如單被,穿其中央,貫頭衣之。種禾稻、紵麻、蠶桑、緝績,出細紵、縑緜。其地無牛、馬、虎、豹、羊、鵲。兵用矛、楯、木弓。木弓短下長上,竹箭或鐵鏃或骨鏃,所有無與儋耳、朱崖同。倭地温暖,冬夏食生菜,皆徒跣。有屋室,父母兄弟,卧息異處。以朱丹塗其身體,如中國用粉也。食飲用籩豆,手食。其死,有棺無槨,封土作冢。始死,停喪十餘日,當時不食肉,喪主哭泣,他人就歌舞飲酒。已葬,舉家詣水中澡浴,以如練沐。其行來渡海詣中國,恆使一人不梳頭,不去蟣蝨,衣服垢污,不食肉,不近婦人,如喪人,名之爲"持衰"。若行者吉善,共顧其生口財物,若有疾病,遭暴害,便欲殺之,謂其持衰不謹。出真珠、青玉。其山有丹,其木有柟、杼、豫、樟、楺、櫪、投橿、烏號、楓香,其竹篠簳、桃支。有薑、橘、椒、蘘荷,不知以爲滋味。有獮猿、黑雉。其俗舉事行來,有所云爲,輒灼骨而卜,以占吉凶,先告所卜,其辭如令龜法,視火坼占兆。其會同坐起,父子男女無别,人性嗜酒。見大人所敬,但搏手以當跪拜。其人壽考,或百年,或八九十年。其俗,國大人皆四五婦,下户或二三婦。婦人不淫,不妬忌。不盗竊,少争訟。其犯法,輕者没其妻子,重者滅其門户。及親族尊卑,各有差序,足相臣服。收租賦,有邸閣,國國有市,交易有無,使大倭監之。自女王國以北,特置一大率,檢察諸國,諸國畏憚之。常治伊都國,於國中有如刺史。王遣使詣京都、帶方郡、諸韓國,及郡使倭國,皆臨津搜露,傳送文書賜遺之物詣女王,不得差錯。下户與大人相逢道路,逡巡入草。傳辭説事,或蹲或跪,兩手據地,爲之恭敬。對應聲曰噫,比如然諾。其國本亦以男子爲王,住七八十年,倭國亂,相攻伐歷年,乃共立一女子爲王,名曰卑彌呼,事鬼道,能惑衆,年已長大,無夫婿,有男弟佐治國。自爲王以來,少有見者。以婢千人自侍,唯有男子一人,給飲食,傳辭出入。居處宫室樓觀城栅嚴設,常有人持兵守衛。女王國東渡海千餘里,復有國,皆倭種。又有侏儒國,在其南,人長三四尺,去女王四千餘里。又有裸國、黑齒國,復在其東南,船行一年可至。參問倭地,絶在海中洲島之上,或絶或連,周旋可五千餘里。

景初二年,六月,倭女王遣大夫難升米等詣郡,求詣天子朝獻,太守劉夏遣吏將送詣京都。其年十二月,詔書報倭女王曰:"制詔親魏倭王卑彌呼:帶方太守劉夏遣使送汝大夫難升米、次使都市牛利奉汝所獻男生口四人,女生口六人,班布二匹二丈,以到。以同已。汝所在踰遠,乃遣使貢獻,是汝之忠孝,我甚哀汝。今以汝爲親魏倭王,假金印紫綬,裝封付帶方太守假授汝。其綏撫種人,勉爲孝順。汝來使難升米、牛利涉遠,道路勤勞,今以難升米爲率善中郎將,牛利爲率善校尉,假銀印青綬,引見勞賜遣還。今以絳地交龍錦五匹,絳地縐粟罽十張,蒨絳五十匹,紺青五十匹,答汝所獻貢直。又特賜汝紺地句文錦三匹,細班華罽五張,白絹五十匹,金八兩,五尺刀二口,銅鏡百枚,真珠鈆丹各五十斤,皆裝封付難升米、牛利,還到録受,悉可以示汝國中人,使知國家哀汝,故鄭重賜汝好物也。"正始元年,太守弓遵遣建中校尉梯儁等奉詔書印綬,詣倭國,拜假倭王,并齎詔賜金帛、錦罽、刀鏡、采物,倭王因使上表答謝詔恩。其四年,倭王復遣使大夫伊聲耆、掖邪狗等八人,上獻生口、倭錦、絳青縑、緜衣、帛布、丹木、𤝔、短弓矢。掖邪狗等壹拜率善中郎將印綬。其六年,詔賜倭難升米黄幢,付郡假授。其八年,太守王頎到官,倭女王卑彌呼與狗奴國男王卑彌弓呼素不和,遣倭載斯、烏越等詣郡,説相攻擊狀。遣塞曹掾史張政等因齎詔書、黄幢,拜假難升米,爲檄告喻之。卑彌呼以死,大作冢,徑百餘步,徇葬者奴婢百餘人。更立男王,國中不服,更相誅殺,當時殺千餘人。復立卑彌呼宗女壹與,年十三,爲王,國中遂定。政等以檄告喻壹與,壹與遣倭大夫率善中郎將掖邪狗等二十人送政等還,因詣臺獻上男女生口三十人,貢白珠五千孔,青大句珠二枚,異文雜錦二十匹。

評曰:"《史》、《漢》著朝鮮兩越,東京撰録西羌。魏世匈奴遂衰,更有烏丸、鮮卑,爰及東夷,使譯時通,記述隨事,豈常也哉!"

此篇爲外國傳之式。史家有言:本國史如顯微鏡,多詳特殊之事實;外國史如望遠鏡,多述一般之法俗;以本國法俗,爲衆所習知,外國則否也。此篇於烏丸、鮮卑,因前史已詳其法俗,故不更贅,於東南夷傳則甚詳。

述外國傳,於其地理亦宜詳悉。其中尤要者,爲山川形勢,郡邑建置,及道里程途,此篇亦足爲法。

《三國志·蜀志·諸葛亮傳》

諸葛亮,字孔明,琅邪陽都人也。陽都,在今山東沂水縣南。漢司隸校尉諸葛豐後也。父珪,字君貢,漢末爲太山郡丞。太山,漢郡,治奉高,今山東泰安縣。亮早孤,從父玄爲袁術所署豫章太守,玄將亮及亮弟均之官。會漢朝更選朱皓代玄。玄素與荆州牧劉表有舊,往依之。玄卒,亮躬畊隴畝,好爲《梁父吟》。身長八尺,每自比於管仲、樂毅,時人莫之許也。惟博陵崔州平博陵,後漢縣,今河北蠡縣。、穎川徐庶元直,與亮友善,謂爲信然。

時先主屯新野,在今河南省新野縣南。徐庶見先主,先主器之,謂先主曰:"諸葛孔明者,卧龍也,將軍豈願見之乎?"先主曰:"君與俱來。"庶曰:"此人可就見,不可屈致也,將軍宜枉駕顧之。"由是先主遂詣亮,凡三往,乃見。因屏人曰:"漢室傾頹,姦臣竊命,主上蒙塵,孤不度德量力,欲信大義於天下,而智術淺短,遂用猖獗,至于今日。然志猶未已,君謂計將安出?"亮答曰:"自董卓已來,豪傑並起,跨州連郡者,不可勝數。曹操比於袁紹,則名微而衆寡,然操遂能克紹,以弱爲彊者,非惟天時,抑亦人謀也。今操已擁百萬之衆,挾天子以令諸侯,此誠不可與争鋒。孫權據有江東,已歷三世,國險而民附,賢能爲之用,此可與爲援而不可圖也。荆州北據漢、沔,利盡南海,東連吴會,西通巴、蜀,此用武之國,而其主不能守,此殆天所以資將軍,將軍豈有意乎?益州險塞,沃野千里,天府之土,高祖因之以成帝業。劉璋闇弱,張魯在北,民殷國富而不知存恤,智能之士,思得明君。將軍既帝室之冑,信義著於四海,總攬英雄,思賢如渴,若跨有荆、益,保其巖阻,西和諸戎,南撫夷越,外結好孫權,内修政理;天下有變,則命一上將將荆州之軍,以向宛洛,將軍身率益州之衆以出秦川,百姓孰敢不簞食壺漿以迎將軍者乎?誠如是,則霸業可成,漢室可興矣。"先主曰:"善。"於是與亮情好日密。關羽、張飛等不悦,先主解之曰:"孤之有孔明,猶魚之有水也。願諸君勿復言。"羽、飛乃止。

劉表長子琦,亦深器亮。表受後妻之言,愛少子琮,不悦於琦。琦每欲與亮謀自安之術,亮輒拒塞,未與處畫。琦乃將亮游觀後園,共上高樓,飲宴之間,令人去梯,因謂亮曰:"今日上不至天,下不至地,言出子口,入於吾耳,可以言未?"亮答曰:"君不見申生在内而危,重耳在外而安乎?"琦意感悟,陰規出計,會黄祖死,得出,遂爲江夏太守。

俄而表卒,琮聞曹公來征,遣使請降。先主在樊,聞之,率其衆南行,亮與徐庶並從,爲曹公所追破,獲庶母。庶辭先主而指其心曰:"本欲與將軍共圖王霸之業者,以此方寸之地也。今已失老母,方寸亂矣,無益於事,請從此别。"遂詣曹公。先主至於夏口,亮曰:"事急矣,請奉命求救於孫將軍。"時權擁軍在柴桑,觀望成敗,亮説權曰:"海内大亂,將軍起兵據有江東,劉豫州亦收衆漢南,與曹操並争天下。今操芟夷大難,略已平矣,遂破荆州,威震四海,英雄無所用武,故豫州遁逃至此。將軍量力而處之：若能以吴越之衆與中國抗衡，不如早與之絶；若不能當，何不案兵束甲，北面而事之！今將軍外託服從之名，而内懷猶豫之計，事急而不斷，禍至無日矣。”權曰：“苟如君言，劉豫州何不遂事之乎？”亮曰，“田横，齊之壯士耳，猶守義不辱，況劉豫州王室之胄，英才蓋世，衆士慕仰，若水之歸海，若事之不濟，此乃天也，安能復爲之下乎？”權勃然曰：“吾不能舉全吴之地，十萬之衆，受制於人。吾計決矣。非劉豫州莫可以當曹操者，然豫州新敗之後，安能抗此難乎？”亮曰：“豫州軍雖敗於長阪，今戰士還者及關羽水軍精甲萬人，劉琦合江夏戰士亦不下萬人，曹操之衆，遠來疲弊，聞追豫州，輕騎一日一夜行三百餘里，此所謂‘彊弩之末，勢不能穿魯縞’者也。故兵法忌之，曰：‘必蹶上將軍。’且北方之人，不習水戰；又荆州之民附操者，偪兵勢耳，非心服也。今將軍誠能命猛將統兵數萬，與豫州協規同力，破操軍必矣。操軍破，必北還，如此，則荆、吴之勢彊，鼎足之形成矣。成敗之機，在於今日。”權大悦，即遣周瑜、程普、魯肅等水軍三萬，隨亮詣先主，并力拒曹公。曹公敗于赤壁，引軍歸鄴。先主遂收江南，以亮爲軍師中郎將，使督零陵、桂陽、長沙三郡，調其賦税，以充軍實。

建安十六年，益州牧劉璋遣法正迎先主，使擊張魯。亮與關羽鎮荆州。先主自葭萌還攻璋，亮與張飛、趙雲等率衆泝江，分定郡縣，與先主共圍成都。成都平，以亮爲軍師將軍，署左將軍府事。先主外出，亮常鎮守成都，足食足兵。

二十六年，羣下勸先主稱尊號，先主未許，亮説曰：“昔吴漢、耿弇等初勸世祖即帝位，世祖辭讓，前後數四，耿純進言曰：‘天下英雄喁喁冀有所望。如不從議者，士大夫各歸求主，無爲從公也。’世祖感純言深至，遂然諾之。今曹氏篡漢，天下無主，大王劉氏苗族，紹世而起，今即帝位，乃其宜也。士大夫隨大王久勤苦者，亦欲望尺寸之功，如純言耳。”先主於是即帝位，策亮爲丞相曰："朕遭家不造，奉承大統，兢兢業業，不敢康寧。思靖百姓，懼未能綏。於戲！丞相亮，其悉朕意，無怠，輔朕之闕，助宣重光，以照明天下，君其勗哉。"亮以丞相録尚書事，假節。張飛卒後，領司隸校尉。

章武三年，春，先主於永安病篤，召亮於成都，屬以後事，謂亮曰："君才十倍曹丕，必能安國，終定大事。若嗣子可輔，輔之；如其不才，君可自取。"亮涕泣曰："臣敢竭股肱之力，効忠貞之節，繼之以死。"先主又爲詔勑後主曰："汝與丞相從事，事之如父。"建興元年，封亮武鄉侯，開府治事。頃之，又領益州牧。政事無巨細，咸決於亮。

南中諸郡，並皆叛亂，亮以新遭大喪，故未便加兵，且遣使聘吴，因結和親，遂爲與國。三年，春，亮率衆南征，其秋，悉平。軍資所出，國以富饒，乃治戎講武，以俟大舉。

五年，率諸軍北駐漢中，臨發，上疏曰："先帝創業未半，而中道崩殂，今天下三分，益州疲弊，此誠危急存亡之秋也。然侍衛之臣不懈於内，忠志之士忘身於外者，蓋追先帝之殊遇，欲報之於陛下也。誠宜開張聖聽，以光先帝遺德，恢弘志士之氣，不宜妄自菲薄，引喻失義，以塞忠諫之路也。宫中府中，俱爲一體，陟罰臧否，不宜異同。若有作奸犯科，及爲忠善者，宜付有司，論其刑賞，以昭陛下平明之理，不宜偏私，使内外異法也。侍中、侍郎郭攸之、費禕、董允等，此皆良實，志慮忠純，是以先帝簡拔以遺陛下，愚以爲宫中之事，事無大小，悉以咨之，然後施行，必能裨補闕漏，有所廣益。將軍向寵，性行淑均，曉暢軍事，試用於昔日，先帝稱之曰能，是以衆議舉寵爲督。愚以爲營中之事，悉以咨之，必能使行陣和睦，優劣得所。親賢臣，遠小人，此先漢所以興隆也；親小人，遠賢臣，此後漢所以傾頹也。先帝在時，每與臣論此事，未嘗不嘆息痛恨於桓、靈也。侍中、尚書、長史、參軍，此悉貞良死節之臣，願陛下親之信之，則漢室之隆，可計日而待也。

臣本布衣,躬耕於南陽,苟全性命於亂世,不求聞達於諸侯。先帝不以臣卑鄙,猥自枉屈,三顧臣於草廬之中,諮臣以當世之事,由是感激,遂許先帝以驅馳。後值傾覆,受任於敗軍之際,奉命於危難之間,爾來二十有一年矣。先帝知臣謹慎,故臨崩寄臣以大事也。受命以來,夙夜憂勤,恐託付不效,以傷先帝之明,故五月渡瀘,深入不毛。今南方已定,兵甲已足,當獎率三軍,北定中原,庶竭駑鈍,攘除奸凶,興復漢室,還于舊都。此臣所以報先帝,而忠陛下之職分也。至於斟酌損益,進盡忠言,則攸之、禕、允之任也。願陛下託臣以討賊興復之效;不效則治臣之罪,以告先帝之靈。責攸之、禕、允等之慢,以彰其咎。陛下亦宜自謀,以諮諏善道,察納雅言,深追先帝遺詔。臣不勝受恩感激,今當遠離,臨表涕零,不知所言。"遂行,屯于沔陽。沔陽,在今陝西省沔縣東南。

六年,春,揚聲由斜谷道取郿,見《後漢書·隗囂公孫述傳》注。使趙雲、鄧芝爲疑軍,據箕谷,箕谷,在今陝西褒城縣西北。魏大將軍曹真舉衆拒之。亮身率諸軍攻祁山,祁山,在今甘肅西和縣西北。戎陣整齊,賞罰肅而號令明。南安、天水、安定三郡叛魏應亮,關中響震。魏明帝西鎮長安,命張郃拒亮。亮使馬謖督諸軍在前,與郃戰于街亭。街亭,在今甘肅平番縣北。謖違亮節度,舉動失宜,大爲郃所破。亮拔西縣千餘家,還于漢中,西縣,在今甘肅天水縣西南百二十里。戮謖以謝衆。上疏曰:"臣以弱才,叨竊非據,親秉旄鉞以厲三軍,不能訓章明法,臨事而懼,至有街亭違命之闕,箕谷不戒之失,咎皆在臣授任無方。臣明不知人,恤事多闇,《春秋》責帥,臣職是當。請自貶三等,以督厥咎。"於是以亮爲右將軍,行丞相事,所總統如前。冬,亮復出散關,散關,在今陝西寶鷄縣西南。圍陳倉。曹真拒之,亮糧盡而還。魏將王雙率騎追亮,亮與戰,破之,斬雙。七年,亮遣陳式攻武都、陰平。武都見《後漢書·隗囂公孫述傳》注。魏雍州刺史郭淮率衆欲擊式。亮自出,至建威,建威在今甘肅成縣西北。淮退還，遂平二郡。詔策亮曰："街亭之役，咎由馬謖，而君引愆，深自貶抑，重違君意，聽順所守。前年耀師，馘斬王雙，今歲爰征，郭淮遁走。降集氐羌，興復二郡，威震凶暴，功勳顯然。方今天下騷擾，元惡未梟，君受大任，幹國之重，而久自挹損，非所以光揚洪烈矣。今復君丞相，君其勿辭。"九年，亮復出祁山，以木牛運，糧盡退軍，與魏將張郃交戰，射殺郃。十二年，春，亮悉大衆由斜谷出，以流馬運，據武功五丈原，武功縣今屬陝西省。五丈原，在今郿縣西南，接岐山縣界。與司馬宣王對於渭南。亮每患糧不繼，使己志不伸，是以分兵屯田，爲久住之基。耕者雜於渭濱居民之間，而百姓安堵，軍無私焉。相持百餘日，其年八月，亮疾病，卒于軍，時年五十四。及軍退，宣王案行其營壘處所，曰："天下奇才也。"亮遺命葬漢中定軍山，因山爲墳，冢足容棺，斂以時服，不須器物。詔策曰："惟君體資文武，明叡篤誠。受遺託孤，匡輔朕躬；繼絶興微，志存靖亂。爰整六師，無歲不征，神武赫然，威震八荒。將建殊功於季漢，參伊周之巨勳，如何不弔，事臨垂克，遘疾隕喪，朕用傷悼，肝心若裂。夫崇德序功，紀行命謚，所以光昭將來，刊載不朽。今使使持節左中郎將杜瓊，贈君丞相武鄉侯印綬，謚君爲忠武侯。魂而有靈，嘉兹寵榮。嗚呼哀哉！嗚呼哀哉！"初，亮自表後主曰："成都有桑八百株，薄田十五頃，子弟衣食，自有餘饒。至於臣在外任，無別調度，隨身衣食，悉仰於官。不別治生，以長尺寸。若臣死之日，不使内有餘帛，外有贏財，以負陛下。"及卒，如其所言。

亮性長於巧思，損益連弩，木牛流馬，皆出其意。推演兵法作八陣圖，咸得其要云。亮言教書奏多可觀，別爲一集。景耀六年，春，詔爲亮立廟於沔。秋，魏鎮西將軍鍾會征蜀，至漢川，祭亮之廟，令軍士不得於亮墓所左右芻牧樵採。亮弟均，官至長水校尉。亮子瞻嗣爵。

《諸葛集》目録

開府作牧第一	權制第二	南征第三	北出第四
計算第五	訓厲第六	綜覈上第七	綜覈下第八
雜言上第九	雜言下第十	貴和第十一	兵要第十二
傳運第十三	與孫權書第十四	與諸葛瑾書第十五	與孟達書第十六
廢李平第十七	法檢上第十八	法檢下第十九	科令上第二十
科令下第二十一	軍令上第二十二	軍令中第二十三	軍令下第二十四

右二十四篇,凡十萬四千一百一十二字。

臣壽等言,臣前在著作郎,侍中領中書監濟北侯臣荀勗、中書令關内侯臣和嶠奏使臣定故蜀丞相諸葛亮故事。亮毗佐危國,負阻不賓,然猶存録其言,恥善有遺,誠是大晉光明至德,澤被無疆,自古以來,未之有倫也。輒删除複重,隨類相從,凡爲二十四篇,篇名如右。亮少有逸羣之才,英霸之器,身長八尺,容貌甚偉,時人異焉。遭漢末擾亂,隨叔父玄,避難荆州,躬耕于野,不求聞達。時左將軍劉備以亮有殊量,乃三顧亮於草廬之中。亮深謂備雄姿傑出,遂解帶寫誠,厚相結納。及魏武帝南征荆州,劉琮舉州委質,而備失勢,衆寡,無立錐之地。亮時年二十七,乃建奇策,身使孫權,求援吴會。權既宿服仰備,又覩亮奇雅,甚敬重之,即遣兵三萬人以助備。備得用與武帝交戰,大破其軍,乘勝克捷,江南悉平。後備又西取益州,益州既定,以亮爲軍師將軍。備稱尊號,拜亮爲丞相,録尚書事。及備殂没,嗣子幼弱,事無巨細,亮皆專之。於是外連東吴,内平南越,立法施度,整理戎旅。工械技巧,物究其極。科教嚴明,賞罰必信。無惡不懲,無善不顯。至於吏不容奸,人懷自厲,道不拾遺,彊不侵弱,風化肅然也。當此之時,亮之素志,進欲龍驤虎視,苞括四海;退欲跨陵邊疆,震蕩宇内。又自以爲無身之日,則未有能蹈涉中原,抗衡上國者,是以用兵不戢,屢耀其武。然亮才於治戎爲長,奇謀爲短,理民之幹,優於將略。而所與對敵,或值人傑,加衆寡不侔,攻守異體,故雖連年動衆,未能有克。昔蕭何薦韓信,管仲舉王子城父,皆忖己之長,未能兼有故也。亮之器能政理,抑亦管、蕭之亞匹也,而時之名將,無城父、韓信,故使功業陵遲,大義不及邪? 蓋天命有歸,不可以智力争也。青龍二年春,亮帥衆出武功,分兵屯田,爲久駐之基。其秋,病卒。黎庶追思,以爲口實。至今梁、益之民,咨述亮者,言猶在耳,雖甘棠之詠召公,鄭人之歌子產,無以遠譬也。孟軻有云:"以逸道使民,雖勞不怨;以生道殺人,雖死不忿。"信矣! 論者或怪亮文彩不豔,而過于丁寧周至,臣愚以爲咎繇大賢也,周公聖人也,考之《尚書》,咎繇之謨略而雅,周公之誥煩而悉。何則? 咎繇與舜、禹共談,周公與羣下矢誓故也。亮所與言,盡衆人凡士,故其文指不得及遠也。然其聲教遺言,皆經事綜物,公誠之心,形于文墨,足以知其人之意理,而有補於當世。伏惟陛下,邁蹤古聖,蕩然無忌,故雖敵國誹謗之言,咸肆其辭而無所革諱,所以明大通之道也。謹録寫上詣著作。臣壽誠惶誠恐,頓首頓首,死罪死罪。

泰始十年二月一日癸巳,平陽侯相臣陳壽上。

喬,字伯松,亮兄瑾之第二子也,本字仲慎。與兄元遜,俱有名於時,論者以爲喬才不及兄,而性業過之。初,亮未有子,求喬爲嗣,瑾啓孫權,遣喬來西,亮以喬爲己適子,故易其字焉。拜爲駙馬都尉,隨亮至漢中。年二十五,建興元年卒。子攀,官至行護軍翊武將軍,亦早卒。諸葛恪見誅於吴,子孫皆盡,而亮自有胄裔,故攀還復爲瑾後。

瞻,字思遠。建興十二年,亮出武功,與兄瑾書曰:"瞻今已八歲,聰慧可愛,嫌其早成,恐不爲重器耳。"年十七,尚公主,拜騎都尉。其明年,爲羽林中郎將,屢遷射聲校尉、侍中、尚書僕射,加軍師將軍。瞻工書畫,彊識念,蜀人追思亮,咸愛其才敏。每朝廷有一善政佳事,雖非瞻所建倡,百姓皆傳相告曰:"葛侯之所爲也。"是以美聲溢譽,有過其實。景耀四年,爲行都護衛將軍,與輔國大將軍南鄉侯董厥並平尚書事。六年冬,魏征西將軍鄧艾伐蜀,自陰平由景谷道旁入。瞻督諸軍至涪停住,前鋒破,退還,住綿竹,涪縣,今四川緜陽縣。緜竹,今四川緜竹縣。艾遣書誘瞻曰:"若降者,必表爲琅邪王。"瞻怒,斬艾使。遂戰,大敗,臨陣死,時年三十七。衆皆離散,艾長驅至成都。瞻長子尚,與瞻俱没。次子京,及攀子顯等,咸熙元年内移河東。

董厥者,丞相亮時爲府令史,亮稱之曰:"董令史,良士也。吾每與之言,思慎宜適。"徙爲主簿。亮卒後,稍遷至尚書僕射,代陳祗爲尚書令,遷大將軍,平臺事,而義陽樊建代焉。延熙二十四年,以校尉使吴,值孫權病篤,不自見建。權問諸葛恪曰:"樊建何如宗預也?"恪對曰:"才識不及預,而雅性過之。"後爲侍中,守尚書令。自瞻、厥建統事,姜維常征伐在外,宦人黄皓,竊弄機柄,咸共將護,無能匡矯,然建特不與皓和好往來。蜀破之明年,厥、建俱詣京都,同爲相國參軍,其秋,並兼散騎常侍,使蜀慰勞。

評曰:諸葛亮之爲相國也,撫百姓,示儀軌,約官職,從權制,開誠心,布公道;盡忠益時者,雖讎必賞;犯法怠慢者,雖親必罰;服罪輸情者,雖重必釋;游辭巧飾者,雖輕必戮;善無微而不賞,惡無纖而不貶;庶事精練,物理其本,循名責實,虚僞不齒;終於邦域之内,咸畏而愛之;刑政雖峻,而無怨者,以其用心平而勸戒明也。可謂識治之良才,管、蕭之亞匹矣。然連年動衆,未能成功,蓋應變將略,非其所長歟?

此篇爲《三國志》中第一有精神文字。首節略述亮之爲人。次節述其豫定三分之策。三節言亮教劉琦求出守江夏,劉琮降曹公後,先主實倚江夏爲資也。四節言亮建奇策,身使孫權,此赤壁之戰,所以成功,三分之業所由定。五節言亮佐先主取益州。六節勸先主稱尊號,因爲之相。七節受遺詔輔後主。八節和吴及南征。九節出兵北伐。載其臨行一疏,亮内安外攘策畫所在也。十節言亮北伐事及其卒。十一節述其身後之事。皆犖犖大端。其中如南征之役,在當日特爲艱苦,然互詳於李嚴、張嶷諸傳中,於《亮傳》僅著其略。此所謂辭尚體要。《國志》在諸史中稱最簡,讀此篇,可知其簡實由其能扼要,非徒删削事實也。

承祚於諸葛公,推挹備至。謂將略非其所長,乃身處晉朝,不得不然。然猶斷之曰:"天命有歸,不可以智力争。"以見將略亦不可爲短,其歸美可謂至矣。或謂承祚以私怨,於諸葛公有貶辭,寧非囈語!

史籍不可輕信,亦不可輕疑。近人或謂諸葛隆中之對,何以能與後來事業,若合符節,必事後傅會之辭。然則眼光遠大者,豫定計畫,而後來略如其所豫期,皆事之所必無,而人生誠如萍飄梗泛,一事不能自主歟?經猷之素定者,安得視同讖書也?亦可謂不察矣。

史籍選文評述

擬　　目

本課以指導學生略知讀書門徑爲目的，不能希望因此通知史事，因太偏而不全。講授只能注重體例，字句必無暇解釋，但此點恐將發生嚴重困難。

現就古代一部分涉想所及，舉例如下：

《尚書》：選録一篇以見古代記言史之體例，能兼選《周書》一篇，以資印證最好。儒家、兵家同取古史爲材料。

《春秋》：選讀一兩篇，以見古記事史之體例。

《左氏》：選讀一篇。參看《通鑒》。

《春秋》爲綱，三傳爲目，選讀一事。參看綱目，以知體例。此可選"邲之戰"，見《左氏》主記事。又實從記言體擴展，《公羊》主説經義。"泓之戰"見《公羊》爲儒家言，《左氏》爲兵家言。

《詩》：《風》、《雅》、《頌》各選一篇。《風》以見民俗，如《氓》可見古代男女關係。《雅》見政治與風俗之關係。《頌》爲紀功德之作，取其中包含史事，與後世刻石等同類。

《楚辭》(《天問》、《招魂》)：文學作品中包含古代史事、地理觀之例。

《禮經》(《冠禮》或《昏禮》)：禮可考民俗之例，兼看《禮記》冠義或昏義，以見經傳合行或别行之式。

《禮記・曲禮・内則》節選，目的同上。

《禮記・王制》節選。

《周官》節選：取今古文制度相對照。可兼讀《管子》一篇，取與《周官》相證，同今文者，則到處都是，不煩廣徵也。

《白虎通義》：選讀一篇。爲今文家説之薈萃。

《五經異義》：選讀一篇。此書爲今古文重要異點。

《國語》：記言式之擴展，須見其與《左氏》同類。《論語》、《孔子家語》、《晏子春秋》、《新語》、《説苑》，皆其支流。

《國策》：縱橫家言，祇見説術，不能看作史事。此爲極端之例，他家言以此類推。

《山海經》節録：古神話。

《吴越春秋》、《越絶書》節録：古傳奇。

《史記·夏本紀》：與《禹貢》相同處，見古史與經學相涉。後文見帝紀、世家取材繫世者。羿浞事《本紀》不載，而見《吴世家》，見古人編撰各如所據元式傳之，不混合羼雜。因不校改，故古書中矛盾甚多。

《世家》：選讀一篇，見兼據繫世及《春秋》。或取《秦本紀》，則一部分爲開國傳説，一部分兼據繫世，春秋後附一段，純爲繫世。

《老子列傳》：《史記》受後人竄亂之式。

《李斯列傳》：督責書爲僞造文件之式。

《項羽本紀》：巨鹿之戰、垓下之敗較爲確實，然秦楚、楚漢戰事勝敗關鍵，實不可見也。沛公見羽於鴻門，則純爲傳奇矣。

《史記·貨殖列傳》、《漢書·食貨志》：此兩篇爲典志之文最易瞭解者，能全讀最佳。

《漢書·地理志》：節録，取本秦以下一段。

《史記·魏其武安侯列傳》、《漢書·李廣蘇建列傳》：此兩篇爲《史》、《漢》文字之最佳者。《李廣傳》兼見《史》、《漢》文字異同問題。

《繹史》：選讀一題，以見紀事本末之式，兼見輯治古史之法。

《路史》：選讀一題，以見古史荒誕材料之多。

《古本竹書紀年》：古人所造僞書。

再有一法，則減少分量，在史學方面減低要求，而講授時兼顧國文方面，長篇必不能略者，留在後期教授，可節者則節録，如此教授，不能依時代順序。

總論

《史記·項羽本紀》：記事爲傳奇式之例。

《史記·李斯列傳》：僞造文件之例。

《漢書·貨殖傳序》：舊史注重經濟變遷者。

《漢書·李廣蘇建傳》：《史》、《漢》文字異同及文學。

《論衡·語增》：論史之法。

《論衡·治期》：論史之識。

《潛夫論·救邊》
《後漢書·黨錮傳》　此三篇可見著述中暴露社會政治情況者。
《中論·譴交》

《三國志·劉敖傳》：重要事實在注之例。

《晉書·天文志》：《晉志》突過前人，舉此爲例。

《晉書·阮籍嵇康傳》：《晉書》採雜説之例。

《抱朴子·詰鮑》：昔人之空想社會主義。

《抱朴子·論仙》：學者對神仙家之態度。

《魏書·序紀》：外夷僞造歷史之例。

《魏書·崔浩傳》：史事真相須待闡發之例。

《魏書·釋老志》：正史記載宗教者。參《隋書·經籍志》道佛經。

《宋書·索虜傳》：敵國史記較本國得實者。

《宋書·范曄傳》：據爰書作傳之例。

《齊書·竟陵王傳》：公文中通用之筆。與庾信《哀江南賦·序》參看，知文中亦可得史實。

《北齊書·恩倖傳》：與《齊書》倖臣相對照，見其名同實異。

《水經注》：圖經之式。

《日知録·部刺史·六條之外不察·隋以後刺史》：通論之例。

《十七史商榷》：（論伊婁河，標題已忘，俟借到書後補）考證之式。

《舊唐書·高宗廢后王氏傳》：兩説並存之例。

《新唐書・禮樂志序》：昔人論史明於社會變遷者。

《史通・言語》：史評舉例。

《史通・點煩》：史評舉例。

《陸贄奏議・均節賦税恤百姓六條・一論兩税之弊須有釐革》：文件在史學上之重要。

杜甫"三吏"、"三別"、前後《出塞》、《負薪行》，白居易《縛戎人》、《繚綾》：文學作品可作史材者。

總　論

本課以指導學生自行閱讀史籍爲目的。欲讀史，必須先知史籍之性質。史籍爲書籍之一種，欲知史，又必先知凡書籍之性質。

誰都知道，中國舊籍，分爲經、史、子、集四部。經、子都是發表主觀見解的，集則原於《七略》中的詩賦略，所以收容文學作品，但到後來，漸漸的以人爲主，一個人的什麽作品，都收入其中了，《七略》爲漢朝皇室藏書的目録，由劉向及其子劉歆所定。包括（一）輯略，乃總論輯録之意。（二）六藝，即今所謂經學。（三）諸子。（四）兵書。（五）數術。（六）方技。（七）詩賦。實分當時之書籍爲六類也。文集的初步，亦止收文學作品，後乃漸將他種述作一概編入，説見章學誠《文史通義・文集篇》。那自然有涉及客觀記載的。然則要讀史，但讀史部及集部中的一部分好了。然而我們要考究起從前社會的情形來，須要知道的，從前客觀的記載，未必都能告訴我們；所不須知道的，反而雜出其中；可見前人的去取，未必都能得當。我們欲讀史籍，並不能以前人所謂客觀記載爲限。近人説："一切書籍，都應看作史材。"這話也很有道理。

但是雖然如此，昔時所謂史部之書，究係研究的重心，至少是先務之急。所以我們在研究之前，先須就史部之書，作一鳥瞰。

欲知史部之大略，必須先知其書籍之分類。史籍分類，歷代不同,現在無暇遍引;亦且雖有小異,究屬大同;所以但引最後的一種,即清代四庫書目之分類,以見其概。

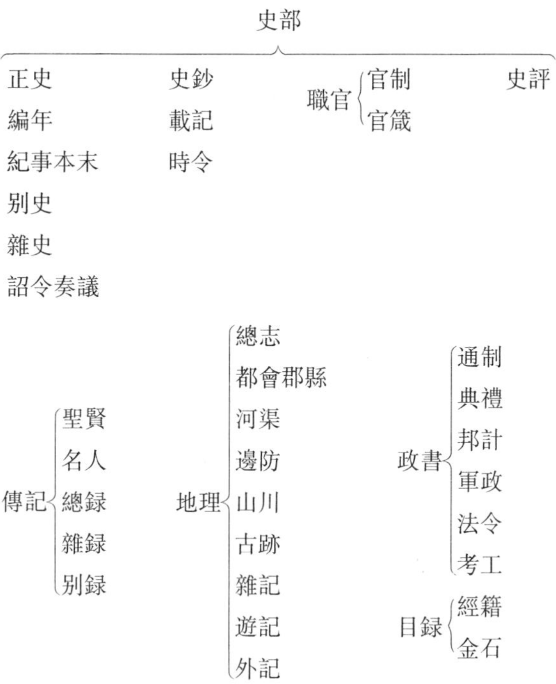

正史之名,初爲學者的見解,後來則係功令所定,唐修《隋書》,其《經籍志》專指今之正史爲正史。然劉子玄作《史通》,有《六家》、《二體》兩篇。六家:一《尚書》,二《春秋》,三《左傳》,四《國語》,五《史記》,六《漢書》。二體則以編年與今所謂正史者並舉。其古今正史篇,臚列歷代史籍,亦兼及此二體。蓋並認六家爲正史,而以其所謂二體,爲適宜於後世也。此學者之意見也。後者如民國時代,由總統徐世昌下令,列柯紹忞之《元史》於正史是。並不能表示其書之體裁,亦不能表示其内容。就其書之體裁言,昔人稱爲紀傳表志體。正史之第一部爲《史記》,中包本紀、世家、列傳、表、書五種體裁。世家乃稱未統一時之列國者,後世無其事,故亦無其體。歐陽修之《新五代史》,用以稱割據之國,實不適合。《晉書》稱叙割據之國者爲載記,他史亦無用之者。書自《漢書》而下,亦皆稱爲志。故後人從其多者,稱此體爲紀傳表志體。至其内容,則馬端臨的《文獻通考·序》最能表示舊時學者的意見。他把史事分爲(一) 理亂興衰,(二) 典章經制兩類。前者是政治上隨時發生的事情,後者則政治上預定的制度,所用以應付未來的。正史中之表,乃所以安排零碎的事情,使有條理系統,其事情的性質,並無一定;紀、傳則大體上係記前一類的事情;志則專記後一類的事情。我們試本此而觀,便知正史所以被稱爲正史之故,因爲昔時史家,重視這兩類事實,在體例上,都能够把他包括無遺,其餘的史書,雖所載的事實,或較正史爲詳確;又或其體例較正史爲便於觀覽;然都不如正史能包括。別史即未被功令所承認之正史。雜史則體裁不同,而所載之事,與正史相出入。載記以其所記者,係偏方之國而名。史鈔多就正史加以摘取。編年、紀事本末,大體就紀傳所載之事,別立系統編纂。時令、地理、職官、政書、目録所載之事皆與志之所載者同。傳記同於列傳。詔令奏議,紀傳與志,皆可收容。史評則依附史籍而行者耳。故以體例論,正史之所載,於各史無不包。在功令上,要勉强定於一尊,自舍今之正史莫屬了。

然則中國向來史籍之所記載,是以馬端臨所謂理亂興衰、典章經制兩類的事實爲中心的。這在今日,自然覺得不够。

現在要研究歷史,其所取材,在理論上,當分爲(一) 記載、(二) 非記載兩門。其子目,在非記載,當分爲(1) 人、(2) 物、(3) 法俗法俗二字,多見正史四夷傳中。法謂有强制性質者,俗則反之。而兩字實兼包一切社會軌範也。三項。在記載,亦當分爲(1) 以其事爲有價值而記載之,以貽後人。(2) 其意亦在詔示後人,但非欲啓發他人,而在於自己誇示。(3) 但備自行省覽,非欲示人。(4) 並非欲自行省覽,但發於情不容已,隨意抒寫。(1) 即史籍,(2) 如碑志,(3) 如日記、帳簿,(4) 如文學作品。此四項中之第一項,在今日,仍爲研究之重心及其先務。此在理論上,本包括不隸於史部之書,但其中隸屬史部者,究尤爲重心中之重心,先務中之先務。

一切事情,莫不從發展而來,所以要知道史籍的性質,又必先知道史籍發展的歷史。史籍的發展,亦當分爲兩階段:(一) 雖知其事之有價值,而加以記載,然僅供自用,而非欲以遺他人,如官府之檔案,私人之記録都是。(二)則知其事之有益於社會,而記載之遺後人。必發達至此階段,乃可稱爲史籍。中國人之知道記載很早。古代國家所設立之史官,以及民間很古的傳述都是。然這只能算是第一階段。試觀《七略》中尚無所謂史部可知。《大史公》書附《春秋》後。然大史公之書,名爲《史記》。史記乃當時史籍的通稱,猶今言歷史。《大史公書》爲歷史書的第一部,所以以一部書而占據一類書的總名。然則當《大史公書》成書之時,當時社會上,尚未有可稱爲歷史的書籍。然觀"史記"一名詞的成立,則當時的社會,已可説是有了歷史的觀念,而史學亦肇起於此時了。知重歷史,就是知重客觀的事實,這是人類思想的一個進步。所以我們閲覽史籍,亦當依此分爲兩大時期。

在前一時期,人類的知識,尚形幼稚,主客觀不分。其時雖亦有客觀的記録,然經過一時期,或幾次傳述,即和主觀混淆。今日見於經、子中之古史材料,大率如此。此時期之史料,都顯出其時之人知識之幼稚,其特徵爲(一)夾雜神話;(二)多帶傳奇性質;(三)輕事重言,隨意推衍,將其事無限擴大,遂至全失真相;(四)則竟係寓言。古所謂小説,非今之小説,其所謂寓言,則今之小説也。但有一異點,今小説無論其事之虚實,其人地名,至少其人名必爲虚構。古寓言則事出虚構,或取真人名以實之。如《莊子·盜跖篇》。此時期之史籍,必能通經子之學,乃能治之。上學期束、戴兩先生已發其凡,今不再及。惟史籍之此項性質,非至某一時期即行截止。故至秦漢時代,正式之史籍,雖已出現,帶有此項性質者仍不乏,今乃略示其凡。

正式史籍之出現,乃由人類知重客觀事實而起。此觀念之初步發展,爲"信以傳信,疑以傳疑",更發展則爲"作史者惟恐其不出於人"。所以中國史籍中的稱謂,並不前後一律。在編年史中,前一卷尚直呼其名,後一卷即可稱之爲帝。由此例推之,則(一)一篇之中,稱呼一人,名、字、謚、號錯出,亦不爲病。而(二)直録原文,不加點定。(三)兩説或兩以上之説並存,顯然矛盾。(四)各部分各照所據之原文謄録，並不使其互相羼雜諸例出焉。此等似無關宏旨，然因此，則可知中國人對於史事的見解，全部皆不使羼入史籍之中。所以欲知中國所謂史觀等，不能於史籍中求之，而轉須於他部之書籍中求之。考訂事實之謬誤，亦别自立説，不羼入正文中；輯出之事實，必注明出處等例，亦皆自此而來。此爲讀中國史籍最要之關鍵，若其不知，必生隔閡，以致誤謬。

昔時史家之見解，不能盡與今日之史學相合，此乃自然之事，不能爲諱，而亦不足爲病。（一）須知如前説，史家之見解，本不能求之史籍之中。（二）則史觀之改變，實受他學之影響，而係於一時代思想之總轉變，本不能於史學中求之也。史家但能隨時代思想之轉變，而舉出其事實以示人，則其責任爲已盡，而其文字，亦即有閲讀之價值矣。

文學看似關係不甚重要，然昔人表示意見之處，或非直説而用隱諷等手段，則非知文學，不能看出；又有表面係論此事，而意實係指别一事者，亦非通知文學之體例，不能了解，此等處，乃文與史相互之關係也。

《史記·李斯列傳》(節録)

二世燕居，乃召高與謀事，謂曰："夫人生居世間也，譬猶騁六驥過決隙也。吾既已臨天下矣，欲悉耳目之所好，窮心志之所樂，以安宗廟而樂萬姓，長有天下，終吾年壽，其道可乎?"高曰："此賢主之所能行也，而昏亂主之所禁也。臣請言之，不敢避斧鉞之誅，願陛下少留意焉。夫沙丘之謀，諸公子及大臣皆疑焉，而諸公子盡帝兄，大臣又先帝之所置也。今陛下初立，此其屬意怏怏皆不服，恐爲變。且蒙恬已死，蒙毅將兵居外，臣戰戰栗栗，唯恐不終。且陛下安得爲此樂乎?"二世曰："爲之奈何?"趙高曰:"嚴法而刻刑,令有罪者相坐誅,至收族,滅大臣而遠骨肉;貧者富之,賤者貴之。盡除去先帝之故臣,更置陛下之所親信者近之。此則陰德歸陛下,害除而奸謀塞,羣臣莫不被潤澤,蒙厚德,陛下則高枕肆志寵樂矣。計莫出於此。"二世然高之言,乃更爲法律。於是羣臣諸公子有罪,輒下高,令鞠治之。殺大臣蒙毅等。公子十二人僇死咸陽市,十公主矺死於杜,矺,《索隱》曰:與磔同。財物入於縣官。相連坐者不可勝數。

公子高欲奔,恐收族,乃上書曰:"先帝無恙時,臣入則賜食、出則乘輿。御府之衣,臣得賜之;中厩之寶馬,臣得賜之。臣當從死而不能,爲人子不孝,爲人臣不忠。不忠者無名以立於世,臣請從死,願葬酈山之足。唯上幸哀憐之。"書上,胡亥大悦,召趙高而示之,曰:"此可謂急乎?"趙高曰:"人臣當憂死而不暇,何變之得謀!"胡亥可其書,賜錢十萬以葬。

法令誅罰日益刻深,羣臣人人自危,欲畔者衆。又作阿房之宫,治直〔道〕、馳道,賦斂愈重,戍徭無已。於是楚戍卒陳勝、吴廣等乃作亂,起於山東,杰俊相立,自置爲侯王,叛秦,兵至鴻門而却。李斯數欲請間諫,二世不許。而二世責問李斯曰:"吾有私議而有所聞於韓子也,曰'堯之有天下也,堂高三尺,采椽不斫,茅茨不剪,雖逆旅之宿不勤於此矣。冬日鹿裘,夏日葛衣,粢糲之食,藜藿之羹,飯土匭,啜土鉶,雖監門之養不觳於此矣。禹鑿龍門,通大夏,疏九河,曲九防,決渟水致之海,而股無胈,脛無毛,手足胼胝,面目黎黑,遂以死於外,葬於會稽,臣虜之勞不烈於此矣'。然則夫所貴於有天下者,豈欲苦形勞神,身處逆旅之宿,口食監門之養,手持臣虜之作哉? 此不肖人之所勉也,非賢者之所務也。彼賢人之有天下也,專用天下適己而已矣,此所以貴於有天下也。夫所謂賢人者,必能安天下而治萬民,今身且不能利,將惡能治天下哉! 故吾願賜志廣欲,長享天下而無害,爲之奈何?" 李斯子由爲三川守,羣盗吴廣等西略地過去,弗能禁。

章邯以破逐廣等兵,使者覆案三川相屬,誚讓斯居三公位,如何令盜如此。李斯恐懼,重爵禄,不知所出,乃阿二世意,欲求容,以書對曰:

"夫賢主者,必且能全道而行督責之術者也。督責之,則臣不敢不竭能以徇其主矣。此臣主之分定,上下之義明,則天下賢不肖莫敢不盡力竭任以徇其君矣。是故主獨制於天下而無所制也,能窮樂之極矣。賢明之主也,可不察焉!

"故申子曰'有天下而不恣睢,命之曰以天下爲桎梏'者,無他焉,不能督責,而顧以其身勞於天下之民,若堯、禹然,故謂之'桎梏'也。夫不能修申、韓之明術,行督責之道,專以天下自適也,而徒務苦形勞神,以身徇百姓,則是黔首之役,非畜天下者也,何足貴哉!夫以人徇己,則己貴而人賤;以己徇人,則己賤而人貴。故徇人者賤,而人所徇者貴,自古及今,未有不然者也。凡古之所爲尊賢者,爲其貴也;而所爲惡不肖者,爲其賤也。而堯、禹以身徇天下者也,因隨而尊之,則亦失所爲尊賢之心矣,夫可謂大繆矣。謂之爲'桎〔梏〕',不亦宜乎?不能督責之過也。

"故韓子曰'慈母有敗子而嚴家無格虜'者,何也?則能罰之加焉必也。故商君之法,刑棄灰於道者。夫棄灰,薄罪也;而被刑,重罰也。彼唯明主爲能深督輕罪。夫罪輕且督深,而況有重罪乎?故民不敢犯也。是故韓子曰'布帛尋常,庸人不釋;鑠金百鎰,鑠金,《索隱》曰:《爾雅》云,鑠,美也。盜跖不搏'者,非庸人之心重,尋常之利深,而盜跖之欲淺也。又不以盜跖之行,爲輕百鎰之重也。搏必隨手刑,則盜跖不搏百鎰;而罰不必行也,則庸人不釋尋常。是故城高五丈,而樓季不輕犯也;泰山之高百仞,而跛牂牧其上。夫樓季也而難五丈之限,豈跛牂也而易百仞之高哉?峭塹之勢異也。峭塹,《索隱》曰:峭,峻也,高也。塹音漸。明主聖王之所以能久處尊位,長執重勢,而獨擅天下之利者,非有異道也,能獨斷而審督責,必深罰,故天下不敢犯也。今不務所以不犯,而事慈母之所以敗子也,則亦不察於聖人之論矣。夫不能行聖人之術,則舍爲天下役何事哉?可不哀邪!

"且夫儉節仁義之人立於朝,則荒肆之樂輟矣;諫説論理之臣間於側,則流漫之志詘矣;烈士死節之行顯於世,則淫康之虞廢矣。故明主能外此三者,而獨操主術以制聽從之臣,而修其明法,故身尊而勢重也。凡賢主者,必將能拂世摩俗,而廢其所惡,立其所欲,故生則有尊重之勢,死則有賢明之謚也。是以明君獨斷,故權不在臣也。然後能滅仁義之涂,掩馳説之口,困烈士之行,塞聰揜明,内獨視聽,故外不可傾以仁義烈士之行,而内不可奪以諫説忿争之辯。故能犖然獨行恣睢之心而莫之敢逆。若此,然後可謂能明申、韓之術,而修商君之法。法修術明而天下亂者,未之聞也。故曰'王道約而易操'也,唯明主爲能行之。若此則謂督責之誠,則臣無邪,臣無邪則天下安,天下安則主嚴尊,主嚴尊則督責必,督責必則所求得,所求得則國家富,國家富則君樂豐。故督責之術設,則所欲無不得矣。羣臣百姓救過不給,何變之敢圖?若此則帝道備,而可謂能明君臣之術矣。雖申、韓復生,不能加也。"

書奏,二世悦。於是行督責益嚴。

此篇爲僞造文件之例。文件在後世,不易僞造,然在前世,則不乏其例。蓋其時文字用少,史實皆由口傳;口傳者,原不易記文件之原字句。且古人言語粗略,我們現在説"彼以爲"、"彼蓋云"作爲我們揣測之辭者,古人則徑以爲其人所説;而口語與書面,又不嚴格區别,遂成爲僞文件矣。如此篇所載李斯對二世之書,即其一例。法家督責之術本欲以治國,非所以求逸樂。然後來有一派求逸樂的議論,讀《莊子·盜跖篇》者,可見之。亦牽引法家督責之説,此篇即此派人所附會也。

僞造文件,在後世亦時有。如蘇洵之《辯奸論》,即其一例。此文但見《邵氏聞見録》,得李紱考證知爲僞造,見《穆堂集》。又如《舊唐書·張行成傳》載武則天令選美少年爲左右奉宸供奉,右補闕朱敬則諫,則天勞之曰:非卿直言,朕不知此,賜采百般。趙翼《廿二史劄記》以此稱則天之能納諫。《廿二史劄記》卷十九"武后納諫知人"。然舊書所載敬則諫辭,恐亦僞造也。

此傳所載,大部分係傳奇性質。下文載趙高指鹿爲馬事更易見。

《史記·項羽本紀》(節録)

……於是楚軍夜擊,阬秦卒二十餘萬人新安城南。

行略定秦地。函谷關有兵守關,不得入。又聞沛公已破咸陽,項羽大怒,使當陽君等擊關。項羽遂入,至於戲西。戲,水名,源出驪山,入渭。沛公軍霸上,在今西安市東。未得與項羽相見。沛公左司馬曹無傷使人言於項羽曰:"沛公欲王關中,使子嬰爲相,珍寶盡有之。"項羽大怒,曰:"旦日饗士卒,爲擊破沛公軍!"

當是時,項羽兵四十萬,在新豐在今陝西臨潼縣東。鴻門,沛公兵十萬,在霸上。范增說項羽曰:"沛公居山東時,貪於財貨,好美姬。今入關,財物無所取,婦女無所幸,此其志不在小。吾令人望其氣,皆爲龍虎,成五采,此天子氣也。急擊勿失。"

楚左尹項伯者,項羽季父也,素善留侯張良。張良是時從沛公,項伯乃夜馳之沛公軍,私見張良,具告以事,欲呼張良與俱去。曰:"毋從俱死也。"張良曰:"臣爲韓王送沛公,沛公今事有急,亡去不義,不可不語。"良乃入,具告沛公。沛公大驚,曰:"爲之奈何?"張良曰:"誰爲大王爲此計者?"曰:"鯫生説我曰'距關,毋内諸侯,秦地可盡王也'。故聽之。"良曰:"料大王士卒足以當項王乎?"沛公默然,曰:"固不如也,且爲之奈何?"張良曰:"請往謂項伯,言沛公不敢背項王也。"沛公曰:"君安與項伯有故?"張良曰:“秦時與臣游,項伯殺人,臣活之。今事有急,故幸來告良。”沛公曰:“孰與君少長?”良曰:“長於臣。”沛公曰:“君爲我呼入,吾得兄事之。”張良出,要項伯。項伯即入見沛公。沛公奉卮酒爲壽,約爲婚姻,曰:“吾入關,秋毫不敢有所近,籍吏民,封府庫,而待將軍。所以遣將守關者,備他盜之出入與非常也。日夜望將軍至,豈敢反乎!願伯具言臣之不敢倍德也。”項伯許諾,謂沛公曰:“旦日不可不早自來謝項王。”沛公曰:“諾。”於是項伯復夜去,至軍中,具以沛公言報項王。因言曰:“沛公不先破關中,公豈敢入乎?今人有大功而擊之,不義也,不如因善遇之。”項王許諾。

沛公旦日從百餘騎來見項王。至鴻門,謝曰:“臣與將軍戮力而攻秦,將軍戰河北,臣戰河南,然不自意能先入關破秦,得復見將軍於此。今者有小人之言,令將軍與臣有郤。”項王曰:“此沛公左司馬曹無傷言之。不然,籍何以至此?”項王即日因留沛公與飲。項王、項伯東向坐,亞父南向坐。亞父者,范增也。沛公北向坐,張良西向侍。范增數目項王,舉所佩玉玦以示之者三,項王默然不應。范增起,出召項莊,謂曰:“君王爲人不忍,若入前爲壽,壽畢,請以劍舞,因擊沛公於坐,殺之。不者,若屬皆且爲所虜。”莊則入爲壽,壽畢,曰:“君王與沛公飲,軍中無以爲樂,請以劍舞。”項王曰:“諾。”項莊拔劍起舞,項伯亦拔劍起舞,常以身翼蔽沛公,莊不得擊。於是張良至軍門,見樊噲。樊噲曰:“今日之事何如?”良曰:“甚急。今者項莊拔劍舞,其意常在沛公也。”噲曰:“此迫矣,臣請入,與之同命。”噲即帶劍擁盾入軍門。交戟之衛士欲止不内,樊噲側其盾以撞,衛士僕地,噲遂入,披帷西向立,瞋目視項王,頭髮上指,目眦盡裂。項王按劍而跽曰:“客何爲者?”張良曰:“沛公之參乘樊噲者也。”項王曰:“壯士!賜之卮酒。”則與斗卮酒。噲拜謝,起,立而飲之。項王曰:“賜之彘肩。”則與一生彘肩。樊噲覆其盾於地,加彘肩上,拔劍切而啖之。項王曰:“壯士,能復飲乎?”樊噲曰:“臣死且不避,卮酒安足辭!夫秦王有虎狼之心,殺人如不能舉,刑人如恐不勝,天下皆叛之。懷王與諸將約曰‘先破秦入咸陽者王之’。今沛公先破秦入咸陽,毫毛不敢有所近,封閉宫室,還軍霸上,以待大王來。故遣將守關者,備他盗出入與非常也。勞苦而功高如此,未有封侯之賞,而聽細説,欲誅有功之人。此亡秦之續耳,竊爲大王不取也。”項王未有以應,曰:“坐。”樊噲從良坐。坐須臾,沛公起如厠,因招樊噲出。

沛公已出,項王使都尉陳平召沛公。沛公曰:“今者出,未辭也,爲之奈何?”樊噲曰:“大行不顧細謹,大禮不辭小讓。如今人方爲刀俎,我爲魚肉,何辭爲?”於是遂去。乃令張良留謝。良問曰:“大王來何操?”曰:“我持白璧一雙,欲獻項王;玉斗一雙,欲與亞父。會其怒,不敢獻,公爲我獻之。”張良曰:“謹諾。”

當是時,項王軍在鴻門下,沛公軍在霸上,相去四十里。沛公則置車騎,脱身獨騎,與樊噲、夏侯嬰、靳彊、紀信等四人持劍盾步走,從酈山下酈山,即驪山,在臨潼縣。道芷陽在今西安市東。間行。沛公謂張良曰:“從此道至吾軍,不過二十里耳。度我至軍中,公乃入。”

沛公已去,間至軍中。張良入謝,曰:“沛公不勝杯杓,不能辭,謹使臣良奉白璧一雙,再拜獻大王足下;玉斗一雙,再拜奉大將軍足下。”項王曰:“沛公安在?”良曰:“聞大王有意督過之,脱身獨去,已至軍矣。”項王則受璧,置之坐上。亞父受玉斗,置之地,拔劍撞而破之,曰:“唉!豎子不足與謀。奪項王天下者,必沛公也,吾屬今爲之虜矣。”

沛公至軍,立誅殺曹無傷。

此歷史記載,屬於傳奇性質之例。秦亡後漢復滅楚,後稱皇帝,乃後來事勢使然。當秦初亡時,决無人敢爲帝,亦無人欲爲帝者。以當時之人,視列國並立爲當然,一統反屬變態也。故項羽僅稱西楚霸王。霸者,伯之同音假借字,伯之義爲長,霸王爲諸王之長,猶之春秋時之霸國,爲諸侯之長,特王侯之稱異耳。古共主稱王,此時之共主稱帝,故其下最高之爵稱王。然則范增安得謂漢高祖欲與項羽争天下?且即謂項羽欲有天下,亦安知漢高祖必欲與之争?又安知與之争者獨一漢高祖,而深畏之乎?曹無傷謂漢高祖欲盡有關中珍寶,此言何等幼稚?使漢高祖欲有關中珍寶,既先入關,豈不可早取之?即使不王關中,豈不可携之而去乎?鴻門灞上,相去四十里,即走間道亦二十里,項伯夜自鴻門至灞上,漢高祖留之飲酒,再歸鴻門,尚及見項羽,勸止其明日勿擊高祖,然則項羽終夜不睡乎?若謂因明日欲擊高祖,而夜間發號施令,則豈項伯數言所能止?且項伯安知項羽必聽其言,而屬漢高祖明日自來謝乎?范增安得不告項王,而使項莊擊高祖?樊噲即鹵莽,安得撞倒衛士,再面責項羽?古人飲酒,誠有中間離席休息之事,亦必不能甚久。漢高安得令張良待其至軍,然後入謝乎?范增七十老翁,既稱有謀,豈有當場拔劍撞破玉斗之理?種種不合情理,故知必非事實而爲傳奇式之傳述也。傳奇式之傳述,關係社會之知識程度。以必衆人之知識幼稚,此等傳説,乃能流行;且惟有此等傳説乃能流行也。歷史中此等材料實不少,時代愈早則愈多,讀史者不可輕信。

《漢書·貨殖傳序》

昔先王之制,自天子公侯卿大夫士至於皂隸抱關擊柝者,其爵禄奉養宫室車服棺槨祭祀死生之制各有差品,小不得僭大,賤不得踰貴。夫然,故上下序而民志定。於是辯其土地川澤丘陵衍沃原隰之宜,教民種樹畜養;五穀六畜及至魚鱉鳥獸雚蒲材幹器械之資,所以養生送終之具,靡不皆育。育之以時,而用之有節。草木未落，斧斤不入於山林；豺獺未祭，罝網不布於野澤；鷹隼未擊，矰弋不施於徯隧。既順時而取物，然猶山不茬蘖，澤不伐夭，蝝魚麛卵，咸有常禁。所以順時宣氣，蕃阜庶物，稸足功用，如此之備也。然後四民因其土宜，各任智力，夙興夜寐，以治其業，相與通功易事，交利而俱贍，非有徵發期會，而遠近咸足。故《易》曰"後以財成輔相天地之宜，以左右民"，"備物致用，立成器以爲天下利，莫大乎聖人"，此之謂也。《管子》云古之四民不得雜處。士相與言仁誼於閑宴，工相與議技巧於官府，商相與語財利於市井，農相與謀稼穡於田野，朝夕從事，不見異物而遷焉。故其父兄之教不肅而成，子弟之學不勞而能，各安其居而樂其業，甘其食而美其服，雖見奇麗紛華，非其所習，辟猶戎翟之與於越，不相入矣。是以欲寡而事節，財足而不爭。於是在民上者，道之以德，齊之以禮，故民有恥而且敬，貴誼而賤利。此三代之所以直道而行，不嚴而治之大略也。

及周室衰，禮法墮，諸侯刻桷丹楹，大夫山節藻棁，師古曰："桷，椽也，楹，柱也。節，栭也，（案：亦稱斗拱。謂柱上方木，所以承梁）。山，刻爲山形也。棁，侏儒柱也。藻，謂刻鏤爲水藻之文也。"八佾舞於庭，雍徹於堂。其流至乎士庶人，莫不離制而棄本，稼穡之民少，商旅之民多，穀不足而貨有餘。

陵夷至乎桓、文之後，禮誼大壞，上下相冒，國異政，家殊俗，耆欲不制，僭差亡極。於是商通難得之貨，工作亡用之器，士設反道之行，以追時好而取世資。僞民背實而要名，奸夫犯害而求利，篡弑取國者爲王公，圉奪成家者爲雄桀。禮誼不足以拘君子，刑戮不足以威小人。富者木土被文錦，犬馬餘肉粟，而貧者裋褐不完，含菽飲水。其爲編户齊民，同列而以財力相君，雖爲僕虜，猶亡慍色。故夫飾變詐爲奸軌者，自足乎一世之間；守道循理者，不免於飢寒之患。其教自上興，繇法度之無限也。故列其行事，行事，謂已往之事，不可誤作"行事"解。以傳世變云。

中國自列國分立,逐漸互相吞併,而終至於統一,實緣社會經濟起着劇烈之變遷。政治之力,不過追隨其後而已。當列國分立之時,各國内之經濟大率保持自給自足的狀況,此其所以能分立。此時之封君坐食租税,其生活反較勞動平民爲優裕,固屬不平。然其所謂不平者止於此。其餘大體尚保存氏族時代之舊規。其生産消費,均爲有計劃的,因而其社會經濟,亦爲有秩序的也。隨着生産力的進步,舊規逐漸成爲獲利之障礙,遂逐漸被人破壞。當此情勢之下,交通逐漸便利,各國人民,互相往來者日多,風俗亦逐漸接近,遂造成統一有利之條件,而政治之力隨之。政治上之統一,固屬有利,然各國内部,前此經濟上之規制,逐漸破壞,而無新規制以代之,遂成爲無秩序無組織之局矣。斯時之人,視此無秩序無組織之狀態,尚以爲變態,而欲反之於正常。然能當計劃及組織之任者,誰乎?斯時之人,則誤以爲其時之治者階級,足以當之。此爲一大誤謬,自東周之世,即有改革之聲浪,至王莽而後行之,而卒召大亂,以此也。欲知此中消息者,在子部宜讀《孟》、《荀》、《管》三子,及漢人之《鹽鐵論》;在史部,宜讀《史》、《漢》之《貨殖列傳》,《漢書》之《食貨志》,《史記·平準書》亡,其大部分,後人鈔《漢書·食貨志》補之。《王貢兩龔鮑傳》,《眭兩夏侯京翼李傳》,《王莽傳》;即可知其大略也。

序之作,昔人解釋含有二義:一爲次序,即説全書之編纂,取何條理系統之意。一曰:"序者,緒也。"乃爲讀者開示門徑,使如治絲之能得其頭緒。故作序最忌空洞。《漢書·貨殖傳序》借述時人對於社會經濟的意見,使讀者可持此眼光,以觀當時之貨殖現象,乃史序中之佳作也。

《漢書·李廣蘇建傳》

李廣,隴西成紀今甘肅秦安縣。人也。其先曰李信,秦時爲將,逐得燕太子丹者也。廣世世受射。孝文十四年,匈奴大入蕭關,在今甘肅固原縣東南。而廣以良家子從軍擊胡，用善射，殺首虜多，爲郎，騎常侍。數從射獵，格殺猛獸，文帝曰："惜廣不逢時，令當高祖世，萬户侯豈足道哉！"

景帝即位，爲騎郎將。吴楚反時，爲驍騎都尉，從太尉亞夫戰昌邑下，昌邑，國，今平原金鄉縣。顯名。以梁王授廣將軍印，故還，賞不行。爲上谷太守，上谷，郡，今察哈爾懷來縣。數與匈奴戰。典屬國公孫昆邪爲上泣曰："李廣材氣，天下亡雙，自負其能，數與虜確，恐亡之。"上乃徙廣爲上郡太守。

匈奴(入)〔侵〕上郡，今陝西綏德縣。上使中貴人從廣勒習兵擊匈奴。中貴人者將數十騎從，見匈奴三人，與戰。射傷中貴人，殺其騎且盡。中貴人走廣，廣曰："是必射雕者也。"廣乃從百騎往馳三人。三人亡馬步行，行數十里。廣令其騎張左右翼，而廣身自射彼三人者，殺其二人，生得一人，果匈奴射雕者也。已縛之上山，望匈奴數千騎，見廣，以爲誘騎，驚，上山陳。廣之百騎皆大恐，欲馳還走。廣曰："我去大軍數十里，今如此走，匈奴追射，我立盡。今我留，匈奴必以我爲大軍之誘，不我擊。"廣令曰："前！"未到匈奴陳二里所，止，令曰："皆下馬解鞍！"騎曰："虜多如是，解鞍，即急，奈何？"廣曰："彼虜以我爲走，今解鞍以示不去，用堅其意。"有白馬將出護兵。廣上馬，與十餘騎奔射殺白馬將，而復還至其百騎中，解鞍，縱馬卧。時會暮，胡兵終怪之，弗敢擊。夜半，胡兵以爲漢有伏軍於傍欲夜取之，即引去。平旦，廣乃歸其大軍。後徙爲隴西、北地、雁門、雲中太守。隴西，郡，今甘肅臨洮縣。北地，郡，今甘肅環縣。雁門，郡，今察哈爾右玉縣。雲中，郡，今綏遠托克托縣。

武帝即位，左右言廣名將也，由是入爲未央衛尉，而程不識時亦爲長樂衛尉。程不識故與廣俱以邊太守將屯。及出擊胡，而廣行無部曲行陳，就善水草頓舍，人人自便，不擊(刀)〔刁〕斗自衛，莫府省文書，然亦遠斥候，未嘗遇害。程不識正部曲行伍營陳,擊(刀)〔刁〕斗,吏治軍簿至明,軍不得自便。不識曰:"李將軍極簡易,然虜卒犯之,無以禁;而其士亦佚樂,爲之死。我軍雖煩擾,虜亦不得犯我。"是時漢邊郡李廣、程不識爲名將,然匈奴畏廣,士卒多樂從,而苦程不識。不識孝景時以數直諫爲太中大夫,爲人廉,謹於文法。

後漢誘單于以馬邑城,使大軍伏馬邑傍,而廣爲驍騎將軍,屬護軍將軍。單于覺之,去,漢軍皆無功。後四歲,廣以衛尉爲將軍,出雁門擊匈奴。匈奴兵多,破廣軍,生得廣。單于素聞廣賢,令曰:"得李廣必生致之。"胡騎得廣,廣時傷,置兩馬間,絡而盛(之)卧。行十餘里,廣陽死,睨其傍有一兒騎善馬,暫騰而上胡兒馬,因抱兒鞭馬南馳數十里,得其餘軍。匈奴騎數百追之,廣行取兒弓射殺追騎,以故得脱。於是至漢,漢下廣吏。吏當廣亡失多,爲虜所生得,當斬,贖爲庶人。

數歲,與故潁陰侯屏居藍田南山中射獵。藍田,縣,今陝西藍田縣。嘗夜從一騎出,從人田間飲。還至亭,霸陵尉醉,霸陵,漢文帝陵,在今西安市東。呵止廣,廣騎曰:"故李將軍。"尉曰:"今將軍尚不得夜行,何故也!"宿廣亭下。居無何,匈奴入遼西,殺太守,敗韓將軍。韓將軍後徙居右北平,死。於是上乃召拜廣爲右北平太守。右北平,郡,今熱河平泉縣。廣請霸陵尉與俱,至軍而斬之,上書自陳謝罪。上報曰:"將軍者,國之爪牙也。《司馬法》曰:'登車不式,遭喪不服,振旅撫師,以征不服;率三軍之心,同戰士之力,故怒形則千里竦,威振則萬物伏;是以名聲暴於夷貉,威棱憺乎鄰國。'夫報忿除害,捐殘去殺,朕之所圖於將軍也;若乃免冠徒跣,稽顙請罪,豈朕之指哉!將軍其率師東轅,彌節白檀,白檀,在今熱河承德縣西。以臨右北平盛秋。"廣在郡,匈奴號曰"漢飛將軍",避之,數歲不入界。

廣出獵,見草中石,以爲虎而射之,中石没矢,視之,石也。他日射之,終不能入矣。廣所居郡聞有虎,常自射之。及居右北平射虎,虎騰傷廣,廣亦射殺之。

石建卒,上召廣代爲郎中令。元朔六年,廣復爲將軍,從大將軍出定襄。定襄,郡,今綏遠和林格爾縣。諸將多中首虜率爲侯者,而廣軍無功。後三歲,廣以郎中令將四千騎出右北平,博望侯張騫將萬騎與廣俱,異道。行數百里,匈奴左賢王將四萬騎圍廣,廣軍士皆恐,廣乃使其子敢往馳之。敢從數十騎直貫胡騎,出其左右而還,報廣曰:"胡虜易與耳。"軍士乃安。爲圜陳外鄉,胡急擊,矢下如雨。漢兵死者過半,漢矢且盡。廣乃令持滿毋發,而廣身自以大黄射其裨將,殺數人,胡虜益解。會暮,吏士無人色,而廣意氣自如,益治軍。軍中服其勇也。明日,復力戰,而博望侯軍亦至,匈奴乃解去。漢軍罷,弗能追。是時廣軍幾没,罷歸。漢法,博望侯後期,當死,贖爲庶人。廣軍自當,亡賞。

初,廣與從弟李蔡俱爲郎,事文帝。景帝時,蔡積功至二千石。武帝元朔中,爲輕車將軍,從大將軍擊右賢王,有功中率,封爲樂安侯。元狩二年,代公孫弘爲丞相。蔡爲人在下中,名聲出廣下遠甚,然廣不得爵邑,官不過九卿。廣之軍吏及士卒或取封侯。廣與望氣王朔語云:"自漢擊匈奴,廣未嘗不在其中,而諸妄校尉已下,材能不及中,以軍功取侯者數十人。廣不爲後人,然終無尺寸功以得封邑者,何也? 豈吾相不當侯邪?"朔曰:"將軍自念,豈嘗有恨者乎?"廣曰:"吾爲隴西守,羌嘗反,吾誘降者八百餘人,詐而同日殺之,至今恨獨此耳。"朔曰:"禍莫大於殺已降,此乃將軍所以不得侯者也。"

廣歷七郡太守,前後四十餘年,得賞賜,輒分其戲下,飲食與士卒共之。家無餘財,終不言生産事。爲人長,爰臂,其善射亦天性,雖子孫他人學者莫能及。廣呐口少言,與人居,則畫地爲軍陳,射闊狹以飲。專以射爲戲。將兵乏絶處見水,士卒不盡飲,不近水,不盡餐,不嘗食。寬緩不苛,士以此愛樂爲用。其射,見敵,非在數十步之内,度不中不發,發即應弦而倒。用此,其將數困辱，及射猛獸，亦數爲所傷云。

元狩四年，大將軍票騎將軍大擊匈奴，廣數自請行。上以爲老，不許；良久乃許之，以爲前將軍。

大將軍青出塞，捕虜知單于所居，乃自以精兵走之，而令廣併於右將軍軍，出東道。東道少回遠，大軍行，水草少，其勢不屯行。廣辭曰："臣部爲前將軍，今大將軍乃徙臣出東道，且臣結髮而與匈奴戰，乃今一得當單于，臣願居前，先死單于。"大將軍陰受上指，以爲李廣數奇，毋令當單于，恐不得所欲。是時公孫敖新失侯，爲中將軍，大將軍亦欲使敖與俱當單于，故徙廣。廣知之，固辭。大將軍弗聽，令長史封書與廣之莫府，曰："急詣部，如書。"廣不謝大將軍而起行，意象慍怒而就部，引兵與右將軍食其合軍出東道。惑失道，後大將軍。大將軍與單于接戰，單于遁走，弗能得而還。南絶幕，乃遇兩將軍。廣已見大將軍，還入軍。大將軍使長史持糒醪遺廣，因問廣、食其失道狀，曰："青欲上書報天子失軍曲折。"廣未對。大將軍長史急責廣之莫府上簿。廣曰："諸校尉亡罪，乃我自失道。吾今自上簿。"

至莫府，謂其麾下曰："廣結髮與匈奴大小七十餘戰，今幸從大將軍出接單于兵，而大將軍徙廣部行回遠，又迷失道，豈非天哉！且廣年六十餘，終不能復對刀筆之吏矣！"遂引刀自剄。百姓聞之，知與不知，老壯皆爲垂泣。而右將軍獨下吏，當死，贖爲庶人。

廣三子，曰當户、椒、敢，皆爲郎。上與韓嫣戲，嫣少不遜，當户擊嫣，嫣走，於是上以爲能。當户蚤死，乃拜椒爲代郡太守，代郡，今察哈爾蔚縣東北。皆先廣死。廣死軍中時，敢從票騎將軍。廣死明年，李蔡以丞相坐詔賜冢地陽陵景帝陵，在今陝西咸陽東。當得二十畝，蔡盗取三頃，頗賣得四十餘萬，又盗取神道外壖地一畝葬其中，當下獄，自殺。敢以校尉從票騎將軍擊胡左賢王，力戰，奪左賢王旗鼓，斬首多，賜爵關内侯，食邑二百户，代廣爲郎中令。頃之,怨大將軍青之恨其父,乃擊傷大將軍,大將軍匿諱之。居無何,敢從上雍,雍,縣,今陝西鳳翔縣南。至甘泉宫獵,票騎將軍去病怨敢傷青,射殺敢。去病時方貴幸,上爲諱,云鹿觸殺之。居歲餘,去病死。

敢有女爲太子中人,愛幸。敢男禹有寵於太子,然好利,亦有勇。嘗與侍中貴人飲,侵陵之,莫敢應。後愬之上,上召禹,使刺虎,縣下圈中,未至地,有詔引出之。禹從落中以劍斫絶累,欲刺虎。上壯之,遂救止焉。而當户有遺腹子陵,將兵擊胡,兵敗,降匈奴。後人告禹謀欲亡從陵,下吏死。

陵字少卿,少爲侍中建章監。善騎射,愛人,謙讓下士,甚得名譽。武帝以爲有廣之風,使將八百騎,深入匈奴二千餘里,過居延視地形,不見虜,還。拜爲騎都尉,將勇敢五千人,教射酒泉、張掖以備胡。酒泉,郡,今甘肅酒泉。張掖,郡,今甘肅張掖。數年,漢遣貳師將軍伐大宛,使陵將五校兵隨後。行至塞,會貳師還。上賜陵書,陵留吏士,與輕騎五百出敦煌,至鹽水,迎貳師還,復留屯張掖。

天漢二年,貳師將三萬騎出酒泉,擊右賢王於天山。召陵,欲使爲貳師將輜重。陵召見武臺,叩頭自請曰:"臣所將屯邊者,皆荆楚勇士奇材劍客也,力扼虎,射命中,願得自當一隊,到蘭干山南以分單于兵,毋令專鄉貳師軍。"上曰:"將惡相屬邪!吾發軍多,毋騎予女。"陵對:"無所事騎,臣願以少擊衆,步兵五千人涉單于庭。"上壯而許之,因詔彊弩都尉路博德將兵半道迎陵軍。博德故伏波將軍,亦羞爲陵後距,奏言:"方秋匈奴馬肥,未可與戰,臣願留陵至春,俱將酒泉、張掖騎各五千人並擊東西浚稽,可必禽也。"書奏,上怒,疑陵悔不欲出而教博德上書,乃詔博德:"吾欲予李陵騎,云'欲以少擊衆'。今虜入西河,其引兵走西河,遮鉤營之道。"詔陵:"以九月發,出遮虜鄣,至東浚稽山南龍勒水上,徘徊觀虜,即亡所見,從浞野侯趙破奴故道抵受降城休士,受降城,在綏遠烏拉特旗之北。因騎置以聞。所與博德言者云何?具以書對。”陵於是將其步卒五千人出居延,北行三十日,至浚稽山止營,舉圖所過山川地形,使麾下騎陳步樂還以聞。步樂召見,道陵將率得士死力,上甚説,拜步樂爲郎。

陵至浚稽山,與單于相直,騎可三萬圍陵軍。軍居兩山間,以大車爲營。陵引士出營外爲陳,前行持戟盾,後行持弓弩,令曰:“聞鼓聲而縱,聞金聲而止。”虜見漢軍少,直前就營。陵搏戰攻之,千弩俱發,應弦而倒。虜還走上山,漢軍追擊,殺數千人。單于大驚,召左右地兵八萬餘騎攻陵。陵且戰且引,南行數日,抵山谷中。連戰,士卒中矢傷,三創者載輂,兩創者將車,一創者持兵戰。陵曰:“吾士氣少衰而鼓不起者,何也?軍中豈有女子乎?”始軍出時,關東羣盜妻子徙邊者隨軍爲卒妻婦,大匿車中。陵搜得,皆劍斬之。明日復戰,斬首三千餘級。引兵東南,循故龍城道行,四五日,抵大澤葭葦中,虜從上風縱火,陵亦令軍中縱火以自救。南行至山下,單于在南山上,使其子將騎擊陵。陵軍步鬥樹木間,復殺數千人,因發連弩射單于,單于下走。是日捕得虜,言:‘單于曰:‘此漢精兵,擊之不能下,日夜引吾南近塞,得毋有伏兵乎?’諸當户君長皆言‘單于自將數萬騎擊漢數千人不能滅,後無以復使邊臣,令漢益輕匈奴。復力戰山谷間,尚四五十里得平地,不能破,乃還。’”

是時陵軍益急,匈奴騎多,戰一日數十合,復傷殺虜二千餘人。虜不利,欲去,會陵軍候管敢爲校尉所辱,亡降匈奴,具言“陵軍無後救,射矢且盡,獨將軍麾下及成安侯校各八百人爲前行,以黄與白爲幟,當使精騎射之即破矣”。成安侯者,潁川人,父韓千秋,故濟南相,奮擊南越戰死,武帝封子延年爲侯,以校尉隨陵。單于得敢大喜,使騎並攻漢軍,疾呼曰:“李陵、韓延年趣降!”遂遮道急攻陵。陵居谷中,虜在山上,四面射,矢如雨下。漢軍南行,未至鞮汗山,一日五十萬矢皆盡,即棄車去。士尚三千餘人,徒斬車輻而持之,軍吏持尺刀,抵山入陿谷。單于遮其後,乘隅下壘石,士卒多死,不得行。昏後,陵便衣獨步出營,止左右:"毋隨我,丈夫一取單于耳!"良久,陵還,大息曰:"兵敗,死矣!"軍吏或曰:"將軍威震匈奴,天命不遂,後求道徑還歸,如浞野侯爲虜所得,後亡還,天子客遇之,況於將軍乎!"陵曰:"公止!吾不死,非壯士也。"於是盡斬旌旗,及珍寶埋地中,陵嘆曰:"復得數十矢,足以脱矣。今無兵復戰,天明坐受縛矣!各鳥獸散,猶有得脱歸報天子者。"令軍士人持二升糒,一半冰,期至遮虜鄣者相待。夜半時,擊鼓起士,鼓不鳴。陵與韓延年俱上馬,壯士從者十餘人。虜騎數千追之,韓延年戰死。陵曰:"無面目報陛下!"遂降。軍人分散,脱至塞者四百餘人。

陵敗處去塞百餘里,邊塞以聞。上欲陵死戰,召陵母及婦,使相者視之,無死喪色。後聞陵降,上怒甚。責問陳步樂,步樂自殺。羣臣皆罪陵,上以問太史令司馬遷,遷盛言:"陵事親孝,與士信,常奮不顧身以殉國家之急。其素所畜積也,有國士之風。今舉事一不幸,全軀保妻子之臣隨而媒櫱其短,誠可痛也!且陵提步卒不滿五千,深輮戎馬之地,抑數萬之師,虜救死扶傷不暇,悉舉引弓之民共攻圍之。轉鬥千里,矢盡道窮,士張空拳,冒白刃,北首爭死敵,得人之死力,雖古名將不過也。身雖陷敗,然其所摧敗亦足暴於天下。彼之不死,宜欲得當以報漢也。"初,上遣貳師大軍出,財令陵爲助兵,及陵與單于相值,而貳師功少。上以遷誣罔,欲沮貳師,爲陵游説,下遷腐刑。

久之,上悔陵無救,曰:"陵當發出塞,乃詔彊弩都尉令迎軍。坐預詔之,得令老將生奸詐。"乃遣使勞賜陵餘軍得脱者。

陵在匈奴歲餘,上遣因杅將軍公孫敖將兵深入匈奴迎陵。敖軍無功還,曰:"捕得生口,言李陵教單于爲兵以備漢軍,故臣無所得。"上聞,於是族陵家,母弟妻子皆伏誅。隴西士大夫以李氏爲愧。其後,漢遣使使匈奴,陵謂使者曰:"吾爲漢將步卒五千人横行匈奴,以亡救而敗,何負於漢而誅吾家?"使者曰:"漢聞李少卿教匈奴爲兵。"陵曰:"乃李緒,非我也。"李緒本漢塞外都尉,居奚侯城,匈奴攻之,緒降,而單于客遇緒,常坐陵上。陵痛其家以李緒而誅,使人刺殺緒。大閼氏欲殺陵,單于匿之北方,大閼氏死乃還。

單于壯陵,以女妻之,立爲右校王,衛律爲丁靈王,皆貴用事。衛律者,父本長水胡人,長水,水名,在藍田縣西北。漢有長水校尉,掌長水胡騎。律生長漢,善協律都尉李延年,延年薦言律使匈奴。使還,會延年家收,律懼並誅,亡還降匈奴。匈奴愛之,常在單于左右。陵居外,有大事,乃入議。

昭帝立,大將軍霍光、左將軍上官桀輔政,素與陵善,遣陵故人隴西任立政等三人俱至匈奴招陵。立政等至,單于置酒賜漢使者,李陵、衛律皆侍坐。立政等見陵,未得私語,即目視陵,而數數自循其刀環,握其足,陰諭之,言可還歸漢也。後陵、律持牛酒勞漢使,博飲,兩人皆胡服椎結。立政大言曰:"漢已大赦,中國安樂,主上富於春秋,霍子孟、上官少叔用事。"以此言微動之。陵墨不應,孰視而自循其髮,答曰:"吾已胡服矣!"有頃,律起更衣,立政曰:"咄,少卿良苦! 霍子孟、上官少叔謝女。"陵曰:"霍與上官無恙乎?"立政曰:"請少卿來歸故鄉,毋憂富貴。"陵字立政曰:"少公,歸易耳,恐再辱,奈何!"語未卒,衛律還,頗聞余語,曰:"李少卿賢者,不獨居一國。范蠡徧遊天下,由余去戎入秦,今何語之親也!"因罷去。立政隨謂陵曰:"亦有意乎?"陵曰:"丈夫不能再辱。"

陵在匈奴二十餘年,元平元年病死。

蘇建,杜陵人也,以校尉從大將軍青擊匈奴,封平陵侯。以將軍築朔方。後以衛尉爲游擊將軍,從大將軍出朔方。後一歲,以右將軍再從大將軍出定襄,亡翕侯,失軍當斬,贖爲庶人。其後爲代郡太守,卒官。有三子:嘉爲奉車都尉,賢爲騎都尉,中子武最知名。

武字子卿，少以父任，兄弟並爲郎，稍遷至移中厩監。時漢連伐胡，數通使相窺觀，匈奴留漢使郭吉、路充國等，前後十餘輩。匈奴使來，漢亦留之以相當。天漢元年，且鞮侯單于初立，恐漢襲之，乃曰："漢天子我丈人行也。"盡歸漢使路充國等。武帝嘉其義，乃遣武以中郎將使持節送匈奴使留在漢者，因厚(輅)〔賂〕單于，答其善意。武與副中郎將張勝及假吏常惠等募士斥候百餘人俱。既至匈奴，置幣遺單于。單于益驕，非漢所望也。

方欲發使送武等，會緱王與長水虞常等謀反匈奴中。緱王者，昆邪王姊子也，與昆邪王俱降漢，後隨浞野侯没胡中。及衛律所將降者，陰相與謀劫單于母閼氏歸漢。會武等至匈奴，虞常在漢時素與副張勝相知，私候勝曰："聞漢天子甚怨衛律，常能爲漢伏弩射殺之。吾母與弟在漢，幸蒙其賞賜。"張勝許之，以貨物與常。後月餘，單于出獵，獨閼氏子弟在。虞常等七十餘人欲發，其一人夜亡，告之。單于子弟發兵與戰。緱王等皆死，虞常生得。

單于使衛律治其事。張勝聞之，恐前語發，以狀語武。武曰："事如此，此必及我。見犯乃死，重負國。"欲自殺，勝、惠共止之。虞常果引張勝。單于怒，召諸貴人議，欲殺漢使者。左伊秩訾曰："即謀單于，何以復加？宜皆降之。"單于使衛律召武受辭，武謂惠等："屈節辱命，雖生，何面目以歸漢！"引佩刀自刺。衛律驚，自抱持武，馳召毉。鑿地爲坎，置煴火，覆武其上，蹈其背以出血。武氣絶，半日復息。惠等哭，輿歸營。單于壯其節，朝夕遣人候問武，而收繫張勝。

武益愈，單于使使曉武。會論虞常，欲因此時降武。劍斬虞常已，律曰："漢使張勝謀殺單于近臣，當死，單于募降者赦罪。"舉劍欲擊之，勝請降。律謂武曰："副有罪，當相坐。"武曰："本無謀，又非親屬，何謂相坐？"復舉劍擬之，武不動。律曰："蘇君，律前負漢歸匈奴,幸蒙大恩,賜號稱王,擁衆數萬,馬畜彌山,富貴如此。蘇君今日降,明日復然。空以身膏草野,誰復知之!”武不應。律曰:“君因我降,與君爲兄弟,今不聽吾計,後雖欲復見我,尚可得乎?”武罵律曰:“女爲人臣子,不顧恩義,畔主背親,爲降虜於蠻夷,何以女爲見?且單于信女,使決人死生,不平心持正,反欲鬥兩主,觀禍敗。南越殺漢使者,屠爲九郡;宛王殺漢使者,頭縣北闕,朝鮮殺漢使者,即時誅滅。獨匈奴未耳。若知我不降明,欲令兩國相攻,匈奴之禍從我始矣。”

律知武終不可脅,白單于。單于愈益欲降之,乃幽武置大窖中,絶不飲食。天雨雪,武卧齧雪與旃毛並咽之,數日不死,匈奴以爲神。乃徙武北海上無人處,使牧羝,羝乳乃得歸。别其官屬常惠等,各置他所。

武既至海上,廩食不至,掘野鼠去中實而食之。杖漢節牧羊,卧起操持,節旄盡落。積五六年,單于弟於靬王弋射海上。武能網紡繳,檠弓弩,於靬王愛之,給其衣食。三歲餘,王病,賜武馬畜服匿穹廬。王死後,人衆徙去。其冬,丁令盜武牛羊,武復窮厄。

初,武與李陵俱爲侍中,武使匈奴明年,陵降,不敢求武。久之,單于使陵至海上,爲武置酒設樂,因謂武曰:“單于聞陵與子卿素厚。故使陵來説足下,虚心欲相待。終不得歸漢,空自苦亡人之地,信義安所見乎?前長君爲奉車,從至雍棫陽宫,扶輦下除,觸柱折轅,劾大不敬,伏劍自刎,賜錢二百萬以葬。孺卿從祠河東后土,宦騎與黄門駙馬争船,推墮駙馬河中溺死,宦騎亡,詔使孺卿逐捕不得,惶恐飲藥而死。來時,大夫人已不幸,陵送葬至陽陵。子卿婦年少,聞已更嫁矣。獨有女弟二人,兩女一男,今復十餘年,存亡不可知。人生如朝露,何久自苦如此!陵始降時,忽忽如狂,自痛負漢,加以老母繫保宫,子卿不欲降,何以過陵?且陛下春秋高,法令亡常,大臣亡罪夷滅者數十家,安危不可知,子卿尚復誰爲乎?願聽陵計,勿復有云。"武曰:"武父子亡功德,皆爲陛下所成就,位列將,爵通侯,兄弟親近,常願肝腦塗地。今得殺身自效,雖蒙斧鉞湯鑊,誠甘樂之。臣事君,猶子事父也,子爲父死亡所恨。願勿復再言。"陵與武飲數日,復曰:"子卿壹聽陵言。"武曰:"自分已死久矣!王必欲降武,請畢今日之驩,效死於前!"陵見其至誠,喟然嘆曰:"嗟乎,義士!陵與衛律之罪上通於天。"因泣下霑衿,與武決去。

陵惡自賜武,使其妻賜武牛羊數十頭。後陵復至北海上,語武:"區脱捕得雲中生口,言太守以下吏民皆白服,曰上崩。"武聞之,南鄉號哭,歐血,旦夕臨。

數月,昭帝即位。數年,匈奴與漢和親。漢求武等,匈奴詭言武死。後漢使復至匈奴,常惠請其守者與俱,得夜見漢使,具自陳道。教使者謂單于,言天子射上林中,得雁,足有繫帛書,言武等在某澤中。使者大喜,如惠語以讓單于。單于視左右而驚,謝漢使曰:"武等實在。"於是李陵置酒賀武曰:"今足下還歸,揚名於匈奴,功顯於漢室,雖古竹帛所載,丹青所畫,何以過子卿!陵雖駑怯,令漢且貰陵罪,全其老母,使得奮大辱之積志,庶幾乎曹柯之盟,此陵宿昔之所不忘也。收族陵家,爲世大戮,陵尚復何顧乎?已矣!令子卿知吾心耳。異域之人,壹别長絶!"陵起舞,歌曰:"徑萬里兮度沙幕,爲君將兮奮匈奴。路窮絶兮矢刃摧,士衆滅兮名已隤。老母已死,雖欲報恩將安歸!"陵泣下數行,因與武決。單于召會武官屬,前以降及物故,凡隨武還者九人。"

武以(元始)〔始元〕六年春至京師。詔武奉一太牢謁武帝園廟,拜爲典屬國,秩中二千石,賜錢二百萬,公田二頃,宅一區。常惠、徐聖、趙終根皆拜爲中郎,賜帛各二百匹。其餘六人老歸家,賜錢人十萬,復終身。常惠後至右將軍,封列侯,自有傳。武留匈奴凡十九歲,始以彊壯出,及還,須髮盡白。

武來歸明年,上官桀子安與桑弘羊及燕王、蓋主謀反。武子男元與安有謀,坐死。

初桀、安與大將軍霍光争權,數疏光過失予燕王,令上書告之。又言蘇武使匈奴二十年不降,還乃爲典屬國,大將軍長史無功勞,爲搜粟都尉,光顓權自恣。及燕王等反誅,窮治黨與,武素與桀、弘羊有舊,數爲燕王所訟,子又在謀中,廷尉奏請逮捕武。霍光寢其奏,免武官。

數年,昭帝崩,武以故二千石與計謀立宣帝,賜爵關内侯,食邑三百户。久之,衛將軍張安世薦武明習故事,奉使不辱命,先帝以爲遺言。宣帝即時召武待詔宦者署,數進見,復爲右曹典屬國。以武著節老臣,令朝朔望,號稱祭酒,甚優寵之。

武所得賞賜,盡以施予昆弟故人,家不餘財。皇后父平恩侯、帝舅平昌侯、樂昌侯、車騎將軍韓增、丞相魏相、御史大夫丙吉皆敬重武。武年老,子前坐事死,上閔之,問左右:"武在匈奴久,豈有子乎?"武因平恩侯自白:"前發匈奴時,胡婦適産一子通國,有聲問來,願因使者致金帛贖之。"上許焉。後通國隨使者至,上以爲郎。又以武弟子爲右曹。武年八十餘,神爵二年病卒。

甘露三年,單于始入朝。上思股肱之美,乃圖畫其人於麒麟閣,法其形貌,署其官爵姓名。唯霍光不名,曰大司馬大將軍博陸侯姓霍氏,次曰衛將軍富平侯張安世,次曰車騎將軍龍頟侯韓增,次曰後將軍營平侯趙充國,次曰丞相高平侯魏相,次曰丞相博陽侯丙吉,次曰御史大夫建平侯杜延年,次曰宗正陽城侯劉德,次曰少府梁丘賀,次曰太子太傅蕭望之,次曰典屬國蘇武。皆有功德,知名當世,是以表而揚之,明著中興輔佐,列於方叔、召虎、仲山甫焉。凡十一人,皆有傳。自丞相黄霸、廷尉於定國、大司農朱邑、京兆尹張敞、右扶風尹翁歸及儒者夏侯勝等,皆以善終,著名宣帝之世,然不得列於名臣之圖,以此知其選矣。

贊曰：李將軍悛悛如鄙人，口不能出辭，及死之日，天下知與不知皆爲流涕，知與不知，猶今言識與不識。彼其中心誠信於士大夫也。諺曰："桃李不言，下自成蹊。"此言雖小，可以喻大。然三代之將，道家所忌，自廣至陵，遂亡其宗，哀哉！孔子稱"志士仁人，有殺身以成仁，無求生以害仁"，"使於四方，不辱君命"，蘇武有之矣。

此篇爲史籍文字之佳者。凡治史，不宜偏重文學。以史學貴於真實，從事文學者，加以描寫，即有意漏略亦然。往往使事實失真故也。但因注重文學，而犧牲事實之真實性不可，若其事本可歌可泣，足以感動人，而如實傳述之，則不惟無損於史學，且必須如此，乃爲能盡作史之責也。史籍文字之佳者，自當首推《史》、《漢》。《史記》敘事之佳，首推《魏其武安侯列傳》，《漢書》則此篇是也。因爲時間所限，但講此一篇。此篇敘事最佳者，爲後半述李陵、蘇武處。前半敘李廣事，大體沿襲《史記》，在《史》、《漢》文字中，不爲最佳，但示《史》、《漢》異同之例，故並講之。

所謂《史》、《漢》字句異同者，非謂《漢書》對於《史記》所敘之事，有所增、删、改。若其如此，自是史事異同問題，非文字異同問題也。如此篇李廣傳中，載廣在右北平時，漢武帝報廣之詔，即在《史記》所無，此乃《漢書》别有據以補之，自無疑義。所謂字句異同者，於事實並無增删改，但於字句有之，此將《史》、《漢》相校，隨處可見。以大體言之，皆《史記》字多句長，而《漢書》將其節去。普通之説，恆謂作《漢書》者有意將《史記》字句節減，以求簡勁。此乃妄説。文人之見，不可以讀史也。讀古書當先通古書義例，乃爲正當方法。古書通例，對於前人文字，皆不加以改易。照本謄寫，此爲原則，而有所改易，則爲例外。

此例隨處可見，如《史通》呰《漢書·陳勝傳》，不改《史記》"至今血食"之文，特其最顯著者耳。然則《漢書》何以恆將《史記》字句删節乎？此蓋鈔録時所爲？一字一句不可出入，此乃後世考據漸精之結果,古人則不甚知此,無論自謄寫,或請人代寫,以爲與意義無關,即皆隨手删節。此風甚爲普遍,且久而未已。如《史通·點煩篇》照録《史記》原文,以與今本校勘,其虚字較今更多。可見自唐開元至《史記》刻板時,鈔録者又有删節矣。大抵書經傳鈔之次數愈多,則其被删節愈甚。自隋以前,《漢書》之通行,遠較《史記》爲廣,漢代部分《漢書》固較《史記》爲詳備,自秦以前,則其時通行者,爲皇甫謐之《帝王世紀》,譙周之《古史考》次之,《史記》又次之,故其被删節,亦較《史記》爲甚也。此例甚要,讀一切古書,皆宜知之,故於此發其凡。

删節字句,有時於意義無礙,有時則不然。如《李廣傳》,《史記》之"不敢擊我",《漢書》改爲"不我擊",此特圖省寫一字,將漢時通俗語法,改成古語耳,於意義尚無甚出入也。如"廣家世世受射",《漢書》删去"家"字。"廣令曰:前。前,未到匈奴陳二里所,止。"《漢書》節去一"前"字。上"前"字爲廣之令,下"前"字則受令者之前行。"然匈奴畏李廣之略",《漢書》删"李"字、"之略"字。"李"可删,"之略"字不可删。"與故潁陰侯孫",《漢書》删"孫"字。"博望侯留遲後期,當死。"《漢書》删"留遲"字。"與右將軍食其合軍,出東道。軍無導,惑失道。"《漢書》删"軍無導"三字。即皆不妥,故昔人謂"與其過而廢之,無寧過而存之"也。又《史記》:"廣暫騰而上胡兒馬。因推墮兒,取其弓,鞭馬南馳。數十里,復得其餘軍。""推墮兒,取其弓",《漢書》作"抱兒",似乎有意改易。然徐廣謂《史記》之别一本,亦作"抱兒",則《漢書》所據之本與今本異,非有意改易也。

凡讀史,當從多方面領略。史籍實隨吾人所欲研究,而供給吾人以無限之材料。如此篇,李廣、李陵,皆可見封建時代武士之性質。其不愛財利,與士卒同甘苦,謙讓下士,自爲其光明面,然殺降則爲其黑暗面。李陵之兵彊矣,然以步卒五千涉單于庭,則爲輕視士卒之生命以要功,非古者"可殺而不可使擊不勝"之義也。且略關東徙邊者之妻,匿之車中而偕行,尤可見其軍紀之壞,此等兵,果可用之以克敵乎?即能克敵,國内多聚此等兵,能無他患乎?觀此篇王朔之語,又謂三代之將,道家所忌,即可見時人對於武士之反對也。李廣甚重侯封,其愚已不可及。然蘇武,徒以父子爲漢武所成就,而甘心爲之效死,不復問是非善惡,其愚亦無異於廣也。廣既爲衛青所害,敢又爲霍去病所殺,而李陵仍願爲漢家效忠,其愚實更不可及。此等並可見封建時代士大夫之性質,此等性質,西漢時最濃厚,東漢時已大衰,魏晉後幾不可見矣。有之者,乃其個人之性質,非復社會之風氣。漢武帝欲事四夷,本無以衛青、霍去病爲大將之理,而用之,則以椒房之親故也。青衛皇后弟,去病青姊子。聽李陵以步卒涉單于庭,本非用兵之道。已又疑其中悔,終乃自悔墮路博德術中,純用手段,不以至誠待人。聞李陵敗,召相者視其母妻有無死傷之色,尤可見其迷信。責問陳步樂,致其自殺,則可見其暴虐。羣臣除一司馬遷外,皆罪李陵,豈無知其不然者? 皆爲積威所劫而面從也。此等人,可以事四夷乎? 漢武之事四夷實侵略多而防禦少。即不論此,當時國力之耗費甚大,與其成功,實不成正比例。使易一人而用兵,其成功與耗費之比例,必非如此。故漢武之武功,即站在侵略之立場上言之,亦無足稱也。當時之文治派,如夏侯勝及《漢書·西域傳》之作者等,本不站在侵略之立場上,故於漢武非議尤甚。李廣不肯對刀筆之吏,可見當時刀筆吏之酷。李陵軍敗,埋珍寶地中,可見當時行軍多賚珍寶充賞。左伊秩訾不肯殺漢使,謂即謀單于,何以復加? 可見野蠻人持法論事多有平心處。此僅略舉其例。要之,讀書可接觸之方面甚多。初讀時幾如山陰道上,應擴其胸襟以受之;久之宗旨既定,則或專取某方面,或專擷其菁英,而事跡皆在所吐棄,必有一途以自處矣。

《論衡·治期篇》

世謂古人君賢則道德施行,施行則功成治安;人君不肖則道德頓廢,頓廢則功敗治亂。古今論者,莫謂不然。何則? 見堯舜賢聖致太平,桀紂無道致亂得誅。如實論之,命期自然,非德化也。

吏百石以上若斗食以下,居位治民,爲政布教,教行與止,民治與亂,皆有命焉。或才高行潔,居位職廢;或智淺操洿,治民而立。上古之黜陟幽明,考功,據有功而加賞,案無功而施罰。是考命而長禄,非實才而厚能也。論者因考功之法,據效而定賢,則謂民治國安者,賢君之所致,民亂國危者,無道之所爲也。故危亂之變至,論者以責人君,歸罪於爲政不得其道。人君受以自責,愁神苦思,撼動形體,而危亂之變終不減除。空憒人君之心,使明知之主虛受之責,世論傳稱,使之然也。

夫賢君能治當安之民,不能化當亂之世。良醫能行其針藥,使方術驗者,遇未死之人,得未死之病也。如命窮病因,則雖扁鵲末如之何。夫命窮病困之不可治,猶夫亂民之不可安也。藥氣之愈病,猶教導之安民也。皆有命時,不可令勉力也。公伯寮訴子路於季孫,子服景伯以告孔子,孔子曰:"道之將行也與,命也! 道之將廢也與,命也!"由此言之,教之行廢,國之安危,皆在命時,非人力也。

夫世亂民逆,國之危殆災害,繫於上天,賢君之德不能消却。《詩》道周宣王遭大旱矣。《詩》曰:"周余黎民,靡有孑遺。"言無有孑遺一人不被害者。宣王賢者,嫌於德微,仁惠盛者,莫過堯湯,堯遭洪水,湯遭大旱。水旱,災害之甚者也,而二聖逢之。豈二聖政之所致哉? 天地歷數當然也。以堯湯之水旱,準百王之災害,非德所致。非德所致,則其福祐非德所爲也。

賢君之治國也,猶慈父之治家。慈父耐平教明令,耐,同能,同音假借字。耐使子孫皆爲孝善。子孫孝善,是家興也;百姓平安,是國昌也。昌必有衰,興必有廢。興昌非德所能成,然則衰廢非德所能敗也。昌衰興廢,皆天時也。此善惡之實,未言苦樂之效也。家安人樂,富饒財用足也。案富饒者命厚所致,非賢惠所獲也。人皆知富饒居安樂者命禄厚,而不知國安治化行者歷數吉也。故世治非賢聖之功,衰亂非無道之致。國當衰亂,賢聖不能盛;時當治,惡人不能亂。世之治亂,在時不在政;國之安危,在數不在教。賢不賢之君,明不明之政,無能損益。

世稱五帝之時,天下太平,家有十年之蓄,人有君子之行。或時不然,世增其美;亦(一有然字)或時政致。何以審之?夫世之所以爲亂者,不以賊盜衆多,兵革並起,民棄禮義,負畔其上乎?若此者,由穀食乏絶,不能忍饑寒。夫饑寒並至而能無爲非者寡,然則温飽並至而能不爲善者希。傳曰:"倉廪實,民知禮節;衣食足,民知榮辱。"讓生於有餘,争起於不足。穀足食多,禮義之心生;禮豐義重,平安之基立矣。故饑歲之春,不食親戚;穰歲之秋,召及四鄰。不食親戚,惡行也;召及四鄰,善義也。爲善惡之行,不在人質性,在於歲之饑穰。由此言之,禮義之行,在穀足也。

案穀成敗,自有年歲。年歲水旱,五穀不成,非政所致,時數然也。必謂水旱政治所致,不能爲政者莫過桀紂,桀紂之時,宜常水旱。案桀紂之時,無饑耗之災。災至自有數,或時返在聖君之世。實事者説堯之洪水,湯之大旱,皆有遭遇,非政惡之所致。説百王之害,獨謂爲惡之應,此見堯湯德優,百王劣也。審一足以見百,明惡足以照善。堯湯證百王,至百王遭變,非政所致。以變見而明禍福,五帝致太平,非德所就,明矣。

人之温病而死也,先有凶色見於面部。其病,遇邪氣也。其病不愈,至於身死,命壽訖也。國之亂亡,與此同驗。有變見於天地,猶人温病而死,色見於面部也。有水旱之災,猶人遇氣而病也。災禍不除,至於國亡,猶病不愈,至於身死也。論者謂變徵政治,賢人温病色凶,可謂操行所生乎?謂水旱者無道所致,賢者遭病,可謂無狀所得乎?謂亡者爲惡極,賢者身死,可謂罪重乎?夫賢人有被病而早死,惡人有完彊而老壽,人之病死,不在操行爲惡也。然則國之亂亡,不在政之是非。惡人完彊而老壽,非政平安而常存。由此言之,禍變不足以明惡,福瑞不足以表善,明矣。

在天之變,日月薄蝕,四十二月日一食,五十六月月亦一食。食有常數,不在政治。百變千災,皆同一狀,未必人君政教所致。歲害鳥帑,鳥帑,星次。周楚有禍;綝然之氣見,綝然,未詳。宋、衛、陳、鄭皆災。當此之時,六國政教,未必失誤也。歷陽之都,一夕沈而爲湖,當時歷陽長吏歷陽,今安徽和縣。未必誑妄也。成敗繫於天,吉凶制於時。人事未爲,天氣已見,非時而何! 五穀生地,一豐一耗;穀糴在市,一貴一賤。豐者未必賤,耗者未必貴。豐耗有歲,貴賤有時。時當貴,豐穀價增;時當賤,耗穀直減。夫穀之貴賤不在豐耗,猶國之治亂不在善惡。

賢君之立,偶在當治之世,德自明於上,民自善於下,世平民安,瑞祐並至,世則謂之賢君所致。無道之君,偶生於當亂之時,世擾俗亂,災害不絶,遂以破國亡身滅嗣,世皆謂之爲惡所致。若此,明於善惡之外形,不見禍福之内實也。禍福不在善惡,善惡之證不在禍福。長吏到官,未有所行,政教因前,無所改更,然而盗賊或多或寡,災害或無或有,夫何故哉? 長吏秩貴,當階平安以升遷,或命賤不任,當由危亂以貶詘也。以今之長吏,況古之國君,安危存亡,可得論也。

此篇爲昔人論事之有識者。《論衡》一書,持論精賅,不論在自然現象方面,或社會現象方面,均能破除迷信,誠爲極可寶貴之書,然今之論者,或以爲千古一人,或以爲並時無兩,則非也。不論何種思想,必無一人獨有之,而同時之人,絶無與之互相出入者。《後漢書·儒林傳》言: 趙曄著《詩細》,蔡邕見而嘆息,以爲勝於《論衡》。邕爲漢末大學者,其賞鑒必非偶然,足見並時人之思想,自有與充相類者也,特其説有傳有不傳耳。

中國人之思想，在自然現象方面，有一派在注重物質者，其源可上溯至古代之形法，《漢書・藝文志》論《數術略》中形法家之學曰："形人及六畜骨法之度數，器物之形容，以求其聲氣貴賤吉凶，猶律有長短，而各徵其聲，非有鬼神，數自然也。"此説否認形質之外，别有精神作用，實爲哲學中之唯物論，至社會現象方面，則最切實者爲法家，皆就事實觀察，極反對教條主義，試讀《韓非子》可見。王充乃兼具此兩種思想之人也。

所謂綜核名實者，謂就事實觀察，以判定通常稱某事爲某事之因，某事爲某事之果者，其間是否確有因果關係，以定其説之正確與不正確也，如以世之治亂，全決於人君行爲之善惡，其説自不正確，但爲從古流傳，衆人共信之説，故辭而辟之。

此從古流傳，衆人共信之説，果何自來乎？曰：當來自氏族時代，當時團體小，事務簡，各方面之利害，無甚衝突，凡事皆爲有計劃的，領導者措置之得失，其利害，自可及於全羣也。至於國家時代，則雖小，其勢已非復如此，愈大，則中央政府對社會之影響愈微薄矣。而數千年來，墨守此陳舊的教條而不改，以至論史者，論時事者，皆視政治之力量太大，遠超過其實際，此實謬見之亟當破除者，而王充在二世紀中，已能破除之，其識自可欽佩也。

得此篇之觀點，於讀史極有益。何者？向來議論，皆以世之治亂，原於君之賢愚，多失其實，得此篇之觀點，則可知其誣，而别求其真原因也。

或謂此篇視世之治亂，幾謂全由於運會，而人力絶無能爲，不亦太過乎？曰：此篇專爲辟俗論之謬而作，言之自不免稍過，但亦並無謂人力絶無能爲之意，不過必不能如世俗之不論分量，謂一有所爲，即能轉否爲泰耳。此固自明之理，不待説明也。

此篇爲漢人通俗文字，蓋係照口語抒寫，不加組織潤飾者，並不如加以組織潤飾者之有力量，此可見筆舌之間，不能無揆隔也。

《後漢書·黨錮列傳序》

孔子曰:"性相近也,習相遠也。"言嗜惡之本同,而遷染之涂異也。夫刻意則行不肆,牽物則其志流。是以聖人導人理性,裁抑宕佚,慎其所與,節其所偏,雖情品萬區,質文異數,至於陶物振俗,其道一也。叔末澆訛,王道陵缺,而猶假仁以效己,憑義以濟功。舉中於理,則彊梁褫氣;片言違正,則厮臺解情。蓋前哲之遺塵,有足求者。

霸德既衰,狙詐萌起。彊者以決勝爲雄,弱者以詐劣受屈。至有畫半策而綰萬金,開一説而錫琛瑞。或起徒步而仕執珪,解草衣以升卿相。士之飾巧馳辯,以要能釣利者,不期而景從矣。自是愛尚相奪,與時回變,其風不可留,其敝不能反。

及漢祖杖劍,武夫勃興,憲令寬賒,文禮簡闊,緒餘四豪之烈,人懷陵上之心,輕死重氣,怨惠必讎,令行私庭,權移匹庶,任俠之方,成其俗矣。自武帝以後,崇尚儒學,懷經協術,所在務會,至有石渠石渠閣名,前漢宣帝時,集諸儒講五經異同於此。分争之論,黨同伐異之説,守文之徒,盛於時矣。至王莽專僞,終於篡國,忠義之流,恥見纓紼,遂乃榮華丘壑,甘足枯槁。雖中興在運,漢德重開,而保身懷方,彌相慕襲,去就之節,重於時矣。逮桓靈之間,主荒政繆,國命委於閹寺,士子羞與爲伍,故匹夫抗憤,處士横議,遂乃激揚名聲,互相題拂,品核公卿,裁量執政,婞直之風,於斯行矣。

夫上好則下必甚,矯枉故直必過,其理然矣。若范滂、張儉之徒,清心忌惡,終陷黨議,不其然乎?

初,桓帝爲蠡吾侯,蠡吾,漢縣,今河北博望縣。受學於甘陵周福,甘陵故城,或云在河北清河縣境,或云在山東清平縣境。及即帝位,擢福爲尚書。時同郡河南尹房植有名當朝,鄉人爲之謡曰:"天下規矩房伯武,因師獲印周仲進。"矩與武,印與進爲韵,下天下模楷三語同。二家賓客,互相譏揣,遂各樹朋徒,漸成尤隙,由是甘陵有南北部,黨人之議,自此始矣。後汝南太守宗資任功曹范滂,南陽太守成瑨亦委功曹岑晊,二郡又爲謡曰:"汝南太守范孟博,南陽宗資主畫諾。南陽太守岑公孝,弘農成瑨但坐嘯。"因此流言轉入太學,諸生三萬餘人,郭林宗、賈偉節爲其冠,並與李膺、陳蕃、王暢更相褒重。學中語曰:"天下模楷李元禮,不畏彊禦陳仲舉,天下俊秀王叔茂。"又渤海公族進階、扶風魏齊卿,並危言深論,不隱豪彊。自公卿以下,莫不畏其貶議,屣履到門。

時河内張成善説風角,風角,一種占候之法。推占當赦,遂教子殺人。李膺爲河南尹,督促收捕,既而逢宥獲免,膺愈懷憤疾,竟案殺之。初,成以方伎交通宦官,帝亦頗誶其占。誶,問也。成弟子牢修因上書誣告膺等養太學游士,交結諸郡生徒,更相驅馳,共爲部黨,誹訕朝廷,疑亂風俗。於是天子震怒,班下郡國,逮捕黨人,布告天下,使同忿疾,遂收執膺等。其辭所連及陳寔之徒二百餘人,或有逃遁不獲,皆懸金購募。使者四出,相望於道。明年,尚書霍諝、城門校尉竇武並表爲請,帝意稍解,乃皆赦歸田里,禁錮終身。錮,謂終身不得仕,見《漢書·息夫躬傳》注。而黨人之名,猶書王府。

自是正直廢放,邪枉熾結,海内希風之流,遂共相標榜,指天下名士,爲之稱號。上曰"三君",次曰"八俊",次曰"八顧",次曰"八及",次曰"八厨",猶古之"八元"、"八凱"也。《左氏》云:昔高辛氏有才子八人,天下謂之八元;高陽氏有才子八人,天下謂之八凱。竇武、劉淑、陳蕃爲"三君"。君者,言一世之所宗也。李膺、荀翌、杜密、王暢、劉祐、魏朗、趙典、朱寓爲"八俊"。俊者,言人之英也。郭林宗、宗慈、巴肅、夏馥、范滂、尹勛、蔡衍、羊陟爲"八顧"。顧者,言能以德行引人者也。張儉、岑晊、劉表、陳翔、孔昱、苑康、檀(敷)

〔敷〕、翟超爲"八及"。及者,言其能導人追宗者也。度尚、張邈、王考、劉儒、胡母班、秦周、蕃嚮、王章爲"八厨"。厨者,言能以財救人者也。

又張儉鄉人朱並,承望中常侍侯覽意旨,上書告儉與同鄉二十四人別相署號,共爲部黨,圖危社稷。以儉及檀彬、褚鳳、張肅、薛蘭、馮禧、魏玄、徐乾爲"八俊",田林、張隱、劉表、薛郁、王訪、劉祇、宣靖、公緒恭爲"八顧",朱楷、田槃、疎耽、薛敦、宋布、唐龍、嬴咨、宣褒爲"八及",刻石立墠,共爲部黨,而儉爲之魁。靈帝詔刊章捕儉等。大長秋曹節因此諷有司奏捕前黨故司空虞放、太僕杜密、長樂少府李膺、司隸校尉朱寓、潁川太守巴肅、沛相荀翌、河内太守魏朗、山陽太守翟超、任城相劉儒、太尉掾范滂等百餘人,皆死獄中,餘或先殁不及,或亡命獲免,自此諸爲怨隙者,因相陷害,睚眦之忿,濫入黨中。又州郡承旨,或有未嘗交關,亦離禍毒。其死徙廢禁者,六七百人。

熹平五年,永昌太守曹鸞上書大訟黨人,言甚方切。帝省奏大怒,即詔司隸、益州檻車收鸞,送槐里獄掠殺之。於是又詔州郡更考黨人門生故吏父子兄弟,其在位者,免官禁錮,爰及五屬。五屬,《後漢書》注云:謂斬衰、齊衰、大功、小功、緦麻也。

光和二年,上禄上禄,漢縣,今甘肅成縣。長和海上言:"禮,從祖兄弟別居異財,恩義已輕,服屬疏末。而今黨人錮及五族,既乖典訓之文,有謬經常之法。"帝覽而悟之,黨錮自從祖以下,皆得解釋。

中平元年,黄巾賊起,中常侍吕彊言於帝曰:"黨錮久積,人情多怨。若久不赦宥,輕與張角合謀,爲變滋大,悔之無救。"帝懼其言,乃大赦黨人,誅徙之家皆歸故郡。其後黄巾遂盛,朝野崩離,綱紀文章蕩然矣。

凡黨事始自甘陵、汝南,成於李膺、張儉,海内塗炭,二十餘年,諸所蔓衍,皆天下善士。三君、八俊等三十五人,其名迹存者,並載乎篇。陳蕃、竇武、王暢、劉表、度尚、郭林宗别有傳。荀翌附祖《淑傳》。張邈附《吕布傳》。胡母班附《袁紹傳》。王考字文祖,東平壽張人,冀州刺史;秦周字平王,陳留平丘人,北海相;蕃嚮字嘉景,魯國人,郎中;王璋字伯儀,東萊曲城人,少府卿;位行並不顯。翟超,山陽太守,事在《陳蕃傳》,字及郡縣未詳。朱寓,沛人,與杜密等俱死獄中。唯趙典名見而已。

史家有將一種人之傳,類聚一處者,謂之類傳。儒林、文苑、貨殖等皆是也,黨錮亦其一。

黨錮之興與一時士大夫之風氣,關係甚大。此篇歷叙戰國以來風氣。始於游説,繼以任俠,繼以儒術,繼以隱居,而終至於互相品題,裁量人物,以見黨錮之根源,可謂卓識。

自起至"不其然乎"? 爲作者之議論,"初,靈帝爲蠡吾侯"以下,則叙事也。史家叙事,例用正式之散文,自古至今變遷不大,故史籍並無甚難解,其較難解者,一羼入散文未成熟以前之文字,如《史記·五帝本紀》、《夏本紀》同於《大戴禮記》及《尚書》是也。二爲散文既成熟後,走入歧途之駢文,如此篇前半即是也。然此等在史籍中,僅占一極小部分而已,故史籍實無甚難讀也。史籍用正式散文處,有時且甚爲通俗,往往夾入方俗語,此等在當時甚爲通俗,然其語未經後人沿用,則閲一時焉,反而成爲不可解,此等處亦間有之,然亦不多也。

《中論·譴交篇》(節録)

世之衰也,上無明天子,下無賢諸侯;君不識是非,臣不辨黑白;取士不由於鄉黨,考行不本於閥閲;多助者爲賢才,寡助者爲不肖;序爵聽無徵之論,班禄採方國之謡。民見其如此者,知富貴可以從衆爲也,知名譽可以虚嘩獲也,乃離其父兄,去其邑里;

不修道義,不治德行;講偶時之説,結比周之黨;汲汲皇皇,無日以處,更相歎揚,迭爲表裏,檮杌生華,憔悴布衣,以欺人主,惑宰相,竊選舉,盜榮寵者,不可勝數也。既獲者賢已而遂往,羨慕者並驅而追之,悠悠者是,孰能不然者乎?桓、靈之世,其盛者也,自公、卿、大夫、州牧、郡守,王事不恤,賓客爲務,冠蓋填門,儒服塞道;饑不暇飧,倦不獲已;殷殷沄沄,俾夜作晝,下及小司,列城墨綬,莫不相商以得人,自矜以下士,星言夙駕,送往迎來;亭傳常滿,吏卒傳問,炬火夜行,閽寺不閉,把臂捩腕,叩天矢誓,推託恩好,不較輕重,文書委於官曹,繫囚積於囹圄,而不遑省也。詳察其爲也,非欲憂國、恤民、謀道、講德也,徒營己、自私、求勢、逐利而已。

凡事皆有多方面,作史者恆但著其一方面,此由中國之作史者,不以意説,而但整齊舊文,所謂"惟恐其不出於人",此雖不能百分之百皆然,大體上係如此,去取或有不當,無所本而以意言之者無有也。是以如此,其意原使人當作一方面之話看,未嘗曰此爲至當不易之理,所以不申明之者,以此爲自明之理,亘於全部歷史皆然,不待言也。故訾史家所載之不實,以爲淆亂是非者,實多半爲誤會之辭也。凡事多僅傳一方面之辭,以社會情形,不可能各方面之人,皆有記載。如武訓之事,非經調查,則調查記中所載諸人之言,無寫出來之機會矣。即使數方面之人,皆有記載,亦未必皆能流傳故。然數方面之意見,同獲流傳者,亦聞有之,如《黨錮傳》中人物,反抗後漢之暴政,是其光明面,後書所著,偏重於此,而其合黨連羣,互相援引,或相排擠,則其黑暗面,當時議論,從此方面加以譴責者亦多,如《潛夫論》之《務本》、《賢難》、《考績》、《潛嘆》、《實貢》、《交際》,《抱朴子》之《審舉》、《交際》、《名實》、《漢過》,《中論》之《考僞》及此篇是也,此等處即宜合諸方面之辭參觀。

每一時代之中,人所作爲,必有合乎時代要求者,此可稱爲順動,亦必有反乎時代之所要求者,此可稱爲反動。人,很少能全合乎時代要求，亦甚少無事不違反時代要求者，故欲論定某爲順動之人，於是其所作爲，事事爲之辯護；某爲反動之人，於是其所作爲，事事加以貶斥；必多窒礙，此不妨隨事定之。若欲判定其人，則從其多者大者可也，如《黨錮傳》中人，其奔走運動，違道干譽，自爲劣點，然其反抗宦官，則大體上符合人民之要求，自不妨各如其事論之。每一階段各有其所長短，如小資産階級，有其進步性，亦有其動摇性，亦此理也。

昔人所作文字，無論詔令、奏議等有公文性質者，或私家著述，多可考見當時社會情形，及某一類事實之真相，必非史籍所能盡賅，然實爲治史最好資料，章實齋曾欲編爲"文徵"與史並行，實爲卓識，其實自古言文獻，獻即指此方面也。

《晉書·食貨志》(節録)

……

又制户調之式：丁男之户，歲輸絹三匹，綿三斤，女及次丁男爲户者半輸。其諸邊郡或三分之二，遠者三分之一。夷人輸賨布，户一匹，遠者或一丈。男子一人占田七十畝，女子三十畝。其外丁男課田五十畝，丁女二十畝，次丁男半之，女則不課。男女年十六已上至六十爲正丁，十五已下至十三、六十一已上至六十五爲次丁，十二已下六十六已上爲老小，不事。遠夷不課田者輸義米，户三斛，遠者五斗，極遠者輸算錢，人二十八文。其官品第一至於第九，各以貴賤占田，品第一者占五十頃，第二品四十五頃，第三品四十頃，第四品三十五頃，第五品三十頃，第六品二十五頃，第七品二十頃，第八品十五頃，第九品十頃。而又各以品之高卑蔭其親屬，多者及九族，少者三世。宗室、國賓、先賢之後及士人子孫亦如之。而又得蔭人以爲衣食客及佃客,品第六已上得衣食客三人,第七第八品二人,第九品及舉輦、跡禽、前驅、由基、彊弩、司馬、羽林郎、殿中冗從武賁、殿中武賁、持椎斧武騎武賁、持鈒冗從武賁、命中武賁武騎一人。其應有佃客者,官品第一第二者佃客無過五十户,第三品十户,第四品七户,第五品五户,第六品三户,第七品二户,第八品第九品一户。

正史由集衆修纂,起於唐人之修《晉書》。舊時論者,多貴獨修而賤衆纂,此亦有偏見。二者實各有短長,然材料日多,各方面之記載,内容日益精深,斷非一人之力所克集事,則勢之無可如何者也。故自唐以後,遂以衆纂爲原則,獨修爲例外。

昔人言《晉書》無足取,而志則突過前人,即由志之門類甚廣,一人不能兼通各種學問故也。讀《天文志》最可見。此即衆纂之長。

衆纂亦有所短。獨纂必深於史學,對所修之史,必更熱心,自不肯苟且。衆纂者則不能然,故往往潦草塞責。而彼此所修,不免複重,矛盾,尚其小焉者也。淺人每以爲既稱正史,作者必矜心作意,其實不然。集衆纂修之書,僅有隨意鈔掇、編排,絶未用心者。讀《舊唐書》、《舊五代史》、《宋史》、《元史》,最可見之。《晉書》中之《食貨志》,内容頗爲貧薄。此或限於材料。然如此節,"其外"二字,實承上歲輸而言,而於其中,夾入"男子一人占田七十畝,女子三十畝"十四字,遂使讀者誤會其時男子一人占田共百二十畝,女子共五十畝矣。試讀《通典》,則《食貨典·田制門》云:"男子一人占田七十畝,女子三十畝,其丁男課田五十畝,丁女二十畝,次丁男半之,女則不課。"而《晉志》之"丁男户歲輸絹三匹"至"遠者或一丈",則别入《賦稅門》。則絶無誤會矣。此即可見撰《晉志》者下筆時之不審慎也。此等措辭不審之處,舊史甚多。如《通鑑》與《舊唐書》,同本實録,核其文辭,《通鑑》大抵較《舊唐書》爲審諦,即其一例。故兩書所本者同,仍須互校。

《南齊書·竟陵文宣王子良傳》(節録)

……

升明三年,升明,宋順帝年號。升明三年,即齊高帝建元元年。爲使持節、都督會稽東陽臨海永嘉新安五郡、輔國將軍、會稽太守。宋世元嘉中,皆責成郡縣。孝武徵求急速,以郡縣遲緩,始遣臺使,晉宋間稱朝廷禁省曰臺,故謂其使爲臺使。自此公役勞擾。太祖踐阼,子良陳之曰:

"前臺使督逋切調,恆聞相望於道。及臣至郡,亦殊不疏。凡此輩使人,既非詳慎勤順,或貪險崎嶇,要求此役。朝辭禁門,情態即異;暮宿村縣,威福便行。但令朱鼓裁完,鈹槊微具,顧眄左右,叱咤自專。擿宗斷族,排輕斥重,脅遏津埭,土壩。恐喝傳郵。破崗水逆,破崗,瀆名,在今江蘇丹陽境。商旅半引,逼令到下,到同倒。先過己船。浙江風猛,公私畏渡,脱舫在前,驅令俱發。呵蹙行民,固其常理。侮折守宰,出變無窮。既瞻郭望境,便飛下嚴符,但稱行臺,未顯所督。先訶彊寺,却攝羣曹,開亭正榻,便振荆革。其次絳標寸紙,一日數至;徵村切里,俄刻十催。四鄉所召,莫辨枉直,孩老士庶,具令付獄。或尺布之逋,曲以當匹;百錢餘税,且增爲千。或詐應質作尚方,官署名,主作器物。寄繫東冶,縣名,今福建閩侯縣。萬姓駭迫,人不自固。遂漂衣敗力,竟致兼漿。值今夕酒諧肉飫,即許附申赦格;明日禮輕貨薄,便復不入恩科。筐貢微闕,(總)〔棰〕撻肆情,風塵毁謗,隨忿而發。及其狁蒜轉積,鵝栗漸盈,遠則分鬻他境,近則託貿吏民。反請郡邑,助民(由)〔申〕緩,回刺言臺,推信在所。如聞頃者令長守牧,離此每實,非復近歲。愚謂凡諸檢課,宜停遣使,密畿州郡,則指賜敕〔令〕,遥外鎮宰,明下條源,既各奉别旨,人競自罄。雖復臺使盈湊,會取正屬所〔辦〕,徒相疑債,反更淹懈。

"凡預衣冠,荷恩盛世,多以暗緩貽譽,少爲欺猾入罪。若類以宰牧乖政,則觸事難委,不容課逋上綱,上綱之綱,謂綱運。偏覺非才。但賒促差降,各限一期。如乃如乃猶若乃。事速應緩,自依違糾坐之。坐之〔之〕科,不必須重,但令必行,期在可肅。且兩裝之船,充擬千緒;三坊寡役,呼訂萬計。每一事之發,彌晨方辦,粗計近遠,率遣一部,職散人領,無減二十,舟船所資,皆復稱是。長江萬里,費固倍之。較略一年,脱得省者,息船優役,實爲不少。兼折奸減竊,遠近暫安。"

此魏晉南北朝時所謂"筆"也。當時之文,好用辭藻典故,筆則不然,且俗字俗語皆可用,故有關實用之作恆用之。但其語調仍近整齊而多對偶,與口語之調不合。故仍不甚適用。言語通行之廣狹,有從空間上言之,亦有從時間上言之。空間上或限於一地域,或則各處通行,時間上或限於一時代,或則古今沿用,其道一也。一時代之語,不必歷久通行,則閱一時焉而即覺其生疏,甚至於不可解。古書中往往有此等字句。讀者或以爲古,故不可解。實則在當時甚爲通俗,但閱一時焉而用者漸少,則後人即覺其生疏矣。故作文者用語謹嚴,盡量避免俗字俗語,不能避處則加注,亦有其益。因其能節制語彙之增加,縮短古今之距離也。

《魏書·序紀》(節録)

昔黄帝有子二十五人,或内列諸華,或外分荒服,昌意少子,受封北土,國有大鮮卑山,因以爲號。其後,世爲君長,統幽都之北,廣漠之野,畜牧遷徙,射獵爲業,淳樸爲俗,簡易爲化,不爲文字,刻木紀契而已,世事遠近,人相傳授,如史官之紀録焉。黄帝以土德王，北俗謂土爲託，謂後爲跋，故以爲氏。其裔始均，入仕堯世，逐女魃於弱水之北，民賴其勤，帝舜嘉之，命爲田祖。爰歷三代，以及秦漢，獯鬻、獫狁、山戎、匈奴之屬，累代殘暴，作害中州，而始均之裔，不交南夏，是以載籍無聞焉。

積六十七世，至成皇帝諱毛立。聰明武略，遠近所推，統國三十六，大姓九十九，威振北方，莫不率服。崩。

節皇帝諱貸立，崩。

莊皇帝諱觀立，崩。

明皇帝諱樓立，崩。

安皇帝諱越立，崩。

宣皇帝諱推寅立。南遷大澤，方千餘里，厥土昏冥沮洳。謀更南徙，未行而崩。

景皇帝諱利立，崩。

元皇帝諱俟立，崩。

和皇帝諱肆立，崩。

定皇帝諱機立，崩。

僖皇帝諱蓋立，崩。

威皇帝諱儈立，崩。

獻皇帝諱鄰立。時有神人言於國曰："此土荒遐，未足以建都邑，宜復徙居。"帝時年衰老，乃以位授子。

聖武皇帝諱詰汾。獻帝命南移，山谷高深，九難八阻，於是欲止。有神獸，其形似馬，其聲類牛，先行導引，歷年乃出。始居匈奴之故地。其遷徙策略，多出宣、獻二帝，故人並號曰"推寅"，蓋俗云"鑽研"之義。初，聖武帝嘗率數萬騎田於山澤，欻見輜軿，有衣之車，婦人所乘。自天而下。既至，見美婦人，侍衛甚盛。帝異而問之，對曰："我，天女也，受命相偶。"遂同寢宿。旦，請還，曰："明年周時，復會此處。"言終而别，去如風雨。及期，帝至先所田處，果復相見。天女以所生男授帝曰："此君之子也，善養視之,子孫相承,當世爲帝王。”語訖而去。予即始祖也。故時人諺曰:“詰汾皇帝無婦家,力微皇帝無舅家。”帝崩。

始祖神元皇帝諱力微立,生而英睿。

元年,歲在庚子。先是,西部内侵,國民離散,依於没鹿回部大人竇賓。始祖有雄杰之度,時人莫測。後與賓政西部,軍敗,失馬步走,始祖使人以所乘駿馬給之。賓歸,令其部内求與馬之人,當加重賞,始祖隱而不言。久之,賓乃知,大驚,將分國之半,以奉始祖,始祖不受,乃進其愛女。賓猶思報恩,固問所欲。始祖請率所部北居長川,在今綏遠興和縣境。賓乃敬從。積十數歲,德化大洽,諸舊部民,咸來歸附。

二十九年,賓臨終,戒其二子使謹奉始祖。其子不從,乃陰謀爲逆。始祖召殺之,盡併其衆,諸部大人,悉皆款服,控弦上馬二十餘萬。

三十九年,遷於定襄之盛樂。定襄,漢郡,治成樂,後漢移治善無。成樂,後漢曰盛樂,在今綏遠和林格爾境。夏四月,祭天,諸部君長皆來助祭,唯白部大人觀望不至,於是征而戮之,遠近肅然,莫不震懾。始祖乃告諸本人曰:“我歷觀前世匈奴,蹋頓之徒,苟貪財利,抄掠邊民,雖有所得,而其死傷不足相補,更招寇讎,百姓涂炭,非長計也。”於是與魏和親。

四十二年,遣子文帝如魏,且觀風土。魏景元二年也。

文皇帝諱沙漠汗,以國太子留洛陽,爲魏賓之冠、聘問交市,往來不絶,魏人奉遺金帛繒絮,歲以萬計。始祖與鄰國交接,篤信推誠,不爲倚伏以要一時之利,寬恕任真,而遐邇歸仰。魏晉禪代,和好仍密。始祖春秋已邁,帝以父老求歸,晉武帝具禮護送。

四十八年,帝至自晉。

五十六年,帝復如晉;其年冬,還國。晉遺帝錦、罽、繒、彩、綿、絹諸物,咸出豐厚,車牛百乘,行達并州,晉征北將軍衛瓘,以帝爲人雄異,恐爲後患,乃密啓晉帝,請留不遣,晉帝難於失言,不許。璀復請以金錦賂國之大人,令致間隙,使相危害。晉帝從之,遂留帝。於是國之執事及外部大人,皆受璀貨。

五十八年,方遣帝。始祖聞帝歸,大悦,使諸部大人詣陰館陰館,漢縣,在今山西代縣西北。迎之。酒酣,帝仰視飛鳥,謂諸大人曰:“我爲汝曹取之。”援彈飛丸,應弦而落。時國俗無彈,衆咸大驚,乃相謂曰:“太子風彩被服,同於南夏,兼奇術絶世,若繼國統,變易舊俗,吾等必不得志,不若在國諸子,習本淳樸。”咸以爲然。且離間素行,乃謀危害,並先馳還。始祖問曰:“我子既歷他國,進德何如?”皆對曰:“太子才藝非常,引空弓而落飛鳥,是似得晉人異法怪術,亂國害民之兆,惟願察之。”自帝在晉之後,諸子愛寵日進,始祖年逾期頤,頗有所惑,聞諸大人之語,意乃有疑。因曰:“不可容者,便當除之。”於是諸大人乃馳詣塞南,矯害帝。既而,始祖甚悔之。帝身長八尺,英姿瑰偉,在晉之日,朝士英俊多與親善,雅爲人物歸仰。後乃追謚焉。

其年,始祖不豫。烏丸王庫賢,親近任勢,先受衛璀之貨,故欲沮動諸部,因在庭中礪鉞斧,諸大人問欲何爲,答曰:“上恨汝曹讒殺太子,今欲盡收諸大人長子殺之。”大人皆信,各各散走。始祖尋崩。凡饗國五十八年,年一百四歲。太祖即位,尊爲始祖。

此外夷僞造歷史之例也。野蠻之族,與文明民族接,往往有之。如日本,如滿洲,皆其例也。研究此等民族之起源,轉恃他族之記載,由此。但愛惜歷史,爲人類之天性。故雖或造作,其中仍有真事實,讀此篇亦可見也。

此篇述魏之先世,六十七傳而至成帝毛,又五世至宣帝推寅,又七世至獻帝鄰,又兩世至聖武帝詰汾,凡八十一世。八十一者,九九之積也。自成帝至神元十五世,三與五之積也。統國三十六者,四面各九國也。大姓九十九,益已則爲百矣。數字有如是整齊巧合者乎?然成帝諱毛,毛,無也。又曰"詰汾皇帝無婦家,力微皇帝無舅家",已微示後人以其説之出於造作矣。宣獻二帝,人並號曰推寅,亦隱示人,並不知爲何人,但相傳有兩能用心鑽研者,相繼成遷徙之業耳。

云其中仍含真事實者。案《後漢書》:東胡爲匈奴所破,餘類分保烏丸、鮮卑二山,因以爲名。則鮮卑確居鮮卑山也。《魏書·烏洛侯傳》云:真君四年,來朝,稱其國西北有國家先世舊墟。烏洛侯西北有完水,東北流,合於難水,其地大小水,皆注於難,東入於海,又西北二十日行,有於已尼大水,所謂北海也。難水,今嫩江。完水,今額爾古訥河。北海,今貝加爾湖。於已尼蓋入湖之巨川。魏人先世,曾居黑龍江、貝加爾湖之間,其附近,固可有昏冥沮洳之地。魏人此一追憶,必不誣也。《晉書·武帝紀》:咸寧元年,六月,書鮮卑力微遣子來獻,三年,正月,書使衛瓘討力微。則始祖初非子虛烏有之流矣。稱此人爲始祖,亦見前此皆非真實世系也。始祖之四十二年,爲魏景元二年。據此上推,則其元年庚子,爲魏文帝黄初元年,正魏建國之歲。此説恐不足信。始祖年百有四歲,亦附會之辭耳。但五十六年遣子如晉,五十八年喪敗而死,則晉以紀證之。而年歲亦不誣矣。神元纂竇賓之業,亦見《魏書·神元皇后傳》,神元並手刃其妻。其爲人實極殘忍,序紀亦未嘗没其跡也。《隋書·長孫晟傳》:周時使於突厥,其可汗攝圖,命諸子弟貴人,皆相親友,冀昵近之,以學彈射。則北族確甚重中國之彈。鮮卑大人,見文帝工是技而驚異,亦必非虚語也。

《水經·葉榆水注》(節録)

交州外域記曰:"交趾昔未有郡縣之時,土地有雒田。其田從潮水上下,民墾食其田,因名爲雒民,設雒王雒侯,主諸郡縣,縣多爲雒將,雒將銅印青綬。後蜀王子將兵三萬,來討雒王雒侯,服諸雒將,蜀王子因稱爲安陽王。後南越王尉佗舉衆攻安陽王。安陽王有神人名皋通,下輔佐,爲安陽王治神弩一張,一發殺三百人。南越王知不可戰,却軍住武寧。按《晉太康記》,縣屬交趾。越遣太子名始,降伏安陽王,稱臣事之。安陽王不知通神人,遇之無道。通便去,語王曰:'能持此弩王天下,不能持此弩亡天下。'通去,安陽王有女,名曰媚珠,見始端正,珠與始交通。始問珠,令取父弩視之。始見弩便盜,以鋸截弩訖,便逃歸報南越王。南越進兵攻之。安陽王發弩,弩折遂敗。安陽王下船,徑出於海。今平道縣後王宮城,見有故墟。《晉太康地記》:縣屬交趾。越遂服諸雒將。"

中國疆域廣大,民族衆多,各地方之歷史傳説,亦應極多,惜存者殊少。所以然者?各地方文明程度不同,其程度較低者,不能著之竹帛,日久遂致湮没也。然其僅存者,則讀之殊有趣味,藉以考各地方開化情形,亦殊有裨益,如《吴越春秋》、《越絶書》、《華陽國志》等是也。此等各地方之傳説,及其確實可信之歷史,存於圖經中者必多,惜圖經亦多湮滅。近世之方志,即古之圖經,然多出後人纂輯,古代材料,留存者不多矣。然苟能精心採擷,其中可寶之材料,當仍不乏也。引用古代圖經最多者,在古書中,當推《水經注》。今故録此一節,以見其概。此一節乃南越征服南方民族之事,爲史所不載者也。雒,即自晉至唐所謂獠,亦即後漢時所謂哀牢,亦即近世犵狫,亦作猓狫者也。或曰:"明史謂暹羅本分暹與羅斛二國,後暹爲羅斛所併,乃稱暹羅,羅斛與哀牢,犵狫,亦屬同音異譯。暹則與古之蜀,漢世之叟及賨,同音異譯也。"

文明程度較低之處,對於興亡大事,往往以傳奇之形式出之,如此篇亦是也。其説似荒唐,然中實隱含史實。如此篇謂平道縣後有王宮城,則決不能以安陽王爲子虛,亡是之流。然則蜀人之服雒而王之,而南越又隨其後,亦必非虚語矣。特此等史料,皆當打一甚大之折扣,而後可用也。

顧炎武《日知録·部刺史、六條之外不察、隋以後刺史》(節録)

部刺史

漢武帝遣刺史周行郡國,省察治狀,黜陟能否,斷治冤獄,以六條問事:一條彊宗豪右,田宅逾制,以彊陵弱,以衆暴寡。二條二千石不奉詔書,倍公向私,旁詔牟利,侵漁百姓,聚斂爲奸。三條二千石不恤疑獄,風厲殺人,怒則任刑,喜則任賞,煩擾刻暴,剥削黎元,爲百姓所疾,山崩石裂,妖祥訛言。四條二千石選署不平,苟阿所愛,蔽賢寵頑。五條二千石子弟怙倚榮勢,請託所監。六條二千石違公下比,阿附豪彊,通行貨賂,割損政令。又令歲終得乘傳奏事,夫秩卑而命之尊,官小而權之重,此小大相制,内外相維之意也。(原注:《元城語録》:漢元封五年,初置刺史,部十三州,秋分行郡國,秩六百石而得按二千石不法,其權最重,秩卑則其人激昂,權重則能行志。王氏曰:刺史權重,而内隸於御史中丞,陳咸爲御史中丞,總領州郡奏事,課第諸刺史。薛宣爲御史中丞,執法殿中,外總部刺史,宣數言政事,便宜舉奏部刺史郡國二千石所貶退稱進,白黑分明是也。)本自秦時遣御史出監諸郡。《史記》言秦始皇分天下以爲三十六郡,郡置守、尉、監。蓋罷侯置守之初,而已設此制矣。(原注:《漢書·百官表》:監御史,秦官,掌監郡。漢省丞相,遣史分刺,州不常置。武帝元封五年初置部刺史,掌奉詔條察,州秩六百石,員十三人。)成帝末,翟方進、何武乃言:春秋之義,用貴治賤,不以卑臨尊,刺史位下大夫,而臨二千石,輕重不相準。請罷刺史,更置州牧，秩二千石。而朱博以漢家故事，置部刺史，秩卑而賞厚，咸勸功樂進，州牧秩真二千石，位次九卿。漢以太常、光禄勳、衛尉、太僕、廷尉、大鴻臚、宗正、大司農、少府爲九卿。九卿缺，以高第補，其中材，則苟自守而已。恐功效陵夷，奸軌不勝。於是罷州牧，復置刺史。（原注：《後漢書·劉焉傳》：靈帝政化衰缺，四方兵寇焉，以刺史咸輕，建議改爲牧伯，請選重臣，以居其任，從之。州任之重，自此而始。）劉昭之論，以爲刺史監糾非法，不過六條，傳車周流，匪有定鎮，秩裁六百，未生陵犯之釁。成帝改牧，其萌始大。（原注：唐戴叔倫《撫州刺史廳壁記》云：漢置十三部刺史，以察舉天下，非法通籍，殿中乘傳奏事，居靡定處，權不牧人。）合二者之言觀之，則州牧之設，中材僅循資自全，彊者至專權裂土。（原注：《新唐書》：李景伯爲太子右庶子，與太子舍人盧俌議，今天下諸州，分隸都督，專生殺刑賞，使授非其人，則權重釁生，非彊榦弱枝之誼，願罷都督，留御史，以時按察，秩卑任重，以制奸宄，便由是停都督。）然後知刺史六條，爲百代不易之良法，而今之監察御史，巡按地方，爲得古人之意矣。（原注：唐書監察御史，掌分察百寮，巡按州縣。）又其善者，在於一年一代，夫守令之官，不可以不久也。監臨之任，不可以久也。久則情親而弊生，望輕而法玩，故一年一代之制，又漢法之所不如，而察吏安民之效，已見於二三百年者也。（原注：唐李嶠請十州置御史一人，以周年爲限，使其親至屬縣，或入間里，督察奸訛，觀採風俗，此法正明代所行。）若夫倚勢作威，受賕不法，此特其人之不稱職耳。不以守、令之貪殘而廢郡縣，豈以巡方之濁亂而停御史乎？至於秩止七品，與漢六百石制同。《王制》：天子使其大夫爲三監，監於方伯之國，國三人。金華應氏曰：方伯者，天子所任，以總乎外者也。又有監以臨之。蓋方伯權重則易專，大夫位卑則不敢肆。此大小相維，内外相統之微意也。何病其輕重不相準乎？夫不達前人立法之意而輕議變更，未有不召亂而生事者，吾於成哀之際,見漢治之無具矣。

唐自太宗貞觀二十年,遣大理卿孫伏伽、黄門侍郎褚遂良等二十二人,以六條巡察四方,黜陟官吏。帝親自臨決,牧守已下,以賢能進擢者二十人,以罪死者七人,其流罪已下及免黜者數百人。已後頻遣使者,或名按察,或名巡撫,至玄宗天寶五載正月,命禮部尚書席豫等分道巡按天下風俗及黜陟官吏,此則巡按之名所由始也。

玄宗開元二十二年二月辛亥,置十道採訪處置使,詔曰:言念蒼生,心必編於天下,自古良牧,福猶潤於京師。所以歷選列城,聿求連率,豈徒刺察,將委輯寧。朝散大夫、檢校御史中丞、關内宣諭賑給使、上柱國盧絢等,任寄已深,聲實兼茂,咸貫通於理道,益純固於公心,或華髮不衰,或白圭無玷,可以軌儀郡國,康濟黎元。間歲已來,數州失稔,頗致流冗,能勿軫懷,而吏或不畏不仁,不安不便,誠須矯過,必在任賢,庶蠲疾苦之源,以協火中之義,若令行一道,利乃萬人,朕所設官,以俟能者。(原注:唐開元中,或請選擇守令,停採訪使,姚崇奏十道採訪,猶未盡得人,天下三百餘州縣,多數倍,安得守令皆稱其職。)

于文定于文定,名慎行,明人,文定其謚。《筆塵》曰:元時風憲之制,在内諸司有不法者,監察御史劾之,在外諸司有不法者,行臺御史劾之,即今在内道長,在外按臺之法也。惟所謂行臺御史者,竟隔行臺,歲以八月出巡,四月還治,乃長官差遣,非由朝命,其體輕矣。本朝御史總屬内臺,奉命出按,一歲而更,與漢遣刺史法同。唐宋以來皆不及也。(原注:唐中宗神龍二年,遣十道巡察使,詔二周年一替。韋忠謙言,御史一出,當動摇山嶽,震慴州縣,本朝多有其人。)

《金史·宗雄傳》:自熙宗時,遣使兼問吏治得失。世宗即位,凡數歲輒一遣黜陟之。故大定之間,郡縣吏皆奉法,百姓滋殖,號爲小康。章宗即位,置九路提刑使(原注:此即今按察使)。

六條之外不察

漢時,部刺史之職不過以六條察郡國而已,不當與守令事。(原注:《三國志》"司馬宣王報夏侯太初書"曰:秦時無刺史,但有郡守長吏,漢家雖有刺史,奉六條而已。故刺史稱傳車,其吏言從事,居無常治,吏不成臣,其後轉更爲官司耳。)故朱博爲冀州刺史,敕告吏民:欲言縣丞尉者,刺史不察,黄綬各自詣郡。鮑宣爲豫州牧,以聽訟所察過詔條被劾,而薛宣上疏言,吏多苛政,政教煩碎,大率咎在部刺史,或不循守條職舉錯,各以其意多與郡縣事。《翟方進傳》言:遷朔方刺史,居官不煩苛,所察應條輒舉。自刺史之職下侵而守令始不可爲,天下之事猶治絲而棼之矣。

《太祖實録》:洪武二十一年四月,諭按治江西監察御史花綸等,自今惟官吏貪墨鬻法及事重者,如律逮問,其細事毋得苛求。

隋以後刺史

秦置御史以監諸郡,漢省,丞相遣史分刺州,不常置。武帝元封五年,初置十三州刺史各一人。魏晉以下,爲刺史持節都督。(原注:《魏志》言:自漢季以來,刺史總統諸郡賦政於外,非若曩時司察之任而已。漢時止十三州,至梁時南方一偏之地,遂置一百七州。)隋文帝開皇三年,罷郡,以州統縣。(原注:杜氏《通典》曰:以州治民,職同郡守,無復刺舉之任。)自是刺史之名存而職廢。後雖有刺史,皆太守之互名。(原注:有時改郡爲州,則謂之刺史,有時改州爲郡,謂之太守,一也。)非舊刺史之職,理一郡而已。由此言之,漢之刺史,猶今之巡按御史。魏晉以下之刺史,猶今之總督,隋以後之刺史,猶今之知府及直隸知州也。(原注:《新唐書·地理志》曰:唐興,高祖改郡爲州,太守爲刺史。)

中國史部之書,專重記載,史學家對史事之意見,轉須求之子、集二部,前已言之,筆記一類之書,如《日知録》乃其上乘,此等書非徒恃鈔撮之功,其所引用者或不及其所鈔撮者十分之一,以吾儕所曾研究之事較之而可知也。必如此,方可語於著述,而非徒章實齋所謂比次之事也。但比次亦是一業,善爲之亦足名家。

此數條,自歷代正史至當代實録,皆擷取其精要,可見研究一事,皆須通貫歷代也。

此所謂制度,雖與現代不同,然監察與行政,用人之法不同,則其原理仍可供參考也。

王鳴盛《十七史商榷·瓜洲瓜步》(節録)

《新唐書·地志》:潤州丹陽郡丹徒注:開元二十二年,刺史齊澣,以州北隔江,舟行繞瓜步,回遠六十里,多風濤,乃於京口埭下直趨渡江二十里,開伊婁河二十五里,渡揚子立埭,歲利百億,舟不漂溺。《舊唐·文苑·齊澣傳》叙此事云:開元二十五年,遷潤州刺史,充江南東道採訪處置使。潤州北界隔吴江,至瓜步,涉尾紆匯六十里。船繞瓜步,多爲風濤之所漂損,澣乃移其漕路,於京口塘下直渡江二十里,又開伊婁河二十五里,即達揚子縣,揚子,津名,唐人於其地置縣,在今江都縣南。自是免漂損之災,歲減脚錢數十萬。又立伊婁埭官,收其課,迄今利濟焉。案此與新志略同,而皆不言是瓜洲,其實則瓜洲也。蓋自吴夫差開邗溝通江淮,此與今瓜洲抵揚州淮安之路,不知是一是二,要爲近之。然夫差時,此道但可運糧,不勝戰艦,其用兵争霸上國,仍沿江入海,自海溯淮,不由邗溝也。(原注:詳《尚書後案》第三卷。)《漢志》:廣陵國江都縣注:渠水首受江,北至射陽入湖,射陽,湖名,在淮安縣南,吴開邗溝,通此湖。此即夫差邗溝。然漢時大兵大役,亦必不以此爲渡江之路。直至隋大業中,大發淮南夫開邗溝,自山陽至揚子入江,山陽,晉縣,今淮安縣。江淮始大通。(原注:亦詳《尚書後案》第三卷。)而汴、泗亦通矣。白居易詞曰"汴水流,泗水流,流到瓜洲古渡頭"是也。乾隆元年《江南通志》第二十卷《城池門》云:瓜洲城,在揚州府南四十五里大江之濱,宋乾道中築。又第二十六卷《關津門》云:西津渡,在鎮江府丹徒縣西北九里,北與瓜洲對岸,舊名蒜山渡,又瓜洲渡,在江都縣南四十五里,瓜洲鎮與江南鎮江相對,江面十餘里,此正予輩今日南北往來必由之路。若瓜步則在第二十五卷《關津門》云:瓜步鎮,在六合縣東南二十五里瓜步山下是也。自開邗溝,江淮已通,而道猶淺狹。六朝皆都建業,南北往來,以瓜步就近爲便。故不取邗溝與京口相對之路。《庾子山集》《將命使北始渡瓜步江詩》倪璠注:"隋志:江都六合有瓜步山。《述異記》曰:水際謂之瓜步。瓜步在吴中。吴人賞瓜於江畔,因以名焉。吴、楚之間,謂浦爲步,唐之訛耳"。鮑照《瓜步山碣文》其略曰:"鮑子辭吴客楚,指兖歸揚,道出關津,升高問途,北眺氈鄉,南瞰炎國。分風代川,揆氣閩澤"。即此觀之,則南北朝之以瓜步爲通津明矣。隋既大開邗溝,加浚深闊,至唐皆南北混一,無事於建業,而都在關中,自宜取邗溝路自江入淮,自淮入汴,以溯河、渭,乃猶因循瓜步之舊,直至齊澣始改。(原注:伊婁之名今不稱,未詳。)

此篇爲筆記中專考一事之式。其引證亦甚博。

陸贄《均節賦税恤百姓六條·一論兩税之弊須有釐革》

國朝著令,賦役之法有三,一曰租,二曰調,三曰庸。古者一井之地,九夫共之,公田在中,藉而不税,私田不善則非吏,公田不善則非民，事頗纖微，難於防檢，春秋之際已不能行，故國家襲其要而去其煩。丁男一人授田百畝，但歲納租粟二石而已。言以公田假人，而收其租入，故謂之租。古者任土之宜，以奠賦法，國家就因德制，簡而壹之，每丁各隨鄉土所出，歲輸若絹若綾若絁，共二丈，綿三兩。其無蠶桑之處，則輸布二丈五尺，麻三斤，以其據丁户調而取之，故謂之調。古者用人之力，歲不過三日，後代多事，其增十之，國家斟酌物宜，立爲中制，每丁一歲定役二旬，若不役，則收其庸，日準三尺，以其出絹而當庸直，故謂之庸。此三道者，皆宗本前哲之規模，參考歷代之利害，其取法也遠，其立意也深，其斂財也均，其域人也固，其裁規也簡，其備慮也周。有田則有租，有家則有調，有身則有庸。天下爲家，法制均壹，雖欲轉徙，莫容其奸，故人無摇心，而事有定制，以之厚生，則不隄防而家業可久，以之成務，則不校閲而衆寡可知，以之爲理，則法不煩而教化行，以之成賦，則下不困而上用足。三代創制，百王是程，雖維御損益之術小殊，而其義一也。天寶季歲，羯胡亂華，海内波摇，兆庶雲擾，版圖隳於避地，賦法壞於奉軍。建中之初，再造百度，執事者知弊之宜革，而所作兼失其源，知簡之可從，而所操不得其要，舊患雖減，新沴復滋，救跛成痿，展轉增劇，凡欲拯其積弊，須窮致弊之由，時弊則但理其時，法弊則全革其法，而又揆新校舊，慮遠圖難，規略未詳悉，固不果行，利害非相懸，固不苟變，所爲必當，其悔乃亡，若好革而不知原始要終，斯皆以弊易弊者也。至如賦役舊法，乃是聖祖典章，行之百年，人以爲便，兵興之後，供億不恆，乘急誅求，漸隳經制，此所謂時之弊非法弊也，時有弊而未理，法無弊而已。更埽庸調之成規，創兩税之新制，立意且爽，彌綸又疏，竭耗編甿，日日滋甚。夫作法裕於人，未有不得人者也。作法裕於財，未有不失人者也。陛下初膺寶位，思致理平，誕發德音，哀痛流弊，念徵役之頻重，憫烝黎之困窮，分命使臣，敷揚惠化，誠宜損上益下，嗇用節財，窒侈欲以蕩其貪風，息冗費以舒其厚斂，而乃搜摘郡邑，劾驗簿書，每州各取大曆中一年科率錢穀數最多者，便爲兩税定額，此乃採非法之權令以爲經制，揔無名之暴賦以立恆規，是務取財，豈云恤隱，作法而不以裕人拯病爲本，得非立意且爽者乎！夫財之所生必因人，力工而能勤則豐富，拙而兼墮則窶空，是以先王之制，賦入也必以丁夫爲本，無求於力分之外，無貸於力分之内，故不以務穡增其税，不以輟稼減其租，則播種多；不以殖産厚其征，不以流寓免其調，則地著固；不以飭勵重其役，不以窳怠蠲其庸，則功力勤；如是然後能使人安其居，盡其力相觀而化，時靡遁心，雖有墮游不率之人，亦已懲矣。兩税之立，則異於斯，唯以資産爲宗，不以丁身爲本，資産少者則其税少，資産多者則税多，曾不悟資産之中，事情不一，有藏於襟懷囊篋，物雖貴而人莫能窺，有積於場圃倉直，雖輕而衆以爲富，有流通蕃息之貨，數雖寡而計日收贏，有廬舍器用之資，價雖高而終歲無利，如此之比，其流實繁，一概計估，算緍，漢世以百二十錢爲一算，徵税時滿若干錢，則取其一算，算遂成爲一個計算單位，又變爲抽取之意之動詞。此文之算緍二字，只爲按率征收之意。宜其失平長僞，由是務輕費而樂轉徙者，恆脱於徭税，敦本業而樹居産者，每困於徵求，此乃誘之爲奸，敺之避役，力用不得不弛，風俗不得不訛，閭井不得不殘，賦入不得不闕，復以創制之首，不務齊平，但令本道本州，各依舊額徵税。軍興已久，事例不常，供應有煩簡之殊，牧守有能否之異，所在徭賦輕重相懸，既成新規，須懲積弊，化之所在，足使無偏，減重分輕，是將均濟，而乃急於聚斂，或蠲除不是物力所堪，唯以舊額爲準，舊重之處，流亡益多，舊輕之鄉，歸附益衆，有流亡則已重者攤徵轉重，有歸附則已輕者散出轉輕，高下相傾，勢何能止，又以謀始之際，不立科條，分遣使臣，凡十餘輩，專行其意，各制一隅，遂使人殊，見道異法，低昂不類，緩急不倫，逮至復命於朝，竟無類會裁處，其於踳駁，踳，此與“舛”實爲一字，讀如蠢。胡可勝言，利害相形，事尤非便，作法而不以究微防患爲慮，得非彌綸又疏者乎！立意且爽，彌綸又疏，凡厥疲人，已嬰其弊，就加保育，猶懼不支，況復亟繚棼絲，重傷宿痏，痏：讀如"洧"，受傷而無創口者曰痏，亦曰疻，痏疻二字，亦可連用。其爲擾病，抑又甚焉。請爲陛下舉其尤者六七端，則人之困窮，固可知矣。大曆中紀綱廢弛，百事從權，至於率税少多，皆在牧守，裁制邦賦，既無定限，官私懼有闕供，每至徵配之初，例必廣張名數，以備不時之命，且爲施惠之資，應用有餘，則遂減放增損，既由郡邑消息，易協物宜，故法雖久刓，而人未甚瘁，及揔雜徵虚數，以爲兩税恆規，悉登地官，地官，以吏、户、禮、兵、刑、工六部，擬《周禮》之天、地、春、夏、秋、冬六官，事始於唐武后時，而後人沿之。然《周禮·冬官》亡，後人以《考工記》補之實誤。冬官司空，乃管建設事務，非工官也。咸係經費，計奏一定，有加無除，此則人益困窮其事，一也。本懲賦斂繁重，所以變舊從新。新法既行，已重於舊。旋屬征討，國用不充，復以供軍爲名，每貫加徵二百。當道或增戎旅，又許量事取資。詔敕皆謂權宜，悉令事畢停罷，息兵已久，加税如初。此則人益困窮，其事二也。定税之數，皆計緡錢，納税之時，多配綾絹，往者納絹一疋，當錢三千二三百文，今者納絹一疋，當錢一千五六百文，往輸其一者，今過於二矣。雖官非增賦，而私已倍輸，此則人益困窮，其事三也。諸州税物，送至上都，度支頒給羣司，例皆增長本價，而又繆稱折估，抑使剥徵，奸吏因緣，得行侵奪，所獲殊寡，所擾殊多，此則人益困窮，其事四也。税法之重若是，既於已極之中，而復有奉進宣索之繁，尚在其外，方岳頗拘於成例，莫敢闕供，朝典又束以彝章，不許别税，綺麗之飾，紈素之饒，非從地生，非自天降，若不出編户之筋力膏髓，將安所取哉！於是有巧避徵文，曲承睿旨，變徵役以召雇之目，换科配以和市之名，廣其課而狹償其庸，精其入而粗計其值，以召雇爲目，而捕之不得不來；以和市爲名，而迫之不得不出；其爲妨抑特甚常徭，此則人益困窮，其事五也。大曆中，非法賦斂，急備供軍折估，宣索進奉之類者，既並收入兩稅矣。今於兩稅之外,非法之事復又並存,此則人益困窮,其事六也。建中定稅之始,諸道已不均齊,其復或吏理失宜,或兵賦偏重,或癘疾鍾害,水旱薦災,田裹荒蕪,户口減耗,牧守苟避於殿責,罕盡申聞所司,姑務於取求,莫肯矜恤,遂於逃死闕乏,稅額累加,見在疲氓,一室已空,四鄰繼盡,漸行增廣,何由自存,此則人益困窮,其事七也。自至德訖於大曆二十年餘,兵亂相乘,海内罷弊,幸遇陛下,紹膺寶運,憂濟生靈,誕敷聖謨,痛矯前弊,重愛人節用之旨,宣輕傜薄賦之名,率土蒸黎,感涕相賀,延頸企踵,咸以爲太平可期,既而制失其中,斂從其重,頗乖始望,已沮羣心,因之以兵甲,而煩暴之取轉加;繼之以獻求,而靜約之風浸靡,臣所知者才梗概耳。而人益困窮之事,已有七焉。臣不知者何替於此,陛下儻追思大曆中,所聞疾苦,而又有此七事,重增於前,則人之無聊,不問可悉。昔魯哀公問於有若曰:年饑,用不足,如之何?有若對曰:盍徹乎?哀公曰:二,吾猶不足,如之何其徹也。有若曰:百姓足,君孰與不足;百姓不足,君孰與足。孔子曰:有國有家者,不患寡而患不均,不患貧而患不安。蓋均而無怨,節而無貧,和而無寡,安而無傾。漢文恤患救災,則命郡國無來獻,是以人爲本,以財爲末,人安則財贍,本固則邦寧。今百姓艱窮,非止不足稅額,類例非止不均,求取繁多,非止來獻,誠可哀憫,亦可憂危,此而不圖,何者爲急。聖情重慎,每戒作爲,伏知貴欲因循,不敢盡求釐革,且去其太甚,亦足小休,望令所司,與宰臣參量,據每年支用色目中,有不急者,無益者,罷廢之。有過制者,廣費者,減節之,遂以罷減之資,回給要切之用,其百姓稅錢,頃因軍興,每貫加徵二佰者,下詔停之,用復其言,俾人知信,下之化,上不令而行,諸道權宜加徵,亦當自清蠲放,如是則困窮之中,十緩其二三矣,供御之物,各有典司,任土之儀,各有常貢,過此以往,復何所須,假欲崇飾燕居,儲備賜與,天子之貴,寧憂乏財,但敕有司,何求不給,豈必旁延進獻,別徇營求，減德示私，傷風敗法，因依縱擾，爲害最深。陛下臨御之初，已弘清浄之化，下無曲獻，上絶私求。近歲以來，稍渝前旨，今但滌除流誤，振起聖猷，則淳風再興，賄道中寢，雖有貪饕之輩，曷由復肆侵漁，州郡羨財，亦將焉德。若不止輸王府，理須下紓疲人，如是則窮困之中，十有緩其四五矣。所定税物，估價合依當處月中，物一月中旬之價，一月之平價，謂之月平。百姓輸納之時，累經州縣簡閲，事或涉於奸黨，過則不在户人，重重剥徵，理甚無謂，望令所司，應諸州府，送税物到京，但與色樣相符，不得虚稱折估，如濫惡尤甚，給用不充，唯罪元納官司，亦勿更徵百姓，根本既自端静，枝葉無因動摇，如是則困窮之中，又緩其二三矣。然後據每年見供賦税之處，詳諭詔旨，咸俾均平，每道各令知兩税判官，一人赴京，與度支類會參定，通計户數，以配税錢，輕重之間，大約可準，而又量土地之沃瘠，計物産之少多，倫比諸州，定爲兩等，州等下者，其每户配錢之數少；州等高者，其每户配錢之數多，多少已差，悉令折衷，仍委觀察使，更於當管所配錢數之内，均融處置，務盡事宜，就於一管之中，輕重不得偏併，雖或未盡齊一，決當不甚低昂，既免擾人，且不變法，粗均勞逸，足救凋殘，非但徵賦易供，亦冀逋逃漸息，俟稍寧阜，更擇所宜。

唐代取於農民者曰租、庸、調，其法，具如此篇首節所述。此法之關鍵，在於丁口、田畝記録之詳實，而至開元之世，其法大壞，故賦税亦極不平均。天寶亂作，人民流離，收入益少，於是苛税大興。此等苛税，不可不除，欲除苛税，則必恢復固有之收入。欲恢復固有之收入，其道有二：（一）整頓租庸調法，確實丁口之記載，而於當受田者皆給之以田，此路綫在當日無人能走。（二）則不問其人之有田無田，但就其現有之資産而税之。租、庸、調之法，與授田連帶，僑居之人，於其所居之地無田，故其名亦不入册籍，舊時户口册，往往實爲收税起見，故不出税之人，即不入籍。今則不許如此。則楊炎改租庸調法爲兩税所走之路綫，所謂"户無主客，以見居爲簿；人無丁中，以貧富爲差"也，此法雖不税田而税資産，然人民進款之來源，究以依於農業者爲多，故仍按農業季節，於夏、秋分兩次取之，謂之兩税。兩税之法，當時草草行之；後來又徒計收入，而未留意於改善；故有如此篇所言之弊。然在當時，能使苛税悉除，民亦大受其益，故論者亦稱楊炎爲救時相焉。平心論之，(一) 改行兩税，可以急速集事，整頓租庸調法，必也曠日持久，當時勢不能待；(二) 而租庸調法，偏重農民，不足以適應工商發達之趨勢；亦非完善之税法，改之實未爲非計。但(一) 兩税之法，不應不思改善；(二) 又兩税法行後，賦税之收入，雖不直接倚賴田畝，然農民仍宜撫恤，地復仍宜均平，不應遂置諸不聞，此則行兩税法後之缺點耳。此實與楊炎無涉，因炎爲相不久。故炎未可厚非也。

杜甫《前出塞九首》

戚戚去故里，悠悠赴交河。唐交河郡，今新疆吐魯番縣。公家有程期，亡命嬰禍羅。

君已富土境，開邊一何多。棄絶父母恩，吞聲行負戈。

出門日已遠，不受徒旅欺。骨肉恩豈斷，男兒死無時。

走馬脱轡頭，手中挑青絲。捷下萬仞岡，俯身試搴旗。

磨刀嗚咽水，水赤刃傷手。欲輕腸斷聲，心緒亂已久。

丈夫誓許國，憤惋復何有。功名圖麒麟，戰骨當速朽。

送徒既有長，遠戍亦有身。生死向前去，不勞吏怒嗔。

路逢相識人，附書與六親。哀哉兩决絶，不復同苦辛。

迢迢萬里餘，領我赴三軍。軍中異苦樂，主將寧盡聞。
隔路見胡騎，倏忽數百羣。我始爲奴僕，幾時樹功勛。

挽弓當挽强，用箭當用長。射人先射馬，擒賊先擒王。
殺人亦有限，列國自有疆。苟能制侵陵，豈在多殺傷。

驅馬天雨雪，軍行入高山。徑危抱寒石，指落曾冰間。
已去漢月遠，何時築城還。浮雲暮南征，可望不可攀。

單于寇我壘，百里風塵昏。雄劍四五動，彼軍爲我奔。
虜其名王歸，繫頸授轅門。潛身備行列，一勝何足論。

從軍十年餘，能無分寸功。衆人貴苟得，欲語羞雷同。
中原有鬥争，況在狄與戎。丈夫四方傑，安可辭固窮。

此譴責天寶時之開邊也。唐代之用兵，太宗時北平突厥，可云除患，其後滅薛延陀，亦可云因其向來跋扈，乘機滅之，除禍患之根，而中國所費不大。征高麗，太宗、高宗兩代，所費甚巨，然遼東本中國領土，此時爲高麗所據，猶可云恢復舊疆也。高宗時吐蕃强盛，武后時突厥復張，且益之以契丹，中國用兵屢敗，喪失甚多，然事屬禦侮，可譴責其不善用兵也，譴責其用兵則不可也。玄宗開元時之用兵及整頓邊備，尚多出於禦侮之意。天寶時之攻吐蕃，則失之過當，且不善馭將，耗費甚多。竭生民之膏血，且苦役其身，以事不必要之攻戰，而供將士之邀功中飽，此詩人所以深嫉之也。此詩九首，皆寫西方兵事。第一首譴責玄宗之開邊。第二首寫從軍者輕生之狀。第三首言其憤惋之情。云“憤惋復何有”，反言之也。第四首言送徒者之虐。第五首言主將不恤士，役戰士如奴僕，不使其從事戰鬥也。第六首重防禦而賤開疆，不欲多殺人，藹然仁者之言。第七首言軍士處境之苦,離家之遠,歸路斷絶。第八首言立功,雄劍謂干將,雌劍謂莫邪,晉圍楚,楚以寶劍登城麾之,晉軍大敗,皆見《越絶書》。此乃謬悠之言,然此處不可實寫,實寫則笨伯矣。此首只是引起下首耳。第九首言有功不賞,亦可以譴責將兵者也。

杜甫《後出塞五首》

男兒生世間,及壯當封侯。戰伐有功業,焉能守舊邱。召募赴薊門,薊門,今河北薊縣。軍動不可留。千金裝馬鞍,百金裝刀頭。閭里送我行,親戚擁道周。斑白居上列,酒酣進庶羞。少年别有贈,含笑看吴鈎。

朝進東門營,暮上河陽橋。落日照大旗,馬鳴風蕭蕭。平沙列萬幕,部伍各見招。中天懸明月,令嚴夜寂寥。悲笳數聲動,壯士慘不驕。借問大將誰,恐是霍嫖姚。

古人重守邊,今人重高勳。豈知英雄主,出師亘長雲。六合已一家,四夷且孤軍。遂使貔虎士,奮身勇所聞。拔劍擊大荒,日收胡馬羣。誓開玄冥北,持以奉吾君。

獻凱日繼踵,兩蕃唐人稱奚、契丹爲兩番。静無虞。漁陽唐漁陽郡,即薊州,今薊縣。豪俠地,擊鼓吹笙竽。雲帆轉遼海,粳稻來東吴。越羅與楚練,照耀輿臺軀。主將位益崇,氣驕凌上都。邊人不敢議,議者死路衢。

我本良家子,出師亦多門。將驕益愁思,身貴何足論。躍馬二十年,恐孤明主恩。坐見幽州騎,長驅河洛昏。中夜間道歸,故里但空村。惡名幸脱免，窮老無兒孫。

此寫東北兵事，即安禄山之兵也。第一首言從軍之始，頗含輕驃好戰之意，作者意亦加以譴責。第二首譴責主將之不恤士。霍票姚，霍去病也。漢武帝時爲票姚校尉，後爲驃騎將軍。史言其將兵，士有饑者，而後車餘棄粱肉。第三首譴責開邊。第四首言禄山之驕暴，唐朝畏而奉之，反以養成其叛。第五首言禄山反後，此從軍者逃歸，幸未與於逆亂。然因欲立戰功故，早歲從軍，未立室家，遂至窮老無兒孫，亦以譴責好戰之士也。

杜甫《石壕吏》、《新婚别》

石　壕　吏

暮投石壕村，石壕村在今河南陝縣東。有吏夜捉人。老翁逾牆走，老婦出看門。吏呼一何怒！婦啼一何苦！聽婦前致詞，三男鄴城唐鄴郡，即相州，今河南安陽縣。戍，一男附書至，二男新戰死。存者且偷生，死者長已矣。室中更無人，惟有乳下孫。有孫母未去，出入無完裙。老嫗力雖衰，請從吏夜歸。急應河陽役，猶得備晨炊。夜久語聲絶，如聞泣幽咽。天明登前途，獨與老翁别。

新　婚　别

兔絲附蓬麻，引蔓故不長。嫁女與征夫，不如棄路旁。結髮爲君妻，席不暖君床。暮婚晨告别，無乃太匆忙！君行雖不遠，守邊赴河陽。河陽三城，在今河南孟縣。相州敗后，郭子儀斷河陽橋保洛陽。妾身未分明，何以拜姑嫜？父母養我時，日夜令我藏。生女有所歸，鷄狗亦得將。君今往死地，沈痛迫中腸。誓欲隨君去，形勢反蒼黄。勿爲新婚念，努力事戎行。婦人在軍中，兵氣恐不揚。自嗟貧家女，久致羅襦裳。羅襦不復施，對君洗紅妝。仰視百鳥飛,大小必雙翔。人事多錯迕,與君永相望。

《新安吏》、《潼關吏》、《石壕吏》,謂之“三吏”。《新婚别》、《垂老别》、《無家别》,謂之“三别”。皆寫安史亂後,唐朝迫民從軍應役之狀。今各選其一。

杜甫《負薪行》

夔州處女髮半華,夔州,今四川奉節縣。四十五十無夫家。更遭喪亂嫁不售,一生抱恨長咨嗟。土風坐男使女立,男當門户女出入。十猶八九負薪歸,賣薪得錢應供給。至老雙鬟只垂頸,野花山葉銀釵並。筋力登危集市門,死生射利兼鹽井。面妝首飾雜啼痕,地褊衣寒困石根。若道巫山女粗醜,巫山,今四川巫山縣東。何得此有昭君村?

此寫民間風俗之詩也。古代社會兩性間分工,男子多從事於畋獵,其後田獵之事,日益無關重要。且禽獸易盡,寖至無物可獵,於是男子亦多從事農牧。間有因環境特殊,男子已不畋獵,而仍未轉入農牧部門,遂至無所事事,待豢於女子。夔州蓋唐時猶有此俗也。雙鬟,蓋女子未嫁者之飾。古人多以女子之嫁喻男子之仕,惜其嫁不售,而言其非由於粗醜,又以喻士之懷才不遇也。杜甫對於窮困之民,多抱深厚之同情。此詩亦其一。

白居易《縛戎人》(新樂府)

縛戎人,縛戎人,耳穿面縛驅入秦。面縛,通行本誤作面破,今依影宋本。面縛即反綁。面亦訓背,所謂“反訓也”。天子矜憐不忍殺,詔徙東南吴與越。黄衣小使録姓名,領出長安乘遞行。身被金瘡面多瘠,扶病徒行日一驛。朝餐饑渴費杯盤,夜卧腥臊污床席。忽逢江水憶交河,垂手齊聲嗚咽歌。其中一虜語諸虜:爾苦非多我苦多。同伴行人因借問,欲説喉中氣憤憤。自云鄉管本涼原,大曆年中没落蕃。一落蕃中四十載,遣著皮裘繫毛帶。唯許正朝服漢儀,斂衣整巾潛淚垂;誓心密定歸鄉計,不使蕃中妻子知。暗思幸有殘筋力,更恐年衰歸不得。蕃候嚴兵鳥不飛,脱身冒死奔逃歸。晝伏宵行經大漠,雲陰月黑風沙惡;驚藏青冢寒草疏,青冢在今歸綏縣境。相傳爲王昭君冢。自吐番逃歸者,未必由此,此但取與黄河作對耳。辭章家用字,不能十分審諦也。偷渡黄河夜冰薄。忽聞漢軍鼙鼓聲,路傍走出再拜迎;游騎不聽能漢語,將軍遂縛作蕃生。配向江南卑濕地,定無存恤空防備。念此吞聲仰訴天,若爲辛苦度殘年!涼原鄉井不得見,胡地妻兒虚棄捐!没蕃被囚思漢土,歸漢被劫爲蕃虜。早知如此悔歸來,兩地寧如一處苦?縛戎人,戎人之中我苦辛。自古此冤應未有,漢心漢語吐蕃身!

此所寫乃當時實事也,具見邊將之喪盡天良。

白居易《繚綾》(新樂府)

繚綾繚綾何所似?不似羅綃與紈綺;應似天台山上月明前,天台山,在今浙江天台縣北。四十五尺瀑布泉。中有文章又奇絶,地鋪白烟花簇雪。織者何人衣者誰?越溪寒女漢宫姬。去年中使宣口敕,天上取様人間織。織爲雲外秋雁行,染作池中通行本作江南。春水色。廣裁衫袖長製裙,金斗熨波刀剪紋。異彩奇文相隱映,轉側看花花不定。昭陽舞人恩正深,春衣一對值千金。汗沾粉污不再著,曳土蹋泥無惜心。繚綾織成費功績,莫比尋常綾綾作繒。與帛。絲細繚多女手疼,繚作繅。軋軋千聲不盈尺。昭陽殿裹歌舞人，不見織，“不見織”三字無。若見織時應合惜。“應合惜”作“應也惜”。今皆依影宋本。

王安石《度支副使廳壁題名記》

三司副使，三司者，户部、度支、鹽鐵。唐時財政本屬户部，中葉後分屬度支、鹽鐵二使。宋時未將度支、鹽鐵之職還之户部，却合組爲三司，置使、副；其下户部、度支、鹽鐵，亦各有使副；其下則分設若干案，以司全國之財政。不書前人名姓。嘉祐五年，尚書户部員外郎吕君冲之，始稽之衆史。而自李紘以上至查道，得其名；自楊偕以上，得其官；自郭勸以下，又得其在事之歲時。於是書石而鑱之東壁。鑱，有平、去二聲，義同劖，鑿也。

夫合天下之衆者財，理天下之財者法，守天下之法者吏也。吏不良，則有法而莫守；法不善，則有財而莫理。有財而莫理，則阡陌閭巷之賤人，皆能私取予之勢，擅萬物之利，以與人主争黔首，而放其無窮之欲。非必貴强桀大而後能。如是而天子猶爲不失其民者，蓋特號而已耳。雖欲食蔬衣敝，憔悴其身，愁思其心，以幸天下之給足而安吾政，吾知其猶不得也。然則善吾法，而擇吏以守之，以理天下之財，雖上古堯舜，猶不能毋以此爲先急。而况於後世之紛紛乎！

三司副使，方今之大吏，朝廷所以尊寵之甚備。蓋今理財之法，有不善者，其勢皆得以議於上而改爲之。非特當守成法，吝出入，以從有司之事而已。其職事如此，則其人之賢不肖，利害施於天下如何也！觀其人，以其在事之歲時，以求其政事之見於今者，而考其所以佐上理財之方，則其人之賢不肖，與世之治否，吾可以坐而得矣。此蓋吕君之志也。

王安石爲北宋一大政治家。其政見異於尋常政治家者，以其注重理財；其所以注重理財，則因其深知社會經濟之重要。此篇言

"合天下之衆者財",明人皆恃財而生,不可任其爲少數人所霸占,如所謂"阡陌(鄉間)閭巷(城市)之賤人,私取予之勢,而擅萬物之利"者也。但何以使此等人不能私取予之勢,以擅萬物之利?則昔時之人,不知領導被剥削者以與剥削者鬥争,而徒欲借政治上之治者,爲之操刀代斫,即此篇欲立法而守之以吏之説也。此則終不能免於失敗耳。然此非安石一人之失,固從前政治家之通病也。此篇雖廖廖數百言,實足代表安石之政見,並可代表從前一部分政治家之政見也。

王巖叟《論保甲》(節録)

臣初以保甲之法,行之累年,朝廷固已知人情之所共苦,而前日下詔蠲疾病,汰小弱,釋第五等之田不及二十畝者,省一月之六教而爲三日之並教,甚大惠也。然其司尚存,其患終在。夫朝廷知教民以爲兵,而不知教之太苛而民不能堪;知别爲一司以總之,而不知擾之太煩而民以生怨。教之欲以爲用也,而使之至於怨,則恐一日用之有不如吾意者,不可不思也。民之言曰:教法之難不足以爲苦,而羈縻之虐有甚焉;羈縻不足以爲苦,而鞭笞之酷有甚焉;鞭笞不足以爲苦也,而誅求之無已有甚焉。方耕方耘而罷,方幹方營而去,此羈縻之所以爲苦也。其教也,保長得笞之,保正又笞之,巡檢之指使與巡檢者又交撻之,提舉司之指使與提舉司之幹當公事者又互鞭之,提舉之官長又鞭之,一有逃避,縣令又鞭之。人無聊生,每相與言曰恨不死爾,此鞭笞之所以爲甚苦也。創袍、市巾、買弓、修箭、添弦、换倉指、治鞍轡、蓋涼棚、畫像法、造隊牌、緝架、僦椅桌、團典紙墨、看定人雇直、均菜緡、納楷粒之類,其名百出,不可勝數。故其父老之諺曰:兒曹空手,不可以入教場。非虚語也。都副兩保正、大小兩保長，平居於家，婚姻喪葬之問遺，秋成夏熟，絲麻穀麥之邀求，過於城市，一飲一食之責望，此迫於勢而不敢不致者也。一不如意，則以藝不如法爲名，而捶辱之，無所不至。又所謂巡檢、指使者，多由此徒以出，貪而冒法，不顧後禍，有逾於保正、保長者，此誅求之所以爲甚苦也。又有逐養子，出贅婿，再嫁其母，而兄弟析居，以求免者。有毒其目，斷其指，炙其肌膚，以致於殘廢而求免者，有盡室以逃而不歸者，有委老弱於家而保丁自逃者，保丁者逃，則法當督其家出賞錢十千以募之。使其家有所出，當未至於逃，至於逃，則困窮可知，而督取十千，何可以得。故每縣常有數十百家老弱嗟咨於道路，哀訴於公庭。如臣之愚，且知不忍使，陛下仁聖知之，當如何也。又保丁之外，平户之家，凡有一馬，皆令借供，逐場教騎，終日馳驟，往往至於饑羸殘破而就斃，誰復敢言？其或主家倘因他出，一誤借供，遂有追呼笞責之害。又或其家官捕督迫，不得已而易之，則有抑令還取之苦，故人人以有馬爲禍，此皆提舉官吏倚法以生事，重爲百姓之擾者也。臣竊惟古者未嘗不教民以戰也，而不聞其有此，何則？因人之情而爲之法耳。夫緣情以推法，則愈久而愈行，倚威以行令，則愈嚴而愈悖，此自然之理也。獸窮則搏，人窮則詐，自古及今，未有窮其下而能無危者也。臣觀保甲一司，上下官吏，無毫髮愛百姓之意，故百姓視其官司不啻虎狼，積憤銜怨之，人人所同。比者保丁執指使，逐巡檢，攻提舉司幹當官，大獄相繼，今猶未已。雖民之愚，顧豈忘父母妻子之愛，而喜爲犯上之惡，以取禍哉。蓋激之至於此極爾，臣以爲激而益深，安知其發有不甚於此者。情狀如此，不可不先事而慮，以保大體，爲安静計。夫三時務農，一時講武，先王之通制也。臣愚以爲一月之間並教三日，不若一歲之終，並教一月。農事既畢，無他用心，人自安於講武而無憾。遂可罷提舉司，廢巡教官，一以隸州縣，而俾逐路安撫司總之。每俟冬教，則安撫司旋擇教官，分詣諸邑，與令佐同教於城下，一邑分兩番，當一月。起教則與正長論階級,罷教則與正長不相誰何。誰何,伺察詰問之意。賈誼《過秦論》:"信臣精卒,陳利兵而誰何。"而百姓獲優游以治生,無終年遁逃之苦,無侵漁苛虐之患,無争陵犯上之惡矣。且武事不廢,威聲亦全,豈不易而有功哉?

王安石保甲之法,行於宋神宗熙寧三年。元豐八年,神宗崩,知陳州司馬光、監察御史王巖叟上疏論之,其疏皆見《宋史·兵志》。安石所行之法,以免役成效爲最多,流弊爲最少,而保甲適反之。其所由然,則以封建時代,治者階級,即剥削階級,有可藉手之機會,無不借以虐民也。此篇所寫,可謂窮形極相。然則法皆不可變乎?是亦不然。特必人民自有覺悟,能自立法而自行之耳。故欲行新法者,在能教育人民,切戒强迫命令。此篇"緣情以推法,則愈久而愈行,倚威以行令,則愈嚴而愈悖"之説,可稱不刊之論。試以宋河北弓箭社與保甲法比觀而可知也。

蘇軾《乞增修弓箭社條約狀二首》(節録)

臣竊見北虜久和,河朔無事,沿邊諸郡,軍政少弛,將驕卒惰,緩急恐不可用,武藝軍裝,皆不逮陝西、河東遠甚。雖據即目邊防事勢,三五年間必無警急,然居安慮危,有國之常備,事不素講,難以應猝。今者河朔沿邊諸軍,未嘗出征,終年坐食,理合富强。臣近遣所辟幕官李之儀、孫敏行親入諸營,按視曲折,審知禁軍大率貧窘,妻子赤露饑寒,十有六七,屋舍大壞,不庇風雨。體問其故,蓋是將校不肅,斂掠乞取,坐放債負,習以成風。將校既先違法不公,則軍政無緣修舉,所以軍人例皆飲博逾濫。三事不止,雖是禁軍,不免寒餓,既輕犯法,動輒逃亡,此豈久安之道。

臣自到任，漸次申嚴軍法，逃軍盜賊已覺衰少，年歲之間，庶革此風。然臣竊謂沿邊禁軍，緩急終不可用，何也？驕惰既久，贍力耗憊，雖近戍短使，輒與妻孥泣别，被甲持兵，行數十里，即便喘汗。臣若加嚴訓練，晝夜勤習，馳驟坐作，使耐辛苦，則此聲先馳，北虜疑畏，或致生事。臣觀祖宗以來沿邊要害，屯聚重兵，止以壯國威而消敵謀，蓋所謂先聲後實，形格勢禁之道耳。若進取深入，交鋒兩陣，猶當雜用禁旅，至於平日保境備禦小寇，即須專用極邊土人，此古今不易之論也。晁錯與漢文帝劃備邊策，不過二事，其一曰徙遠方以實廣虚，其二曰制邊縣以備敵。寶元慶曆中，趙元昊反。屯兵四十餘萬，招刺宣毅、保捷二十五萬人，皆不得其用，卒無成功。范仲淹、劉滬、种世衡等，專務整様蕃漢熟户弓箭手，所以封殖其家，封殖，栽培之意。砥礪其人者非一道。藩籬既成，賊來無所得，故元昊復臣。今河朔西路被邊州軍，自澶淵講和以來，百姓自相團結爲弓箭社，不論家業高下，户出一人，又自相推擇家資武藝衆所服者爲社頭、社副録事，謂之頭目，帶弓而鋤，佩劍而樵，出入山坂，飲食長技與北虜同。私立賞罰，嚴於官府。分番巡邏，鋪屋相望，若透漏北賊及本土强盜，不獲其當，番人皆有重罰。遇有緊急，擊鼓集衆，頃刻可致千人。器甲鞍馬，常若寇至。蓋親戚墳墓所在，人自爲戰，虜甚畏之。……先朝名臣，帥定州者，定州，今河北定縣。如韓琦、龐籍，皆加意拊循其人，以爲爪牙耳目之用。而籍又增損其約束賞罰，奏得仁宗皇帝聖旨，見今具存。昨於熙寧六年行保甲法，準當年十二月四日聖旨，强壯弓箭社並行廢罷。又至熙寧七年，再準正月十九日中書札子聖旨，應兩地供輸人户，除元有弓箭社强壯並義勇之類，並依舊存留外，更不編排保甲。看詳上件兩次聖旨，除兩地供輸村分方許依舊置弓箭社，其餘並合廢罷。雖有上件指揮，公私相承，無不廢罷。只是令弓箭社兩丁以上人户兼充保甲，以至逐捕本界及化外盜賊，並皆驅使弓箭社人户，向前用命捉殺，見今州縣委實全藉此等寅夜防託,顯見弓箭社實爲邊防要用,其勢決不可廢。但以兼充保甲之故,召集追呼,勞費失業。今雖名目具存,責其實用,不逮往日。臣竊謂陝西、河東弓箭手,官給良田以備甲馬,今河朔沿邊弓箭社,皆是人户祖業田産,官無絲毫之給,而捐軀捍邊,器甲鞍馬,與陝西、河東無異,苦樂相遼,未盡其用。近日霸州文安縣及真定府北寨,霸州,今河北霸縣。文安縣,今河北文安縣。真定府,今河北正定縣。皆有北賊驚劫人户,捕盜官吏,拱手相視,無如之何,以驗禁軍弓手,皆不得力。向使州縣逐處皆有弓箭社人户致命盡力,則北賊豈敢輕犯邊寨,如入無人之境。臣已戒飭本路將吏,申嚴賞罰,加意拊循,其人去訖,輒後拾用龐籍舊奏約束,稍加增損,别立條目。欲乞朝廷立法,少賜優異,明設賞罰,以示懲勸。今已密切取會到本路極邊定、保兩州,保州,今河北保定市。安肅、廣信、順安三軍,邊面七縣一寨,内管自來團結弓箭社五百八十八村,六百五十一夥,共計三萬一千四百一十一人。若朝廷以爲可行,立法之後,更敕將吏常加拊循,使三萬餘人分番晝夜巡邏,當番之番,今作班,唐宋時皆作番。盜邊小寇,來即擒獲,不至忸怏以生戎心,忸上聲,義同狃,怏音逝,亦讀上聲。忸怏,習也。而事皆循舊,無所改作,虜不疑畏,無由生事。有利無害,較然可見。……

此疏亦上於元豐八年,軾時知定州。

《遼史·營衛志·部族上》(節録)

部落曰部,氏族曰族。契丹故俗,分地而居,合族而處。有族而部者,五院、六院之類是也;五院六院,源出迭剌部。耶律亦出迭剌部。有部而族者,奚王、室韋之類是也;有部而不族者,特里特勉、稍瓦、曷朮均爲部名。之類是也;有族而不部者,遥輦九帳、皇族三父房是也。

奇首八部爲高麗、蠕蠕所侵，僅以萬口附於元魏。生聚未幾，北齊見侵，掠男女十萬餘口。繼爲突厥所逼，寄處高麗，不過萬家。部落離散，非復古八部矣。别部有臣附突厥者，内附於隋者，依紇臣水而居。部落漸衆，分爲十部，有地遼西五百餘里。唐世大賀氏仍爲八部，而松漠、玄州别出，亦十部也。遥輦氏承萬榮、可突於散敗之餘，更爲八部；然遥輦、迭剌别出，又十部也。阻午可汗析爲二十部，契丹始大。至於遼太祖，析九帳、三房之族，更列二十部。聖宗之世，分置十有六，增置十有八，並舊爲五十四部；内有拔里、乙室已國舅族，拔里、乙室已世與耶律氏婚姻，故稱國舅。外有附庸十部，即志末所載國外十部，此乃遼之屬國，而非其構成之部分也，故曰外。盛矣！

其氏族可知者，略具皇族、外戚二表。餘五院、六院、乙室部止見益古、撒里本，涅剌、烏古部止見撒里卜、涅勒，突吕不、突舉部止見塔古里、航斡，皆兄弟也。乙室，部名。益古，人名。撒里本，益古之弟。涅剌，部名。烏古，部名。撒里卜，人名，涅勃撒里卜之兄。突吕不，部名。突舉，部名。塔古里，人名。航斡，塔古里之弟。奚王府部時瑟、哲里奚王後，其臣時瑟逐之自立。哲里，則臣主也。品部有拏女，楮特部有洼。品，部名。拏女，人名。楮突，部名。洼，人名。其餘世系名字，皆漫無所考矣。

舊志曰："契丹之初，草居野次，靡有定所。至涅里始制部族，各有分地。太祖之興，以迭剌部强熾，析爲五院、六院。奚六部以下，多因俘降而置。勝兵甲者即著軍籍，分隸諸路詳穩、官名。統軍、招討司。番居内地者，歲時田牧平莽間。邊防糺户，生生之資，仰給畜牧，績毛飲湩，以爲衣食。各安舊風，狃習勞事，不見紛華異物而遷。故家給人足，戎備整完。卒之虎視四方，强朝弱附，東逾蟠木，西越流沙，莫不率服。部族實爲之爪牙云。"

遼之立國,合兩種成分而成,一曰州縣,乃得自中國之地;一曰部族,則北方游牧之民也。人之以地緣結合者曰部落,以血族結合者曰氏族。屬於遼之游牧民族,兩種成分都有,故《遼史》稱之曰部族。從此以後,"部族"二字,遂爲史家習用之辭。(一)以其可包括部落氏族二者;(二)有些團體,兩種條件均有;如此篇謂族而部,部而族者。(三)有些團體,我們不知其爲部落或氏族,故用此部落、氏族兩語合組而成之一辭,最便也。州縣一部分,對於遼國之構成,實居次要之地位,其首要之部分,則部族也。《營衛志》分三目:一曰宫衛,二曰行營,三曰部族。宫衛者,遼每一君主,皆有其所定居之地,直屬之民,此直屬人民中之壯丁,即組成軍隊。君主死後,此組織仍不解散,故傳世愈久,直屬中央之人民及軍隊愈多,而其力量亦愈强大。行營者,遼爲游牧民族,其君主雖有定居之處,又有一定巡游之處,行營則其巡游時之護衛也。宫衛行營之民衆及兵力,皆出於部族,故部族爲遼立國之本。州縣之民,遼人重在取其賦税,其兵則稱爲鄉丁,不出戍。部族雖以畜牧爲業,亦非絶無定處,而遼諸部族,又經其政府指定居地,故遼國各地方,除州縣外,又均恃部族爲之守衛也。此篇末引舊志一段,最足見遼國之性質。云舊志者,今《遼史》爲元人所修,自此以前,遼人本有自修之史,金人亦曾修《遼史》也。契丹部族本無明確之歷史,其傳説,但有一奇首可汗耳。自遼太祖建國以前,其歷史皆見於中國史籍中者也。首見於《魏書》,其衆分爲八部,修《遼史》者謂此即奇首可汗之世。《隋書》云其衆分十部,而不載其部名。唐時以其部爲羈縻州,共有八部,而八部之外又有松漠都督府及玄州,故修《遼史》者云其亦有十部。《唐書》云:契丹之共主,初爲大賀氏,次爲遥輦氏。繼遥輦氏而起者爲耶律氏,即世里氏,異譯又作移剌,即遼之王室也。孫萬榮、李盡忠,皆契丹酋長,武后時叛中國,爲突厥所襲破。可突干,亦契丹酋長,玄宗時桀驁,爲幽州將張守珪所討殺,修《遼史》者以此爲大賀氏之君。繼之之阻午可汗,則爲遥輦氏。然阻午爲涅里所立,涅里爲遼太祖之先。故遥輦氏時,實權亦以耶律氏爲大也。

《金史·世宗本紀》(節録)

……

(大定十三年三月)乙卯,上謂宰臣曰:"會寧乃國家興王之地,自海陵遷都永安,女直人寖忘舊風。朕時嘗見女直風俗,迄今不忘。今之燕飲音樂,皆習漢風,蓋以備禮也,非朕心所好。東宫不知女直風俗,第以朕故,猶尚存之。恐異時一變此風,非長久之計。甚欲一至會寧,使子孫得見舊俗,庶幾習效之。"女真歌辭譯文,見《樂志上》。

……

(十六年正月)丙寅,上與親王、宰執、從官從容論古今興廢事,曰:"經籍之興,其來久矣,垂教後世,無不盡善。今之學者,既能誦之,必須行之。然知而不能行者多矣。苟不能行,誦之何益。女直舊風最爲純直,雖不知書,然其祭天地,敬親戚,尊耆老,接賓客,信朋友,禮意款曲,皆出自然,其善與古書所載無異。汝輩當習學之,舊風不可忘也。"

……

(二十四年二月)癸酉,上曰:"朕將往上京。念本朝風俗重端午節,比及端午到上京,則燕勞鄉間宗室父老。"

……

(三月)壬寅,如上京。

……

五月己丑,至上京,居於光興宫。庚寅,朝謁於慶元宫。戊戌,宴於皇武殿。上謂宗戚曰:"朕思故鄉,積有日矣,今既至此,可極歡飲,君臣同之。"賜諸王妃、主,宰執百官命婦各有差。宗戚皆沾醉起舞,竟日乃罷。

……

(二十五年四月)上謂羣臣曰:"上京風物朕自樂之,每奏還都,輒用感愴。祖宗舊邦,不忍捨去,萬歲之後,當置朕於太祖之側,卿等無忘朕言。"丁丑,宴宗室、宗婦於皇武殿,大功親賜官三階,小功二階,緦麻一階,年高屬近者加宣武將軍,及封宗女,賜銀、絹各有差。曰:"朕尋常不飲酒,今日甚欲成醉,此樂亦不易得也。"宗室婦女及羣臣故老以次起舞,進酒。上曰:"吾來數月,未有一人歌本曲者,吾爲汝等歌之。"命宗室子弟叙坐殿下者皆坐殿上,聽上自歌。其詞道王業之艱難,及繼述之不易,至"慨想祖宗,宛然如睹",慷慨悲激,不能成聲,歌畢泣下。右丞相元忠率羣臣、宗戚捧觴上壽,皆稱萬歲。於是,諸夫人更歌本曲,如私家之會。既醉,上復續調,至一鼓乃罷。己卯,發上京。庚辰,宗室戚屬奉辭。上曰:"朕久思故鄉,甚欲留一二歲,京師天下根本,不能久於此也。太平歲久,國無征徭,汝等皆奢縱,往往貧乏,朕甚憐之。當務儉約,無忘祖先艱難。"因泣數行下,宗室戚屬皆感泣而退。

金舊都上京會寧府,在今松江省阿城縣之南。海陵圖南侵,遷於燕,又遷於汴。世宗繼起,雖罷南侵之役,然所得中國北方之地,不肯放棄,則勢不能回復舊都,而只能定居燕京矣。既居漢地,何法不同化於漢?然落後民族之風俗,確有較先進民族爲優者,其所以能戰勝先進民族,亦正以此。《日知録》卷二十九《外國風俗》一條,頗能言之。蓋自氏族崩潰以後,風俗即日益下降,須至社會主義時代,乃能再向上耳。但自化除血緣種族等偏見言之,則仍爲進步。金世宗惓惓於女真舊俗之美,而欲保存之,自不足怪。但既欲享先進民族之生活,則必改從其社會組織,生活決定意識,復何法保存其舊俗哉?此亦見物質爲上層建築之基也。

《金史·食貨志》(節録)

……

海陵正隆元年二月,遣刑部尚書紇石烈婁室等十一人,分行大興府、金置,今北京。山東、真定府,真定府,今正定縣。拘括係官或荒閑牧地,及官民占射逃絶户地,戍兵占佃宫籍監、外路官本業外增置土田,及大興府、平州路僧尼道士女冠等地,蓋以授所遷之猛安謀克户,且令民請射,而官得其租也。

世宗大定五年十二月,上以京畿兩猛安民户不自耕墾,及伐桑棗爲薪鬻之,命大興少尹完顔讓巡察。

……

十七年六月,邢州今邢臺縣。男子趙迪簡言:"隨路不附籍官田及河灘地,皆爲豪强所占,而貧民土瘠税重,乞遣官拘籍冒佃者,定立租課,復量減人户税數,庶得輕重均平。"詔付有司,將行而止。復以近都猛安謀克所給官地率皆薄瘠,豪民租佃官田歲久,往往冒爲己業,令拘籍之。又謂省臣曰:"官地非民誰種,然女直人户自鄉土三四千里移來,盡得薄地,若不拘刷良田給之,久必貧乏,其遣官察之。"又謂參知政事張汝弼曰:"先嘗遣問女直土地,皆云良田。及朕出獵,因問之,則謂自起移至此,不能種蒔,斫蘆爲席,或斬芻以自給。卿等其議之。"省臣奏,官地所以人多蔽匿盜耕者,由其罪輕故也。乃更條約,立限令人自陳,過限則人能告者有賞。遣同知中都路轉運使張九思往拘籍之。

……

(十九年)十二月謂宰臣曰:"亡遼時所撥地,與本朝元帥府,已曾拘籍矣。民或指射爲無主地,租佃及新開荒爲己業者可以拘括。其間播種歲久,若遽奪之,恐民失業。”因詔括地官張九思戒之。復謂宰臣曰:“朕聞括地事所行極不當,如皇后莊、太子務之類,止以名稱便爲官地,百姓所執憑驗,一切不問。其相鄰冒占官地,復有幸免者。能使軍户稍給,民不失業,乃朕之心也。”

……

二十一年正月,上謂宰臣曰:“山東、大名等路猛安謀克户之民,往往驕縱,不親稼穡,不令家人農作,盡令漢人佃蒔,取租而已。富家盡服紈綺,酒食游宴,貧者争慕效之,欲望家給人足,難矣。近已禁賣奴婢,約其吉凶之禮,更當委官閲實户數,計口授地,必令自耕,力不贍者方許佃於人。仍禁其農時飲酒。”

……

二十二年,以附都猛安户不自種,悉租與民,有一家百口壠無一苗者,上曰:“勸農官,何勸諭爲也,其令治罪。”宰臣奏曰:“不自種而輒與人者,合科違例。”上曰:“太重,愚民安知。”遂從大興少尹王修所奏,以不種者杖六十,謀克四十,受租百姓無罪。

……

牛頭税。即牛具税,猛安謀克部女直户所輸之税也。其制每耒牛三頭爲一具,限民口二十五受田四頃四畝有奇,歲輸粟大約不過一石,官民占田無過四十具。

……

(世宗大定二十三年)八月,尚書省奏,推排定猛安謀克户口、田畝、牛具之數。猛安二百二,謀克千八百七十八,户六十一萬五千六百二十四,口六百一十五萬八千六百三十六,内正口四百八十一萬二千六百六十九,奴婢口一百三十四萬五千九百六十七,田一百六十九萬三百八十頃有奇,牛具三十八萬四千七百七十一。在都宗室將軍司,户一百七十,口二萬八千七百九十,內正口九百八十二,奴婢口二萬七千八百八,田三千六百八十三頃七十五畝有奇,牛具三百四。迭剌、唐古二部五糺,户五千五百八十五,口一十三萬七千五百四十四,內正口十一萬九千四百六十三,奴婢口一萬八千八十一,田四萬六千二十四頃一十七畝,牛具五千六十六。

移猛安謀克户於中原,爲金人制漢人之策。金政府之意,希望其人新屯以自食,團結以自相保衛。然侵掠者所希望,則亦奴役被征服者以自奉耳。若猛安謀克户仍盡力於耕耘警衛,則彼輩又何必侵掠漢人?豈非侵掠之成果,全爲金少數貴人之所享乎?至此,則女真人自己之矛盾起,而金政府之令不能行矣。《金史》材料極缺乏,然就所存者觀之,亦足見金政府左支右絀之狀。

趙翼《廿二史札記·金末種人被害之慘》

一代敝政,有不盡載於正史,而散見於他書者。金制,以種人設猛安謀克分領之,使散處中原。世宗慮種人爲民害,乃令猛安謀克自爲保聚,其土地與民犬牙相入者互易之,使種人與漢民各有界址,意至深遠也。其後蒙古兵起,種人往戰輒敗。承安中,主兵者謂種人所給田少,不足豢身家,故無鬬志,請括民田之冒稅者給之。於是武夫悍卒,倚國威以爲重,有耕之數世者,亦以冒占奪之。及宣宗貞祐間南渡,盜賊羣起,向之恃勢奪田者,人視之爲血仇骨怨,一顧盼之頃,皆死於鋒鏑之下,雖赤子亦不免。事見元遺山所作張萬公碑文。又完顔懷德碑亦云,民間仇撥地之怨,睚眦種人,期必殺而後已。尋踪捕影,不三二日,屠戮淨盡,甚至掘墳墓,棄骸骨。惟懷德令臨淄有惠政,民不忍殺,得全其生。可見種人之安插河北諸郡者,盡殲於貞祐時。蓋由種人與平民雜處,初則種人倚勢虐平民,後則平民報怨殺種人,此亦一代得失之林也。然《金史》絶不載此事,僅於《張萬公傳》中略見之,則知《金史》之缺漏多矣。

又金末僉軍之弊,見劉祁《歸潜志》。金制,每有征伐,輒下令僉軍,民家有數丁者,盡揀取無遺。貞祐初,有任子爲監當者,正赴吏部選,亦僉監官軍。其人訴於宰相僕散七斤,七斤怒,命左右以弓矢射之,已而上知其不可,乃止。元光末,備黄河,修潼關,又下令僉軍。祁之父劉元規,曾官户部郎中,家居在籍,又監察御史劉從益,亦家居,俱選爲千户,既立部曲,當以次相鈐束,後亦罷之。此可見衰世一切苟且之法也。

金人侵奪漢人田地之事,不盡見於《金史》。(一)由正史材料,本不完全;(二)則金史修於元時,亦或慮觸忌諱而有所隱匿也。此爲治史必須兼採史部以外材料之重要理由。

趙翼《廿二史札記·元諸帝多不習漢文》

元起朔方,本有語無字。太祖以來,但借用畏吾字以通文檄。世祖始用西僧八思巴造蒙古字,然於漢文則未習也。《元史》本紀,至元二十三年,翰林承旨撒里蠻言,國史院纂修《太祖》、累朝《實録》,請先以畏吾字繙繹進讀,再付纂定。元貞二年,兀都帶等進所譯太宗、憲宗、世祖實録,是皆以國書進呈也。其散見於他傳者,世祖問徐世隆以堯、舜、禹、湯爲君之道,世隆取書傳以對,帝喜曰:“汝爲朕直解進讀。”書成,令翰林承旨安藏譯寫以進。曹元用奉旨譯唐《貞觀政要》爲國語。元明善奉武宗詔，節《尚書》經文，譯其關於政事者，乃舉文升同譯，每進一篇，帝必稱善。虞集在經筵，取經史中有益於治道者，用國語、漢文兩進讀，譯潤之際，務爲明白，數日乃成一篇。馬祖常亦譯《皇圖大訓》以進。皆見各本傳。是凡進呈文字必皆譯以國書，可知諸帝皆不習漢文也。惟裕宗爲太子時，早從姚樞、竇默受《孝經》。及長，則侍經幄者如王恂、白楝、李謙、宋道等，皆長在東宫備諮訪。中庶子伯必以其子阿八赤入見，太子諭令入學，伯必即令入蒙古學，逾年再見，問所讀何書，以蒙古書對，太子曰："我命汝學漢人文字耳。"此可見裕宗之留心學問，然未即位薨。以後如仁宗，最能親儒重道，然有人進《大學衍義》者，命詹事王約等節而譯之，則其於漢文蓋亦不甚深貫。至朝廷大臣亦多用蒙古勛舊，罕有留意儒學者。世祖時，尚書留夢炎等奏，江淮行省無一人通文墨者，乃以崔彧爲江淮行省左丞。《彧傳》。李元禮諫太后不當幸五臺，帝大怒，令丞相完澤、不忽木等鞫問，不忽木以國語譯而讀之，完澤曰："吾意亦如此。"是不惟帝王不習漢文，即大臣中習漢文者亦少也。如小雲石海牙、孛术魯翀、巎巎、薩都剌等，固當爲翹楚矣。

侵入中原之民族，對待漢人之態度，各有不同。以大體言之，仰慕漢人之文化，視漢族爲高貴而欲攀附之者，五胡獻文帝以前之拓跋氏除外。及沙陀也。明知漢族文化之優，與之接觸，則必爲所同化，因而欲竭力保存本族之文化，與漢族立於對峙之地位者，金與清也。介乎二者之間者，遼也。不瞭解漢人文化，惟恃其征服之勢，肆行壓制與暴虐者，元也。此蓋由其(一）侵入之先，或居塞内及附塞之地，或則距中原較遠，故其漸染漢族之文化，本有深淺。(二）其侵入中原後，其本據地或已不存，如五胡與沙陀。或雖存而斷不能再行退回，如金、清。或仍勉足自立，如遼及未遷洛前之拓跋氏。或則領土甚廣，視中原不過其一部分。如元。元人不瞭解中原之文化，不通中原之語文，實爲其根本之點。讀此一條，可見其略。

《宋史・林勛傳》

林勛，賀州人。今賀縣。政和五年進士，爲廣州教授。建炎三年八月，獻《本政書》十三篇，言："國家兵農之政，率因唐末之故。今農貧而多失職，兵驕而不可用，是以饑民竄卒，類爲盜賊。宜仿古井田之制，使民一夫占田五十畝，其有羨田之家，毋得市田，其無田與游惰末作者，皆驅之使爲隸農，以耕田之羨者，而雜紐錢穀，雜紐，謂以此物餘數，改取他物。物變而其價格仍相當，乃當時稅法上用語。以爲十一之稅。宋二稅之數，視唐增至七倍。今本政之制，每十六夫爲一井，提封百里，爲三千四百井，率稅米五萬一千斛、錢萬二千緡；每井賦二兵、馬一匹，率爲兵六千八百人、馬三千四百匹，歲取五之一以爲上番之額，以給征役。無事則又分爲四番，以直官府，以給守衛。是民凡三十五年而役使一遍也。悉上則歲食米萬九千餘斛，錢三千六百餘緡，無事則減四分之三，皆以一同之租稅供之。匹婦之貢，絹三尺，綿一兩。百里之縣，歲收絹四千餘疋，綿三千四百斤。非蠶鄉則布六尺、麻二兩，所收視絹綿率倍之。行之十年，則民之口算，官之酒酤，與凡茶、鹽、香、礬之榷，皆可弛以予民。"其説甚備。書奏，以勛爲桂州節度掌書記。

其後，勛又獻《比校書》二篇，大略謂："桂州地東西六百里，桂州，今桂林。南北五百里，以古尺計之，爲方百里之國四十，地方百里爲同。當墾田二百二十五萬二千八百頃，有田夫二百四萬八千，出米二十四萬八千斛，禄卿大夫以下四千人，禄兵三十萬人。今桂州墾田約萬四十二頃，丁二十一萬六千六百一十五，稅錢萬五千餘緡，苗米五萬二百斛有奇，州縣官不滿百員，官兵五千一百人。蓋土地荒蕪而游手末作之人衆，是以地利多遺，財用不足，皆本政不修之故。"朱熹甚愛其書。東陽今東陽。陳亮曰："勛爲此書，考古驗今，思慮周密，可謂勤矣。世之爲井地之學者，孰有加於勛者乎？要必有英雄特起之君，用於一變之後，成順致利，則民不駭而可以善其後矣。"

宋儒論治，頗爲徹底，其時不知社會發展之理，而但欲以古爲法。其極端者，遂至欲復井田封建，其欲復井田封建之理由亦不一，然其有徹底改革之精神則一也。皆欲大變現局。正史中述宋儒此等主張較詳者，當推此篇。

何以言宋儒之論治，有徹底改革之精神也？曰：試就此篇分析之，則見其所言者，可分爲兩端，即（一）比較可能與現實之距離，（二）則推論其所以然之故也。前者皆用數字表示，不能謂爲不確，唯後者則所言不當耳。然所言雖不當，而現局之不合理而不可不改革，則人皆不能不承認矣。故曰：宋儒之論治，有徹底改革之精神也。

宋儒主張井田封建者甚多，幾乎可以説，凡嚴整之宋學家，無不主張此論者，雖其所建議實行之方法，有緩和與急激之不同，甚者或只承認其原理。然並此原理而不承認者，必爲庸俗之宋學家矣。宋學本有兩方面，一爲社會政治的方面，一爲哲學道德的方面。後來哲學道德的方面，偏見發展；社會政治的方面，日益荒落。因之，宋學家此等議論，亡佚者亦甚多，然即就《宋儒學案》所輯者觀之，亦尚可見懷抱此等見解者之不少也。

宋儒主張井田封建之論，昔人即以爲迂而無當，況今日乎？然昔人之議論，無無用者，特視用之者何如耳。即如此篇，就桂州之自然條件，推論其可至之境，以與當時之現實相比較，其間確有一段距離，不能謂爲不當也。然則何以有此距離乎？林氏之解釋曰：土地荒蕪，而游手末作之人衆。土地之荒蕪，實由人力之不盡，則兩問題仍是一問題。末作即工商，實不可謂之不生利，則歸結到底，只是游手之一問題耳。人何以多爲游手？自林氏言之，則曰本政不修，意爲統治階級未能盡責。自今日言之，則理適相反，乃正由統治階級之剥削，使勞動者無以自存，乃不得不爲游手耳。然則封建時代，僅能爲單純之再生産，而不克擴張者，實以其時生産之剩餘，均以地租等形式，爲剥削者所消費，而不克作爲資本之故。而其所剥削者共有幾何？則正可由如林氏之所推論者，而想像其崖略也。故曰：昔人之議論，無無用者也。

有羡田者不令退出，但限制其不得再買，而以耕羡田者爲隸農，茶鹽香礬之税，皆欲廢除，均可考見當時人之思想。

蘇洵《田制》

古之税重乎？今之税重乎？周公之制，園廛二十而税一，近郊十一，遠郊二十而三，稍甸縣都，皆無過十二。漆林之征，二十而五。蓋周之盛時，其尤重者，至四分而取一，其次者乃五而取一，然後以次而輕，始至於十一，而又有輕者也。今之税雖不啻十一，然而使縣官無急征，無横斂，則亦未至乎四而取一，與五而取一之爲多也。是今之税，與周之税，輕重之相去無疑也。雖然，當周之時，天下之民，歌舞以樂其上之盛德。而吾之民，反戚戚不樂，常苦擢筋剥膚，以供億其上。周之税如此，吾之税亦如此，而其民之哀樂，何如此之相遠也。其所以然者，蓋有田矣。周之時用井田，井田廢，田非耕者之所有，而有田者不耕也。耕者之田，資於富民，富民之家，地大業廣，阡陌連接，募召浮客，分耕其中，鞭笞驅役，視以奴僕，安坐四顧，指麾於其間，而役屬之民，夏爲之耨，秋爲之穫，無有一人違其節度以嬉。而田之所入，己得其半，耕者得其半。有田者一人，而耕者十人，是以田主日累其半,以至於富强。耕者日食其半,以至於窮餓而無告。夫使耕者至於窮餓,而不耕不穫者,坐而食富强之利,猶且不可,而況富强之民,輸租於縣官,而不免於怨嘆嗟憤,何則?彼以其半而供縣官之税,不若周之民以其全力而供其上之税也。周之十一,以其全力而供十一之税也。使以其半供十一之税,猶用十二之税然也。況今之税,又非特止於十一而已。則宜乎其怨嘆嗟憤之不免也。噫!貧民耕而不免於饑,富民坐而飽且嬉,又不免於怨,其弊皆起於廢井田。井田復,則貧民有田以耕,穀食粟米,不分於富民,可以無饑,富民不得多占田以錮貧民,其勢不耕則無所得食,以地之全力,供縣官之税,又可以無怨。是以天下之士爭言復井田,既又有言者曰:奪富民之田,以與無田之民,則富民不服,此必生亂,如乘大饑之後,土廣而人稀,可以一舉而就。高祖之滅秦,光武之承漢,可爲而不爲,以是爲恨。吾又以爲不然。今雖使富民皆奉其田而歸諸公,乞爲井田,其勢亦不可得。何則?井田之制,九夫爲井,井間有溝,四井爲邑,四邑爲邱,四邱爲甸,甸方八里,旁加一里爲一成,成間有洫,其地萬井而方百里,百里之間,爲澮者一,爲洫者百,爲溝者萬。既爲井田,又必兼備溝洫。溝洫之制,夫間有遂,遂上有徑。十夫有溝,溝上有畛,百夫有洫,洫上有涂,千夫有澮,澮上有道,萬夫有川,川上有路,萬夫之地,蓋三十二里有半,而其間爲川爲路者一,爲澮爲道者九,爲洫爲涂者百,爲溝爲畛者千,爲遂爲徑者萬,此二者非塞溪壑,平澗谷,夷邱陵,破墳墓,壞廬舍,徙城郭,易疆壠,不可爲也。縱使能盡得平原廣野,而遂規畫於其中,亦當驅天下之人,竭天下之糧,窮數百年,專力於此,不治他事,而後可以望天下之地,盡爲井田,盡爲溝洫,已而又爲民作屋廬於其中,以安其居而後可。吁!亦已迂矣。井田成,而民之死其骨已朽矣。古者井田之興,其必始於唐虞之世乎?非唐虞之世,則周之世無以成井田。唐虞啓之,至於夏商,稍稍葺治,至周而大備。周公承之,因遂申定其制度。疏整其疆界，非一日而遽解如此也。其所由來者漸矣。夫井田雖不可爲，而其實便於今。今誠有能爲近井田者而用之，則亦可以蘇民矣乎？聞之董生曰：井田雖難卒行，宜少近古，限民名田，以贍不足。名田之説，蓋出於此，而後世未有行者，非以不便民也。懼民不肯損其田以入吾法，而遂因此以爲變也。孔光何武曰：吏民名田，無過三十頃，期盡三年而犯者，没入官。夫三十頃之田，周民三十夫之田也。縱不能盡如此制，一人而兼三十夫之田，亦已過矣。期之三年，是又迫蹙平民，使自壞其業，非人情難用，吾欲少爲之限，而不奪其田嘗已過吾限者，但使後之人，不敢多占田以過吾限耳。要之數世，富者之子孫，或不能保其地以復於貧，而彼嘗已過吾限者，散而入於他人矣。或者子孫出而分之無幾矣。如此富民所占者少，而餘地多，餘地多，則貧民易取此爲業，不爲人所役屬，各食其地之全利，利不分於人，而樂輸於官。夫端坐於朝廷，下令於天下，不驚民，不動衆，不用井田之制，而獲井田之利，雖周之井田，何以遠過於此哉！

宋儒持井田論者甚多，此篇之説，爲多數宋學家所共認爲允當者。

此篇之要點有三：（一）承認後世之租税，不重於古，而以農民困窮，歸咎於地主之剥削；（二）謂欲復井田，不必拘整齊之形式；（三）則欲用平和手段，達到改革之目的也。第一點可謂近真，蓋由研究事實而得，第二點自亦不錯，但須知古書所説井田、封國等整齊畫一之形式，本係“設法”之辭，非謂實際如此。“設法”二字，見《周禮》鄭《注》，謂假設平正之例以示。《漢書·食貨志》述井田之制畢，又申明之曰“此謂平土可以爲法者也”，亦即此意。近人舉古書所言井田、封國之制，稱之曰“豆腐干”式，謂實際不能有此事，殊不知古人本未曾云實際有此事，其辭乃無的放矢也。且古代井田，本只限於平坦之地，不能謂無此制,以其時地皆在公,人少矛盾,整齊畫一之阡陌、溝洫,不能謂其不可以積漸而致,但亦不能如古書所言之刻板耳。至於崎嶇之地,古不行井田而行畦田,此篇所言塞溪壑,平澗谷,亦誤會之辭也。非到處如此也。第三點則事實上不可能,在今日其理易明,無待贅論。然昔人之議論,殆無不如此者,由其未知階級鬥争之理也。

富强之民,以其半供縣官之税,仍不免於竭蹶,其説似不近情,須知此所云富强之民者,乃富農、中農之流,非大地主。在一條鞭法未行時,賦役遠較後世爲重,雖富農、中農,亦不能免於竭蹶也。大地主則身分特殊,多可免除,逃避賦役,故可以致富。然其數較少,故蘇氏未之及。

顧亭林《郡縣論》

一

知封建之所以變而爲郡縣,則知郡縣之敝而將復變。然則將復變而爲封建乎?曰:不能,有聖人起,寓封建之意於郡縣之中,而天下治矣。蓋自漢以下之人,莫不謂秦以孤立而亡。不知秦之亡,不封建亡,封建亦亡。而封建之廢,固自周衰之日而不自於秦也。封建之廢,非一日之故也;雖聖人起,亦將變而爲郡縣。方今郡縣之敝已極,而無聖人出焉。尚一一仍其故事,此民生之所以日貧,中國之所以日弱,而益趨於亂也。何則?封建之失,其專在下,郡縣之失,其專在上。古之聖人,以公心待天下之人,胙之士而分之國,今之君人者,盡四海之内爲我郡縣猶不足也,人人而疑之,事事而制之,科條文簿日多於一日,而又設之監司,設之督撫,以爲如此,守令不得以殘害其民矣。不知有司之官,凜凜焉救過之不給,以得代爲幸,而無肯爲其民興一日之利者,民烏得而不窮,國烏得而不弱?率此不變,雖千百年,而吾知其與亂同事，日甚一日者矣。然則尊令長之秩，而予之以生財治人之權，罷監司之任，設世官之獎，行辟屬之法，所謂寓封建之意於郡縣之中，而二千年以來之敝可以後振。後之君苟欲厚民生，强國勢，則必用吾言矣。

二

其説曰：改知縣爲五品官，正其名曰縣令。任是職者，必用千里以内習其風土之人。其初曰試令，三年，稱職，爲真；又三年，稱職，封父母；又三年，稱職，璽書勞問；又三年，稱職，進階益禄，任之終身。其老疾乞休者，舉子若弟代，不舉子若弟，舉他人者聽；既代去，處其縣爲祭酒，禄之終身。所舉之人後爲試令，三年稱職爲真，如上法。每三四縣若五六縣爲郡，郡設一太守，太守三年一代。詔遣御史巡方，一年一代。其督撫司道悉罷。令以下設一丞，吏部選授。丞任九年以上得補令。丞以下曰簿，曰尉，曰博士，曰驛丞，曰司倉，曰游徼，曰嗇夫之屬，備設之，毋裁。其人聽令自擇，報名於吏部，簿以下得用本邑人爲之。令有得罪於民者，小則流，大則殺；其稱職者，既家於縣，則除其本籍。夫使天下之爲縣令者，不得遷又不得歸，其身與縣終，而子孫世世處焉。不職者流，貪以敗官者殺。夫居則爲縣宰，去則爲流人，賞則爲世官，罰則爲斬絞，豈有不勉而爲良吏者哉。

三

何謂稱職？曰：土地辟，田野治，樹木蕃，溝洫修，城郭固，倉廪實，學校興，盜賊屏，戎器完，而其大者則人民樂業而已。夫養民者，如人家之畜五牸然，司馬牛者一人，司芻豆者復一人，又使紀綱之僕監之，升斗之計必聞之於其主人，而馬牛之瘠也日甚。吾則不然，擇一圉人之勤幹者，委之以馬牛，給之以牧地，使其所出常浮於所養，而視其肥息者賞之，否則撻之。然則其爲主人者，必烏氏也，必橋姚也，故天下之患，一圉人之足辦，而爲是紛紛者也。不信其圉人，而用其監僕，甚者並監僕亦不信焉，而主人之耳目亂矣。於是愛馬牛之心,常不勝其吝芻粟之計,而畜産耗矣。故馬以一圉人而肥,民以一令而樂。

四

或曰:無監司,令不已重乎?子弟代,無乃專乎?千里以内之人,不私其親故乎?夫吏職之所以多爲親故撓者,以其遠也。使並處一城之内,則雖欲撓之而有不可者。自漢以來,守鄉郡者多矣,曲阜之令,鮮以貪酷敗者,非孔氏之子獨賢,其勢然也。若以子弟得代而慮其專,蕞爾之縣,其能稱兵以叛乎?上有太守,不能舉旁縣之兵以討之乎?太守欲反,其五六縣者肯捨其可傳子弟之官而從亂乎?不見播州之楊傳八百年,而以叛受戮乎?若曰無監司不可爲治,南畿十四府四州何以自達於六部乎?且今之州縣,官無定守,民無定奉,是以常有盜賊戎翟之禍,至一州則一州破,至一縣則一縣殘,不此之圖,而慮令長之擅,此之謂不知類也。

五

天下之人各懷其家,各私其子,其常情也。爲天子爲百姓之心,必不如其自爲。此在三代以上已然矣。聖人者因而用之,用天之私,以成一人之公而天下治。夫使縣令得私其百里之地,則縣之人民皆其子姓,縣之土地皆其田疇,縣之城郭皆其藩垣,縣之倉廩皆其囷窌。爲子姓,則必愛之而勿傷;爲田疇,則必治之而勿棄;爲藩垣囷窌,則必繕之而勿損。自令言之,私也。自天子言之,所求乎治天下者,如是焉止矣。一旦有不虞之變,必不如劉淵、石勒、王仙芝、黄巢之輩,横行千里,如入無人之境也。於是有效死勿去之守,於是有令從締交之拒,非爲天子也,爲其私也。爲其私,所以爲天子也。故天下之私,天子之公也。公則説,信則人任焉。此三代之治可以庶幾,而況乎漢唐之盛,不難致也。

六

今天下之患,莫大乎貧。用吾之説,則五年而小康,十年而大富。且以馬言之，天下驛遞往來，以及州縣上計京師，白事司府，迎候上官，遞送文書，及庶人在官所用之馬，一歲無慮百萬匹，其行無慮萬萬里。今則十減六七，而西北之馬羸不可勝用矣。以文册言之，一事必報數衙門，往復駁勘必數次，以及迎候、生辰、拜賀之用，其紙料之費率諸民者，歲不下巨萬。今則十減七八，則東南之竹箭不可勝用矣。他物之稱是者，不可悉數。且使好令者得以省耕斂，教樹畜，而田功之穫，果蓏之收，六畜之孳，材木之茂，五年之中，必當倍益。從是而山澤之利，亦可開也。夫採礦之役，自元以前，歲以爲常，先朝所以閉之而不發者，以其召亂也。譬之有窖金焉，發於五達之衢，則市人聚而争之，發於堂室之内，則唯主人有之，門外者不得而争也。今有礦焉，天子開之，是發金於五達之衢也。縣令開之，是發金於堂室之内也。利盡山澤而不取諸民，故曰此富國之策也。

七

法之敝也，莫甚乎以東州之餉，而給西邊之兵，以南郡之糧，而濟北方之驛。今則一切歸於其縣，量其衝僻，衡其繁簡，使一縣之用，常寬然有餘。又留一縣之官之禄，亦必使之溢於常數，而其餘者然後定爲解京之類。其先必則壤定賦，取田之上中下，列爲三等或五等，其所入悉委縣令收之。其解京曰貢、曰賦，其非時之辦，則於額賦支銷，若盡一縣之入用之而猶不足，然後以他縣之賦益之，名爲協濟。此則天子之財，不可以爲常額。然而行此十年，必無盡一縣之入用之而猶不足者也。

八

善乎業正則之言曰：今天下官無封建而吏有封建。州縣之敝，吏胥窟穴其中，父以是傳之子，兄以是傳之弟。而其尤桀黠者，則進而爲院司之書吏，以掣州縣之權，上之人明知其爲天下之大害而不能去也。使官皆千里以内之人，皆其民事，而又終其身任之，則上下辨而民志定矣，文法除而吏事簡矣。官之力足以御吏而有餘,吏無所以把持其官而自循其法。昔人所謂養百萬虎狼於民間者,將一旦而盡去,治天下之愉快,孰過於此。

九

取士之制,其薦之也,略用古人鄉舉里選之意,其試之也,略用唐人身言書判之法。縣舉賢能之士,間歲一人試於部。上者爲郎,無定員,郎之高第得出而補令,次者爲丞,於其近郡用之,又次者歸其本縣,署爲簿尉之屬。而學校之設,聽令與其邑之士自聘之,謂之師不謂之官,不隸名於吏部。而在京,由公卿以上,仿漢人三府辟召之法,參而用之。夫天下之士,有道德而不願仕者,則爲人師,有學術才能而思自見於世者,其縣令得而舉之,三府得而辟之,其亦可以無失士矣。或曰:間歲一人,功名之路無乃狹乎?化天下之士使之不兢於功名,王治之大者也。且顏淵不仕,閔子辭官,漆雕未能,曾晳異撰,亦何必於功名哉!

宋學家之封建論,大致可以此篇爲代表。宋學家之欲行封建者,其言似人人殊,然探求其所以然,則不外二端:一則不忍民生之憔悴;一則自宋以後,遼金元清,屢次侵入,憤於國勢之弱,而欲求强而已。此論首篇所提出之“厚民生,强國勢”六字,實其宗旨所在也。民生何以窳?國勢何以弱?此篇探求其源,謂由於其專在上,專在上,則“科條文簿”,所以束縛其下之具日密,“監司督撫”,所以監督其下之官日多,而令長一事不可爲矣。救之之法,在“尊令長”,而令長以下之人,則聽令長自用,所謂“行辟屬之法”也。令長以上,能掣令長之肘者去之,所謂“罷監司之任”也,監司且當罷,督撫自不待言。監司督撫悉罷,則監督令長之人已亡,科條文簿,不得去而自去矣,此所以使令長可以有爲。然則何以鼓勵之而使其欲有所爲乎?此則“設世官之獎”其策也。故“厚民生,强國勢”二語,爲此論宗旨所在;“尊令長之秩,罷監司之任,設世官之獎,行辟屬之法”四語,則其行之之法也。首篇悉提出之,以下各篇,則加以申説而已。

此篇之蔽安在乎？曰中國封建政體之廢，此舊日所用狹義之封建，專就政治上言之，非今日所用廣義之封建，主要之意義，在於經濟上者也。有一要義焉，曰：去其相互間之兵爭，且使固有君國子民之權者，失去其權，不能虐民而已。故當封建之世，即得明天子，天下亦不能大治，以列國之君，不能皆賢，而其治民之權，仍爲合法也。郡縣之世則不然，事實上，中央政府，固不能事事而正之，然就法律上言，則其權固得貫徹到底，有好事皆可推行，有惡事皆可制止，故得一爲中央政府，政府即可徹底改良矣。但此係理論如此，事實上，則有階級之世，治者階級，必思朘削被治者以自利。郡縣之世，爲統治之階級者誰乎？則官僚是已。官僚階級，既欲朘民以自利，則賢明之中央政府，必圖制止之。制止之策惟何？（一）曰嚴密監督其所爲，如是，則監督之人必日增，監督之具必日密，然其力終有所弗勝。（二）則惟有竭力減少所辦之事，於是百事皆廢矣。故宋學家所痛心疾首之弊，乃昔時社會之本質如此，非改變其社會組織，其病必不能去，斷非但改其政治制度，遂能有濟者也。即如此篇所論，果如其説而行之，試問何以能保中央政府不爲惡乎？"居則爲縣宰，去則爲流人，賞則爲世官，罰則爲斬絞，豈有不勉爲良吏者哉？"似矣，然古來世襲之君，孰無此權利？何以不皆勉爲仁君？曰：昏愚耳。然則能保今世之令長，若其子弟，無昏愚者乎？若乃互相并吞，所享之權利，豈不更大？又能保無野心者乎？此等難端，隨時可以提出無數，而皆不易解答，故知倒行逆施之法，無一而可也。

但提出封建論者，其欲徹底改革之精神自在，不敢提此論者，即無此等精神，失去宋學家之特點矣，故吾終目爲庸俗也。

討 論 擬 題

宋代保甲虐民，而河北弓箭社，則成效卓著，且無流弊，王巖叟及蘇軾之辭,可謂成一鮮明之對照。但河北弓箭社等組織,非至外患逼近時不能有,則不能希望以此練成民兵,因民兵不能至外患逼近時始練也,然則欲練民兵,當用何策?《舊唐書·李抱真傳》説他做澤潞節度使,澤州,今山西晉城縣。潞州,今山西長治縣,古之上黨也。"密揣山東當有變,上黨且當兵衝",而"承戰餘,……無以養軍士",乃"籍户丁男,三選其一。……免其租徭,給弓矢,令之曰:農……隙則分曹角射,歲終,吾當會試。及期,按户而徵之,都試以示賞罰漢時試民兵,謂之都試。……比三年,皆善射得……卒二萬"。此法但用獎勵,而不派人教練,故無如宋保甲之弊,是否可行?

《遼史·營衛志》説遼之强,"部族實爲之爪牙",而其部族之所以强,則由於"生生之資,仰給畜牧,各安舊風,狃習勞事,不見紛華異物而遷"。這話,似乎是不可否認的,然則一國之中而有落後之游牧民族,是否可利用之以爲兵力之骨幹?如其可以,是否怕兵力的偏重?

金世宗惓惓於女真舊俗,這不是無理由的,因爲就我們之所見,經濟上落後的地方,其風俗往往是淳厚質樸的,但是這種風俗,爲什麽總不能長久保持?

金人之括田以授猛安謀克户,事實上固然侵犯了漢族農民的權利,但其本意,乃是拘括官田的,這種官田,多爲豪强所占,豪强並不自耕,必以之租給佃農,他的收租,未必不剥削。然則田主與佃户之間,必然有仇恨,爲什麽後來漢人只恨女真人?假使當時金朝人括田的政策,辦理得好些,真的只拘括官地,而不甚侵犯耕農,漢人對女真人的仇恨,是否會淺些,或者竟無甚仇恨?

把元朝的皇帝及其大臣,多數不通漢族的語文,看作元朝人對於中國不瞭解的根源,這看法是否妥當?如其妥當的,其理由在哪里?

中國從前主張平均地權的人很多。這班人的見解,其實是落後的。試看他們:(一)仍認工商業爲末業,而欲加以裁抑;(二)又欲除農業以外之雜税而可知。然則他們所認爲唯一重要之生産資料者田而已。既然認田爲唯一的生産資料,則人口增加,生産資料必感不足,乃當然之結論;而地權平均之後,生活改善,社會安寧,人口增加必速,又是易於見得的。如此,極易走向馬爾薩斯一條路綫,但中國却又從來没有這種議論,是何理由?

宋學家持封建論的,都把政治的敗壞,看作由於君主的自私,這話,乍看似有道理,但細思之,則(一)開國的君主,總是聰明的,天下不能用强力或手段把持的道理,他一定能懂得。(二)繼世之主,則必多昏愚,不但不會把持天下,並亦不知道天下須要把持。這正和昏愚的紈袴子弟,不會保守産業,並没有保守産業的思想一樣。然則説從來做皇帝的都有私天下之心,這話又成疑問了。然則説歷來的皇帝,不必都有私天下之心,則如顧炎武所説“人人而疑之,事事而制之”的局面,又何從而來?這個問題你以爲如何?宋學家持封建論的,謂人人自顧其私,利用之即可以成天下之公,如顧炎武《郡縣論五》所説。這話是否妥當?

歐陽修《本論》(節録)

佛法爲中國患千餘歲,世之卓然不惑而有力者,莫不欲去之,已嘗去矣而復大集,攻之暫破而愈堅,撲之未滅而愈熾,遂至於無可奈何,是果不可去耶?蓋亦未知其方也。夫醫者之於疾也,必推其病之所自來,而治其受病之處,病之中人,乘乎氣虚而入焉,則善醫者不攻其疾而務養其氣,氣實則病去,此自然之效也。故救天下之患者,亦必推其患之所自來,而治其受患之處。佛爲夷狄,去中國最遠,而有佛固已久矣。堯舜三代之際,王政修明,禮義之教,充於天下,於此之時,雖有佛,無由而入。及三代衰,王政闕,禮義廢,後二百餘年而佛至乎中國,由是言之,佛所以爲吾患者,乘其闕廢之時而來,此其受患之本也。補其闕,修其廢,使王政明而禮義充,則雖有佛,無所施於吾民矣,此亦自然之勢也。

昔堯舜三代之爲政，設爲井田之法，籍天下之人，計其口而皆授之田，凡人之力能勝耕者，莫不有田而耕之，斂以什一，差其征賦，以督其不勤，使天下之人，力皆盡於南畝，而不暇乎其他，然又懼其勞且怠而入於邪僻也。於是爲製牲牢酒醴以養其體，弦匏俎豆以悦其耳目，於是不耕休力之時而教之以禮，故因其田獵而爲搜狩之禮，因其嫁娶而爲婚姻之禮，因其死葬而爲喪祭之禮，因其飲食羣聚而爲鄉射之禮，非徒以防其亂，又因而教之，使知尊卑長幼，凡人之大倫也。故凡養生送死之道，皆因其欲而爲之制，飾之物采而文焉，所以悦之，使其易趣也。順其情性而節焉，所以防之，使其不過也。然猶懼其未也，又爲立學以講明之，故上自天子之郊，下至鄉黨，莫不有學，擇民之聰明者而習焉，使相告語而誘勸其愚惰，嗚呼！何其備也。蓋堯舜三代之爲政如此，其慮民之意甚精，治民之具甚備，防民之術甚周，誘民之道甚篤，行之以勤而被於物者洽，浸之以漸而入於人者深，故民之生也，不用力於南畝，則從事於禮樂之際，不在其家，則在乎庠序之間，耳聞目見，無非仁義，樂而趣之，不知其倦。終身不見異物，又奚暇夫外慕哉！故曰雖有佛無由而入者，謂有此具也。及周之衰，秦并天下，盡去三代之法，而王道中絶，後之有天下者，不能勉強。其爲治之具不備，防民之漸不周，佛於此時乘間而出，千有餘歲之間，佛之來者日益衆，吾之所爲者日益壞，井田最先廢，而兼并游惰之奸起，其後所謂搜狩婚姻喪祭御射之禮，凡所以教民之具，相次而盡廢，然後民之奸者有暇而爲他，其良者泯然不見禮義之及已。夫奸民有餘力，則思爲邪僻，良民不見禮義，則莫知所趣，佛於此時乘其隙，方鼓其雄誕之説而率之，則民不得不從而歸矣。又況王公大人，往往倡而驅之，曰佛是真可歸依者，然則吾民何疑而不歸焉。幸而有一不惑者，方艴然而怒曰：佛何爲者，吾將操戈而逐之。又曰：吾將有説以排之。夫千歲之患，遍於天下，豈一人一日之可爲。民之沈酣入於骨髓，非口舌之可勝，然則將奈何？曰：莫若修其本以勝之。昔戰國之時，楊墨交亂，孟子患之而專言仁義，故仁義之説勝，則楊墨之學廢。漢之時，百家並興，董生患之而退修孔氏，故孔氏之道明而百家息。此所謂修其本以勝之之效也。今八尺之夫，被甲荷戟，勇蓋三甲，然而見佛則拜，聞佛之説，則有畏慕之誠者，何也？彼誠壯佼，其中心茫然無所守而然也。一介之士，眇然柔懦，進趨畏怯，然而聞有道佛者，則義形於色，非德不爲之屈，又欲驅而絶之者，何也？彼無他焉，學問明而禮義熟，中心有所守以勝之也，然則禮義者，勝佛之本也。今一介之士，知禮義者尚能不爲之屈，使天下皆知禮義，則勝之矣，此自然之勢也。

宋儒之闢佛，從政治上立論者，從哲學、道德上立論者除外。以此篇之主張，爲能得大多數人之承認。

佛教之行於中國，最大之理由有二：(一)社會有矛盾，因而人有痛苦，需要慰安，亦即須此麻醉也。古代之人生觀，最高之蘄求，爲養生送死無憾，此誠甚切實，但社會之組織變壞，則此蘄求爲不可致，不可致則人有痛苦，需有以麻醉之，當此之時，相需最殷者，爲死後亦即來生。之幸福，而此爲舊説所缺，佛教則於此强調焉。(二)印度之哲學，較中國之哲學程度爲高，故能使知識分子信服，合此二者，而佛教風行全國矣。此確係乘虚而入。人民有此需求，而本國無以滿足之。他外教不能盛行於中國者，以中國人之需要，業已有佛教以滿足之，如程子所謂瓶盎中實，則水不能入也。

但佛教之輸入，亦有招致中國人之反對者，(一)則其教太拋荒人事，(二)則在經濟上耗損太大也。用政治上之力以摧毁之者，(一)爲魏太武帝，(二)爲周武帝，(三)爲唐武宗。佛家所謂“三武之禍”也，皆無效。學者持反佛之論者亦不乏，亦無效。此篇所謂非一人一日所可爲，非口舌所可勝也，此自爲經驗之談。其謂佛教之入，係中國之空虚，亦饒有理致，但其所謂充實之法，則殊不可信耳。

何者？佛教乘中國之空虛，即中國有此需求之謂，中國有此需求，自有其所以然之故。非不變社會之組織，但如統治階級之意，以振興教化所能致也。此爲一切宗教能存在之原因，亦非獨佛教耳。

周敦頤《太極圖説》

無極而太極。太極動而生陽，動極而静。静而生陰，静極復動。一動一静，互爲其根；分陰分陽，兩儀立焉。陽變陰合，而生水、火、木、金、土，王氣順布，四時行焉。五行一陰陽也，陰陽一太極也，太極本無極也。五行之生也，各一其性，無極之真，二五之精，妙合而凝。乾道成男，坤道成女；二氣交感，化生萬物。萬物生生，而變化無窮焉。惟人也，得其秀而最靈。形既生矣，神發知矣。五性感動，而善惡分，萬事出矣。聖人定之以仁、義、中、正，而主静，立人極焉。故聖人與天地合其德，與日月合其明，與四時合其序，與鬼神合其吉凶。君子修之吉，小人悖之凶，故曰：立天之道，曰陰與陽；立地之道，曰柔與剛；立人之道，曰仁與義。又曰：原始要終，故知死生之説。大哉易也，斯其至矣。

此篇爲宋儒哲學之根柢。宋學巨子稱五子，五子者：周敦頤、張載、程顥、程頤、朱熹。其發展之順序，周、張先奠定一宇宙觀、人生觀，而程、朱進言其修爲之法，與朱熹同時有陸九淵，其修爲之法，與朱熹異，故宋學有朱、陸兩派。明代之王守仁，人稱其學近於陸九淵，故以王、陸連稱。以予觀之，王實綜合朱、陸二家；自朱、陸至王，實爲一辯證法之進步也。

一種學術之興起，必有其特殊之宇宙觀及人生觀。人者宇宙間之一物，必明於宇宙之規律，然後知自處之道，故二者實爲一物。宋學承佛學盛行之後，務在吸收其長而矯其弊。佛教之長安在？曰：

在其哲學之精深，修爲之法之鞭辟近裏，非中國舊説所及。其弊安在？曰：在其宇宙觀、人生觀，謂“萬法惟識”，因此，看得外界的規律，都不真實，遂覺萬事皆空。欲矯其弊，必先承認外界之規律爲真實，規律即佛所謂法，故反佛教者，必先變其“萬法惟識”之説，而主張萬法皆實。

欲主張萬法皆實，則必須承認外界之物質爲實有，且有一定之規律。物質之根本爲何？中國古説有二，一分爲五行，水、火、木、金、土；一謂止有一氣。由後之説，張子之《正蒙》以之，由前之説，周子之《太極圖説》以之，視萬物之原質爲一氣，其説實較五行爲進步，但宋學以程朱爲大宗，程子服膺周子，而於張子有微辭，故張子之説，不如周子之説之盛行也。物質非不變者，此爲凡哲學家所同認，變必由於其動，動態可歸納爲二端，是爲陰陽，哲學上不能將陰陽認爲兩物，而只能認爲兩種動態，故陰陽仍是一體，是爲太極。太極究爲何物，則無從説起，此爲人知識所窮，故曰無極。故本篇之説，猶曰：無從説起即不可知。的世界本體，無極而太極。是會動的，動的狀態唤做陽，又是會静的，静的狀態唤做陰。動必承静之後，静必承動之後，故曰：“動極而静，静極復動。”動和静的原因，都不能求諸太極本身以外。而動之後必從以静，静之後必繼以動，則只可説動是静的原因，静是動的原因，故曰“一動一静，互爲其根”，太極之體是一。爲什麽世界上的物質，會分爲水、火、木、金、土五種？周子認爲即由於太極之一動一静而然，故曰：“陽變，陰合，而生水、火、木、金、土。”水、火、木、金、土，不是呆呆的五種物質，而是各有其作用的，此即周子所謂五氣，五氣的作用，依一定之次序，而迭爲盛衰，此即所謂“五氣順布，四時行焉”。此亦取古者謂春爲木王，今之“旺”字。夏爲火王，秋爲金王，冬爲水王，土則寄王四時之説也。陰陽，五行，非各爲一物而實即一物；此物也，我們只能認識其動態，而無從知道其本體。此意恐人誤解，故又申言之曰：“五行一陰陽也，陰陽一太極也，太極本無極也。”此周子之宇宙觀也。

宇宙間之一切物,連人在内,均係宇宙之一部分。此一切物,都是兼具水、火、木、金、土五種質的,這五種質,爲什麽會雜糅而成各種物呢?周子説其原因爲無極之真,二五之精,妙合而凝,"真"即實體,《易經》的《繫辭》説:"天數五,地數五。"二五猶言天地,物質有屬於天的,屬於地的,即是有陽性的,有陰性的,因爲五行即陰陽,故仍可分爲陰陽兩種。如此則成爲兩性,乾道成男,坤道成女。此男女不專指人,可兼包一切生物。一切物都係兩性相合而成的。單性生殖等,自非古人所知。此即所謂"二氣交感,化生萬物"。萬物之生,子皆有異於其親,即所謂"萬物生生,而變化無窮"了。此爲周子説萬物之所由成,人亦包括在内。

人之所以爲人,當如何呢?周子首先承認人在萬物之中是最高的,所以沿襲古語"人爲萬物之靈"之説,而稱他爲"最靈"。人爲什麽最靈呢?這由於他是最好的物質,所以沿襲《禮記·禮運》"人者五行之秀氣"之説,而説他"得其秀",精神現象(神)根據於物質現象(形),所以説"形既生矣,神發知矣",知近乎現在所謂意識。此即是説,有此物質,使有此精神,然則人之精神,應當就是物質的性質。如此,人性物性通而爲一。因爲人即是物,物質的性質如何呢?那是有五種的,因爲物質分爲五行,此乃沿襲古代以五性配五行之説。水智、火禮、木仁、金義、土信。人之行爲,没有不關涉精神現象的,所以其原因皆由於五性的感動。五性都是好的,爲什麽會有惡呢?那是由於用之不得其當,更嚴密些説,則是由於份量的太多或太少。這話怎樣説呢?五性之分,"智"只是知道而已,"禮"只是做事情的一種方式,"信"只是確實如此,都無善惡之可言。其反於物,即使我以外之物受其影響的,則只有仁、義兩端。"仁"即是順從物意,譬如小孩要吃,我們就給他吃;"義"却要違反物意,譬如小孩要吃,我們偏不給他吃。二者都可以得好結果,也都可以得壞結果,所以其本質都是好的,其壞,只是由於用之不得其當。再嚴密些説:當仁的事情,並不是就不要義,只是我們用義用得太早些,還没有達到用義的時機,先已用義了,以至於義變而爲惡,當義之事而誤用仁,亦是如此。所以説:天下無所謂善惡,只有中庸和過不及，這是宋學最精之説，社會主義是好的，只能行新民主主義的時候，而使行社會主義，就壞了；舊民主主義，也是好的，已該行新民主主義的時候，而要保守舊民主主義，就壞了，亦不外乎這個理。所以人的行爲，可總括爲仁義兩端，等於五行可總括爲陰陽，而仁義原即一物，仁是目的，義是達此目的的手段。則等於陰陽就是一個太極。人具有五性，而不能用之皆得其當，即其及於他物的仁義，不能用之皆適其時，恰如其分，所以五性感動之後，就要分出善惡的動機；爲遂行此動機而生出來的萬事，自然也是有善有惡的了。此乃生物界之事實，我們不能變更生物的本質，只有藉自己的修爲來補救，來矯正。那麽，就該將人的行爲，分爲仁義兩端，而求其用之之得當，得當即所謂中正。中正的狀態，我們要隨時，亦即永遠保守着，而不可任其移動。此即所謂“定之以仁義中正而主静”。這是爲人最好的道理，所以説是“立人極焉”。能如此，則與自然的規律相合。人是自然界的一物，原該遵守自然的規律的，而能遵守自然的規律，爲人之道，亦即可謂之無遺憾了。下文“與天地合其德”數語，乃引用《易經・乾卦》的《文言》，其意，只是稱聖人能與自然界的規律完全相合而已。

周子之説如此，張子之説，則認宇宙間惟一之物質爲氣。一切物皆此一原質所成，宇宙間充滿此氣，更無空隙，不過氣有疏有密，密則爲人所能感覺，疏則不能感覺罷了。氣是運動不已的，而其疏密，亦隨其運動而變。疏變爲密，密變爲疏，氣所以要運動，則由氣之性質，本有好惡，即這個氣喜歡那個氣，不喜歡另一個氣。對於所喜歡的則迎，對於所不喜歡的則拒，就生出各種運動來。而人性之所以有好惡，其根源亦即在此，因爲人是物質造成的，不能皆得其當，所以學問之道，貴在“變化氣質”。

張子之異於周子者，在於不用古説之五行，其認物質是基本，精神出於物質，精神現象即物質現象，是相同的，世界是真實的，外界的規律是真實的，而不可不遵守，亦是相同的。和佛教説：我們所認識的世界，是依據我們的識，識變了，我們所認識的世界，也就變了。所以我們現在所認識的外界，和外界的規律，都並不真實，恰恰相反。所以佛教認世事爲不足爲，即爲足爲，我們亦不能爲。宋學家亦恰恰與之相反。所以宋學家有一句最重要的口號，是"釋氏本心，吾徒本天"。"天即理"，理即今所謂外界的規律。所以這種學問，最正當的名字是"理學"，所以理學的反佛，是以哲學中的唯物論反對唯心論。

經這周、張二子的發明，理學家的宇宙觀、人生觀，業經定了，宗旨既定，便要講究實行的方法。理學家既重視外界的規律，首先要努力的，自然是求知外界規律，求知外界的規律，必於外物的本身，此即小程子（頤）提出，而朱子鄭重加以闡發的"即物窮理"之説，此在理論自無疑義。但於此有一問題，即"即物窮理"，是要用我們的心去窮的，而我們的心，爲重重的私欲所蔽，這種爲私欲所蔽的心，能否去即物窮理呢？於是陸子對朱子之説，提出異議，要"先發人本心之明"。如此，在修爲方法上，就有兩説對立了。到王子出，才加以綜合，説格物就是發本心之明，兩事只是一事，如此，在修爲方法上，也就無遺義了。理學發展的經過，大致如此。

理學的内容及其發展，現在無暇詳細講，所以但選取這個最基本的，即理學家奠定其宇宙觀、人生觀的著作一篇，加以講述，而其餘則附帶着加以説明，但他粗略的輪廓，也可以略有所知了。《太極圖》這一張圖，在考據上，是出於道家書的，從前的漢學家，以此爲攻擊周子之口實，但此説在今日，無足争辯。

《明史·食貨志》（節録）

太祖籍天下户口，置户帖、户籍，具書名、歲、居地。籍上户部，帖給之民。有司歲計其登耗以聞。及郊祀，中書省以户籍陳壇下，薦之天，祭畢而藏之。洪武十四年詔天下編賦役黄册，以一百十户爲一里,推丁糧多者十户爲長,餘百户爲十甲,甲凡十人。歲役里長一人,甲首一人,董一里一甲之事。先後以丁糧多寡爲序,凡十年一周,曰排年。在城曰坊,近城曰廂,鄉都曰里。里編爲册,册首總爲一圖。鰥寡孤獨不任役者,附十甲後爲畸零。僧道給度牒,有田者編册如民科,無田者亦爲畸零。每十年有司更定其册,以丁糧增減而升降之。册凡四:一上户部,其三則布政司、府、縣各存一焉。上户部者,册面黄紙,故謂之黄册。年終進呈,送後湖東西二庫庋藏之。歲命户科給事中一人、御史二人、户部主事四人釐校訛舛。其後黄册只具文,有司征税、編徭,則自爲一册,曰白册云。

……

明土田之制,凡二等:曰官田,曰民田。初,官田皆宋、元時入官田地。厥後有還官田,没官田,斷入官田,學田,皇莊,牧馬草場,城壖苜蓿地,牲地,園陵墳地,公占隙地,諸王、公主、勛戚、大臣、内監、寺觀賜乞莊田,百官職田,邊臣養廉田,軍、民、商屯田,通謂之官田。其餘爲民田。

……洪武二十年命國子生武淳等分行州縣,隨糧定區。區設糧長四人,量度田畝方圓,次以字號,悉書主名及田之丈尺,編類爲册,狀如魚鱗,號曰魚鱗圖册。先是,詔天下編黄册,以户爲主,詳具舊管、新收、開除、實在之數爲四柱式。而魚鱗圖册以土田爲主,諸原坂、墳衍、下隰、沃瘠、沙鹵之别畢具。魚鱗册爲經,土田之訟質焉。黄册爲緯,賦役之法定焉。

……

太祖爲吴王,賦税十取一,役法計田出夫。……即位之初,定賦役法,一以黄册爲準。册有丁有田,丁有役,田有租。租曰夏税,曰秋糧,凡二等。夏税無過八月,秋糧無過明年二月。丁曰成丁,曰未成丁,凡二等。民始生,籍其名曰不成丁,年十六曰成丁。成丁而役,六十而免。又有職役優免者。役曰里甲,曰均徭,曰雜泛,凡三等。以户計曰甲役,以丁計曰徭役,上命非時曰雜役,皆有力役,有雇役。府州縣驗册丁口多寡,事産厚薄,以均適其力。

……

役法定於洪武元年。田一頃出丁夫一人,不及頃者以他田足之,名曰均工夫。尋編應天十八府州,江西九江、饒州、南康三府均工夫圖册。每歲農隙赴京,供役三十日遣歸。田多丁少者,以佃人充夫,而田主出米一石資其用。非佃人而計畝出夫者,畝資米二升五合。迨造黄册成,以一百十户爲一里,里分十甲曰里甲。以上、中、下户爲三等,五歲均役,十歲一更造。一歲中諸色雜目應役者,編第均之,銀、力從所便,曰均徭。他雜役,曰雜泛。凡祗應、禁子、弓兵,悉僉市民,毋役糧户。額外科一錢、役一夫者,罪流徙。

後法稍弛,編徭役里甲者,以户爲斷,放大户而勾單小。於是議者言,均徭之法,按册籍丁糧,以資産爲宗,核人户上下,以蓄藏得實也。稽册籍,則富商大賈免役,而土著困;核人户;則官吏里胥輕重其手,而小民益窮蹙。二者交病。然專論丁糧,庶幾古人租庸調之意。乃令以舊編力差、銀差之數當丁糧之數,難易輕重酌其中。役以應差,里甲除當復者,論丁糧多少編次先後,曰鼠尾册,按而徵之。市民商賈家殷足而無田産者,聽自占,以佐銀差。正統初,僉事夏時創行於江西,他省仿行之,役以稍平。

其後諸上供者,官爲支解,而官府公私所須,復給所輸銀於坊里長,責其營辦。給不能一二,供者或什伯,甚至無所給,惟計值年里甲祗應夫馬飲食,而里甲病矣。

……

世宗中年,邊供費繁,加以土木、禱祀,月無虚日,帑藏匱竭。司農百計生財,甚至變賣寺田,收贖軍罪,猶不能給。二十九年,俺荅犯京師,增兵設戍,餉額過倍。三十年,京邊歲用至五百九十五萬,户部尚書孫應奎蒿目無策,乃議於南畿、浙江等州縣增賦百二十萬,加派於是始。

……

及倭患平,應天巡撫周如斗乞減加派,給事中何煃亦具陳南畿困敝,言:"軍門養兵,工部料價,操江募兵,兵備道壯丁,府州縣鄉兵,率爲民累,甚者指一科十,請禁革之。"命如煃議,而提編之額不能減。

隆、萬之世,增額既如故,又多無藝之徵,逋糧愈多,規避亦益巧。已解而愆限或至十餘年,未徵而報收,一縣有至十萬者。逋欠之多,縣各數十萬。賴行一條鞭法,無他科擾,民力不大絀。

一條鞭法者,總括一州縣之賦役,量地計丁,丁糧畢輸於官。一歲之役,官爲僉募。力差,則計其工食之費,量爲增減;銀差,則計其交納之費,加以增耗。凡額辦、派辦、京庫歲需與存留、供億諸費,以及土貢方物,悉併爲一條,皆計畝徵銀,折辦於官,故謂之一條鞭。立法頗爲簡便。嘉靖間,數行數止,至萬曆九年乃盡行之。

《明史》在諸史中,文體頗稱謹嚴。二十四史,自《元史》以前,除《新唐書》、《新五代史》外,並無意於爲文,其所難解者:(一)由其時代遠,讀之自覺其古。(二)則一時代之語彙,後來未曾沿用者,亦覺其不可解也。欲救此弊,(一)在用極通行之文法,(二)則語彙之不習見者,宜加以説明。《明史》雖未能盡,然開始有此意。

明代去今近,其政治制度,有至今猶受其影響者,賦役之法,其最著者也。如黄册魚鱗册即是。黄册、魚鱗册,立法極精詳,然無救於賦役之弊者,無行之之人也。何以無行之之人?司記録者里、甲長之倫,監督之者官,皆欲剥削者,欲剥削者,必不利記録其清楚翔實也。於此,可悟被壓迫階級必須掌握政權之理。

讀此篇,可見負擔之偏重於農民。何者?賦役之負擔,按册籍丁糧,即租庸調之意,核人户上下,則兩税之意。兩税之法,較租庸調爲進步,前講陸贄奏議時已言之矣。當時卒取專論丁糧之法,則負擔不得不偏重於農民矣。後來又有"丁隨糧行"之法。丁隨糧行者,以丁税攤派於田畝,名爲丁税,實則田税。故地方之人口,永不增加。清代明知其然,乃將丁銀攤入地糧。此就農民言之,爲使有田者出税,無田者免役;合全國之民而論之,非農民仍未分擔農民之賦税也。但立論不能走向極端,彼善於此之法,亦當承認其有相對之價值。一條鞭及丁隨糧行兩法,乃近代農民稍獲蘇息之原因,則不可誣也。

黄宗羲《明夷待訪録·學校》

學校,所以養士也。然古之聖王,其意不僅此也,必使治天下之具皆出於學校,而後設學校之意始備。非謂班朝,布令,養老,恤孤,訊馘,大師旅則會將士,大獄訟則期吏民,大祭祀則享始祖,行之自辟雍也。蓋使朝廷之上,閭閻之細,漸摩濡染,莫不有詩書寬大之氣,天子之所是未必是,天子之所非未必非,天子亦遂不敢自爲非是,而公其非是於學校。是故養士爲學校之一事,而學校不僅爲養士而設也。三代以下,天下之是非一出於朝廷。天於榮之,則羣趨以爲是,天子辱之,則羣趨以爲非。簿書、期會、錢穀、戎獄,一切委之俗吏。時風衆勢之外,稍有人焉,便以爲學校中無當於緩急之習氣。而其所謂學校者,科舉囂争,富貴熏心,亦遂以朝廷之勢利,一變其本領,而士之有才能學術者,且往往自拔於草野之間,於學校初無與也,究竟養士一事亦失之矣。於是學校變而爲書院,有所非也,則朝廷必以爲是而榮之;有所是也,則朝廷必以爲非而辱之。僞學之禁,書院之毁,必欲以朝廷之權與之争勝。其不仕者有刑,曰:此率天下士大夫而背朝廷者也。其始也,學校與朝廷無與;其繼也,朝廷與學校相反。不特不能養士，且至於害士，猶然循其名而立之何歟？東漢太學三萬人，危言深論，不隱豪强，公卿避其貶議。宋諸生伏闕捶鼓，請起李綱，三代遺風，惟此猶爲相近。使當日之在朝廷者，以其所非是爲非是，將見盜賊奸邪懾心於正氣霜雪之下，君安而國可保也。乃論者目之爲衰世之事，不知其所以亡者，收捕黨人，編管陳、歐，正坐破壞學校所致，而反咎學校之人乎？嗟乎！天之生斯民也，以教養託之於君。授田之法廢，民買田而自養，猶賦税以擾之；學校之法廢，民蚩蚩而失教，猶勢利以誘之。是亦不仁之甚，而以其空名躋之曰君父君父，則吾誰欺！

郡縣學官，毋得出自選除。郡縣公議，請名儒主之。自布衣以至宰相之謝事者，皆可當其任，不拘已未仕也。其人稍有干於清議，則諸生得共起而易之，曰：是不可以爲吾師也。其下有五經師，兵法、曆算、醫、射各有師，皆聽學官自擇。凡邑之生童皆裹糧從學，離城烟火聚落之處士人衆多者，亦置經師。民間童子十人以上，則以諸生之老而不仕者充爲蒙師。故郡邑無無師之士，而士之學行成者，非主六曹之事，則主分教之務，亦無不用之人。

學官以外，凡在城在野寺觀庵堂，大者改爲書院，經師領之，小者改爲小學，蒙師領之，以分處諸生受業。其寺産即隸於學，以贍諸生之貧者。二氏之徒，分别其學行者，歸之學官，其餘則各還其業。

太學祭酒，推擇當世大儒，其重與宰相等，或宰相退處爲之。每朔日，天子臨幸太學，宰相、六卿、諫議皆從之。祭酒南面講學，天子亦就弟子之列。政有缺失，祭酒直言無諱。

天子之子年至十五，則與大臣之子就學於太學，使知民之情僞，且使之稍習於勞苦。毋得閉置宫中，其所聞見不出宦官宫妾之外，妄自崇大也。

郡縣朔望，大會一邑之縉紳士子。學官講學，郡縣官就子弟列，北面再拜。師弟子各以疑義相質難。其以簿書期會，不至者罰之。郡縣官政事缺失，小則糾繩，大則伐鼓號於衆。其或僻郡下縣，學官不解驟得名儒，而郡縣官之學行過之者，則朔望之會，郡縣官南面講學可也，若郡縣官少年無實學，妄自壓老儒而上之者，則士子譁而退之。

擇名儒提督學政，然學官不隸屬於提學，以其學行名輩相師友也。每三年，學官送其後秀於提學而考之，補博士弟子。送博士弟子於提學而考之，以解禮部。原注：更不别遣考試官。發榜所遺之士，有平日優於學行者，學官咨於提學補入之。其弟子之罷黜，學官以生平定之，而提學不與焉。

學曆者能算氣朔，即補博士弟子。其精者同入解額，使禮部考之，官於欽天監。學醫者送提學考之，補博士弟子，方許行術。歲終，稽其生死效否之數，書之於册，分爲三等。下等黜之，中等行術如故，上等解試禮部，入太醫院而官之。

凡鄉飲酒，合一郡一縣之縉紳士子，士人年七十以上，生平無玷清議者，庶民年八十以上，無過犯者，皆以齒南面，學官、郡縣官皆北面，憲老乞言。

鄉賢名位，毋得以勢位及子弟爲進退。功業氣節則考之國史，文章則稽之傳世，理學則定之言行。此外鄉曲之小譽，時文之聲名，講章之經學，依附之事功，已經入祠者皆罷之。

凡郡邑書籍，不論行世藏家，博搜重購。每書抄印三册，一册上秘府，一册送大學，一册送本學。時人文集，古文非有師法，語録非有心得，奏議無裨實用，序事無裨史學者，不許傳刻。其時文、小説、詞曲、應酬代筆，已刻者皆追板燒之。士子選場屋之文及私試義策，蠱惑坊市者，弟子員黜革，見任官落職，致仕官奪告身。

民間吉凶，一依朱子家禮行事。庶民未必通諳其喪服之制度，木主之尺寸，衣冠之式，宫室之制，在市肆工藝者，學官定而付之，離城聚落，蒙師相其禮以革習俗。

凡一邑之名跡及先賢陵墓祠宇，其修飾表章，皆學官之事。淫祠通行拆毁，但留土穀，設主祀之。故入其境，有違禮之祀，有非法之服，市懸無益之物，土留未掩之喪，優歌在耳，鄙語滿街，則學官之職不修也。

《明夷待訪録》一卷，明末黄梨洲先生所著，此書之價值，實在顧亭林先生《日知録》之上。以《日知録》僅言政事，此書則欲革政體。故《日知録》爲改良主義，此書則革命主義也。

一社會之内部，必不能無矛盾。中國社會内部之矛盾，果安在乎？曰：（一）自戰國以前，在國君與諸土地較小的領主。所以克服之者，其第一步在變封建爲郡縣。各國内部之事。其第二步，則并諸國而成一統，秦之滅六國是也。（二）自秦至唐，爲防此等被滅之國之復活。其間復活者三次：（甲）秦漢之際及漢初之分封，（乙）魏晉南北朝之州郡握兵，（丙）唐代之藩鎮是也。在第一期，國君及皇帝之利益，較與人民一致，故人民於此時提倡尊君及尊王。在第二時期，皇帝之利益，亦較與人民一致，故人民於此時，贊助統一而反對割據。（三）自宋以後，中央之權力較大，割據之局已勢難再起，人民之所當反對者，則爲皇帝亦即最大之國君。之昏愚暴虐，及將全國政權攝歸於官之流弊。宋代理學家，力攻秦漢而後教養之政之廢弛，至於欲復井田、封建，其意即針對後者，至於前者，則因仍唐、五代裂冠毁冕之餘波，尊君、尊王之論，一時不能遽泯，又遼、金、元相繼侵入，君主爲國家主權之所寄，人民於此時，不能反對之，故至明代胡元已被攘斥，歷朝君主，又多昏愚暴虐，然後其論乃大盛，則梨洲先生此書是也。

此書最膾炙人口者，爲《原君》、《原臣》、《原法》三篇。其理在今日已易明，今因時間所限，不再講授。夫欲限制君權，則必有一種權力。在當日讀書人之理想中，則清議是也。自彼輩觀之，清議即民意之代表，而學校則清議所寄也。此此篇之所由作也。

此主義可行乎？曰：不可。向來主持清議者，固不乏真代表人民利益之人，然其徒黨之大多數，則皆隨聲附和，陰圖私利之人也。假使滿洲人不侵入，歐美人不東來，而中國長因仍明代昏愚暴虐之局，則爲革命之領導者，必提出其限制君權，或竟廢除君主世襲之主張；革命之領袖，必也欣欣然而從之，以彼輩多有公心，欲實行其空想社會主義也。於斯時也，知識分子必將定出一種制度而實行之，然行之必致大糟，以其行之，必藉其徒黨，而其徒黨實多自圖私利之徒也。於斯時也，革命之領袖較爲現實，必將此等懷抱理想之士打倒，而政體大致仍歸於君主專制。然實行此等理想之人，可以被打倒，而此理想則不能消滅，必也屢仆而屢起。此爲予推測中國近代，不與歐洲接觸所當自起之變化。

斯時也，中國之經濟狀況，將起如何之變動乎？曰：以予測之，則商業資本必將抬頭也。曰：夫通功易事之不能廢也久矣。欲求農民之生計寬裕，則必使其所生產之物，能廣與他人相交易。兩漢之儒，只見商人之剥削農人，而不見農工商互相依賴方面，於是專講重農抑商，商被抑而農亦受其弊矣。魏晉以降，徒有重農、恤農之空言，實未能真照顧農民之生活，故此偏差之見解，迄未能破。宋儒最好講井田，所有藉乎？部分的，不徹底的平均地權，或能稍稍實現，至斯，則重農抑商之論必漸破。試觀《明夷待訪録》論財計第三篇，言工商皆本業，只爲佛、爲巫、迷信。爲優倡、奇技淫巧者奢侈。當絶，則已啓其端矣。於斯時也，商業資本家包括工業家。較爲開通，或將與空想社會主義者聯合，以反對地主，而成爲政争中之一種力量，未可知也。

又歷代懷抱理想之知識分子，多不能掌握兵權，能爲革命行動之首領者，則知識太差，實爲革命事業不能進展之原因。《明夷待訪録》論兵制第三篇，極言儒者不知兵，以爲當屬之豪健之流、傾危之士之非。其第二篇，則舉所親歷之事，謂從毅宗死者皆文臣，建義者皆文臣及儒生；而武臣則各以其衆幸富貴，其言尤爲沉痛，而所反對之目標，亦益明確。倘使此等理論而獲進展，則革命時之軍事形勢，亦必有轉變也。

近來論史者，多謂歷代之農民革命無不失敗，實非也。彼輩在當時，並未想及君主專制之外，更有何種政體，其所欲推翻者，則昏愚暴虐之君主及其政府耳。空想社會主義，江湖豪傑多懷抱之，農民爲小有産者，本非所欲。故至於朝代改易，政治較爲清明，則其目的已達矣。且當封建領主及較大之國王分裂割據之時，彼輩則用積極的叛變，或消極的逃避賦役之法以反抗之。異族入據，彼輩亦於適當之時機，起而反抗，而果也，此等人無不倒於革命旗幟之下，則其革命實不可謂之不成功矣。至於更大之成就，則社會發展，自有程序，本不能見彈而求雀炙，見卵而求時夜也。

喬光烈《招墾里記》

招墾里，在寶鷄南萬山中，去縣郭絶遠，爲人跡所罕至。乾隆初，余令寶鷄，按縣版，得其里名。以問吏，吏曰："是僻處山谷，與外邈隔。前來官此者，雖出行縣，卒未有一經其地。蓋畏其荒險而憚其崎嶇也。"余顧謂吏："知縣事者，凡山川里居、土風氓俗，其遠近多少饒瘠，若爲澆樸，宜周覽目省麗於政，寧險遠自惜邪?"顧往實難，居無何，屬當巡行，因戒吏卒往里中，出郭渡渭水，至南山下。山盡闔，勢不可進，見兩崖間忽谺坼，若扉半啓，土石中裂，類斤斧鏟刻所成。然狹逼甚，望之疑徑道無所通，吏前告曰："此往招墾路也。"予勇而入，視其間，才容一騎行。導從不得列，羊腸佶屈，蛇盤迴紆，宛轉循岸壁，仰視無光，如在井底，度行且百里，已日暮，無止舍，得里人穿室山間爲神祠者，僅一楹，就休其中。明日復行，約五六十里許，連山皆分，境忽大闢，平原廣陌，井聚廬落，悉見馬首，意方豁如，吏曰："即招墾里矣。"里舊編甲凡六，居者數千家。其地宜五種，而菽麥尤盛，其舍奥吐腴,而田多膏壤,故歲常登。其材木富,而桑柘果蓏足於資,其俗安於耕蠶,供衣食吉凶,里相婚姻,鄰尚和樂,而寡訟鬥。居其間者,蓋幾若自爲一世然?亦以其去城郭之遠,而縣邑之人常不至也,以是絶去華囂之風,而久安樸愿。余少時讀《桃花源記》,特以爲出於作者之寓言,及觀於是,始嘆與淵明所云未有異者,雖然,向使余怵於吏之所謂難往者,卒亦如前爲令者勿肯至,亦烏知其俗淳境美有如是哉?里中之民,自少至老,既未嘗以事涉縣庭見官府,其賦税亦不勞催科,凡田舍市易,不爲券契,以口成質而已,亦訖無變者。嗚呼!是猶太古之餘而樸未散歟?特問其人,多未嘗讀書識文字,孔子與冉有論衛庶,以富以教。余於里俗之美,而嘆其不可無教也,於是爲造講舍,凡六楹,買田五十畝,擇諸生良謹者爲之師,使詔其子弟,以歸於學,俾禮義益明,而孝弟睦姻,成俗愈厚。爲令者與父老,儻尤有樂乎是歟?里之四周,皆羣山包環,聞其西入山,道路險窄,若予自寶鷄至招墾者,凡數十里,中豁大谷,復爲墟井。自此可達鳳縣。其東,山徑亦如之,凡百餘里至岐山縣。北出爲五丈原,昔時魏延語諸葛孔明,欲以五千人出子午谷,直抵長安,即其處也。余既去里中,後牽於事,數欲再往不果。思其俗之淳,與其土風之美,蓋久之未忘?因記焉,以告後爲政者。

此篇見《經世文編》卷二十三。喬光烈,上海人,後官湖南巡撫,因事落職,復起爲甘肅布政使,服官數十年,稱爲良吏。

風俗視環境而變,環境之最親切者,實社會的而非自然的也。從前的議論,每以爲智巧開而風俗薄,實則社會之組織改變,而所謂智巧者,乃隨之而日開,試觀機械變作之社會,如其處境一旦復近於正常,其風俗亦即轉變爲淳厚可知,如桃花源、招墾里等記録,即其鐵證也。桃花源詩,俗稱爲桃花源記者實當正名曰《桃花源詩序》。必非寓言,《招墾里記》,即其鐵證。此等材料,其實不乏,特吾儕未嘗留心搜輯耳。予讀《招墾里記》，尚在十歲時，當時並不知爲可貴之材料，特以其可與桃花源詩相印證，故能記憶不忘耳。其後稍涉社會學家言，乃知此類材料之可貴。閲書報時，恆留意搜輯，亦得十餘條。惜遇倭寇，所搜輯者盡佚。然此等材料實甚多，苟能留心，實際且可遇之，正不必在書報上也。猶記予所搜輯之一條，乃得諸報紙者，謂山東緣海有一島，其人民生活，什九多自給自足，每年只爲少數必要之交易至陸上一次耳。其人至今不知有清朝，仍認中國爲明朝，此真是與《桃花源詩序》之“不知有漢，何論魏晉”，相印證也。起漢末至南北朝末，實則隋與唐初，尚有餘波。所謂山胡、山越者極多。史所記載，皆其與政府交兵之事，實則此僅其極少數，其大多數，皆過着和平的生活，如桃花源、招墾里者，必不少也。其人亦漢族多而胡越少，即少數胡越亦同化於漢矣。觀其一出山即能充兵納賦，一切與漢人無異可知。蓋其地本屬胡越，漢人遭亂入山，與之同居。入山者數蓋甚多，文化又較優越，故胡、越遂爲所同化也。長江流域之開闢，此等入山之漢人之力最多。即黄河流域，實亦經過此一時期，乃徹底開闢也。招墾里之漢人，初必亦在山外，不知以何因緣而入山。入山之初，生活必極艱苦，非互助不能生活，又無剩餘勞動可以剥削，故其社會組織改變，而社會關係，亦較近於正常矣。

附録：《新唐書選注》序、選目及注釋

序

現在正史中，新舊兩本並行者有三：（一）《唐書》，（二）《五代史》，（三）《元史》也。

修史之難，在於"保存材料"，及"供普通人閲讀"，二者不能兼顧。供專家研究之書，材料愈多愈妙。至備普通人閲讀者，則其卷帙不能過多。我國向者，無專門史普通史之别，編纂者顧此則失彼。一方爲真正之史學計，覺史事雖極纖悉，亦有真價，不容割棄。一方爲普通讀者計，則如現行之正史，幾無一不病其繁。斟酌去取，自不容不立標準。此所謂標準者，雖大略有傳統上及一時代共同之思想，而論至細密之處，則人各不同。於是有言人人殊之"史裁"出焉。大略合於史裁者，衆則稱爲謹嚴詳贍。而不然者，詳則謚曰蕪穢，簡則譏其疏略，此固勢所不能免也。又有編纂之時，材料不如後來之全；亦或纂輯粗略，但取塞責；於是蕪穢、疏略之外，又加緐緟，繆誤等弊。諸史之有新舊，大抵皆由此而來也。

《舊唐書》爲五代晋時，劉昫等所撰，其時材料甚不完全。據《廿二史劄記》所考唐時史料：有《太宗實録》二十卷，又《貞觀實録》四十卷。《高宗實録》三十卷，又《後修實録》三十卷，武后所定《高宗實録》

一百卷，韋述《高宗實録》三十卷。《則天皇后實録》二十卷。《中宗實録》二十卷。《睿宗實録》五卷。《玄宗實録》二十卷，《開元實録》四十七卷，代宗時又修成一百卷。《肅宗實録》三十卷。《代宗實録》四十卷。《建中實録》十卷，《德宗實録》五十卷。《順宗實録》五卷。《憲宗實録》四十卷。《穆宗實録》二十卷。《敬宗實録》十卷。《文宗實録》四十卷。《武宗實録》三十卷。宣宗以後無實録。其總輯實録事迹，勒成一家者，則有吴兢所撰《國史》六十餘篇。開寶間，韋述總撰一百一十二卷，并史例一卷，肅宗又令與柳芳綴輯兢所次《國史》。述死，芳緒成之。起高祖，訖乾元，凡一百三十篇。後芳謫巫州，高力士亦貶在巫，因從質問，而《國史》已送官，不可改，乃放編年法，爲《唐曆》四十篇。以力士所傳，載於年曆之下。頗有異同。芳所作止於大曆。宣宗詔崔龜從、韋澳、李荀、張彦遠及蔣偕，分年撰次，至元和，爲續《唐曆》之十卷。中葉遭安禄山之亂，末造又遭黄巢、李茂貞、王行瑜、朱温等之亂，盡行散失。五代修《唐書》時，因會昌以後，事迹無存，屢詔購訪。然所得無幾。據《五代會要》，有紀傳者，惟代宗以前；德宗衹存《實録》；武宗并衹《實録》一卷云。而宋仁宗時歐陽修、宋祁奉敕修《新唐書》，則所根據者，大異於是。其時太平已久，文事正興。舊時紀載，多出於世。《新書・藝文志》所載，唐代史料，數十百種，皆《舊志》所無。《新書》之文省而事增，固有由也。

《舊書》之不如《新書》，尚有不由材料之闕乏者。大抵劉昫等修史，全以舊有之史材爲據。編纂已成者，固因仍而闕於訂正；自行蒐輯者，尤草率而乏翦裁，《四庫提要》云："《崇文總目》，吴兢撰《唐史》，自創業訖於開元，凡一百一十卷。韋述因兢舊本，更加筆削，刊去《酷吏傳》，爲紀、志、列傳一百十二卷。至德、乾元以後，史官于休烈，又增《肅宗紀》二卷。史官令狐峘等，復於紀、志、傳隨篇增輯，而不加卷帙，爲《唐書》一百三十卷。是《唐書》舊稿，實出吴兢。雖衆手續增，規模未改。昫等用爲藍本，故具有典型。觀《順宗紀論》題史臣韓愈，《憲宗紀論》題史臣蔣係 ，此因仍舊史之明證也。長慶以後，史失其官,無復善本。昫等自采雜説、傳記,排纂成之。動乖體例。卷一百三十二,既有楊朝晟傳,卷一百四十四,後爲立傳。蕭穎士既附見於卷一百二,復見於卷一百九十《文苑傳》。宇文韶《諫獵表》,既見於卷六十二,復見於六十四。蔣義《諫張茂宗尚主疏》,既見於卷百四十一,復見於卷百四十九。《輿服志》所載條議,亦多同列傳之文。蓋李崧、賈緯諸人,各自編排,不相參校。昫掌領修之任,曾未能鉤稽本末,使首尾貫通。舛漏之譏,亦無以自解"云云。案首尾牴牾,爲集衆修書之通弊。然編排既竟,便爾殺青,不復加以釐正;致有如前人所譏,《宣宗紀》敍吴湘一獄至三千言者,則昫等亦不能辭其咎也。

《新書》則大異於是。此書本爲補正《舊書》而作,歐、宋又皆績學能文之士,故其足矯前書之失者甚多。今即就補正兩端論之。

《新書・曹王明傳》其母本巢剌王妃,太宗欲立爲后,以魏徵諫而止。《舊書》不載。《新書》楊貴妃,本壽王妃。玄宗使以己意丐爲女官,號曰太真。《舊書》但云"武惠妃没,後庭無當意者。或言楊元琰女有國色,乃召見。妃衣道士服,號曰太真"而已。此國史有所諱飾,而《舊書》承之者也。《段秀實傳》,《新書》增郭晞在邠,不戢軍士,秀實斬十七人;及大將焦令諶責農租,秀實賣馬代償,令諶愧死二事。出柳宗元《段太尉逸事狀》。謂之逸事,必國史所本無。宗元蓋嘗見國史本傳,故别爲狀以著之。此《舊書》全鈔國史原本,《新書》則參考他書之徵也。其爲《舊書》所無,而其事大有關係者:如《劉晏傳》增晏所用管計帳者皆士人。嘗言士有爵禄,則名重於利;吏無榮進,則利重於名。此當日理財之要義也。《李光弼傳》,增光弼代郭子儀,營壘麾幟,無所更變。一經號令,氣色精明,此當日將才之衡榷也。又如《王鍔傳》,增西域朝貢酋長在京,因隴右陷,不得歸,皆食鴻臚。凡四千餘人。鍔奏停其廩給,李泌請悉以隸神策軍,皆成勁旅,而歲省五十萬緡,《孔戣傳》,增番舶至粤,向有"下椗税",有"閲貨宴錢"。戣帥粤,悉禁絶之。海商死,官籍其資,滿二月,無妻子至,則没入。戣不爲限,悉推與之。此於外交、商務、法律,皆有關係。《太子承乾傳》，增學蕃人設穹廬，自作可汗死，令其下奔馬哭之。暫有天下後，委身思摩作一“設”。此是五胡亂華以後，中國人同化於胡之徵。於民族同化，風俗變遷，大有關係。《王嶼傳》增漢以來喪葬，皆有“瘞錢”，後世里俗，稍以紙寓錢爲鬼事，嶼爲祠祭使，乃用之祠廟。此足考喪、祭二禮之變，亦於社會生計、風俗及貨幣，大有關係。又如《劉晏傳》，增晏被籍，惟雜書兩集，米麥數斛，大足見晏之清廉。《李希烈傳》，增竇良女爲希烈所得，謂“慎勿戚，吾能滅賊”。果爲希烈所嬖，乃與陳仙奇密謀，酖死希烈。《舊書》但云仙奇酖死希烈。尤足見奇女子之奮身報國，雖關係僅在一人，而實不止一人已。《新書》於《舊書》各傳，所補最多者爲劉晏、李泌、陸贄、李絳、高駢、高力士六傳。又唐末諸臣傳，大抵增至數倍，則以《舊書》材料本乏也。

《新書》改正《舊書》處亦多。如《舊書·江夏王傳》，謂征高麗時，與李靖同爲先鋒。《新書》作李勣。據《靖傳》，征遼時，太宗欲用之，以其老不果，則《舊書》誤也。《舊書·武宗紀》：會昌元年，幽州軍亂，逐其節度使史元忠，推牙將陳行泰爲留後。雄武軍使張絳討誅行泰，詔以絳知兵馬使，明年，三月，令知留後，賜名仲武。則張絳、仲武係一人。《新書》云：行泰殺元忠，自稱留後，張絳又殺行泰。軍亂，逐絳。張仲武入於幽州。《藩鎮傳》及《舊書·張仲武傳》俱同，即以《通鑑》證之亦同，則亦《舊書》本紀誤也。此皆關係較大者，其餘尚難悉數也。亦有《新書》誤而《舊書》不誤者。如《舊書》本紀，宣宗大中四年，幽州節度使周琳卒，軍中立牙將張允伸爲留後。《新書》云：盧龍軍亂，逐其節度使張直方，牙將張允伸自稱留後。《藩鎮傳》云：張仲武卒，子直方爲留後，慮其下爲變，逃奔京師。軍中推張允伸爲留後。《舊書·張允伸傳》，周琳廢疾，表允伸爲留後。《通鑑》亦云：琳薨，軍中表允伸爲留後。則《新書》誤也。然以大體言之，《新書》改正《舊書》處究多。

《舊書》本紀，記事有不實者，《新書》皆據事直書。如《舊書》，高宗上元二年，皇太子弘薨。《新書》則書天后殺皇太子弘。中宗反正，《舊書》云：張易之等反，皇太子率左右羽林軍，桓彥範、敬暉誅之。是月，上傳皇帝位於皇太子。徙居上陽宮，一似中宗自能討賊者。《新書》云：張柬之等以羽林兵討亂。甲子，皇太子監國。大赦，改元。丙午，復於位。此兩種書法，雖舊史俱有，自以《新書》爲較得實而易明也。穆宗以後八世，爲宦官所立者七，《舊書》皆不見其實，《新書》則皆據事直書。

《新書》不徒於《舊書》事實有所增補，即體例之間，亦多所改變。如《藩鎮》，及《姦臣》、《叛臣》、《逆臣》三傳，皆《新書》所創。藩鎮盛於唐代，據土自專，幾同列國，類聚其人，以見始末，自見因事制宜。惟於其守臣節者，仍入之普通列傳，遂使事跡有中斷處，微有可議。叛臣、逆臣，前世無别。惟於公然肆逆者，總附於列傳之末而已，《唐書》則於作亂者稱爲叛臣，其稱兵犯上，僭竊位號者，謂之逆臣，具見分别之細。惟黄巢未嘗仕唐，與其餘諸人，又有小别。故《明史》又别立流賊傳。惟孰爲姦臣，極難論定。出入一或未審，褒貶即失其平。《宋史》沿《唐書》之例，於熙寧新黨，多入姦臣，論史者已知其失。即如唐末之崔胤，究爲逆臣與否，亦殊覺其難言之也。武后舊止《本紀》，《新書》於稱制後爲之作《紀》，而其餘諸事，仍列諸《后妃傳》，殊與劉子玄人主亦宜作傳之意合。《帝子傳》舊析隸諸帝之朝，《新書》總刊《后妃傳》後。《帝女》舊附其夫，《新書》别爲立傳。亦覺整齊有法，輕重合宜。宗室宰相，别立一傳，既可見家天下之世，委任懿親之習；又可覘皇族人才之盛衰。蕃將特立一傳，善者可見立賢無方，異族亦資驅使；惡者則見授以柄，太阿未可倒持。此皆《新書》體例之善，出於《舊史》之外者。他如孔穎達、顔師古、馬懷素、褚无量之改入儒林，舊爲普通列傳。李淳風之改入方伎，邱神勣之改入酷吏，本附其父和。獨孤及、朗之改作《及傳》，以子從父。舊以及附朗傳。甘露之變之新立《仇士良傳》，詳其始末。舊以士良附《王守澄傳》末，然甘露之變，究與守澄無關也。蘇瓌、張説之合爲一傳，亦具見翦裁位置之苦心。《卓行》一傳，陽城可入普通列傳，司空圖可入隱逸，前人或議其分立之非。然當時作此，自以承五代風俗極弊之餘，意主激揚，未足深議。且陽城制行，雖迥殊於流俗，究難免於矜奇。入之《卓行》，亦正見衡量之微意也。惟元、白舊在同卷，新書析之。且以白居易與李義等同卷，刊諸五王之前，則并倒亂其時代矣。晚唐温、李並稱，《新書》祇有《商隱傳》，庭筠則附其遠祖大雅後，位置亦覺失當，玄奘舊入方伎，固不甚安。《新書》竟删其傳，亦似失之闕略也。

《新書進表》，自詡“文省事增”。觀於本紀最可見之。舊二十一帝紀，凡三十萬字。《新書》祇九萬字，其所删者，大抵瑣屑細故。《舊書》敍高祖起兵時大勢，但云“羣盜蠭起”。《新書》則歷敍劉武周等數十人之名，不徒提挈綱領，使大局一覽瞭然；而諸人之不别立傳者，其姓名即可於此見之。真所謂文省而事增也。然亦有過求簡潔，致失事實者。昔人謂《舊書》本紀，凡生殺予奪，皆略見所由。《新書》則非考之本傳無由知。雖見謹嚴，究不便於觀覽。如貞觀十六年，高句麗泉蓋蘇文弑其君，爲征遼之由；又如開元十三年，初置彍騎，爲府兵之變；其事皆不容闕，而《新書》皆删之。又如大和元年，詔横海節度使烏重胤討李同捷。其後重胤卒，以官授李寰，使代之。《新書》不書重胤卒官，代以李寰之事，但云横海節度使李寰討李同捷。則事實不具矣。又如《舊書》於太宗爲秦王時，降薛仁杲，破宋金剛，走劉武周，禽竇建德，降王世充，敗劉黑闥等，皆詳敍其武功。《新書》只括以數語。玄宗之自蜀還，肅宗奉迎，父子相見，臣民悲喜之狀，《舊書》一一詳敍。《新書》亦從删薙。此等處，人君既不别立傳，將於何處敍之。前史於光武昆陽之戰，漢高《大風之歌》，固亦未嘗不詳敍也。此則誤於本紀爲經，列傳爲傳之説，過求簡潔致之也。順宗在位不滿一年，然其爲太子時，多有可紀之事，《新書》不爲總敍，遂至闕如，亦爲此觀念所誤。

宋人作史，講究書法，至朱子之《綱目》而造其極。然其端自歐、宋即已開之。如歐氏於叛逆者，意責首惡，凡官兵與賊將戰，多書首惡之名，遂致有乖事實，其一例也。如哥舒翰靈寶之敗，乃與崔乾祐戰。房琯陳濤斜之敗，乃與安守忠戰。《新書》本紀皆書禄山。又如劉總内屬，張宏靖爲盧龍節度使，爲其下所囚。數日，軍士願改心事之，而宏靖無言。乃别立朱克融。《新書》意責克融，遂書克融因宏靖以反，亦此類也。此等最爲無謂。又有以過於求簡而失之者。如突厥默啜，爲拔曳固殘卒所殺，郝靈荃特得其首。《新書》遂謂郝靈荃斬默啜。中宗太子重俊實誅武三思崇訓乃死。《新書》但云皇太子以羽林兵誅武三思，不克而死。則似三思未嘗死矣。

歐、宋皆能文者。其於文字，自謂遠勝舊書。然自後人觀之，於此實不能無疑。以《舊書》平正，《新書》變爲澀體故也。劉安世《元城語録》云："《新唐書》好簡略，事多鬱而不明。其《進表》云：'事增於前，文省於舊。'病正在此。"可謂知言。不特此也，一時代有一時代之文字，作史者貴存其真，劉知幾論之詳矣。改從古奥，縱能大雅，已病失真；況所改者并不能善乎？《新書》不喜四六，故於詔命章疏，概從删削。此等全載本苦大繁，删之亦得摧陷廓清之益。然於文字之卓有精神，且有關係者，如德宗奉天之詔。固宜酌量採取，以存一時代之文字，并以存事實之全。一概删除，未免過當耳。凌煙續圖功成一詔，《李晟傳》中却又全載，亦未免自亂其例。《新書》所删文字，關係大於此者，正不少也。

《新書》於《舊書》文字，多所改竄。有改而善者，亦有改而不善者。改而善者：如《河間王孝恭傳》：孝恭破降蕭銑，高祖大悦，使畫工圖其貌而視之，孝恭乃高祖從子，豈不相識。《新書》云："詔圖破銑之狀以進。"則事實明確矣。《長孫順德傳》：坐事免，發疾。太宗鄙之，曰：順德無慷慨之節，多兒女之情，今有疾，何足問也？語無來歷。《新書》謂順德因喪女感疾，則事實完具矣。《韋陟傳》：陟卒，太常謚爲忠孝。顔真卿駁之曰："忠則以身許國，見危致命；孝則晨昏色養，取樂庭闈。不合二行，殊難以成忠孝。"《新書》云："許國養親不兩立，不當合二行爲謚。"一則文繁而晦，一則語簡而該，尤見改易之善。其改而不善者：如《舊書·唐儉傳》：儉勸高祖起兵，高祖曰："天下已亂，言私則圖存，言公則拯溺，吾當思之。"《新書》改云："喪亂方剡，私當圖存，公欲拯溺者，吾當爲公思之。"公字易誤爲指儉。又如王雄誕，本杜伏威將。其禽李子通，降汪華及聞人遂安，皆伏威降唐後事。《舊書》先敍高祖詔伏威，使雄誕討之，故下文戰功，俱是爲唐盡力。《新書》不先敍明，則此等攻討，全係爲伏威矣。又《新書》因不存四六,於昔人文字,多改爲散文,或節其要語。其中委曲斡旋,亦頗具苦心。然究多未安處。如王志愔《論太寬不可爲政疏》:"人慢吏濁,僞積贓深。若以寬理之,何異王良御騁,捨銜策於奔踶? 俞跗攻疾,停藥石於膚腠。"《新書》改云:"捨銜策於奔踶,則王良不能御騁;停藥石於膚腠,則俞跗不能攻疾,"語雖近古,究乖唐人文字之真。至如昭宗反正,罪狀劉季述之詔云:"幽辱之時,要紙筆則恐作詔書,索錐刀則慮其兇器。朕所御之衣,晝服夜浣。嬪嬙公主,衾裯皆闕。緡錢則貫陌不入,繒帛則尺寸難求。"《新書》不載,却用詔中語敍帝幽辱之狀。詔語果真,此法亦自簡捷,然罪狀之詞,得毋溢惡? 用之亦不可不慎也。

要之新舊二書,各有得失。以大體論,自以《新書》爲長。宋人痛詆《舊書》,固爲偏論。後人力矯其説,索《新書》之垢而求其疵,亦爲未是也。

此本删節《新書》,用備觀覽。去取之意,可以略言。本紀爲正史之綱,專就一朝大事,提挈要領。表則旁行斜上,文不繁而事無遺漏,且眉目朗然。二者在舊史體裁,均占重要位置。然頗覺乾燥無味。僅具綱要,又或非初學所能解。故兹編概不之取。至於志,則記重要之政事,兼及社會方面,實爲正史中重要部分,斷不可以不讀,僅讀列傳,不足以言讀史,昔人固已言之矣。兹編所取:曰《選舉》,曰《百官》,曰《兵》,曰《食貨》,曰《刑法》。我國政制,秦及漢初,尚沿戰國以前之舊。以其不宜於統一之世,東漢而後,乃逐漸變遷,至隋唐而整齊之。自宋以後,則又沿隋唐而變者也。故唐代政制,實爲前後之樞紐。社會生計風尚,至此亦多變更。舊史於此,雖不能與吾人以滿足,然究保存多數可信之材料,斷不可以不注意也。《天文》、《禮樂》等志,或爲專治斯學所有事,或待專家研討而後明,既非初學所肄,兹編概從節省。

至於列傳,則專取最著名之人。如唐代宰相,前取房、杜,後取姚、宋,弼成貞觀、開元之治者也。此外長孫無忌、狄仁傑、張柬之、張説、張九齡、李泌、陸贄、裴度，皆於時局大有關係者也。録魏徵，以其爲著名之直臣也。録徐有功，以其爲平恕之法吏也。録劉晏，以爲理財之大家也。録王叔文、李訓、鄭注等，以見宦官之禍也。開國功臣，文取劉、裴，以其爲首謀也。武取二李，以其爲大將之才也。取尉遲敬德，以武宣力最著者也。中葉以後，取郭子儀、李光弼、李晟、馬燧、渾瑊，皆與時局關係最大者也。他如録傅奕以其闢佛也。録劉子玄等，以其爲史學也。録韓愈、白居易，以其爲文學家也。録段秀實、顔真卿，以其忠義之著也。此等雖録自普通列傳，而其録之之意，則頗近乎類傳矣。

類傳亦取其人之較有關係者。如《后妃傳》取徐賢妃、宋尚宫，以其爲一代之才媛也。取武、韋、張三后，楊貴妃，以其於政治有關係也。儒學取陸德明、顔師古、孔穎達，以其所著之書，爲户所誦習也。取歐陽詢，以其傳中統論一代之書家也。取啖助，以爲宋人經學之先河也。取柳沖，以見唐代"民族之學"也。隱逸取孫思邈，以爲醫家之著名者也。取陸羽、陸龜蒙，以可考飲茶之風尚，足徵社會嗜好之變遷也。餘可類推，不煩覼縷。

宦官、藩鎮，與唐代盛衰，關係極大。事實首尾，所當略具。藩鎮勤兵力最甚者爲淮西；始終抗命者，則河北也。河北三鎮之禍，萌芽於肅、代之世，一定於憲宗，而卒復叛於穆宗之時。穆宗以後，擅命既習爲故常，轉若無關大局矣。故兹編於河北三鎮，所録斷自再叛爲止。所以節省卷帙也。宦官除一二無關大局者皆存之，以其事皆有關係，不可闕也。四夷關係最大者：曰突厥，曰吐蕃，曰回紇，回南詔，作《唐書》者所自言也，兹編益一沙陀。

去取之意，大略如此。取録者皆加新符號，並略加注釋。注釋以訓詁名物爲主。間及史裁，及史事之是非不明者。此固讀者所宜知也。以簡明爲主。凡互見本書之内，可以互相參考者，多不復注。如《選舉志》中官名，即見於《百官志》之類。惟於其字義之較難明者，仍注曰見某篇焉。如《選舉志》中之"捉錢品子"注曰見《食貨志》之類。

所鈔皆係全篇。一篇之中,不加删節。惟附傳之與本傳無關者,間或去之。以此不過同卷,本非一篇也。

選　目

一、《兵志》
二、《食貨志一》
三、《食貨志二》
四、《食貨志三》
五、《食貨志四》
六、《后妃列傳》
七、《尉遲敬德列傳》
八、《李靖李勣列傳》
九、《房玄齡杜如晦列傳》
十、《魏徵列傳》
十一、《姚崇宋璟列傳》
十二、《郭子儀列傳》
十三、《李泌列傳》
十四、《劉晏列傳》
十五、《段秀實顔真卿列傳》
十六、《李晟列傳》
十七、《陸贄列傳》
十八、《裴度列傳》
十九、《韓愈列傳》
二十、《李德裕列傳》
二十一、《忠義列傳》
二十二、《卓行列傳》

注　　釋

《兵志》

自"古之有天下國家者,其興亡治亂,未始不以德;而自戰國、秦、漢以來鮮不以兵"至"若乃將卒、營陣、車旗、器械、征防、守衛,凡兵之事不可以悉記,記其廢置、得失、終始、治亂、興滅之跡,以爲後世戒云"。

注 1:以上序。

鐵馬盂、布槽、鍤、钁、鑿、碓、筐、斧、鉗、鋸皆一,甲牀二,鎌二。隊具火鑽一,胸馬繩一,首羈、足絆皆三。人具弓一,矢三十。胡禄、横刀、礪石、大觿、氈帽、氈裝、行縢皆一。

注 2:鐵馬盂,蓋盛水之具。《三國・吴志》:孫登"失盛水金馬盂"是也。鍤,起土之具。钁,大鉏也,所以斸土。礪石,磨石也。觿音攜,解結錐也。行縢,即今之纏腰。甲牀、胡禄,未詳。

自"府兵之制,起自西魏、後周,而備於隋,唐興,因之"至"雖有其言,而事不克行"。

注 3:以上府兵。

自"玄宗開元六年,始詔折沖府兵,每六歲一簡"至"及禄山反,皆不能受甲矣"。

注 4:以上彍騎。

自"初府兵之置,居無事時耕於野"至"唐之置兵,既外柄以授人,而末大本小,方區區自爲捍衛之計,可不哀哉"。

注 5:以上方鎮之兵。

自"夫所謂天子禁軍者,南北衙兵也"至"昭宗遇弑,唐乃亡"。

注 6:以上禁軍及神策軍。

自"馬者,兵之用也"至"其後缺,不復可紀"。

注 7:以上馬政。

《食貨志》一

自"古之善治其國而愛養斯民者,必立經常簡易之法,使上愛物以養其下,下勉力以事其上,上足而下不困"至"至於鹽鐵、轉運、屯田、和糴、鑄錢、括苗、榷利、借商、進奉、獻助,無所不爲矣。蓋愈煩而愈弊,以至於亡焉"。

注1:以上序。

及男廢疾,篤疾,寡妻妾,部曲。

注2:《續漢書·百官志》:大將軍營五部,部有校尉,部下有曲,曲有軍候,是部曲本軍隊編制之稱。然六朝、唐時,多以爲私屬之義,蓋屬將帥之軍人,後遂爲其私屬也。

凡有"手實"。

注3:謂自行填報。

自"唐制:度田以步,其闊一步,其長二百四十步爲畝,百畝爲頃"至"浮民、部曲、客女、奴婢縱爲良者附寬鄉"。

注4:以上授田及賦役之制。

鬻粃爲糧。

注5:《集韻》:屑米細者曰粃。《類篇》:俗謂粗屑曰粃。

《食貨志》二

税物估價,宜視"月平"。

注1:每月之平均價格。

招提、蘭若四萬。

注2:《唐會要》:官賜額爲寺,私造者爲招提、蘭若。案:招提,梵語曰拓鬬提奢,唐言四方僧物也。傳寫訛拓爲招,又去鬬字奢字。蘭若,梵語阿蘭若之省。阿蘭若,空浄閒静之義。

大秦穆護,祆二千餘人。

注3:大秦,即景教,基督教之一派也。祆,即火教,已見前。姚寬《西溪叢語》曰:波斯國奉火教神。貞觀初,傳法穆護何禄,以其教入長安。

兩京悲田養病坊。

注 4:釋家以供父母爲恩田,供佛爲敬田,施貧爲悲田,俗訛爲卑田。

自"租庸調之法,以人丁爲本"至"及群盜起,諸鎮不復上計云"。

注 5:以上兩卷,論唐税法及財政舒蹙,民生利病。古代税法,賦役最重,兩税爲唐賦役之大變,故據以分卷也。

《食貨志》三

挽夫繫二鈲於胸。

注 1:鈲,《集韻》:攻乎切,音孤。鐵鈲也。

陳其土地所產寶貨諸奇物於栿上。

注 2:栿,《廣韻》:音伏,梁栿也。《正字通》:以小木附大木上曰栿。

自衣缺後緑衣,錦半臂,紅抹額。

注 3:缺後衣,即短後衣。半臂,無袂衣也。抹額,束額巾。

歲旱河涸,掊沙而進。

注 4:掊,擊也。

自"及楊炎爲相,以舊惡罷晏,轉運使復歸度支,凡江淮漕米,以庫部郎中崔河圖主之"至"其他州、縣、方鎮,漕以自資,或兵所征行,轉運以給一時之用者,皆不足紀"。

注 5:以上漕運。

自"唐開軍府以扞要衝,因隙地置營田,天下屯總九百九十二"至"後党項大擾河西,邠寧節度使畢諴亦募士開營田,歲收三十萬斛,省度支錢數百萬緡"。

注 6:以上屯田。

自"貞觀、開元後,邊土西舉高昌、龜茲、焉耆、小勃律,北抵薛延陀故地,緣邊數十州戍重兵,營田及地租不足以供軍,於是初有和糴"至"當時府、縣配户督限,有稽違則迫蹙鞭撻,甚於税賦,號爲和糴,其實害民"。

注 7:以上和糴。

《食貨志》四

晏又以鹽生霖潦則鹵薄,暵旱則土溜墳。

注 1:溜,水溜下也。

以壕籬者。

注 2:壕,即今濠溝之濠字。濠乃水名也。

自"唐有鹽池十八,井六百四十,皆隸度支"至"中官田令孜募新軍五十四都,餫轉不足,乃倡議兩池復歸鹽鐵使,而重榮不奉詔,至舉兵反,僖宗爲再出,然而卒不能奪"。

注 3:以上鹽法。

自"唐初無酒禁"至"昭宗世,以用度不足,易京畿近鎮麴法,復榷酒以贍軍,鳳翔節度使李茂貞方顓其利,按兵請入奏利害,天子遽罷之"。

注 4:以上榷酤。

自"初,德宗納户部侍郎趙贊議,稅天下茶、漆、竹、木,十取一,以爲常平本錢"至"諸道鹽鐵使于悰每斤增稅錢五,謂之"剩茶錢",自是斤兩復舊"。

注 5:以上榷茶。

自"凡銀、銅、鐵、錫之冶一百六十八"至"天下歲率銀二萬五千兩、銅六十五萬五千斤、鉛十一萬四千斤、錫萬七千斤、鐵五十三萬二千斤"。

注 6:以上坑冶。

鑄開元通寶,徑八分,重二銖四參。

注 7:錢之輕重,古以銖與累黍計,不以分厘計。分厘乃度名,非權名也。權之爲數,十黍爲累,十累爲銖,二十四銖爲兩。宋太宗淳化二年,詔定稱法。其時太府權衡,但有一錢至十觔之數,乃別爲新制。以淳化錢二銖四累之重爲一錢,又十分之以爲分,又十分之以爲厘。錢之名,即因其爲一錢之重而立;分厘則借用度名也。

載銅錫鑞過百斤者没官。

注8:鑞,錫鑞也。

飾帶以金銀鍮石烏油藍鐵。

注9:鍮音偷。《玉篇》:鍮,石似金。烏油藍鐵,未詳。

自"隋末行五銖白錢,天下盜起,私鑄錢行"至"昭宗末,京師用錢八百五十爲貫,每百才八十五,河南府以八十爲百云"。

注10:以上錢幣。案《食貨志》尚有一卷,言官禄之數,以太乾燥,節之。

《後妃列傳》

故扳公議立之。

注1:扳音班,引也。《公羊》:諸大夫扳隱而立之。

施幓紫帳。

注2:幓,毛羽垂貌。

疾太后脅逐天子,不憒。

注3:憒也。不,語詞。

凡言變,吏不得何詰。

注4:何通呵。《漢書·賈誼傳》:大譴大何。注:何,詰問也。

承嗣僞款洛水石。

注5:款,刻也。

五方帝百神從。

注6:五方帝,謂東方青帝靈威仰,南方赤帝赤熛怒,西方白帝白招拒,北方黑帝汁光紀,中央黄帝含樞紐。說出緯候。

血丹狴户。

注7:狴犴,獄也。

無慮用銅鐵二百萬斤。

注8:無慮,猶言大凡。

以畚車載屍還白馬寺。

注9:畚,草器。

後厭入禁中。

注 10:猶言多入禁中。

賜金雞樹。

注 11:金雞,見《百官志》。

自製《升中述志》,刻石示後。

注 12:《禮記・禮運》:因名山,升中於天。

繇是墨敕斜封出矣。

注 13:見《選舉志》。

國子祭酒葉靜能善禁架。

注 14:方士禁呪之術。見《後漢書・徐登傳》。

擬憲宫禁。

注 15:憲,法也。

瑟瑟璣琲。

注 16:《通雅》:瑟瑟有三種:寶石如珠,真者透碧,番燒者圓而明。中國之水料燒珠,亦借名瑟瑟。璣,珠之不圓者。亦用爲凡珠之稱。璣琲,猶今言珠串也。

《尉遲敬德列傳》

又餌雲母粉,爲方士術延年。

注 1:雲母,石名。

《李靖李勣列傳》

靖以騎三千蹀血虜庭,遂取定襄。

注 1:蹀,蹈也。

加賜靈壽杖。

注 2:靈壽,木名。一名椐。

明器惟作五六寓馬。

注 3:寓,偶之借字。

《房玄齡杜如晦列傳》

寡妻慈母,望櫓車,抱枯骨,椎心掩泣。

注 1:槥,小棺也。散文則通。

玄齡敕子弟汎掃廷唐。

注 2:堂下至門之逕,曰唐。

會病力,詔皇太子就問,帝親至其家,撫之梗塞。

注 3:病力,猶言病革也。見《漢書·汲黯傳》。

泫然沵淚。

注 4:沵,同流。

《魏徵列傳》

帝曰:爾行安喻河北道。

注 1:行,往也。下"帝謂彦博行讓徵"同。

臣以爲陛下望獻陵,若昭陵,臣固見之。

注 2:獻陵,高祖陵。

而鍥薄之風先搖。

注 3:鍥,刻也。

恐不能如前日之怗泰。

注 4:怗,今通作帖。

白布幨幃,無塗車芻靈。

注 5:幨幃,障車之幃也。塗車,以土爲車。芻靈,以芻爲人。

《姚崇宋璟列傳》

舉"下筆成章",授濮州司倉參軍。

注 1:制科目。

温户彊丁,因避賦役。

注 2:温户,謂温飽之户,對寒而言之也。

至相推倚以頓廢。

注 3:推倚,猶推諉。

璟乘庳車舍他所。

注 4:庳,同卑。

更置"比冬選",流品淆并。

注 5:於冬季複行銓選也。

或母寵子愛,恐傷鳲鳩之平。

注 6:《詩》:"鳲鳩在桑,其子七兮。淑人君子,其儀一兮。"

初無非者,一切之令,固不足以法。

注 7:此非一概包括之謂。謂權時之事也。如"以刀切物,苟取整齊,不顧長短縱橫,故曰一切"。見《漢書注》。凡古用"一切"字者,義多如此。

《郭子儀列傳》

塵且坌,飛矢射賊。

注 1:坌音笨,去聲。塵湧上也。

及入見,帝唁之。

注 2:唁同唁,吊生曰唁。

帝曰:朕謂久次,欲優其稍入耳。

注 3:廩禄稍稍與之,故曰稍。

别墅在都南,尤勝塏。

注 4:塏,高爽也。

《李泌列傳》

嘗取松樛枝以隱背,名曰養和。

注 1:隱,伏據也。

恐先人功業泯滅,從吏求廢紙掘筆。

注 2:未詳,疑爲"屈"或"崛"之義。

《劉晏列傳》

京師斗米千錢,禁膳不兼時,甸農挼穗以輸。

注 1:挼同挼,摧也。

崩岸滅木,所在廞淤。

注 2:廞音歆,淤塞也。

頻伸諧戲不敢隱。

注 3:頻同嚬。

四方貨殖低仰及它利害,雖甚遠,不數日即知。

注4:仰同昂。

三川轉運鹽鐵及諸道青苗使。

注5:青苗,見《食貨志》。

因人之力,轉於豐處,或官自用,則國計不覂。

注6:覂同乏。

《段秀實顔真卿列傳》

白晝群行,丏頡於市,有不嗛,輒擊傷市人。

注1:頡同擷。

殺一老卒,何甲也。吾戴頭來矣。

注2:戴,即今之抬字。

涇州野如赭,人饑死。

注3:赭,赤也。

夜焚膏積,約救火則亂。

注4:膏積,猶今言油薪。

有族談離立者,皆捕囚之。

注5:族談,聚談也。

料才壯,儲廥廩。

注6:廥音儈。芻槁之藏曰廥。

思明危懼,相挻而反。

注7:挻,引也。

雖千五百歲,其英烈言言,如嚴霜烈日,可畏而仰哉!

注8:《詩》:"崇墉言言。"《傳》:言言,高大貌。

《李晟列傳》

孝忠兵笮,晟引步騎擊破之。

注1:笮,迫也。

豈宜自表襮,爲賊餌哉?

注2:襮同暴。

時敖噲單覂。

注3:見《顔真卿傳》。

王業既成,太階既平。

注4:《漢書》:願陳泰階六符,以觀天變。注:《黄帝泰階六符經》曰:泰階者,天之三階也。上階爲天子,中階爲諸侯、公、卿大夫,下階爲士、庶人。上階上星爲男主,下星爲女主。中階上星爲諸侯、三公,下星爲卿大夫。下階上星爲元士,下星爲庶人。三階平,則陰陽和,風雨時;社稷神祇,咸獲其宜。天下大安,是爲太平。案:泰階六星,即三臺也。

《陸贄列傳》

度産以衰征。

注1:衰,差也。

占將家子以益師。

注2:占,謂使之著籍。

而術家争言數鐘百六。

注3:曆家以四千六百一十七歲爲一元。初入元之百有六年,有災歲九,謂之陽九之厄。

檢柅吏奸,天下便之。

注4:柅,止也。

關東百物阜殷,士忕温飽。

注5:忕,狃也。

動則中國慹其眾不敢抗。

注6:慹與讋通。

牧馬屯牛,鞠椎剽矣。

注7:鞠,窮也;窮,盡也。

《裴度列傳》

刃三進,斷靴刜背。

注1:刜音弗,擊也,斫也。

裂中單。

注 2:謂著在内之單衣。

哄導駭伏。

注 3:哄,唱聲。

爲奸憸挸抑,慮帝未能明其忠。

注 4:挸音痕,急引也。

悉收逮,訊報苛慘。

注 5:報,斷也。

《韓愈列傳》

夫大木爲杗,細木爲桷,欂櫨侏儒,椳闑扂楔。

注 1:杗,棟也。桷,椽之方者。欂,壁柱。櫨,柱上柎。侏儒,梁上短柱。椳,門樞。扂音店,所以止動也。

玉劄丹砂,赤箭青芝。

注 2:玉劄,地榆;赤箭,天麻;皆藥名。

是所謂詰匠氏之不以杙爲楹。

注 3:杙,小木樁。

而訾醫師以昌陽引年。

注 4:昌陽,即昌蒲。

巫祝不先,桃茢不用。

注 5:茢,苕也。即作掃之物。

既有天下,迾山澤,罔繩擉刃,以除蟲蛇惡物爲民物害者。

注 6:迾,庶止也。即厲禁之厲。擉同籍,刺取魚鼈也。

王政不綱,文弊質窮,蛙黽混并。

注 7:蛙同哇,淫聲。

《李德裕列傳》

敬宗立,侈用無度,詔浙西上脂盝妝具。

注 1:盝音禄,小匣。

造琵琶捍撥"鏤牙筩"於益州。

注 2:撥,所以鼓弦。

且玄鵝天馬,盤條掬豹。

注 3:蓋所織物之采。

互相欺詸,往者日數十百人。

注 4:詸,誘也。

易粟於邊,退渾、党項利虜掠。

注 5:退渾,即吐谷渾。

又諸道鋭兵票士,皆監軍取以自隨。

注 6:票,輕疾之意。

時皆謂遴賞。

注 7:遴同吝。

《忠義列傳》

李憕等死,賊使段子光傳首徇諸郡。

注 1:憕,音澄。

相從百口,飦鬻不給,無愠歎。

注 2:飦同饘,鬻同粥。

北屬長城,林埌岑翳。

注 3:埌音浪。《方言》:秦、晉謂塚曰埌。

《卓行列傳》

與之食,不納。後致糠覈數梧,乃受。

注 1:覈,麧之借字。麧音紇,麥糠中不破者。

今諸生愛慕陽公德,懇悃乞留,輒用撫手喜。

注 2:撫手,猶撫掌也。

日炊米二斛,魚一大鬵。

注 3:鬵音尋,釜也。